# 建设工程检验检测机构资质认定常用参数指南

冷元宝　杜思义　主编

黄河水利出版社
·郑州·

## 内 容 提 要

本指南共分四章,包括房屋建筑和市政基础设施工程的九个专业类别、水利工程的五个专业类别和公路工程。内容涵盖常用的981个项目/参数对应的607项检验检测方法标准,以及方法标准对仪器设备(标准物质)、环境条件等方面的细化和实化要求,突出了可操作性、实用性、适用性特点,力求达到检验检测机构、资质认定评审机构和评审员"能用、管用、实用、愿用"的效果。

本指南严格遵循现行有效的行业部门规章和标准,力争达到简明扼要、准确务实,可供检验检测机构资质认定部门和评审员使用,也可供科研院所、高等院校、企事业单位从事检验检测机构管理与检验检测工作的人员学习和参考。

**图书在版编目(CIP)数据**

建设工程检验检测机构资质认定常用参数指南/冷元宝,杜思义主编.—郑州:黄河水利出版社,2020.9(2022.3重印)

ISBN 978-7-5509-2666-0

Ⅰ.①建… Ⅱ.①冷… ②杜… Ⅲ.①建筑工程-质量检验机构-资格认证-中国-指南 Ⅳ.①F426.9-62

中国版本图书馆CIP数据核字(2020)第086799号

出 版 社:黄河水利出版社　　网址:www.yrcp.com

地址:河南省郑州市顺河路黄委会综合楼14层　　邮政编码:450003

发行单位:黄河水利出版社

发行部电话:0371-66026940、66020550、66028024、66022620(传真)

E-mail:hhslcbs@126.com

承印单位:河南瑞之光印刷股份有限公司

开本:787 mm×1 092 mm　1/16

印张:34

字数:786千字

版次:2020年9月第1版　　印次:2022年3月第2次印刷

定价:98.00元

# 《建设工程检验检测机构资质认定常用参数指南》编委会


主　编　冷元宝　杜思义

副主编　朱海群　崔国庆　唐伟东　高晓燕

编　委　（按姓氏笔画排序）

卞　可　王建卫　王玮屏　冯海亮　卢利敏

刘　杰　刘志伟　伍　艳　朱登飙　陈　越

李宝琦　李　维　李银行　冷　凝　张旭慧

张海洋　张宏伟　张　静　张　巍　郑　仪

姜自奇　高晓燕　崔兴稳　黄晓天　梁　娟

梁西建

# 前　言

为统一房屋建筑和市政基础设施工程、水利工程、公路工程（以下简称建设工程）检验检测的分类方法，准确运用建设工程检验检测机构资质认定检验检测项目/参数所依据的检验检测方法标准，以及对仪器设备（标准物质）、环境条件等方面的要求，使建设工程检验检测工作更加科学化、规范化、标准化和精准化，编写了《建设工程检验检测机构资质认定常用参数指南》（以下简称指南）。本指南主要依据建设工程在其施工、验收和使用等阶段的管理与技术要求以及《河南省建设工程质量检测管理办法》等规章、标准中有关检验检测领域、类别、项目和参数的相关规定编写。

本指南所指建设工程，包括房屋建筑和市政基础设施工程、公路工程、水利工程等三大建设领域。指南内容主要依据各行业主管部门关于检验检测的部门规章和要求，对照各专业类别的资质等级标准，提出了项目/参数对应的方法标准，明确了设备配置和场所环境的具体要求，并指出了应重点关注的事项，如方法标准的适用范围、样品制备要求等。

指南规范了建设工程中有关房屋建筑和市政基础设施工程、水利工程、公路工程三大领域 981 个项目/参数对应的 607 项检验检测方法标准，以及检验检测方法标准对仪器设备（标准物质）、环境条件等方面的具体要求，突出了可操作性、实用性、适用性特点，力求达到检验检测机构、资质认定评审机构和评审员“能用、管用、实用、愿用”的效果，提高检验检测机构资质认定评审工作的效率。应当指出的是，指南中列出的只是常用的检验检测项目/参数，重在引导，各建设工程检验检测机构应根据自身单位具体情况进行取舍增减，切不可照搬照抄、囫囵吞枣。

本指南共分四章，第一章绪论由冷元宝编写由崔国庆审稿；第二章房屋建筑和市政基础设施工程检验检测有九节内容，其中，第一节地基基础工程检验检测由杜思义、冷凝编写，由杜思义审稿，第二节建筑材料检验检测由李维、崔兴稳、刘志伟编写，由李维审稿，第三节建筑节能工程检验检测由卢利敏、王建卫、李宝琦、朱登飙编写，由卢利敏审稿，第四节主体结构工程检验检测由朱海群、王建卫、梁娟编写，由朱海群审稿，第五节室内环境检验检测内容，由黄晓天、王玮屏编写，由黄晓天审稿，第六节建筑幕墙工程检验检测由卢利敏、朱登飙编写，由卢利敏审稿，第七节钢结构工程检验检测由崔国庆、张宏伟、冯海亮、张巍编写，由崔国庆审稿；第八节市政道路工程检验检测由陈越、张海洋、张静、伍艳编写，由高晓燕审稿，第九节城市桥梁检验检测由姜自奇、梁西建编写，由高晓燕审稿；第三章公路工程检验检测由张旭慧、张海洋、姜自奇、王海滨编写，由高晓燕审稿；第四章水利工程检验检测由梁娟、卞可、伍艳、刘杰编写，由唐伟东、冷元宝审稿。全书由冷元宝、崔国庆、伍艳和李银行负责审稿与定稿。

本指南由河南省建设工程质量监督检测行业协会组编，在编写中得到了河南省住房和城乡建设厅、河南省市场监督管理局等行业主管部门相关领导和专家的大力支持与帮助，在此一并表示感谢。

编审过程中，由于水平所限，难免存在不足，恳请读者批评指正。

作　者

2020 年 6 月

# 目 录

# 第一章 绪 论

## 第一节 引 言

随着科学技术发展的日新月异,无论是党和国家还是普通人民群众,都前所未有地关注质量安全、环境宜居、生活品质等人类福祉问题。在这个时代大潮之下,对于产品、服务的标准化问题,在新时代背景下又被赋予了新的意义。人们充分认识到,统一产品、服务标准和合格评定程序不仅有助于提高质量,同时也有利于促进国际间的贸易往来和技术合作。

进入2020年,国家持续大规模的基础设施建设投入,给建设工程行业带来千载难逢的好机遇。建设工程尤其是大型的综合项目,其工程质量问题不仅涉及人身与财产的安全,而且涉及社会的稳定。我们应该清醒地认识到,我国建设工程行业很多方面还存在不足,工程质量事故时有发生。加强建设工程质量的监管力度刻不容缓,其中,强化工程质量检验检测是监管的重要环节之一。工程质量检验检测只有走在建设工程行业的前列,才能为整个行业的发展提供有力的保障,而建立完善的工程质量检验检测体系并有效运行,尤其是检验检测项目/参数的设备设施和环境条件及合格检验检测人员的正确配备又是支撑工程质量检验检测健康发展的首要条件。

而目前的现状是,在检验检测机构资质认定申请过程中,因对申请项目/参数所依据的方法标准、方法标准对仪器设备(标准物质)要求、方法标准对环境条件要求不关注或不清楚或理解不准确,造成检验检测机构在准备阶段盲目购置不符合要求的仪器设备(标准物质),建造不符合要求的环境设施,配备不符合要求的检验检测人员,上报申请资料被退回的现象屡屡发生,不仅浪费了检验检测机构的人力、物力、财力和时间成本,而且浪费了评审人员和资质认定管理部门大量的精力,更增加了检验检测质量事故发生的风险。在国家加快推行"放、管、服"的背景下,若能梳理出一套相对常用的、正确的检验检测项目/参数及所对应的方法标准、方法标准对仪器设备(标准物质)的要求、方法标准对环境条件的要求一览表,无论对检验检测机构、对评审人员还是对资质认定管理部门,以及对检验检测质量的提升都具有十分重要的现实意义,特别是对广大的中小规模的检验检测机构,更是一大利好。为此,河南省建设工程质量监督检测行业协会组织近30名具有坚实理论基础和丰富实践经验的专家、学者及检验检测一线技术骨干数易其稿,完成了这本包括房屋建筑和市政基础设施工程、公路工程、水利工程检验检测在内的《建设工程检验检测机构资质认定常用参数指南》,以期为广大检验检测机构提供有效的指引。

## 第二节 依 据

2005 年 9 月 28 日建设部颁布的《建设工程质量检测管理办法》(建设部令第 141 号)、2005 年 10 月 19 日交通部发布的《公路水运工程试验检测管理办法》(交通部令 2005 年第 12 号)、2008 年 11 月 3 日发布的《水利工程质量检测管理规定》(水利部令第 36 号),为我国建设工程检验检测机构的规范管理起到了重大的促进作用。

随着我国全面深化改革和政府职能的转变,2018 年 3 月 21 日,住房和城乡建设部发布对建设部令第 141 号的修改稿《房屋建筑和市政基础设施工程质量检测管理办法修订草案(征求意见稿)》,该征求意见稿共六章五十一条,其中,第二十条 (检测机构禁止行为)检测机构不得有下列行为:(一)超出资质范围从事检测活动;(二)转让或分包检测业务;(三)涂改、倒卖、出租、出借或者以其他形式非法转让资质证书;(四)篡改或者伪造检测数据,出具虚假检测报告;(五)违反国家工程建设强制性标准进行检测;(六)使用不符合条件的检测人员或仪器设备;(七)以商业贿赂、恶意压低收费等方式进行不正当竞争;(八)其他违反法律、法规的行为。第二十一条(检测人员禁止行为)检测人员不得有下列行为:(一)未按有关标准规范进行检测或结论判定;(二)同时受聘于两个或两个以上检测机构;(三)篡改或者伪造检测数据,出具虚假检测报告;(四)其他违反法律、法规的行为。上述第二十条(六)、第二十一条(一)强调了不得未按标准检验检测或结论判定、不得使用不符合条件的检测人员或仪器设备,这是最基本的底线要求。交通运输部于 2016 年 12 月 10 日发布了《公路水运工程试验检测管理办法》(2005 年 10 月 19 日交通部发布,根据 2016 年 12 月 10 日交通运输部《关于修改〈公路水运工程试验检测管理办法〉的决定》修正),水利部也于 2019 年 5 月 10 日发布了《水利工程质量检测管理规定》(2008 年 11 月 3 日水利部令第 36 号发布,根据 2017 年 12 月 22 日《水利部关于废止和修改部分规章的决定》第一次修正;根据 2019 年 5 月 10 日水利部令第 50 号《水利部关于修改部分规章的决定》第二次修正),对相关条款做了与时俱进的修改。

2011 年 4 月 2 日,国家住房和城乡建设部与国家质量监督检验检疫总局联合发布了国家标准《房屋建筑和市政基础设施工程质量检测技术管理规范》(GB 50618—2011),对房屋建筑和市政基础设施工程的检验检测机构的检测技术管理提出了明确的要求;2016 年 6 月 7 日,水利部发布行业标准《水利工程质量检测技术规程》(SL 734—2016),对水利工程的检验检测机构的检测技术进行了进一步的规范;2015 年 4 月 9 日,国家质量监督检验检疫总局发布《检验检测机构资质认定管理办法》(质检总局令第 163 号),2015 年 8 月 1 日起实施;2018 年 5 月 7 日,国家认监委印发了《国家认监委关于检验检测机构资质认定工作采用相关认证认可行业标准的通知》(国认实〔2018〕28 号),明确检验检测机构资质认定评审遵循“通用要求+特殊要求”的模式,发布的《检验检测机构资质认定能力评价 检验检测机构通用要求》RB/T 214—2017 等认证认可行业标准于 2018 年 6 月 1 日起在检验检测机构资质认定评审和管理中开始试行,2019 年 1 月 1 日全面实施。

上述部门规章、标准等已成为我国房屋建筑和市政基础设施工程、公路工程、水利工程等建设工程检验检测机构管理体系建立与运行及资质认定部门日常监督管理的有效依据文件，其中许多内容都涉及检验检测项目/参数是否严格按照检验检测方法标准检验检测，所配备的仪器设备（标准物质）及环境条件等方面是否符合要求。本指南的编写正是为了更好地落实这些规章、标准，确保建设工程检验检测工作的质量和水平。

# 第二章 房屋建筑和市政基础设施工程检验检测

本章包括地基基础工程、建筑材料、建筑节能工程、主体结构工程、室内环境、建筑幕墙工程、钢结构工程、市政道路工程、城市桥梁等九个专业类别的检验检测内容,主要参考《河南省建设工程质量检测管理办法》豫建〔2016〕127 号,兼顾(豫建建〔2015〕16 号)文中具体的项目/参数要求,尤其是市政道路检验检测项目/参数。同时也参考了《河南省工程质量管理手册实施细则(试行)》(征求意见稿)、《建筑工程施工质量验收统一标准》(GB 50300—2013)、《房屋建筑与市政基础设施工程检测分类标准》(JGJ/T 181—2009)的要求和房屋建筑和市政基础设施工程检验检测实践经验,并结合检验检测机构资质认定的相关要求编写。每个专业类别作为一节叙述,每一节两方面内容,第一方面是该专业类别检验检测项目/参数对应的检验检测方法,编制了专业类别检验检测项目/参数与检验检测方法简表,看后可以一目了然;第二方面是资质认定检验检测项目/参数所依据的方法标准,以及方法标准对仪器设备(标准物质)、环境条件等方面的要求,编制了检验检测项目/参数与对应方法标准及方法标准对仪器设备(标准物质)、环境条件等要求一览表,该表是对上述四方面的详细、准确描述。

表中所列有关条款、参数、指标等均按现行有效标准描述,若标准更新,应及时修订;标准编号后缀“/××”,“××”是具体章节(条款)号或附录;备注中主要对专业类别检验检测项目/参数所使用的检验检测方法、适用范围、适用条件和注意事项等需要说明的重点内容或指引进行强调,不一定是标准全部内容,使用时不可以偏概全,还应按标准全部要求执行,备注时某部分内容若太多,只写最主要部分,其他用指向标准原文条款号的方式予以说明。检验检测方法对应标准中名称。本章共涉及 535 个项目/参数、388 项检验检测方法标准。

## 第一节 地基基础工程检验检测

### 一、地基基础工程检验检测项目/参数与检验检测方法

本部分共梳理了地基基础工程四个类别 30 个检验检测项目/参数内容,涉及 70 个检验检测方法,包括表 2-1-2(57 项)没列出的方法。详见表 2-1-1 地基基础工程检验检测项目/参数与检验检测方法对照简表。

### 二、地基与基础工程检验检测项目/参数与对应标准及要求一览表

本部分共梳理了地基基础工程四个类别 30 个检验检测项目/参数内容,涉及 21 个检验检测方法标准和 57 个检验检测方法,详见表 2-1-2 地基基础工程检验检测项目/参数与对应标准及要求一览表。

表 2-1-1　地基基础工程检验检测项目/参数与检验检测方法对照表

| 序号 | 领域 | 参数 | 检验检测方法 |
|---|---|---|---|
| 一 | 地基 | | |
| 1 | | 地基土承载力 | 平板载荷试验/平板静载荷试验/载荷试验；圆锥动力触探试验；静力触探试验；标准贯入试验 |
| 2 | | 竖向增强体完整性 | 低应变法试验；钻芯法试验 |
| 3 | | 竖向增强体单桩承载力 | 竖向增强体载荷试验/复合地基增强体单桩静载荷试验 |
| 4 | | 竖向增强体材料强度 | 钻芯法/水泥土钻芯法试验 |
| 5 | | 复合地基承载力 | 复合地基载荷试验/复合地基静载荷试验 |
| 6 | | 岩石地基承载力 | 岩基载荷试验/岩石地基载荷试验 |
| 7 | | 密实度 | 圆锥动力触探试验 |
| 二 | 基桩 | | |
| 8 | | 单桩竖向抗压承载力 | 单桩竖向抗压静载试验；高应变法；自平衡法/自平衡静载试验； |
| 9 | | 单桩竖向抗拔承载力 | 单桩竖向抗拔静载试验； |
| 10 | | 单桩水平承载力 | 单桩水平静载试验 |
| 11 | | 桩身完整性 | 低应变法；钻芯法；高应变法；声波透射法 |
| 12 | | 桩身混凝土强度 | 钻芯法 |
| 13 | | 桩身内力 | 钢筋应力计法；电阻应变计法/振弦式应变计法/光纤式应变计法；滑动测微计法 |
| 三 | 土钉、锚杆 | | |
| 14 | | 土钉承载力 | 土钉抗拔试验 |
| 15 | | 锚杆（锚索）承载力 | 锚杆抗拔试验/岩石锚杆抗拔试验/土层锚杆试验 |
| 四 | 基坑监测 | | |
| 16 | | 围护墙（边坡）顶部水平位移 | 视准线活动觇牌法、视准线小角法、激光准直法、交会法、自由设站法、极坐标法；GPS 测量法；综合法；激光测量法/激光扫描测量法、近景摄影测量法；全站仪测量法 |
| 17 | | 围护墙（边坡）顶部竖向位移 | 卫星导航定位测量法、激光测量法/激光扫描测量法、近景摄影测量法；水准观测法/几何水准法、液体静力水准法/静力水准法；光学测微法、测距三角高程法 |

续表 2-1-1

| 序号 | 领域 | 参数 | 检验检测方法 |
|---|---|---|---|
| 18 | | 深层水平位移 | 测斜仪测量法 |
| 19 | | 立柱竖向位移 | 水准观测法/几何水准法、液体静力水准法/静力水准法；三角高程测量法；光学测微法、GPS 测量法 |
| 20 | | 支撑(围护桩墙)内力 | 应变计测量法、应力计测量法、轴力计法 |
| 21 | | 围护墙侧向土压力 | 土压力计测量法 |
| 22 | | 锚杆轴力 | 轴力计测量法、钢筋应力计测量法、应变计测量法 |
| 23 | | 孔隙水压力 | 孔隙水压力计测量法 |
| 24 | | 地下水位 | 水位计测量法 |
| 25 | | 周边地表竖向位移 | 水准观测法/几何水准法/水准法、光学测微法、测距三角高程法、GPS 测量法、液体静力水准法/静力水准法 |
| 26 | | 周边建筑竖向位移 | 水准观测法/几何水准法、液体静力水准法/静力水准法、三角高程测量法、光学测微法、GPS 测量法 |
| 27 | | 周边建筑倾斜 | 全站仪投点法、前方交会法、水平角法、激光铅直仪法、垂准法/正垂线法、倾斜仪法、差异沉降法；水准观测法/几何水准法、光学测微法、测距三角高程法、GPS 测量法；激光测量法/激光扫描测量法、近景摄影测量法 |
| 28 | | 周边建筑水平位移 | 视准线法、小角度法、投点法；前方交会法、后方交会法、自由设站法、极坐标法；GPS 测量法、综合法；激光测量法/激光扫描测量法、近景摄影测量法 |
| 29 | | 周边建筑、地表裂缝 | 千分尺、游标卡尺、数字裂缝宽度仪直接测量法；裂缝计、粘贴安装千分表量测法；摄影量测法/单片摄影法；标志间距离法、方格网板法；前方交会法；测缝计法；凿出法、单面接触超声波法、超声波法 |
| 30 | | 周边管线变形 | 视准线法、小角度法、投点法；前方交会法、后方交会法、极坐标法；GPS 测量法；综合法；水准观测法/几何水准法、液体静力水准法/静力水准法；光学测微法、测距三角高程法；激光测量法/激光扫描测量法、近景摄影测量法；抱箍法、套管法、底面观测法、顶面观测法 |

表 2-1-2 地基基础工程检验检测项目/参数与对应标准及要求一览表

| 序号 | 类别(产品/项目/参数) | 产品/项目/参数 | | 依据标准(方法)名称及编号(含年号) | 仪器设备(标准物质)要求 | 环境条件要求 | 备注 |
|---|---|---|---|---|---|---|---|
| | | 序号 | 名称 | | | | |
| 一 | 地基 | | | | | | |
| | | 1 | 地基土承载力 | 建筑地基检测技术规范 JGJ 340—2015/4 | 1.静载测试仪或能读荷载、位移的仪器；<br>2.千斤顶、油泵、油管：在最大试验荷载时的压力不超过规定工作压力的 80%；<br>3.压力传感器、油压表：压力传感器测量误差不应大于 1%；压力表精度优于或等于 0.4 级；<br>4.位移测量仪表：测量误差不大于 0.1% FS，分辨率应优于或等于 0.01 mm；<br>5.监测基准桩变形的测量仪表：分辨力宜达到 0.1 mm；<br>6.承压板：浅层平板载荷试验的承压板直径或边宽宜为拟评价处理土层的深度的 1/2 或 2/5；深层平板载荷试验承压板直径不应小于 0.8 m；足够强度和刚度；<br>7.加载反力装置：宜选择压重平台反力装置，能提供的反力不小于最大加载量的 1.2 倍；<br>8.基准桩、基准梁：一定的强度和刚度；<br>9.静载荷测试仪、位移、压力传感器，对温度的适应范围不一样，见各厂家仪器设备说明，一般 0~40 ℃长期稳定工作 | / | 1.土(岩)地基载荷试验；<br>2.浅层平板载荷试验适用于确定浅层地基土的承载力；深层平板载荷试验适用于确定深层地基土的承载力；<br>3.深层平板载荷试验的试验深度不应小于 5 m |

续表 2-1-2

| 序号 | 类别(产品/项目/参数) | 产品/项目/参数 | | 依据标准(方法)名称及编号(含年号) | 仪器设备(标准物质)要求 | 环境条件要求 | 备注 |
|---|---|---|---|---|---|---|---|
| | | 序号 | 名称 | | | | |
| | | | | 建筑地基处理技术规范 JGJ 79—2012/附录 A | 1.根据现行做法和行业经验建议参考《建筑地基检测技术规范》JGJ 340—2015 中土(岩)地基载荷试验仪器设备要求;<br>2.试验仪器设备:同上 | 1.应保持试验土层的原状结构和天然湿度 | 1.平板静载荷试验;<br>2.适用于确定换填垫层、预压地基、压实地基、夯实地基和注浆加固等处理后地基承压板应力主要影响范围内土层的承载力 |
| | | | | 建筑地基基础设计规范 GB 50007—2011/附录 C、D | 1.根据现行做法和行业经验建议参考《建筑地基检测技术规范》JGJ 340—2015 中土(岩)地基载荷试验仪器设备要求;<br>2.试验仪器设备:同上 | 同上 | 1.平板载荷试验;<br>2.浅层平板载荷试验适用于确定浅部地基土层的承载力;深层平板载荷试验适用于确定深部地基土层的承载力 |
| | | | | 岩土工程勘察规范 GB 50021—2001(2009 年版)/10.2 | 1.根据现行做法和行业经验建议参考《建筑地基检测技术规范》JGJ 340—2015 中土(岩)地基载荷试验仪器设备要求;<br>2.试验仪器设备:其他同上(除第 6 条外);<br>3.承压板:宜采用圆形刚性承压板(浅层平板:压板面积不应小于 0.25 $m^2$,对于软土和粒径较大的填土不应小于 0.5 $m^2$;深层平板:压板面积宜为 0.5 $m^2$;岩石载荷:压板面积不宜小于 0.07 $m^2$) | 同上 | 1.载荷试验;<br>2.浅层平板载荷试验适用于浅层地基土;深层平板载荷试验适用于深层地基土;<br>3.深层平板载荷试验的试验深度不应小于 5 m |

续表 2-1-2

| 序号 | 类别(产品/项目/参数) | 产品/项目/参数 | | 依据标准(方法)名称及编号(含年号) | 仪器设备(标准物质)要求 | 环境条件要求 | 备注 |
|---|---|---|---|---|---|---|---|
| | | 序号 | 名称 | | | | |
| | | | | 建筑地基检测技术规范 JGJ 340—2015/9 | 1.采用单桥探头、双桥探头,单桥探头可测定比贯入阻力,双桥探头可测定锥尖阻力和侧壁摩阻力。<br>2.锥头与摩擦筒应同心。<br>3.双桥探头锥头等直径部分的高度,不应超过 3 mm,摩擦筒与锥头的间距不应大于 10 mm。<br>4.触探主机:应能匀速贯入,速率(20±5) mm/s;施力作用线应垂直机座基准面,垂直度应小于 30′;额定起拔力应大于额定贯入力的 120%。<br>5.记录仪:显示的有效最小分度值不应大于 0.05% FS;预热后,时漂应小于 0.1% FS/h,温漂应小于 0.01% FS/℃;记录仪和电缆用于多功能探头触探时,应保证各传输信号互不干扰。<br>6.探头:检测总误差不应大于 3%FS,其中线性误差、重复性误差、滞后性误差、归零误差均应小于 1% FS;传感器出厂对地绝缘电阻不应小于 500 MΩ,在 300 kPa 水压下恒压 2 h 后,绝缘电阻应大于 300 MΩ;工作状态下,各部传感器的互扰值应小于本身额定测值的 0.3% | 1.记录仪和探头的工作环境应为:-10~45 ℃ | 1.静力触探法(静力触探试验);<br>2.静力触探试验适用于判定软土、一般黏性土、粉土和砂土的天然地基及采用换填垫层、预压、压实、挤密、夯实处理的人工地基的地基承载力 |

续表 2-1-2

| 序号 | 类别（产品/项目/参数） | 产品/项目/参数 | | 依据标准（方法）名称及编号（含年号） | 仪器设备（标准物质）要求 | 环境条件要求 | 备注 |
|---|---|---|---|---|---|---|---|
| | | 序号 | 名称 | | | | |
| | | | | 建筑地基检测技术规范 JGJ 340—2015/8 | 1.重型及超重型圆锥动力触探的落锤应采用自动脱钩装置；<br>2.锤的质量及落距：轻型 10 kg（50 cm）、重型 63.5 kg（76 cm）、超重型 120 kg（100 cm）；<br>3.探头直径、锥角及探杆直径：轻型 40 mm、60°、25 mm；重型 74 mm、60°、（42 mm、50 mm）；超重型 74 mm、60°、50～60 mm；<br>4.触探杆应顺直，每节触探杆相对弯曲宜小于0.5%，丝扣完好无裂纹；<br>5.当探头直径磨损大于 2 mm 或锥尖高度磨损大于 5 mm 时应及时更换探头 | / | 1.圆锥动力触探试验；<br>2.圆锥动力触探试验应根据地质条件合理选择试验类型（轻型、重型、超重型），具体详见规范第 8.1.1 条 |
| | | | | 圆锥动力触探试验规程 YS 5219—2019 | 1.圆锥动力触探试验设备：应包含落锤、锤垫、触探杆和探头；<br>2.锤的质量及落距：轻型（10±2）kg、（50±2）cm，重型（63.5±0.5）kg、（76±2）cm，超重型（120±1）kg、（100±0.2）cm；<br>3.探头直径、锥角及探杆直径：轻型 40 mm、60°、25 mm；重型 74 mm、60°、42 mm；超重型 74 mm、60°、50～60 mm；<br>4.触探设备各部件应采用强度不低于 45 号钢的钢材制作，表面淬火洛氏硬度 HRC 应大于 45；<br>5.触探杆应垂直，最大偏斜度不应超过 2%，接头外径应与探杆外径相同；<br>6.重型、超重型圆锥动力触探设备应设有自动脱钩装置 | | 1.圆锥动力触探试验；<br>2.轻型：适用于黏性土和尾矿库中的尾黏土、尾粉土、尾粉砂，贯入深度不宜大于 4.0 m；<br>3.重型：适用于中砂、粗砂、砾砂、圆（角）砾、卵（碎）石土、砂土类素填土和极软岩、强风化软岩；<br>4.超重型：适用于平均粒径大于 50 mm 或最大粒径大于 100 mm 的卵（碎）石土和极软岩、软岩 |

续表 2-1-2

| 序号 | 类别(产品/项目/参数) | 产品/项目/参数 | | 依据标准(方法)名称及编号(含年号) | 仪器设备(标准物质)要求 | 环境条件要求 | 备注 |
|---|---|---|---|---|---|---|---|
| | | 序号 | 名称 | | | | |
| | | | | 岩土工程勘察规范 GB 50021—2001(2009 年版)/10.4 | 1.试验仪器设备:其他同上(除第 3 条外);<br>2.探头直径、锥角及探杆直径:轻型 40 mm、60°、25 mm;重型 74 mm、60°、42 mm;超重型 74 mm、60°、50~60 mm | / | 1.圆锥动力触探试验 |
| | | | | 岩土工程勘察规范 GB 50021—2001(2009 年版)/10.3 | 1.静力触探可根据工程需要采用单桥探头、双桥探头或带孔隙水压力量测的单、双桥探头;<br>2.探头圆锥锥底截面积:10 $cm^2$或 15 $cm^2$,单桥探头侧壁高度:57 mm 或 70 mm,双桥探头侧壁面积:150~300 $cm^2$,锥尖锥角:60°;<br>3.探头:室内探头标定测力传感器的非线性误差、重复性误差、滞后误差、温度漂移、归零误差均应小于 1%FS,现场试验归零误差小于 3%,绝缘电阻不小于 500 MΩ | / | 1.静力触探试验;<br>2.适用于软土、一般黏性土、粉土、砂土和含少量碎石的土 |
| | | | | 岩土工程勘察规范 GB 50021—2001(2009 年版)/10.5 | 1.落锤:质量 63.5 kg,落距 76 cm;<br>2.贯入器:对开管长度 > 500 mm,外径 51 mm,内径 35 mm;管靴长度 50~76 mm,刃口角度 18°~20°,刃口单刃厚度 1.6 mm;<br>3.钻杆直径 42 mm,相对弯曲 <1/1 000 | / | 1.标准贯入试验;<br>2.适用于砂土、粉土和一般黏性土,不适用于软塑—流塑软土 |

**续表 2-1-2**

| 序号 | 类别（产品/项目/参数） | 产品/项目/参数 | | 依据标准（方法）名称及编号（含年号） | 仪器设备（标准物质）要求 | 环境条件要求 | 备注 |
|---|---|---|---|---|---|---|---|
| | | 序号 | 名称 | | | | |
| | | 2 | 竖向增强体完整性 | 建筑基桩检测技术规范 JGJ 106—2014/8 | 1. 桩身完整性测试仪（动测仪）应符合《基桩动测仪》JG/T 518—2017 要求；<br>2. 加速度传感器幅频线性段 10~5 000 Hz，速度传感器幅频线性段 20~1 000 Hz；<br>3.瞬态激振设备包括能激发宽脉冲和窄脉冲的力锤和锤垫；稳态激振设备应为电磁式稳态激振器，激振力可调，扫频范围 10~2 000 Hz；<br>4.仪器试验温度一般 0~40 ℃（详见各厂家仪器设备说明） | / | 1.低应变法；<br>2.适用于检测混凝土桩的桩身完整性，判定桩身缺陷的程度及位置；<br>3.对桩身截面多变且变化幅度较大的灌注桩，应采用其他方法辅助验证低应变法检测的有效性 |
| | | | | 建筑地基检测技术规范 JGJ 340—2015/12 | 1.试验仪器设备：其他同上（除第 3 条外） | / | 1.低应变法；<br>2.适用于检测有黏结强度、规则截面的桩身强度大于 8 MPa 竖向增强体的完整性，判定缺陷的程度及位置 |
| | | | | 建筑基桩检测技术规范 JGJ 106—2014/7 | 1.钻芯机：宜采用岩芯钻探的液压高速钻机，并配置适宜的水泵、孔口管、扩孔器、卡簧、扶正稳定器及可捞取松软渣样的钻具，钻杆应顺直，直径宜为 50 mm；<br>2.钻具：单动双管钻具；<br>3.钻头：金刚石材质，外径不宜小于 100 mm；<br>4.锯切机：应具有冷却系统和夹紧固定装置；<br>5.压力试验机：按照《混凝土物理力学性能试验方法标准》GB/T 50081—2019 中的 5.0.3 条执行；<br>6.长度测量工具 | / | 1.钻芯法；<br>2.适用于检测混凝土灌注桩的桩长、桩身混凝土强度、桩底沉渣厚度和桩身完整性 |

**续表 2-1-2**

| 序号 | 类别(产品/项目/参数) | 产品/项目/参数 | | 依据标准(方法)名称及编号(含年号) | 仪器设备(标准物质)要求 | 环境条件要求 | 备注 |
|---|---|---|---|---|---|---|---|
| | | 序号 | 名称 | | | | |
| | | | | 建筑地基检测技术规范 JGJ 340—2015/11 | 1.钻芯机:宜采用液压操纵的高速工程地质钻机,并配置适宜的水泵、孔口管、扩孔器、卡簧、扶正稳定器及可捞取松软渣样的钻具;钻杆应顺直,钻杆直径宜为 50 mm;<br>2.钻头:薄壁合金钢或金钢石钻头,外径不宜小于 91 mm;<br>3.压力试验机:宜采用高精度小型压力机,额定最大压力不宜大于预估压力的 5 倍;<br>4.长度测量工具 | / | 1.钻芯法(水泥土钻芯法试验);<br>2.适用于检测水泥土桩的桩长、桩身强度和均匀性,判定或鉴别桩底持力层岩土性状 |
| | | 3 | 竖向增强体单桩承载力 | 建筑地基处理技术规范 JGJ 79—2012/附录 C | 1.根据现行做法和行业经验建议参考《建筑地基检测技术规范》JGJ 340—2015 中 4.2.6、4.2.9 条规定的设备要求;<br>2.试验仪器设备:同参数 1(地基土承载力 JGJ 340—2015/4)(第 5 条除外) | / | 1.复合地基增强体单桩竖向抗压静载荷试验要点;<br>2.适用于复合地基增强体单桩竖向抗压静载荷试验 |
| | | | | 建筑地基基础设计规范 GB 50007—2011/附录 Q | 1.根据现行做法和行业经验建议参考《建筑地基检测技术规范》JGJ 340—2015 中 4.2.6、4.2.9 条规定的设备要求;<br>2.试验仪器设备:同参数 1(地基土承载力 JGJ 340—2015/4) | / | 1.单桩竖向静载荷试验要点 |
| | | | | 建筑地基检测技术规范 JGJ 340—2015/6 | 1.试验仪器设备:同参数 1(地基土承载力 JGJ 340—2015/4) | / | 1.竖向增强体载荷试验 |
| | | 4 | 竖向增强体材料强度 | 建筑基桩检测技术规范 JGJ 106—2014/7 | 1.试验仪器设备:同参数 2(竖向增强体完整性 JGJ 106—2014/7) | / | 1.钻芯法;<br>2.适用于检测混凝土灌注桩 |

续表 2-1-2

| 序号 | 类别(产品/项目/参数) | 产品/项目/参数 | | 依据标准(方法)名称及编号(含年号) | 仪器设备(标准物质)要求 | 环境条件要求 | 备注 |
|---|---|---|---|---|---|---|---|
| | | 序号 | 名称 | | | | |
| | | | | 钻芯法检测混凝土强度技术规程 CECS 03:2007 | 1.钻芯机:足够的刚度、操作灵活、固定和移动方便,应有水冷却系统;<br>2.钻头:金刚石薄壁钻头,钻头胎体不得有肉眼可见的裂缝、缺边、少角、倾斜及喇叭口变形;<br>3.锯切机和磨平机应有牢固夹紧芯样的装置,锯片应有足够刚度 | / | 1.钻芯法;<br>2.适用于钻芯方法检测结构中强度不大于 80 MPa 的普通混凝土强度 |
| | | | | 建筑地基检测技术规范 JGJ 340—2015/11 | 1.试验仪器设备:同参数 2(竖向增强体完整性 JGJ 340—2015/11) | / | 1.水泥土钻芯法试验;<br>2.适用于检测水泥土桩的桩长、桩身强度和均匀性,判定或鉴别桩底持力层岩土性状 |
| | | 5 | 复合地基承载力 | 建筑地基处理技术规范 JGJ 79—2012/附录 B | 1.根据现行做法和行业经验建议参考《建筑地基检测技术规范》JGJ 340—2015 中土(岩)地基载荷试验仪器设备要求;<br>2.试验仪器设备:同参数 1(地基土承载力 JGJ 340—2015/4) | / | 1.复合地基载荷试验(复合地基静载荷试验要点);<br>2.适用于单桩和多桩复合地基静载荷试验 |
| | | | | 建筑地基检测技术规范 JGJ 340—2015/5 | 1.试验仪器设备:同参数 1(地基土承载力 JGJ 340—2015/4) | / | 1.复合地基载荷试验;<br>2.适用于竖向增强体和周边地基土组成的复合地基的单桩和多桩复合地基载荷试验 |
| | | 6 | 岩石地基承载力 | 建筑地基基础设计规范 GB 50007—2011/附录 H | 1.根据现行做法和行业经验建议参考《建筑地基检测技术规范》JGJ 340—2015 中土(岩)地基载荷试验仪器设备要求;<br>2.试验仪器设备:同参数 1(地基土承载力 JGJ 340—2015/4)(第 4、6 条除外);<br>3.位移测量仪表:测量误差不大于 0.1% FS,分辨率应优于或等于 0.001 mm;<br>4.承压板:圆形压板,直径为 300 mm,刚性 | / | 1.岩石地基载荷试验要点;<br>2.适用于确定完整、较完整、较破碎岩石地基作为天然地基或桩基础持力层时的承载力 |

**续表 2-1-2**

| 序号 | 类别(产品/项目/参数) | 产品/项目/参数 | | 依据标准(方法)名称及编号(含年号) | 仪器设备(标准物质)要求 | 环境条件要求 | 备注 |
|---|---|---|---|---|---|---|---|
| | | 序号 | 名称 | | | | |
| | | 7 | 密实度 | 岩土工程勘察规范 GB 50021—2001(2009 年版)/10.4 | 1.试验仪器设备:同参数 1(地基土承载力 YS 5219—2000) | / | 1.圆锥动力触探试验 |
| | | | | 建筑地基检测技术规范 JGJ 340—2015/8 | 1.试验仪器设备:同参数 1(地基土承载力 JGJ 340—2015/8) | / | 1.圆锥动力触探试验 |
| 二 | 基桩 | | | | | | |
| | | 8 | 单桩竖向抗压承载力 | 建筑基桩检测技术规范 JGJ 106—2014/4 | 1.静载测试仪或能读荷载、位移的仪器;<br>2.压力表、油泵、油管:在最大试验荷载下时的压力不超过规定工作压力的 80%;<br>3.荷重传感器、压力传感器或压力表:准确度应优于或等于 0.5 级;<br>4.位移测量仪表:测量误差不得大于0.1% FS,分度值/分辨率应优于或等于 0.01 mm;<br>5.加载反力装置:提供的反力不得小于最大加载值的 1.2 倍;<br>6.基准梁:足够的刚度;<br>7.静载荷测试仪、位移、压力传感器,对温度的适应范围不一样,见各厂家仪器设备说明,一般 0~40 ℃长期稳定工作 | 1.固定和支撑位移计(百分表)的夹具及基准梁不得受气温、振动及其他外界因素的影响;当基准梁暴露在阳光下时,应采取遮挡措施 | 1.单桩竖向抗压静载试验 |
| | | | | 建筑地基基础设计规范 GB 50007—2011/附录 Q | 1.根据现行做法和行业经验建议参考《建筑基桩检测技术规范》JGJ 106—2014 中单桩竖向抗压静载试验仪器设备要求;<br>2.试验仪器设备:同上 | 同上 | 1.单桩竖向静载荷试验要点;<br>2.应该用慢速维持荷载法 |

续表 2-1-2

| 序号 | 类别（产品/项目/参数） | 产品/项目/参数 序号 | 名称 | 依据标准（方法）名称及编号（含年号） | 仪器设备（标准物质）要求 | 环境条件要求 | 备注 |
|---|---|---|---|---|---|---|---|
| | | | | 建筑桩基技术规范 JGJ 94—2008/9.4.2 | 1.按照《建筑基桩检测技术规范》JGJ 106—2014 执行；<br>2.试验仪器设备：同上 | 同上 | 1.单桩竖向静载荷试验 |
| | | | | 载体桩技术标准 JGJ/T 135—2018/附录 A | 1.根据现行做法和行业经验建议参考《建筑基桩检测技术规范》JGJ 106—2014 中单桩竖向抗压静载试验仪器设备要求；<br>2.试验仪器设备：同参数 8（单桩竖向抗压承载力 JGJ 106—2014/4） | 同上 | 1.载体桩单桩竖向抗压静载荷试验 |
| | | | | 湿陷性黄土地区建筑标准 GB 50025—2018/附录 G | 1.按照《建筑地基基础设计规范》GB 50007-2011 执行；<br>2.试验仪器设备：同上 | 同上 | 1.单桩竖向静载荷浸水试验要点；<br>2.适用于测试浸水条件下桩侧负摩阻力、中性点深度及桩周土饱和状态下单桩承载力 |
| | | | | 建筑基桩检测技术规范 JGJ 106—2014/9 | 1.动测仪主要技术性能指标不低于《基桩动测仪》JG/T 518—2017 规定的 2 级标准，A/D 转换器单通道采样频率不应低于 10 kHz；<br>2.锤击设备需有稳定的导向装置（锤架）；<br>3.重锤：形状对称，高径（宽）比不得小于 1；<br>4.承载力检测时的锤重：锤的重量与单桩竖向抗压承载力特征值的比值不得小于 0.02；<br>5.加速度传感器和应变传感器；<br>6.重锤：不小于预估极限承载力的 1% | / | 1.高应变法；<br>2.对于大直径扩底桩和预估 $Q—s$ 曲线具有缓变型特征的大直径灌注桩，不宜采用本方法进行竖向抗压承载力检测 |

**续表 2-1-2**

| 序号 | 类别(产品/项目/参数) | 产品/项目/参数 | | 依据标准(方法)名称及编号(含年号) | 仪器设备(标准物质)要求 | 环境条件要求 | 备注 |
|---|---|---|---|---|---|---|---|
| | | 序号 | 名称 | | | | |
| | | | | 基桩静载试验自平衡法 JT/T 738—2009 | 1.荷载箱:极限输出推力不小于额度输出推力的 1.2 倍,额定加载值对应的油压值不宜大于 45 MPa,最大单向加载值对应的油压值不宜大于 55 MPa;<br>2.位移传感器:百子百分表或者千分表,分辨率优于或等于 0.01 mm | / | 1.自平衡法;<br>2.适用于软土、黏性土、粉土、砂土、碎石、岩层以及特殊性岩土中的钻孔灌注桩、人工挖孔桩、管桩 |
| | | | | 建筑基桩自平衡静载试验技术规程 JGJ/T 403—2017 | 1.荷载箱:极限输出推力不小于额度输出推力的 1.2 倍,检定或校准示值重复性不应大于 3%,空载启动压力应小于额定压力的 4%;<br>2.压力传感器或压力表:精度不低于 0.5 级,量程不应小于 60 MPa;<br>3 压力表、油泵、油管:在最大加载时的压力不应超过额定工作压力的 80%;<br>4.位移测量仪表:测量误差不大于0.1% FS,分辨率应优于或等于 0.01 mm | / | 1.自平衡法 |
| | | 9 | 单桩竖向抗拔承载力 | 建筑基桩检测技术规范 JGJ 106—2014/5 | 1.试验仪器设备:同参数 8(单桩竖向抗压承载力 JGJ 106—2014/4) | 1.同参数 8(单桩竖向抗压承载力 JGJ 106—2014/4) | 1.单桩竖向抗拔静载试验 |
| | | | | 建筑地基基础设计规范 GB 50007—2011/附录 T | 1.根据现行做法和行业经验建议参考《建筑基桩检测技术规范》JGJ 106—2014 中 4.2.2 ~ 4.2.4条规定的设备要求;<br>2.试验仪器设备:同上 | 同上 | 1.单桩竖向抗拔静载荷试验要点 |
| | | | | 建筑桩基技术规范 JGJ 94—2008/9.4 | 1.按照《建筑基桩检测技术规范》JGJ 106—2014 执行;<br>2.试验仪器设备:同上 | 同上 | 1.单桩竖向抗拔静载荷试验 |

续表 2-1-2

| 序号 | 类别（产品/项目/参数） | 产品/项目/参数 | | 依据标准（方法）名称及编号（含年号） | 仪器设备（标准物质）要求 | 环境条件要求 | 备注 |
|---|---|---|---|---|---|---|---|
| | | 序号 | 名称 | | | | |
| | | 10 | 单桩水平承载力 | 建筑基桩检测技术规范 JGJ 106—2014/6 | 1.试验仪器设备：同上 | 同上 | 1.单桩水平静载试验；<br>2.适用于在桩顶自由的试验条件下 |
| | | | | 建筑地基基础设计规范 GB 50007—2011/附录 S | 1.根据现行做法和行业经验建议参考《建筑基桩检测技术规范》JGJ 106—2014 中 4.2.2～4.2.4条规定的设备要求；<br>2.试验仪器设备：同上 | 同上 | 1.单桩水平静载试验要点；<br>2.试验宜采用多循环加卸载试验法，当需要测量桩身应力或应变时宜采用慢速维持荷载法 |
| | | | | 建筑桩基技术规范 JGJ 94—2008/9.4 | 1.按照《建筑基桩检测技术规范》JGJ 106—2014 执行；<br>2.试验仪器设备：同上 | 同上 | 1.单桩水平静载试验 |
| | | 11 | 桩身完整性 | 建筑基桩检测技术规范 JGJ 106—2014/8 | 1.试验仪器设备：同参数 2（竖向增强体完整性 JGJ 106—2014/8） | / | 1.低应变法 |
| | | | | 钻芯法检测混凝土强度技术规程 CECS 03:2007 | 1.钻芯机：足够的刚度、操作灵活、固定和移动方便，应有水冷却系统；<br>2.钻头：金刚石薄壁钻头，钻头胎体不得有缺陷肉眼可见的裂缝、缺边、少角、倾斜及喇叭口变形；<br>3.锯切机和磨平机应有牢固夹紧芯样的装置，锯片应有足够刚度；<br>4.长度测量工具 | / | 1.钻芯法；<br>2.适用于钻芯方法检测结构中强度不大于 80 MPa 的普通混凝土强度 |
| | | | | 建筑基桩检测技术规范 JGJ 106—2014/7 | 1.试验仪器设备：同参数 8（单桩竖向抗压承载力 JGJ 106—2014/7） | / | 1.钻芯法；<br>2.适用于检测混凝土灌注桩 |
| | | | | 建筑基桩检测技术规范 JGJ 106—2014/9 | 1.试验仪器设备：同参数 8（单桩竖向抗压承载力 JGJ 106—2014/9） | / | 1.高应变法 |

续表 2-1-2

| 序号 | 类别(产品/项目/参数) | 产品/项目/参数 | | 依据标准(方法)名称及编号(含年号) | 仪器设备(标准物质)要求 | 环境条件要求 | 备注 |
|---|---|---|---|---|---|---|---|
| | | 序号 | 名称 | | | | |
| | | | | 建筑基桩检测技术规范 JGJ 106—2014/10 | 1.声波发射及接收换能器:圆柱状径向换能器沿径向振动应无指向性;有效工作长度不得大于 150 mm;谐振频率应为 30~60 kHz;水密性应满足 1 MPa 水压不渗水;<br>2.声波检测仪:最小采样时间间隔小于等于 0.5 μs,系统带宽 1~200 kHz;声幅测量相对误差小于 5%,系统最大动态范围不小于 100 dB;声波发射脉冲应为阶跃活矩形脉冲,电压幅值应为 200~1 000 V;<br>3.仪器要求温度 0~40 ℃ | / | 1.声波透射法;<br>2.对于桩径小于 0.6 m 的桩,不宜采用本方法进行桩身完整性检测 |
| | | 12 | 桩身混凝土强度 | 建筑基桩检测技术规范 JGJ 106—2014/7 | 1.试验仪器设备:同参数 4(竖向增强体材料强度 JGJ 106—2014/7) | / | 1.钻芯法;<br>2.适用于检测混凝土灌注桩 |
| | | 13 | 桩身内力 | 建筑基桩检测技术规范 JGJ 106—2014/附录 A | 1.应变测量仪器:具有多点自动测量功能,仪器的分辨力应优于或者等于 1 με;<br>2.频率仪:分辨力应优于或等于 1 Hz,可测频率范围应大于桩在最大加载时的频率的 1.2 倍;<br>3.电阻应变式传感器及其连接电缆:应有可靠的防潮绝缘防护措施,正式测试前,传感器及电缆的系统绝缘电阻不得低于 200 MΩ | / | 1.桩身内力测试;<br>2.适用于桩身横截面尺寸基本恒定或已知的桩 |

**续表 2-1-2**

| 序号 | 类别(产品/项目/参数) | 产品/项目/参数 | | 依据标准(方法)名称及编号(含年号) | 仪器设备(标准物质)要求 | 环境条件要求 | 备注 |
|---|---|---|---|---|---|---|---|
| | | 序号 | 名称 | | | | |
| 三 | 土钉、锚杆 | | | | | | |
| | | 14 | 土钉承载力 | 复合土钉墙基坑支护技术规范 GB 50739—2011/附录 A、B | 1.压力表精度不应低于 0.4 级;<br>2.位移计:精度不应低于 0.01 mm;<br>3.千斤顶的额定负载:宜为最大试验荷载的 1.2~2.0 倍,计量仪表的量程应与之匹配;<br>4.反力装置(承压板或支座梁):应有足够的强度和刚度 | / | 1.土钉抗拔基本试验、土钉抗拔验收试验;<br>2.试验应在注浆体无侧限抗压强度达到 10MPa 后进行 |
| | | | | 岩土锚杆与喷射混凝土支护工程技术规范 GB 50086—2015/附录 Q | 1.根据现行做法和行业经验建议参考《复合土钉墙基坑支护技术规范》GB 50739—2011/附录 A、B 规定的设备要求;<br>2.试验仪器设备:同上 | | 1.土钉抗拔试验方法 |
| | | | | 建筑基坑支护技术规程 JGJ 120—2012/附录 D | 1.加载装置(千斤顶、油泵)的额定压力必须大于试验压力,且试验前应进行标定;<br>2.压力表精度不应低于 0.4 级;<br>3.位移计:精度不应低于 0.01 mm;<br>4.加荷反力装置的承载力和刚度应满足最大试验荷载的要求 | / | 1.土钉抗拔试验要点;<br>2.应在注浆固结体强度达到 10 MPa 或达到设计强度的 70% 后进行 |
| | | 15 | 锚杆(锚索)承载力 | 建筑基坑支护技术规程 JGJ 120—2012/附录 A | 1.根据现行做法和行业经验建议参考《复合土钉墙基坑支护技术规范》GB 50739—2011/附录 A、B 规定的设备要求;<br>2.试验仪器设备:同参数 14(土钉承载力 GB 50739-2011/附录 A、B) | / | 1.锚杆抗拔试验要点;<br>2.应在锚固段注浆固结体强度达到 15MPa 或达到设计强度的 75%后进行 |

续表 2-1-2

| 序号 | 类别(产品/项目/参数) | 产品/项目/参数 | | 依据标准(方法)名称及编号(含年号) | 仪器设备(标准物质)要求 | 环境条件要求 | 备注 |
|---|---|---|---|---|---|---|---|
| | | 序号 | 名称 | | | | |
| | | | | 建筑地基基础设计规范 GB 50007—2011/附录 Y | 1.根据现行做法和行业经验建议参考《复合土钉墙基坑支护技术规范》GB 50739—2011/附录A、B 规定的设备要求；<br>2.试验仪器设备：同上 | / | 1.锚杆抗拔试验(土层锚杆试验要点)；<br>2.锚固体灌浆强度达到设计强度的 90%后，方可进行锚杆试验 |
| | | | | 高压喷射扩大头锚杆技术规程 JGJ/T 282—2012 | 1.根据现行做法和行业经验建议参考《复合土钉墙基坑支护技术规范》GB 50739—2011/附录A、B 规定的设备要求；<br>2.试验仪器设备：同上 | / | 1.锚杆抗拔试验(基本试验、蠕变实验、验收试验)；<br>2.试验应在注浆体满 28 d 龄期或注浆体强度达到设计强度 80%后进行 |
| | | | | 建筑边坡工程技术规范 GB 50330—2013/附录 C | 1.根据现行做法和行业经验建议参考《复合土钉墙基坑支护技术规范》GB 50739—2011/附录A、B 规定的设备要求；<br>2.试验仪器设备：同上 | / | 1.锚杆试验(基本试验、验收试验)；<br>2.锚杆锚固体强度达到设计强度 90%后方可进行试验 |
| | | | | 岩土锚杆与喷射混凝土支护工程技术规范 GB 50086—2015/12 | 1.根据现行做法和行业经验建议参考《复合土钉墙基坑支护技术规范》GB 50739—2011/附录A、B 规定的设备要求；<br>2.试验仪器设备：同参数 14(土钉承载力 GB 50739-2011/附录 A、B)(除第 3 条外)；<br>3.加载装置：额定负荷能力不应小于最大试验荷载的 1.2 倍，并应能满足在所设定的时间内持荷稳定 | / | 1.预应力锚杆试验 |
| 四 | 基坑监测 | | | | | | |

**续表 2-1-2**

| 序号 | 类别(产品/项目/参数) | 产品/项目/参数 | | 依据标准(方法)名称及编号(含年号) | 仪器设备(标准物质)要求 | 环境条件要求 | 备注 |
|---|---|---|---|---|---|---|---|
| | | 序号 | 名称 | | | | |
| | | 16 | 围护墙(边坡)顶部水平位移 | 建筑基坑工程监测技术标准 GB 50497—2019/6.2 | 1.仪器精度:满足观测精度和量程的要求,且应具有良好的稳定性和可靠性;当采用光学对中装置时,误差不宜大于 0.5 mm | / | 1.水平位移监测(新规范:视准线活动觇牌法、视准线测小角法、激光准直法、极坐标法、交会法、自由设站法);<br>2.各方法适用条件详见标准第 6.2 条及其条文说明 |
| | | | | 建筑变形测量规范 JGJ 8—2016/7.2 | 1.全站仪的标称精度要求:一等观测,一测回水平方向标准差≤0.5",测距中误差≤(1 mm+$1\times10^{-6}$);二等观测,一测回水平方向标准差≤1.0",测距中误差≤(1 mm+$2\times10^{-6}$);三等、四等观测,一测回水平方向标准差≤2. 0",测距中误差≤(2 mm+$2\times10^{-6}$) | 1.观测应在通视良好、成像清晰、气象条件稳定时进行;晴天的日出、日落前后和太阳中天前后不宜观测;<br>2.阴天、有微风时可全天观测;<br>3.晴天最佳观测时间宜为日出后 1 h 和日落前 1 h;雷雨天前后、大雾、大风、雨、雪天和大气透明度很差时,不应进行观测;<br>4.晴天作业时,应对全站仪和反光镜打遮阳伞,严禁将仪器照准头对准太阳;<br>5.仪器应在其生产厂家规定的温度范围内工作 | 1.水平位移观测(常用方法:全站仪测量法);<br>2.应根据现场作业条件选择测量方法:全站仪测量法、卫星导航定位测量法、激光测量法、近景摄影测量法等;<br>3.各方法所用仪器设备、精度及环境条件详见本规范第 4 章 |
| | | 17 | 围护墙(边坡)顶部竖向位移 | 建筑变形测量规范 JGJ 8—2016/7.1 | 1.水准仪:一等水准测量,DS05 级仪器;二等水准测量,DS05、DS1 级仪器;三等水准测量,DS05、DS1、DS3 级仪器;四等水准测量,DS1、DS3 级仪器。<br>2.电子水准仪:一等、二等沉降观测 $i$ 角不得超过 15″,三等、四等沉降观测 $i$ 角不得超过 20″ | 1.应在标尺分划线成像清晰和稳定的条件下进行观测,不得在日出后或日落前约半小时、太阳中天前后、风力大于四级、气温突变时以及标尺分划线的成像跳动而难以照准时进行观测,阴天可全天观测 | 1.沉降观测(常用方法:水准测量法);<br>2.应根据现场作业条件选择测量方法:水准测量法、静力水准测量法、三角高程测量法等;<br>3.各方法所用仪器设备、精度及环境条件详见本规范第 4 章 |

续表 2-1-2

| 序号 | 类别(产品/项目/参数) | 产品/项目/参数 | | 依据标准(方法)名称及编号(含年号) | 仪器设备(标准物质)要求 | 环境条件要求 | 备注 |
|---|---|---|---|---|---|---|---|
| | | 序号 | 名称 | | | | |
| | | | | | | 2.观测前半小时,应将数字水准仪置于露天阴影下,使仪器与外界气温趋于一致;<br>3.晴天观测时,应使用测伞遮蔽阳光;<br>4.应避免望远镜直接对着太阳,并应避免观测视线被遮挡;<br>5.仪器应在其生产厂家规定的温度范围内工作 | |
| | | | | 建筑基坑工程监测技术标准 GB 50497—2019/6.3 | 1.水准仪:监测点测站高差中误差≤0.15 mm、≤0.5 mm、≤1.0 mm、≤1.5 mm 时,对应的水准仪精度要求为±0.3 mm/km、±0.5 mm/km、±1.9 mm/km、±1.0 mm/km;<br>2.全站仪:测角标称精度不应大于1″ | 同上 | 1.竖向位移监测(宜采用几何水准测量;也可采用三角高程测量或静力水准测量) |
| | | | | 国家一、二等水准测量规范 GB/T 12897—2006 | 1.水准仪:一等水准测量,DS05 级仪器;二等水准测量,DS1 仪器 | 1.应在标尺分划线成像清晰而稳定时进行;<br>2.日出与日落前 30 min 内、太阳中天前后约 2 h 内、气温突变、风力过大时不应观测 | 1.水准观测法;<br>2.光学测微法;<br>3.测距三角高程法 |
| | | 18 | 深层水平位移 | 建筑基坑工程监测技术标准 GB 50497—2019/6.4 | 1.测斜仪:系统精度不宜低于 0.25 mm/m,分辨率不低于 0.02 mm/500 mm | 1.探头放入测斜管底,应待探头接近管内温度时在量测 | 1.深层水平位移监测(测斜仪测量法) |
| | | | | 建筑变形测量规范 JGJ 8—2016/6.4.4 | 1.根据现行做法和行业经验建议参考《建筑基坑工程监测技术标准》GB 50497—2019/6.4 条规定的设备要求;<br>2.试验仪器设备:同上 | 同上 | 同上 |

**续表 2-1-2**

| 序号 | 类别(产品/项目/参数) | 产品/项目/参数 | | 依据标准(方法)名称及编号(含年号) | 仪器设备(标准物质)要求 | 环境条件要求 | 备注 |
|---|---|---|---|---|---|---|---|
| | | 序号 | 名称 | | | | |
| | | 19 | 立柱竖向位移 | 建筑变形测量规范 JGJ 8—2016/7.1 | 1.试验仪器设备:同参数 17[围护墙(边坡)顶部竖向位移 JGJ 8—2016/7.1] | 1.同参数 17[围护墙(边坡)顶部竖向位移 JGJ 8—2016/7.1] | 1.同参数 17[围护墙(边坡)顶部竖向位移 JGJ 8—2016/7.1] |
| | | | | 建筑基坑工程监测技术标准 GB 50497—2019/6.3 | 1.试验仪器设备:同参数 17[围护墙(边坡)顶部竖向位移 GB 50497—2019/6.3] | 1.同参数 17[围护墙(边坡)顶部竖向位移 GB 50497—2019/6.3] | 1.同参数 17[围护墙(边坡)顶部竖向位移 GB 50497—2019/6.3] |
| | | | | 国家一、二等水准测量规范 GB/T 12897—2006 | 1.试验仪器设备:同参数 17[围护墙(边坡)顶部竖向位移 GB/T 12897—2006] | 1.同参数 17[围护墙(边坡)顶部竖向位移 GB/T 12897—2006] | 1.同参数 17[围护墙(边坡)顶部竖向位移 GB/T 12897—2006] |
| | | 20 | 支撑(围护桩墙)内力 | 建筑基坑工程监测技术标准 GB 50497—2019/6.7 | 1.应力计或应变计:量程宜为设计值的 1.5 倍,测精度不宜低于 0.5%FS,分辨率不低于 0.02%FS | / | 1.支护结构内力监测(应变计测量法、应力计测量法) |
| | | 21 | 围护墙侧向土压力 | 建筑基坑工程监测技术标准 GB 50497—2019/6.8 | 1.土压力计:量程应满足被测压力的要求,其上限可取设计压力的 2 倍,精度不宜低于 0.5%FS,分辨率不低于 0.2%FS | / | 1.土压力监测(土压力计测量法) |
| | | 22 | 锚杆轴力 | 建筑基坑工程监测技术标准 GB 50497—2019/6.11 | 1.轴力计、钢筋应力计或应变计:量程宜为锚杆极限抗拔承载力的 1.5 倍;<br>2.量程精度不宜低于 0.5%FS,分辨率不低于 0.2%FS | / | 1.锚杆轴力监测(轴力计测量法、钢筋应力计测量法、应变计测量法) |

续表 2-1-2

| 序号 | 类别(产品/项目/参数) | 产品/项目/参数 | | 依据标准(方法)名称及编号(含年号) | 仪器设备(标准物质)要求 | 环境条件要求 | 备注 |
|---|---|---|---|---|---|---|---|
| | | 序号 | 名称 | | | | |
| | | 23 | 孔隙水压力 | 建筑基坑工程监测技术标准 GB 50497—2019/6.9 | 1.孔隙水压力计:量程满足被测压力范围的要求,可取静水压力与超孔隙水压力之和的 2 倍,精度不宜低于 0.5%FS,分辨率不低于 0.2%FS | 1.孔隙水压力计应浸泡饱和,排除透水石中的气泡 | 1.孔隙水压力监测(孔隙水压力计测量法) |
| | | 24 | 地下水位 | 建筑基坑工程监测技术标准 GB 50497—2019/6.10 | 1.水位计:精度不宜低于 10 mm;<br>2.潜水位管直径不宜小于 50 mm;饱和软土等渗透性小的土层水位管直径不宜小于 70 mm;滤管长度应满足量测要求 | 1.承压水位监测时被测含水层与其他含水层之间应采取有效的隔水措施 | 1.地下水位监测(水位计测量法) |
| | | | | 地下水监测规范 SL 183—2005/4.3 | 1.水位自动监测仪:允许精度误差位±0.01 m;<br>2.布卷尺、钢卷尺、测绳、导线 | / | 1.水位监测(水位仪自动测量法) |
| | | 25 | 周边地表竖向位移 | 国家一、二等水准测量规范 GB/T 12897—2006 | 1.试验仪器设备:同参数 17[围护墙(边坡)顶部竖向位移 GB/T 12897—2006] | 1.同参数 17[围护墙(边坡)顶部竖向位移 GB/T 12897—2006] | 1.同参数 17[围护墙(边坡)顶部竖向位移 GB/T 12897—2006] |
| | | | | 建筑基坑工程监测技术标准 GB 50497—2019/6.3 | 1.试验仪器设备:同参数 17[围护墙(边坡)顶部竖向位移 GB 50497—2019/6.3] | 1.同参数 17[围护墙(边坡)顶部竖向位移 GB 50497—2019/6.3] | 1.同参数 17[围护墙(边坡)顶部竖向位移 GB 50497—2019/6.3] |
| | | | | 建筑变形测量规范 JGJ 8—2016/6.1、7.1 | 1.试验仪器设备:同参数 17[围护墙(边坡)顶部竖向位移 JGJ 8—2016/7.1] | 1.同参数 17[围护墙(边坡)顶部竖向位移 JGJ 8—2016/7.1] | 1.同参数 17[围护墙(边坡)顶部竖向位移 JGJ 8—2016/7.1] |

续表 2-1-2

| 序号 | 类别(产品/项目/参数) | 产品/项目/参数 | | 依据标准(方法)名称及编号(含年号) | 仪器设备(标准物质)要求 | 环境条件要求 | 备注 |
|---|---|---|---|---|---|---|---|
| | | 序号 | 名称 | | | | |
| | | 26 | 周边建筑竖向位移 | 建筑基坑工程监测技术标准 GB 50497—2019/6.3 | 1.试验仪器设备:同参数 17[围护墙(边坡)顶部竖向位移 GB 50497—2019/6.3] | 1.同参数 17[围护墙(边坡)顶部竖向位移 GB 50497—2019/6.3] | 1.同参数 17[围护墙(边坡)顶部竖向位移 GB 50497—2019/6.3] |
| | | | | 建筑变形测量规范 JGJ 8—2016/6.1、7.1 | 1.试验仪器设备:同参数 17[围护墙(边坡)顶部竖向位移 JGJ 8—2016/7.1] | 1.同参数 17[围护墙(边坡)顶部竖向位移 JGJ 8—2016/7.1] | 1.同参数 17[围护墙(边坡)顶部竖向位移 JGJ 8—2016/7.1] |
| | | | | 国家一、二等水准测量规范 GB/T 12897—2006 | 1.试验仪器设备:同参数 17[围护墙(边坡)顶部竖向位移 GB/T 12897—2006] | 1.同参数 17[围护墙(边坡)顶部竖向位移 GB/T 12897—2006] | 1.同参数 17[围护墙(边坡)顶部竖向位移 GB/T 12897—2006] |
| | | 27 | 周边建筑倾斜 | 建筑基坑工程监测技术标准 GB 50497—2019/6.5 | 1.根据现行做法和行业经验建议参考《建筑变形测量规范》JGJ 8—2016/4.8 规定的设备要求;<br>2.试验仪器设备:同参数 16[围护墙(边坡)顶部水平位移 JGJ 8—2016/7.2];同参数 17[围护墙(边坡)顶部竖向位移 JGJ 8—2016/7.1] | 1.同参数 16[围护墙(边坡)顶部水平位移 JGJ 8—2016/7.2]<br>2.同参数 17[围护墙(边坡)顶部竖向位移 JGJ 8—2016/7.1] | 1.倾斜监测(投点法、水平角观测法、前方交会法、垂准法、倾斜仪法、差异沉降法);<br>2.各方法观测条件和要求详见标准第 6.5 条及其条文说明 |
| | | | | 国家一、二等水准测量规范 GB/T 12897—2006 | 1.试验仪器设备:同参数 17[围护墙(边坡)顶部竖向位移 GB/T 12897—2006] | 1.同参数 17[围护墙(边坡)顶部竖向位移 GB/T 12897—2006] | 1.同参数 17[围护墙(边坡)顶部竖向位移 GB/T 12897—2006] |
| | | | | 建筑变形测量规范 JGJ 8—2016/7.3 | 1.试验仪器设备:同参数 17[围护墙(边坡)顶部竖向位移 JGJ 8—2016/7.1];<br>2.试验仪器设备:同参数 16[围护墙(边坡)顶部水平位移 JGJ 8—2016/7.2] | 1.倾斜观测作业应避开风荷载影响大的时间段;<br>2.对于高层和超高层建筑的倾斜观测,也应避开强日照时间段 | 1.倾斜观测(常用方法:全站仪投点法、水准测量法);<br>2.各方法适用条件具体详见规范第 7.3 条 |

**续表 2-1-2**

| 序号 | 类别(产品/项目/参数) | 产品/项目/参数 | | 依据标准(方法)名称及编号(含年号) | 仪器设备(标准物质)要求 | 环境条件要求 | 备注 |
|---|---|---|---|---|---|---|---|
| | | 序号 | 名称 | | | | |
| | | 28 | 周边建筑水平位移 | 建筑基坑工程监测技术标准 GB 50497—2019/6.2 | 1.试验仪器设备:同参数 16[围护墙(边坡)顶部水平位移 GB 50497—2019/6.2] | / | 1.同参数 16[围护墙(边坡)顶部水平位移 JGJ 8—2016/7.2] |
| | | | | 建筑变形测量规范 JGJ 8—2016/7.2 | 同上 | 1.同参数 16[围护墙(边坡)顶部水平位移 JGJ 8—2016/7.2) | 同上 |
| | | 29 | 周边建筑、地表裂缝 | 建筑基坑工程监测技术标准 GB 50497—2019/6.6 | 1.裂缝宽度量测精度不宜低于 0.1 mm,裂缝长度和深度量测精度不宜低于 1 mm | / | 1.裂缝宽度监测(千分尺、游标卡尺、数字裂缝宽度仪直接测量法;裂缝计、粘贴安装千分表量测法;摄影测量法;裂缝长度监测宜采用直接测量法;裂缝深度监测宜采用超声波法、凿出法);<br>2.各方法适用条件具体详见标准第 6.6 条及其条文说明 |
| | | | | 建筑变形测量规范 JGJ 8—2016/7.4 | 1.裂缝的宽度量测精度不应低于 1.0 mm,长度量测精度不应低于 10.0 mm,深度量测精度不应低于 3.0 mm | / | 1.裂缝观测(常用方法:标志间距离法、方格网板法);<br>2.其他方法:前方交会法、单片摄影法、测缝计或传感器自动测记法、凿出法、单面接触超声波法;<br>3.各方法适用条件具体详见规范第 7.4 条 |

**续表 2-1-2**

| 序号 | 类别(产品/项目/参数) | 产品/项目/参数 | | 依据标准(方法)名称及编号(含年号) | 仪器设备(标准物质)要求 | 环境条件要求 | 备注 |
|---|---|---|---|---|---|---|---|
| | | 序号 | 名称 | | | | |
| | | 30 | 周边管线变形 | 建筑基坑工程监测技术标准 GB 50497—2019/5.3 | 1.试验仪器设备:同参数 16[围护墙(边坡)顶部竖向位移 GB 50497—2019/6.2];<br>2.试验仪器设备:同参数 17[围护墙(边坡)顶部竖向位移 GB 50497—2019/6.3] | 1.同参数 16[围护墙(边坡)顶部竖向位移 GB 50497—2019/6.2];<br>2.同参数 17[围护墙(边坡)顶部竖向位移 GB 50497—2019/6.3] | 1.基坑周边环境(抱箍法、套管法、底面观测法、顶面观测法) |
| | | | | 国家一、二等水准测量规范 GB/T 12897—2006 | 1.试验仪器设备:同参数 17[围护墙(边坡)顶部竖向位移 GB/T 12897—2006] | 1.同参数 17[围护墙(边坡)顶部竖向位移 GB/T 12897—2006] | 1.同参数 17[围护墙(边坡)顶部竖向位移 GB/T 12897—2006] |
| | | | | 建筑变形测量规范 JGJ 8—2016/6.5 | 1.试验仪器设备:同参数 17[围护墙(边坡)顶部竖向位移 JGJ 8—2016/7.1];<br>2.试验仪器设备:同参数 16[围护墙(边坡)顶部水平位移 JGJ 8—2016/7.2] | 1.同参数 17[围护墙(边坡)顶部竖向位移 JGJ 8—2016/7.1];<br>2.同参数 16[围护墙(边坡)顶部水平位移 JGJ 8—2016/7.2] | 1.周边环境变形观测;<br>2.观测方法:同参数 17[围护墙(边坡)顶部竖向位移 JGJ 8—2016/7.1]、同参数 16[围护墙(边坡)顶部水平位移 JGJ 8—2016/7.2] |

# 第二节　建筑材料检验检测

## 一、建筑材料检验检测项目/参数与检验检测方法

本部分共梳理了建筑材料十六个类别 110 个检验检测项目/参数内容的检验检测方法，所列的参数不包括建筑门窗、钢绞线、锚夹具和沥青混合料等参数，详见表 2-2-1 建筑材料检验检测项目/参数与检验检测方法对照简表。

表 2-2-1　建筑材料检验检测项目/参数与检验检测方法对照简表

| 序号 | 领域 | 项目/参数 | 检验检测方法 |
|---|---|---|---|
| 一 | 水泥 | | |
| 1 | | 密度 | |
| 2 | | 细度 | 负压筛析法、水筛法、手工筛析法 |
| 3 | | 比表面积 | |
| 4 | | 标准稠度用水量 | 标准法、代用法 |
| 5 | | 凝结时间 | |
| 6 | | 安定性 | 雷氏法(标准法)、试饼法(代用法) |
| 7 | | 胶砂强度 | |
| 8 | | 胶砂流动度 | |
| 二 | 建设用砂 | | |
| 9 | | 筛分析/颗粒级配 | 建设行业标准、国家标准 |
| 10 | | 表观密度 | 建设行业标准、国家标准 |
| 11 | | 堆积密度 | 建设行业标准、国家标准 |
| 12 | | 紧密密度 | 建设行业标准、国家标准 |
| 13 | | 含水率 | 建设行业标准、国家标准 |
| 14 | | 含泥量 | 建设行业标准、国家标准 |
| 15 | | 石粉含量 | 建设行业标准、国家标准 |
| 16 | | 泥块含量 | 建设行业标准、国家标准 |
| 17 | | 人工砂压碎值指标 | 建设行业标准、国家标准 |
| 三 | 建设用卵石、碎石 | | |
| 18 | | 筛分析/颗粒级配 | 建设行业标准、国家标准 |
| 19 | | 表观密度 | 建设行业标准、国家标准 |
| 20 | | 堆积密度 | 建设行业标准、国家标准 |
| 21 | | 紧密密度 | 建设行业标准、国家标准 |
| 22 | | 含水率 | 建设行业标准、国家标准 |
| 23 | | 含泥量 | 建设行业标准、国家标准 |
| 24 | | 泥块含量 | 建设行业标准、国家标准 |
| 25 | | 针状和片状颗粒的总含量 | 建设行业标准、国家标准 |

续表 2-2-1

| 序号 | 领域 | 项目/参数 | 检验检测方法 |
|---|---|---|---|
| 26 | | 压碎值指标 | 建设行业标准、国家标准 |
| 四 | 外加剂 | | |
| 27 | | 坍落度/坍落度 1 h 经时变化量 | |
| 28 | | 减水率 | |
| 29 | | 泌水率比 | |
| 30 | | 凝结时间/凝结时间之差 | |
| 31 | | 含气量/含气量 1 h 经时变化量 | |
| 32 | | 抗压强度/抗压强度比 | |
| 33 | | 收缩率比 | |
| 34 | | 含固量 | |
| 35 | | 含水率 | |
| 36 | | 限制膨胀率 | |
| 五 | 掺合料 | | |
| 37 | | 细度 | |
| 38 | | 需水量比 | |
| 39 | | 烧失量 | |
| 40 | | 含水量 | |
| 41 | | 活性指数 | |
| 42 | | 流动度比 | |
| 六 | 钢材 | | |
| 43 | | 断后伸长率 | |
| 44 | | 最大力总延伸率 | |
| 45 | | 下屈服强度 | |
| 46 | | 抗拉强度 | |
| 47 | | 弯曲性能 | |
| 48 | | 反复弯曲 | |
| 49 | | 重量偏差 | |
| 50 | | 反向弯曲 | |
| 七 | 钢筋焊接 | | |
| 51 | | 抗拉强度 | |
| 52 | | 弯曲 | |
| 八 | 钢筋机械连接 | | |
| 53 | | 极限抗拉强度 | |
| 54 | | 残余变形 | |
| 九 | 普通混凝土 | | |
| 55 | | 配合比 | |

续表 2-2-1

| 序号 | 领域 | 项目/参数 | 检验检测方法 |
|---|---|---|---|
| 56 | | 坍落度、坍落度经时损失及扩展度试验及扩展度经时损失 | |
| 57 | | 拌和物凝结时间 | |
| 58 | | 拌和物表观密度 | |
| 59 | | 拌和物含气量 | |
| 60 | | 抗压强度 | |
| 61 | | 抗折强度 | |
| 62 | | 抗水渗透性能 | 渗水高度法、逐级加压法 |
| 63 | | 抗冻性能 | 慢冻法、快冻法 |
| 64 | | 收缩率 | 接触法、非接触法 |
| 十 | 普通砂浆 | | |
| 65 | | 配合比 | |
| 66 | | 稠度 | |
| 67 | | 保水性 | |
| 68 | | 表观密度 | |
| 69 | | 凝结时间 | |
| 70 | | 立方体抗压强度 | |
| 71 | | 拉伸黏结强度 | |
| 72 | | 抗冻性能 | |
| 73 | | 收缩率 | |
| 十一 | 砌体砖 | | |
| 74 | | 尺寸 | |
| 75 | | 外观质量 | |
| 76 | | 体积密度 | |
| 77 | | 抗压强度 | |
| 78 | | 抗折强度 | |
| 79 | | 石灰爆裂 | |
| 80 | | 吸水率 | |
| 81 | | 饱和系数 | |
| 82 | | 吸水率/含水率 | |
| 83 | | 冻融/抗冻性 | |
| 十二 | 砌块 | | |
| 84 | | 尺寸偏差 | |
| 85 | | 外观质量 | |
| 86 | | 块体密度/干体积密度 | |
| 87 | | 含水率 | |

续表 2-2-1

| 序号 | 领域 | 项目/参数 | 检验检测方法 |
|---|---|---|---|
| 88 | | 吸水率 | |
| 89 | | 抗压强度 | |
| 十三 | 防水卷材 | | |
| 90 | | 不透水性 | |
| 91 | | 耐热性 | |
| 92 | | 最大拉力 | |
| 93 | | 最大拉力时延伸率 | |
| 94 | | 断裂延伸率 | |
| 95 | | 低温柔性 | |
| 96 | | 低温弯折性 | |
| 97 | | 可溶物含量/浸涂材料含量 | |
| 十四 | 防水涂料 | | |
| 98 | | 固体含量 | |
| 99 | | 干燥时间（表干时间、实干时间） | |
| 100 | | 拉伸性能 | |
| 101 | | 断裂伸长率 | |
| 102 | | 不透水性 | |
| 103 | | 低温柔性/低温弯折性 | |
| 104 | | 耐热性 | |
| 十五 | 简易土工 | | |
| 105 | | 含水率 | 以烘干法为室内试验的标准方法；当在野外无烘箱设备或要求快速测定含水率时，可用酒精燃烧法测定细粒土含水率 |
| 106 | | 密度 | 环刀法、蜡封法、灌水法、灌砂法 |
| 107 | | 最大干密度与最优含水率（击实试验） | 轻型击实标准、重型击实标准 |
| 十六 | 陶瓷砖 | | |
| 108 | | 断裂模数和破坏强度 | |
| 109 | | 吸水率 | 真空法、吸水法 |
| 110 | | 抗热震性 | 浸没试验、非浸没试验 |

## 二、建筑材料检验检测项目/参数与标准及要求对照一览表

本部分共梳理了建筑材料十六个类别 110 个检验检测项目/参数内容，涉及 41 个检验检测方法标准，详见表 2-2-2 建筑材料检验检测项目/参数与对应标准及要求一览表。

表 2-2-2　建筑材料检验检测项目/参数与对应标准及要求一览表

| 序号 | 类别(产品/项目/参数) | 产品/项目/参数 | | 依据标准(方法)名称及编号(含年号) | 仪器设备(标准物质)要求 | 环境条件要求 | 备注 |
|---|---|---|---|---|---|---|---|
| | | 序号 | 名称 | | | | |
| 一 | 水泥 | | | | | | |
| | | 1 | 密度 | 水泥密度测定方法 GB/T 208—2014 | 1.恒温水槽:水温可以稳定控制在(20±1)℃;<br>2.天平:最大称量不小于 100 g,分度值不大于 0.01 g;<br>3.温度计:量程 0~50 ℃,分度值不大于 0.1 ℃;<br>4.无水煤油:符合 GB 253 的要求;<br>5.李氏瓶:分度值为 0.1 mL,容量误差不大于 0.05 mL;<br>6.方孔筛:0.9 mm;<br>7.干燥箱:温度可控在(110±5)℃ | 1.温度:(20±1)℃ | 1.本标准适用于测定水泥的密度,也适用于指定采用本方法的其他粉体物料密度的测定;<br>2.第一次读数和第二次读数时,恒温水槽的温度差不大于 0.2 ℃ |
| | | 2 | 细度 | 水泥细度检验方法 筛析法 GB/T 1345—2005 | 1.筛子:分负压筛、水筛和手工筛;筛孔为 80 μm 和 45 μm;<br>2.负压筛析仪:筛座转速(30±2)r/min;负压可调范围 4 000~6 000 Pa;<br>3.天平:最小分度值不大于 0.01 g;<br>4.方孔筛:0.9 mm | | 1.负压筛析法;<br>2.水筛法;<br>3.手工筛析法 |
| | | 3 | 比表面积 | 水泥比表面积测定方法 勃氏法 GB/T 8074—2008 | 1.透气仪:符合 JC/T 956—2005 的要求;<br>2.烘干箱:控制温度灵敏度±1 ℃;<br>3.分析天平:分度值为 0.001 g;<br>4.秒表:精确至 0.5 s;<br>5.方孔筛:0.9 mm | 试验室相对湿度不大于 50% | 1.本标准适用于测定水泥的比表面积及适合采用本标准方法的、比表面积在 2 000~6 000 $cm^2/g$ 范围的其他各种粉状物料,不适用于测定多孔材料及超细粉状物料;<br>2.水泥样品按 GB 12573 进行取样,先通过 0.9 mm 方孔筛,再在 110 ℃±5 ℃下烘干 1 h,并在干燥器中冷却至室温 |

**续表 2-2-2**

| 序号 | 类别(产品/项目/参数) | 产品/项目/参数 | | 依据标准(方法)名称及编号(含年号) | 仪器设备(标准物质)要求 | 环境条件要求 | 备注 |
|---|---|---|---|---|---|---|---|
| | | 序号 | 名称 | | | | |
| | | 4 | 标准稠度用水量 | 水泥标准稠度用水量、凝结时间、安定性检验方法 GB/T 1346—2011 | 1.水泥净浆搅拌机:符合 JC/T 729 的要求;<br>2.标准法维卡仪:标准稠度试杆有效长度(50±1)mm,直径为 Φ(10±0.05)mm 滑动总质量为(300±1)g;<br>3.天平:最大称量不小于 1 000 g,分度值不大于 1 g | 1.温度:(20±2)℃;<br>2.湿度:不低于 50%;<br>3.养护箱:(20±1)℃;相对湿度不低于 90% | 1.本标准适用于硅酸盐水泥、普通硅酸盐水泥、矿渣硅酸盐水泥、粉煤灰硅酸盐水泥、火山灰质硅酸盐水泥、复合硅酸盐水泥以及指定采用本方法的其他品种水泥 |
| | | 5 | 凝结时间 | 水泥标准稠度用水量、凝结时间、安定性检验方法 GB/T 1346—2011 | 1.水泥净浆搅拌机:符合 JC/T 729 的要求;<br>2.标准法维卡仪:初凝试针有效长度(50±1)mm;终凝试针为(30±1)mm,直径为 Φ(1.13±0.05)mm;<br>3.滑动总质量为(300±1)g;<br>4.天平:最大称量不小于 1 000 g,分度值不大于 1 g | 1.温度:(20±2)℃;<br>2.湿度:不低于 50%;<br>3.养护箱:(20±1)℃;相对湿度不低于 90% | 1.本标准适用于硅酸盐水泥、普通硅酸盐水泥、矿渣硅酸盐水泥、粉煤灰硅酸盐水泥、火山灰质硅酸盐水泥、复合硅酸盐水泥以及指定采用本方法的其他品种水泥;<br>2.可以使用能得出与标准中规定方法相同结果的凝结时间自动测定仪,有矛盾时以标准规定方法为准 |
| | | 6 | 安定性 | 水泥标准稠度用水量、凝结时间、安定性检验方法 GB/T 1346—2011 | 1.水泥净浆搅拌机:符合 JC/T 729 的要求;<br>2.雷氏夹:张开距离(17.5±2.5)mm(300 g 砝码校准);<br>3.雷氏夹膨胀仪:标尺最小刻度为 0.5 mm;<br>4.沸煮箱:符合 JC/T 955;<br>5.天平:最大称量不小于 1 000 g,分度值不大于 1 g | 1.温度:(20±2)℃;<br>2.湿度:不低于 50%;<br>3.养护箱:(20±1)℃;相对湿度不低于 90% | 1.本标准适用于硅酸盐水泥、普通硅酸盐水泥、矿渣硅酸盐水泥、粉煤灰硅酸盐水泥、火山灰质硅酸盐水泥、复合硅酸盐水泥以及指定采用本方法的其他品种水泥 |

续表 2-2-2

| 序号 | 类别(产品/项目/参数) | 产品/项目/参数 | | 依据标准(方法)名称及编号(含年号) | 仪器设备(标准物质)要求 | 环境条件要求 | 备注 |
|---|---|---|---|---|---|---|---|
| | | 序号 | 名称 | | | | |
| | | 7 | 胶砂强度 | 水泥胶砂强度检验方法(ISO 法) GB/T 17671—1999 | 1.搅拌机:符合 JC/T 681—2005 要求;<br>2.振实台:符合 JC/T 682—2005 要求;<br>3.抗折强度试验机:符合 JC/T 724—2005 的要求;<br>4.抗压强度试验机:抗压强度试验机,在较大的五分之四量程范围内使用时记录的荷载应有±1%精度,并具有按(2 400±200)N/s 速率的加荷能力;<br>5.天平:称量用的天平精度应为±1g | 1.成型试验室的温度:(20±2)℃;<br>2.相对湿度应不低于50%;<br>3.带模养护的养护箱或雾室:(20±1)℃,相对湿度不低于 90%;<br>4.养护池:水温度(20±1)℃ | 1.本标准适用于硅酸盐水泥、普通硅酸盐水泥、矿渣硅酸盐水泥、粉煤灰硅酸盐水泥、复合硅酸盐水泥、石灰石硅酸盐水泥的抗折与抗压强度的检验;<br>2.其他水泥采用本标准时必须研究本标准规定的适用性 |
| | | 8 | 胶砂流动度 | 水泥胶砂流动度测定方法 GB/T 2419—2005 | 1.水泥胶砂流动度测定仪(简称跳桌):技术要求及其安装方法按本标准附录 A;<br>2.水泥胶砂搅拌机:符合 JC/T 681—2005;<br>3.卡尺:量程不小于 300 mm 分度值不大于 0.5 mm;<br>4.天平:量程不小于 1 000 g,分度值不大于 1 g | 1.成型试验室的温度:(20±2)℃;<br>2.相对湿度应不低于50% | 1.跳桌宜通过膨胀螺栓安装在已硬化的水平混凝土基座上基座由容重至少为 2 240 kg/m³ 的重混凝土浇筑而成,基部约为 400 mm×400 mm 见方,高约 690 mm |
| 二 | 建设用砂 | | | | | | |
| | | 9 | 筛分析/颗粒级配 | 普通混凝土用砂、石质量及检验方法标准 JGJ 52—2006 | 1.天平:称量 1 000 g、感量 1 g;<br>2.筛子:方孔筛,160 μm～10.0 mm;<br>3.烘箱:(105±5)℃ | | 1.适用于一般工业与民用建筑和构筑物中普通混凝土用砂和石的质量要求和检验 |

续表 2-2-2

| 序号 | 类别(产品/项目/参数) | 产品/项目/参数 | | 依据标准(方法)名称及编号(含年号) | 仪器设备(标准物质)要求 | 环境条件要求 | 备注 |
|---|---|---|---|---|---|---|---|
| | | 序号 | 名称 | | | | |
| | | | | 建设用砂 GB/T 14684—2011 | 1.天平:称量 1 000 g、感量 1 g;<br>2.筛子:方孔筛,150 μm~9.50 mm;<br>3.烘箱:(105±5)℃ | 1.试验室环境应保持在(20±5)℃ | 1.适用于建设工程中混凝土及其制品和普通砂浆用砂 |
| | | 10 | 表观密度 | 普通混凝土用砂、石质量及检验方法标准 JGJ 52—2006 | 1.天平:称量 1 000 g,感量 0.5 g;<br>2.容量瓶:500 mL;<br>3.烘箱:(105±5)℃ | 1.试验室环境应保持在(20±5)℃,但从试样加水静止的 2 h 起至试验结束,其温度变化不应超过 2 ℃ | 1.适用于一般工业与民用建筑和构筑物中普通混凝土用砂和石的质量要求和检验;<br>2.分标准法和简易法,简易法用 250 mL 的李氏瓶 |
| | | | | 建设用砂 GB/T 14684—2011 | 1.天平:称量 1 000 g,感量 0.5 g;<br>2.容量瓶:500 mL;<br>3.烘箱:(105±5)℃ | 1.试验室环境应保持在(20±5)℃,但从试样加水静止的 2 h 起至试验结束,其温度变化不应超过 2 ℃ | 1.本标准适用于建设工程中混凝土及其制品和普通砂浆用砂 |
| | | 11 | 堆积密度 | 普通混凝土用砂、石质量及检验方法标准 JGJ 52—2006 | 1.天平:称量 5 kg、感量 5 g;<br>2.烘箱:(105±5)℃;<br>3.容量筒:1 L | | 1.适用于一般工业与民用建筑和构筑物中普通混凝土用砂和石的质量要求和检验 |
| | | | | 建设用砂 GB/T 14684—2011 | 1.天平:称量 10 kg、感量 1 g;<br>2.烘箱:(105±5)℃;<br>3.容量筒:1 L | 1.试验室环境应保持在(20±5)℃ | 1.适用于建设工程中混凝土及其制品和普通砂浆用砂 |
| | | 12 | 紧密密度 | 普通混凝土用砂、石质量及检验方法标准 JGJ 52—2006 | 1.天平:称量 5 kg、感量 5 g;<br>2.烘箱:(105±5)℃;<br>3.容量筒:1 L;<br>4.垫棒:直径 10 mm 的钢筋 | | 1.适用于一般工业与民用建筑和构筑物中普通混凝土用砂和石的质量要求和检验 |

续表 2-2-2

| 序号 | 类别(产品/项目/参数) | 产品/项目/参数 |  | 依据标准(方法)名称及编号(含年号) | 仪器设备(标准物质)要求 | 环境条件要求 | 备注 |
|---|---|---|---|---|---|---|---|
|  |  | 序号 | 名称 |  |  |  |  |
|  |  |  |  | 建设用砂 GB/T 14684—2011 | 1.天平:称量 10 kg、感量 1 g;<br>2.烘箱:(105±5)℃;<br>3.容量筒:1 L;<br>4.垫棒:直径 10 mm、长度 500 mm 圆钢 | 1.试验室环境应保持在(20±5)℃ | 1.适用于建设工程中混凝土及其制品和普通砂浆用砂 |
|  |  | 13 | 含水率 | 普通混凝土用砂、石质量及检验方法标准 JGJ 52—2006 | 1.天平:称量 1 000 g、感量 1 g;<br>2.烘箱:(105±5)℃ |  | 1.适用于一般工业与民用建筑和构筑物中普通混凝土用砂和石的质量要求和检验;<br>2.分为标准法和快速法 |
|  |  |  |  | 建设用砂 GB/T 14684—2011 | 1.天平:称量 1 000 g、感量 0.1 g;<br>2.烘箱:(105±5)℃ | 1.试验室环境应保持在(20±5)℃ | 1.适用于建设工程中混凝土及其制品和普通砂浆用砂 |
|  |  | 14 | 含泥量 | 普通混凝土用砂、石质量及检验方法标准 JGJ 52—2006 | 1.天平:称量 1 000 g、感量 1 g;<br>2.烘箱:(105±5)℃;<br>3.筛子:方孔筛,80 μm、1.25 mm 各一个 |  | 1.适用于一般工业与民用建筑和构筑物中普通混凝土用砂和石的质量要求和检验;<br>2.分为标准法(适用于粗砂、中砂、细砂)和虹吸管法(适用于特细砂) |
|  |  |  |  | 建设用砂 GB/T 14684—2011 | 1.天平:称量 1 000 g、感量 0.1 g;<br>2.烘箱:(105±5)℃;<br>3.筛子:方孔筛,75 μm、1.18 mm 各一个 | 1.试验室环境应保持在(20±5)℃ | 1.适用于建设工程中混凝土及其制品和普通砂浆用砂 |

续表 2-2-2

| 序号 | 类别（产品/项目/参数） | 产品/项目/参数 | | 依据标准（方法）名称及编号（含年号） | 仪器设备（标准物质）要求 | 环境条件要求 | 备注 |
|---|---|---|---|---|---|---|---|
| | | 序号 | 名称 | | | | |
| | | 15 | 石粉含量 | 普通混凝土用砂、石质量及检验方法标准 JGJ 52—2006 | 1.天平：称量 1 000 g、感量 1 g，称量 100 g、感量 0.01 g；<br>2.烘箱：(105±5)℃；<br>3.筛子：方孔筛，80 μm、1.25 mm 各一个；<br>4.三片或四片式叶轮搅拌器：转速可调[最高达(600±60)r/min]直径(75±10)mm；<br>5.定时装置：精度 1 s | | 1.适用于一般工业与民用建筑和构筑物中普通混凝土用砂和石的质量要求和检验；<br>2.标准法 |
| | | | | 建设用砂 GB/T 14684—2011 | 1.天平：称量 1 000 g、感量 0.1 g，称量 100 g、感量 0.01 g；<br>2.烘箱：(105±5)℃；<br>3.筛子：方孔筛，75 μm、1.18 mm 各一个；<br>4.三片或四片式叶轮搅拌器：转速可调[最高达(600±60)r/min]直径(75±10)mm；<br>5.定时装置：精度 1 s | 1.试验室环境应保持在(20±5)℃ | 1.本标准适用于建设工程中混凝土及其制品和普通砂浆用砂；<br>2.标准法 |
| | | 16 | 泥块含量 | 普通混凝土用砂、石质量及检验方法标准 JGJ 52—2006 | 1.天平：称量 1 000 g、感量 1 g，称量 5 000 g、感量 5 g；<br>2.烘箱：(105±5)℃；<br>3.筛子：方孔筛，630 μm、1.25 mm 各一个 | | 1.适用于一般工业与民用建筑和构筑物中普通混凝土用砂和石的质量要求和检验 |
| | | | | 建设用砂 GB/T 14684—2011 | 1.天平：称量 1 000 g、感量 0.1 g；<br>2.烘箱：(105±5)℃；<br>3.筛子：方孔筛，600 μm、1.18 mm 各一个 | 1.试验室环境应保持在(20±5)℃ | 1.适用于建设工程中混凝土及其制品和普通砂浆用砂 |

续表 2-2-2

| 序号 | 类别(产品/项目/参数) | 产品/项目/参数 | | 依据标准(方法)名称及编号(含年号) | 仪器设备(标准物质)要求 | 环境条件要求 | 备注 |
|---|---|---|---|---|---|---|---|
| | | 序号 | 名称 | | | | |
| | | 17 | 人工砂压碎值指标 | 普通混凝土用砂、石质量及检验方法标准 JGJ 52—2006 | 1.天平:称量 1 000 g,感量 1 g;<br>2.压力试验机:300 kN;<br>3.烘箱:(105±5)℃;<br>4.方孔筛:5.0 mm、2.50 mm、1.25 mm、630 μm、315 μm、160 μm 及 80 μm 各一只;<br>5.受压钢模 | | 1.适用于一般工业与民用建筑和构筑物中普通混凝土用砂和石的质量要求和检验;<br>2.适用于粒级 315 μm ~ 5.00 mm 的人工砂 |
| | | | | 建设用砂 GB/T 14684—2011 | 1.天平:称量 10 kg 或 1 000 g,感量 1 g;<br>2.压力试验机:50 ~ 1 000 kN;<br>3.烘箱:(105±5)℃;<br>4.方孔筛:4.75 mm、2.36 mm、1.18 mm、600 μm 及 300 μm 各一只;<br>5. 受压钢模 | 1.试验室环境应保持在(20±5)℃ | 1.适用于建设工程中混凝土及其制品和普通砂浆用砂 |
| 三 | 建设用卵石、碎石 | | | | | | |
| | | 18 | 筛分析/颗粒级配 | 普通混凝土用砂、石质量及检验方法标准 JGJ 52-2006 | 1.天平:称量 5 kg、感量 5 g;<br>2.称:称量 20 kg、感量 20 g;<br>3.筛子:方孔筛,2.50 ~ 100.0 mm;<br>4.烘箱:(105±5)℃ | | 1.适用于一般工业与民用建筑和构筑物中普通混凝土用砂和石的质量要求和检验 |
| | | | | 建设用卵石、碎石 GB/T 14685—2011 | 1.天平:称量 10 kg、感量 1 g;<br>2. 筛子:方孔筛,2.36 ~ 90.0 mm;<br>3.烘箱:(105±5)℃ | 1.试验室环境应保持在(20±5)℃ | 1.适用于建设工程中混凝土及其制品和普通砂浆用砂 |

续表 2-2-2

| 序号 | 类别(产品/项目/参数) | 产品/项目/参数 | | 依据标准(方法)名称及编号(含年号) | 仪器设备(标准物质)要求 | 环境条件要求 | 备注 |
|---|---|---|---|---|---|---|---|
| | | 序号 | 名称 | | | | |
| | | 19 | 表观密度 | 普通混凝土用砂、石质量及检验方法标准 JGJ 52—2006 | 标准法<br>1.液体天平:称量 5 kg、感量 5 g;<br>2.烘箱:(105±5)℃;<br>3.温度计:0~100 ℃;<br>4.筛子:方孔筛,5.00 mm | | 1.适用于一般工业与民用建筑和构筑物中普通混凝土用砂和石的质量要求和检验;<br>2.分为标准法和简易法 |
| | | | | | 简易法<br>1.烘箱:(105±5)℃;<br>2.称:称量 20 kg、感量 20 g;<br>3.广口瓶:1 000 mL;<br>4.筛子:方孔筛,5.00 mm | | 1.简易法不宜用于测量最大粒径大于 40.0 mm 的 |
| | | | | 建设用卵石、碎石 GB/T 14685—2011 | 液体比重天平法<br>1.液体天平:称量 5 kg、感量 5 g;<br>2.烘箱:(105±5)℃;<br>3.温度计:0~100 ℃;<br>4.筛子:方孔筛,4.75 mm | 1.试验室环境应保持在(20±5)℃,但从试样加水静止的 2 h 起至试验结束,其温度变化不应超过 2 ℃ | 1.适用于建设工程中混凝土及其制品和普通砂浆用砂 |
| | | | | | 广口瓶法<br>1.烘箱:(105±5)℃;<br>2.称:称量 2 kg、感量 1 g;<br>3.广口瓶:1 000 mL;<br>4.筛子:方孔筛,4.75 mm | | 1.广口瓶法不宜用于测量最大粒径大于 37.5 mm 的 |
| | | 20 | 堆积密度 | 普通混凝土用砂、石质量及检验方法标准 JGJ 52—2006 | 1.天平:称量 100 kg、感量 100 g;<br>2.容量筒:10 L、20 L、30 L 各一个;<br>3.烘箱:(105±5)℃ | | 1.适用于一般工业与民用建筑和构筑物中普通混凝土用砂和石的质量要求和检验 |

续表 2-2-2

| 序号 | 类别(产品/项目/参数) | 产品/项目/参数 | | 依据标准(方法)名称及编号(含年号) | 仪器设备(标准物质)要求 | 环境条件要求 | 备注 |
|---|---|---|---|---|---|---|---|
| | | 序号 | 名称 | | | | |
| | | | | 建设用卵石、碎石 GB/T 14685—2011 | 1.天平:称量 10 kg、感量 10 g,称量 50 kg 或 100 kg、感量 50 g 各一台;<br>2.容量筒:10 L、20 L、30 L 各一个 | 1.试验室环境应保持在(20±5)℃ | 1.适用于建设工程中混凝土及其制品和普通砂浆用砂 |
| | | 21 | 紧密密度 | 普通混凝土用砂、石质量及检验方法标准 JGJ 52—2006 | 1.天平:称量 100 kg、感量 100 g;<br>2.容量筒:10 L、20 L、30 L 各一个;<br>3.烘箱:(105±5)℃;<br>4.垫棒:25 mm 的钢筋 | | 1.适用于一般工业与民用建筑和构筑物中普通混凝土用砂和石的质量要求和检验 |
| | | | | 建设用卵石、碎石 GB/T 14685—2011 | 1.天平:称量 10 kg、感量 10 g,称量 50 kg 或 100 kg、感量 50 g 各一台;<br>2.容量筒:10 L、20 L、30 L 各一个;<br>3.垫棒:直径 16 mm、长 600 mm 圆钢 | 1.试验室环境应保持在(20±5)℃ | 本标准适用于建设工程中混凝土及其制品和普通砂浆用砂 |
| | | 22 | 含水率 | 普通混凝土用砂、石质量及检验方法标准 JGJ 52—2006 | 1.天平:称量 20 kg、感量 20 g;<br>2.烘箱:(105±5)℃ | | 1.适用于一般工业与民用建筑和构筑物中普通混凝土用砂和石的质量要求和检验 |
| | | | | 建设用卵石、碎石 GB/T 14685—2011 | 1.天平:称量 10 kg、感量 1 g;<br>2.烘箱:(105±5)℃ | 1.试验室环境应保持在(20±5)℃ | 1.适用于建设工程中混凝土及其制品和普通砂浆用砂 |
| | | 23 | 含泥量 | 普通混凝土用砂、石质量及检验方法标准 JGJ 52—2006 | 1.天平:称量 20 kg、感量 20 g;<br>2.烘箱:(105±5)℃;<br>3.筛子:方孔筛,80 μm、1.25 mm 各一个 | | 1.适用于一般工业与民用建筑和构筑物中普通混凝土用砂和石的质量要求和检验 |

续表 2-2-2

| 序号 | 类别(产品/项目/参数) | 产品/项目/参数 | | 依据标准(方法)名称及编号(含年号) | 仪器设备(标准物质)要求 | 环境条件要求 | 备注 |
|---|---|---|---|---|---|---|---|
| | | 序号 | 名称 | | | | |
| | | | | 建设用卵石、碎石 GB/T 14685—2011 | 1.天平:称量 10 kg、感量 1 g;<br>2.烘箱:(105±5)℃;<br>3.筛子:方孔筛,75 μm、1.18 mm 各一个 | 1.试验室环境应保持在(20±5)℃ | 1.适用于建设工程中混凝土及其制品和普通砂浆用砂 |
| | | 24 | 泥块含量 | 普通混凝土用砂、石质量及检验方法标准 JGJ 52—2006 | 1.天平:称量 20 kg、感量 20 g;<br>2.烘箱:(105±5)℃;<br>3.筛子:方孔筛,2.50 mm、5.00 mm 各一个 | | 1.适用于一般工业与民用建筑和构筑物中普通混凝土用砂和石的质量要求和检验 |
| | | | | 建设用卵石、碎石 GB/T 14685—2011 | 1.天平:称量 10 kg、感量 1 g;<br>2.烘箱:(105±5)℃;<br>3.筛子:方孔筛,2.36 mm、4.75 mm 各一个 | 1.试验室环境应保持在(20±5)℃ | 1.适用于建设工程中混凝土及其制品和普通砂浆用砂 |
| | | 25 | 针状和片状颗粒的总含量 | 普通混凝土用砂、石质量及检验方法标准 JGJ 52—2006 | 1.针状规准仪和片状规准仪;<br>2.天平:称量 2 kg、感量 2 g,称量 20 kg、感量 20 g 各一个;<br>3.筛子:方孔筛,5.00~80.0 mm | | 1.适用于一般工业与民用建筑和构筑物中普通混凝土用砂和石的质量要求和检验 |
| | | | | 建设用卵石、碎石 GB/T 14685—2011 | 1.针状规准仪和片状规准仪;<br>2.天平:称量 10 kg、感量 1 g;<br>3.筛子:方孔筛,4.75~37.5 mm | 1.试验室环境应保持在(20±5)℃ | 1.适用于建设工程中混凝土及其制品和普通砂浆用砂 |
| | | 26 | 压碎值指标 | 普通混凝土用砂、石质量及检验方法标准 JGJ 52—2006 | 1.压力试验机:300 kN;<br>2.天平:称量 5 kg、感量 5 g;<br>3.受压试模;<br>4.筛子:方孔筛,10.0 mm 及 20.0 mm 各一个;<br>5.垫棒:直径 10 mm、长 500 mm 圆钢 | | 1.适用于一般工业与民用建筑和构筑物中普通混凝土用砂和石的质量要求和检验 |

续表 2-2-2

| 序号 | 类别(产品/项目/参数) | 产品/项目/参数 | | 依据标准(方法)名称及编号(含年号) | 仪器设备(标准物质)要求 | 环境条件要求 | 备注 |
|---|---|---|---|---|---|---|---|
| | | 序号 | 名称 | | | | |
| | | | | 建设用卵石、碎石 GB/T 14685—2011 | 1.压力试验机:300 kN,示值相对误差 2%;<br>2.天平:称量 10 kg、感量 1 g;<br>3.受压试模;<br>4.筛子:方孔筛,2.36 mm、9.50 mm 及 19.0 mm 各一个;<br>5.垫棒:直径 10 mm、长 500 mm 圆钢 | 1.试验室环境应保持在(20±5)℃ | 1.适用于建设工程中混凝土及其制品和普通砂浆用砂 |
| 四 | 外加剂 | | | | | | |
| | | 27 | 坍落度/坍落度 1 h 经时变化量 | 混凝土外加剂 GB 8076—2008 | 1.坍落度仪:符合 JC/T 248;<br>2.钢直尺:量程不小于 300 mm,分度值不大于 1 mm(2 把) | 1.湿度不宜小于 50%,温度(20±5)℃ | 1.本标准适用于高性能减水剂(早强型、标准型、缓凝型)、高效减水剂(标准型、缓凝型)、普通减水剂(早强型、标准型、缓凝型)、引气减水剂、泵送剂、早强剂、缓凝剂及引气剂共八类混凝土外加剂;<br>2.适用于骨料最大公称粒径不大于 40 mm、坍落度不小于 10 mm |
| | | | | 普通混凝土拌和物性能试验方法标准 GB/T 50080—2016 | 1.坍落度仪:符合 JC/T 248;<br>2.钢直尺:量程不小于 300 mm,分度值不大于 1 mm(2 把) | 1.湿度不宜小于 50%,温度(20±5)℃ | 1.适用于骨料最大公称粒径不大于 40 mm、坍落度不小于 10 mm |
| | | 28 | 减水率 | 混凝土外加剂 GB 8076—2008 | 1.坍落度仪:符合 JC/T 248<br>2.钢直尺:量程不小于 300 mm,分度值不大于 1 mm(2 把) | 1.湿度不宜小于 50%,温度(20±5)℃ | 1.配合比:基准混凝土配合比按 JGJ 55 进行设计,掺非引气型外加剂的受检混凝土和其对应的基准混凝土的水泥、砂、石的比例相同配合比设计应符合以下规定: |

续表 2-2-2

| 序号 | 类别(产品/项目/参数) | 产品/项目/参数 | | 依据标准(方法)名称及编号(含年号) | 仪器设备(标准物质)要求 | 环境条件要求 | 备注 |
|---|---|---|---|---|---|---|---|
| | | 序号 | 名称 | | | | |
| | | 28 | 减水率 | 混凝土外加剂 GB 8076—2008 | 1.坍落度仪:符合 JC/T 248<br>2.钢直尺:量程不小于 300 mm,分度值不大于 1mm(2 把) | 1.湿度不宜小于 50%,温度(20±5)℃ | (1)水泥用量:掺高性能减水剂或泵送剂的基准混凝土和受检混凝土的单位水泥用量为 360 $kg/m^3$;掺其他外加剂的基准混凝土和受检混凝土单位水泥用量为 330 $kg/m^3$。<br>(2)砂率:掺高性能减水剂或泵送剂的基准混凝土和受检混凝土的砂率均为 43%~47%;掺其他外加剂的基准混凝土和受检混凝土的砂率为 36%~40%;但掺引气减水剂或引气剂的受检混凝土的砂率应比基准混凝土的砂率低 1%~3%。<br>(3)外加剂掺量:按生产厂家指定掺量。<br>(4)用水量:掺高性能减水剂或泵送剂的基准混凝土和受检混凝土的坍落度控制在(210±10) mm。用水量为坍落度在(210±10) mm 时的最小用水量;掺其他外加剂的基准混凝土和受检混凝土的坍落度控制在(80±10) mm。用水量包括液体外加剂、砂、石材料中所含的水量 |
| | | 29 | 泌水率比 | 混凝土外加剂 GB 8076—2008 | 1.容量筒:5 L,应配有盖子;<br>2.量筒:100 mL,分度值 1 mL,带塞;<br>3.振动台:符合 JG/T 245 的规定;<br>4.天平:称量不小于 20 kg、感量不大于 1 g | 1.湿度不宜小于 50%,温度(20±5)℃ | 1.适用于骨料最大公称粒径不大于 40 mm |

续表 2-2-2

| 序号 | 类别(产品/项目/参数) | 产品/项目/参数 | | 依据标准(方法)名称及编号(含年号) | 仪器设备(标准物质)要求 | 环境条件要求 | 备注 |
|---|---|---|---|---|---|---|---|
| | | 序号 | 名称 | | | | |
| | | | | 普通混凝土拌和物性能试验方法标准 GB/T 50080—2016 | 1.容量筒:5 L,应配有盖子;<br>2.量筒:100 mL,分度值 1 mL,带塞;<br>3.振动台:符合 JG/T 245 的规定;<br>4.捣棒:符合 JG/T 248 的规定;<br>5.天平:称量不小于 20 kg、感量不大于 1 g | 1.湿度不宜小于 50%,温度(20±5)℃ | 1.适用于骨料最大公称粒径不大于 40 mm |
| | | 30 | 凝结时间/凝结时间之差 | 混凝土外加剂 GB 8076—2008 | 1.贯入阻力仪:量程不小于 1 000 N、精度为±10 N;测针长 100 mm,距贯入端 25 mm 处有明显标记;<br>2.测针的承压面积应为 100 mm²、50 mm²、20 mm² 三种;<br>3.筛子:5.00 mm 方孔筛,符合 GB/T 6003.2 的规定;<br>4.振动台:符合 JG/T 245 的规定;<br>5.捣棒:符合 JG/T 248 的规定 | 1.湿度不宜小于 50%,温度(20±2)℃ | 1.贯入阻力值达 3.5 MPa 时,对应的时间作为初凝时间;贯入阻力值达 28 MPa 时,对应的时间作为终凝时间;<br>2.从水泥与水接触时开始计算凝结时间 |
| | | | | 普通混凝土拌和物性能试验方法标准 GB/T 50080—2016 | 1.贯入阻力仪:量程不小于 1 000 N、精度为±10 N;测针长 100 mm,距贯入端 25 mm 处有明显标记;测针的承压面积应为 100 mm²、50 mm²、20 mm² 三种;<br>2.筛子:5.00 mm 方孔筛,符合 GB/T 6003.2 的规定;<br>3.振动台:符合 JG/T 245 的规定;<br>4.捣棒:符合 JG/T 248 的规定 | 1.湿度不宜小于 50%,温度(20±2)℃ | |

续表 2-2-2

| 序号 | 类别(产品/项目/参数) | 产品/项目/参数 | | 依据标准(方法)名称及编号(含年号) | 仪器设备(标准物质)要求 | 环境条件要求 | 备注 |
|---|---|---|---|---|---|---|---|
| | | 序号 | 名称 | | | | |
| | | 31 | 含气量/含气量1 h经时变化量 | 混凝土外加剂 GB 8076—2008 | 1.气量测定仪:符合 JG/T 246 的规定;<br>2.捣棒:符合 JG/T 248 的规定;<br>3.振动台:符合 JG/T 245 的规定;<br>4.天平:称量不小于 50 kg、感量不大于 10 g | 1.湿度不宜小于 50%,温度(20±5)℃ | 1.适用于骨料最大公称粒径不大于 40 mm |
| | | | | 普通混凝土拌和物性能试验方法标准 GB/T 50080—2016 | 1.含气量测定仪:符合 JG/T 246 的规定;<br>2.捣棒:符合 JG/T 248 的规定;<br>3.振动台:符合 JG/T 245 的规定;<br>4.天平:称量不小于 50 kg、感量不大于 10 g | 1.湿度不宜小于 50%,温度(20±5)℃ | 1.适用于骨料最大公称粒径不大于 40 mm |
| | | 32 | 抗压强度/抗压强度比 | 混凝土外加剂 GB 8076—2008 | 1.压力试验机:<br>(1)试件破坏荷载宜大于压力机全量程的 20%且宜小于全量程的 80%;<br>(2)示值相对误差应为±1%;<br>(3)应具有加荷速度指示装置或加荷速度控制装置,并应能均匀、连续地加荷;<br>(4)试验机上、下承压板的平面度公差不应大于 0. 04 mm,平行度公差不应大于 0.05 mm,表面硬度不应小于 55HRC,板面应光滑、平整,表面粗糙度 $R_a$ 不应大于 0. 80 μm;<br>(5)球座应转动灵活,球座宜置于试件顶面,并凸面朝上;<br>(6)其他要求应符合现行国家标准《液压式万能试验机》(GB/T 3159)和《试验机通用技术要求》(GB/T 2611)的有关规定 | 1.湿度不宜小于 95%,温度(20±2)℃ | 1.受检混凝土与基准混凝土的抗压强度按(GB/T 50081)进行试验和计算试件制作时,用振动台振动 15~20 s;<br>2.试件预养温度为(20±3)℃ |

**续表 2-2-2**

| 序号 | 类别(产品/项目/参数) | 产品/项目/参数 | | 依据标准(方法)名称及编号(含年号) | 仪器设备(标准物质)要求 | 环境条件要求 | 备注 |
|---|---|---|---|---|---|---|---|
| | | 序号 | 名称 | | | | |
| | | | | 混凝土物理力学性能试验方法标准 GB/T 50081—2019 | 1.压力试验机:<br>(1)试件破坏荷载宜大于压力机全量程的 20%且宜小于全量程的 80%;<br>(2)示值相对误差应为±1%;<br>(3)应具有加荷速度指示装置或加荷速度控制装置,并应能均匀、连续地加荷;<br>(4)试验机上、下承压板的平面度公差不应大于 0. 04 mm,平行度公差不应大于 0.05 mm,表面硬度不应小于 55HRC,板面应光滑、平整,表面粗糙度 $R_a$ 不应大于 0.80 μm;<br>(5)球座应转动灵活,球座宜置于试件顶面,并凸面朝上;<br>(6)其他要求应符合现行国家标准《液压式万能试验机》(GB/T 3159)和《试验机通用技术要求》(GB/T 2611)的有关规定 | 1.湿度不宜小于 95%,温度(20±2)℃ | 1.受检混凝土与基准混凝土的抗压强度按 GB/T 50081 进行试验和计算试件制作时,用振动台振动 15~20 s;<br>2.试件预养温度为(20±3)℃ |
| | | 33 | 收缩率比 | 混凝土外加剂 GB 8076—2008 | 非接触法<br>1.传感器:量程不小于试件测量标距长度的 0.5%或不小于 1 mm,精度不低于 0.002 mm | 1.室温为(20±2)℃,相对湿度为(60±5)% | 1.受检混凝土及基准混凝土的收缩率按 GB/T 50082 测定和计算 |
| | | | | | 接触式<br>1.卧式/立式混凝土收缩仪:标距为 540 mm,装有精度为±0.001 mm 的千分表或测微器 | | |

**续表** 2-2-2

| 序号 | 类别(产品/项目/参数) | 产品/项目/参数 序号 | 产品/项目/参数 名称 | 依据标准(方法)名称及编号(含年号) | 仪器设备(标准物质)要求 | 环境条件要求 | 备注 |
|---|---|---|---|---|---|---|---|
| | | | | 普通混凝土长期性能和耐久性能试验方法标准 GB 50082—2009 | 非接触法<br>1.传感器:量程不小于试件测量标距长度的 0.5%或不小于 1 mm,精度不低于 0.002 mm | 1.室温为(20±2)℃,相对湿度为(60±5)% | 1.受检混凝土及基准混凝土的收缩率按 GB/T 50082 测定和计算 |
| | | | | | 接触法<br>1.卧式/立式混凝土收缩仪:标距为 540 mm,装有精度为±0.001 mm 的千分表或测微器 | | |
| | | 34 | 含固量 | 混凝土外加剂匀质性试验方法 GB/T 8077—2012 | 1.天平:分度值 0.000 1 g;<br>2.烘箱:0~200 ℃;<br>3.带盖称量瓶:65 mm×25 mm | | |
| | | 35 | 含水率 | 混凝土外加剂匀质性试验方法 GB/T 8077—2012 | 1.天平:分度值 0.000 1 g;<br>2.烘箱:0~200 ℃;<br>3.带盖称量瓶:65 mm×25 mm | | |
| | | 36 | 限制膨胀率 | 混凝土膨胀剂 GB/T 23439—2017 | 1.千分表:分辨率为 0.001 mm;<br>2.钢丝:符合 GB/T 4357 规定的 D 级弹簧钢丝 | 1.试验室、养护箱、养护水温、湿度符合 GB/T 17671 的规定;<br>2.恒温恒湿(箱)室温度(20±2)℃,湿度为(60±5)% | |

续表 2-2-2

| 序号 | 类别(产品/项目/参数) | 产品/项目/参数 | | 依据标准(方法)名称及编号(含年号) | 仪器设备(标准物质)要求 | 环境条件要求 | 备注 |
|---|---|---|---|---|---|---|---|
| | | 序号 | 名称 | | | | |
| 五 | 掺合料 | | | | | | |
| | | 37 | 细度 | 水泥细度检验方法筛析法 GB/T 1345—2005 | 1.负压筛;筛孔为 45 μm 的方孔筛;<br>2.负压筛析仪:负压可调范围 4 000~6 000 Pa;<br>3.天平:量程不小于 50 g,最小分度值不大于 0.01 g | | |
| | | 38 | 需水量比 | 用于水泥和混凝土中的粉煤灰 GB/T 1596—2017/附录 A | 1.天平:量程不小于 1 000 g,最小分度值不大于 1 g;<br>2.搅拌机:符合 GB/T 17671—1999 规定的行星式水泥胶砂搅拌机;<br>3.流动度跳桌:符合 GB/T 2419 的规定 | | |
| | | 39 | 烧失量 | 水泥化学分析方法 GB/T 176—2017 | 1.天平:最小分度值为 0.000 1 g;<br>2.高温炉:可控制温度(950±25)℃;<br>3.瓷坩埚:带盖容量 20~30 mL | | |
| | | 40 | 含水量 | 用于水泥和混凝土中的粉煤灰 GB/T 1596—2017/附录 B | 1.干箱:可控制温度不低于 110 ℃,最小分度值不大于 2 ℃;<br>2.天平:量程不小于 50 g,最小分度值不大于 0.01 g | | |
| | | | | 用于水泥、砂浆和混凝土中的粒化高炉矿渣粉 GB/T 18046—2017 | 1.烘干箱:可控制温度不低于 110 ℃,最小分度值不大于 2 ℃;<br>2.天平:量程不小于 50 g,最小分度值不大于 0.01 g | | |

**续表 2-2-2**

| 序号 | 类别(产品/项目/参数) | 产品/项目/参数 | | 依据标准(方法)名称及编号(含年号) | 仪器设备(标准物质)要求 | 环境条件要求 | 备注 |
|---|---|---|---|---|---|---|---|
| | | 序号 | 名称 | | | | |
| | | 41 | 活性指数 | 用于水泥和混凝土中的粉煤灰 GB/T 1596—2017/附录 C | 1.天平、搅拌机、振实台或振动台、抗压强度试验机等均应符合 GB/T 17671—1999 的规定 | | |
| | | | | 用于水泥、砂浆和混凝土中的粒化高炉矿渣粉 GB/T 18046—2017 | 1.天平、搅拌机、振实台或振动台、抗压强度试验机等均应符合 GB/T 17671—1999 的规定 | | |
| | | 42 | 流动度比 | 用于水泥、砂浆和混凝土中的粒化高炉矿渣粉 GB/T 18046—2017 | 1.天平、搅拌机、振实台或振动台、抗压强度试验机等均应符合 GB/T 17671—1999 的规定 | | |
| 六 | 钢材 | | | | | | |
| | | 43 | 断后伸长率 | 金属材料 拉伸试验 第1部分:室温试验方法 GB/T 228.1—2010 | 1.试验机的准确度应为1级或优于1级按 GB/T 16825.1 校准;<br>2.引伸仪的准确度应符合 GB/T 12160 要求,应使用不劣于1级;<br>3.计算机控制拉伸试验机应满足 GB/T 22066 及 GB/T 228.1 附录 A;<br>4.应使用分辨率足够的量具或测量装置测定断后伸长率,并准确至±0.25 mm | 1.一般室温 10~35 ℃;<br>2.严格室温(23±5)℃ | |
| | | | | 钢筋混凝土用钢材试验方法 GB/T 28900—2012 | 1.试验机的准确度应为1级或优于1级按 GB/T 16825.1 校准;<br>2.测定 $R_{el}$ 或 $R_{p0.2}$ 时引伸计精度应达到1级,测定 $A_{gt}$ 时可使用2级精度的引伸仪;<br>3.用于测定最大力 $F_m$ 总延伸率($A_{gt}$)的引伸计应至少有 100 mm 的标距长度 | | |

续表 2-2-2

| 序号 | 类别(产品/项目/参数) | 产品/项目/参数 | | 依据标准(方法)名称及编号(含年号) | 仪器设备(标准物质)要求 | 环境条件要求 | 备注 |
|---|---|---|---|---|---|---|---|
| | | 序号 | 名称 | | | | |
| | | 44 | 最大力总延伸率 | 金属材料 拉伸试验 第1部分:室温试验方法 GB/T 228.1—2010 | 1.试验机的准确度应为1级或优于1级按GB/T 16825.1校准;<br>2.引伸仪的准确度应符合GB/T 12160要求,应使用不劣于1级;<br>3.计算机控制拉伸试验机应满足GB/T 22066及GB/T 228.1附录A;<br>4.应使用分辨率足够的量具或测量装置测定断后伸长率,并准确至±0.25 mm | 1.一般室温(10~35)℃;<br>2.严格室温(23±5)℃ | |
| | | | | 钢筋混凝土用钢材试验方法 GB/T 28900—2012 | 1.试验机的准确度应为1级或优于1级按GB/T 16825.1校准;<br>2.测定$R_{el}$或$R_{p0.2}$时引伸计精度应达到1级,测定$A_{gt}$时可使用2级精度的引伸仪;<br>3.用于测定最大力$F_m$总延伸率($A_{gt}$)的引伸计应至少有100 mm的标距长度 | | |
| | | 45 | 下屈服强度/规定非比例延伸强度/规定塑性延伸强度 | 金属材料 拉伸试验 第1部分:室温试验方法 GB/T 228.1—2010 | 1.试验机的准确度应为1级或优于1级按GB/T 16825.1校准;<br>2.引伸仪的准确度应符合GB/T 12160要求,应使用不劣于1级;<br>3.计算机控制拉伸试验机应满足GB/T22066及GB/T228.1附录A | 1.一般室温(10~35)℃;<br>2.严格室温(23±5)℃ | |
| | | | | 钢筋混凝土用钢材试验方法 GB/T 28900—2012 | 1.试验机的准确度应为1级或优于1级按GB/T 16825.1校准;<br>2.测定$R_{el}$或$R_{p0.2}$时,引伸计精度应达到1级;测定$A_{gt}$是可使用2级精度的引伸仪;<br>3.用于测定最大力$F_m$总延伸率($A_{gt}$)的引伸计应至少有100 mm的标距长度 | | |

续表 2-2-2

| 序号 | 类别(产品/项目/参数) | 产品/项目/参数 | | 依据标准(方法)名称及编号(含年号) | 仪器设备(标准物质)要求 | 环境条件要求 | 备注 |
|---|---|---|---|---|---|---|---|
| | | 序号 | 名称 | | | | |
| | | 46 | 抗拉强度 | 金属材料 拉伸试验 第1部分:室温试验方法 GB/T 228.1—2010 | 1.试验机的准确度应为1级或优于1级按 GB/T 16825.1 校准;<br>2.引伸仪的准确度应符合 GB/T 12160 要求,应使用不劣于1级;<br>3.计算机控制拉伸试验机应满足 GB/T 22066 及 GB/T 228.1 附录 A | 1.一般室温(10~35)℃;<br>2.严格室温(23±5)℃ | |
| | | | | 钢筋混凝土用钢材试验方法 GB/T 28900—2012 | 1.试验机的准确度应为1级或优于1级按 GB/T 16825.1 校准;<br>2.测定 $R_{el}$ 或 $R_{p0.2}$ 时,引伸计精度应达到1级;测定 $A_{gt}$ 是可使用2级精度的引伸仪;<br>3.用于测定最大力 $F_m$ 总延伸率($A_{gt}$)的引伸计应至少有 100 mm 的标距长度 | | |
| | | 47 | 弯曲性能 | 金属材料弯曲试验方法 GB/T 232—2010<br>钢筋混凝土用钢材试验方法 GB/T 28900—2012 | | 1.一般室温(10~35)℃;<br>2.严格室温(23±5)℃ | |
| | | 48 | 反复弯曲 | 金属材料线材反复弯曲试验方法 GB/T 238—2013 | 1.反复弯曲试验机:符合 GB/T 238 要求 | 1.一般室温(10~35)℃;<br>2.严格室温(23±5)℃ | |
| | | | | 金属材料薄板和薄带反复弯曲试验方法 GB/T 235—2013 | 1.反复弯曲试验机:符合 GB/T 235 要求 | 1.一般室温(10~35)℃;<br>2.严格室温(23±5)℃ | |

续表 2-2-2

| 序号 | 类别(产品/项目/参数) | 产品/项目/参数 | | 依据标准(方法)名称及编号(含年号) | 仪器设备(标准物质)要求 | 环境条件要求 | 备注 |
|---|---|---|---|---|---|---|---|
| | | 序号 | 名称 | | | | |
| | | 49 | 重量偏差 | 钢筋混凝土用钣 第1部分 热轧光圆钢筋 GB/T 1499.1—2017 | 1.尺子:最小分度值不大于1 mm;<br>2.测量试样总重量时,应精确到不大于总重量的1% | | |
| | | | | 钢筋混凝土用钢 第2部分 热轧带肋钢筋 GB/T 1499.2—2018 | 1.尺子:最小分度值不大于1 mm;<br>2.测量试样总重量时,应精确到不大于总重量的1% | | |
| | | | | 钢筋混凝土用钢材试验方法 GB/T 28900—2012 | 1.尺子:最小分度值不大于1 mm;<br>2.测量试样总重量时,应精确到不大于总重量的1% | | |
| | | | | 混凝土结构工程质量验收规范 GB 50204—2015 | 1.尺子:最小分度值不大于1 mm;<br>2.测量试样总重量时,应精确到不大于总重量的1% | | |
| | | 50 | 反向弯曲 | 钢筋混凝土用钢材试验方法 GB/T 28900—2012<br>钢筋混凝土用钢 第2部分 热轧带肋钢筋 GB/T 1499.2—2018 | | 1.温度:(10~35)℃ | |
| 七 | 钢筋焊接 | | | | | | |
| | | 51 | 抗拉强度 | 钢筋焊接接头试验方法标准 JGJ/T 27—2014 | | 1.一般室温(10~35)℃;<br>2.严格室温(23±5)℃ | |
| | | 52 | 弯曲 | 钢筋焊接接头试验方法标准 JGJ/T 27—2014 | | 1.一般室温(10~35)℃;<br>2.严格室温(23±5)℃ | |

**续表 2-2-2**

| 序号 | 类别(产品/项目/参数) | 产品/项目/参数 序号 | 产品/项目/参数 名称 | 依据标准(方法)名称及编号(含年号) | 仪器设备(标准物质)要求 | 环境条件要求 | 备注 |
|---|---|---|---|---|---|---|---|
| 八 | 钢筋机械连接 | | | | | | |
| | | 53 | 极限抗拉强度 | 钢筋机械连接技术规程 JGJ 107—2016 | 1.试验机的准确度应为 1 级或优于 1 级 | 1.一般室温(10~35)℃;<br>2.严格室温(23±5)℃ | |
| | | 54 | 残余变形 | 钢筋机械连接技术规程 JGJ 107—2016 | 1.试验机的准确度应为 1 级或优于 1 级 | 1.一般室温(10~35)℃;<br>2.严格室温(23±5)℃ | |
| 九 | 普通混凝土 | | | | | | |
| | | 55 | 配合比 | 普通混凝土配合比设计规程 JGJ 55—2011 | | | |
| | | 56 | 坍落度、坍落度经时损失及扩展度试验及扩展度经时损失 | 普通混凝土拌和物性能试验方法标准 GB/T 50080—2016 | 坍落度、坍落度经时损失及扩展度试验及扩展度经时损失<br>1.坍落度仪:符合 JC/T 248;<br>2.钢直尺:量程不小于 300 mm,分度值不大于 1 mm(2 把);<br>3.底板应采用平面尺寸不小于 1 500 mm×1 500 mm、厚度不小于 3 mm 的钢板,其最大挠度不应大于 3 mm | 1.拌合间温度应保持在(20±5)℃ | 1.适用于骨料最大公称粒径不大于 40 mm、坍落度不小于 10 mm |
| | | | | | 维勃稠度法<br>1.维勃稠度仪:符合《维勃稠度仪》JG 3043 的规定;<br>2.秒表的精度不应低于 0.1 s | 1.拌合间温度应保持在(20±5)℃ | 1.适用于骨料最大粒径不大于 40 mm 维勃稠度在 5~30 s 的混凝土拌和物稠度测定 |
| | | 57 | 拌和物凝结时间 | 普通混凝土拌和物性能试验方法标准 GB/T 50080—2016 | 1.贯入阻力仪:量程不小于 1 000 N、精度为±10 N,测针长 100 mm,距贯入端 25 mm 处有明显标记,测针的承压面积应为 100 $mm^2$、50 $mm^2$、20 $mm^2$ 三种;<br>2.筛子:5.00 mm 方孔筛,符合 GB/T 6005 的规定;<br>3.振动台:符合 JG/T 245 的规定;<br>4.捣棒:符合 JG/T 248 的规定 | 1.拌合间温度应保持在(20±5)℃ | |

**续表 2-2-2**

| 序号 | 类别(产品/项目/参数) | 产品/项目/参数 | | 依据标准(方法)名称及编号(含年号) | 仪器设备(标准物质)要求 | 环境条件要求 | 备注 |
|---|---|---|---|---|---|---|---|
| | | 序号 | 名称 | | | | |
| | | 58 | 拌和物表观密度 | 普通混凝土拌和物性能试验方法标准 GB/T 50080—2016 | 1.容量筒：金属制成的圆筒，两旁装有提手，对骨料最大粒径不大于 40 mm 的拌和物采用容积为 5 L 的容量筒，其内径与内高均为(186±2) mm 筒壁厚为 3 mm，骨料最大粒径大于 40 mm 时，容量筒的内径与内高均应大于骨料最大粒径的 4 倍；<br>2.台秤：称量 50 kg、感量 50 g；<br>3.振动台：应符合《混凝土试验室用振动台》(JG/T 3020)的规定 | 1.拌合间温度应保持在(20±5)℃ | |
| | | 59 | 拌和物含气量 | 普通混凝土拌和物性能试验方法标准 GB/T 50080—2016 | 1.含气量测定仪：容器应由硬质不易被水泥浆腐蚀的金属制成，其内表面粗糙度不应大于 3. 2 μm，内径应与深度相等，容积为 7 L；<br>2.压力表：量程 0～0.25 MPa，精度为 0.01 MPa；<br>3.台秤：称量 50 kg、感量 50 g；<br>4.振动台：应符合《混凝土试验室用振动台》(JG/T 245—2009)的规定；<br>5.橡皮锤：应带有质量约 250 g 的橡皮锤头 | 1.拌合间温度应保持在(20±5)℃ | 1.适于骨料最大粒径不大于 40 mm 的混凝土拌和物 |
| | | 60 | 抗压强度 | 混凝土物理力学性能试验方法标准 GB/T 50081—2019 | 1.压力试验机：<br>(1)试件破坏荷载宜大于压力机全量程的 20%且宜小于全量程的 80%；<br>(2)示值相对误差应为±1%；<br>(3)应具有加荷速度指示装置或加荷速度控制装置，并应能均匀、连续地加荷；<br>(4)试验机上、下承压板的平面度公差不应大于 0.04 mm，平行度公差不应大于 0.05 mm，表面 | 1.湿度不宜小于 95%，温度(20±2)℃ | |

**续表 2-2-2**

| 序号 | 类别(产品/项目/参数) | 产品/项目/参数 | | 依据标准(方法)名称及编号(含年号) | 仪器设备(标准物质)要求 | 环境条件要求 | 备注 |
|---|---|---|---|---|---|---|---|
| | | 序号 | 名称 | | | | |
| | | | | | 硬度不应小于 55HRC;板面应光滑、平整,表面粗糙度 $R_a$ 不应大于 0. 80 μm;<br>(5)球座应转动灵活;球座宜置于试件顶面,并凸面朝上;<br>(6)其他要求应符合现行国家标准《液压式万能试验机》(GB/T 3159)和《试验机通用技术要求》(GB/T 2611)的有关规定 | 1.湿度不宜小于 95%,温度(20±2)℃ | |
| | | 61 | 抗折强度 | 混凝土物理力学性能试验方法标准 GB/T 50081—2019 | 1.压力试验机应符合试件破坏荷载宜大于压力机全量程的 20%且宜小于压力机全量程的 80%;试验机应能施加均匀、连续、速度可控的荷载。<br>2.抗折试验装置应符合下列规定:<br>(1)双点加荷的钢制加荷头应使两个相等的荷载同时垂直作用在试件跨度的两个三分点处;<br>(2)与试件接触的两个支座头和两个加荷头应采用直径为 20~40 mm、长度不小于+10 mm 的硬钢圆柱,支座立脚点应为固定铰支,其他 3 个应为滚动支点 | 1.试件养护湿度不宜小于 95%,温度(20±2)℃ | |
| | | 62 | 抗水渗透性能 | 普通混凝土长期性能和耐久性能试验方法标准 GB/T 50082—2009 | 渗水高度法<br>1.混凝土抗渗仪:符合 JG/T249 要求,施加水压力应为 0.1~2.0 MPa;<br>2.钢尺:分度值为 1 mm;<br>3.钟表:分度值为 1 min | | |
| | | | | | 逐级加压法<br>1.混凝土抗渗仪:符合 JG/T249 要求,施加水压力应为 0.1~2.0 MPa;<br>2.钢尺:分度值为 1 mm;<br>3.钟表:分度值为 1 min | | |

续表 2-2-2

| 序号 | 类别(产品/项目/参数) | 产品/项目/参数 | | 依据标准(方法)名称及编号(含年号) | 仪器设备(标准物质)要求 | 环境条件要求 | 备注 |
|---|---|---|---|---|---|---|---|
| | | 序号 | 名称 | | | | |
| | | 63 | 抗冻性能 | 普通混凝土长期性能和耐久性能试验方法标准 GB/T 50082—2009 | 1.冻融试验箱:空气温度能保持在-20~-18 ℃,水温能保持在(18~20)℃;<br>2.称量设备:最大量程应为 20 kg,感量不超过 5 g;<br>3.温度传感器:检测范围不应小于-20~20℃,精度应为 0.5 ℃ | | 1.慢冻法;<br>2.快冻法;<br>3.单面冻融法(或称盐冻法) |
| | | 64 | 收缩率 | 普通混凝土长期性能和耐久性能试验方法标准 GB/T 50082—2009 | 1.传感器:量程不小于试件测量标距长度的 0.5%或不小于 1 mm,精度不低于 0.002 mm;<br>2.卧式/立式混凝土收缩仪:标距为 540 mm,装有精度为±0.001 mm 的千分表或测微器 | | 1.接触法;<br>2.非接触法 |
| 十 | 普通砂浆 | | | | | | |
| | | 65 | 配合比 | 砌筑砂浆配合比设计规程 JGJ/T 98—2010 | | | |
| | | 66 | 稠度 | 建筑砂浆基本性能试验方法标准 JGJ/T 70—2009 | 1.砂浆稠度仪:试锥高 145 mm,锥底直径 75 mm,总重(300±2)g,钢制捣棒:直径 10 mm,长度为 350 mm,端部磨圆;<br>2.秒表 | 1.拌合间温度应保持在(20±5)℃ | |
| | | 67 | 保水性 | 建筑砂浆基本性能试验方法标准 JGJ/T 70—2009 | 1.金属滤网:网格尺寸 45 μm,圆形,直径为(110±1)mm;<br>2.超白滤纸:中速定性滤纸,直径 110 mm,单位面积质量为 200 g/m²;<br>3.天平:量程 200 g、感量 0.1 g,量程 2 000 g、感量 1 g | 1.拌合间温度应保持在(20±5)℃ | |

**续表 2-2-2**

| 序号 | 类别(产品/项目/参数) | 产品/项目/参数 | | 依据标准(方法)名称及编号(含年号) | 仪器设备(标准物质)要求 | 环境条件要求 | 备注 |
|---|---|---|---|---|---|---|---|
| | | 序号 | 名称 | | | | |
| | | 68 | 表观密度 | 建筑砂浆基本性能试验方法标准 JGJ/T 70—2009 | 1.砂浆容量筒:容积 1 L,内径 108 mm,静高 109 mm,筒壁厚应为 2~5 mm;<br>2.天平:称量 5 kg、感量 5 g;<br>3.振动台:频率(50±3) Hz,振幅应为(0.5±0.05)mm;<br>4.秒表 | 1.拌合间温度应保持在(20±5)℃ | |
| | | 69 | 凝结时间 | 建筑砂浆基本性能试验方法标准 JGJ/T 70—2009 | 1.砂浆凝结时间测定仪:试针,截面面积为 30 $mm^2$;<br>2.盛浆容器,内径 140 mm,高度为 75 mm;<br>3.压力表,精度为 0.5 N | 1.拌合间温度应保持在(20±5)℃ | |
| | | 70 | 立方体抗压强度 | 建筑砂浆基本性能试验方法标准 JGJ/T 70—2009 | 1.压力试验机:精度为 1%;<br>2.钢制捣棒:直径 10 mm,长度为 350 mm,端部磨圆;<br>3.振动台:频率(50±3) Hz,振幅应为(0.5±0.05)mm | | |
| | | 71 | 拉伸黏结强度 | 建筑砂浆基本性能试验方法标准 JGJ/T 70—2009 | 1.拉力试验机:精度为 1%,最小示值为 1 N;<br>2.成型框:外框尺寸为 70 mm×70 mm,内框尺寸为 40 mm×40 mm,厚度为 6 mm;<br>3.钢制垫板:外框尺寸为 70 mm×70 mm,内框尺寸为 43 mm×43 mm,厚度为 3 mm;<br>4.拉伸专用夹具:符合 JG/T 3049—1998 规定 | 1.温度:(20±5)℃;<br>2.相对湿度:45%~75% | |
| | | 72 | 抗冻性能 | 建筑砂浆基本性能试验方法标准 JGJ/T 70—2009 | 1.冷冻箱:箱内温度能保持在 −20~−15 ℃;<br>2.天平:称量 2 kg、感量 1 g;<br>3.压力试验机:精度为 1% | 1.拌合间温度应保持在(20±5)℃ | 1.适用于强度等级大于 M2.5 的砂浆 |

续表 2-2-2

| 序号 | 类别(产品/项目/参数) | 产品/项目/参数 | | 依据标准(方法)名称及编号(含年号) | 仪器设备(标准物质)要求 | 环境条件要求 | 备注 |
|---|---|---|---|---|---|---|---|
| | | 序号 | 名称 | | | | |
| | | 73 | 收缩率 | 建筑砂浆基本性能试验方法标准 JGJ/T 70—2009 | 1.立式砂浆收缩仪:标准杆长度为(176±1) mm,测量精度为 0.01 mm | 1.拌合间温度应保持在(20±5)℃ | |
| 十一 | 砌体砖 | | | | | | |
| | | 74 | 尺寸 | 砌墙砖试验方法 GB/T 2542—2012 | 1.砖用卡尺:分度值 0.5 mm | | |
| | | 75 | 外观质量 | 砌墙砖试验方法 GB/T 2542—2012 | 1.砖用卡尺:分度值 0.5 mm;<br>2.钢直尺:分度值不应大于 1 mm | | |
| | | 76 | 体积密度 | 砌墙砖试验方法 GB/T 2542—2012 | 1.台秤:分度值不大于 5 g;<br>2.电热鼓风干燥箱:最高温度 200 ℃;<br>3.砖用卡尺:分度值 0.5 mm;<br>4.钢直尺:分度值不应大于 1 mm | | 1.清理试样表面,然后将试样置于(105±5)℃鼓风干燥箱中干燥至恒质(在干燥过程中,前后两次称量相差不超过 0.2%,前后两次称量时间间隔为 2 h),称其质量并检查外观情况,不得有缺棱、掉角等破损,如有破损,须重新换取备用试样 |
| | | 77 | 抗压强度 | 砌墙砖试验方法 GB/T 2542—2012 | 1.材料试验机:试验机的示值相对误差不大于±1%,其下加压板应为球绞支座,预期最大破坏荷载应在量程的 20%~80%;<br>2.钢直尺:分度值不应大于 1 mm;<br>3.振动台、制样模具、搅拌机:应符合 GB/T 25044 的要求;<br>4.抗压强度试验用净浆材料:应符合 GB/T 25183 的要求 | | 1.试样制备分一次成型制样、二次成型制样和非成型试样;<br>2.一次成型制样两个半砖间距不应大于 5 mm,承压面找平层厚度不应大于 3 mm;<br>3.二次成型制样试件承压面找平层厚度不应大于 3 mm;<br>4.非成型制样适用于试样无须进行表面找平处理制样的方式 |

续表 2-2-2

| 序号 | 类别(产品/项目/参数) | 产品/项目/参数 | | 依据标准(方法)名称及编号(含年号) | 仪器设备(标准物质)要求 | 环境条件要求 | 备注 |
|---|---|---|---|---|---|---|---|
| | | 序号 | 名称 | | | | |
| | | 78 | 抗折强度 | 砌墙砖试验方法 GB/T 2542—2012 | 1.材料试验机:加压板为绞支座;<br>2.抗折夹具:抗折试验的加荷形式为三点加荷,其上压辊和下支辊的曲率半径为 15 mm,下支辊应有一个为绞接固定;<br>3.钢直尺:分度值不应大于 1 mm | | |
| | | 79 | 石灰爆裂 | 砌墙砖试验方法 GB/T 2542—2012 | 1.蒸煮箱;<br>2.钢直尺:分度值不应大于 1 mm | | |
| | | 80 | 吸水率 | 砌墙砖试验方法 GB/T 2542—2012 | 1.台秤:分度值不大于 5 g;<br>2.电热鼓风干燥箱:最高温度 200 ℃;<br>3.蒸煮箱 | | |
| | | 81 | 饱和系数 | 砌墙砖试验方法 GB/T 2542—2012 | 1.台秤:分度值不大于 5 g;<br>2.电热鼓风干燥箱:最高温度 200 ℃;<br>3.蒸煮箱 | | |
| | | 82 | 吸水率/含水率 | 混凝土砌块和砖试验方法 GB/T 4111—2013<br>砌墙砖试验方法 GB/T 2542—2012 | 1.电热鼓风干燥箱:温控精度 ±2 ℃;<br>2.电子秤:感量精度 0.005 kg | | |
| | | 83 | 冻融/抗冻性 | 砌墙砖试验方法 GB/T 2542—2012 | 1.低温箱或冷冻室:温度可调至-20 ℃或-20 ℃以下;<br>2.水槽:保持槽中水温 10~20 ℃;<br>3.台秤:分度值不大于 5 g;<br>4.电热鼓风干燥箱:最高温度 200 ℃ | | |

续表 2-2-2

| 序号 | 类别(产品/项目/参数) | 产品/项目/参数 序号 | 产品/项目/参数 名称 | 依据标准(方法)名称及编号(含年号) | 仪器设备(标准物质)要求 | 环境条件要求 | 备注 |
|---|---|---|---|---|---|---|---|
| | | | | 混凝土砌块和砖试验方法 GB/T 4111—2013 | 1.低温箱或冷冻室:最低温度可调至-30 ℃ | | |
| 十二 | 砌块 | | | | | | |
| | | 84 | 尺寸偏差 | 混凝土砌块和砖试验方法 GB/T 4111—2013 | 1.钢直尺或钢卷尺:分度值 1 mm | | |
| | | | | 蒸压加气混凝土砌块 GB/T 11968—2006 | 1.钢直尺、钢卷尺、深度游标卡尺:分度值 1 mm | | |
| | | 85 | 外观质量 | 混凝土砌块和砖试验方法 GB/T 4111—2013 | 1.钢直尺或钢卷尺:分度值 1 mm | | |
| | | | | 蒸压加气混凝土砌块 GB/T 11968—2006 | 1.钢直尺、钢卷尺、深度游标卡尺:分度值 1 mm | | |
| | | 86 | 块体密度/干体积密度 | 混凝土砌块和砖试验方法 GB/T 4111—2013 | 1.电子秤:感量精度 0.005 kg;<br>2.电热鼓风干燥箱:温控精度 ±2 ℃ | | 1.适用于建筑工程用的混凝土小型空心砌块、混凝土实心砌块和混凝土多孔(空心)砖(以下统称块材);水利、交通、市政等构筑物用混凝土砌块(砖)可参照执行 |

续表 2-2-2

| 序号 | 类别(产品/项目/参数) | 产品/项目/参数 | | 依据标准(方法)名称及编号(含年号) | 仪器设备(标准物质)要求 | 环境条件要求 | 备注 |
|---|---|---|---|---|---|---|---|
| | | 序号 | 名称 | | | | |
| | | | | 蒸压加气混凝土性能试验方法 GB/T 11969—2008 | 1.电热鼓风干燥箱:最高温度 200 ℃;<br>2.托盘天平:称量 2 000 g、感量 1 g;<br>3.钢板直尺:规格为 300 mm,分度值为 0.5 mm;<br>4.恒温水槽:温度 15~25 ℃ | | 1.将试件放入电热鼓风干燥箱内,在(60±5) ℃下保温 24 h,然后在(80±5) ℃下保温 24 h,再在(105±5) ℃下烘至恒质;<br>2.恒质指在烘干过程中间隔 4 h,前后两次质量差不超过试件质量的 0.5% |
| | | 87 | 含水率 | 混凝土砌块和砖试验方法 GB/T 4111—2013 | 1.电子秤:感量精度 0.005 kg;<br>2.电热鼓风干燥箱:温控精度 ±2 ℃ | | 1.适用于建筑工程用的混凝土小型空心砌块、混凝土实心砌块和混凝土多孔(空心)砖(以下统称块材);水利、交通、市政等构筑物用混凝土砌块(砖)可参照执行 |
| | | | | 蒸压加气混凝土性能试验方法 GB/T 11969—2008 | 1.电热鼓风干燥箱:最高温度 200 ℃;<br>2.托盘天平:称量 2 000 g、感量 1 g;<br>3.钢板直尺:规格为 300 mm,分度值为 0.5 mm;<br>4.恒温水槽:温度 15~25 ℃ | | |
| | | 88 | 吸水率 | 混凝土砌块和砖试验方法 GB/T 4111—2013 | 1.电子秤:感量精度 0.005 kg;<br>2.电热鼓风干燥箱:温控精度 ±2 ℃ | | 1.适用于建筑工程用的混凝土小型空心砌块、混凝土实心砌块和混凝土多孔(空心)砖(以下统称块材);水利、交通、市政等构筑物用混凝土砌块(砖)可参照执行 |
| | | | | 蒸压加气混凝土性能试验方法 GB/T 11969—2008 | 1.电热鼓风干燥箱:最高温度 200 ℃;<br>2.托盘天平:称量 2 000 g、感量 1 g;<br>3.钢板直尺:规格为 300 mm,分度值为 0.5 mm;<br>4.恒温水槽:温度 15~25 ℃ | | 1.取另一组 3 块蒸压加气混凝土试件放入电热鼓风干燥箱内,在(60±5)℃下保温 24 h,然后在(80±5)℃下保温 24 h,再在(105±5)℃下烘至恒质 |

续表 2-2-2

| 序号 | 类别(产品/项目/参数) | 产品/项目/参数 | | 依据标准(方法)名称及编号(含年号) | 仪器设备(标准物质)要求 | 环境条件要求 | 备注 |
| --- | --- | --- | --- | --- | --- | --- | --- |
| | | 序号 | 名称 | | | | |
| | | 89 | 抗压强度 | 混凝土砌块和砖试验方法 GB/T 4111—2013 | 1.水平仪:规格为 250 ~ 500 mm;<br>2.钢直尺:分度值 1 mm;<br>3.材料试验机:试验机的示值相对误差不大于±1%,其下加压板应为球绞支座,预期最大破坏荷载应在量程的 20%~80% | | 1.适用于建筑工程用的混凝土小型空心砌块、混凝土实心砌块和混凝土多孔(空心)砖(以下统称块材);水利、交通、市政等构筑物用混凝土砌块(砖)可参照执行 |
| | | | | 蒸压加气混凝土性能试验方法 GB/T 11969—2008 | 1.托盘天平:称量 2 000 g、感量 1 g;<br>2.电热鼓风干燥箱:最高温度 200 ℃;<br>3.钢板直尺:规格为 300 mm,分度值为 0.5 mm;<br>4.变形测量仪表:精度不低于 0.001 mm;<br>5.材料试验机:试验机的示值相对误差不大于±1%,其下加压板应为球绞支座,预期最大破坏荷载应在量程的 20%~80% | | 1.试验在含水率 8% ~ 12% 范围进行,如果超过了这个范围,则在(60±5) ℃下烘至所要求的含水率 |
| 十三 | 防水卷材 | | | | | | |
| | | 90 | 不透水性 | 建筑防水卷材试验方法 第 10 部分:沥青和高分子防水卷材 不透水性 GB/T 328.10—2007 | 方法 A<br>1.金属圆柱箱体:带法兰盘,孔径 150 mm | 1.温度:(23±2)℃;<br>2.相对湿度:(50±5)% | |
| | | | | | 方法 B<br>2.卷材不透水仪:七孔圆盘,孔径 25 mm | | |

续表 2-2-2

| 序号 | 类别(产品/项目/参数) | 产品/项目/参数 序号 | 产品/项目/参数 名称 | 依据标准(方法)名称及编号(含年号) | 仪器设备(标准物质)要求 | 环境条件要求 | 备注 |
|---|---|---|---|---|---|---|---|
| | | 91 | 耐热性 | 建筑防水卷材试验方法 第11部分:沥青防水卷材 耐热性 GB/T 328.11—2007 | 方法 A<br>1.鼓风烘箱:最大温度波动±2 ℃;<br>2.悬挂装置:宽度最小 100 mm;<br>3.读数放大镜:刻度至少 0.1 mm | 1.温度:(23±2)℃;<br>2.相对湿度:(50±5)% | |
| | | | | | 方法 B<br>1.鼓风烘箱:最大温度波动±2 ℃;<br>2.悬挂装置:宽度最小 100 mm | | |
| | | 92 | 最大拉力 | 建筑防水卷材试验方法第8部分:沥青防水卷材拉伸性能 GB/T 328.8—2007 | 1.拉伸试验机:量程不小于 2 000 N,夹具移动速度(100±10)mm/min,夹具宽度不小于 50 mm,精度不小于 2% | 1.温度:(23±2)℃;<br>2.相对湿度:(30~70)% | |
| | | | | 建筑防水卷材试验方法第9部分:高分子防水卷材拉伸性能 GB/T 328.9—2007 | 1.拉伸试验机:量程不小于 2 000 N,夹具移动速度(100±10)mm/min 和(500±50)mm/min,夹具宽度不小于 50 mm,精度不小于 2% | 1.温度:(23±2)℃;<br>2.相对湿度:(50±5)% | |
| | | 93 | 最大拉力时延伸率 | 建筑防水卷材试验方法第8部分:沥青防水卷材拉伸性能 GB/T 328.8—2007 | 1.拉伸试验机:量程不小于 2 000 N,夹具移动速度(100±10)mm/min,夹具宽度不小于 50 mm,精度不小于 2% | 1.温度:(23±2)℃;<br>2.相对湿度:(30~70)% | |
| | | | | 建筑防水卷材试验方法第9部分:高分子防水卷材拉伸性能 GB/T 328.9—2007 | 1.拉伸试验机:量程不小于 2 000 N,夹具移动速度(100±10)mm/min 和(500±50)mm/min,夹具宽度不小于 50 mm,精度不小于 2% | 1.温度:(23±2)℃;<br>2.相对湿度:(50±5)% | |

续表 2-2-2

| 序号 | 类别(产品/项目/参数) | 产品/项目/参数 | | 依据标准(方法)名称及编号(含年号) | 仪器设备(标准物质)要求 | 环境条件要求 | 备注 |
|---|---|---|---|---|---|---|---|
| | | 序号 | 名称 | | | | |
| | | 94 | 断裂延伸率 | 建筑防水卷材试验方法第9部分:高分子防水卷材拉伸性能 GB/T 328.9—2007 | 1.拉伸试验机:量程不小于2 000 N,夹具移动速度(100±10)mm/min和(500±50)mm/min,夹具宽度不小于50 mm,精度不小于2% | 1.温度:(23±2)℃;<br>2.相对湿度:(50±5)% | |
| | | 95 | 低温柔性/热老化后低温柔度 | 建筑防水卷材试验方法第14部分:沥青防水卷材低温柔性 GB/T 328.14—2007<br>弹性体改性沥青防水卷材 GB 18242—2008 | 1.温度计:半导体,精度不低于0.5 ℃;<br>2.低温柔性试验机:两个直径(20±0.1)mm的圆筒,一个直径(30±0.1)mm的圆筒,能放入温度在20~-40 ℃、精度0.5 ℃的冷冻液中;<br>3.烘箱:控制温度精度±2 ℃ | 1.温度:(23±2)℃ | |
| | | 96 | 低温弯折性 | 建筑防水卷材试验方法第15部分:高分子防水卷材低温弯折性 GB/T 328.15—2007 | 1.弯折板;<br>2.环境箱:可调节温度至-45 ℃的空气循环的低温空间,精度为±2 ℃;<br>3.放大镜:6倍玻璃放大镜 | 1.温度:(23±2)℃;<br>2.相对湿度:(50±5)% | |
| | | 97 | 可溶物含量(浸涂材料含量) | 建筑防水卷材试验方法第26部分:高分子防水卷材可溶物含量(浸涂材料含量)GB/T 328.26—2007 | 1.分析天平:称量范围大于100 g,精度0.001 g;<br>2.萃取器:500 mL索氏萃取器;<br>3.鼓风烘箱:温度波动±2 ℃;<br>4.试样筛:孔径为315 μm | 1.温度:(23±2)℃;<br>2.相对湿度:30%~70% | |
| 十四 | 防水涂料 | | | | | | |
| | | 98 | 固体含量 | 建筑防水涂料试验方法 GB/T 16777—2008 | 1.电热鼓风烘箱:温控精度±2 ℃;<br>2.天平:感量0.001 g;<br>3.培养皿:(60~75)mm | 1.温度:(23±2)℃;<br>2.相对湿度:(50±5)% | |

**续表 2-2-2**

| 序号 | 类别(产品/项目/参数) | 产品/项目/参数 | | 依据标准(方法)名称及编号(含年号) | 仪器设备(标准物质)要求 | 环境条件要求 | 备注 |
|---|---|---|---|---|---|---|---|
| | | 序号 | 名称 | | | | |
| | | 99 | 干燥时间(表干时间、实干时间) | 建筑防水涂料试验方法 GB/T 16777—2008 | 1.计时器:分度最小 1 min;<br>2.铝板:规格 120 mm×50 mm×(1~3)mm;<br>3.线棒涂布器:200 μm | 1.温度:(23±2)℃;<br>2.相对湿度:(50±5)% | |
| | | 100 | 拉伸性能 | 建筑防水涂料试验方法 GB/T 16777—2008 | 1.拉伸试验机:精度不低于 1%,伸长范围大于 500 mm.;<br>2.电热鼓风烘箱:温控精度±2 ℃;<br>3.紫外线箱:500 W 直管汞灯;<br>4.厚度计:接触面直径 6 mm,单位面积压力 0.02 MPa,分度值 0.01 mm;<br>5.氙弧灯老化试验箱:符合 GB/T 18244 要求 | 1.温度:(23±2)℃;<br>2.相对湿度:(50±5)% | 1.试验前模框、工具、涂料应在标准条件下放置 24 h 以上;<br>2.试样符合 GB/T 528 规定的哑铃 I 型 |
| | | 101 | 断裂伸长率 | 建筑防水涂料试验方法 GB/T 16777—2008 | 1.拉伸试验机:精度不低于 1%,伸长范围大于 500 mm;<br>2.电热鼓风烘箱:温控精度±2 ℃;<br>3.紫外线箱:500 W 直管汞灯;<br>4.厚度计:接触面直径 6 mm,单位面积压力 0.02 MPa,分度值 0.01 mm;<br>5.氙弧灯老化试验箱:符合 GB/T 18244 要求 | 1.温度:(23±2)℃;<br>2.相对湿度:(50±5)% | 1.试验前模框、工具、涂料应在标准条件下放置 24 h 以上;<br>2.试样符合 GB/T 528 规定的哑铃 I 型 |
| | | 102 | 不透水性 | 建筑防水涂料试验方法 GB/T 16777—2008 | 1.不透水仪:符合 GB/T 328.10—2007 要求;<br>2.金属网:孔径 0.2mm | 1.温度:(23±2)℃;<br>2.相对湿度:(50±5)% | 1.试验前模框、工具、涂料应在标准条件下放置 24 h 以上 |
| | | 103 | 低温柔性/低温弯折性 | 建筑防水涂料试验方法 GB/T 16777—2008 | 1.低温冰柜:温控精度±2 ℃;<br>2.圆棒或弯板:直径 10 mm、20 mm、30 mm;<br>3.6 倍放大镜 | 1.温度:(23±2)℃;<br>2.相对湿度:(50±5)% | 1.试验前模框、工具、涂料应在标准条件下放置 24 h 以上 |

续表 2-2-2

| 序号 | 类别(产品/项目/参数) | 产品/项目/参数 | | 依据标准(方法)名称及编号(含年号) | 仪器设备(标准物质)要求 | 环境条件要求 | 备注 |
|---|---|---|---|---|---|---|---|
| | | 序号 | 名称 | | | | |
| | | 104 | 耐热性 | 建筑防水涂料试验方法 GB/T 16777—2008 | 1.电热鼓风烘箱:温控精度±2 ℃;<br>2.铝板:厚度不小于 2 mm,面积大于 100 mm×50 mm | 1.温度:(23±2)℃;<br>2.相对湿度:(50±5)% | 1.试验前模框、工具、涂料应在标准条件下放置 24 h 以上 |
| 十五 | 简易土工 | | | | | | |
| | | 105 | 含水率 | 土工试验方法标准 GB/T 50123—2019 | 1.电热烘箱:应能控制温度为(105~110)℃;<br>2.天平:称量 200 g,最小分度 0.01 g:称量 1 000 g,最小分度 0.1 g | | 1.土的有机质含量不宜大于土干质量的 5%;当土的有机质含量不宜大于干土质含量为 5%~10%时,仍允许采用本方法,但要注明有机质含量 |
| | | 106 | 密度 | 土工试验方法标准 GB/T 50123—2019 | 环刀法<br>1.环刀:内径 61.8 mm 和 79.8 mm,高度 20 mm;<br>2.天平:称量 500 g,最小分度 0.1 g;称量 200 g,最小分度 0.01 g | | 1.细粒土宜采用环刀法 |
| | | | | | 蜡封法<br>1.天平:称量 500 g,最小分度 0.1 g;称量 200 g,最小分度 0.01 g | | 1.适用于试样易碎裂、难以切削时,可用蜡封法 |
| | | | | | 灌水法<br>1.台秤:称量 50 kg,最小分度 10 g;<br>2.储水筒:直径均匀,并带有刻度和出水管 | | 1.灌水法适用于细粒土、砂类土和砾类土 |
| | | | | | 灌砂法<br>1.密度测定器:灌砂法密度试验仪包括:漏斗、漏斗架、防风筒、套环、附有 3 个固定器灌砂漏斗高 135 mm,直径 165 mm,尾部有直径 13 mm 的圆柱形阀门;容砂瓶容积 4 L;<br>2.天平:称量 10 kg,最小分度 5 g;<br>3.称量 50 kg,最小分度 10 g;<br>4.量砂:粒径 0.25~0. 50 mm 的干燥清洁标准砂 10~40 kg;<br>5.其他:有盖的量砂容器、直尺、铲土工具 | | 1.适用于细粒土、砂类土和砾类土 |

续表 2-2-2

| 序号 | 类别(产品/项目/参数) | 产品/项目/参数 | | 依据标准(方法)名称及编号(含年号) | 仪器设备(标准物质)要求 | 环境条件要求 | 备注 |
|---|---|---|---|---|---|---|---|
| | | 序号 | 名称 | | | | |
| | | 107 | 最大干密度与最优含水率(击实试验) | 土工试验方法标准 GB/T 50123—2019 | 击实试验<br>1.击实仪:符合 GB/T 22541 标准要求,轻型击实仪单位体积击实功约为 592.2 kJ/m$^3$,重型击实仪单位体积击实功约为 2 684.92 kJ/m$^3$,击实筒直径 102 mm 和 152 mm 两种,高度 116 mm;<br>2.天平:称量 200 g,最小分度 0.01 g;<br>3.台秤:称量 10 kg,最小分度 1 g;<br>4.标准筛:孔径 5 mm、20 mm;<br>5.本试验所用的其他仪器设备应符合下列规定:<br>(1)试样推出器:宜用螺旋式千斤顶或液压式千斤顶,如无此类装置,也可用刮刀和修土刀从击实筒中取出试件;<br>(2)其他:烘箱、喷水设备、碾土设备、盛土设备和保湿设备 | | 1.土样粒径应小于 20 mm;<br>2.本试验分轻型击实和重型击实 |
| | | | | | 粗颗粒土击实试验<br>1.击实仪:符合 GB/T 15406 标准要求,轻型击实仪单位体积击实功约为 592.2 kJ/m$^3$,重型击实仪单位体积击实功约为 2 684.92 kJ/m$^3$,击实筒直径 30 cm,高度 28.8 cm;<br>2.天平:称量 200 g,最小分度 0.01 g;<br>3.天平:称量 2 000 g,最小分度 1 g;<br>4.台秤:称量 10 kg,最小分度 5 g;<br>5.台秤:称量 10 kg,最小分度 50 g;<br>6.粗筛:孔径 100 mm、80 mm、60 mm、40 mm、20 mm、10 mm、5 mm;<br>7.其他:喷水器、恒湿器、搪瓷盆、大铝盒、铁铲、木棒、刮土刀、平口刀 | | 1.土样应为最大粒径不大于 60 mm 且不能自由排水的含黏质土的粗颗粒土 |

续表 2-2-2

| 序号 | 类别(产品/项目/参数) | 产品/项目/参数 | | 依据标准(方法)名称及编号(含年号) | 仪器设备(标准物质)要求 | 环境条件要求 | 备注 |
|---|---|---|---|---|---|---|---|
| | | 序号 | 名称 | | | | |
| 十六 | 陶瓷砖 | | | | | | |
| | | 108 | 断裂模数和破坏强度 | 陶瓷砖试验方法 第4部分:断裂模数和破坏强度的测定 GB/T 3810.4—2016 | 1.干燥箱:工作温度为(110±5)℃,也可使用能获得相同检测结果的微波、红外或其他干燥系统;<br>2.压力表:精确到2.0% | | |
| | | 109 | 吸水率 | 陶瓷砖试验方法 第3部分:吸水率、显气孔率、表观相对密度和容重的测定 GB/T 3810.3—2016 | 1.干燥箱:工作温度为(110±5)℃,也可使用能获得相同检测结果的微波、红外或其他干燥系统;<br>2.天平:天平的称量精度为所测试样质量0.01%;<br>3.去离子水或蒸馏水;<br>4.干燥器;<br>5.麂皮;<br>6.吊环、绳索或篮子:能将试样放入水中悬吊称其质量;<br>7.玻璃烧杯,或者大小和形状与其类似的容器,将试样用吊环吊在天平的一端,使试样完全浸入水中,试样和吊环不与容器的任何部分接触;<br>8.真空容器和真空系统:能容纳所要求数量试样的足够大容积的真空容器和抽真空能达到(10±1)kPa并保持30 min的真空系统 | | 1.真空法 |

**续表 2-2-2**

| 序号 | 类别(产品/项目/参数) | 产品/项目/参数 | | 依据标准(方法)名称及编号(含年号) | 仪器设备(标准物质)要求 | 环境条件要求 | 备注 |
| --- | --- | --- | --- | --- | --- | --- | --- |
| | | 序号 | 名称 | | | | |
| | | 110 | 抗热震性 | 陶瓷砖试验方法 第9部分:抗热震性的测定 GB/T 3810.9—2016 | 1.干燥箱:能在(145~150)℃工作;<br>2.低温水槽;可保持(15±5)℃流动水的低温水槽,水流量为4 L/min也可使用其他适宜的装置;<br>3.浸没试验:用于按ISO 10545—3的规定检验吸水率不大于10%的陶瓷砖水槽,不用加盖,但水需有足够的深度,使砖垂直放置后能完全浸没;<br>4.非浸没试验:用于按ISO 10545—3的规定检验吸水率大于10%(质量分数)的陶瓷砖,在水槽上放置上一块铝板,并与水面接触,然后将粒径为0.3~0.6 mm的铝粒覆盖在铝板上,铝粒层厚度约为5 mm | | |

# 第三节　建筑节能工程检验检测

## 一、建筑节能工程检验检测项目/参数与检验检测方法

本部分共梳理了建筑节能工程十五个类别63个检验检测项目/参数内容的检验检测方法。详见表2-3-1建筑节能工程检验检测项目/参数与检验检测方法简表。

表2-3-1　建筑节能工程检验检测项目/参数与检验检测方法对照简表

| 序号 | 领域 | 项目/参数 | 检验检测方法 |
|---|---|---|---|
| 一 | 胶粘剂 | | |
| 1 | | 拉伸黏结强度 | |
| 2 | | 可操作时间 | |
| 二 | 抹面胶浆 | | |
| 3 | | 拉伸黏结强度 | |
| 4 | | 柔韧性(压折比) | |
| 5 | | 柔韧性(开裂应变) | |
| 6 | | 可操作时间 | |
| 三 | 界面砂浆/界面剂 | | |
| 7 | | 拉伸黏结强度 | |
| 四 | 抗裂砂浆 | | |
| 8 | | 拉伸黏结强度 | |
| 9 | | 压折比 | |
| 10 | | 可操作时间 | |
| 五 | 耐碱网格布 | | |
| 11 | | 单位面积质量 | |
| 12 | | 断裂强力 | |
| 13 | | 耐碱断裂强力 | 快速试验方法、氢氧化钠溶液浸泡法、氢氧化钠溶液浸泡法(快速法) |
| 14 | | 耐碱断裂强力保留率 | 快速试验方法、氢氧化钠溶液浸泡法、氢氧化钠溶液浸泡法(快速法) |

续表 2-3-1

| 序号 | 领域 | 项目/参数 | 检验检测方法 |
|---|---|---|---|
| 15 | | 断裂伸长率 | |
| 六 | 热镀锌电焊网 | | |
| 16 | | 丝径 | |
| 17 | | 网孔尺寸/网孔偏差 | |
| 18 | | 焊点抗拉力 | |
| 19 | | 镀锌层质量 | |
| 七 | 保温板 | | |
| 20 | | 表观密度/体积密度/密度 | |
| 21 | | 导热系数 | 防护热板法、热流计法 |
| 22 | | 垂直于板面方向的抗拉强度/垂直于表面抗拉强度 | |
| 23 | | 压缩强度 | |
| 24 | | 尺寸稳定性 | |
| 25 | | 水蒸气透过系数 | |
| 26 | | 熔结性/弯曲变形 | |
| 27 | | 吸水率/体积吸水率/吸水性 | 方法 A、方法 B、部分浸入试验方法、全浸试验法、毛细管渗透试验方法 |
| 28 | | 燃烧性能 | 可燃性试验方法、不燃性试验方法、单体燃烧试验方法、燃烧热值的测定(坩埚法、“香烟”法)、氧指数法(方法 A 顶面点燃法、方法 B 扩散点燃法、方法 C 与规定的最小氧指数值比较法(简捷方法)) |
| 八 | 无机类保温材料 | | |
| 29 | | 干密度 | |
| 30 | | 导热系数 | 防护热板法、热流计法 |
| 31 | | 抗压强度 | |
| 32 | | 压剪黏结强度 | |

续表 2-3-1

| 序号 | 领域 | 项目/参数 | 检验检测方法 |
| --- | --- | --- | --- |
| 33 | | 软化系数 | |
| 34 | | 抗冻性能 | |
| 35 | | 燃烧性能 | 不燃性试验方法、燃烧热值的测定（坩埚法、“香烟”法） |
| 九 | 锚固件 | | |
| 36 | | 锚栓抗拉承载力 | |
| 十 | 隔热铝合金型材 | | |
| 37 | | 抗剪强度 | |
| 38 | | 抗拉强度 | |
| 十一 | 电线电缆 | | |
| 39 | | 导体电阻值 | |
| 十二 | 门窗/幕墙玻璃 | | |
| 40 | | 传热系数 | |
| 41 | | 气密性能 | |
| 42 | | 水密性能 | |
| 43 | | 抗风压性能 | |
| 44 | | 现场外窗气密性能 | |
| 45 | | 中空玻璃露点 | |
| 46 | | 中空玻璃密封性能 | |
| 47 | | 可见光透射比 | |
| 48 | | 遮蔽系数/遮阳系数 | |
| 十三 | 风机盘管 | | |
| 49 | | 供热量 | |
| 50 | | 供冷量 | |
| 51 | | 风量 | |
| 52 | | 输入功率 | |

续表 2-3-1

| 序号 | 领域 | 项目/参数 | 检验检测方法 |
|---|---|---|---|
| 53 | | 水阻 | |
| 54 | | 噪声 | |
| 十四 | 散热器 | | |
| 55 | | 散热量 | |
| 56 | | 金属热强度 | |
| 十五 | 建筑节能现场检验 | | |
| 57 | | 外墙节能构造 | 钻芯检验 |
| 58 | | 围护结构主体部位传热系数 | 热流计法、热箱法 |
| 59 | | 保温板材与基层的拉伸黏结强度 | |
| 60 | | 基层墙体与胶粘剂的拉伸黏结强度 | |
| 61 | | 系统拉伸黏结强度 | |
| 62 | | 保温板黏结面积比 | 剥离检验 |
| 63 | | 锚固力/锚栓拉拔力/锚栓抗拉承载力 | |

## 二、建筑节能工程检验检测项目/参数与对应标准及要求一览表

本部分编制了建筑节能工程检验检测项目/参数与对应标准及要求一览表，涉及十五个类别63个检验检测项目/参数和52个检验检测方法标准，详见表2-3-2。需要说明的是，在编写本节过程中，以河南省常用的模塑聚苯板薄抹灰外墙外保温系统、挤塑聚苯板（XPS）薄抹灰外墙外保温系统、酚醛泡沫板薄抹灰外墙外保温系统、岩棉板薄抹灰外墙外保温系统以及《外墙外保温工程技术标准》（JGJ 144—2019）、《建筑节能工程施工质量验收标准》（GB 50411—2019）对相关材料和系统的要求为基础，阐述了相关项目/参数采用的检测方法、检测仪器和设备、环境条件及注意事项。由于保温系统材料品种繁多，且同种材料在不同保温系统中要求的检测方法、检测仪器和设备、环境条件等不尽相同，因此在选用本节确定的检测方法时，应与所应用的保温系统、材料产品标准相结合。

表 2-3-2　建筑节能工程检验检测项目/参数与对应标准及要求一览表

| 序号 | 类别(产品/项目/参数) | 产品/项目/参数 | | 依据标准(方法)名称及编号(含年号) | 仪器设备(标准物质)要求 | 环境条件要求 | 备注 |
|---|---|---|---|---|---|---|---|
| | | 序号 | 名称 | | | | |
| 一 | 胶粘剂 | | | | | | |
| | | 1 | 拉伸黏结强度 | 模塑聚苯板薄抹灰外墙外保温系统材料 GB/T 29906—2013/6.4.1 | 1.拉力试验机:拉伸速度(5±1)mm/min | 1.标准养护条件:空气温度(23±2)℃,相对湿度(50±5)%;<br>2.试验环境:空气温度(23±5)℃,相对湿度(50±10)% | 1.包括分别与水泥砂浆黏结和与模塑板黏结的拉伸黏结原强度、耐水强度(浸水 48 h,干燥 2 h;浸水 48 h,干燥 7 d);<br>2.每种状态试样数量各 6 个;<br>3.试件在标准养护条件下养护 28 d;<br>4.以合适的胶粘剂将试样粘在两个刚性平板或金属板上 |
| | | | | 挤塑聚苯板(XPS)薄抹灰外墙外保温系统材料 GB/T 30595—2014/6.6.1 | 同上 | 同上 | 1.包括分别与水泥砂浆黏结和与挤塑板黏结的拉伸黏结原强度、耐水强度(浸水 48 h,干燥 2 h;浸水 48 h,干燥 7 d);<br>2.每种状态试样数量各 6 个;<br>3.试件在标准养护条件下养护 28 d;<br>4.在养护到规定的龄期前 1 d,取出试样,用合适的高强粘合剂将试样粘在两个刚性平板或金属板上 |

续表 2-3-2

| 序号 | 类别(产品/项目/参数) | 产品/项目/参数 | | 依据标准(方法)名称及编号(含年号) | 仪器设备(标准物质)要求 | 环境条件要求 | 备注 |
|---|---|---|---|---|---|---|---|
| | | 序号 | 名称 | | | | |
| | | | | 酚醛泡沫板薄抹灰外墙外保温系统材料 JG/T 515—2017/6.4.1 | 同上 | 同上 | 1.包括分别与水泥砂浆和酚醛泡沫板黏结的拉伸黏结原强度、耐水强度;<br>2.当酚醛板未进行界面处理时,受检方还应配套提供界面剂;<br>3.每种状态试样数量各 6 个;<br>4.试件在标准养护条件下养护 14 d 后,以合适的树脂粘合剂将相应尺寸的金属块粘贴在试样表面 |
| | | | | 外墙外保温工程技术标准 JGJ 144—2019/附录 A/A.7.1 | 1.拉力试验机:拉伸速度 5 mm/min | 1.标准养护条件、浸水后干燥条件:空气温度(23±2)℃,相对湿度(50±5)% | 1.包括与水泥砂浆和保温板黏结的干燥状态、水中浸泡 48 h 干燥 2 h,水中浸泡 48 h 干燥 7 d 状态的拉伸黏结强度;<br>2.每种状态试样数量应各 5 个;<br>3.当保温板需做界面处理时,应在界面处理后涂胶粘剂,并应在试验报告中注明;<br>4.试样应在标准养护条件下养护 28 d;<br>5.应以合适的胶粘剂将试样粘贴在两个刚性平板或金属板上 |

续表 2-3-2

| 序号 | 类别(产品/项目/参数) | 产品/项目/参数 | | 依据标准(方法)名称及编号(含年号) | 仪器设备(标准物质)要求 | 环境条件要求 | 备注 |
|---|---|---|---|---|---|---|---|
| | | 序号 | 名称 | | | | |
| | | 2 | 可操作时间 | 模塑聚苯板薄抹灰外墙外保温系统材料 GB/T 29906—2013/6.4.2 | 1.拉力试验机:拉伸速度(5±1)mm/min | 1.标准养护条件:空气温度(23±2)℃,相对湿度(50±5)%;<br>2.试验环境:空气温度(23±5)℃,相对湿度(50±10)% | 1.按生产商提供的可操作时间放置,生产商未提供可操作时间时,按 1.5 h 放置,测定拉伸黏结原强度;<br>2.与水泥砂浆和与聚苯板黏结试样数量各 6 块;<br>3.在标准养护条件下养护 28 d |
| | | | | 挤塑聚苯板(XPS)薄抹灰外墙外保温系统材料 GB/T 30595—2014/6.6.2 | 同上 | 同上 | 1.按生产商提供的可操作时间放置在搅拌锅中,表面用湿布覆盖,生产商未提供可操作时间时,按 1.5 h 放置,然后测定拉伸黏结原强度;<br>2.与水泥砂浆黏结和与挤塑板黏结试样数量各 6 个;<br>3.试件在标准养护条件下养护 28 d;<br>4.在养护到规定的龄期前 1 d,取出试样,用合适的高强粘合剂将试样粘在两个刚性平板或金属板上 |

续表 2-3-2

| 序号 | 类别(产品/项目/参数) | 产品/项目/参数 | | 依据标准(方法)名称及编号(含年号) | 仪器设备(标准物质)要求 | 环境条件要求 | 备注 |
|---|---|---|---|---|---|---|---|
| | | 序号 | 名称 | | | | |
| | | | | 酚醛泡沫板薄抹灰外墙外保温系统材料 JG/T 515—2017/6.4.2 | 同上 | 同上 | 1.按生产商提供的可操作时间放置,生产商未提供可操作时间时,按 1.5 h 放置,然后测定拉伸黏结原强度;<br>2.与酚醛泡沫板黏结,试样数量 6 个;<br>3.试件在标准养护条件下养护 14 d 后,以合适的树脂粘合剂将相应尺寸的金属块粘贴在试样表面;<br>4.当酚醛泡沫板未进行界面处理时,受检方还应配套提供界面剂 |
| 二 | 抹面胶浆 | | | | | | |
| | | 3 | 拉伸黏结强度 | 模塑聚苯板薄抹灰外墙外保温系统材料 GB/T 29906—2013/6.6.1 | 1.拉力试验机:拉伸速度(5±1)mm/min | 1.标准养护条件:空气温度(23±2)℃,相对湿度(50±5)%;<br>2.试验环境:空气温度(23±5)℃,相对湿度(50±10)%;<br>3.冻融环境条件:融水温度:室温水,冷冻温度(-20±2)℃ | 1.包括与模塑板黏结的拉伸黏结原强度、耐水强度(浸水 48 h,干燥 2 h;浸水 48 h,干燥 7 d)、耐冻融强度;<br>2.每种状态试件数量各 6 个;<br>3.试件在标准养护条件下养护 28 d;<br>4.试样养护期间不需覆盖模塑板;<br>5.面砖饰面模塑聚苯板薄抹灰外墙外保温系统时,应包括与水泥砂浆黏结的拉伸黏结强度,详见附录 A |

**续表 2-3-2**

| 序号 | 类别(产品/项目/参数) | 产品/项目/参数 | | 依据标准(方法)名称及编号(含年号) | 仪器设备(标准物质)要求 | 环境条件要求 | 备注 |
|---|---|---|---|---|---|---|---|
| | | 序号 | 名称 | | | | |
| | | | | 挤塑聚苯板(XPS)薄抹灰外墙外保温系统材料 GB/T 30595—2014/6.7.1 | 同上 | 同上 | 1.包括与挤塑板黏结的拉伸黏结原强度、耐水强度(浸水 48 h,干燥 2 h;浸水 48 h,干燥 7 d)、耐冻融强度;<br>2.每种状态试件数量各 6 个;<br>3.试件在标准养护条件下养护 28 d;<br>4.挤塑板与抹面胶浆的接触面应事先涂刷界面处理剂并经晾干后使用 |
| | | | | 酚醛泡沫板薄抹灰外墙外保温系统材料 JG/T 515—2017/6.6.1 | 同上 | 同上 | 1.包括与酚醛泡沫板黏结的拉伸黏结原强度、耐水强度、耐冻融强度;<br>2.每种状态试样数量各 6 个;养护时间均为 28 d;<br>3.试样制备应先进行试样处理,再切割试样,粘贴金属块 |

**续表 2-3-2**

| 序号 | 类别(产品/项目/参数) | 产品/项目/参数 | | 依据标准(方法)名称及编号(含年号) | 仪器设备(标准物质)要求 | 环境条件要求 | 备注 |
|---|---|---|---|---|---|---|---|
| | | 序号 | 名称 | | | | |
| | | | | 外墙外保温工程技术标准 JGJ 144—2019/附录 A/A.7.2 | 1.拉力试验机:拉伸速度 5 mm/min | 1.标准养护条件、浸水后干燥条件:空气温度(23±2)℃,相对湿度(50±5)%;<br>2.冻融环境条件:<br>融:(20±2)℃水<br>冻:(−20±2)℃冰箱 | 1.包括与保温材料黏结的干燥状态、水中浸泡 48 h 干燥 2 h、水中浸泡 48 h 干燥 7 d、冻融试验后的拉伸黏结强度;<br>2.每种状态试样数量各 5 件;<br>3.当保温板需做界面处理时,应在界面处理后涂胶粘剂,并应在试验报告中注明;<br>4.试件经过养护后,两面应采用适当的胶粘剂黏结尺寸为 50 mm×50 mm 的钢底板 |
| | | 4 | 柔韧性(压折比) | 水泥胶砂强度检验方法(ISO 法)GB/T 17671—1999 | 1.搅拌机:符合 JC/T 681 的技术要求;<br>2.振实台:符合 JC/T 682 的技术要求;<br>3.抗折强度试验机:符合 JC/T 724 的技术要求,加荷速率(50±10)N/s;<br>4.抗压强度试验机:在较大的五分之四量程范围内使用记录的荷载应有±1%精度,并具有按(2 400±200)N/s 的速率的加载能力;<br>5.天平:称量用的天平精度±1 g | 1.标准养护条件:空气温度(23±2)℃,相对湿度(50±5)%;<br>2.试验环境:空气温度(23±5)℃,相对湿度(50±10)% | 1.适用于水泥基抹面胶浆。<br>2.注意事项:<br>(1)试件数量:3 块;<br>(2)试件的养护应符合产品标准的要求;<br>(3)按本标准规定制样,测定抗压强度、抗折强度 |

续表 2-3-2

| 序号 | 类别(产品/项目/参数) | 产品/项目/参数 | | 依据标准(方法)名称及编号(含年号) | 仪器设备(标准物质)要求 | 环境条件要求 | 备注 |
|---|---|---|---|---|---|---|---|
| | | 序号 | 名称 | | | | |
| | | 5 | 柔韧性(开裂应变) | 模塑聚苯板薄抹灰外墙外保温系统材料 GB/T 29906—2013/附录B | 1.应变仪:长度 150 mm,精密度等级 0.1 级;<br>2.小型拉力试验机:加荷速度 0.5 mm/min;<br>3.10 kN 测力元件 | 室温 | 1.适用于非水泥基抹面胶浆。<br>2.注意事项:<br>(1)纬向、经向试样各 6 条;<br>(2)将试样放置在室温条件下养护 28 d,将模塑板剥掉 |
| | | 6 | 可操作时间 | 模塑聚苯板薄抹灰外墙外保温系统材料 GB/T 29906—2013/6.6.7 | 1.拉力试验机:拉伸速度(5±1)mm/min | 1.标准养护条件:空气温度(23±2)℃,相对湿度(50±5)%;<br>2.试验环境:空气温度(23±5)℃,相对湿度(50±10)% | 1.面砖饰面模塑聚苯板薄抹灰外墙外保温系统时,应包括与水泥砂浆黏结的拉伸黏结原强度,详见附录 A |
| | | | | 挤塑聚苯板(XPS)薄抹灰外墙外保温系统材料 GB/T 30595—2014/6.7.5 | 同上 | 同上 | 1.与挤塑板黏结的拉伸黏结原强度试件数量 6 个;<br>2.试件在标准养护条件下养护 28 d;<br>3.挤塑板与抹面胶浆的接触面应事先涂刷界面处理剂并经晾干后使用;<br>4.养护时不覆盖挤塑板 |

**续表 2-3-2**

| 序号 | 类别(产品/项目/参数) | 产品/项目/参数 | | 依据标准(方法)名称及编号(含年号) | 仪器设备(标准物质)要求 | 环境条件要求 | 备注 |
|---|---|---|---|---|---|---|---|
| | | 序号 | 名称 | | | | |
| | | | | 酚醛泡沫板薄抹灰外墙外保温系统材料 JG/T 515—2017/6.6.6 | 同上 | 同上 | 1.试样数量 6 个;<br>2.生产商未提供可操作时间时,按 2.0 h 放置 |
| 三 | 界面砂浆/界面剂 | | | | | | |
| | | 7 | 拉伸黏结强度/拉伸黏结强度比 | 胶粉聚苯颗粒外墙外保温系统材料 JG/T 158—2013/7.6.1 | 1.拉力试验机:破坏荷载应在其量程的 20%~80%范围内,精度 1%,最小示值 1 N,拉伸速度(5±1)mm/min | 1.标准试验条件:空气温度(23±2)℃,相对湿度(60±15)% | 1.包括与水泥砂浆和聚苯板黏结的标准状态和浸水处理状态的拉伸黏结强度;<br>2.每种状态试件数量 10 个;<br>3.与聚苯板的拉伸黏结强度制备试件时将 40 mm×40 mm×10 mm 的砂浆块替换为 40 mm×40 mm×20 mm 的 18 kg/m$^3$ 的 EPS 板或 28 kg/m$^3$的 40 mm×40 mm×20 mm 的 XPS 板试块,粘胶后不应在试件上加荷载 |
| | | | | 无机轻集料砂浆保温系统技术标准 JGJ/T 253—2019/附录 B/B.4 | 同上 | 1.标准养护、试验条件:空气温度(23±2)℃,相对湿度(60±15)%;<br>2.耐水环境条件:(20±5)℃水中;<br>3.冻融环境条件:融:(20±5)℃水中,冻:(−20±2)℃冰箱 | 1.包括拉伸黏结原强度、耐水拉伸黏结强度、耐冻融拉伸黏结强度;<br>2.试样尺寸宜为 50mm×50 mm×3 mm,每种状态试样数量应为 6 个;<br>3.试样养护时间应为 28 d |

续表 2-3-2

| 序号 | 类别(产品/项目/参数) | 产品/项目/参数 | | 依据标准(方法)名称及编号(含年号) | 仪器设备(标准物质)要求 | 环境条件要求 | 备注 |
|---|---|---|---|---|---|---|---|
| | | 序号 | 名称 | | | | |
| | | | | 建筑砂浆基本性能试验方法标准 JGJ/T 70—2009/10 | 同上 | | 1.试件的规格、数量、养护环境及试验条件等应符合产品标准 |
| | | | | 酚醛泡沫板薄抹灰外墙外保温系统材料 JG/T 515—2017/6.7.1 | 1.拉力试验机:拉伸速度(5±1)mm/min | 1.标准养护条件:空气温度(23±2)℃,相对湿度(50±5)%;<br>2.试验环境:空气温度(23±5)℃,相对湿度(50±10)% | 1.胶粘剂与有界面剂的酚醛板拉伸黏结试验,每组样数量各6个;试件在标准养护条件下养护14 d后,以合适的树脂粘合剂将相应尺寸的金属块粘贴在试样表面;<br>2.抹面胶浆与有界面剂的酚醛板拉伸黏结试验,每组样数量各6个,养护时间均为28 d;试样制备应先进行试样处理,再切割试样,粘贴金属块 |
| 四 | 抗裂砂浆 | | | | | | |
| | | 8 | 拉伸黏结强度 | 胶粉聚苯颗粒外墙外保温系统材料 JG/T 158—2013/7.7.1 | 1.拉力试验机:拉伸速度(5±1)mm/min | 1.标准试验条件:空气温度(23±2)℃,相对湿度(60±15)%;<br>2.养护条件:空气温度(23±2)℃,相对湿度(60±15)%;<br>3.冻融循环:水温度(23±2)℃,冷冻温度(−20±2)℃ | 1.包括与水泥砂浆和胶粉聚苯颗粒浆料黏结的标准状态、浸水处理、冻融循环处理状态的拉伸黏结强度;<br>2.试件尺寸为40mm×40 mm或50 mm×50 mm,每种状态试件数量各6个;<br>3.试件制作好后立即用聚乙烯薄膜封闭,在标准试验条件下养护7 d,去除聚乙烯薄膜,在标准试验条件下继续养护21 d |

**续表 2-3-2**

| 序号 | 类别（产品/项目/参数） | 产品/项目/参数 | | 依据标准（方法）名称及编号（含年号） | 仪器设备（标准物质）要求 | 环境条件要求 | 备注 |
|---|---|---|---|---|---|---|---|
| | | 序号 | 名称 | | | | |
| | | | | 无机轻集料砂浆保温系统技术标准 JGJ /T 253—2019/附录 B/B.5 | 1.拉力试验机：破坏荷载应在其量程的 20%～80%范围内，精度 1%，最小示值 1N，拉伸速度（5±1）mm/min | 1.标准养护、试验条件：空气温度（23±2）℃，相对湿度（60±15）%；<br>2.耐水拉伸强度：（20±5）℃水中 | 1.包括拉伸黏结原强度、耐水拉伸黏结强度；<br>2.试样尺寸为 50 mm×50 mm×3 mm，每种状态试样数量应为 6 个；<br>3.试样养护时间应为 28 d |
| | | | | 建筑砂浆基本性能试验方法标准 JGJ/T 70—2009/10 | 同上 | | 1.试件的规格、数量、养护环境和试验条件等符合产品标准 |
| | | 9 | 压折比 | 水泥胶砂强度检验方法（ISO 法）GB/T 17671—1999 | 1.搅拌机：符合 JC/T 681 的技术要求；<br>2.振实台：符合 JC/T 682 的技术要求；<br>3.抗折强度试验机：符合 JC/T 724 的技术要求，加荷速率（50±10）N/s；<br>4.抗压强度试验机：在较大的五分之四量程范围内使用记录的荷载应有±1%精度，并具有按（2 400±200）N/s 的速率的加载能力；<br>5.天平：称量用的天平精度±1 g | | 1.试件的规格、数量、养护环境和试验条件等应符合产品标准 |

**续表 2-3-2**

| 序号 | 类别(产品/项目/参数) | 产品/项目/参数 | | 依据标准(方法)名称及编号(含年号) | 仪器设备(标准物质)要求 | 环境条件要求 | 备注 |
|---|---|---|---|---|---|---|---|
| | | 序号 | 名称 | | | | |
| | | 10 | 可操作时间 | 胶粉聚苯颗粒外墙外保温系统材料 JG/T 158—2013/7.7.2 | 1.拉力试验机:拉伸速度(5±1)mm/min | 1.标准试验条件:空气温度(23±2)℃,相对湿度(60±15)%;<br>2.养护条件:空气温度(23±2)℃,相对湿度(60±15)% | 1.抗裂砂浆配制后,按使用说明书提供的可操作时间放置,当使用说明书没有提供可操作时间时,应按 1.5 h 进行,测定标准状态的拉伸黏结强度;<br>2.试件尺寸为 40 mm×40 mm 或 50 mm×50 mm,试件数量各 6 个;<br>3.试件制作好后立即用聚乙烯薄膜封闭,在标准试验条件下养护 7 d,去除聚乙烯薄膜,在标准试验条件下继续养护 21 d |
| | | | | 无机轻集料砂浆保温系统技术标准 JGJ/T 253—2019/附录 B/B.5 | 1.拉力试验机:破坏荷载应在其量程的 20%~80%范围内,精度 1%,最小示值 1 N,拉伸速度(5±1)mm/min | 1.标准养护、试验条件:空气温度(23±2)℃,相对湿度(60±15)% | 1.抗裂砂浆配制好后,按产品使用说明书中的可操作时间放置,没有规定时按 4 h 放置 |
| 五 | 耐碱网格布 | | | | | | |

续表 2-3-2

| 序号 | 类别(产品/项目/参数) | 产品/项目/参数 | | 依据标准(方法)名称及编号(含年号) | 仪器设备(标准物质)要求 | 环境条件要求 | 备注 |
|---|---|---|---|---|---|---|---|
| | | 序号 | 名称 | | | | |
| | | 11 | 单位面积质量 | 增强制品试验方法 第3部分:单位面积质量的测定 GB/T 9914.3—2013 | 1.抛光金属板:用于织物,面积100 $cm^2$的正方形或圆形,裁取的试样面积允许误差应小于1%;<br>2.天平:用于≥200 $g/m^2$织物,测量范围0~150 g,容许误差10 mg,分辨率1 mg;<br>用于<200 $g/m^2$织物,测量范围0~150 g,容许误差1 mg,分辨率0.1 mg;<br>3.通风烘箱:空气置换率为每小时20~50次,温度能控制在(105±3)℃内 | 1.调湿环境:温度(23±2)℃;相对湿度(50±10)% | 1.适用于玻璃纤维、碳纤维、纺纶纤维制品。<br>2.注意事项:<br>(1)对于织物,每50 cm宽度取一个100 $cm^2$的试样;任何情况下,最少应取2个试样;试样应分开取,最好包括不同的纬纱;应离开边/织边至少5 cm;<br>(2)除非产品规范或测试委托方另有要求,试样不需要调湿 |
| | | 12 | 断裂强力 | 增强材料 机织物试验方法 第5部分:玻璃纤维拉伸断裂强力和断裂伸长的测定 GB/T 7689.5—2013 | 1.拉伸试验机:推荐使用等速伸长试验机,对试样的拉伸速度应满足Ⅰ型试样拉伸速度(100±5)mm/min,Ⅱ型试样拉伸速度(50±3)mm/min;指示或记录施加到试样上力值的装置,应无惯性,示值最大误差不超过1%;指示或记录试样伸长值的装置应无惯性,精度应优于1%;<br>2.其他详见GB/T 7689.5—2013/5 | 1.调湿环境:温度(23±2)℃,相对湿度(50±10)%;<br>2.试验环境:温度(23±2)℃,相对湿度(50±10)% | 1.适用于玻璃纤维织物。<br>2.注意事项:<br>(1)Ⅰ型试样适用于硬挺织物,Ⅱ型试样适用于较柔软的织物;<br>(2)调湿时间为16 h或利益相关方确定;<br>(3)试件断裂在两夹具中任一夹具的接触线10 mm以内,在报告中记录实际情况,但计算结果时舍去该断裂强力和断裂伸长,并用新试样应重新试验 |

续表 2-3-2

| 序号 | 类别(产品/项目/参数) | 产品/项目/参数 | | 依据标准(方法)名称及编号(含年号) | 仪器设备(标准物质)要求 | 环境条件要求 | 备注 |
|---|---|---|---|---|---|---|---|
| | | 序号 | 名称 | | | | |
| | | 13 | 耐碱断裂强力 | 增强材料 机织物试验方法 第5部分:玻璃纤维拉伸断裂强力和断裂伸长的测定 GB/T 7689. 5—2013 | 同上 | 同上 | 同上 |
| | | | | 外墙外保温工程技术标准 JGJ 144—2019/附录B | 1.拉伸试验机:同上;<br>2.带盖容器:符合GB/T 20102标准第5章5.2条的要求;<br>3.烘箱:温度能控制在(60±2)℃;<br>4.化学试剂:氢氧化钠、氢氧化钙、氢氧化钾、盐酸 | 1.试样放置环境:温度(23±2)℃,相对湿度(50±5)% | 1.快速试验方法。<br>2.注意事项:<br>(1)试样的处理应符合本标准附录B/B.0.2要求;<br>(2)试验方法应符合GB/T 20102的规定 |
| | | | | 模塑聚苯板薄抹灰外墙外保温系统材料 GB/T 29906—2013/附录C | 1.拉伸试验机:符合GB/T 7689.5的规定;<br>2.恒温烘箱:温度能控制在(60±2)℃;<br>3.恒温水浴:温度能控制在(60±2)℃,内壁及加热管均应由不与碱性溶液发生反应的材料制成(例如不锈钢材料),尺寸大小应使玻纤网布试样能够平直地放入,保证所有的试样都浸没于碱溶液中,并有密封的盖子;<br>4.化学试剂:氢氧化钠、氢氧化钙、氢氧化钾、盐酸 | 1.试样放置环境:温度(23±2)℃,相对湿度(50±5)% | 1.快速试验方法。<br>2.注意事项:<br>(1)从卷装上分别裁取宽度为(50±3)mm,长度为(600±13)mm的经向试样和纬向试样各10条;<br>(2)将试样沿横向从中间一分为二,分别用于测定干态和耐碱拉伸断裂强力,应保证干态试样与碱溶液处理试样的一一对应关系;<br>(3)每种试样得到的有效试验数据不应少于5个 |

**续表 2-3-2**

| 序号 | 类别(产品/项目/参数) | 产品/项目/参数 | | 依据标准(方法)名称及编号(含年号) | 仪器设备(标准物质)要求 | 环境条件要求 | 备注 |
|---|---|---|---|---|---|---|---|
| | | 序号 | 名称 | | | | |
| | | | | 挤塑聚苯板(XPS)薄抹灰外墙外保温系统材料 GB/T 30595—2014/附录 B | 同上 | 同上 | 同上 |
| | | | | 增强用玻璃纤维网布 第 2 部分:聚合物基外墙外保温用玻璃纤维网布 JC/T 561.2—2006/附录 A | 1.拉伸试验机:同上;<br>2.恒温烘箱:温度能控制在(100±2)℃和(80±2)℃;<br>3.恒温水浴:温度能控制在(80±2)℃,并符合 JC/T 561.2—2006 附录 A/A.3.3 条的规定;<br>4.化学试剂:氢氧化钠,化学纯 | 1.试样放置环境:干燥器内冷却至室温 | 1.氢氧化钠溶液浸泡法(快速法)。<br>2.适用于玻璃纤维网布耐碱性的快速测定。<br>3.注意事项:<br>(1)从卷装上分别裁取宽度为(50±3)mm,长度为(600±13)mm 的经向试样和纬向试样各 15 条;<br>(2)将试样沿横向从中间一分为二,分别用于测定干态和耐碱拉伸断裂强力,应保证干态试样与碱溶液处理试样的一一对应关系;<br>(3)如果试样在夹具内打滑或沿夹具边缘断裂,应废弃这个结果,直至经向和纬向试样分别得到 5 对有效的测试结果 |

续表 2-3-2

| 序号 | 类别(产品/项目/参数) | 产品/项目/参数 | | 依据标准(方法)名称及编号(含年号) | 仪器设备(标准物质)要求 | 环境条件要求 | 备注 |
|---|---|---|---|---|---|---|---|
| | | 序号 | 名称 | | | | |
| | | | | 玻璃纤维网布耐碱性试验方法氢氧化钠溶液浸泡法 GB/T 20102—2006 | 1.拉伸试验机:同上;<br>2.带盖容器:符合 GB/T 20102—2006 标准第 5 章 5.2 条的要求;<br>3..蒸馏水;<br>4.化学试剂:氢氧化钠,化学纯 | 1.处理后的试样放置条件:温度(23±2)℃,相对湿度(50±5)% | 1.氢氧化钠溶液浸泡法。<br>2.适用于聚合物基外墙外保温饰面系统使用的玻璃纤维网格布,该系统含有硅盐水泥作为一种组份。<br>3.注意事项:<br>(1)从卷装上分别裁取宽度为(50±3)mm,长度为(600±13)mm的经向试样和纬向试样各 15 条;<br>(2)将试样沿横向从中间一分为二,分别用于测定未经碱溶液浸泡处理和经碱溶液浸泡处理的拉伸断裂强力;<br>(3)未经碱溶液浸泡的试件,在温度(23±2)℃,相对湿度(50±5)%的试验室内同时放置;<br>(4)如果试样在夹具内打滑或断裂,或试样沿夹具边缘断裂,应废弃这个结果重新用另一试样测试,直至每种试样得到 5 个有效的测试结果 |

**续表 2-3-2**

| 序号 | 类别(产品/项目/参数) | 产品/项目/参数 序号 | 产品/项目/参数 名称 | 依据标准(方法)名称及编号(含年号) | 仪器设备(标准物质)要求 | 环境条件要求 | 备注 |
|---|---|---|---|---|---|---|---|
| | | 14 | 耐碱断裂强力保留率 | 外墙外保温工程技术标准 JGJ 144—2019/附录 B | 1.拉伸试验机:同上;<br>2.带盖容器:符合 GB/T 20102 标准第 5 章 5.2 条的要求;<br>3.烘箱温度能控制在(60±2)℃;<br>4.化学试剂:氢氧化钠、氢氧化钙、氢氧化钾、盐酸 | 1.试样放置环境:温度(23±2)℃,相对湿度(50±5)% | 1.快速试验方法。<br>2.注意事项:<br>(1)试样的处理符合本标准附录 B/B.0.2 要求;<br>(2)试验方法应符合 GB/T 20102 的规定 |
| | | | | 模塑聚苯板薄抹灰外墙外保温系统材料 GB/T 29906—2013/附录 C | 1.拉伸试验机:符合 GB/T 7689.5 的规定;<br>2.恒温烘箱:温度能控制在(60±2)℃;<br>3.恒温水浴:温度能控制在(60±2)℃,内壁及加热管均应由不与碱性溶液发生反应的材料制成(例如不锈钢材料),尺寸大小应使玻纤网布试样能够平直地放入,保证所有的试样都浸没于碱溶液中,并有密封的盖子;<br>4.化学试剂:氢氧化钠、氢氧化钙、氢氧化钾、盐酸 | 1.试样放置环境:温度(23±2)℃,相对湿度(50±5)% | 1.快速试验方法。<br>2.注意事项:<br>(1)从卷装上分别裁取宽度为(50±3)mm,长度为(600±13)mm 的经向试样和纬向试样各 10 条;<br>(2)将试样沿横向从中间一分为二,分别用于测定干态和耐碱拉伸断裂强力,应保证干态试样与碱溶液处理试样的一一对应关系;<br>(3)每种试样得到的有效试验数据不应少于 5 个 |

续表 2-3-2

| 序号 | 类别(产品/项目/参数) | 产品/项目/参数 | | 依据标准(方法)名称及编号(含年号) | 仪器设备(标准物质)要求 | 环境条件要求 | 备注 |
|---|---|---|---|---|---|---|---|
| | | 序号 | 名称 | | | | |
| | | | | 挤塑聚苯板(XPS)薄抹灰外墙外保温系统材料 GB/T 30595—2014/附录 B | 同上 | 同上 | 同上 |
| | | | | 增强用玻璃纤维网布 第 2 部分:聚合物基外墙外保温用玻璃纤维网布 JC /T 561.2—2006/附录 A | 1.拉伸试验机:同上;<br>2.恒温烘箱:温度能控制在(100±2)℃和(80±2)℃;<br>3.恒温水浴:温度能控制在(80±2)℃,并附合 JC/T 561.2—2006 附录 A/A.3.3 条的规定;<br>4.化学试剂:氢氧化钠,化学纯 | 1.试样放置环境:干燥器内冷却至室温 | 1.氢氧化钠溶液浸泡法(快速法)。<br>2.适用于玻璃纤维网布耐碱性的快速测定。<br>3.注意事项:<br>(1)从卷装上分别裁取宽度为(50±3)mm,长度为(600±13)mm 的经向试样和纬向试样各 15 条;<br>(2)将试样沿横向从中间一分为二,分别用于测定干态和耐碱拉伸断裂强力,应保证干态试样与碱溶液处理试样的一一对应关系;<br>(3)如果试样在夹具内打滑或沿夹具边缘断裂,应废弃这个结果,直至经向和纬向试样分别得到 5 对有效的测试结果 |

**续表 2-3-2**

| 序号 | 类别(产品/项目/参数) | 产品/项目/参数 | | 依据标准(方法)名称及编号(含年号) | 仪器设备(标准物质)要求 | 环境条件要求 | 备注 |
|---|---|---|---|---|---|---|---|
| | | 序号 | 名称 | | | | |
| | | | | 玻璃纤维网布耐碱性试验方法 氢氧化钠溶液浸泡法 GB/T 20102—2006 | 1.拉伸试验机:同上;<br>2.带盖容器:符合 GB/T 20102—2006 标准第 5 章 5.2 条的要求;<br>3.蒸馏水;<br>4.化学试剂:氢氧化钠,化学纯 | 1.处理后的试样放置条件:温度(23±2)℃,相对湿度(50±5)% | 1.氢氧化钠溶液浸泡法。<br>2.适用于聚合物基外墙外保温饰面系统使用的玻璃纤维网格布,该系统含有硅盐水泥作为一种组分。<br>3.注意事项:<br>①从卷装上分别裁取宽度为(50±3)mm,长度为(600±13)mm 的经向试样和纬向试样各 15 条;<br>②将试样沿横向从中间一分为二,分别用于测定未经碱溶液浸泡 处理和经碱溶液浸泡处理的拉伸断裂强力;<br>(3)未经碱溶液浸泡的试件,在温度(23±2)℃,相对湿度(50±5)%的试验室内同时放置;<br>(4)如果试样在夹具内打滑或断裂,或试样沿夹具边缘断裂,应废弃这个结果重新用另一试样测试,直至每种试样得到 5 个有效的测试结果 |

**续表 2-3-2**

| 序号 | 类别(产品/项目/参数) | 产品/项目/参数 序号 | 产品/项目/参数 名称 | 依据标准(方法)名称及编号(含年号) | 仪器设备(标准物质)要求 | 环境条件要求 | 备注 |
|---|---|---|---|---|---|---|---|
| | | 15 | 断裂伸长率 | 增强材料 机织物试验方法 第5部分:玻璃纤维拉伸断裂强力和断裂伸长的测定 GB/T 7689.5—2013 | 1.拉伸试验机:同上 | 1.调湿环境:温度(23±2)℃,相对湿度(50±10)%;<br>2.试验环境:温度(23±2)℃,相对湿度(50±10)% | 1.适用于玻璃纤维织物。<br>2.注意事项:<br>(1)Ⅰ型试样适用于硬挺织物,Ⅱ型试样适用于较柔软的织物;<br>(2)调湿时间为16 h或利益相关方确定;<br>(3)试件断裂在两夹具中任一夹具的接触线10 mm以内,在报告中记录实际情况,但计算结果时舍去该断裂强力和断裂伸长,并用新试样应重新试验 |
| 六 | 热镀锌电焊网 | | | | | | |
| | | 16 | 丝径 | 镀锌电焊网 QB/T 3897—1999/5.1 | 1.千分尺:示值0.01 mm | | 任取经、纬丝各3根测量,取其平均值 |
| | | | | 镀锌电焊网 GB/T 33281—2016/6.2.3 | 同上 | | 同上 |
| | | 17 | 网孔尺寸/网孔偏差 | 镀锌电焊网 QB/T 3897—1999/5.1 | 1.钢板尺:示值1 mm;<br>2.游标卡尺:示值为0.02 mm | | 1.有争议时,用游标卡测量 |
| | | | | 镀锌电焊网 GB/T 33281—2016/6.2.2 | 同上 | | 同上 |

续表 2-3-2

| 序号 | 类别(产品/项目/参数) | 产品/项目/参数 序号 | 产品/项目/参数 名称 | 依据标准(方法)名称及编号(含年号) | 仪器设备(标准物质)要求 | 环境条件要求 | 备注 |
|---|---|---|---|---|---|---|---|
| | | 18 | 焊点抗拉力 | 镀锌电焊网 QB/T 3897—1999/5.5 | 1.拉力试验机 | | 1.在网上任取 5 点进行拉力试验 |
| | | | | 镀锌电焊网 GB/T 33281—2016/6.6 | 1.拉力试验机:速率 5 mm/min,具有 6.6 条规定的拉伸卡具 | | 1.在网上任取 3 个焊点进行拉伸 |
| | | 19 | 镀锌层质量 | 钢产品镀锌层质量试验方法 GB/T 1839—2008 | 1.天平:精度 0.001 g | 1.室温 | 1.注意事项:镀锌层包括纯镀锌层、锌铁合金和锌铝合金镀锌层 |
| 七 | 保温板 | | | | | | |
| | | 20 | 表观密度/体积密度/密度 | 泡沫塑料及橡胶表观密度的测定 GB/T 6343—2009 | 1.天平:称量精度为 0.1%;<br>2.量具:<br>尺寸范围:<10 mm 使用测微计或千分尺,精度要求 0.05 mm;<br>尺寸范围:1~100 mm 使用游标卡尺、测微计或千分尺,精度要求 0.1 mm;<br>尺寸范围:>100 mm 使用游标卡尺、金属直尺,精度要求 0.5 mm | 1.标准环境条件:<br>(1)(23 ± 2)℃,(50±10)%;<br>(2)(23 ± 5)℃,($50^{+20}_{-10}$)%;<br>(3)(27 ± 5)℃,($65^{+20}_{-10}$)%;<br>2.干燥环境:(23±2)℃或(27±2)℃ | 1.至少应测试 5 个试样;<br>2.测试用样品生产后,至少放置 72 h 才能制样;<br>3.样品的状态调节应符合 5.3 条的要求 |

**续表 2-3-2**

| 序号 | 类别(产品/项目/参数) | 产品/项目/参数 | | 依据标准(方法)名称及编号(含年号) | 仪器设备(标准物质)要求 | 环境条件要求 | 备注 |
|---|---|---|---|---|---|---|---|
| | | 序号 | 名称 | | | | |
| | | | | 矿物棉及其制品试验方法 GB/T 5480—2017 | 1.天平:量程满足试样称量要求,分度值不大于被称质量的0.5%。<br>2.针形厚度计:分度值 1 mm,压板压强(50±1.5)Pa,压板尺寸为 200 mm×200 mm;<br>3.金属尺:分度值不大于 1 mm;<br>4.精密直径围尺:分度值不大于 0.1 mm;<br>5.游标卡尺:测量范围不小于0~150 mm,分度值不大于 0.02 mm;<br>6.体积密度测量筒:外筒内径 150 mm,内筒外径 149 mm,质量(8.8±0.1)kg,内外筒高度均为 150 mm | 推荐环境条件:室温 16~28℃,相对湿度 30%~80%。 | |
| | | 21 | 导热系数 | 绝热材料稳态热阻及有关特性的测定 防护热板法 GB/T 10294—2008 | 检测装置应符合 GB/T 10294—2008 的要求 | 1.环境条件:符合 GB/T 10294—2008 标准 3.3.4 的要求 | 1.防护热板法;<br>2.注意事项:试样的制备和状态调节按照被测材料的标准执行,无材料标准时,按本标准 3.2.2 执行 |
| | | | | 绝热材料稳态热阻及有关特性的测定 热流计法 GB/T 10295—2008 | 装置应符合 GB/T 10295—2008 标准要求 | 1.根据装置的类型和测定的温度,按 GB/T 10295—2008/2.2.5 施加边缘绝热和(或)规定的环境条件 | 1.热流计法;<br>2.注意事项:试样的制备和状态调节按照被测材料的标准执行,无产品标准时,按本标准 3.2.2 执行 |
| | | 22 | 垂直于板面方向的抗拉强度/垂直于表面抗拉强度 | 模塑聚苯板薄抹灰外墙外保温系统材料 GB/T 29906—2013/6.5.1 | 1.拉力试验机:可以(5±1)mm/min 的恒定速度加荷 | 1.试验环境:空气温度(23±5)℃,相对湿度(50±10)% | 1.试样数量 5 个;<br>2.试样在试验环境下放置 24 h 以上;<br>3.破坏面在刚性面板或金属板胶结面时,测试数据无效 |

续表 2-3-2

| 序号 | 类别(产品/项目/参数) | 产品/项目/参数 | | 依据标准(方法)名称及编号(含年号) | 仪器设备(标准物质)要求 | 环境条件要求 | 备注 |
|---|---|---|---|---|---|---|---|
| | | 序号 | 名称 | | | | |
| | | | | 挤塑聚苯板(XPS)薄抹灰外墙外保温系统材料 GB/T 30595—2014/6.4.2 | 同上 | 同上 | 同上 |
| | | | | 酚醛泡沫板薄抹灰外墙外保温系统材料 JG/T 515—2017/6.5.3 | 1.拉力试验机:可以 5 mm/min 的速度加荷 | 同上 | 同上 |
| | | | | 外墙外保温工程技术标准 JGJ 144—2019/附录 A/A.6 | 1.拉力试验机 :拉伸速度为 5 mm/min | 1.试验环境:空气温度(23±2)℃,相对湿度(50±5)% | 1.试样数量 5 个;<br>2.应采用适当的胶粘剂将试样上下表面分别与尺寸为 100 mm×100 mm 的金属试验板黏结;<br>3.破坏部位在试验板黏结界面时试验数据应记为无效 |
| | | | | 建筑用绝热制品垂直于表面抗拉强度的测定 GB/T 30804—2014 | 1.拉伸试验机:合适的载荷和位移量程,能以(10±1)mm/min 的恒定速度加载,且载荷测量精度在±1%范围内 | 1.试样状态调节:空气温度(23±5)℃,有争议时空气温度(23±2)℃,相对湿度(50±5)%;<br>2.试验环境:空气温度(23±5)℃,有争议时空气温度(23±2)℃,相对湿度(50±5)% | 1.试样数量应在相关产品标准中规定,如未规定试样数量,应至少 5 个试样;在没有产品标准或技术规范时,由相关方商定;<br>2.试样尺寸应在相关产品标准中规定,没有产品标准或技术规范时,由相关方商定;<br>3.钢性板或钢性块能自动调节对中,避免在试验过程中拉力应力分布不均;<br>4.试样状态调节应符合 6.4 条要求 |

**续表 2-3-2**

| 序号 | 类别(产品/项目/参数) | 产品/项目/参数 | | 依据标准(方法)名称及编号(含年号) | 仪器设备(标准物质)要求 | 环境条件要求 | 备注 |
|---|---|---|---|---|---|---|---|
| | | 序号 | 名称 | | | | |
| | | 23 | 压缩强度 | 硬质泡沫塑料压缩性能的测定 GB/T 8813—2008 | 1.压缩试验机:应有一个能连续测量移动板位移量的装置,准确度为±5%或±0.1 mm;传感器力值的准确度±1%;<br>2.量具:<br>尺寸范围:<10 mm,使用测微计或千分尺,精度要求 0.05 mm;<br>尺寸范围:1~100 mm,使用游标卡尺、测微计或千分尺,精度要求 0.1 mm;<br>尺寸范围:>100 mm,使用游标卡尺、金属直尺,精度要求 0.5 mm | 1.试样状态调节条件和试验条件:<br>温度(23±2)℃,相对湿度(50±10)% | 1.从硬质泡沫塑料制品的块状材料或板中制取样品时,制取方法和数量应参照有关泡沫塑料制品标准的规定,在缺乏相关规定时,至少要取 5 个试样;<br>2.状态调节至少 6 h |
| | | | | 建筑用绝热制品 压缩性能的测定 GB/T 13480—2014 | 1.压缩试验机:满足 GB/T 13480—2014 第 5 章 5.1 规定条件;<br>2.位移测量装置:满足 GB/T 13480—2014 第 5 章 5.2 规定条件;<br>3.载荷测量装置:满足 GB/T 13480—2014 第 5 章 5.3 规定条件;<br>4.记录装置:满足 GB/T 13480—2014 第 5 章 5.4 规定条件 | 试样状态调节和试验应在(23±5)℃下进行,有争议时,应在(23±2)℃和(50±5)%相对湿度的环境下进行 | 1.试样尺寸应满足 GB/T 13480—2014 第 6 章 6.1 规定;<br>2.试样数量应符合相关产品标准的规定。若无相应规定,应至少 5 个试样或由各相关方商定 |
| | | 24 | 尺寸稳定性 | 硬质泡沫塑料尺寸稳定性试验方法 GB/T 8811—2008 | 1.量具:同上;<br>2.恒温恒湿箱:满足 GB/T 8811—2008 第 7 章 7.1.1 规定条件 | 1.状态调节:温度(23±2)℃,相对湿度 45%~55%;<br>2.试验条件:从 GB/T 8811—2008 标准第 7 章 7.1.1 条规定的条件中选择 | 1.样品数量:对选定的任一试验条件,每一样品至少测试三个试样 |

**续表** 2-3-2

| 序号 | 类别(产品/项目/参数) | 产品/项目/参数 | | 依据标准(方法)名称及编号(含年号) | 仪器设备(标准物质)要求 | 环境条件要求 | 备注 |
|---|---|---|---|---|---|---|---|
| | | 序号 | 名称 | | | | |
| | | | | 建筑用绝热制品在指定温度湿度条件下尺寸稳定性的测试方法 GB/T 30806—2014 | 1.恒温或恒温恒湿箱:GB/T 30806—2014 第 5 章 5.1 规定条件;<br>2.量具:测量的器具能够符合 ISO 29768 中的方法测量试样的线性尺寸,精确到 0.1mm | 1.试验条件:按 GB/T 30806—2014 标准中 7.1、7.2.2 的规定进行;<br>2.试样状态调节:按 GB/T 30806—2014 标准中 6.4 条的规定进行 | 1.试样厚度应为制品的初始厚度,尺寸(200±1)mm×(200±1)mm,当岩棉条宽度小于 200 mm 时,试样尺寸为以岩棉条宽度为边长的正方形;<br>2.试样的数量应按照相关标准中的规定,如果没有规定,则至少应有 3 个试样进行试验 |
| | | 25 | 水蒸气透过系数/透湿系数 | 硬质泡沫塑料水蒸气透过性能的测定 QB/T 2411—1998 | 1.透湿杯普通杯:容量不小于 250 mL,内径不小于 65 mm 的烧杯;特型杯:底部内径不小于 65 mm,见附录 A;<br>2.限位器限位板:外径为(64±0.1)mm,高 10 mm 的表面光洁的金属板;<br>3.限位圈:外径为(64±0.1)mm,高 10 mm,厚 5 mm 的表面光洁的金属环;<br>4.干燥器皿;<br>5.恒温恒湿箱;<br>6.分析天平,精度为 0.1 mg | 1.状态调节条件:<br>温度(23±2)℃,相对湿度 45%~55%。<br>2.试验条件:<br>(1)(38±1)℃,0%~(88.5±2)%;相对湿度梯度,试样两表面间水蒸气压力差为 5.51 kPa;<br>(2)(23±1)℃,0%~(85±2)% 相对湿度梯度,试样两表面间水蒸气压力差为 2.39 kPa;<br>(3)(23±1)℃,0%~(50±5)% 相对湿度梯度,试样两表面间水蒸气压力差为 1.40 kPa | 1.产品制成后至少 72 h 后才能取样;<br>2.试样不得少于 5 个,样品为各向异性时,试样平面应与实际使用时水蒸气通过制品的方向垂直;<br>3.状态调节应符合 7.3 条的要求;<br>4.应按产品标准规定或最接近实际使用情况选择试验条件 |

续表 2-3-2

| 序号 | 类别(产品/项目/参数) | 产品/项目/参数 | | 依据标准(方法)名称及编号(含年号) | 仪器设备(标准物质)要求 | 环境条件要求 | 备注 |
|---|---|---|---|---|---|---|---|
| | | 序号 | 名称 | | | | |
| | | | | 建筑材料及其制品水蒸气透过性能试验方法 GB/T 17146—2015 | 1.试验杯:符合 5.1 的要求;<br>2.遮模:金属材质制成的方框或圆环,其形状和尺寸应与使用的试验杯和密封方法相适应;<br>3.厚度测试仪:分度值 0.1 mm,或者精度达到试件厚度的 0.5%,两者取精确度高者;<br>4.分析天平:精度 0.001 g,对质量较重的测试组件,天平的精度可为 0.01 g;<br>5.试验工作室:符合 5.5 的要求;<br>6.密封材料:符合 5.6 的要求;<br>7.干燥剂:符合 5.7 的要求;<br>8.饱和溶液:符合 5.8 的要求 | 1.试验条件应符合 7.1 条表 2 的要求 | 1.试件数量至少 5 个,当试件的外露面积大于 $0.02\ m^2$ 时,试件数量可减少为 3 个;<br>2.试验前,试件应放在(23±5)℃相对湿度(50±5)%的环境中直至试件达到恒重,对塑料薄膜试件,可不需要状态调节 |
| | | 26 | 熔结性/弯曲变形 | 硬质泡沫塑料弯曲性能的测定 第 1 部分:基本弯曲试验 GB/T 8812.1—2007 | 1.材料试验机或弯曲试验机:其负荷压头能恒速运行,在试验机量程内,负荷精度为±1%,位移精度为 0.1 mm;<br>2.量具:精度 0.01 mm | 1.标准试验条件:温度(23±2)℃,相对湿度(50±5)%或温度(27±2)℃,相对湿度(65±10)%;<br>2.状态调节应选择 GB/T 2918 规定的标准环境中进行:标准环境 23/50 和 27/65 | 1.适用于厚度不小于 20 mm 的材料;不适用于易压碎的泡沫塑料。<br>2.注意事项:<br>(1)每组试样至少 5 个,其他符合 5.3 条的要求;<br>(2)状态调节应符合 5.4 条的要求 |

**续表 2-3-2**

| 序号 | 类别（产品/项目/参数） | 产品/项目/参数 | | 依据标准（方法）名称及编号（含年号） | 仪器设备（标准物质）要求 | 环境条件要求 | 备注 |
|---|---|---|---|---|---|---|---|
| | | 序号 | 名称 | | | | |
| | | 27 | 吸水率/体积吸水率/吸水性 | 硬质泡沫塑料吸水率的测定 GB/T 8810—2005 | 1.天平：能挂网笼，准确至 0.1 g；<br>2.圆桶容器：直径至少为 250 mm，高为 250 mm；<br>3.切片器，：应有切割样品薄片厚度为 0.1～0.4 mm 的能力；<br>4.投影仪：适用于 50 mm×50 mm 标准幻灯片的通用型 35 mm 幻灯片投影仪，或者带有标准刻度的投影显微镜 | 1.状态调节试验环境：温度（23±2）℃，相对湿度（50±5）% | 1.溶胀和切割表面体积的校正：方法 A（均匀溶胀），当试样没有明显的非均匀性溶胀时用；<br>方法 B（非均匀溶胀），当试样有明显的非均匀性溶胀时用。<br>2.注意事项：试样数量不得少于 3 块 |
| | | | | 矿物棉及其制品试验方法 GB/T 5480—2017/13 | 1.天平：分度值不大于 0.1 g；<br>2.钢直尺：测量范围 0～300 mm，分度值 1 mm；<br>3.针形厚度计：分度值 1 mm，压板压强（50±1.5）Pa，压板尺寸为 200 mm×200 mm；<br>4.电热鼓风干燥箱，控温精度 ±5 ℃；<br>5.水箱：满足 GB/T 5480—2017 标准 13.2.5 的要求 | 1.推荐环境条件：室温 16～28 ℃，相对湿度 30%～80% | 1.检测方法：<br>（1）部分浸入试验方法：可计算出单位面积的吸水量；<br>（2）全浸试验方法：可计算出单位体积的吸水量；<br>（3）毛细管渗透试验方法：测量试样的毛细管渗透高度来表示制品的吸水性。<br>2.注意事项：应按产品标准中的要求制备足够数量的试样，若产品标准中没有试样数量的要求，则至少制备 4 块试样 |

**续表 2-3-2**

| 序号 | 类别(产品/项目/参数) | 产品/项目/参数 | | 依据标准(方法)名称及编号(含年号) | 仪器设备(标准物质)要求 | 环境条件要求 | 备注 |
|---|---|---|---|---|---|---|---|
| | | 序号 | 名称 | | | | |
| | | 28 | 燃烧性能 | 建筑材料可燃性试验方法 GB/T 8626—2007 | 1.燃烧箱:符合 GB/T 8626—2007 标准 4.2 条要求;<br>2.燃烧器:符合 GB/T 8625—2007 标准 4.3 条要求;<br>3.试样夹:符合 GB/T 8626—2007 标准 4.5 条要求;<br>4.挂杆:符合 GB/T 8626—2007 标准 4.6 条要求;<br>5.计时器:能持续记录时间,并显示到秒,精度≤1 s/h;<br>6.试样模板:符合 GB/T 8626—2007 标准 4.8 条要求;<br>7.火焰检查装置:符合 GB/T 8626—2007 标准 4.9 条要求;<br>8.风速仪:精度为±0.1 m/s;<br>9.纯度≥95%的商用丙烷,燃气压力应在 10~50 kPa 范围内 | 1.试验室环境:温度(23±5)℃,相对湿度(50±20)% | 1.检测方法:<br>(1)可燃性试验方法。<br>2.注意事项:<br>(1)对于未被点燃就熔化或收缩的制品,附录 A 给出了附加试验程序;<br>(2)试样数量:对于每种点火方式,至少应测试 6 块具有代表性的制品试样,并应分别在样品的横向和纵向上切制 3 块试样,样品的要求应符合 5.4 条规定;<br>(3)试样和滤纸应根据 EN13238 状态调节 |
| | | | | 建筑材料或制品的单体燃烧试验 GB/T 20284—2006 | 1.试验装置:符合 GB/T 20284—2006 第 4 章的要求 | 1.状态调节条件:温度(23±2)℃,相对湿度(50±5)%;<br>2.试验环境温度:(20±10)℃ | 1.检测方法:<br>单体燃烧试验方法。<br>2.注意事项:<br>(1)试样数量:应用三组试样(三组长翼加短翼)进行试验;<br>(2)应根据 EN13238 和本标准 6.2 要求进行状态调节,至少调节 48 h,直至达到恒定质量 |

**续表** 2-3-2

| 序号 | 类别(产品/项目/参数) | 产品/项目/参数 | | 依据标准(方法)名称及编号(含年号) | 仪器设备(标准物质)要求 | 环境条件要求 | 备注 |
|---|---|---|---|---|---|---|---|
| | | 序号 | 名称 | | | | |
| | | | | 建筑材料及制品的燃烧性能 燃烧热值的测定 GB/T 14402—2007 | 1.热置测定装置:应符合 GB/T 14402—2007 第 4 章的要求,其中温度测量装置的分辨率为 0.005 K 如使用水银温度计,分度值至少精确到 0.01 K;<br>2.计时器:精确到 s,精度为 1 s/h;<br>3.分析天平:精度为 0.1 mg;<br>4.普通天平:精度为 0.1 g | 1.样品状态调节条件:温度(23±2)℃,相对湿度(50±5)%;<br>2.试验条件:试验应在标准试验条件下进行,试验室内温度应保持稳定标准试验条件温度(23±2)℃,相对湿度(50±5)% | 1.检测方法:燃烧热值的测定<br>(1)坩埚法:经过研磨得到粉末状样品,应以坩埚法制备试样;<br>(2)“香烟”法:通过研磨不能得到粉末状样品,或坩埚试验时样品不能充分燃烧,则采用“香烟”法制备试样。<br>2.注意事项:<br>(1)应对 3 个试样进行试验,如果试验结果不能满足有效性要求,则需要对另外 2 个试样进行试验按分级体系的要求,可以进行多于 3 个试样的试验;<br>(2)试验前,应将粉末试样、苯甲酸和“香烟纸”按照 EN13238 的要求进行状态调节,至少调节 48 h,直至达到恒定质量 |

续表 2-3-2

| 序号 | 类别（产品/项目/参数） | 产品/项目/参数 |  | 依据标准（方法）名称及编号（含年号） | 仪器设备（标准物质）要求 | 环境条件要求 | 备注 |
|---|---|---|---|---|---|---|---|
|  |  | 序号 | 名称 |  |  |  |  |
|  |  |  |  | 建筑材料不燃性试验方法 GB/T 5464—2010 | 1. 试验装置：应满足 GB/T 5464—2010 第 4 章的要求，其中热电偶：采用丝径为 0.3 mm、外径为 1.5 mm 的 K 型或 N 型热电偶，符合 GB/T 16839.2 标准 1 级精度要求；<br>2.天平：称量精度为 0.01 g；<br>3.温度记录仪：精度约 1 ℃；<br>4.计时器：精度为 1 s/h；<br>5.通风干燥箱：温度控制在（60±5）℃ | 1.样品状态调节条件：温度（23±2）℃，相对湿度（50±5）%。<br>2.试验环境：试验装置不设在通风口，也不应受到任何形式的强烈日或人工光照试验过程中室温变化不应超过+5 ℃ | 1.检测方法：不燃性试验方法。<br>2.适用于特定条件的匀质建筑制品、非匀质建筑制品的主要组分。<br>3.注意事项：<br>（1）试样数量：一共可以测试五组试样，若按分级体系标准有其他要求可增加试样数量；<br>（2）样品状态调节：应根据 EN 13238 的要求进行状态调节在温度（23±2）℃，相对湿度（50±5）%条件下，至少调节 48 h，直至达到恒定质量，然后在（60±5）℃通风干燥箱内调节 20～24 h，并在干燥皿中冷却至室温 |

**续表 2-3-2**

| 序号 | 类别（产品/项目/参数） | 产品/项目/参数 序号 | 产品/项目/参数 名称 | 依据标准（方法）名称及编号（含年号） | 仪器设备（标准物质）要求 | 环境条件要求 | 备注 |
|---|---|---|---|---|---|---|---|
| | | | | 塑料用氧指数法测定燃烧行为第2部分：室温试验 GB/T 2406.2—2009 | 检测设备符合 GB/T 2406.2—2009 第5章的要求 | 1.试样状态调节条件：温度（23±2）℃，相对湿度（50±5）%；<br>2.试验条件：试验装置应放在温度（23±2）℃的环境中，必要时将试样放在温度（23±2）℃、相对湿度（50±5）%的密闭容器中，当需要时从容器中取出 | 1.氧指数法［方法 A 顶面点燃法、方法 B 扩散点燃法、方法 C 与规定的最小氧指数值比较法（简捷方法）］。<br>2.氧指数法适用于试样厚度小于 10.5 mm 能直立自撑的条状或片状材料也适用于表观密度大于 100 kg/m$^3$ 的均质固体材料、层压材料或泡沫材料，以及某些表观密度小于 100 kg/m$^3$ 的泡沫材料并提供了能直立支撑的片状材料或薄膜的试验方法。<br>3.注意事项：<br>（1）当不需要测定材料的准确氧指数，只是为了与规定的最小氧指数值比较时，则选用方法 C；若有争议或材料需要实际的氧指数时，应选用方法 A 或方法 B；<br>（2）除非另有规定，否则每个试样试验前应在温度（23±2）℃，相对湿度（50±5）%条件下，至少调节 88 小时 |

续表 2-3-2

| 序号 | 类别（产品/项目/参数） | 产品/项目/参数 | | 依据标准（方法）名称及编号（含年号） | 仪器设备（标准物质）要求 | 环境条件要求 | 备注 |
|---|---|---|---|---|---|---|---|
| | | 序号 | 名称 | | | | |
| 八 | 无机类保温材料 | | | | | | |
| | | 29 | 干密度 | 无机硬质绝热制品试验方法 GB/T 5486—2008/8 | 1.电热鼓风干燥箱：温度能控制在（110±5）℃；<br>2.天平：量程满足试件称量要求，分度值应小于称量值（或试件质量）的万分之二；<br>3.钢直尺：分度值 1 mm；<br>4.游标卡尺：分度值 0.05 mm | | 1.用于硅酸钙绝热制品、泡沫玻璃绝热制品、膨胀珍珠岩及蛭石绝热制品等无机硬质绝热制品；<br>2.注意事项：随机抽取 3 块样品，各加工成一块满足试验设备要求的试样，试样的长、宽均不得小于 100 mm，其厚度为制品的厚度，管壳和弧形板应加工成尽可能厚的试件；也可用整块制品作为试件 |
| | | | | 建筑保温砂浆 GB/T 20473—2006/附录 C | 1.试模：70.7 mm× 70.7 mm× 70.7 mm 钢质有底试模，试模内表面平整度为每 100 mm 不超过 0.05 mm，组装后各相邻面的不垂直度应小于 0.5°；<br>2.捣棒：直径 10 mm、长 350 mm 的钢棒，端部应磨圆；<br>3.电热鼓风干燥箱：温度能控制在（105±5）℃；<br>4.天平：量程满足试件称量要求，分度值应小于称量值的万分之二；<br>5.钢直尺：分度值 1 mm；<br>6.游标卡尺：分度值 0.05 mm | 1.拌和物制备及试件制作后静置环境：温度（20±5）℃；<br>2.拆模后养护条件：温度（20±3）℃，相对湿度 60%～80% | 1.试样数量：6 块；<br>2.试件拆模后可按生产商规定的养护条件及时间养护，但养护时间自成型时算起不得多于 28 d |

续表 2-3-2

| 序号 | 类别(产品/项目/参数) | 产品/项目/参数 | | 依据标准(方法)名称及编号(含年号) | 仪器设备(标准物质)要求 | 环境条件要求 | 备注 |
|---|---|---|---|---|---|---|---|
| | | 序号 | 名称 | | | | |
| | | 30 | 导热系数 | 绝热材料稳态热阻及有关特性的测定 防护热板法 GB/T 10294—2008 | 同保温板 | 同保温板 | 同保温板 |
| | | | | 绝热材料稳态热阻及有关特性的测定 热流计法 GB/T 10295—2008 | 同保温板 | 同保温板 | 同保温板 |
| | | 31 | 抗压强度 | 无机硬质绝热制品试验方法 GB/T 5486—2008/6 | 1.压力试验机或万能试验机，相对示值误差应小于 1%，能控制(10±1) mm/min 加荷速度试验机应具有显示受压变形的装置；<br>2.电热鼓风干燥箱：温度能控制在(110±5)℃；<br>3.天平：称量 2 kg，分度值 0.1 g；<br>4.钢直尺：分度值 1 mm；<br>5.游标卡尺：分度值 0.05 mm | | 1.用于硅酸钙绝热制品、泡沫玻璃绝热制品、膨胀珍珠岩及蛭石绝热制品等无机硬质绝热制品；<br>2.注意事项：随机抽取 4 块样品，每块上制取一个受压面尺寸约为 100 mm×100 mm 的试件，其他详见 6.2 |

续表 2-3-2

| 序号 | 类别(产品/项目/参数) | 产品/项目/参数 | | 依据标准(方法)名称及编号(含年号) | 仪器设备(标准物质)要求 | 环境条件要求 | 备注 |
|---|---|---|---|---|---|---|---|
| | | 序号 | 名称 | | | | |
| | | 32 | 压剪黏结强度/黏结强度 | 建筑保温砂浆 GB/T 20473—2006/6.6.5 | 1.试验机:量程 0~4 000 N,精度 10 N 加荷速度能控制在 5 mm/min;<br>2.钢板:120 mm× 100 mm×(5~10)mm;<br>3.烘箱:温度能控制在(105±5)℃;<br>4.干燥器;<br>5.电子天平:量程为 5 kg,分度值 0.1 g;<br>6.圆盘强制搅拌机:额定容量 30 L,转速 27 r/min,搅拌叶片工作间隙 3~5mm,搅拌筒内径 750 mm | 1.拌和物制备环境:温度(20±5)℃;<br>2.试件养护条件:温度(20±3)℃,相对湿度(60−80)% | 1.试件数量:3 个;<br>2.钢板:120 mm×100 mm×(5~10)mm,6 块;<br>3.试件拆模后可按生产商规定的养护条件及时间养护,但养护时间自成型时算起不得多于 28 d |
| | | | | 硅酸盐复合绝热材料 GB/T 17371—2008/6.7 | 1.试验机:精度不低于 1%,标称范围为 4 000 N,加荷速度能控制在 5 mm/min;<br>2.钢板:120 mm× 100 mm×(5~10)mm,6 块;<br>3.烘箱:温度能控制在(55±5)℃和(105±5)℃;<br>4.干燥器 | | 1.试件数量 3 个 |

**续表 2-3-2**

| 序号 | 类别(产品/项目/参数) | 产品/项目/参数 | | 依据标准(方法)名称及编号(含年号) | 仪器设备(标准物质)要求 | 环境条件要求 | 备注 |
|---|---|---|---|---|---|---|---|
| | | 序号 | 名称 | | | | |
| | | 33 | 软化系数 | 建筑保温砂浆 GB/T 20473—2006/6.8 | 1.压力试验机:最大压力示值 20 kN,相对示值误差应小于 1%,能控制 10 mm/min 左右加荷速度,试验机应具有显示受压变形的装置;<br>2.电热鼓风干燥箱:温度能控制在(110±5)℃;<br>3.天平:称量 2 kg,分度值 0.1 g;<br>4.钢直尺:分度值 1 mm;<br>5.固含量 50%的乳化沥青(或软化点 40~75 ℃ 石油沥青);<br>6.沥青油纸:1 mm 厚度;<br>7.坩埚:熔化沥青用 | 1.拌和物制备及试件制作后静置环境:温度(20±5)℃;<br>2.拆模后养护条件:温度(20±3)℃,相对湿度 60%~80%;<br>3.试件浸水温度(20±5)℃ | 1.试样数量:6 块; |
| | | 34 | 抗冻性能 | 建筑保温砂浆 GB/T 20473—2006/6.7 | 1.冷冻箱(室):装入试件后能使箱(室)内的温度保持在-15~-20 ℃;<br>2.天平或案秤:称量 2 kg,感量 1 g;<br>3.溶解水槽:装入试件后能使水温保持在 15~20 ℃;<br>4.压力试验机,精度应为 1%,量程应不小于压力机量程的 20%,且不大于全量程的 80% | 1.拌和物制备及试件制作后静置环境:温度(20±5)℃;<br>2.拆模后养护条件:温度(20±3)℃,相对湿度(60~80)%;<br>3.冻融环境:冻:-20~-15 ℃ 冰箱,融:15~20 ℃水中 | 1.试样数量:6 块;<br>2.冻融循环次数 15 次 |

**续表 2-3-2**

| 序号 | 类别(产品/项目/参数) | 产品/项目/参数 | | 依据标准(方法)名称及编号(含年号) | 仪器设备(标准物质)要求 | 环境条件要求 | 备注 |
|---|---|---|---|---|---|---|---|
| | | 序号 | 名称 | | | | |
| | | 35 | 燃烧性能 | 建筑材料不燃性试验方法 GB/T 5464—2010 | 同保温板 | 同保温板 | 同保温板 |
| | | | | 建筑材料及制品的燃烧性能 燃烧热值的测定 GB/T 14402—2007 | 同保温板 | 同保温板 | 同保温板 |
| 九 | 锚固件 | | | | | | |
| | | 36 | 锚栓抗拉承载力标准值 | 外墙保温用锚栓 JG/T 366—2012/7.4 | 1.拉拔仪:可连续平稳加载 | 标准试验条件:空气温度(23±5)℃,相对湿度(50±10)% | |
| 十 | 隔热铝合金型材 | | | | | | |
| | | 37 | 抗剪强度 | 铝合金隔热型材复合性能试验方法 GB/T 28289—2012 | 1.试验机应符合 GB/T 16825.1—2008 的规定,精确度为 1 级或更优级别,最大荷载不小于 20 kN;<br>2.游标卡尺:分辨力不大于 0.02 mm;<br>3.高低温试验箱 | 1.试样状态调节条件:温度(23±2)℃,相对湿度 50%±10%。<br>2.试验温度:<br>(1)穿条式:室温(23±2)℃,低温(−20±2)℃,高温(80±2)℃;<br>(2)浇注式:室温(23±2)℃,低温(−30±2)℃,高温(70±2)℃ | 1.据产品标准及客户要求选择室温试验、低温试验或高温试验;<br>2.试样数量:每组 10 个,尺寸:(100±2)mm |
| | | 38 | 抗拉强度 | 铝合金隔热型材复合性能试验方法 GB/T 28289—2012 | | | |

续表 2-3-2

| 序号 | 类别(产品/项目/参数) | 产品/项目/参数 | | 依据标准(方法)名称及编号(含年号) | 仪器设备(标准物质)要求 | 环境条件要求 | 备注 |
|---|---|---|---|---|---|---|---|
| | | 序号 | 名称 | | | | |
| 十一 | 电线电缆 | | | | | | |
| | | 39 | 导体电阻值 | 电缆的导体 GB/T 3956—2008 /附录 A | 1.直流双臂电桥;<br>2.通用导体夹具;<br>3.温度计 | 1.室温 | 1.电缆应在试验场地放置足够长的时间,以确保使用提供的校正系数时,导体温度已经达到精确测定的电阻值允许的水平;<br>2.要记录测量电阻时的温度,用于修正到 20 ℃时的电阻值 |
| | | | | 电线电缆电性能试验方法 第 4 部分:导体直流电阻试验 GB/T 3048.4—2007 | 1.可使用便携式电桥或者固定式电桥,也可使用符合误差要求的其他仪器;型式试验时,电阻测量误差不超过±0.5%;例行试验时电阻测量误差不超过±2%,如高精度的数字式直流电阻测试仪等;<br>2.温度计:最小刻度为 0.1 ℃ | 1.例行试验:温度 5~35 ℃;<br>2.型式试验:温度 15 ~ 25 ℃,湿度 ≤ 85%,环境温度变化应不大于±1 ℃ | |
| 十二 | 门窗/幕墙玻璃 | | | | | | |

续表 2-3-2

| 序号 | 类别(产品/项目/参数) | 产品/项目/参数 序号 | 产品/项目/参数 名称 | 依据标准(方法)名称及编号(含年号) | 仪器设备(标准物质)要求 | 环境条件要求 | 备注 |
|---|---|---|---|---|---|---|---|
| | | 40 | 传热系数 | 建筑外门窗保温性能分级及检测方法 GB/T 8484—2008 | 检测装置主要由热箱、冷箱、试件框、填充板和环境空间五部分组成,详见 GB/T 8484—2008 中 5.2~5.6 要求 | | 1.适用范围:<br>(1)GB/T 8484—2008 适用于建筑外门、外窗(包括天窗)传热系数的分级及检测,有保温要求的其他类型的建筑门、窗和玻璃可参照执行;<br>(2)GB/T 8484—2020 适用于竖向建筑外门窗的保温性能检测。<br>2.注意事项:<br>(1)GB/T 8484—2008 被件试件为一件,试件的尺寸及构造应符合产品设计和组装要求,不得附加任何多余配件或特殊组装工艺;<br>(2)GB/T 8484—2020 被件试件为一件,面积不应小于 0.8 $m^2$,构造应符合产品设计和组装要求,不应附加任何多余配件或采取特殊组装工艺;<br>(3)建筑外门窗保温性能检测方法 GB/T 8484—2020,于 2020 年 4 月 28 日发布,2021 年 3 月 1 日实施,代替 GB/T 8484—2008 |
| | | | | 建筑外门窗保温性能检测方法 GB/T 8484—2020 | 检测装置主要由热箱、冷箱、试件框、填充板和环境空间五部分组成,详见 GB/T 8484—2020 中 5.2~5.6 要求 | | |

续表 2-3-2

| 序号 | 类别（产品/项目/参数） | 产品/项目/参数 | | 依据标准（方法）名称及编号（含年号） | 仪器设备（标准物质）要求 | 环境条件要求 | 备注 |
|---|---|---|---|---|---|---|---|
| | | 序号 | 名称 | | | | |
| | | 41 | 气密性能 | 建筑外门窗气密、水密、抗风压性能分级及检测方法 GB/T 7106—2008<br>建筑外门窗气密、水密、抗风压性能检测方法 GB/T 7106—2019 | GB/T 7106—2008 要求：<br>1.检测装置由压力箱、试件安装系统、供压系统、淋水系统及测量系统（包括空气流量、压力差及位移测量装置）组成；<br>2.压差计的误差应小于示值的 2%；<br>3、空气流量测量系统的测量误差应小于示值的 5%；<br>4.位移计的精度应达到满量程的 0.25%；<br>5.空盒压力表；<br>6.温度计；<br>其他详细要求见 GB/T 7106—2008/5<br>GB/T 7106—2019 要求：<br>检测装置由压力箱、空气收集箱、试件、安装框架、供压装置（包括供风设备、压力控制装置）、淋水装置及测量装置（包括空气流量测量装置、差压测量装置及位移测量装置）组成，其他详细要求见 GB/T 7106—2019/5 | GB/T 7106—2019 要求：试件在安装前，应在环境温度不低于 5 ℃的室内放置不小于 4 h | 1.适用范围：<br>（1）GB/T 7106—2008 适用于建筑外窗及外门的气密、水密、抗风压性能分级及试验室检测检测对象只限于门窗试件本身，不涉及门窗与其他结构之间的接缝部位；<br>（2）GB/T 7106—2019 适用于建筑外门窗的气密、水密、抗风压性能的试验室检测检测对象只限于门窗或包含附框的门窗，不涉及其与建筑墙体等其他结构之间的接缝部位。<br>2.建筑外门窗气密、水密、抗风压性能检测方法 GB/T 7106—2019，于 2019 年 12 月 20 日发布，于 2020 年 11 月 1 日实施，代替 GB/T 7106—2008。<br>3.试件数量：相同类型、结构及规格尺寸的试件，应至少检测 3 樘且以 3 樘为 1 组进行评定 |
| | | 42 | 水密性能 | | | | |
| | | 43 | 抗风压性能 | | | | |

续表 2-3-2

| 序号 | 类别（产品/项目/参数） | 产品/项目/参数 | | 依据标准（方法）名称及编号（含年号） | 仪器设备（标准物质）要求 | 环境条件要求 | 备注 |
|---|---|---|---|---|---|---|---|
| | | 序号 | 名称 | | | | |
| | | 44 | 现场外窗气密性能 | 建筑外窗气密、水密、抗风压性能现场检测方法 JG/T 211—2007 | 1.建筑门窗气密性能现场检测仪；<br>2.空盒压力表；<br>3.温度计；<br>4.压力测量仪器误差不应大于 1 Pa；<br>5.当空气流量不大于 3.5 $m^3/h$ 时，测量误差不应大于 10%；当空气流量大于 3.5 $m^3/h$ 时，测量误差不应大于 5% | | 1.试件数量：同窗型、同规格、同型号 3 樘为一组；<br>2.当温度、风速、降雨等环境条件影响检测结果时，应排除干扰因素后继续检测，并在报告中注明 |
| | | | | 居住建筑节能检测标准 JGJ/T 132—2009/8、附录 G | 1.建筑门窗气密性能现场检测仪；<br>2.空盒压力表；<br>3.温度计；<br>4.差压表、大气压力表、环境温度检测仪、室处风速计和长度尺的不确定度分别不大于 2.5 Pa、200 Pa、1 ℃、0.25 m/s 和 3 mm | 1.受检外窗几何中心高度处的室外瞬时风速不大于 3.3 m/s | 1.正式检测前，应对检测系统进行现场标定，详见 8.1.4、附录 G；<br>2.应对室内外空气温度、室外风速和大气压力同步检测 |
| | | 45 | 中空玻璃露点 | 中空玻璃 GB/T 11944—2012/7.3 | 露点仪应满足：测量面为铜质材料 $\phi$(50±1) mm、厚度 0.5 mm，温度测量范围可以达到 -60 ℃，精度≤1 ℃ | 1.试验条件：温度：(23±2)℃，相对湿度：30%～75% | 1.试样为制品或与制品相同材料、在同一工艺条件下制作的尺寸为 510 mm×360 mm 的试样，数量为 15 块；<br>2.试验前全部试样在试验条件中放置至少 24 h |

续表 2-3-2

| 序号 | 类别（产品/项目/参数） | 产品/项目/参数 | | 依据标准（方法）名称及编号（含年号） | 仪器设备（标准物质）要求 | 环境条件要求 | 备注 |
|---|---|---|---|---|---|---|---|
| | | 序号 | 名称 | | | | |
| | | 46 | 中空玻璃密封性能 | 建筑节能工程施工质量验收标准 GB 50411—2019/附录 E | 1.露点仪：测量管的高度为 300 mm，测量表面直径为 50 mm；<br>2.温度计：测量范围为-80～30 ℃，精度为 1 ℃ | 1.检验条件：温度：(25±3)℃，相对湿度：30%～75% | 1.每组应抽取检验的产品规格中 10 个样品；<br>2.检验前应将全部样品在试验室环境条件下放置 24 h 以上 |
| | | 47 | 可见光透射比 | 建筑玻璃 可见光透射比、太阳光直接透射比、太阳能总透射比、紫外线透射比及有关窗玻璃参数的测定 GB/T 2680—1994 | 1.仪器应符合 GB/T 2680—1994/2 要求 | | 1.适用于建筑玻璃以及它们的单层、多层窗玻璃构件光学性能的测定；<br>2.一般建筑玻璃和单层玻璃构件的试样，均采用同材质玻璃的切片；多层窗玻璃构件的试样，采用同材质单片玻璃切片的组合体 |
| | | 48 | 遮蔽系数/遮阳系数 | 建筑玻璃 可见光透射比、太阳光直接透射比、太阳能总透射比、紫外线透射比及有关窗玻璃参数的测定 GB/T 2680—1994 | 同上 | | 同上 |

续表 2-3-2

| 序号 | 类别(产品/项目/参数) | 产品/项目/参数 | | 依据标准(方法)名称及编号(含年号) | 仪器设备(标准物质)要求 | 环境条件要求 | 备注 |
|---|---|---|---|---|---|---|---|
| | | 序号 | 名称 | | | | |
| 十三 | 风机盘管 | | | | | | |
| | | 49 | 供热量 | 风机盘管机组 GB/T 19232—2019/附录 B | 1.检测装置符合附录 B;<br>2.所用测量仪表的准确度符合表 21;<br>3.试验工况按表 16、表 18、表 20 | | 1.适用范围:<br>GB/T 19232—2019 适用于使用外供冷水、热水对房间进行供冷、供热或分别供冷和供热,送风量不大于 34 00 m$^3$/h,出口静压不大于 120 Pa 的机组类似用途的机组也可参照执行 |
| | | 50 | 供冷量 | 风机盘管机组 GB/T 19232—2019/附录 B | 同上 | | |
| | | 51 | 风量 | 风机盘管机组 GB/T 19232—2019/附录 A | 1.检测装置符合附录 A;<br>2.所用测量仪表的准确度符合表 21;<br>3.试验工况按表 15 | | |
| | | 52 | 输入功率 | 风机盘管机组 GB/T 19232—2019/附录 A | 同上 | | |
| | | 53 | 水阻 | 风机盘管机组 GB/T 19232—2019/7.9 | 1.检测装置符合附录 B;<br>2.所用测量仪表的准确度符合表 21;<br>3.试验水温为 7~12 ℃,调整水流量为额定供冷工况水流量;热水管水温为 40~60 ℃,调整水流量为额定供暖工况水流量 | | 同上 |

**续表 2-3-2**

| 序号 | 类别（产品/项目/参数） | 产品/项目/参数 | | 依据标准（方法）名称及编号（含年号） | 仪器设备（标准物质）要求 | 环境条件要求 | 备注 |
|---|---|---|---|---|---|---|---|
| | | 序号 | 名称 | | | | |
| | | 54 | 噪声 | 风机盘管机组 GB/T 19232—2019/附录 C | 1.噪声测量室：消声室或半消声室，半消声室地面应为反射面，噪声测量应符合 GB/T 9068 的相关规定，测量室的声学环境应满足表 C.1；<br>2.噪声测量条件符合 C.2；<br>3.声级计，仪表准确度 0.5dB（A）；<br>4.试验工况按表 17、表 19、表 20 | | 同上 |
| 十四 | 散热器 | | | | | | |
| | | 55 | 散热量 | 供暖散热器散热量测定方法 GB/T 13754—2017 | 1.仪器设备符合 6.2；<br>2.测量仪器的准确度与不确定度符合 6.2、6.5 | | 1.适用于热媒为水的散热器标准散热量的测定；测试样品的标准散热量不宜小于 400 W，且不宜大于 2 600 W，不适用于自带热源散热器 |
| | | 56 | 金属热强度 | 供暖散热器散热量测定方法 GB/T 13754—2017 | 同上 | 同上 | 同上 |

**续表 2-3-2**

| 序号 | 类别（产品/项目/参数） | 产品/项目/参数 | | 依据标准（方法）名称及编号（含年号） | 仪器设备（标准物质）要求 | 环境条件要求 | 备注 |
|---|---|---|---|---|---|---|---|
| | | 序号 | 名称 | | | | |
| 十五 | 建筑节能现场检验 | | | | | | |
| | | 57 | 外墙节能构造 | 建筑节能工程施工质量验收标准 GB 50411—2019/附录 F | 1.取芯机取芯样直径 70 mm；<br>2.钢直尺精度 1 mm | | 1.适用于带有保温层建筑外墙的节能构造钻芯检验；<br>2.注意事项：外墙取样数量为一个单位工程每种节能保温做法至少取 3 个芯样，取样部位宜均匀分布，不宜在同一房间外墙上取 2 个或 2 个以上芯样 |
| | | 58 | 围护结构主体部位传热系数 | 居住建筑节能检测标准 JGJ/T 132—2009/7 | 1.热流计：应符合现行行业标准 JG/T 3016；<br>2.温度传感器：温度测量不确定度不应大于 0.5 ℃；<br>3.热流和温度应采用自动检测仪，数据存储方式应适用于计算机分析 | 1.检测时间宜选最冷月，且避开气温剧烈变化的天气；<br>2.围护结构高温侧表面温度应高于低温侧 10 ℃以上 | 1.现场检测宜采用热流计法；<br>2.检测宜在受检围护结构施工完成至少 12 个月后进行；<br>3.测点位置不应靠近热桥、裂缝和有空气渗漏的部位，不应受加热、制冷装置和风扇的直接影响，且应避免阳光直射；<br>4.检测持续时间不应少于 96 h |

续表 2-3-2

| 序号 | 类别(产品/项目/参数) | 产品/项目/参数 | | 依据标准(方法)名称及编号(含年号) | 仪器设备(标准物质)要求 | 环境条件要求 | 备注 |
|---|---|---|---|---|---|---|---|
| | | 序号 | 名称 | | | | |
| | | | | 围护结构传热系数现场检测技术规程 JGJ/T 357—2015 | 1.采用热流计法:热流计和温度传感器自动检测仪及数据处理软件;热流计应符合现行行业标准 JG/T 3016,不确定度不应大于 5%;温度传感器应符合现行行业标准 JB/T 7486、QX/T 24,精度不应低于 0.3 K;<br>2.采用热箱法:热箱仪开口面积不应小于 1.2 $m^2$,单边不应小于 1 m,进深不应小于 220 mm,外壁热阻应大于 1.0 $m^2 \cdot K/W$,加热功率不应小于 120 W,控制箱功率计量误差不应大于量程的 0.5%,温度控制精度不应大于 ±0.3 K;<br>3.环境箱:热流计法开口面积不应小于 1.44 $m^2$,热箱法开口面积不应小于 2.88 $m^2$,进深不应小于 220 mm;<br>具体要求依据 3.1、3.2、3.3、3.4 | 测试应在被测部位自然干燥 30 d 后进行,应避开气温剧烈变化的天气,宜在冬天进行;<br>具体要求依据 4.1、4.2、4.3、4.4 规定 | 1.适用于现场采用热流计法和热箱法检测建筑不透明围护结构的传热系数。<br>2.注意事项:<br>(1)热流计法传热稳定后,采用动态分析法测试时间应超过 72 h,采用算术平均法测试时间应超过 96 h;<br>(2)热箱法:传热稳定后测试时间不应小于 72 h |

**续表** 2-3-2

| 序号 | 类别(产品/项目/参数) | 产品/项目/参数 序号 | 产品/项目/参数 名称 | 依据标准(方法)名称及编号(含年号) | 仪器设备(标准物质)要求 | 环境条件要求 | 备注 |
|---|---|---|---|---|---|---|---|
| | | 59 | 保温板材与基层的拉伸黏结强度 | 建筑节能工程施工质量验收标准 GB 50411—2019/ 附录 B | 1.黏结强度检测仪应符合现行行业标准 JG/T 507 规定;<br>2.钢直尺:分度值应为 1 mm;<br>3.标准块面积为 95 mm×45 mm,厚度 6~8 mm,用钢材制作 | | 1.检验应在保温层粘贴后养护时间达到黏结材料要求的龄期后进行;<br>2.取样部位应随机确定,宜兼顾不同的朝向和楼层,均匀分布;<br>3.取样数量:每个检验批应抽查 3 处,每处检验 1 点 |
| | | | | 建筑工程饰面砖黏结强度检验标准 JGJ/T 110—2017 | 1.黏结强度检测仪:最大试验拉力宜为 10 kN,最小分辨单位应为 0.01 kN,数显式黏结强度检测仪应符合 JG/T 507 的规定;<br>2.钢直尺:分度值应为 1 mm | | 同上 |
| | | 60 | 基层墙体与胶粘剂的拉伸黏结强度 | 外墙外保温工程技术标准 JGJ 144—2019/附录 C/C.1 | 1.电动加载的数显式黏结强度检测仪,拉伸速度为(5±1) mm/min | | 1.应在每种类型的基层墙体表面上取 5 处有代表性位置 |
| | | | | 建筑工程饰面砖黏结强度检验标准 JGJ/T 110—2017 | 同上 | | 同上 |
| | | 61 | 系统拉伸黏结强度 | 外墙外保温工程技术标准 JGJ 144—2019/附录 C/C.3 | 1.电动加载的数显式黏结强度检测仪,拉伸速度为(5±1) mm/min | | 1.试样尺寸应为 100 mm×100 mm,每组 3 个试样 |
| | | | | 建筑工程饰面砖黏结强度检验标准 JGJ/T 110—2017 | 同上 | | 同上 |

**续表 2-3-2**

| 序号 | 类别(产品/项目/参数) | 产品/项目/参数 序号 | 名称 | 依据标准(方法)名称及编号(含年号) | 仪器设备(标准物质)要求 | 环境条件要求 | 备注 |
|---|---|---|---|---|---|---|---|
| | | 62 | 保温板黏结面积比 | 建筑节能工程施工质量验收标准 GB 50411—2019/ 附录 C | 1. 钢直尺或钢卷尺,精确到 1 mm | | 1.剥离检验。<br>2.适用于外墙外保温构造中保温板黏结面积比的现场检验。<br>3.注意事项:<br>(1)当不宜直接测量时,使用透明网格板,尺寸为 200 mm×300 mm,分隔纵横间距均为 10 mm;<br>(2)检验宜在抹面层施工之前进行;<br>(3)取样部位应随机确定,宜兼顾不同朝向和楼层,均匀分布;<br>(4)取样数量:每个检验批应抽查 3 处,每处检验 1 块整板 |
| | | 63 | 锚固力/锚栓拉拔力/锚栓抗拉承载力 | 外墙保温用锚栓 JG/T 366—2012 | 1.可连续平稳加载的拉拔仪 | | |
| | | | | 保温装饰板外墙外保温系统材料 JG/T 287—2013 | 同上 | | |

# 第四节　主体结构工程检验检测

## 一、主体结构工程检验检测项目/参数与检验检测方法

本部分共梳理了主体结构工程六个类别19个检验检测项目/参数内容，涉及57项检验检测方法，详见表2-4-1主体结构工程检验检测项目/参数与检验检测方法简表。

2-4-1　主体结构工程检验检测项目/参数与检验检测方法简表

| 序号 | 领域 | 项目/参数 | 检验检测方法 |
|---|---|---|---|
| 一 | 混凝土结构 | | |
| 1 | | 混凝土抗压强度 | 回弹法、超声回弹综合法、钻芯法、拔出法、回弹取芯法、剪压法、后锚固法、拉脱法 |
| 2 | | 混凝土缺陷 | 超声法、冲击回波法 |
| 3 | | 保护层厚度 | 电磁感应法、雷达仪法、直接法 |
| 4 | | 钢筋间距 | 电磁感应法、雷达仪法、直接法 |
| 5 | | 构件尺寸及其偏差 | 尺量 |
| 二 | 砌体结构 | | |
| 6 | | 砌体抗压强度 | 原位轴压法、扁顶法、切制抗压试件法 |
| 7 | | 砂浆抗压强度 | 贯入法、回弹法、推出法、筒压法、砂浆片剪切法、点荷法、片局压法、择压法、钻芯法、拔出法 |
| 三 | 建(构)筑物 | | |
| 8 | | 沉降量 | 水准测量法、静力水准测量法、三角高程测量法 |
| 9 | | 倾斜量 | 全站仪投点法，水平三角观测法，前方交会法，激光扫描测量法，近景摄影测量法，激光垂准测量法，正、倒垂线法，相对沉降量间接法 |
| 10 | | 水平位移 | 全站仪测量法、激光测量法、卫星导航定位测量法、近景摄影测量法 |
| 11 | | 构件倾斜值 | |

续 2-4-1

| 序号 | 领域 | 项目/参数 | 检验检测方法 |
| --- | --- | --- | --- |
| 12 | | 构件裂缝尺寸 | 尺量法、前方交会法、单片摄影法、自动测记法、超声波法 |
| 13 | | 构件挠度 | 竖向挠度同9,横向挠度同10或直接法 |
| 四 | 预制构件 | | |
| 14 | | 预制构件承载力 | 短期静力加载法 |
| 15 | | 预制构件挠度 | 短期静力加载法 |
| 16 | | 裂缝宽度 | 短期静力加载法 |
| 17 | | 抗裂检验系数 | 短期静力加载法 |
| 五 | 后置埋件 | | |
| 18 | | 抗拔承载力 | 连续加载法,分级加载法 |
| 六 | 饰面砖 | | |
| 19 | | 黏结强度 | 拉拔法 |

## 二、主体结构工程检验检测项目/参数与对应标准及要求一览表

本部分编制了主体结构工程检验检测项目/参数与对应标准及要求一览表,共涉及六个类别19个检验检测项目/参数、25个检验检测方法标准、38个常用检验检测方法,详见表2-4-2。

**表 2-4-2　主体结构工程检验检测项目/参数与对应标准及要求一览表**

| 序号 | 类别(产品/项目/参数) | 产品/项目/参数 | | 依据标准(方法)名称及编号(含年号) | 仪器设备(标准物质)要求 | 环境条件要求 | 备注 |
|---|---|---|---|---|---|---|---|
| | | 序号 | 名称 | | | | |
| 一 | 混凝土结构 | | | | | | |
| | | 1 | 混凝土抗压强度 | 回弹法检测混凝土抗压强度技术规程 JGJ/T 23—2011 | 1.回弹仪:应符合 JGJ/T 23—2011 第 3 章回弹仪要求;<br>2.碳化深度测量仪:读数应精确至 0.25 mm;<br>3.酚酞酒精溶液:浓度 1%~2%;<br>4.钢砧:HRC 为 60±2 | | 1.回弹法;<br>2.适用于普通混凝土抗压强度检测,不适用于表层与内部质量有明显差异或内部存在缺陷的混凝土强度检测;<br>3.注意事项:适用于龄期为 14~1 000 d 的普通混凝土 |
| | | | | 超声回弹综合法检测混凝土强度技术规程 CECS 02:2005 | 1.混凝土超声波检测仪、换能器:应符合 CECS 02:2005 第 4 章要求;<br>2.回弹仪:应符合 CECS 02:2005 第 3 章要求;<br>3.钢砧:HRC 为 60±2 | | 1.超声回弹综合法;<br>2.适用于本规程 6.0.1 的普通混凝土,不适用于检测因冻害、化学侵蚀、火灾、高温等已造成表面疏松、剥落的混凝土;<br>3.当缺少专用或地区测强曲线时,按本规程附录 D 通过验证后,可按附录 C 的全国统一换算表换算,也可按本规程 6.0.3 公式计算适用于龄期为 7~2 000 d 的普通混凝土 |
| | | | | 钻芯法检测混凝土强度技术规程 CECS 03:2007 | 1.钻芯机:应符合 CECS 03:2007 第 4 章要求;<br>2.钢筋探测仪:最大探测深度不应小于 60 mm,探测位置偏差不宜大于±5 mm;<br>3.游标卡尺:精确至 0.5 mm;<br>4.钢卷尺或钢板尺:精确至 1 mm;<br>5.游标量角器:精确至 0.1°;<br>6.压力试验机:符合现行国家标准 GB/T 3722 及 GB/T 2611,精度为±1% | | 1.钻芯法;<br>2.适用于结构中强度不大于 80 MPa 的普通混凝土 |

**续表 2-4-2**

| 序号 | 类别(产品/项目/参数) | 产品/项目/参数 | | 依据标准(方法)名称及编号(含年号) | 仪器设备(标准物质)要求 | 环境条件要求 | 备注 |
|---|---|---|---|---|---|---|---|
| | | 序号 | 名称 | | | | |
| | | | | 钻芯法检测混凝土强度技术规程 JGJ/T 384—2016 | 1. 钻芯机:应符合 JGJ/T 384—2016 标准第 3 章要求;<br>2. 钢筋探测仪:最大探测深度不应小于 60 mm,探测位置偏差不宜大于 3 mm;<br>3. 游标卡尺:精确至 0.5 mm;<br>4. 钢卷尺或钢板尺:精确至 1 mm;<br>5. 压力试验机:符合现行国家标准 GB/T 3722 及 GB/T 2611,示值相对误差为±1%,试件破坏荷载宜大于压力机全程的 20%且宜小于压力机全程的 80% | | 1. 钻芯法;<br>2. 适用于钻芯法检测结构中强度为 10~100 MPa 的普通混凝土 |
| | | | | 拔出法检测混凝土强度技术规程 CECS 69:2011 | 1. 拔出法检测装置由拔出仪、钻孔机、磨槽机、锚固件等组成,应符合 CECS 69:2011 第 4 章要求 | | 1. 后装拔出法;<br>2. 适用于混凝土抗压强度为 10.0~80.0 MPa 的既有结构和在建结构混凝土强度的检测与推定 |
| | | | | 高强混凝土强度检测技术规程 JGJ/T 294—2013 | 1. 回弹仪:应符合 JGJ/T 294—2013 第 3 章要求;<br>2. 混凝土超声波检测仪:应符合 JGJ/T 294—2013 第 3 章要求;<br>3. 钢砧:HRC 为 60±2 | | 1. 检验检测方法:<br>(1)回弹法;<br>(2)超声回弹综合法。<br>2. 适用于工程结构中强度等级为 C50~C100 的混凝土抗压强度检测,不适用的情形详见本规程 1.0.22. 适用于龄期不超 900 d 的普通混凝土。<br>3. 注意事项:同回弹法、超声回弹综合法 |

续表 2-4-2

| 序号 | 类别(产品/项目/参数) | 产品/项目/参数 | | 依据标准(方法)名称及编号(含年号) | 仪器设备(标准物质)要求 | 环境条件要求 | 备注 |
|---|---|---|---|---|---|---|---|
| | | 序号 | 名称 | | | | |
| | | | | 混凝土结构工程施工质量验收规范 GB 50204—2015/附录 D | 1.回弹仪;同回弹法;<br>2.取芯机;同取芯法;<br>3.游标卡尺:精度 0.1 mm;<br>4.钢板尺:精度 1 mm;<br>5.游标量角器:精度 0.1°;<br>6.压力试验机:符合 GB/T 3722 及 GB/T 2611,精度为±1% | | 1.回弹取芯法。<br>2.注意事项:<br>(1)同一混凝土强度等级的柱、梁、墙、板,抽取构件最小数量应符合本规范表 D.0.1 的规定,并应均匀分布;<br>(2)不宜抽取截面高度小于 300 mm 的梁和边长小于 300 mm 的柱 |
| | | | | 混凝土结构现场检测技术标准 GB/T 50784—2013/4.2/附录 A/附录 C | 1.检测设备同回弹法、超声回弹综合法、钻芯法、后装拔出法 | | 1.检验检测方法:<br>(1)回弹法;<br>(2)超声回弹综合法;<br>(3)后装拔出法;<br>(4)钻芯修正法。<br>2.本标准主要给出了不同方法的抽样规定以及评定方法特别要注意批量检测时抽样与评定 |
| | | 2 | 混凝土缺陷 | 超声法检测混凝土缺陷技术规程 CECS 21:2020 | 1.超声波检测仪、换能器:应符合 CECS 21:2020 第 3 章要求 | | 1.超声法<br>(1)裂缝深度检测:单面平测法、双面斜测法、钻孔对测法;<br>(2)不密实区和空洞检测:对测法、对测斜测结合法、钻孔法、预埋管测法;<br>(3)混凝土结合面检测:对测法、斜测法。<br>2.表面损伤层检测时宜选用频率较低的厚度振动式换能器 |

**续表 2-4-2**

| 序号 | 类别(产品/项目/参数) | 产品/项目/参数 | | 依据标准(方法)名称及编号(含年号) | 仪器设备(标准物质)要求 | 环境条件要求 | 备注 |
|---|---|---|---|---|---|---|---|
| | | 序号 | 名称 | | | | |
| | | | | 混凝土结构现场检测技术标准 GB/T 50784—2013/7,附录 D、E | 1.超声波检测仪,在满足首波幅度测读精度的条件下,应选择较高频率的换能器;<br>2.钢直尺、钢卷尺、游标卡尺、裂缝测量仪 | | 1.检验检测方法:<br>(1)尺量法;<br>(2)超声波法。<br>2.注意事项:<br>(1)外观缺陷采用尺量法;<br>(2)内部缺陷采用超声波法 |
| | | 3 | 保护层厚度 | 混凝土中钢筋检测技术规程 JGJ/T 152—2019/4 | 1.钢筋探测仪、雷达仪:应符合 JGJ/T 152—2019 第 4.3 仪器性能要求 | | 1.检验检测方法:<br>(1)电磁感应法;<br>(2)雷达法。<br>2.电磁感应法需要验证,要求见 4.4.6、4.4.7。<br>3.雷达法适用于结构及构件中钢筋间距的大面积扫描检测,需要验证,要求见 4.5.3、4.5.4 |
| | | | | 混凝土结构现场检测技术标准 GB/T 50784—2013/9.3 | 1.钢筋探测仪;<br>2.钢直尺 | | 1.电磁感应法加剔凿原位检测法;<br>2.注意事项:见 9.3.3 |
| | | 4 | 钢筋间距 | 混凝土中钢筋检测技术规程 JGJ/T 152—2019/4 | 1.钢筋探测仪、雷达仪:应符合 JGJ/T 152—2019 第 4.3 仪器性能要求 | | 1.检验检测方法:<br>(1)电磁感应法;<br>(2)雷达法。<br>2.适用范围:<br>(1)电磁感应法适用于不含铁磁性物质的混凝土检测;<br>(2)雷达法适用于结构及构件中钢筋间距的大面积扫描检测 |

**续表 2-4-2**

| 序号 | 类别(产品/项目/参数) | 产品/项目/参数 | | 依据标准(方法)名称及编号(含年号) | 仪器设备(标准物质)要求 | 环境条件要求 | 备注 |
|---|---|---|---|---|---|---|---|
| | | 序号 | 名称 | | | | |
| | | 5 | 构件尺寸及其偏差 | 混凝土结构现场检测技术标准 GB/T 50784—2013/9.2 | 1.钢筋探测仪、雷达仪:应符合现行行业标准 JGJ/T 152 的有关规定 | | |
| | | | | 混凝土结构现场检测技术标准 GB/T 50784—2013/8.2 | 1.尺量 | | |
| | | | | 混凝土结构工程施工质量验收规范 GB 50204—2015/附录 F | 1.尺量 | | |
| 二 | 建(构)筑物 | | | | | | |
| | | 6 | 沉降量 | 建筑变形测量规范 JGJ 8—2016/7.1 | 1.水准仪:应符合 JGJ 8—2016 表 4.2.1 的要求;<br>2.全站仪:应符合 JGJ 8—2016 表 4.5.2 的要求 | | 1.(1)水准测量法;<br>(2)静力水准测量法;<br>(3)三角高程测量法。<br>2.观测精度不低于三等 |
| | | 7 | 倾斜量 | 建筑变形测量规范 JGJ 8—2016/7.3 | 1.全站仪设备同上;<br>2.激光经纬仪应符合 JGJ 8—2016 表 4.7.2 的要求 | | 1.全站仪投点法;<br>2.水平三角观测法;<br>3.前方交会法;<br>4.激光扫描测量法;<br>5.近景摄影测量法;<br>6.光垂准测量法;<br>7.正、倒垂线法;<br>8.相对沉降量间接法 |

**续表 2-4-2**

| 序号 | 类别(产品/项目/参数) | 产品/项目/参数 | | 依据标准(方法)名称及编号(含年号) | 仪器设备(标准物质)要求 | 环境条件要求 | 备注 |
|---|---|---|---|---|---|---|---|
| | | 序号 | 名称 | | | | |
| | | 8 | 水平位移 | 建筑变形测量规范 JGJ 8—2016/7.2 | 1.全站仪:应符合 JGJ 8—2016 表 4.5.2 的要求;<br>2.激光经纬仪同上;<br>3.卫星导航定位测量设备应符合 JGJ 8—2016 表 4.6.2 的要求 | | 1.全站仪测量法;<br>2.激光测量法;<br>3.卫星导航定位测量法;<br>4.近景摄影测量法 |
| | | 9 | 构件倾斜值 | 混凝土结构现场检测技术标准 GB/T 50784—2013/8.3 | 1.经纬仪;<br>2.激光准直仪;<br>3.吊锤 | | 1.检验检测方法:见 GB/T 50784—2013/8.3.1;<br>2.注意事项:见 GB/T 50784—2013/8.3.2 |
| | | 10 | 构件裂缝尺寸 | 建筑变形测量规范 JGJ 8—2016/7.4 | 1.比例尺、钢直尺、游标卡尺;<br>2.测缝针、传感器、超声波仪 | | 1.尺量法;<br>2.前方交会法;<br>3.单片摄影法;<br>4.自动测记法;<br>5.超声波法 |
| | | | | 混凝土结构现场检测技术标准 GB/T 50784—2013/8.5 | 1.裂缝检测仪 | | |
| | | 11 | 构件挠度 | 建筑变形测量规范 JGJ 8—2016/7.5 | 1.水准仪:应符合 JGJ 8—2016 表 4.2.1 的要求;<br>2.全站仪:应符合 JGJ 8—2016 表 4.5.2 的要求;<br>3.挠度计、位移传感器 | | 1.竖向挠度同 7;<br>2.横向挠度同 8 或直接法 |

续表 2-4-2

| 序号 | 类别（产品/项目/参数） | 产品/项目/参数 | | 依据标准（方法）名称及编号（含年号） | 仪器设备（标准物质）要求 | 环境条件要求 | 备注 |
|---|---|---|---|---|---|---|---|
| | | 序号 | 名称 | | | | |
| | | | | 混凝土结构现场检测技术标准 GB/T 50784—2013/8.4 | 1.水准仪；<br>2.百分表；<br>3.挠度计；<br>4.位移传感器 | | 1.检验检测方法：<br>（1）水准仪法；<br>（2）拉线法。<br>2.检测时要消除施工偏差或截面尺寸变化造成的影响 |
| 三 | 砌体结构 | | | | | | |
| | | 12 | 砌体抗压强度 | 砌体工程现场检测技术标准 GB/T 50315—2011/4 | 1.原位压力机：应符合 GB/T 50315—2011 表 4.2.1 的要求 | | 1.原位轴压法；<br>2.适用于推定 240 mm 厚普通砖砌体或多孔砖砌体的抗压强度 |
| | | 13 | 砂浆抗压强度 | 贯入法检测砌筑砂浆抗压强度技术规程 JGJ/T 136—2017 | 1.砂浆贯入仪：贯入力应为（800±8）N，工作行程应为（20±0.10）mm；<br>2.贯入深度测量表：最大量程不应小于 20.00 mm，分度值应为 0.01 mm；<br>3.贯入仪和贯入深度测量表使用时的环境温度应为-4～40 ℃；<br>4.测钉及测钉量规 | | 1.贯入法；<br>2.贯入法适用于砌体结构中砌筑砂浆强度的现场检测不适用于遭受高温、冻害、火灾、化学侵蚀等表面损伤砂浆的检测 |
| | | | | 砌体工程现场检测技术标准 GB/T 50315—2011/12 | 1.砂浆回弹仪：技术指标应符合 GB/T 50315—2011 表 12.2.1 的要求，其示值系统宜为指针直读式；<br>2.碳化深度测量仪：读数应精确至 0. 25mm；<br>3.酚酞酒精溶液：浓度 1%～2%；<br>4.钢砧 | | 1.回弹法；<br>2.适用于推定烧结普通砖或烧结多孔砖砌体中砌筑砂浆的强度；<br>3.不适用于推定高温、长期浸水、遭受火灾、环境侵蚀等砌筑砂浆的强度，水平灰缝表面粗糙且难以磨平时，不得采用 |

续表 2-4-2

| 序号 | 类别(产品/项目/参数) | 产品/项目/参数 | | 依据标准(方法)名称及编号(含年号) | 仪器设备(标准物质)要求 | 环境条件要求 | 备注 |
|---|---|---|---|---|---|---|---|
| | | 序号 | 名称 | | | | |
| 四 | 预制构件 | | | | | | |
| | | 14 | 预制构件承载力 | 混凝土结构试验方法标准 GB/T 50152—2012/8 | 1.荷载传感器的精度不应低于 C 级;荷载传感器仪表的最小分度值不宜大于被测力值总量的 1.0%,示值允许误为量程的 1.0%;<br>2.弹簧式测力仪的最小分度值不应大于仪表量程的 2.0%,示值允许误差为量程的 1.5%;<br>3.称量加载物及承载盘重量的仪器允许误差为量程的±1.0% | 1.试验应在 0 ℃以上环境中进行 | 1.短期静力加载法。<br>2.注意事项:<br>(1)荷重块加载适用于板类构件的均布加载;<br>(2)千斤顶加载适用于集中加载;<br>(3)加载过程为分级加载 |
| | | | | 混凝土结构工程施工质量验收规范 GB 50204—2015/附录 B | 同上 | 同上 | 1.短期静力加载法。<br>2.注意事项:<br>(1)荷重块加载适用于板类构件的均布加载;<br>(2)千斤顶加载适用于集中加载,梁或桁架可采用水平对顶加载法;<br>(3)加载过程为分级加载 |
| | | 15 | 预制构件挠度 | 混凝土结构试验方法标准 GB/T 50152—2012/6.3 | 1.百分表、千分表和钢直尺的误差允许值应符合国家现行相关标准的规定;<br>2.水准仪和经纬仪的精度分别不应低于 DS3 和 DJ2;<br>3.位移传感器的准确度不应低于 1.0 级,位移传感器的指示仪表的最小分度值不宜大于所测总位移的 1.0%,示值允许误差为量程的 1.0%;<br>4.倾角仪的最小分度值不宜大于 5″,电子倾角计的示值允许误差为量程的 1.0% | 同上 | 1.短期静力加载法。<br>2.注意事项:<br>(1)荷重块加载适用于板类构件的均布加载;<br>(2)千斤顶加载适用于集中加载;<br>(3)加载过程为分级加载 |

续表 2-4-2

| 序号 | 类别(产品/项目/参数) | 产品/项目/参数 | | 依据标准(方法)名称及编号(含年号) | 仪器设备(标准物质)要求 | 环境条件要求 | 备注 |
|---|---|---|---|---|---|---|---|
| | | 序号 | 名称 | | | | |
| | | | | 混凝土结构工程施工质量验收规范 GB 50204—2015/附录 B | 同上 | 同上 | 1.短期静力加载法。<br>2.注意事项：<br>(1)荷重块加载适用于板类构件的均布加载；<br>(2)千斤顶加载适用于集中加载，梁或桁架可采用水平对顶加载法；<br>(3)加载过程为分级加载 |
| | | 16 | 裂缝宽度 | 混凝土结构试验方法标准 GB/T 50152—2012/6.5 | 1.刻度放大镜最小分度不宜大于 0.05 mm；<br>2.电子裂缝观察仪的测量精度不应低于 0.02 mm；<br>3.振弦式测缝计的量程不应大于 50 mm，分辨率不应大于量程的 0.05%；<br>4.裂缝宽度检验卡最小分度值不应大于 0.05 mm | 同上 | 1.短期静力加载法。<br>2.注意事项：<br>(1)荷重块加载适用于板类构件的均布加载；<br>(2)千斤顶加载适用于集中加载；<br>(3)加载过程为分级加载 |
| | | | | 混凝土结构工程施工质量验收规范 GB 50204—2015/附录 B | 同上 | 同上 | 1.短期静力加载法。<br>2.注意事项：<br>(1)荷重块加载适用于板类构件的均布加载；<br>(2)千斤顶加载适用于集中加载，梁或桁架可采用水平对顶加载法；<br>(3)加载过程为分级加载 |

续表 2-4-2

| 序号 | 类别(产品/项目/参数) | 产品/项目/参数 | | 依据标准(方法)名称及编号(含年号) | 仪器设备(标准物质)要求 | 环境条件要求 | 备注 |
|---|---|---|---|---|---|---|---|
| | | 序号 | 名称 | | | | |
| | | 17 | 抗裂检验系数 | 混凝土结构试验方法标准 GB/T 50152—2012 | 1.荷载传感器的精度不应低于 C 级;荷载传感器仪表的最小分度值不宜大于被测力值总量的 1.0%,示值允许误差为量程的 1.0%;<br>2.弹簧式测力仪的最小分度值不应大于仪表量程的 2.0%,示值允许误差为量程的 1.5%;<br>3.称量加载物及承载盘重量的仪器允许误差为量程的±1.0% | 同上 | 1.短期静力加载法。<br>2.注意事项:<br>(1)荷重块加载适用于板类构件的均布加载;<br>(2)千斤顶加载适用于集中加载;<br>(3)加载过程为分级加载 |
| | | | | 混凝土结构工程施工质量验收规范 GB 50204—2015/附录 B | 同上 | 同上 | 1.短期静力加载法。<br>2.注意事项:<br>(1)荷重块加载适用于板类构件的均布加载;<br>(2)千斤顶加载适用于集中加载,梁或桁架可采用水平对顶加载法;<br>(3)加载过程为分级加载 |
| 五 | 后置埋件 | | | | | | |
| | | 18 | 抗拔承载力 | 混凝土结构后锚固技术规程 JGJ 145—2013/附录 C | 拉拔仪:应符合 JGJ 145—2013 附录 C.3 的要求:<br>1.设备的加载能力应比预计的检验荷载值至少大 20%,且不大于检验荷载的 2.5 倍,应能连续、平稳、速度可控地运行;<br>2.加载设备应能够按照规定的速度加载,测力系统整机允许偏差为全量程的±2%;<br>3.设备的液压加荷系统持荷时间不超过 5 min 时,其降荷值不应大于 5% | | 1.连续加载法。<br>2.详见本规程附录 C.1;<br>3.现场检测的抽样规则应符合本规程附录 C.2 |

**续表 2-4-2**

| 序号 | 类别(产品/项目/参数) | 产品/项目/参数 |  | 依据标准(方法)名称及编号(含年号) | 仪器设备(标准物质)要求 | 环境条件要求 | 备注 |
|---|---|---|---|---|---|---|---|
|  |  | 序号 | 名称 |  |  |  |  |
|  |  |  |  |  | 4.加载设备应能保证所施加的拉伸荷载始终与后锚固构件的轴线一致等;<br>5 加载设备支撑环内径 $D_0$ 应符合下列规定:<br>(1)植筋:$D_0$ 不应小于 12d 和 250mm 的较大值;<br>(2)膨胀型锚栓和扩底型锚栓:$D_0$ 不应小于 $4h_{ef}$;<br>(3)化学锚栓发生混合破坏及钢材破坏时:$D_0$ 不应小于 12 d 和 250 mm 的较大值;<br>(4)化学锚栓发生混凝土锥体破坏时:$D_0$ 不应小于 $4h_{ef}$ |  | 1.连续加载法;<br>2.详见本规程附录 C.1;<br>3.现场检测的抽样规则应符合本规程附录 C.2 |
|  |  |  |  | 砌体结构工程施工质量验收规范 GB 50203—2011/9.2.3 | 同上 |  | 1.连续加载法。<br>2.注意事项:<br>(1)轴向受拉非破坏承载力检验值为 6.0 kN;<br>(2)检验批抽查锚固钢筋样本最小容量符合 GB 50203—2011 表 9.2.3 的要求 |
| 六 | 饰面砖 |  |  |  |  |  |  |
|  |  | 19 | 黏结强度 | 建筑工程饰面砖黏结强度检验标准 JGJ/T 110—2017 | 1.黏结强度检测仪:最大试验拉力宜为 10 kN,最小分辨单位为 0.01 kN,数显式黏结强度检测仪应符合现行行业标准 JG/T 507 的规定;<br>2.钢直尺:分度值应为 1 mm;<br>3.手持切割锯、胶粘剂、胶带 |  | 1.拉拔法;<br>2.适用于建筑工程外墙饰面砖黏结强度检验,也适用于水泥基黏结材料满粘内墙饰面砖的黏结强度检验 |

# 第五节 室内环境检验检测

## 一、室内环境检验检测项目/参数与检验检测方法

本部分共梳理了民用建筑工程室内环境十三个类别 25 个检验检测项目/参数内容，涉及 20 个检验检测方法，详见表 2-5-1 民用建筑工程室内环境检验检测项目/参数与检验检测方法简表。

**表 2-5-1 室内环境检验检测项目/参数与检验检测方法对照简表**

| 序号 | 领域 | 项目/参数 | 检验检测方法 |
|---|---|---|---|
| 一 | 无机非金属建筑主体材料和装修材料 | | |
| 1 | | 内照射指数 | 低本底 γ 谱仪测试 |
| 2 | | 外照射指数 | 低本底 γ 谱仪测试 |
| 3 | | 表面氡析出率 | 仪器直接测定法（被动收集型和主动抽气采集型）；活性炭盒法 |
| 二 | 建筑场地土壤 | | |
| 4 | | 土壤中氡浓度 | 少量抽气－静电收集－射线探测器法、埋置测量装置法 |
| 5 | | 土壤表面氡析出率 | 被动收集型；主动抽气采集型 |
| 三 | 室内环境污染物 | | |
| 6 | | 氡浓度 | 泵吸静电收集能谱分析法、泵吸闪烁室法、泵吸脉冲电离室法、活性炭盒－低本底多道 γ 谱仪法 |
| 7 | | 甲醛浓度 | AHMT 分光光度法 |
| 8 | | 氨浓度 | 靛酚蓝分光光度法 |
| 9 | | 苯浓度 | 热解吸直接进样－气相色谱法 |
| 10 | | 甲苯浓度 | 热解吸直接进样－气相色谱法 |
| 11 | | 二甲苯浓度 | 热解吸直接进样－气相色谱法 |
| 12 | | 总挥发性有机化合物（TVOC）浓度 | 热解吸直接进样－气相色谱法 |
| 四 | 外加剂中有害物质 | | |
| 13 | | 释放氨的量 | 滴定法 |

续表 2-5-1

| 序号 | 领域 | 项目/参数 | 检验检测方法 |
|---|---|---|---|
| 14 | | 残留甲醛的量 | 乙酰丙酮分光光度法 |
| 五 | 人造木板及其制品 | | |
| 15 | | 游离甲醛释放量 | 环境测试舱法;干燥器法 |
| 六 | 水性装饰板涂料、水性墙面涂料、水性墙面腻子 | | |
| 16 | | 游离甲醛含量 | 乙酰丙酮分光光度法 |
| 七 | 溶剂型胶粘剂、本体型胶粘剂 | | |
| 17 | | 苯含量 | 气相色谱法 |
| 18 | | 甲苯+二甲苯含量 | 气相色谱法 |
| 八 | 水性胶粘剂 | | |
| 19 | | 游离甲醛含量 | 乙酰丙酮分光光度法 |
| 九 | 粘合木结构材料 | | |
| 20 | | 游离甲醛释放量 | 环境测试舱法 |
| 十 | 软包、帷幕 | | |
| 21 | | 游离甲醛释放量 | 环境测试舱法 |
| 十一 | 壁纸(布) | | |
| 22 | | 甲醛含量 | 乙酰丙酮分光光度法 |
| 十二 | 聚氯乙烯卷材地板、木塑制品地板、橡塑类铺地材料 | | |
| 23 | | 挥发物含量 | 检测方法应符合 GB 18586—2001/5.5 |
| 十三 | 地毯、地毯衬垫 | | |
| 24 | | 总挥发性有机化合物(TVOC)释放量 | 环境测试舱法 |
| 25 | | 游离甲醛释放量 | 环境测试舱法 |

## 二、室内环境检验检测项目/参数与对应标准及要求一览表

本部分共梳理了民用建筑工程室内环境十三个类别 25 个检验检测项目/参数内容,涉及 12 个方法标准、20 个检验检测方法,详见表 2-5-2 民用建筑工程室内环境检验检测项目/参数与对应标准及要求一览表。

**表 2-5-2　量测检验检测项目/参数与对应标准及要求一览表**

| 序号 | 类别(产品/项目/参数) | 产品/项目/参数 | | 依据标准(方法)名称及编号(含年号) | 仪器设备(标准物质)要求 | 环境条件要求 | 备注 |
|---|---|---|---|---|---|---|---|
| | | 序号 | 名称 | | | | |
| 一 | 无机非金属建筑主体材料和装修材料 | | | | | | |
| | | 1 | 内照射指数 | 建筑材料放射性核素限量 GB 6566—2010 | 1. 低本底多道 γ 能谱仪：符合 JJG 417—2006 的要求；<br>2. 电子天平：感量 0.1 g | | 1. 采用低本底 γ 谱仪测试 |
| | | 2 | 外照射指数 | 建筑材料放射性核素限量 GB 6566—2010 | 1. 低本底多道 γ 能谱仪：符合 JJG 417—2006 的要求；<br>2. 电子天平：感量 0.1 g | | 1. 采用低本底 γ 谱仪测试 |
| | | 3 | 表面氡析出率 | 民用建筑工程室内环境污染控制标准 GB 50325—2020/附录 A<br>建筑物表面氡析出率的活性炭测量方法 GB/T 16143—1995 | 1. 材料表面氡析出率测量装置：连续 10 h 测量探测下限不应大于 0.001 Bq/($m^2$ · s)；不确定度不应大于 20%（$k$ = 2）；<br>2. 活性炭盒法的设备应符合 GB/T 16143 的要求。 | 1. 测量温度应在(25 ± 5)℃；相对湿度应在 45% ± 15% | 1. 检测方法：<br>①仪器直接测定法（被动收集型和主动抽气采集型）<br>②活性炭盒法<br>2. 注意事项：采用仪器直接测定法时，应注意仪器具备控制测试箱（罩）体内温湿度在规定范围内的功能 |
| 二 | 建筑场地土壤 | | | | | | |
| | | 4 | 土壤中氡浓度 | 民用建筑工程室内环境污染控制标准 GB 50325—2020/附录 C | 测氡仪：不确定度不应大于 20%（$k$ = 2）；探测下限不应大于 400 Bq/$m^3$ | 1. 工作温度为：−10 ~ 40 ℃；相对湿度不应大于 90%。 | 1. 测量方法：<br>①少量抽气 − 静电收集法 − 射线探测器法；<br>②埋置测量装置法 |

续表 2-5-2

| 序号 | 类别(产品/项目/参数) | 产品/项目/参数 | | 依据标准(方法)名称及编号(含年号) | 仪器设备(标准物质)要求 | 环境条件要求 | 备注 |
|---|---|---|---|---|---|---|---|
| | | 序号 | 名称 | | | | |
| | | 5 | 土壤表面氡析出率 | 民用建筑工程室内环境污染控制标准 GB 50325—2020/附录 C | 土壤表面氡析出率测试装置:不确定度不应大于 20%;探测下限不应大于 0.01 Bq/(m$^2$·s) | 1. 工作温度为:-10 ~ 40 ℃;2. 相对湿度不应大于 90%。 | 1. 检测方法:<br>①被动收集型<br>②主动抽气采集型 |
| 三 | 室内环境污染物 | | | | | | |
| | | 6 | 氡浓度 | 民用建筑工程室内环境污染控制标准 GB 50325—2020 | 1. 测氡仪:测量结果不确定度不应大于 25%($k$=2),方法的探测下限不应大于 10 Bq/m$^3$ | | 检测宜采用泵吸静电收集能谱分析法、泵吸闪烁室法、泵吸脉冲电离室法、活性炭盒-低本底多道 γ 谱仪法 |
| | | 7 | 甲醛浓度 | 民用建筑工程室内环境污染控制标准 GB 50325—2020<br>公共场所卫生检验方法 第 2 部分:化学污染物 GB/T 18204.2—2014 /7.1 AHMT 分光光度法<br>居住区大气中甲醛卫生检验标准方法 分光光度法 GB/T 16129—1995 | 1. 空气采样器:流量范围 0 ~ 2 L/min;<br>2. 分光光度计:具有 550 nm 波长,并配有 10 mm 光程的比色皿;<br>3. 天平:感量 0.01 g;<br>4. 分析天平:感量 0.000 1 g | | 可采用简便取样仪器检测方法,测量范围不大于 0.5 μmol/mol 时,最大允许示值误差应为 ±0.05 μmol/mol. 当发生争议时,应以 AHMT 分光光度法的测定结果为准 |

**续表 2-5-2**

| 序号 | 类别(产品/项目/参数) | 产品/项目/参数 | | 依据标准(方法)名称及编号(含年号) | 仪器设备(标准物质)要求 | 环境条件要求 | 备注 |
|---|---|---|---|---|---|---|---|
| | | 序号 | 名称 | | | | |
| | | 8 | 氨浓度 | 民用建筑工程室内环境污染控制标准 GB 50325—2020<br>公共场所卫生检验方法 第2部分:化学污染物 GB/T 18204.2—2014/8.1 靛酚蓝分光光度法 | 1. 空气采样器:流量范围 0 ~ 2 L/min,流量可调且恒定;<br>2. 分光光度计:可测波长 697.5 nm,狭缝小于 20 nm;<br>3. 天平:感量 0.01 g;<br>4. 分析天平:感量 0.000 1 g | | 靛酚蓝分光光度法 |
| | | 9 | 苯浓度 | 民用建筑工程室内环境污染控制标准 GB 50325—2020 | 1. 恒流采样仪:流量范围应包含 0.5 L/min,并且当流量为 0.5 L/min 时,应能克服 5 ~ 10 kPa 的阻力,此时用流量计校准采样系统流量,相对偏差不应大于 ±5% 阻力;<br>2. 气相色谱仪:氢火焰离子化检测器;<br>3. 热解吸装置:应能对吸附管进行热解吸,解吸温度、载气流速可调。 | | 热解吸直接进样 - 气相色谱法 |
| | | 10 | 甲苯浓度 | 民用建筑工程室内环境污染控制标准 GB 50325—2020 | 1. 恒流采样仪:流量范围应包含 0.5 L/min,并且当流量为 0.5 L/min 时,应能克服 5 ~ 10 kPa 的阻力,此时用流量计校准采样系统流量,相对偏差不应大于 ±5% 阻力;<br>2. 气相色谱仪:氢火焰离子化检测器;<br>3. 热解吸装置:应能对吸附管进行热解吸,解吸温度、载气流速可调 | | 热解吸直接进样 - 气相色谱法 |

续表 2-5-2

| 序号 | 类别(产品/项目/参数) | 产品/项目/参数 | | 依据标准(方法)名称及编号(含年号) | 仪器设备(标准物质)要求 | 环境条件要求 | 备注 |
|---|---|---|---|---|---|---|---|
| | | 序号 | 名称 | | | | |
| | | 11 | 二甲苯浓度 | 民用建筑工程室内环境污染控制标准 GB 50325—2020 | 1. 恒流采样仪:流量范围应包含 0.5 L/min,并且当流量为 0.5 L/min 时,应能克服 5 ~ 10 kPa 的阻力,此时用流量计校准采样系统流量,相对偏差不应大于 ±5% 阻力;<br>2. 气相色谱仪: 氢火焰离子化检测器;<br>3. 热解吸装置:应能对吸附管进行热解吸,解吸温度、载气流速可调 | | 热解吸直接进样 – 气相色谱法 |
| | | 12 | 总挥发性有机化合物(TVOC)浓度 | 民用建筑工程室内环境污染控制标准 GB 50325—2020 | 1. 恒流采样仪:流量范围应包含 0.5 L/min,并且当流量为 0.5 L/min 时,应能克服 5 ~ 10 kPa 的阻力,此时用流量计校准系统流量时,相对偏差不应大于 ±5%;<br>2. 气相色谱仪:应配置 FID 检测器或 MS 检测器;<br>3. 热解吸装置:应能对吸附管进行热解吸,解吸温度、载气流速可调 | | 热解吸直接进样 – 气相色谱法 |
| 四 | 外加剂中有害物质 | | | | | | |
| | | 13 | 释放氨的量 | 混凝土外加剂中释放氨的限量 GB 18588—2001 | 1. 碱式滴定管:50 mL;<br>2. 分析天平:精度 0.001 g | | 滴定法 |
| | | 14 | 残留甲醛的量 | 混凝土外加剂中残留甲醛的限量 GB 31040—2014 | 1. 紫外可见分光光度计;<br>2. 分析天平: 精度 1 mg;<br>3. 蒸馏装置:100 mL 蒸馏瓶、蛇形冷凝管、馏分接收器;<br>4. 加热设备:电加热套、水浴锅 | | 乙酰丙酮分光光度法 |

续表 2-5-2

| 序号 | 类别(产品/项目/参数) | 产品/项目/参数 | | 依据标准(方法)名称及编号(含年号) | 仪器设备(标准物质)要求 | 环境条件要求 | 备注 |
|---|---|---|---|---|---|---|---|
| | | 序号 | 名称 | | | | |
| 五 | 人造木板及其制品 | | | | | | |
| | | 15 | 游离甲醛释放量 | 民用建筑工程室内环境污染控制标准 GB 50325—2020/附录 B<br>人造板及饰面人造板理化性能试验方法 GB/T 17657—2013/4.59 甲醛释放量测定—干燥器法 | 环境测试舱法:<br>1. 恒流采样器:流量范围 0 ~ 1 L/min,恒流误差小于 ±5% 设定值;<br>2. 天平:感量 0.01g;感量 0.000 1 g;<br>3. 分光光度计:可见分光光度计;<br>4. 环境测试舱:容积为 0.05 ~ 40 $m^3$;运行条件:温度(23 ±0.5)℃,相对湿度(50 ±3)%,空气交换率:(1 ±0.05)次/h,被测样品表面附近空气流速:0.1 ~ 0.3 m/s;<br>干燥器法:<br>1. 玻璃干燥器:直径 240 mm,容积为(11 ±2)L;<br>2. 温度测定装置,如热电偶,误差 ±0.1 ℃;<br>3. 水槽:可保持温度(65 ±2)℃ | | 1. 检测方法:<br>①环境测试舱法<br>②干燥器法<br>当发生争议时应以环境测试舱法的测定结果为准 |
| 六 | 水性装饰板涂料、水性墙面涂料、水性墙面腻子 | | | | | | |
| | | 16 | 游离甲醛含量 | 水性涂料中甲醛含量的测定 乙酰丙酮分光光度法 GB/T 23993—2009 | 1. 紫外可见分光光度计;<br>2. 分析天平: 精度 1 mg;<br>3. 蒸馏装置:100 mL 蒸馏瓶、蛇形冷凝管、馏分接收器;<br>4. 加热设备:电加热套、水浴锅 | | 乙酰丙酮分光光度法 |

续表 2-5-2

| 序号 | 类别(产品/项目/参数) | 产品/项目/参数 | | 依据标准(方法)名称及编号(含年号) | 仪器设备(标准物质)要求 | 环境条件要求 | 备注 |
|---|---|---|---|---|---|---|---|
| | | 序号 | 名称 | | | | |
| 七 | 溶剂型胶粘剂、本体型胶粘剂 | | | | | | |
| | | 17 | 苯含量 | 建筑胶粘剂有害物质限量 GB 30982—2014 /附录 B | 1. 气相色谱仪：氢火焰离子化检测器；<br>2. 分析天平：精度 1 mg | | 气相色谱法 |
| | | 18 | 甲苯+二甲苯含量 | 建筑胶粘剂有害物质限量 GB 30982—2014 /附录 B | 1. 气相色谱仪：氢火焰离子化检测器；<br>2. 分析天平：精度 1 mg | | 气相色谱法 |
| 八 | 水性胶粘剂 | | | | | | |
| | | 19 | 游离甲醛含量 | 建筑胶粘剂有害物质限量 GB 30982—2014 /附录 A | 1. 分光光度计；<br>2. 分析天平：精度 1 mg；<br>3. 水浴锅 | | 乙酰丙酮分光光度法 |
| 九 | 粘合木结构材料 | | | | | | |
| | | 20 | 游离甲醛释放量 | 民用建筑工程室内环境污染控制标准 GB 50325—2020/附录 B | 1. 空气采样器：流量范围 0～2 L/min；<br>2. 分光光度计：具有 550 nm 波长，并配有 10 mm 光程的比色皿；<br>3. 天平：感量 0.01 g；<br>4. 分析天平：感量 0.000 1 g；<br>5. 环境测试舱：容积为 0.05～40 $m^3$；运行条件：温度(23±0.5)℃，相对湿度(50±3)%，空气交换率：(1±0.05)次/h，被测样品表面附近空气流速：0.1～0.3 m/s | | 环境测试舱法 |

**续表 2-5-2**

| 序号 | 类别(产品/项目/参数) | 产品/项目/参数 | | 依据标准(方法)名称及编号(含年号) | 仪器设备(标准物质)要求 | 环境条件要求 | 备注 |
|---|---|---|---|---|---|---|---|
| | | 序号 | 名称 | | | | |
| 十 | 软包、帷幕 | | | | | | |
| | | 21 | 游离甲醛释放量 | 民用建筑工程室内环境污染控制标准 GB 50325—2020/附录 B | 1. 空气采样器:流量范围 0 ~ 2 L/min;<br>2. 分光光度计:具有 550 nm 波长,并配有 10 mm 光程的比色皿;<br>3. 天平:感量 0.01 g;<br>4. 分析天平:感量 0.0001 g;<br>5. 环境测试舱:容积为 0.05 ~ 40 $m^3$;运行条件:温度(23 ± 0.5)℃,相对湿度(50 ± 3)%,空气交换率:(1 ± 0.05)次/h,被测样品表面附近空气流速:0.1 ~ 0.3 m/s | | 环境测试舱法 |
| 十一 | 壁纸(布) | | | | | | |
| | | 22 | 游离甲醛含量 | 室内装饰装修材料壁纸中有害物质限量 GB 18585—2001 | 1. 水浴锅:可以保持(40 ± 2)℃的温度;<br>2. 分光光度计:能够测出波长为 410 ~ 415 nm 时的吸光度。 | | 1. 检测方法:乙酰丙酮分光光度法;<br>2. 注意事项:<br>样品的采取、制备和预处理应符合 GB/T 10739—2002 的要求,具备相应的设施 |
| 十二 | 聚氯乙烯卷材地板、木塑制品地板、橡塑类铺地材料 | | | | | | |
| | | 23 | 挥发物含量 | 室内装饰装修材料聚氯乙烯卷材地板中有害物质限量 GB 18586—2001 | 1. 电子分析天平:感量 0.1 mg;<br>2. 电热鼓风干燥箱:精度 ±1 ℃ | | 检测方法应符合 GB 18586—2001/5.5 |

续表 2-5-2

| 序号 | 类别(产品/项目/参数) | 产品/项目/参数 | | 依据标准(方法)名称及编号(含年号) | 仪器设备(标准物质)要求 | 环境条件要求 | 备注 |
|---|---|---|---|---|---|---|---|
| | | 序号 | 名称 | | | | |
| 十三 | 地毯、地毯衬垫 | | | | | | |
| | | 24 | VOC | 民用建筑工程室内环境污染控制标准 GB 50325—2020/附录 B | 1. 恒流采样仪:流量范围应包含 0.5 L/min,并且当流量为 0.5 L/min 时,应能克服 5 ~ 10 kPa 的阻力,此时用流量计校准采样系统流量,相对偏差不应大于 ±5% 阻力;<br>2. 气相色谱仪:应配置 FID 检测器或 MS 检测器;<br>3. 热解吸装置:应能对吸附管进行热解吸,解吸温度、载气流速可调;<br>4. 环境测试舱:容积为 0.05 ~ 40 $m^3$;运行条件:温度(23 ±0.5)℃,相对湿度(50 ±3)%,空气交换率:(1 ±0.05)次/h,被测样品表面附近空气流速:0.1 ~ 0.3 m/s | | 环境测试舱法 |
| | | 25 | 游离甲醛释放量 | 民用建筑工程室内环境污染控制标准 GB 50325—2020/附录 B | 1. 空气采样器:流量范围 0 ~ 2 L/min;<br>2. 分光光度计:具有 550 nm 波长,并配有 10 mm 光程的比色皿;<br>3. 天平:感量 0.01 g;<br>4. 分析天平:感量 0.000 1 g;<br>5. 环境测试舱:容积为 0.05 ~ 40 $m^3$;运行条件:温度(23 ±0.5)℃,相对湿度(50 ±3)%,空气交换率:(1 ±0.05)次/h,被测样品表面附近空气流速:0.1 ~ 0.3 m/s | | 环境测试舱法 |

# 第六节　建筑幕墙工程检验检测

## 一、建筑幕墙工程检验检测项目/参数与检验检测方法

本部分共梳理了建筑幕墙工程二个类别 5 个检验检测项目/参数内容，详见表 2-6-1 建筑幕墙工程检验检测项目/参数与检验检测方法对照简表。

表 2-6-1　建筑幕墙工程检验检测项目/参数与检验检测方法对照简表

| 序号 | 领域 | 项目/参数 | 检验检测方法 |
|---|---|---|---|
| 一 | 建筑幕墙 | | |
| 1 | | 气密性能 | |
| 2 | | 水密性能 | |
| 3 | | 抗风压性能 | |
| 4 | | 层间变形性能 | |
| 二 | 硅酮结构密封胶 | | |
| 5 | | 相容性 | |

## 二、建筑幕墙工程检验检测项目/参数对应标准及要求一览表

本部分编制了建筑幕墙工程检验检测项目/参数与对应标准及要求一览表，涉及二个类别 5 个检验检测项目/参数内容和 3 个检验检测方法标准，详见表 2-6-2。

**表 2-6-2　建筑幕墙工程检验检测项目/参数与对应标准及要求一览表**

| 序号 | 类别(产品/项目/参数) | 产品/项目/参数 | | 依据标准(方法)名称及编号(含年号) | 仪器设备(标准物质)要求 | 环境条件要求 | 备注 |
|---|---|---|---|---|---|---|---|
| | | 序号 | 名称 | | | | |
| 一 | 建筑幕墙 | | | | | | |
| | | 1 | 气密性能 | 建筑幕墙气密、水密、抗风压性能检测方法 GB/T 15227—2007/4.1<br>建筑幕墙气密、水密、抗风压性能检测方法 GB/T 15227—2019/8 | 1. GB/T 15227—2007 要求:<br>检测装置由压力箱、供压系统、测量系统及试件安装系统组成,详见 4.1.2;<br>2. GB/T 15227—2019 的要求:<br>检测装置由压力箱、安装横架、供压装置(包括供风设备、压力控制装置)、淋水装置及测量装置(包括差压计、空气流量测量装置、水流量计及位移计)组成,详见 GB/T 15227—2019/6 | 室温 | 1. 建筑幕墙气密、水密及抗风压性能的检测,检测对象只限于幕墙试件本身,不涉及幕墙与其他结构的接缝部位;<br>2. 建筑幕墙气密、水密、抗风压性能检测方法GB/T 15227—2019 于 2019 年 12 月 20 日发布,2020 年 11 月 1 日实施,代替 GB/T 15227—2007 |
| | | 2 | 水密性能 | 建筑幕墙气密、水密、抗风压性能检测方法 GB/T 15227—2007/4.2<br>建筑幕墙气密、水密、抗风压性能检测方法 GB/T 15227—2019/9 | 1. GB/T 15227—2007 要求:<br>检测装置由压力箱、供压系统、测量系统、淋水装置及试件安装系统组成,详见4.2.2;<br>2. GB/T 15227—2019 要求:<br>同上 | 室温 | |
| | | 3 | 抗风压性能 | 建筑幕墙气密、水密、抗风压性能检测方法 GB/T 15227—2007/4.3<br>建筑幕墙气密、水密、抗风压性能检测方法 GB/T 15227—2019/10 | 1. GB/T 15227—2007 要求:<br>检测装置由压力箱、供压系统、测量系统、淋水装置及试件安装系统组成;详见4.3.2;<br>2. GB/T 15227—2019 要求;<br>同上 | 室温 | |

**续表 2-6-2**

| 序号 | 类别(产品/项目/参数) | 产品/项目/参数 | | 依据标准(方法)名称及编号(含年号) | 仪器设备(标准物质)要求 | 环境条件要求 | 备注 |
|---|---|---|---|---|---|---|---|
| | | 序号 | 名称 | | | | |
| | | 4 | 层间变形性能 | 建筑幕墙层间变形性能分级及检测方法 GB/T 18250—2015 | 1. 检测设备由安装架、静力加载装置和位移测量装置组成;<br>2. 连续平行四边形法检测安装架由固定架、摆杆及横梁组成,对称变形法安装架由固定架、固定梁和活动梁组成安装架应具有足够的强度、刚度和整体稳定性,且应满足试件支承方式的要求在试件达到最大变形时,固定架层级变形不应大于幕墙试件层间变形的 10%,层间高度变化量不应大于幕墙试件层间高度变化量的 20% 摆杆及活动梁移动范围应满足检测最大位移角或位移量的要求;<br>3. 静力加载装置应具备三个维度做低周反复运动的能力,最大允许行程不应小于最大试验变形量的 1.5 倍;<br>4. X 轴维度位移计、Y 轴维度位移计的精度不应低于满量程的 1%,Z 轴维度位移计的精度不应低于满量程的 0.25% | 室温 | 1. 适用于建筑幕墙层间变形性能的定级检测和工程检测 |
| 二 | 硅酮结构密封胶 | | | | | | |
| | | 5 | 相容性 | 建筑用硅酮结构密封胶 GB 16776—2005/附录 A | 1. 温度计:量程 20 ~ 100 ℃;<br>2. 紫外线荧光灯:UVA - 340 型;<br>3. 紫外幅照箱:符合 GB 16776—2005 标准附录 A 第 A.4.5 条的要求 | 标准试验条件:1. 温度(23 ± 2)℃;<br>2. 相对湿度(50 ± 5)% | 1. 适用于建筑幕墙及其他结构粘接装配用硅酮结构密封胶 |

# 第七节　钢结构工程检验检测

## 一、钢结构工程检验检测项目/参数与检验检测方法

本部分共梳理了钢结构工程九个类别 43 个检验检测项目/参数内容的检验检测方法，详见表 2-7-1 钢结构工程检验检测项目/参数与检验检测方法对照简表。

**表 2-7-1　钢结构工程检验检测项目/参数与检验检测方法对照简表**

| 序号 | 领域 | 参数 | 检验检测方法 |
|---|---|---|---|
| 一 | 无损检测 | | |
| 1 | | 焊缝质量 | 磁粉检测、渗透检测、超声波检测、射线检测 |
| 二 | 涂装工程 | | |
| 2 | | 防腐涂层厚度 | |
| 3 | | 防火涂层厚度 | |
| 4 | | 涂层附着力/漆膜附着力 | 划格试验、拉开法 |
| 三 | 钢结构节点、紧固件及高强度螺栓 | | |
| （一） | 钢结构用高强度大六角头螺栓、大六角头螺母、垫圈 | | |
| 5 | | 楔负载/拉力 | |
| 6 | | 脱碳层深度 | |
| 7 | | 扭矩系数 | |
| 8 | | 施工扭矩 | 扭矩法、转角法 |
| （二） | 钢结构用扭剪型高强度螺栓连接副 | | |
| 9 | | 楔负载/拉力 | |
| 10 | | 脱碳层深度 | |
| 11 | | 紧固轴力 | |
| 12 | | 最小载荷 | |
| 13 | | 扭矩系数 | |
| 14 | | 抗滑移系数 | |
| 15 | | 硬度 | 洛氏硬度试验、维氏硬度试验 |
| 四 | 空间结构安装 | | |
| 16 | | 挠度 | |
| 五 | 钢材 | | |
| （一） | 钢材 | | |
| 17 | | 厚度偏差 | 超声波法 |
| 18 | | 屈服强度 | |
| 19 | | 抗拉强度 | |

续表 2-7-1

| 序号 | 领域 | 参数 | 检验检测方法 |
| --- | --- | --- | --- |
| 20 | | 伸长率/断后伸长率 | |
| 21 | | 厚度方向断面收缩率/断面收缩率 | |
| 22 | | 冷弯性能/弯曲性能 | |
| 23 | | 冲击韧性/冲击吸收功 | 常温试验、低温试验、高温试验 |
| 24 | | 硬度 | 洛氏硬度试验、维氏硬度试验 |
| (二) | 化学成分 | | |
| 25 | | 碳含量 | 气体容重法 |
| 26 | | 锰含量 | 高碘酸钾钠(钾)光度法 |
| 27 | | 硫含量 | 碘酸钾滴定法 |
| 28 | | 磷含量 | 铋磷钼蓝分光光度法、锑磷钼蓝分光光度法 |
| 29 | | 硅含量 | 还原型硅钼酸盐分光光度法 |
| 六 | 焊缝及熔敷金属 | | |
| 30 | | 屈服力 | |
| 31 | | 最大力/最大荷载 | |
| 32 | | 屈服强度 | |
| 33 | | 抗拉强度 | |
| 34 | | 伸长率 | |
| 35 | | 断面收缩率 | |
| 36 | | 冲击吸收功 | 常温试验、低温试验、高温试验 |
| 37 | | 弯曲角 | |
| 38 | | 硬度 | 洛氏硬度试验、维氏硬度试验 |
| 七 | 钢屋(托)架、钢桁架、梁 | | |
| 39 | | 跨中的垂直度 | |
| 40 | | 侧向弯曲矢高 | |
| 八 | 主体钢结构 | | |
| 41 | | 整体立面偏移 | |
| 42 | | 整体平面弯曲 | |
| 九 | 钢柱 | | |
| 43 | | 垂直度 | |

## 二、钢结构工程检验检测项目/参数与对应标准及要求一览表

本部分编制了钢结构工程检验检测项目/参数与对应标准及要求一览表,共涉及九个类别 43 个检验检测项目/参数和 27 个检验检测方法标准,详见表 2-7-2。

表 2-7-2　钢结构工程检验检测项目/参数与对应标准及要求一览表

| 序号 | 类别(产品/项目/参数) | 产品/项目/参数 序号 | 产品/项目/参数 名称 | 依据标准(方法)名称及编号(含年号) | 仪器设备(标准物质)要求 | 环境条件要求 | 备注 |
|---|---|---|---|---|---|---|---|
| 一 | 无损检测 | | | | | | |
| | | 1 | 焊缝质量 | 钢结构现场检测技术标准 GB/T 50621—2010/5 | 1. 磁粉探伤装置应根据被测工件的形状、尺寸和表面状态选择,并应满足检测灵敏度的要求;<br>2. 对于磁轭法检测装置,当极间距离为150 mm、磁极与试件表面间隙为0.5 mm时,其交流电磁轭提升力应大于45 N,直流电磁轭提升力应大于177 N;<br>3. 对接管子和其他特殊试件焊缝的检测可采用线圈法、平行电缆法等,对于铸钢件可采用通过支杆直接通电的触头法;<br>4. 磁粉探伤仪的其他装置应符合 GB/T 15822.3 的有关规定;<br>5. 磁悬液的检验应按 GB/T 15822.2 的规定方法进行;<br>6. 检查磁粉探伤装置、磁悬液的综合性能及检定被检区域内磁场的分布规律等可采用灵敏度试片进行测试 | | 磁粉检测:<br>1. 适用于铁磁性材料熔化焊焊缝表面或近表面缺陷的检测 |
| | | | | 焊缝无损检测 磁粉检测 GB/T 26951—2011 | 1. 除非应用标准另有规定,通常使用下列类型的交流磁化设备:电磁轭,带触头的通电设备,电磁感应设备;<br>2. 使用直流磁化或永久磁体的,应在检测前予以规定;<br>3. 磁化设备应符合 GB/T 15822.3;<br>4. 使用触头时,应采取措施尽量减少接触点的过热、烧伤和起弧必要时应去除弧烧有影响的区域应采用适当的方法检测,以确保表面完好 | | |

**续表** 2-7-2

| 序号 | 类别(产品/项目/参数) | 产品/项目/参数 | | 依据标准(方法)名称及编号(含年号) | 仪器设备(标准物质)要求 | 环境条件要求 | 备注 |
|---|---|---|---|---|---|---|---|
| | | 序号 | 名称 | | | | |
| | | | | 钢结构现场检测技术标准 GB/T 50621—2010/6 | 1. 渗透剂、清洗剂、显像剂等渗透检测剂的质量应符合 JB/T 7523 的有关规定;<br>2. 渗透检测应配备铝合金试块(A 型对比试块)和不锈钢镀铬试块(B 型灵敏度试块),其技术要求应符合 JB/T 6064 的有关规定;<br>3. 渗透检测设备应符合 GB/T 18851.4 的规定 | 1. 环境及被检测部位的温度宜在 10～50 ℃范围内;当温度低于 10 ℃或高于 50 ℃时,应按 JB/T 4730.5 的规定进行灵敏度的对比试验 | 渗透检测<br>1. 适用于钢结构焊缝表面开口性缺陷的检测 |
| | | | | 钢结构现场检测技术标准 GB/T 50621—2010/7 | 1. 模拟式和数字式的 A 型脉冲反射式超声仪的主要技术指标应符合 GB/T 50621 中表 7.2.1 的规定;<br>2. 超声仪、探头及系统性能的检查应按 JB/T 9214 规定的方法测试,其周期检查项目及时间应符合 GB/T 50621 中表 7.2.2 的规定 | | 超声波检测<br>1. 适用于母材厚度不小于 8 mm、曲率半径不小于 160 mm 的碳素结构钢和低合金高强度结构钢对接全熔透焊缝,使用 A 型脉冲反射法手工超声波的质量检测 |
| | | | | 焊缝无损检测 超声检测 技术、检测等级和评定 GB/T 11345—2013 | 1. 宜采购按 GB/T 5616 或合同各方同意的体系取得认证或合格判定的超声仪、探头和试块;<br>2. 超声检测仪应符合 JB/T 10061 或等效标准的要求,探头应符合相应标准的要求,试块应符合 GB/T 23905 的要求;<br>3. 超声检测仪应定期进行性能测试,性能测试,应按 JB/T 9712 推荐的方法进行,除另 | 1. 检测时焊缝及其母材温度在 0～60 ℃ | 1. 适用母材厚度不小于 8 mm 的低超声衰减(特别是散射衰减小)金属材料熔化焊接接头手工超声检测; |

续表 2-7-2

| 序号 | 类别(产品/项目/参数) | 产品/项目/参数 | | 依据标准(方法)名称及编号(含年号) | 仪器设备(标准物质)要求 | 环境条件要求 | 备注 |
|---|---|---|---|---|---|---|---|
| | | 序号 | 名称 | | | | |
| | | | | | 有约定外,测试仪应符合 GB/T 11345 中 6.2.2 的要求;<br>4. 出具仪器性能测试报告的机构应是具有资质的,报告的有效期不宜大于 12 个月;<br>5. 系统性能测试,至少在每次检测前,应按 JB/T 9214 推荐的方法,对超声检测系统工作性能进行测试,除另有约定外,系统性能宜符合 GB/T 11345 中 6.2.3 的规定;<br>6. 系统性能的测试项目、时机、周期及其性能要求,应在书面检测工艺规程中予以详细规定 | 1. 检测时焊缝及其母材温度在 0 ~ 60 ℃ | 2. 主要应用于母材和焊缝均为铁素体类钢的全熔透焊缝 |
| | | | | 钢结构超声波探伤及质量分级法 JG/T 203—2007 | 1. 超声波探伤使用 A 型显示脉冲反射式超声探伤仪,水平线性误差不应大于 1%,垂直线性误差不应大于 5%,也可使用数字式超声探伤仪,应至少能存储四幅 DAC 曲线;<br>2. 模拟式超声探伤仪工作频率范围不应小于 0.5 ~ 10 MHz;数字式超声探伤仪频率范围为 0.5 ~ 10 MHz,且实时采样频率不应小于 40 MHz,对于超声衰减大的工件,可选用低于 2.5 MHz 的频率;<br>3. 探头:检测网格钢结构焊接接头宜选横波斜探头在满足探测灵敏度的前提下,以使用频率 5 MHz、短前沿、小晶片的斜探头为主,为保证覆盖整个焊缝截面并尽可能使用直射波法进行探伤,应根据焊缝不同区域选择不同角度的探头,在可能范围内尽量选用 | | 1. 适用于母材壁厚不小于 4 mm、球径不小于 120 mm、管径不小于 60 mm 的焊接空心球及球管焊接接头;母材壁厚不小于 3.5 mm、管径不小于 48 mm 的螺栓球节点杆件与锥头或封板焊接接头;支管管径不小于 89 mm、壁厚不小于 6 mm、局部二面角不小于 30°,支管壁厚外径比在 13 % 以下 |

续表 2-7-2

| 序号 | 类别（产品/项目/参数） | 产品/项目/参数 | | 依据标准（方法）名称及编号（含年号） | 仪器设备（标准物质）要求 | 环境条件要求 | 备注 |
|---|---|---|---|---|---|---|---|
| | | 序号 | 名称 | | | | |
| | | | | | 大角度的斜探头，斜探头规格应符合 JG/T 203 中表 1 的规定，如有特殊需要，也可选用其他尺寸和折射角的探头；<br>4. 探伤仪和探头工作性能的周期检查项目及时间，应符合 JG/T 203 中表 2 的规定；<br>5. 探伤仪和探头的系统性能的测试方法应按 JB/T 9214 和 JB/T 10062 的规定进行测试；<br>6. 选用的耦合剂应具有良好透声性和适当流动性的液体或糊状物，并对材料和人体没有损伤作用，又便于检测后的清除，如机油、甘油、化学浆糊等，还可以在耦合剂中加入适量的表面活性剂，以提高其润湿性能；<br>7. 标定和校核各项参数时，使用的耦合剂应与检测节点焊接接头的耦合剂相同；<br>8. 标准试块：采用 CSK－IB 型标准试块，主要用于测定探伤仪、接触面未经研磨的新探头和系统性能，制造技术应符合 JB/T 10063 的规定，形状和尺寸见 GB/T 11345—1989 附录 A；<br>9. 对比试块，CSK－I Cj 型试块由三块试块组成一套，各种曲率半径的试块可用于检测探伤面曲率半径为其 0.9～1.5 倍的工件，允许使用其他与 CSK－I B 型和 CSK－I Cj 型有同等作用的等效试块；<br>10. 现场检验，为校验灵敏度和时基线，也可以采用其他型式的等效试块，如必要或对中厚板探伤时，可使用 GB/T 11345—1989 附录 B 的对比试块（RB）调节灵敏度 | | 的圆管相贯节点碳素结构钢和低合金高强度结构钢焊接接头的超声波探伤及质量分级；<br>2. 适用于铸钢件、奥氏体球管和相贯节点焊接接头以及圆管对接或焊管焊缝的检测；<br>3. 适用于母材厚度不小于 4 mm 碳素结构钢和低合金高强度结构钢的钢板对接全焊透接头、箱形构件的电渣焊接头、T 型接头、搭接角接接头等焊接接头以及钢结构用板材、锻件、铸钢件的超声波检测；<br>4. 适用于方形矩形管节点、地下建筑结构钢管桩、先张法预应力管桩端板的焊接接头以及板壳结构曲率半径不小于 1 000 mm 的环缝和曲率半径不小于 1 500 mm 的纵缝的检测；<br>5. 桥梁工程、水工金属结构的焊接接头超声探伤及其结果质量分级也可参照执行 |

续表 2-7-2

| 序号 | 类别(产品/项目/参数) | 产品/项目/参数 | | 依据标准(方法)名称及编号(含年号) | 仪器设备(标准物质)要求 | 环境条件要求 | 备注 |
|---|---|---|---|---|---|---|---|
| | | 序号 | 名称 | | | | |
| | | | | 焊缝无损检测射线检测 第1部分:X和伽马射线的胶片技术 GB/T 3323.1—2019 | 1. 符合 GB 12664—2003 的要求 | 1. 仪器储存环境:温度 −15 ~ +50 ℃,最大相对湿度 95%。<br>2. 正常试验条件:温度 15 ~ 30 ℃、相对湿度 25% ~ 75%、大气压力 86 ~ 106 kPa,附近没有足以影响测试结果的其他电离辐射源工作;以 X 射线束出射窗口为圆心,半径 2 m 范围内没有足以影响测试结果的 X 射线散射体;设备处于产品标准规定的默认工作参数 | 射线检测<br>1. X 射线设备或放射源的使用应符合放射防护法规的要求;<br>2. 射线检测技术等级:A 级,基本技术;B 级,优化技术;<br>3. 适用于采用储存荧光成像板(IP)板和 CR 技术与采用数字阵列探测器(DDA)的 DR 技术,检测板、管焊接接头或其他焊接接头数字射线检测的验收等级;<br>4. 透照方式:单壁透照法、单壁外透照法、中心透照法、偏心透照法、双壁双影椭圆透照法、双壁双影垂直透照法、双壁单影透照法、不等厚工件透照法 |

续表 2-7-2

| 序号 | 类别(产品/项目/参数) | 产品/项目/参数 | | 依据标准(方法)名称及编号(含年号) | 仪器设备(标准物质)要求 | 环境条件要求 | 备注 |
| --- | --- | --- | --- | --- | --- | --- | --- |
| | | 序号 | 名称 | | | | |
| | | | | 焊缝无损检测射线检测 第2部分:使用数字化探测器的X和伽马射线技术 GB/T 3323.2—2019 | 1.符合 GB 12664—2003 的要求 | 1.仪器储存环境:温度 -15 ~ +50 ℃,最大相对湿度 95%。<br>2.正常试验条件:温度 15 ~ 30 ℃、相对湿度 25% ~ 75%、大气压力 86 ~ 106 kPa,附近没有足以影响测试结果的其他电离辐射源工作;以X射线束出射窗口为圆心,半径 2 m 范围内没有足以影响测试结果的X射线散射体,设备处于产品标准规定的默认工作参数 | 射线检测<br>1.X射线设备或放射源的使用应符合要求放射防护法规的要求;<br>2.射线检测技术等级:A级:基本技术;B级:优化技术;<br>3.适用于采用储存荧光成像板(IP板)和CR技术与采用数字阵列探测器(DDA)的DR技术,检测板、管焊接接头或其他焊接接头。不包含金属材料焊接接头数字射线检测的验收等级;<br>4.透照方式:单壁透照法、单壁外透照法、中心透照法、偏心透照法、双壁双影椭圆透照法、双壁双影垂直透照法、双壁单影透照法、不等厚工件透照法 |
| 二 | 涂装工程 | | | | | | |

续表 2-7-2

| 序号 | 类别(产品/项目/参数) | 产品/项目/参数 | | 依据标准(方法)名称及编号(含年号) | 仪器设备(标准物质)要求 | 环境条件要求 | 备注 |
|---|---|---|---|---|---|---|---|
| | | 序号 | 名称 | | | | |
| | | 2 | 防腐涂层厚度 | 钢结构工程现场检测技术标准 GB/T 50621—2010/12 | 1. 涂层测厚仪的最大量程不应小于 1 200 μm,最小分辨率不应大于 2 μm,示值相对误差不应大于 3%;<br>2. 测试构件的曲率半径应符合仪器的使用要求,在弯曲试件的表面上测量时,应考虑其对测试准确度的影响 | | 1. 适用于钢结构防腐涂层厚度的检测;<br>2. 防腐涂层厚度的检测应在涂层干燥后进行检测时构件的表面不应有结露;<br>3. 使用涂层测厚仪时,应避免电磁干扰;<br>4. 防腐涂层厚度检测,应经外观检查合格后进行 |
| | | | | 钢结构工程施工质量验收标准 GB 50205—2020/13.2.3 | 1. 干漆膜测厚仪 | | |
| | | 3 | 防火涂层厚度 | 钢结构工程现场检测技术标准 GB/T 50621—2010/13 | 1. 采用探针和卡尺进行检测,用于检测的卡尺尾部应有可外伸的窄片。测量设备的量程应大于被测的防火涂层厚度;<br>2. 检测设备的分辨率不应低于 0.5 mm | | 1. 适用于钢结构厚型防火涂层厚度检测;<br>2. 防火涂层厚度的检测应在涂层干燥后进行 |
| | | | | 钢结构工程施工质量验收标准 GB 50205—2020/附录 E | 1. 测针(厚度测量仪),由针杆和可滑动的圆盘组成,圆盘始终保持与针杆垂直,并在其上装有固定装置,圆盘直径不大于 30 mm,以保证完全接触被测试件的平面。如果厚度测量仪不易插入被插材料中,也可使用其他适宜的方法测试 | | |

**续表 2-7-2**

| 序号 | 类别(产品/项目/参数) | 产品/项目/参数 |  | 依据标准(方法)名称及编号(含年号) | 仪器设备(标准物质)要求 | 环境条件要求 | 备注 |
|---|---|---|---|---|---|---|---|
|  |  | 序号 | 名称 |  |  |  |  |
|  |  | 4 | 涂层附着力/漆膜附着力 | 漆膜附着力测定法 GB/T 1720—1979 | 材料和仪器设备：<br>1. 马口铁板：50 mm × 100 mm × (0.2 ~ 0.3) mm；<br>2. 四倍放大镜；<br>3. 漆刷宽 25 ~ 35 mm；<br>4. 附着力测定仪 | 1. 按《漆膜一般制备法》(GB/T 1727—1979)在马口铁板上(或按产品标准规定的底材)制备样板 3 块，带漆膜实干后，于恒温恒湿的条件下测定 | 1. 适用于漆膜附着力的测定。 |
|  |  |  |  | 色漆和清漆 漆膜的划格试验 GB/T 9286—1998 | 1. 符合 GB/T 9286—1998 中 4 的规定 | 1. 除非另有商定，测试条件按 GB/T 9278 的规定；<br>2. 在现场试验时，将允许采用环境条件；<br>3. 除另有规定，在试验前，样板应在 GB/T 9278 规定的条件下至少放置 16 h | 1. 适用于硬质底材(钢)和软质底材(木材和塑料)上的涂料，但这些不同底材需要采用一种不同的试验步骤；<br>2. 不适用涂膜厚度大于 250 μm 的涂层，也不适用于有纹理的涂层 |
|  |  |  |  | 色漆和清漆拉开法附着力试验 GB/T 5210—2006 | 1. 符合 GB/T 5210—2006 中 5 的规定 | 1. 除非另外商定，应在温度(23 ± 2)℃、湿度(50 ± 5)% 的条件下进行试验 | 1. 适用于多种底材，不同类型的底材采用不同的步骤。易变形底材，如薄金属、塑料和木材，坚硬底材，如厚的混凝土板和金属板 |

续表 2-7-2

| 序号 | 类别(产品/项目/参数) | 产品/项目/参数 | | 依据标准(方法)名称及编号(含年号) | 仪器设备(标准物质)要求 | 环境条件要求 | 备注 |
|---|---|---|---|---|---|---|---|
| | | 序号 | 名称 | | | | |
| 三 | 钢结构节点、紧固件及高强度螺栓 | | | | | | |
| (一) | 钢结构用高强度大六角头螺栓、大六角头螺母、垫圈 | 5 | 楔负载/拉力 | 金属材料 拉伸试验 第1部分:室温试验方法 GB/T 228.1—2010 | 1. 试验机的测力系统应按照 GB/T 16825.1 进行校准,并且其准确度应为1级或优于1级;<br>2. 引伸计的准确度级别应符合 GB/T 12160 的要求,应使用不劣于2级准确度的引伸计;<br>3. 计算机控制拉伸试验机应满足 GB/T 22066 并参见附录 A;<br>4. 使用楔形夹头、螺纹夹头、平推夹头、套环夹具等合适的夹具夹持试样;<br>5. 应使用分辨力足够的量具或测量装置测定断后伸长量,准确到 ±0.25 mm,断裂后最小横截面面积的测定应准确到 ±2% | 1. 除非另有规定,试验一般在室温 10 ~ 35 ℃范围内进行;<br>2. 对温度有严格要求的试验,试验温度应为(23 ±5)℃ | 1. 方法 A 为应变速率;<br>2. 方法 B 为应力速率;<br>3. 适用于金属材料室温拉伸性能的测定 |
| | | | | 紧固件机械性能 螺栓、螺钉和螺柱 GB/T 3098.1—2010/9.1、9.2 | 楔负载试验:<br>1. 拉力试验机应符合 GB/T 16825.1 的规定,不能使用自动定心装置;<br>2. 试验装置应符合 GB/T 3098.1—2010 中 9.1.4 的规定。<br>拉力试验:<br>1. 拉力试验机应符合 GB/T 16825.1 的规定,装夹紧固件时,应避免斜拉,可使用自动定心装置;<br>2. 试验装置应符合 GB/T 3098.1—2010 中 9.2.4 的规定 | 在环境温度为 10 ~ 35 ℃条件下测试 | 1. 在环境温度为 10 ~ 35 ℃条件下测试由碳钢或合金钢制造的螺栓、螺钉和螺柱 |

续表 2-7-2

| 序号 | 类别(产品/项目/参数) | 产品/项目/参数 | | 依据标准(方法)名称及编号(含年号) | 仪器设备(标准物质)要求 | 环境条件要求 | 备注 |
|---|---|---|---|---|---|---|---|
| | | 序号 | 名称 | | | | |
| | | 6 | 脱碳层深度 | 紧固件机械性能 螺栓、螺钉和螺柱 GB/T 3098.1—2010/9.10 | 1. 参照 JB/T 10077 的规定<br>2. 符合 GB/T 4340.1 中 5 的规定 | 在环境温度为 10 ~ 35 ℃条件下进行测试 | 1. 本试验可测定淬火并回火紧固件的表面脱碳和脱碳层深度;<br>2. 金相法可以测定螺纹全脱碳层的深度和螺纹未脱碳层的高度;<br>3. 硬度法(维压硬度)可以测定螺纹未脱碳层的高度和用显微 - 硬度法测定不完全脱碳。全脱磷达到 GB/T 3098.1—2010 表 3 规定的最大值时,不能采用硬度测量法 |
| | | 7 | 扭矩系数 | 钢结构用高强度大六角头螺栓、大六角螺母、垫圈技术条件 GB/T 1231—2006/4.4 | 1. 使用的扭矩扳手准确度级别不低于 JJG 707—2003 中规定的 2 级;<br>2. 轴力计的最小示值应在 1 kN 以下 | 1. 进行连接副扭矩系数试验时,应同时记录环境温度,试验用的机具、仪表及连接副应放置在该环境内至少 2 h 以上 | 1. 适用于铁路和公路桥梁、锅炉钢结构、工业厂房、高层民用建筑、塔桅结构、起重机械及其他钢结构摩擦型高强度螺栓链接 |
| | | | | 钢结构工程施工质量验收标准 GB 50205—2020/附录 B.0.4 | | | 1. 复验用的螺栓应在施工现场待安装的螺栓批中随机抽取,每批应抽取 8 套连接副进行复验 |

续表 2-7-2

| 序号 | 类别(产品/项目/参数) | 产品/项目/参数 | | 依据标准(方法)名称及编号(含年号) | 仪器设备(标准物质)要求 | 环境条件要求 | 备注 |
|---|---|---|---|---|---|---|---|
| | | 序号 | 名称 | | | | |
| | | 8 | 施工扭矩 | 钢结构工程施工质量验收规范 GB 50205—2001/附录 B.0.5、B.0.6 | 1. 检查用的扭矩扳手其相对误差应为±3% | | 1. 扭矩法；<br>2. 转角法 |
| (二) | 钢结构用扭剪型高强度螺栓连接副 | 9 | 楔负载/拉力 | 金属材料 拉伸试验 第1部分：室温试验方法 GB/T 228.1—2010 | 同上 | 同上 | 同上 |
| | | | | 钢结构用扭剪型高强度螺栓连接副 GB/T 3632—2008/6.2.2 | 1. 螺栓头下置一 10°楔垫，在拉力试验机上将螺栓拧在带有内螺纹的专用夹具上，然后进行拉力试验。10°楔垫尺寸及硬度应符合 GB/T 3098.1 的规定 | 1. 试验应在室温 10～35℃)下进行 | |
| | | 10 | 脱碳层深度 | 紧固件机械性能 螺栓、螺钉和螺柱 GB/T 3098.1—2010/9.10 | 同上 | 同上 | 同上 |
| | | 11 | 紧固轴力 | 钢结构用扭剪型高强度螺栓连接副 GB/T 3632—2008/6.5 | 1. 连接副轴力用轴力计(或测力环)测定，其示值相对误差的绝对值不得大于测试轴力值的 2%。轴力计的最小示值应在 1 kN 以下 | 1. 试验应在室温 10～35 ℃下进行；<br>2. 试验时，应同时记录环境温度。试验用的机具、仪表及连接副应放置在该环境内至少 2 h 以上；<br>3. 仲裁试验应在(20±2)℃下进行 | 同上 |

**续表 2-7-2**

| 序号 | 类别(产品/项目/参数) | 产品/项目/参数 | | 依据标准(方法)名称及编号(含年号) | 仪器设备(标准物质)要求 | 环境条件要求 | 备注 |
|---|---|---|---|---|---|---|---|
| | | 序号 | 名称 | | | | |
| | | 12 | 最小载荷 | 钢结构工程施工质量验收标准 GB 50205—2020/附录 B.0.1 | 1. 应采用专用卡具,将螺栓实物置于拉力试验机上,为避免试件承受横向载荷,试验时夹头张拉的移动速度不应超过 25 mm/min | | 同上 |
| | | 13 | 扭矩系数 | 钢结构工程施工质量验收标准 GB 50205—2020/附录 B.0.4 | | | 同上 |
| | | 14 | 抗滑移系数 | 钢结构工程施工质量验收标准 GB 50205—2020/附录 B.0.7 | 1. 试验机误差应在 1% 以内;<br>2. 试验用的贴有电阻片的高强度螺栓、压力传感器和电阻应变仪应在试验前用试验机进行标定,其误差应在 2 % 以内 | | 1. 钢结构制作和安装单位应分别进行高强度螺栓连接摩擦面(含涂层摩擦面)的抗滑移系数试验和复验,现场处理的构件摩擦面应单独进行摩擦面抗滑移系数试验,其结果应满足设计要求。<br>2. 试件与所代表的钢结构构件应为同一材质、同批制作、采用同一摩擦面处理工艺和具有相同的表面状态(含有涂层),在同一环境条件下存放,并应用同批同一性能等级的高强度螺栓连接副 |

续表 2-7-2

| 序号 | 类别(产品/项目/参数) | 产品/项目/参数 | | 依据标准(方法)名称及编号(含年号) | 仪器设备(标准物质)要求 | 环境条件要求 | 备注 |
|---|---|---|---|---|---|---|---|
| | | 序号 | 名称 | | | | |
| | | | | 钢板栓接面抗滑移系数的测定 GB/T 34478—2017 | 1. 测定抗滑移系数的试验设备由拉力试验机、力传感器及其指示仪表、自动拧紧装置(或扳手)组成,需要时也使用位移测量装置,试验所用测量设备均应按相关规定检定/校准后方可使用;<br>2. 用于测量栓接面滑动力的拉力试验机的准确度级别不低于 GB/T 16825.1—2008 中规定的 1 级;<br>3. 用于测量预拉力的力传感器及其指示仪表的准确度级别应不低于 JJG 455 规定的 2 级;<br>4. 用于测量栓接面滑动位移的位移测量装置,其分辨率应不大于 0.01 mm;<br>5. 用于拧紧螺栓的自动拧紧装置或扳手应具有足够的刚度和硬度,能承受预拉力和支承面摩擦扭矩的复合荷载,自动拧紧装置同时,还应具有定速旋转的可控装置,能对螺栓实现均匀平稳拧紧 | 1. 除非另有规定,试验一般在室温 10 ~ 35 ℃范围内进行,对温度有严格要求的试验,试验温度应为(23 ±5)℃;<br>2. 试验所用设备仪器和试件,应在试验环境内至少放置 2 h,方可开始试验,并记录环境温度 | 1. 适用于 M12 ~ M30 的 10.9S 高强度大六角头螺栓连接副和 M16 ~ M30 的 10.9S 扭剪型高强度螺栓连接副摩擦型的钢板栓接面抗滑移系数的测定。其他螺栓连接副摩擦型的其他金属栓接面抗滑移系数的测定也可参照执行 |
| | | 15 | 硬度 | 金属材料 洛氏硬度试验 第 1 部分:试验方法 GB/T 230.1—2018 | 1. 符合 GB/T 230.1—2018 中 5 的要求 | 1. 试验一般在 10 ~ 35 ℃的室温下进行。当环境温度不满足该规定要求时,试验室需要评估该环境下对试验数据产生的影响。当试验温度不在10 ~ 35 ℃范围内时,应记录并在报告中注明 | 1. 适用于固定式和便携式洛氏硬度计 |

**续表 2-7-2**

| 序号 | 类别(产品/项目/参数) | 产品/项目/参数 | | 依据标准(方法)名称及编号(含年号) | 仪器设备(标准物质)要求 | 环境条件要求 | 备注 |
|---|---|---|---|---|---|---|---|
| | | 序号 | 名称 | | | | |
| 四 | 空间结构安装 | | | | | | |
| | | 16 | 挠度 | 钢结构工程施工质量验收标准 GB 50205—2020/11.3.1 | 1. 钢尺、水准仪或全站仪；<br>2. 以产品说明书为准 | | |
| 五 | 钢材 | | | | | | |
| (一) | 钢材 | 17 | 厚度偏差 | 钢结构现场检测技术标准 GB/T 50621—2010/10 | 1. 超声测厚仪的主要技术指标：显示最小单位 0.1 mm；工作频率 5 MHz；测量范围：板材 1.2 ~ 200 mm、管材下限 $\phi$ 20 × 3；测量误差：±(厚度/100 + 0.1) mm；灵敏度：能检出距探测面 80 mm，直径 2 mm 的平底孔。<br>2. 超声测厚仪，应随机配有校准用的标准块 | | |
| | | | | 无损检测 接触式超声脉冲回波法测厚方法 GB/T 11344—2008 | 1. 设备仪器应符合 GB/T 11344—2008 中 6 的要求 | 1. 材料温度不超过 93.3 ℃ | 1. 范围：规定了在温度不超过93.3 ℃条件下使用接触式脉冲回波法测量材料厚度的方法，适用于超声波能以一恒定速度在内部传播并能得到扣分辨背面反射的任何材料的厚度测量；<br>2. 超声测厚广泛使用于各类材料的基本形状和产品以及精加工部件的厚度测量，也可测量由腐蚀和侵蚀引起的运行中设备壁厚的减薄 |

续表 2-7-2

| 序号 | 类别(产品/项目/参数) | 产品/项目/参数 | | 依据标准(方法)名称及编号(含年号) | 仪器设备(标准物质)要求 | 环境条件要求 | 备注 |
|---|---|---|---|---|---|---|---|
| | | 序号 | 名称 | | | | |
| | | 18 | 屈服强度 | 金属材料 拉伸试验 第1部分：室温试验方法 GB/T 228.1—2010 | 同上 | 同上 | 同上 |
| | | 19 | 抗拉强度 | 金属材料 拉伸试验 第1部分：室温试验方法 GB/T 228.1—2010 | 同上 | 同上 | 同上 |
| | | 20 | 伸长率/断后伸长率 | 金属材料 拉伸试验 第1部分：室温试验方法 GB/T 228.1—2010 | 同上 | 同上 | 同上 |
| | | 21 | 厚度方向断面收缩率/断面收缩率 | 金属材料 拉伸试验 第1部分：室温试验方法 GB/T 228.1—2010 | 同上 | 同上 | 同上 |
| | | 22 | 冷弯性能/弯曲性能 | 金属材料 弯曲试验方法 GB/T 232—2010 | 1. 符合 GB/T 232—2010 中 5 的要求 | 1. 试验一般在室温(10 ~ 35 ℃)范围内进行，对温度要求严格的试验，试验温度应为(23 ±5)℃ | 1. 适用于金属材料相关产品标准规定试样的弯曲试验，但不适用于金属管材和金属焊接接头的弯曲试验，金属焊接接头的弯曲试验由其他标准规定；<br>2. 试验过程中应采取足够的安全措施和防护装置 |

**续表** 2-7-2

| 序号 | 类别(产品/项目/参数) | 产品/项目/参数 | | 依据标准(方法)名称及编号(含年号) | 仪器设备(标准物质)要求 | 环境条件要求 | 备注 |
|---|---|---|---|---|---|---|---|
| | | 序号 | 名称 | | | | |
| | | 23 | 冲击韧性/冲击吸收功 | 金属材料 夏比摆锤冲击试验方法 GB/T 229—2007 | 1. 所有测量仪器均应溯源至国家或国际标准,这些仪器应在合适的周期内进行校准;<br>2. 试验机应按 GB/T 3808 或 JJG 145 进行安装及检验;<br>3. 摆锤刀刃半径应为 2 mm 和 8 mm,两种摆锤刀刃半径的选择应参考相关产品标准(对于低能量的冲击试验,一些材料用 2 mm 和 8 mm 摆锤刀刃试验测定的结果明显不同,2 mm 摆锤刀刃的结果可能高于 8 mm 摆锤刀刃的结果) | 1. 对于试验温度有规定的,应在规定温度 ±2℃ 范围内进行,如果没有规定,室温冲击试验应在(23 ± 5)℃范围进行; | 1. 常温试验;<br>2. 低温试验;<br>3. 高温试验 |
| | | 24 | 硬度 | 金属材料 洛氏硬度试验 第 1 部分:试验方法 GB/T 230. 1—2018 | 同上 | 同上 | 同上 |
| (二) | 化学成分 | 25 | 碳含量 | 钢铁及合金 碳含量的测定 管式炉内燃烧后气体容量法 GB/T 223. 69—2008 | 1. 氧净化装置;<br>2. 管式炉;<br>3. 磁管;<br>4. 磁舟;<br>5. 球形干燥管;<br>6. 除硫管;<br>7. 定碳仪(气体体积测量仪);<br>8. 长钩 | | 1. 气体容重法 |
| | | 26 | 锰含量 | 钢铁及合金化学分析方法 高碘酸钠(钾)光度法测定锰 GB/T 223. 63—1988 | 1. 遵守 GB/T 7729—1987 | 1. 遵守 GB/T 1467—1978 | 1. 高碘酸钠(钾)光度法 |

续表 2-7-2

| 序号 | 类别(产品/项目/参数) | 产品/项目/参数 | | 依据标准(方法)名称及编号(含年号) | 仪器设备(标准物质)要求 | 环境条件要求 | 备注 |
|---|---|---|---|---|---|---|---|
| | | 序号 | 名称 | | | | |
| | | 27 | 硫含量 | 钢铁及合金化学分析方法 管式炉内燃烧后碘酸钾滴定法 测定硫含量 GB/T 223.68—1997 | 1. 氧净化装置；<br>2. 管式炉；<br>3. 磁管；<br>4. 磁舟(带盖)；<br>5. 球形干燥管；<br>6. 吸收杯；<br>7. 滴定管；<br>8. 长钩 | | 1. 碘酸钾滴定法 |
| | | 28 | 磷含量 | 钢铁及合金 磷含量的测定 铋磷钼蓝分光光度法和锑磷钼蓝分光光度法 GB/T 223.59—2008 | 1. 分光光度计 | | 1. 铋磷钼蓝分光光度法；<br>2. 锑磷钼蓝分光光度法 |
| | | 29 | 硅含量 | 钢铁酸溶硅和全硅含量的测定 还原型硅钼酸盐分光光度法 GB/T 223.5—2008 | 1. 聚丙烯或聚四氟乙烯烧杯，容积 250 mL；<br>2. 铂坩埚，容积 30 mL；<br>3. 分光光度计：分光光度计应具备在波长 810 nm 处测量吸光度时，光谱带宽小于或等于 10 nm，波长测量应精确到 ±2 nm，可通过测量钕镨混合物滤光片的最大吸收值在 803 nm 进行校正，或采用其他合适的校正方法，对于最大吸光度溶液的吸收测量应满足相对偏差为 0.3% 或更小 | | 1. 还原型硅钼酸盐分光光度法<br>2. 使用者有责任采取适当的安全和健康措施，并保证符合国家又关法规规定的条件；<br>3. 适用于钢铁中质量分数为 0.010% ~ 1.00% 的硅含量的测定 |
| 六 | 焊缝及熔敷金属 | | | | | | |

**续表 2-7-2**

| 序号 | 类别(产品/项目/参数) | 产品/项目/参数 | | 依据标准(方法)名称及编号(含年号) | 仪器设备(标准物质)要求 | 环境条件要求 | 备注 |
|---|---|---|---|---|---|---|---|
| | | 序号 | 名称 | | | | |
| | | 30 | 屈服力 | 焊缝及熔敷金属拉伸试验方法 GB/T 2652—2008 | 1. 拉伸试验按 GB/T 228 进行;<br>2. 试样的夹持端应满足所使用的拉伸试验机的要求; | 1. 除非另有规定,试验应在环境温度为(23 ± 5)℃条件下进行 | 1. 适用于金属材料熔化焊焊缝及熔覆金属的拉伸试验 |
| | | 31 | 最大力/最大荷载 | 焊缝及熔敷金属拉伸试验方法 GB/T 2652—2008 | 同上 | 同上 | 同上 |
| | | 32 | 屈服强度 | 焊缝及熔敷金属拉伸试验方法 GB/T 2652—2008 | 同上 | 同上 | 同上 |
| | | 33 | 抗拉强度 | 焊缝及熔敷金属拉伸试验方法 GB/T 2652—2008 | 同上 | 同上 | 同上 |
| | | 34 | 伸长率 | 焊缝及熔敷金属拉伸试验方法 GB/T 2652—2008 | 同上 | 同上 | 同上 |
| | | 35 | 断面收缩率 | 焊缝及熔敷金属拉伸试验方法 GB/T 2652—2008 | 同上 | 同上 | 同上 GB/T 229 |
| | | 36 | 冲击吸收功 | 焊接接头冲击试验方法 GB/T 2650—2008 | 1. 同上 GB/T 229 | 1. 同上 GB/T 229 | |
| | | 37 | 弯曲角 | 焊接接头弯曲试验方法 GB/T 2653—2008 | | 1. 除非另有规定,试验环境温度应为(23 ± 5)℃ | 1. 适用于金属材料熔化焊接头的弯曲试验 |

续表 2-7-2

| 序号 | 类别(产品/项目/参数) | 产品/项目/参数 | | 依据标准(方法)名称及编号(含年号) | 仪器设备(标准物质)要求 | 环境条件要求 | 备注 |
|---|---|---|---|---|---|---|---|
| | | 序号 | 名称 | | | | |
| | | 38 | 硬度 | 金属材料 洛氏硬度试验 第1部分:试验方法 GB/T 230.1—2018 | 同上 | 同上 | 同上 |
| 七 | 钢屋(托)架、钢桁架、钢梁、次梁 | | | | | | |
| | | 39 | 跨中的垂直度 | 钢结构工程施工质量验收标准 GB 50205—2020/10.4.2 | 1.吊线、拉线、经纬仪和钢尺 | 1.以产品说明书为准 | |
| | | 40 | 侧向弯曲矢高 | 钢结构工程施工质量验收标准 GB 50205—2020/10.4.2 | 同上 | 同上 | |
| 八 | 主体钢结构 | | | | | | |
| | | 41 | 整体立面偏移 | 钢结构工程施工质量验收标准 GB 50205—2020/10.9.1 | 1.经纬仪、全站仪、GPS | 1.以产品说明书为准 | |
| | | 42 | 整体平面弯曲 | 钢结构工程施工质量验收标准 GB 50205—2020/10.9.1 | 同上 | 同上 | |
| 九 | 钢柱 | | | | | | |
| | | 43 | 垂直度 | 钢结构工程施工质量验收标准 GB 50205—2020/10.3.4 | 1.经纬仪或吊线和钢尺 | 1.以产品说明书为准 | |

# 第八节　市政道路工程检验检测

## 一、市政道路工程检验检测项目/参数与检验检测方法

本部分共梳理了市政道路工程二十八个类别 210 个检验检测项目/参数内容的检验检测方法，编制了市政道路工程检验检测项目/参数与检验检测方法对照简表，详见表 2-8-1。

**表 2-8-1　市政道路工程检验检测项目/参数与检验检测方法对照简表**

| 序号 | 领域 | 项目/参数 | 检验检测方法 |
| --- | --- | --- | --- |
| 一 | 粗集料 | | |
| 1 | | 颗粒级配 | 干筛法、水洗法 |
| 2 | | 吸水率 | 网篮法、容量瓶法、烘干法 |
| 3 | | 含水率 | 烘干法、酒精燃烧法 |
| 4 | | 含泥量 | |
| 5 | | 泥块含量 | |
| 6 | | 堆积密度 | |
| 7 | | 紧密密度 | |
| 8 | | 表观密度 | 液体比重天平法、广口瓶法、网篮法、容量瓶法、标准法、简易法 |
| 9 | | 针、片状颗粒含量 | 规准仪法、游标卡尺法 |
| 10 | | 压碎值 | |
| 11 | | 磨光值(PSV) | |
| 12 | | 洛杉矶磨耗损失 | 洛杉矶法 |
| 13 | | 坚固性 | 饱和硫酸钠溶液法 |
| 14 | | 软弱颗粒含量 | |
| 二 | 细集料 | | |
| 15 | | 颗粒级配 | 干筛法、水洗法 |
| 16 | | 堆积密度 | |
| 17 | | 空隙率 | |
| 18 | | 表观密度 | 标准法、简易法、坍落筒法、容量瓶法 |
| 19 | | 含泥量 | 标准法、筛洗法、虹吸管法 |
| 20 | | 泥块含量 | |
| 21 | | 含水率 | 标准法、快速法、烘干法、酒精燃烧法 |

**续表 2-8-1**

| 序号 | 领域 | 项目/参数 | 检验检测方法 |
|---|---|---|---|
| 22 | | 饱和面干吸水率 | |
| 23 | | 坚固性 | 饱和硫酸钠溶液法 |
| 24 | | 亚甲蓝值 | |
| 25 | | 砂当量 | |
| 26 | | 棱角性 | 流动时间法、间隙率法 |
| 27 | | 有机质含量 | |
| 三 | 矿粉 | | |
| 28 | | 颗粒级配 | 水洗法 |
| 29 | | 密度 | |
| 30 | | 亲水系数 | |
| 31 | | 塑性指数 | |
| 32 | | 加热安定性 | |
| 四 | 水泥混凝土 | | |
| 33 | | 立方体抗压强度 | |
| 34 | | 抗弯拉强度 | |
| 35 | | 配合比设计 | |
| 36 | | 抗渗性能 | 渗水高度法、逐级加压法 |
| 37 | | 稠度 | 坍落度法、维勃仪法、改进 VC 法 |
| 38 | | 抗冻性能 | 慢冻法、快冻法、单面冻融法(或称盐冻法) |
| 五 | 砂浆 | | |
| 39 | | 稠度 | |
| 40 | | 立方体抗压强度 | |
| 41 | | 配合比设计 | |
| 42 | | 保水性 | |
| 43 | | 分层度 | |
| 六 | 孔道压浆浆液 | | |
| 44 | | 后张预应力孔道压浆浆液流动度 | |
| 45 | | 压降浆液自由泌水率和自由膨胀率 | |

续表 2-8-1

| 序号 | 领域 | 项目/参数 | 检验检测方法 |
|---|---|---|---|
| 46 | | 凝结时间 | |
| 47 | | 抗压强度 | ISO 法 |
| 48 | | 抗折强度 | ISO 法 |
| 七 | 砖、砌块 | | |
| 49 | | 尺寸测量 | |
| 50 | | 抗压强度 | 标准法、取芯法 |
| 51 | | 抗折强度 | |
| 52 | | 吸水率 | |
| 53 | | 石灰爆裂 | |
| 54 | | 饱和系数 | |
| 八 | 土工及无机结合料 | | |
| 55 | | 含水率 | 烘干法、酒精燃烧法、比重法 |
| 56 | | 密度 | 环刀法、蜡封法、灌水法、灌砂法、电动取土器法 |
| 57 | | 水泥或石灰剂量 | EDTA 滴定法 |
| 58 | | 最佳含水率和最大干密度 | 轻型击实、重型击实、击实法（甲法、乙法、丙法）、振动压实法 |
| 59 | | 无侧限抗压强度 | |
| 60 | | 石灰有效氧化钙、氧化镁含量 | 简易测定法 |
| 61 | | 界限含水率 | 液限和塑限联合测定法、蝶式仪液限法、搓滚液限法、缩限试验 |
| 62 | | 水泥（石灰）稳定土配合比设计 | |
| 63 | | 回弹模量 | 承载板法、强度仪法、杠杆压力仪法 |
| 64 | | 承载比（CBR） | |
| 65 | | 有机质含量 | |
| 66 | | 颗粒分析 | 筛分法、筛析法、密度计法、移液管法 |
| 九 | 沥青、改性沥青 | | |
| 67 | | 软化点 | 环球法 |
| 68 | | 延度 | |

续表 2-8-1

| 序号 | 领域 | 项目/参数 | 检验检测方法 |
|---|---|---|---|
| 69 | | 针入度 | |
| 70 | | 闪点与燃点 | 克利夫兰开口杯法 |
| 71 | | 沥青蒸发损失 | |
| 72 | | 标准黏度 | 道路沥青标准黏度计法 |
| 73 | | 沥青密度 | |
| 74 | | 质量变化 | 沥青薄膜加热试验、沥青旋转薄膜加热试验 |
| 75 | | 残留物针入度比 | 沥青薄膜加热试验、沥青旋转薄膜加热试验 |
| 76 | | 软化点增值 | 沥青薄膜加热试验、沥青旋转薄膜加热试验 |
| 77 | | 60 ℃黏度比 | 沥青薄膜加热试验、沥青旋转薄膜加热试验 |
| 78 | | 老化指数 | 沥青薄膜加热试验、沥青旋转薄膜加热试验 |
| 79 | | 蜡含量 | 蒸馏法 |
| 80 | | 沥青弹性恢复率 | |
| 十 | 乳化沥青、改性乳化沥青 | | |
| 81 | | 蒸发残留物含量 | |
| 82 | | 筛上剩余量 | |
| 83 | | 储存稳定性 | |
| 84 | | 乳化沥青与水泥拌和（筛上残留物含量） | |
| 85 | | 破乳速度 | |
| 86 | | 乳化沥青与矿料的拌和 | |
| 87 | | 乳化沥青与粗集料的黏附性 | 水煮法、浸泡法 |
| 十一 | 沥青混合料 | | |
| 88 | | 配合比设计 | |
| 89 | | 沥青混合料马歇尔稳定度 | |
| 90 | | 流值 | |
| 91 | | 密度 | 表干法、水中重法、蜡封法、体积法 |
| 92 | | 饱水率 | |
| 93 | | 沥青含量 | 射线法、离心分离法、燃烧炉法 |

续表 2-8-1

| 序号 | 领域 | 项目/参数 | 检验检测方法 |
| --- | --- | --- | --- |
| 94 | | 矿料级配 | |
| 95 | | 芯样马歇尔 | |
| 96 | | 空隙率 | 表干法、水中重法、蜡封法、体积法 |
| 97 | | 沥青饱和度 | 表干法、水中重法、蜡封法、体积法 |
| 98 | | 残留稳定度 | |
| 99 | | 动稳定度 | |
| 100 | | 谢伦堡沥青析漏损失 | 谢伦堡沥青析漏试验 |
| 101 | | 肯塔堡飞散损失 | 肯塔堡飞散试验 |
| 102 | | 冻融劈裂抗拉强度比 | |
| 十二 | 预应力锚具、夹具 | | |
| 103 | | 外观质量 | |
| 104 | | 硬度 | |
| 105 | | 静载锚固性能 | |
| 十三 | 土工合成材料 | | |
| 106 | | 断裂强度 | 宽条拉伸法、条带拉伸法 |
| 107 | | 断裂伸长率 | 宽条拉伸法、条带拉伸法 |
| 108 | | 单位面积质量 | |
| 109 | | 梯形撕破强力 | |
| 110 | | CBR 顶破强力 | |
| 111 | | 刺破强力 | |
| 112 | | 厚度 | |
| 十四 | 橡胶密封圈 | | |
| 113 | | 硬度 | |
| 114 | | 拉伸强度 | |
| 115 | | 扯断伸长率 | |
| 116 | | 压缩永久变形 | |
| 117 | | 热老化 | 方法 A、方法 B |
| 118 | | 应力松弛 | |
| 119 | | 在水中的体积变化 | |
| 十五 | 粉煤灰 | | |

续表 2-8-1

| 序号 | 领域 | 项目/参数 | 检验检测方法 |
|---|---|---|---|
| 120 | | 细度 | 负压筛析法 |
| 121 | | 含水量 | 烘干法 |
| 122 | | 需水量比 | |
| 123 | | 烧失量 | 灼烧差减法、校正法(基准法) |
| 124 | | 安定性 | 雷氏法 |
| 125 | | 三氧化硫 | 硫酸钡重量法、碘量法、库仑滴定法、离子交换法 |
| 126 | | 二氧化硅 | 氯化铵重量法、氟硅酸钾容量法 |
| 127 | | 氧化铁 | 琳菲罗啉分光光度法、EDTA 直接滴定法、原子吸收分光光度法 |
| 128 | | 氧化铝 | EDTA 直接滴定法铁铝合量、EDTA 直接滴定法、硫酸铜返滴定法 |
| 十六 | 大型预制构件 | | |
| 129 | | 几何尺寸 | |
| 130 | | 外观质量 | |
| 131 | | 挠度 | |
| 132 | | 抗裂 | |
| 133 | | 承载力 | |
| 十七 | 检查井盖 | | |
| 134 | | 几何尺寸 | |
| 135 | | 外观质量 | |
| 136 | | 承载能力 | |
| 137 | | 残留变形 | |
| 十八 | 混凝土管材 | | |
| 138 | | 几何尺寸 | |
| 139 | | 外观质量 | |
| 140 | | 外压荷载 | |
| 141 | | 内水压力 | |
| 十九 | 热塑性管材 | | |
| 142 | | 几何尺寸 | |
| 143 | | 外观质量 | |

续表 2-8-1

| 序号 | 领域 | 项目/参数 | 检验检测方法 |
|---|---|---|---|
| 144 | | 环刚度 | |
| 145 | | 环柔性 | |
| 146 | | 烘箱试验 | |
| 二十 | 混凝土路面砖、透水路面砖 | | |
| 147 | | 几何尺寸 | |
| 148 | | 外观质量 | |
| 149 | | 抗压强度 | |
| 150 | | 抗折强度 | |
| 151 | | 抗冻性能 | |
| 152 | | 吸水率 | |
| 153 | | 透水系数 | |
| 二十一 | 混凝土路缘石、树坑石 | | |
| 154 | | 几何尺寸 | |
| 155 | | 外观质量 | |
| 156 | | 抗压强度 | |
| 157 | | 抗折强度 | |
| 158 | | 吸水率 | |
| 二十二 | 路基路面现场检测 | | |
| 159 | | 混凝土强度 | 回弹法、钻芯法、超声回弹综合法 |
| 160 | | 路面回弹弯沉 | 落锤式弯沉仪法、贝克曼梁法、自动弯沉仪法、激光式高速路面弯沉测定仪法 |
| 161 | | 路面厚度 | 挖坑法、钻芯法、短脉冲雷达测试法 |
| 162 | | 压实度 | 挖坑灌砂法、环刀法、钻芯法、核子密湿度仪法、无核密度仪法 |
| 163 | | 平整度 | 三米直尺法、车载式激光平整度仪法、连续式平整度仪法、车载式颠簸累积仪法、手推式断面仪法 |
| 164 | | 路面摩擦系数 | 摆式仪法、数字式摆式仪法、单轮式横向力系数测试系统法、双轮式横向力系数测试系统法、动态旋转式摩擦系数测试仪法 |

**续表 2-8-1**

| 序号 | 领域 | 项目/参数 | 检验检测方法 |
| --- | --- | --- | --- |
| 165 | | 构造深度 | 车载式激光构造深度仪法、手工铺砂法、电动铺砂仪法 |
| 166 | | 渗水量(闭水试验) | |
| 167 | | 渗水系数 | |
| 168 | | 地基承载力 | 平板载荷试验、标准贯入试验、圆锥动力触探试验、静力触探试验 |
| 二十三 | 水泥 | | |
| 169 | | 抗压强度 | ISO 法 |
| 170 | | 抗折强度 | ISO 法 |
| 171 | | 细度 | 负压筛析法、水筛法、手工筛析法 |
| 172 | | 比表面积 | 勃氏法 |
| 173 | | 密度 | |
| 174 | | 标准稠度用水量 | 标准法、代用法 |
| 175 | | 凝结时间 | |
| 176 | | 安定性 | 标准法、代用法 |
| 177 | | 胶砂流动度 | |
| 二十四 | 钢材及连接件 | | |
| 178 | | 抗拉强度 | |
| 179 | | 极限抗拉强度 | |
| 180 | | 伸长率 | |
| 181 | | 弯曲性能 | |
| 182 | | 反复弯曲 | |
| 183 | | 重量偏差 | |
| 二十五 | 岩石 | | |
| 184 | | 抗压强度 | |
| 185 | | 密度 | 比重瓶法、水中称量法 |
| 二十六 | 钢绞线 | | |
| 186 | | 最大力 | |
| 187 | | 0.2%屈服力 | |
| 188 | | 最大力总伸长率 | |

续表 2-8-1

| 序号 | 领域 | 项目/参数 | 检验检测方法 |
|---|---|---|---|
| 二十七 | 混凝土外加剂 | | |
| 189 | | 含固量 | |
| 190 | | 含水量 | |
| 191 | | 氯离子含量 | 电位滴定法、离子色谱法 |
| 192 | | 水泥净浆流动度 | |
| 193 | | 细度 | |
| 194 | | pH | |
| 195 | | 硫酸钠 | 重量法、离子交换重量法 |
| 196 | | 密度 | 比重瓶法、液体比重天平法、精密密度计法 |
| 197 | | 抗压强度比 | |
| 198 | | 收缩率比 | 接触法 |
| 199 | | 相对耐久性(动弹性模量保留值) | |
| 二十八 | 桥涵、隧道防水材料 | | |
| 200 | | 规格尺寸偏差 | |
| 201 | | 外观质量 | |
| 202 | | 最大拉力 | |
| 203 | | 延伸率 | |
| 204 | | 撕裂强度 | |
| 205 | | 不透水性 | A 法、B 法 |
| 206 | | 热空气老化 | 方法 A、方法 B |
| 207 | | 低温弯折性 | |
| 208 | | 耐化学侵蚀 | |
| 209 | | 剪切强度 | |
| 210 | | 剥离强度 | |

## 二、市政道路工程检验检测项目/参数与对应标准及要求一览表

本部分编制了市政道路工程检验检测项目/参数与对应标准及要求一览表，共涉及二十八个类别 210 个检验检测项目/参数和 99 个检验检测方法标准，详见表 2-8-2。

表 2-8-2 市政道路工程检验检测项目/参数与对应标准及要求一览表

| 序号 | 类别(产品/项目/参数) | 产品/项目/参数 | | 依据标准(方法)名称及编号(含年号) | 仪器设备(标准物质)要求 | 环境条件要求 | 备注 |
|---|---|---|---|---|---|---|---|
| | | 序号 | 名称 | | | | |
| 一 | 粗集料 | | | | | | |
| | | 1 | 颗粒级配 | 建设用卵石、碎石 GB/T 14685—2011/7.3 | 1. 鼓风干燥箱:温度能控制在(105 ± 5)℃;<br>2. 天平:称量 10 kg,感量 1 g;<br>3. 方孔筛:筛孔为正方形(方孔筛),筛孔为 0.075 ~ 75 mm;<br>4. 摇筛机 | 1. 试验环境:(20 ± 5)℃ | |
| | | | | 普通混凝土用砂、石质量及检验方法标准 JGJ 52—2006/7.1 | 1. 试验筛:符合现行国家标准 GB/T 6003.1 和 GB/T 6003.2 的要求,筛框直径为 300 mm;<br>2. 天平和秤:天平的称量 5 kg、感量 5 g,秤的称量 30 kg,感量 20 g;<br>3. 烘箱:温度控制范围(105 ± 5)℃ | | |
| | | | | 公路工程集料试验规程 JTG E42—2005/T 0302—2005 | 1. 试验筛:根据需要选用规定的标准筛;<br>2. 摇筛机;<br>3. 天平或台称:感量不大于试验质量的 0.1%;<br>4. 其他:盘子、铲子、毛刷等 | | 1. 检验检测方法:<br>(1)干筛法;<br>(2)水洗法。<br>2. 注意事项:<br>(1)对水泥混凝土用粗集料可采用干筛法筛分;<br>(2)对沥青混合料及基层用粗集料必须采用水洗法试验 |
| | | | | 公路工程集料试验规程 JTG E42—2005/T 0303—2005 | 1. 试验筛:根据需要选用规定的标准筛;<br>2. 天平或台称:感量不大于试验质量的 0.1%;<br>3. 烘箱:能保持温度(105 ± 5)℃;<br>4. 容器:能在此容器中剧烈搅动试样而不会使试样或水损失;<br>5. 其他:盘子、铲子、毛刷等 | | 1. 适用于测定含黏性土的粗集料的颗粒组成 |

续表 2-8-2

| 序号 | 类别(产品/项目/参数) | 产品/项目/参数 | | 依据标准(方法)名称及编号(含年号) | 仪器设备(标准物质)要求 | 环境条件要求 | 备注 |
|---|---|---|---|---|---|---|---|
| | | 序号 | 名称 | | | | |
| | | 2 | 吸水率 | 建设用卵石、碎石 GB/T 14685—2011/7.14 | 1. 鼓风干燥箱:能使温度控制在(105±5)℃;<br>2. 天平:称量 10 kg、感量 1 g;<br>3. 方孔筛:孔径为 4.75 mm 筛一只 | 1. 试验环境:(20±5)℃ | |
| | | | | 普通混凝土用砂、石质量及检验方法标准 JGJ 52—2006/7.5 | 1. 烘箱:温度控制范围(105±5)℃;<br>2. 秤:称量 20 kg、感量 20 g;<br>3. 试验筛:筛孔公称直径为 5.00 mm 的方孔筛一只 | 1. 水温应在(20±5)℃范围内 | |
| | | | | 公路工程集料试验规程 JTG E42—2005/T 0304—2005 | 1. 天平或浸水天平:可悬挂吊篮测定集料的水中质量,称量应满足试样数量称量要求,感量不大于最大称量的 0.05%;<br>2. 吊篮:耐锈蚀材料制成,直径和高度为 150 mm 左右,四周及底部用 1~2 mm 的筛网编制或具有密集的孔眼;<br>3. 溢流水槽:在称量水中质量时能保持水面高度一定;<br>4. 烘箱:能控温在(105±5)℃;<br>5. 毛巾:纯棉制,洁净,也可用纯棉的汗衫布代替;<br>6. 温度计;<br>7. 标准筛、盛水容器、刷子等 | 1. 水温应在 15~25 ℃范围内 | 1. 网篮法;<br>2. 适用于各种粗集料 |
| | | | | 公路工程集料试验规程 JTG E42—2005/T 0308—2005 | 1. 天平或浸水天平:可悬挂吊篮测定集料的水中质量,称量应满足试样数量称量要求,感量不大于最大称量的 0.05%;<br>2. 容量瓶:1 000 mL,也可用磨口的广口玻璃瓶代替,并带玻璃片;<br>3. 烘箱:能控温在(105±5)℃;<br>4. 标准筛:4.75 mm、2.36 mm;<br>5. 刷子、毛巾等 | 1. 水温应在 15~25 ℃范围内,浸水最后 2 h 内的水温不得超过 2 ℃ | 1. 容量瓶法<br>2. 本方法测定的结果不适用于仲裁及沥青混合料配合比设计计算理论密度时使用 |

续表 2-8-2

| 序号 | 类别(产品/项目/参数) | 产品/项目/参数 | | 依据标准(方法)名称及编号(含年号) | 仪器设备(标准物质)要求 | 环境条件要求 | 备注 |
|---|---|---|---|---|---|---|---|
| | | 序号 | 名称 | | | | |
| | | 3 | 含水率 | 建设用卵石、碎石 GB/T 14685—2011/7.17 | 1. 鼓风干燥箱:能使温度控制在(105 ±5)℃;<br>2. 天平:称量 10 kg、感量 1 g | 1. 试验环境:(20 ±5)℃ | |
| | | | | 普通混凝土用砂、石质量及检验方法标准 JGJ 52—2006/7.4 | 1. 烘箱:温度控制范围(105 ±5)℃;<br>2. 秤:称量 20 kg、感量 20 g | | |
| | | | | 公路工程集料试验规程 JTG E42—2005/T 0305—1994 | 1. 烘箱:能控温在(105 ±5)℃;<br>2. 天平:称量 5 kg、感量不大于 5 g | | 1. 烘干法;<br>2. 适用于测定碎石或砾石等各种粗集料的含水率 |
| | | | | 公路工程集料试验规程 JTG E42—2005/T 0306—1994 | 1. 天平:称量 1 000 g、感量不大于 1.0 g;<br>2. 量筒或量杯:大于 50 mL | | 1. 酒精燃烧法;<br>2. 适用于快速测定碎石或砾石的含水率 |
| | | 4 | 含泥量 | 建设用卵石、碎石 GB/T 14685—2011/7.4 | 1. 鼓风干燥箱:能使温度控制在(105 ±5)℃;<br>2. 天平:称量 10 kg、感量 1 g;<br>3. 方孔筛:孔径为 0.075 mm 及 1.18 mm 筛各一只;<br>4. 容器:要求淘洗试样时,保持试样不溅出 | 1. 试验环境:(20 ±5)℃ | |
| | | | | 普通混凝土用砂、石质量及检验方法标准 JGJ 52—2006/7.7 | 1. 秤:称量 20 kg、感量 20 g;<br>2. 烘箱:温度控制范围(105 ±5)℃;<br>3. 试验筛:筛孔公称直径为 1.25 m 及 80 μm 的方孔筛各一只;<br>4. 容器:容量约 10 L 的瓷盘或金属盘 | | |

**续表 2-8-2**

| 序号 | 类别(产品/项目/参数) | 产品/项目/参数 | | 依据标准(方法)名称及编号(含年号) | 仪器设备(标准物质)要求 | 环境条件要求 | 备注 |
|---|---|---|---|---|---|---|---|
| | | 序号 | 名称 | | | | |
| | | | | 公路工程集料试验规程 JTG E42—2005/T 0310—2005 | 1. 台称:感量不大于称量的 0.1%;<br>2. 烘箱:能控温在(105±5)℃;<br>3. 标准筛:孔径为 1.18 mm、0.075 mm 的方孔筛各一只;<br>4. 容器:容积约 10 L 的桶或搪瓷盘 | | |
| | | 5 | 泥块含量 | 建设用卵石、碎石 GB/T 14685—2011/7.5 | 1. 鼓风干燥箱:能使温度控制在(105±5)℃;<br>2. 天平:称量 10 kg、感量 1 g;<br>3. 方孔筛:孔径为 4.75 mm 及 2.36 mm 筛各一只;<br>4. 容器:要求淘洗试样时,保持试样不溅出 | 1. 试验环境:(20±5)℃ | |
| | | | | 普通混凝土用砂、石质量及检验方法标准 JGJ 52—2006/7.8 | 1. 秤:称量 20 kg、感量 20 g;<br>2. 试验筛:筛孔公称直径为 2.50 m 及 5.00 mm 的方孔筛各一只;<br>3. 烘箱:温度控制范围(105±5)℃ | | |
| | | | | 公路工程集料试验规程 JTG E42—2005/T 0310—2005 | 1. 台称:感量不大于称量的 0.1%;<br>2. 烘箱:能控温在(105±5)℃;<br>3. 标准筛:孔径为 2.36 mm、4.75 mm 的方孔筛各一只;<br>4. 容器:容积约 10 L 的桶或搪瓷盘 | | |
| | | 6 | 堆积密度 | 建设用卵石、碎石 GB/T 14685—2011/7.13 | 1. 天平:称量 10 kg、感量 10 g,称量 50 kg 或 100 kg、感量 50 g 各一台;<br>2. 容量筒:符合 GB/T 14685—2011/7.13/7.13.1;<br>3. 垫棒:直径 16 mm,长 600 mm 的圆钢 | 1. 试验环境:(20±5)℃ | |

续表 2-8-2

| 序号 | 类别(产品/项目/参数) | 产品/项目/参数 | | 依据标准(方法)名称及编号(含年号) | 仪器设备(标准物质)要求 | 环境条件要求 | 备注 |
|---|---|---|---|---|---|---|---|
| | | 序号 | 名称 | | | | |
| | | | | 普通混凝土用砂、石质量及检验方法标准 JGJ 52—2006/7.6 | 1. 秤:称量 100 kg、感量 100 g;<br>2. 容量筒:金属制,符合 JGJ 52—2006/7.6/7.6.2;<br>3. 烘箱:温度控制范围(105 ±5)℃ | | |
| | | | | 公路工程集料试验规程 JTG E42—2005/T 0309—2005 | 1. 天平或台秤:感量不大于称量的 0.1%;<br>2. 容量筒:符合本标准 T 0309—2005/2;<br>3. 烘箱:能控温(105 ±5)℃;<br>4. 振动台:频率为(3 000 ±200)次/min,负荷下的振幅为 0.35 mm,空载时振幅为 0.5 mm;<br>5. 捣棒:直径 16 mm、长 600 mm,一端为圆头的钢棒 | | |
| | | 7 | 紧密密度 | 建设用卵石、碎石 GB/T 14685—2011/7.13 | 1. 天平:称量 10 kg、感量 10 g;称量 50 kg 或 100 kg,感量 50 g 各一台;<br>2. 容量筒:符合 GB/T 14685—2011/7.13/7.13.1;<br>3. 垫棒:直径 16 mm、长 600 mm 的圆钢 | 1. 试验环境:(20 ±5)℃ | |
| | | | | 普通混凝土用砂、石质量及检验方法标准 JGJ 52—2006/7.6 | 1. 秤:称量 100 kg、感量 100 g;<br>2. 容量筒:金属制,符合 JGJ 52—2006/7.6/7.6.2;<br>3. 烘箱:温度控制范围(105 ±5)℃ | | |
| | | | | 公路工程集料试验规程 JTG E42—2005/T 0309—2005 | 1. 天平或台秤:感量不大于称量的 0.1%;<br>2. 容量筒:符合本标准 T 0309—2005/2;<br>3. 烘箱:能控温(105 ±5)℃;<br>4. 振动台:频率为(3 000 ±200)次/min,负荷下的振幅为 0.35 mm,空载时振幅为 0.5 mm;<br>5. 捣棒:直径 16 mm、长 600 mm、一端为圆头的钢棒 | | |

**续表 2-8-2**

| 序号 | 类别(产品/项目/参数) | 产品/项目/参数 | | 依据标准(方法)名称及编号(含年号) | 仪器设备(标准物质)要求 | 环境条件要求 | 备注 |
|---|---|---|---|---|---|---|---|
| | | 序号 | 名称 | | | | |
| | | 8 | 表观密度 | 建设用卵石、碎石 GB/T 14685—2011/7.12.1 | 1. 鼓风干燥箱:能使温度控制在(105 ± 5)℃;<br>2. 天平:称量 5 kg、感量 5 g,其型号及尺寸应能允许在臂上悬挂盛试样的吊篮,并能将吊篮放在水中称量;<br>3. 吊篮:直径和高度均为 150 mm,由孔径为 1 ~ 2 mm 的筛网或钻有 2 ~ 3 mm 孔洞的耐锈蚀金属板制成;<br>4. 方孔筛:孔径为 4.75 mm 的筛一只;<br>5. 盛水容器:有溢流孔;<br>6. 温度计 | 1. 试验时各项称量可在 15 ~ 25 ℃范围内进行,但从试样加水静止的 2 h 起至试验结束,其温度变化不应超过 2 ℃ | 1. 液体比重天平法 |
| | | | | 建设用卵石、碎石 GB/T 14685—2011/7.12.2 | 1. 鼓风干燥箱:能使温度控制在(105 ± 5)℃;<br>2. 天平:称量 2 kg,感量 1 g;<br>3. 广口瓶:1 000 mL,磨口;<br>4. 方孔筛:孔径为 4.75 mm 的筛一只;<br>5. 玻璃片:100 mm × 100 mm | 1. 试验时各项称量可在 15 ~ 25 ℃范围内进行,但从试样加水静止的 2 h 起至试验结束,其温度变化不应超过 2 ℃ | 1. 广口瓶法;<br>2. 本方法不宜用于测定最大粒径大于 37.5 mm 的碎石或卵石的表观密度 |
| | | | | 普通混凝土用砂、石质量及检验方法标准 JGJ 52—2006/7.2 | 1. 液体天平:称量 5 kg、感量 5 g,其型号及尺寸应能允许在臂上悬挂盛试样的吊篮,并在水中承重;<br>2. 吊篮:直径和高度均为 150 mm,由孔径为 1 ~ 2 mm 的筛网或钻有孔径为 2 ~ 3 mm 孔洞的耐锈蚀金属板制成;<br>3. 盛水容器:有溢流孔;<br>4. 烘箱:温度控制范围为(105 ± 5)℃;<br>5. 试验筛:筛孔公称直径为 5.00 mm 的方孔筛一只;<br>6. 温度计:0 ~ 100 ℃ | 1. 水温应在 15 ~ 25 ℃ | 1. 标准法 |

续表 2-8-2

| 序号 | 类别(产品/项目/参数) | 产品/项目/参数 | | 依据标准(方法)名称及编号(含年号) | 仪器设备(标准物质)要求 | 环境条件要求 | 备注 |
|---|---|---|---|---|---|---|---|
| | | 序号 | 名称 | | | | |
| | | | | 普通混凝土用砂、石质量及检验方法标准 JGJ 52—2006/7.3 | 1. 烘箱:温度控制范围为(105 ±5)℃;<br>2. 秤:称量 20 kg、感量 20 g;<br>3. 广口瓶:1 000 mL,磨口,并带玻璃片;<br>4. 试验筛:筛孔公称直径为 5.00 mm 的方孔筛一只 | 1. 水温应在 15 ~ 25 ℃ | 1. 简易法;<br>2. 不宜用于测定最大公称粒径超过 40 mm 的碎石或卵石的表观密度 |
| | | | | 公路工程集料试验规程 JTG E42—2005/T 0304—2005 | 1. 天平或浸水天平:可悬挂吊篮测定集料的水中质量,称量应满足试样数量称量要求,感量不大于最大称量的 0.05%;<br>2. 吊篮:耐锈金属材料制成,直径和高度为 150 mm 左右,四周及底部用 1 ~ 2 mm 的筛网编制或具有密集孔眼;<br>3. 溢流水槽:在称量水中质量时能保持水面高度一定;<br>4. 烘箱:能控温在(105 ±5)℃;<br>5. 温度计;<br>6. 标准筛、盛水容器、刷子等 | 1. 水温应在 15 ~ 25 ℃范围内 | 1. 网篮法;<br>2. 适用于各种粗集料 |
| | | | | 公路工程集料试验规程 JTG E42—2005/T 0308—2005 | 1. 天平或浸水天平:可悬挂吊篮测定集料的水中质量,称量应满足试样数量称量要求,感量不大于最大称量的 0.05%;<br>2. 容量瓶:1 000 mL,也可用磨口的广口玻璃瓶代替,并带玻璃片;<br>3. 烘箱:能控温在(105 ±5)℃;<br>4. 标准筛:4.75 mm、2.36 mm;<br>5. 刷子、毛巾等 | 1. 水温应在 15 ~ 25 ℃范围内,浸水最后 2 h 内的水温相差不得超过 2 ℃ | 1. 容量瓶法;<br>2. 本方法测定的结果不适用于仲裁及沥青混合料配合比设计计算理论密度时使用 |
| | | 9 | 针、片状颗粒含量 | 建设用卵石、碎石 GB/T 14685—2011/7.6 | 1. 针状规准仪与片状规准仪:符合 GB/T 14685—2011/7.6/7.6.1;<br>2. 天平:称量 10 kg、感量 1 g;<br>3. 方孔筛:孔径分别为 4.75 mm、9.5 mm、16 mm、19 mm、26.5 mm、31.5 mm、37.5 mm 的筛各一个 | 1. 试验环境:(20 ±5)℃ | 1. 规准仪法 |

续表 2-8-2

| 序号 | 类别(产品/项目/参数) | 产品/项目/参数 | | 依据标准(方法)名称及编号(含年号) | 仪器设备(标准物质)要求 | 环境条件要求 | 备注 |
|---|---|---|---|---|---|---|---|
| | | 序号 | 名称 | | | | |
| | | | | 普通混凝土用砂、石质量及检验方法标准 JGJ 52—2006/7.9 | 1. 针状规准仪和片状规准仪,或游标卡尺:符合 JGJ 52—2006/7.9/7.9.2;<br>2. 天平和秤:天平称量 2 kg、感量 2 g,秤的称量 20 kg,感量 20 g;<br>3. 试验筛:筛孔公称直径分别为 5.00 mm、10.0 mm、20.0 mm、25.0 mm、31.5 mm、40.0 mm、63.0 mm 和 80.0 mm 的方孔筛各一个;<br>4. 卡尺 | | 1. 规准仪法 |
| | | | | 公路工程集料试验规程 JTG E42—2005/T 0311—2005 | 1. 针状规准仪和片状规准仪:符合本标准 T 0311—2005/2;<br>2. 天平或台称:感量不大于称量值的 0.1%;<br>3. 标准筛:孔径分别为 4.75 mm、9.5 mm、16 mm、19 mm、26.5 mm、31.5 mm、37.5 mm | | 1. 规准仪法 |
| | | | | 公路工程集料试验规程 JTG E42—2005/T 0312—2005 | 1. 标准筛:方孔筛 4.75 mm;<br>2. 游标卡尺:精密度为 0.1 mm;<br>3. 天平:感量不大于 1 g | | 1. 游标卡尺法 |
| | | 10 | 压碎值 | 建设用卵石、碎石 GB/T 14685—2011/7.11 | 1. 压力试验机:量程 300 kN,示值相对误差 2%;<br>2. 天平:称量 10 kg、感量 1 g;<br>3. 压碎指标测定仪:符合 GB/T 14685—2011/7.11/7.11.1;<br>4. 方孔筛:孔径分别为 2.36 mm、9.50 mm 及 19.0 mm 的筛各一个;<br>5. 垫棒:直径 10 mm、长 500 mm 圆钢 | 1. 试验环境:(20 ±5)℃ | |

续表 2-8-2

| 序号 | 类别(产品/项目/参数) | 产品/项目/参数 | | 依据标准(方法)名称及编号(含年号) | 仪器设备(标准物质)要求 | 环境条件要求 | 备注 |
|---|---|---|---|---|---|---|---|
| | | 序号 | 名称 | | | | |
| | | | | 普通混凝土用砂、石质量及检验方法标准 JGJ 52—2006/7.13 | 1. 压力试验机:荷载 300 kN;<br>2. 压碎值指标测定仪:符合 JGJ 52—2006/7.13/7.13.2;<br>3. 秤:称量 5 kg、感量 5 g;<br>4. 试验筛:筛孔公称直径为 10.0 mm 和 20.0 mm 的方孔筛各一只 | | |
| | | | | 公路工程集料试验规程 JTG E42—2005/T 0316—2005 | 1. 石料压碎值试验仪:符合本标准 T 0316—2005/2;<br>2. 金属棒:直径 10 mm、长 450 ~ 600 mm,一端加工成半球形;<br>3. 天平:称量 2 ~ 3 kg、感量不大于 1 g;<br>4. 标准筛:筛孔尺寸 13.2 mm、9.5 mm、2.36 mm 方孔筛各一个;<br>5. 压力机:500 kN,应能在 10 min 内达到 400 kN;<br>6. 金属筒:圆柱形,内径 112.0 mm,高 179.4 mm,容积 1 767 $cm^3$ | | |
| | | 11 | 磨光值(PSV) | 公路工程集料试验规程 JTG E42—2005/T 0321—2005 | 1. 加速磨光试验机:符合本标准 T 0321—2005/2;<br>2. 摆式摩擦系数测定仪:符合本标准 T 0321—2005/2;<br>3. 磨光试件测试平台:供固定试件及摆式摩擦系数测定仪用;<br>4. 天平:感量不大于 0.1 g;<br>5. 烘箱:装有温度控制器 | 1. 试件的加速磨光:应在室温(20 ± 5)℃的房间内进行;<br>2. 磨光值测定:试验前 2 h 和试验过程中应控制室温为(20 ± 2)℃ | |
| | | 12 | 洛杉矶磨耗损失 | 公路工程集料试验规程 JTG E42—2005/T 0317—2005 | 1. 洛杉矶磨耗试验机:圆筒内径(710 ± 5)mm,内侧长(510 ± 5)mm,两端封闭,投料口的钢盖通过紧固螺栓和橡胶垫与钢筒紧闭密封;钢筒的回转速率为 30 ~ 33 r/min;<br>2. 钢球:直径约 46.8 mm,质量为 390 ~ | | 1. 洛杉矶法;<br>2. 适用于各种等级规格集料的磨耗试验 |

**续表 2-8-2**

| 序号 | 类别(产品/项目/参数) | 产品/项目/参数 | | 依据标准(方法)名称及编号(含年号) | 仪器设备(标准物质)要求 | 环境条件要求 | 备注 |
|---|---|---|---|---|---|---|---|
| | | 序号 | 名称 | | | | |
| | | | | 公路工程集料试验规程 JTG E42—2005/T 0317—2005 | 445 g,大小稍有不同,以便按要求组合成符合要求的总质量;<br>3. 台秤:感量 5 g;<br>4. 标准筛:符合要求的标准筛系列,以及筛孔为 1.7 mm 的方孔筛一个;<br>5. 烘箱:能控温在(105 ±5)℃;<br>6. 容器:搪瓷盘等 | | 1. 洛杉矶法;<br>2. 适用于各种等级规格集料的磨耗试验 |
| | | 13 | 坚固性 | 建设用卵石、碎石 GB/T 14685—2011/7.9 | 1. 鼓风干燥箱:能使温度控制在(105 ±5)℃;<br>2. 天平:称量 10 kg、感量 1 g;<br>3. 三角网篮:用金属丝制成,网篮直径为 100 mm,高为 150 mm,网的孔径为 2 ~3 mm;<br>4. 方孔筛:筛孔为正方形(方孔筛),筛孔为 0.075 ~75 mm;<br>5. 容器:瓷缸,容积不小于 50 L;<br>6. 比重计 | 1. 试验环境:(20 ±5)℃;<br>2. 硫酸钠溶液温度:20 ~ 25 ℃ | 1. 饱和硫酸钠溶液法 |
| | | | | 普通混凝土用砂、石质量及检验方法标准 JGJ 52—2006/7.11 | 1. 烘箱:温度控制范围(105 ±5)℃;<br>2. 台秤:称量 5 kg、感量 5 g;<br>3. 试验筛;<br>4. 容器:搪瓷盆或瓷盆,容积不小于 50 L;<br>5. 三角网篮:网篮的外径为 100 mm,高为 150 mm,采用孔径不大于 2.50 mm 的网,由铜丝制成;检验公称直径为 40.0 ~80.0 mm 的颗粒时,应采用外径和高均为 150 mm 的网篮 | 1. 水的温度:25 ~30 ℃;<br>2. 硫酸钠溶液温度:20 ~ 25 ℃ | 1. 饱和硫酸钠溶液法 |
| | | | | 公路工程集料试验规程 JTG E42—2005/T 0314—2000 | 1. 烘箱:能控温在(105 ±5)℃;<br>2. 天平:称量 5 kg,感量不大于 1 g;<br>3. 标准筛:根据试样的粒级,按本标准 T 0314—2000/表 T 0314—1 选用;<br>4. 容器:搪瓷盆或瓷缸,容积不小于 50 L;<br>5. 三角网篮:网篮的外径为 100 mm,高为 150 mm,采用孔径不大于 2.36 mm 的铜网或不锈钢丝制成;检验 37.5 ~75 mm 的颗粒时,应采用外径和高均为 250 mm 的网篮 | | 1. 饱和硫酸钠溶液法 |

续表 2-8-2

| 序号 | 类别(产品/项目/参数) | 产品/项目/参数 | | 依据标准(方法)名称及编号(含年号) | 仪器设备(标准物质)要求 | 环境条件要求 | 备注 |
|---|---|---|---|---|---|---|---|
| | | 序号 | 名称 | | | | |
| | | 14 | 软弱颗粒含量 | 公路工程集料试验规程 JTG E42—2005/T 0320—2000 | 1. 天平或台称:称量5 kg、感量不大于5 g;<br>2. 标准筛:孔径为4.75 mm、9.5 mm、16 mm的方孔筛;<br>3. 压力机 | | |
| 二 | 细集料 | | | | | | |
| | | 15 | 颗粒级配 | 建设用砂 GB/T 14684—2011/7.3 | 1. 鼓风干燥箱:能使温度控制在(105±5)℃;<br>2. 天平:称量1 000 g、感量1 g;<br>3. 方孔筛:规范为0.15 mm、0.3 mm、0.6 mm、1.18 mm、2.36 mm、4.75 mm及9.5 mm的筛各一个,并附有筛底和筛盖;<br>4. 摇筛机 | 1. 试验环境:(20±5)℃ | |
| | | | | 普通混凝土用砂、石质量及检验方法标准 JGJ 52—2006/6.1 | 1. 试验筛:公称直径分别为10.0 mm、5.00 mm、2.5 mm、1.25 mm、0.63 mm、0.315 mm、0.16 mm的方孔筛各一个,筛框直径为300 mm或200 mm;<br>2. 天平:称量1 000 g、感量1 g;<br>3. 摇筛机;<br>4. 烘箱:温度控制范围为(105±5)℃ | | |
| | | | | 公路工程集料试验规程 JTG E42—2005/T 0327—2005 | 1. 标准筛:筛孔为正方形(方孔筛),筛孔依次为75 mm、63 mm、53 mm、37.5 mm、31.5 mm、26.5 mm、19 mm、16 mm、13.2 mm、9.5 mm、4.75 mm、2.36 mm、1.18 mm、0.6 mm、0.3 mm、0.15 mm、0.075 mm;<br>2. 天平:称量1 000 g、感量不大于0.5 g;<br>3. 摇筛机;<br>4. 烘箱:能控温在(105±5)℃ | | 1. 检验检测方法:<br>(1)干筛法;<br>(2)水洗法。<br>2. 注意事项:<br>(1)对水泥混凝土用细集料可采用干筛法,如果需要,也可采用水洗法筛分;<br>(2)对沥青混合料及基层用细集料必须用水洗法筛分 |

续表 2-8-2

| 序号 | 类别(产品/项目/参数) | 产品/项目/参数 | | 依据标准(方法)名称及编号(含年号) | 仪器设备(标准物质)要求 | 环境条件要求 | 备注 |
|---|---|---|---|---|---|---|---|
| | | 序号 | 名称 | | | | |
| | | 16 | 堆积密度 | 建设用砂 GB/T 14684—2011/7.15 | 1. 鼓风干燥箱:能使温度控制在(105±5)℃;<br>2. 天平:称量 10 kg、感量 1 g;<br>3. 容量筒:圆柱形金属筒,内径 108 mm,净高 109 mm,筒壁厚 2 mm,筒底厚 5 mm,容积约为 1 L;<br>4. 方孔筛:规范为 4.75 mm 的筛一只;<br>5. 垫棒:直径 10 mm、长 500 mm 的圆钢 | 1. 试验环境:(20±5)℃ | |
| | | | | 普通混凝土用砂、石质量及检验方法标准 JGJ 52—2006/6.5 | 1. 秤:称量 5 kg、感量 5 g;<br>2. 容量筒:金属制,圆柱形,内径 108 mm,净高 109 mm,筒壁厚 2 mm,容积 1 L,筒底厚度为 5 mm;<br>3. 漏斗或铝制料勺;<br>4. 烘箱:温度控制范围为(105±5)℃ | | |
| | | | | 公路工程集料试验规程 JTG E42—2005/T 0331—1994 | 1. 台秤:称量 5 kg、感量 5 g;<br>2. 容量筒:金属制,圆筒形,内径 108 mm,净高 109 mm,筒壁厚 2 mm,筒底厚 5 mm,容积约为 1 L;<br>3. 标准漏斗:符合本标准 T 0331—1994/2;<br>4. 烘箱:能控温在(105±5)℃ | | |
| | | 17 | 空隙率 | 建设用砂 GB/T 14684—2011/7.15 | 1. 鼓风干燥箱:能使温度控制在(105±5)℃;<br>2. 天平:称量 10 kg、感量 1 g;<br>3. 容量筒:圆柱形金属筒,内径 108 mm,净高 109 mm,筒壁厚 2 mm,筒底厚 5 mm,容积约为 1 L;<br>4. 方孔筛:规范为 4.75 mm 的筛一只;<br>5. 垫棒:直径 10 mm、长 500 mm 的圆钢 | 1. 试验环境:(20±5)℃ | |

续表 2-8-2

| 序号 | 类别(产品/项目/参数) | 产品/项目/参数 | | 依据标准(方法)名称及编号(含年号) | 仪器设备(标准物质)要求 | 环境条件要求 | 备注 |
|---|---|---|---|---|---|---|---|
| | | 序号 | 名称 | | | | |
| | | | | 普通混凝土用砂、石质量及检验方法标准 JGJ 52—2006/6.5 | 1. 秤:称量 5 kg、感量 5 g;<br>2. 容量筒:金属制,圆柱形,内径 108 mm,净高 109 mm,筒壁厚 2 mm,容积 1 L,筒底厚度为 5 mm;<br>3. 漏斗或铝制料勺;<br>4. 烘箱:温度控制范围为(105 ±5)℃ | | |
| | | | | 公路工程集料试验规程 JTG E42—2005/T 0331—1994 | 1. 台秤:称量 5 kg、感量 5 g;<br>2. 容量筒:金属制,圆筒形,内径 108 mm,净高 109 mm,筒壁厚 2 mm,筒底厚 5 mm,容积约为 1 L;<br>3. 标准漏斗:符合本标准 T 0331—1994/2;<br>4. 烘箱:能控温在(105 ±5)℃ | | |
| | | 18 | 表观密度 | 建设用砂 GB/T 14684—2011/7.14 | 1. 鼓风干燥箱:能使温度控制在(105 ±5)℃;<br>2. 天平:称量 1 000 g、感量 0.1 g;<br>3. 容量瓶:500 mL | 1. 试验环境:(20 ±5)℃ | |
| | | | | 普通混凝土用砂、石质量及检验方法标准 JGJ 52—2006/6.2 | 1. 天平:称量 1 000 g、感量 1 g;<br>2. 容量瓶:容量 500 mL;<br>3. 烘箱:温度控制范围为(105 ±5)℃ | 1. 水温:15 ~ 25 ℃ | 1. 标准法 |
| | | | | 普通混凝土用砂、石质量及检验方法标准 JGJ 52—2006/6.3 | 1. 天平:称量 1 000 g、感量 1 g;<br>2. 李氏瓶:容量 250 mL;<br>3. 烘箱:温度控制范围为(105 ±5)℃ | 1. 水温:15 ~ 25 ℃ | 1. 简易法 |

**续表 2-8-2**

| 序号 | 类别(产品/项目/参数) | 产品/项目/参数 | | 依据标准(方法)名称及编号(含年号) | 仪器设备(标准物质)要求 | 环境条件要求 | 备注 |
|---|---|---|---|---|---|---|---|
| | | 序号 | 名称 | | | | |
| | | | | 公路工程集料试验规程 JTG E42—2005/T 0330—2005 | 1. 天平:称量 1 kg、感量不大于 0.1 g;<br>2. 饱和面干试模:符合本标准 T 0330—2005/2;<br>3. 捣棒:符合本标准 T 0330—2005/2;<br>4. 烧杯:500 mL;<br>5. 容量瓶:500 mL;<br>6. 烘箱:能控温在(105 ±5)℃;<br>7. 洁净水:温度(23 ±1.7)℃;<br>8. 干燥器、吹风机(手提式)、浅盘、铝制料勺、玻璃棒、温度计等 | | 1. 坍落筒法;<br>2. 适用于小于 2.36 mm 以下的细集料 |
| | | | | 公路工程集料试验规程 JTG E42—2005/T 0328—2005 | 1. 天平:称量 1 kg、感量不大于 1 g;<br>2. 烧杯:500 mL;<br>3. 容量瓶:500 mL;<br>4. 烘箱:能控温在(105 ±5)℃;<br>5. 洁净水:温度(23 ±1.7)℃;<br>6. 干燥器、浅盘、铝制料勺、温度计等 | | 1. 容量瓶法;<br>2. 适用于含有少量大于 2.36 mm 部分的细集料 |
| | | 19 | 含泥量 | 建设用砂 GB/T 14684—2011/7.4 | 1. 鼓风干燥箱:能使温度控制在(105 ±5)℃;<br>2. 天平:称量 1 000 g、感量 0.1 g;<br>3. 方孔筛:孔径为 0.075 mm 及 1.18 mm 的筛各一个;<br>4. 容器:要求淘洗试样时,保持试样不溅出(深度大于 250 mm) | 1. 试验环境:(20 ±5)℃ | |
| | | | | 普通混凝土用砂、石质量及检验方法标准 JGJ 52—2006/6.8 | 1. 天平:称量 1 000 g、感量 1 g;<br>2. 烘箱:温度控制范围为(105 ±5)℃;<br>3. 试验筛:筛孔公称直径为 80 μm 及 1.25 mm 的方孔筛各一个 | | 1. 标准法;<br>2. 适用于测定粗砂、中砂和细砂的含泥量,不适合特细砂的含泥量测定 |

**续表 2-8-2**

| 序号 | 类别(产品/项目/参数) | 产品/项目/参数 | | 依据标准(方法)名称及编号(含年号) | 仪器设备(标准物质)要求 | 环境条件要求 | 备注 |
|---|---|---|---|---|---|---|---|
| | | 序号 | 名称 | | | | |
| | | | | 普通混凝土用砂、石质量及检验方法标准 JGJ 52—2006/6.9 | 1. 虹吸管：玻璃管的直径不大于 5 mm，后接胶皮弯管；<br>2. 玻璃容器或其他容器：高度不小于 300 mm，直径不小于 200 mm | | 1. 虹吸管法 |
| | | | | 公路工程集料试验规程 JTG E42—2005/T 0333—2000 | 1. 天平：称量 1 kg、感量不大于 1 g；<br>2. 烘箱：能控温在(105 ±5)℃；<br>3. 标准筛：孔径为 0.075 mm 及 1.18 mm 的方孔筛 | | 1. 筛洗法；<br>2. 仅用于测定天然砂中粒径小于 0.075 mm 的尘屑、淤泥和黏土的含量。不适用于人工砂、石屑等矿粉成分较多的细集料 |
| | | 20 | 泥块含量 | 建设用砂 GB/T 14684—2011/7.6 | 1. 鼓风干燥箱：能使温度控制在(105 ±5)℃；<br>2. 天平：称量 1 000 g、感量 0.1 g；<br>3. 方孔筛：孔径为 600 μm 及 1.18 mm 的筛各一个；<br>4. 容器：要求淘洗试样时，保持试样不溅出(深度大于 250 mm) | 1. 试验环境：(20 ±5)℃ | |
| | | | | 普通混凝土用砂、石质量及检验方法标准 JGJ 52—2006/6.10 | 1. 天平：称量 1000 g、感量 1 g；<br>2. 烘箱：温度控制范围为(105 ±5)℃；<br>3. 试验筛：筛孔公称直径为 630 μm 及 1.25 mm 的方孔筛各一个 | | |
| | | | | 公路工程集料试验规程 JTG E42—2005/T 0335—1994 | 1. 天平：称量 2 kg、感量不大于 2 g；<br>2. 烘箱：能控温在(105 ±5)℃；<br>3. 方孔筛：孔径 0.6 mm 及 1.18 mm | | |

续表 2-8-2

| 序号 | 类别(产品/项目/参数) | 产品/项目/参数 | | 依据标准(方法)名称及编号(含年号) | 仪器设备(标准物质)要求 | 环境条件要求 | 备注 |
|---|---|---|---|---|---|---|---|
| | | 序号 | 名称 | | | | |
| | | 21 | 含水率 | 建设用砂 GB/T 14684—2011/7.18 | 1. 鼓风干燥箱：能使温度控制在(105±5)℃；<br>2. 天平：称量 1 000 g、感量 0.1 g | 1. 试验环境：(20±5)℃ | |
| | | | | 普通混凝土用砂、石质量及检验方法标准 JGJ 52—2006/6.6 | 1. 烘箱：温度控制范围为(105±5)℃；<br>2. 天平：称量 1 000 g、感量 1 g | | 1. 标准法 |
| | | | | 普通混凝土用砂、石质量及检验方法标准 JGJ 52—2006/6.7 | 1. 电炉或火炉；<br>2. 天平：称量 1 000 g、感量 1 g；<br>3. 炒盘(铁制或铝制) | | 1. 快速法<br>2. 对含泥量过大及有机杂质含量较多的砂不宜采用 |
| | | | | 公路工程集料试验规程 JTG E42—2005/T 0332—2005 | 1. 烘箱：能控温在(105±5)℃；<br>2. 天平：称量 2 kg、感量不大于 2 g；<br>3. 容器：浅盘等 | | 1. 烘干法 |
| | | | | 公路工程集料试验规程 JTG E42—2005/T 0343—199 | 1. 天平：称量 200 g、感量不大于 0.2 g；<br>2. 量筒或量杯：50 mL；<br>3. 容器：铁或铝制浅盘 | | 1. 酒精燃烧法 |
| | | 22 | 饱和面干吸水率 | 建设用砂 GB/T 14684—2011/7.19 | 1. 鼓风干燥箱：能使温度控制在(105±5)℃；<br>2. 天平：称量 1 000 g、感量 0.1 g；<br>3. 手提式吹风机；<br>4. 饱和面干试模及重约 340 g 的捣棒 | 1. 试验环境：(20±5)℃；<br>2. 水温：(23±5)℃ | |
| | | | | 普通混凝土用砂、石质量及检验方法标准 JGJ 52—2006/6.4 | 1. 天平：称量 1 000 g、感量 1 g；<br>2. 饱和面干试模及质量为(340±15)g 的钢制捣棒；<br>3. 烧杯：容量 500 mL；<br>4. 烘箱：温度控制范围为(105±5)℃ | 1. 水温度：(20±5)℃ | |

续表 2-8-2

| 序号 | 类别(产品/项目/参数) | 产品/项目/参数 | | 依据标准(方法)名称及编号(含年号) | 仪器设备(标准物质)要求 | 环境条件要求 | 备注 |
|---|---|---|---|---|---|---|---|
| | | 序号 | 名称 | | | | |
| | | | | 公路工程集料试验规程 JTG E42—2005/T 0330—2005 | 1. 天平:称量 1 kg、感量不大于 0.1 g;<br>2. 饱和面干试模:符合本标准 T 0330—2005/2;<br>3. 捣棒:符合本标准 T 0330—2005/2;<br>4. 烧杯:500 mL;<br>5. 容量瓶:500 mL;<br>6. 烘箱:能控温在(105 ±5)℃;<br>7. 洁净水:温度(23 ±1.7)℃;<br>8. 干燥器、吹风机(手提式)、浅盘、铝制料勺、玻璃棒、温度计等 | | 1. 适用范围:<br>(1)适用小于 2.36 mm 以下的细集料;<br>(2)当含有大于 2.36 mm 的成分时,其中大于 2.36 mm 的部分采用本标准 T 0308—2005 方法测定 |
| | | 23 | 坚固性 | 建设用砂 GB/T 14684—2011/7.13.1 | 1. 鼓风干燥箱:能使温度控制在(105 ±5)℃;<br>2. 天平:称量 1 000 g、感量 0.1 g;<br>3. 三角网篮:用金属丝制成,网篮直径和高均为 70 mm,网孔的孔径不应大于所盛试样粒级下限尺寸的一半;<br>4. 方孔筛:规范为 0.15 mm、0.3 mm、0.6 mm、1.18 mm、2.36 mm、4.75 mm 及 9.5 mm 的筛各一个;并附有筛底和筛盖;<br>5. 容器:瓷缸,容积不小于 10 L;<br>6. 比重计 | 1. 试验环境:(20 ±5)℃;<br>2. 硫酸钠溶液温度:20 ~ 25 ℃ | 1. 饱和硫酸钠溶液法 |
| | | | | 普通混凝土用砂、石质量及检验方法标准 JGJ 52—2006/6.16 | 1. 烘箱:温度控制范围(105 ±5)℃;<br>2. 天平:称量 1 000 g、感量 1 g;<br>3. 试验筛:筛孔公称直径为 0.16 mm、0.315 mm、0.63 mm、1.25 mm、2.50 mm、5.00 mm 的方孔筛各一只;<br>4. 容器:搪瓷盆或瓷缸,容积不小于 10 L;<br>5. 三角网篮:内径和高均为 70 mm,由铜丝或镀锌铁丝制成,网孔的孔径不应大于所盛试样粒级下限尺寸的一半 | 1. 水的温度:25 ~30 ℃;<br>2. 硫酸钠溶液温度:20 ~ 25 ℃ | 1. 饱和硫酸钠溶液法 |

**续表 2-8-2**

| 序号 | 类别(产品/项目/参数) | 产品/项目/参数 | | 依据标准(方法)名称及编号(含年号) | 仪器设备(标准物质)要求 | 环境条件要求 | 备注 |
|---|---|---|---|---|---|---|---|
| | | 序号 | 名称 | | | | |
| | | | | 公路工程集料试验规程 JTG E42—2005/T 0340—2005 | 1. 烘箱:能控温在(105 ±5)℃;<br>2. 天平:称量 200 g、感量不大于 0.2 g;<br>3. 标准筛:孔径为 0.3 mm、0.6 mm、1.18 mm、2.36 mm、4.75 mm;<br>4. 容器:搪瓷盆或瓷缸,容量不小于 10 L;<br>5. 三角网篮:内径及高均为 70 mm,由铜丝或镀锌铁丝制成,网孔的孔径不应大于所盛试验粒级下限尺寸的一半;<br>6. 波美比重计 | | 1. 饱和硫酸钠溶液法 |
| | | 24 | 亚甲蓝值 | 建设用砂 GB/T 14684—2011/7.5 | 1. 鼓风干燥箱:能使温度控制在(105 ±5)℃;<br>2. 天平:称量 1 000 g、感量 0.1 g 及称量 100 g、感量 0.01 g 各一台;<br>3. 方孔筛:孔径为 75 μm,1.18 mm 和 2.36 mm 的筛各一个;<br>4. 容器:要求淘洗试样时,保持试样不溅出(深度大于 250 mm);<br>5. 移液管:5 mL、2 mL 移液管各一个;<br>6. 三片或四片式叶轮搅拌器:转速可调[最高达(600 ±60)r/min],直径(75 ±10)mm;<br>7. 定时装置:精度 1 s | 1. 试验环境:(20 ±5)℃ | |
| | | | | 普通混凝土用砂、石质量及检验方法标准 JGJ 52—2006/6.11 | 1. 烘箱:温度控制范围(105 ±5)℃;<br>2. 天平:称量 1 000 g、感量 1 g 及称量 100 g、感量 0.01 g 各一台;<br>3. 试验筛:筛孔公称直径为 80 μm 及 1.25 mm;<br>4. 容器:要求淘洗试样时,保持试样不溅出(深度大于 250 mm);<br>5. 移液管:5 mL、2 mL 各一个;<br>6. 三片或四片式叶轮搅拌器:转速可调[最高达(600 ±60)r/min],直径(75 ±10)mm | 1. 容量瓶和溶液温度:(20 ±1)℃ | |

续表 2-8-2

| 序号 | 类别(产品/项目/参数) | 产品/项目/参数 | | 依据标准(方法)名称及编号(含年号) | 仪器设备(标准物质)要求 | 环境条件要求 | 备注 |
|---|---|---|---|---|---|---|---|
| | | 序号 | 名称 | | | | |
| | | | | 公路工程集料试验规程 JTG E42—2005/T 0349—2005 | 1. 移液管:5 mL、2 mL 各一个;<br>2. 叶轮搅拌机:转速可调,能符合(600 ± 60)r/min 的转速要求,叶轮个数 3 或 4 个,叶轮直径(75 ± 10)mm;<br>3. 鼓风烘箱:能控温在(105 ± 5)℃;<br>4. 天平:称量 1 000 g、感量 0.1 g 及称量 100 g、感量 0.01 g 各一台;<br>5. 标准筛:孔径为 0. 075 mm、0. 15 mm、2. 36 mm 的方孔筛各一只;<br>6. 容器:深度大于 250 mm;<br>7. 玻璃容量瓶:1 L;<br>8. 定时装置:精度 1 s;<br>9. 玻璃棒:直径 8 mm,长 300 mm,2 支;<br>10. 温度计:精度 1 ℃;<br>11. 烧杯:1 000 mL | | |
| | | 25 | 砂当量 | 公路工程集料试验规程 JTG E42—2005/T 0334—2005 | 1. 透明圆柱形试筒:符合本标准 T 0334—2005/2;<br>2. 冲洗管:符合本标准 T 0334—2005/2;<br>3. 透明玻璃或塑料桶:容积 5 L,桶中放置一根虹吸管,桶底面高出工作台约 1 m;<br>4. 橡胶管(或塑料管):符合本标准 T 0334—2005/2;<br>5. 配重活塞:符合本标准 T 0334—2005/2;<br>6. 机械振荡器:可以使试筒产生横向的直线运动振荡,振幅(203 ± 1. 0)mm,频率(180 ± 2)次/min;<br>7. 天平:称量 1 kg、感量不大于 0. 1 g;<br>8. 烘箱:能控温在(105 ± 5)℃;<br>9. 标准筛:筛孔为 4. 75 mm;<br>10. 钢板尺:长 50 cm,刻度 1 mm;<br>11. 秒表;<br>12. 温度计;<br>13. 广口漏斗:玻璃或塑料制,口的直径 100 mm 左右;<br>14. 其他:量筒(500 mL)、烧杯(1 L)、塑料桶(5 L)、盘子、刷子、刮刀、勺子等 | 1. 溶液温度:(22 ± 3)℃ | 1. 适用于公称最大粒径不超过 4. 75 mm 的集料 |

续表 2-8-2

| 序号 | 类别(产品/项目/参数) | 产品/项目/参数 | | 依据标准(方法)名称及编号(含年号) | 仪器设备(标准物质)要求 | 环境条件要求 | 备注 |
|---|---|---|---|---|---|---|---|
| | | 序号 | 名称 | | | | |
| | | 26 | 棱角性 | 公路工程集料试验规程 JTG E42—2005/T 0345—2005 | 1. 细集料流动时间测定仪:符合本标准 T 0345—2005/2;<br>2. 标准筛:孔径为 4.75 mm、2.36 mm、0.075 mm 的方孔筛;<br>3. 天平:感量不大于 0.1 g;<br>4. 烘箱:能控温在(105±5)℃;<br>5. 秒表:准确至 0.1 s | | 1. 流动时间法 |
| | | 27 | 有机质含量 | 建设用砂 GB/T 14684—2011/7.9 | 1. 天平:称量 1 000 g、感量不大于 0.1 g 及称量 100 g、感量 0.01 g 各一台;<br>2. 量筒:1 000 mL、250 mL、100 mL 和 10 mL;<br>3. 方孔筛:孔径为 4.75 mm 筛各一只;<br>4. 烧杯、玻璃棒、移液管 | 1. 试验环境:(20±5)℃ | |
| | | | | 普通混凝土用砂、石质量及检验方法标准 JGJ 52—2006/6.13 | 1. 天平:称量 100 g、感量不大于 0.1 g 和称量 1 000 g、感量 1 g 天平各一台;<br>2. 量筒:250 mL、100 mL 和 10 mL;<br>3. 烧杯、玻璃棒和筛孔公称直径为 5.00 mm 的方孔筛 | | |
| | | | | 公路工程集料试验规程 JTG E42—2005/T 0336—1994 | 1. 烘箱:能控温在(105±5)℃;<br>2. 天平:称量 1 000 g、感量不大于 0.1 g;<br>3. 玻璃仪器:量杯(1000 mL)、量筒(250 mL)、烧杯(150 mL);<br>4. 比重计:测定范围 1.0~2.0;<br>5. 网篮:内径和高度均为 70 mm,网孔孔径不大于 0.3 mm | | |
| 三 | 矿粉 | | | | | | |
| | | 28 | 颗粒级配 | 公路工程集料试验规程 JTG E42—2005/T 0351—2000 | 1. 标准筛:孔径为 0.6 mm、0.3 mm、0.15 mm、0.075 mm;<br>2. 天平:感量不大于 0.1 g;<br>3. 烘箱:能控温在(105±5)℃ | | 1. 水洗法 |

续表 2-8-2

| 序号 | 类别(产品/项目/参数) | 产品/项目/参数 | | 依据标准(方法)名称及编号(含年号) | 仪器设备(标准物质)要求 | 环境条件要求 | 备注 |
|---|---|---|---|---|---|---|---|
| | | 序号 | 名称 | | | | |
| | | 29 | 密度 | 公路工程集料试验规程 JTG E42—2005/T 0352—2000 | 1. 李氏比重瓶:容量为 250 mL 或 300 mL,符合本标准 T 0352—2000/图 T 0352－1;<br>2. 天平:感量不大于 0.01 g;<br>3. 烘箱:能控温在(105 ±5)℃;<br>4. 恒温水槽:能控温在(20 ±0.5)℃ | | |
| | | 30 | 亲水系数 | 公路工程集料试验规程 JTG E42—2005/T 0353—2000 | 1. 量筒:50 mL 两个,刻度至 0.5 mL;<br>2. 研钵及有橡皮头的研杵;<br>3. 天平:感量不大于 0.01 g;<br>4. 烘箱 | | |
| | | 31 | 塑性指数 | 公路工程集料试验规程 JTG E42—2005/T 0354—2000 | 1. 标准筛:0.6 mm、0.5 mm;<br>2. LP－100 型液限塑限联合测定仪:锥质量为 100 g,锥角为 30°,读数显示形式宜采用光电式、游标式、百分表式;<br>3. 盛土杯:直径 50 mm,深度 40～50 mm;<br>4. 天平:称量 200 g、感量 0.01 g | | |
| | | 32 | 加热安定性 | 公路工程集料试验规程 JTG E42—2005/T 0355—2000 | 1. 蒸发皿或坩埚:可存放 100 g 矿粉;<br>2. 加热装置:煤气炉或电炉;<br>3. 温度计:最小刻度为 1 ℃ | | |
| 四 | 水泥混凝土 | | | | | | |
| | | 33 | 立方体抗压强度 | 混凝土物理力学性能试验方法标准 GB/T 50081—2019/5 | 1. 压力试验机:符合现行国家标准 GB/T 3159 及 GB/T 2611 的技术要求,其测量精度为 ±1%,试件破坏荷载应大于压力机全量程的 20% 且小于压力机全量程的 80%;具有加荷速度指示装置或加荷速度控制装置,并应能均应、连续地加荷;<br>2. 游标卡尺:量程不应小于 200 mm、分度值宜为 0.02 mm 的钢板尺 | 1. 试验环境相对湿度不宜小于 50%,温度应保持在(20 ±5)℃ | 1. 适用于测定混凝土立方体试件的抗压强度 |

续表 2-8-2

| 序号 | 类别(产品/项目/参数) | 产品/项目/参数 | | 依据标准(方法)名称及编号(含年号) | 仪器设备(标准物质)要求 | 环境条件要求 | 备注 |
|---|---|---|---|---|---|---|---|
| | | 序号 | 名称 | | | | |
| | | | | 公路工程水泥及水泥混凝土试验规程 JTG E30—2005/T 0553—2005 | 1. 压力机或万能试验机:符合本标准 T 0551—2005/2;<br>2. 球座:钢质坚硬,面部平整度要求在 100 mm 距离内高低差值不超过 0.05 mm,球面及球窝粗糙度 $Ra$ = 0.32 μm,研磨、转动灵活;不应在大球座上做小试件破型,球座最好放置在试件顶面(特别是棱柱试件),并凸面朝上,当试件均匀受力后,一般不宜再敲动球座;<br>3. 钢垫板:混凝土强度等级大于等于 C60 时,试验机上、下压板之间应各垫一钢板垫,平面尺寸应不小于试件的承压面,其厚度至少为 25 mm,钢垫板应机械加工,其平面度允许偏差 ±0.04 mm;表面硬度大于等于 55HRC;硬化层厚度约 5 mm,试件周围应设置防崩裂网罩 | | 1. 适用于各类水泥混凝土立方体试件极限抗压强度试验 |
| | | 34 | 抗弯拉强度 | 混凝土物理力学性能试验方法标准 GB/T 50081—2019/10 | 1. 压力试验机:符合现行国家标准 GB/T 3159 及 GB/T 2611 的技术要求,其测量精度为 ±1%,试件破坏荷载应大于压力机全量程的 20% 且小于压力机全量程的 80%;具有加荷速度指示装置或加荷速度控制装置,并应能均应、连续地加荷;<br>2. 抗折试验装置:符合 GB/T 50081—2019/10/10.0.3 | 1. 试验环境相对湿度不宜小于 50%,温度应保持在(20 ± 5)℃ | |
| | | | | 公路工程水泥及水泥混凝土试验规程 JTG E30—2005/T 0558—2005 | 1. 压力机或万能试验机:符合本标准 T 0551—2005/2;<br>2. 抗弯拉试验装置:符合本标准 T 0558—2005/2 | | 1. 适用于各类水泥混凝土棱柱体试件 |

**续表 2-8-2**

| 序号 | 类别(产品/项目/参数) | 产品/项目/参数 | | 依据标准(方法)名称及编号(含年号) | 仪器设备(标准物质)要求 | 环境条件要求 | 备注 |
|---|---|---|---|---|---|---|---|
| | | 序号 | 名称 | | | | |
| | | 35 | 配合比设计 | 普通混凝土配合比设计规程 JGJ 55—2011 | 1. 搅拌机:符合 JG/T 244—2009;<br>2. 坍落度仪:符合 JG/T 248—2009;<br>3. 振动台:符合 JG/T 245—2009;<br>4. 压力试验机:符合 GB/T 3159—2008 及 GB/T 2611—2007 的技术要求,其测量精度为 ±1%,试件破坏荷载应大于压力机全量程的 20% 且小于压力机全量程的 80%;具有加荷速度指示装置或加荷速度控制装置,并应能均匀、连续地加荷 | 1. 成型条件要求(20 ± 5)℃,50% RH;<br>2. 养护条件要求(20 ± 2)℃,≥95% RH | |
| | | 36 | 抗渗性能 | 普通混凝土长期性能和耐久性能试验方法标准 GB/T 50082—2009/6 | 1. 混凝土抗渗仪:符合现行行业标准 JG/T 249 的规定,并能使水压按规定方法稳定地作用在试件上,抗渗仪施加水压力范围为 0.1 ~ 2.0 MPa;<br>2. 成型试模:上口直径 175 mm、下口直径 185 mm、高 150 mm 的圆台体 | | 1. 检验检测方法:<br>(1)渗水高度法;<br>(2)逐级加压法。<br>2. 适用范围:<br>(1)渗水高度法适用于测定硬化混凝土在恒定水压力下的平均渗水高度来表示的混凝土抗水渗透性能;<br>(2)逐级加压法适用于通过逐级施加水压力来测定以抗渗等级来表示的混凝土的抗水渗透性能 |
| | | | | 公路工程水泥及水泥混凝土试验规程 JTG E30—2005/T 0568—2005 | 1. 水泥混凝土渗透仪:应能使水压按规定方法稳定地作用在试件上;<br>2. 成型试模:上口直径 175 mm、下口直径 185 mm、高 150 mm 的锥台或上下直径与高度均为 150 mm 的圆柱体;<br>3. 螺旋加压器、烘箱、电炉、浅盘、铁锅、钢丝刷等 | | 1. 适用于检测水泥混凝土硬化后的防水性能以及测定其抗渗等级 |

**续表 2-8-2**

| 序号 | 类别(产品/项目/参数) | 产品/项目/参数 | | 依据标准(方法)名称及编号(含年号) | 仪器设备(标准物质)要求 | 环境条件要求 | 备注 |
|---|---|---|---|---|---|---|---|
| | | 序号 | 名称 | | | | |
| | | 37 | 稠度 | 普通混凝土拌和物性能试验方法标准 GB/T 50080—2016/4.1 | 1. 坍落度仪:符合现行行业标准 JG/T 248 的规定;<br>2. 钢尺:量程不应小于 300 mm,分度值不应大于 1 mm;<br>3. 底板采用平面尺寸不小于 1 500 mm × 1 500 mm、厚度不小于 3 mm 的钢板,其最大挠度不大于 3 mm | 1. 试验条件要求:20 ± 5℃, ≥50% RH | 1. 坍落度法;<br>2. 适用于骨料最大公称粒径不大于 40 mm、坍落度不小于 10 mm 的混凝土拌和物坍落度的测定 |
| | | | | 普通混凝土拌和物性能试验方法标准 GB/T 50080—2016/6 | 1. 维勃稠度仪:符合现行行业标准 JG/T 250 的规定;<br>2. 秒表:精度不应低于 0.1 s | 1. 试验条件要求:(20 ± 5)℃, ≥ 50% RH | 1. 维勃仪法。<br>2. 适用范围:<br>(1)适用于骨料最大公称粒径不大于 40 mm,维勃稠度在 5 ~ 30 s 的混凝土拌和物维勃稠度的测定;<br>(2)坍落度不大于 50 mm 或干硬性混凝土和维勃稠度大于 30 s 的特干硬性混凝土拌和物的稠度,可采用本标准附录 A 增实因数法进行测定 |
| | | | | 公路工程水泥及水泥混凝土试验规程 JTG E30—2005/T 0522—2005 | 1. 坍落度筒:符合本标准 T 0522—2005/2;<br>2. 捣棒:符合 JG/T 248—2009;<br>3. 其他:小铲、木尺、小钢尺、馒刀和钢平板等 | 1. 试验条件要求:(20 ± 5)℃ | 1. 坍落度法;<br>2. 适用于坍落度大于 10 mm,集料公称最大粒径不大于 31.5 mm 的水泥混凝土的坍落度测定 |

续表 2-8-2

| 序号 | 类别(产品/项目/参数) | 产品/项目/参数 | | 依据标准(方法)名称及编号(含年号) | 仪器设备(标准物质)要求 | 环境条件要求 | 备注 |
|---|---|---|---|---|---|---|---|
| | | 序号 | 名称 | | | | |
| | | | | 公路工程水泥及水泥混凝土试验规程 JTG E30—2005/T 0523—2005 | 1. 稠度仪(维勃仪):符合本标准 T 0523—2005/2;<br>2. 捣棒、镘刀:符合 JG/T 248—2009;<br>3. 秒表:分度值为 0.5 s | 1. 试验条件要求:(20 ± 5)℃ | 1. 维勃仪法;<br>2. 适用于集料公称最大粒径不大于 31.5 mm 的水泥混凝土及维勃时间在 5 ~ 30 s 的干稠性水泥混凝土的稠度测定 |
| | | 38 | 抗冻性能 | 普通混凝土长期性能和耐久性能试验方法标准 GB/T 50082—2009/4.2 | 1. 试件盒:采用具有弹性的橡胶材料制作,其内表面底部应有半径 3 mm 橡胶突起部分;盒内加水后水面至少高出试件顶面 5 mm;横截面尺寸为 115 mm × 115 mm,长度为 500 mm;<br>2. 快速冻融装置:符合现行行业标准 JG/T 243 的规定,除应在测温试件中埋设温度传感器外,尚应在冻融箱内防冻液中心、中心与任何一个对角线的两端分别设有温度传感器;运转时冻融箱内防冻液各点温度的极差不得超过 2 ℃;<br>3. 称量设备的最大量程为 20 kg,感量不应超过 5 g;<br>4. 混凝土动弹性模量测定仪;<br>5. 温度传感器应在 −20 ~ +20 ℃范围内测定试件中心温度,且测量精度应为 ±0.5 ℃ | | 1. 快冻法 |
| | | | | 公路工程水泥及水泥混凝土试验规程 JTG E30—2005/T 0565—2005 | 1. 快速冻融试验装置:符合本标准 T 0565—2005/2;满载运行时冻融箱内各点温度的极差不得超过 2 ℃;<br>2. 试件盒:橡胶盒(也可用不锈钢板制成),净截面尺寸为 110 mm × 110 mm,高 500 mm; | | 1. 快冻法;<br>2. 本方法特别适用于抗冻性要求高的水泥混凝土 |

**续表 2-8-2**

| 序号 | 类别(产品/项目/参数) | 产品/项目/参数 | | 依据标准(方法)名称及编号(含年号) | 仪器设备(标准物质)要求 | 环境条件要求 | 备注 |
|---|---|---|---|---|---|---|---|
| | | 序号 | 名称 | | | | |
| | | | | | 3. 动弹性模量测定仪:共振法频率测量范围 100 Hz ~ 20 kHz,其他应符合本标准 T 0564—2005/2;<br>4. 台秤:量程不小于 20 kg,感量不大于 10 g;<br>5. 热电偶电位差计:能测量试件中心温度,测量范围 − 20 ~ + 20℃,允许偏差为 ±0.5 ℃ | | 1. 快冻法;<br>2. 本方法特别适用于抗冻性要求高的水泥混凝土 |
| 五 | 砂浆 | | | | | | |
| | | 39 | 稠度 | 建筑砂浆基本性能试验方法标准 JGJ/T 70—2009/4 | 1. 砂浆稠度仪:符合 JGJ/T 70—2009/4/4.0.2;<br>2. 钢制捣棒:直径 10 mm,长度为 350 mm,端部磨圆;<br>3. 秒表 | 1. 试验室温度:(20 ±5)℃ | |
| | | 40 | 立方体抗压强度 | 建筑砂浆基本性能试验方法标准 JGJ/T 70—2009/9 | 1. 试模:符合 JGJ/T 70—2009/9/9.0.1;<br>2. 钢制捣棒:直径 10 mm,长度 350 mm,端部磨圆;<br>3. 压力试验机:精度应为 1%,试件破坏荷载应不小于压力机量程的 20%,且不应大于全量程的 80%;<br>4. 垫板:试验机上、下压板及试件之间可垫以钢垫板,垫板的尺寸应大于试件的承压面,其不平度为每 100 mm 不超过 0.02 mm;<br>5. 振动台:空载中台面的垂直振幅应为(0.5 ±0.05)mm,空载频率应为(50 ±3)Hz,空载台面振幅均匀度不应大于 10%,一次试验应至少能固定 3 个试模 | 1. 试件成型温度要求(20 ±5)℃;<br>2. 试件养护温度要求(20 ±2)℃,相对湿度 90% 以上 | |

续表 2-8-2

| 序号 | 类别(产品/项目/参数) | 产品/项目/参数 | | 依据标准(方法)名称及编号(含年号) | 仪器设备(标准物质)要求 | 环境条件要求 | 备注 |
|---|---|---|---|---|---|---|---|
| | | 序号 | 名称 | | | | |
| | | 41 | 配合比设计 | 砌筑砂浆配合比设计规程 JGJ/T 98—2010 | 1. 砂浆稠度仪:符合 JGJ/T 70—2009/4/4.0.2;<br>2. 振动台:符合 JGJ/T 70—2009/9/9.0.1;<br>3. 压力试验机:精度应为 1%,试件破坏荷载应不小于压力机量程的 20%,且不应大于全量程的 80% | 1. 试件成型温度要求(20 ± 5)℃;<br>2. 试件养护温度要求(20 ± 2)℃,相对湿度 90% 以上 | |
| | | 42 | 保水性 | 建筑砂浆基本性能试验方法标准 JGJ/T 70—2009/7 | 1. 金属或硬塑料圆环试模:内径应为 100 mm,内部高度应为 25 mm;<br>2. 可密封的取样容器:应清洁、干燥;<br>3. 2 kg 的重物;<br>4. 金属滤网:网格尺寸 45 μm,圆形,直径为(110 ± 1) mm;<br>5. 超白滤纸:中速定性滤纸;直径应为 110 mm,单位面积质量 200 $g/m^2$;<br>6. 2 片金属或玻璃的方形或圆形不透水片,边长或直径应大于 110 mm;<br>7. 天平:量程为 200 g、感量 0.1 g,量程 2 000 g、感量应为 1 g;<br>8. 烘箱 | 1. 试验室温度:(20 ± 5)℃ | |
| | | 43 | 分层度 | 建筑砂浆基本性能试验方法标准 JGJ/T 70—2009/6 | 1. 砂浆分层度筒:符合 JGJ/T 70—2009/6/6.0.2;<br>2. 振动台:振幅应为(0.5 ± 0.05) mm,频率应为(50 ± 3) Hz;<br>3. 砂浆稠度仪、木锤等 | 1. 试验室温度:(20 ± 5)℃ | |
| 六 | 孔道压浆浆液 | | | | | | |

**续表 2-8-2**

| 序号 | 类别(产品/项目/参数) | 产品/项目/参数 | | 依据标准(方法)名称及编号(含年号) | 仪器设备(标准物质)要求 | 环境条件要求 | 备注 |
|---|---|---|---|---|---|---|---|
| | | 序号 | 名称 | | | | |
| | | 44 | 后张预应力孔道压浆浆液流动度 | 公路桥涵施工技术规范 JTG/T F50—2011/附录 C3 | 1. 流动锥:(1 725 ±5) mL,水流出时间应为(8.0 ±0.2)s | | |
| | | 45 | 压降浆液自由泌水率和自由膨胀率 | 公路桥涵施工技术规范 JTG/T F50—2011/附录 C4、附录 C5 | 1. 浆液泌水率和膨胀率试验容器:用有机玻璃制成,带有密封盖,高 120 mm;<br>2. 钢丝间泌水试验容器:用有机玻璃制成,带有密封盖,内径为 100 mm,高为 160 mm;<br>3. 钢绞线:7 丝钢绞线 | | |
| | | 46 | 凝结时间 | 水泥标准稠度用水量、凝结时间、安定性检验方法 GB/T 1346—2011/8 | 1. 水泥净浆搅拌机:符合现行行业标准 JC/T 729 的要求;<br>2. 标准法维卡仪:符合 GB/T 1346—2011/4/4.2;<br>3. 量筒或滴定管:精度 ±0.5 mL;<br>4. 天平:最大称量不小于 1 000 g,分度值不大于 1 g | 1. 试验室温度为(20 ±2)℃,相对湿度应不低于 50%;<br>2. 湿气养护箱的温度为(20 ±1)℃,相对湿度不低于 90% | |
| | | 47 | 抗压强度 | 水泥胶砂强度检验方法(ISO 法) GB/T 17671—1999 | 1. 搅拌机:符合 JC/T 681—2005;<br>2. 振实台:符合 JC/T 682—2005;<br>3. 抗折强度试验机:符合 JC/T 724—2005;<br>4. 抗压强度试验机:抗压强度试验机,在较大的五分之四量程范围内使用时记录的荷载应有 ±1% 精度,并具有按(2 400 ±200) N/s 速率的加荷能力;<br>5. 抗压强度试验机用夹具:符合 JC/T 683—2005;<br>6. 天平:称量用的天平精度应为 ±1 g | 1. 试验室温度为(20 ±2)℃,相对湿度应不低于 50%;<br>2. 湿气养护箱的温度为(20 ±1)℃,相对湿度不低于 90%;<br>3. 水养温度:(20℃ ±1)℃ | 1. ISO 法 |

续表 2-8-2

| 序号 | 类别(产品/项目/参数) | 产品/项目/参数 | | 依据标准(方法)名称及编号(含年号) | 仪器设备(标准物质)要求 | 环境条件要求 | 备注 |
|---|---|---|---|---|---|---|---|
| | | 序号 | 名称 | | | | |
| | | 48 | 抗折强度 | 水泥胶砂强度检验方法(ISO 法)GB/T 17671—1999 | 1. 搅拌机:符合 JC/T 681—2005;<br>2. 振实台:符合 JC/T 682—2005;<br>3. 抗折强度试验机:符合 JC/T 724—2005;<br>4. 天平:称量用的天平精度应为 ±1g | 1. 试验室温度为(20 ±2)℃,相对湿度应不低于 50%;<br>2. 湿气养护箱的温度为(20 ±1)℃,相对湿度不低于 90%;<br>3. 水养温度:(20 ±1)℃ | 1. ISO 法 |
| 七 | 砖、砌块 | | | | | | |
| | | 49 | 尺寸测量 | 砌墙砖试验方法 GB/T 2542—2012/4 | 1. 砖用卡尺:分度值为 0.5 mm;<br>2. 钢直尺:分度值不应大于 1 mm | | 1. 适用于砌墙砖 |
| | | | | 混凝土砌块和砖试验方法 GB/T 4111—2013/4 | 1. 钢直尺或钢卷尺:分度值 1 mm | | 1. 适用于建筑工程用的混凝土小型空心砌块、混凝土实心砌块和混凝土多孔(空心)砖;水利、交通、市政等构筑物用混凝土砌块(砖)可参照执行 |
| | | | | 烧结路面砖 GB/T 26001—2010/6.3 | 1. 砖用卡尺或精度不低于 0.5 mm 的其他量具 | | 1. 适用于以页岩、煤矸石、黏土及其他矿物为主要原料,经烧结制成的,用于铺设人行道和车行道、广场、仓库、地面等的烧结路面砖 |

**续表 2-8-2**

| 序号 | 类别(产品/项目/参数) | 产品/项目/参数 | | 依据标准(方法)名称及编号(含年号) | 仪器设备(标准物质)要求 | 环境条件要求 | 备注 |
|---|---|---|---|---|---|---|---|
| | | 序号 | 名称 | | | | |
| | | 50 | 抗压强度 | 砌墙砖试验方法 GB/T 2542—2012/7 | 1. 材料试验机:示值相对误差不超过±1%,破坏荷载应在量程 20% ~80%;<br>2. 钢直尺:分度值不应大于 1 mm | 1. 不低于 10 ℃不通风室内 | 1. 适用于砌墙砖;<br>2. 包含 3 种制样情况(一次成型制样、二次成型制样、非成型制样) |
| | | | | 混凝土砌块和砖试验方法 GB/T 4111—2013/附录 A、附录 B | 1. 材料试验机:示值相对误差不应超过±1%,破坏荷载落在满量程的 20% ~80%;<br>2. 直角靠尺:分度值 1 mm;<br>3. 钢直尺:分度值 1 mm;<br>4. 游标卡尺:分度值 0.02 mm;<br>5. 塞尺:分度值 0.02 mm;<br>6. 游标量角器:分度值 0.1° | 1. 室温(20 ±5)℃;<br>2. 相对湿度(50 ±15)% | 1. 检验检测方法:<br>(1)标准法;<br>(2)取芯法。<br>2. 适用范围:<br>(1)标准法适用于建筑工程用的混凝土小型空心砌块、混凝土实心砌块和混凝土多孔(空心)砖,水利、交通、市政等构筑物用混凝土砌块(砖)可参照执行;<br>(2)取芯法适用于不规则尺寸和形状特殊混凝土块材的混凝土强度信息 |
| | | | | 蒸压粉煤灰砖 JC/T 239—2014/附录 B | 1. 材料试验机:示值误差应不大于 1%,破坏荷载在量程 20% ~80%;<br>2. 钢直尺:规格为 400 mm,分度值 1 mm | 1. 水温(20 ±5)℃,室温(20 ±5)℃;<br>2. 相对湿度(50 ±15)% | 1. 适用于工业与民用建筑用蒸压粉煤灰砖 |

续表 2-8-2

| 序号 | 类别(产品/项目/参数) | 产品/项目/参数 | | 依据标准(方法)名称及编号(含年号) | 仪器设备(标准物质)要求 | 环境条件要求 | 备注 |
|---|---|---|---|---|---|---|---|
| | | 序号 | 名称 | | | | |
| | | | | 烧结多孔砖和多孔砌块 GB/T 13544—2011/6.4 | 1. 材料试验机：示值相对误差不超过 ±1%，破坏荷载应在满量程 20% ~80%；<br>2. 钢直尺：分度值不应大于 1 mm | | 1. 适用于以黏土、页岩、煤矸石、粉煤灰、淤泥（江河湖淤泥）及其他固体废弃物等为主要原料，经焙烧制成主要用于建筑物承重部位的多孔砖和多孔砌块 |
| | | | | 蒸压加气混凝土性能试验方法 GB/T 11969—2008/3.3.1 | 1. 材料试验机：精度不应低于 ±2%，破坏荷载在满量程 20% ~80%；<br>2. 天平：称量 2 000 g、感量 1 g；<br>3. 电热鼓风干燥箱：最高温度 200 ℃；<br>4. 钢直尺：规格 300 mm，分度值不应大于 0.5 mm | 1. 干燥箱温度(60 ±5)℃，(80 ±5)℃；(105 ±5)℃ | 1. 适用于蒸压加气混凝土 |
| | | | | 蒸压粉煤灰多孔砖 GB/T 26541—2011/附录 A | 1. 材料试验机：示值误差应不大于 1%，破坏荷载应在满量程 20% ~80%；<br>2. 钢直尺：规格：400 mm，分度值 1 mm；<br>3. 直角靠尺：一端不小于 120 mm，分度值 1 mm | 1. 水温(20 ±5)℃，室温(20 ±5)℃ | 1. 适用于工业与民用建筑的承重结构用蒸压粉煤灰多孔砖 |
| | | | | 砂基透水砖 JG/T 376—2012/附录 A | 压力试验机：示值相对误差不应大于 ±1%，破坏荷载在全量程的 20% ~80% | 1. 室温水中浸泡 | 1. 适用于主要采用硅砂和有机黏结剂为原材料，经免烧结成型工艺制成，具有雨水渗透和过滤功能，使用在道路、广场、园林等场地的砂基透水砖 |

**续表 2-8-2**

| 序号 | 类别(产品/项目/参数) | 产品/项目/参数 | | 依据标准(方法)名称及编号(含年号) | 仪器设备(标准物质)要求 | 环境条件要求 | 备注 |
|---|---|---|---|---|---|---|---|
| | | 序号 | 名称 | | | | |
| | | | | 承重混凝土多孔砖 GB/T 25779—2010 附录 A | 1. 材料试验机:示值相对误差不应超过 ±1%,破坏荷载在满量程 20% ~80%;<br>2. 钢直尺:分度值 1 mm;<br>3. 直角靠尺:分度值 1 mm | 1. 制件:温度(23 ±5)℃;相对湿度不大于80%;<br>2. 养护:温度(20 ±5)℃ | 1. 适用于工业与民用建筑等承重结构用混凝土多孔砖 |
| | | | | 混凝土实心砖 GB/T 21144—2007/附录 A | 1. 材料试验机:示值相对误差不大于 ±1%,破坏荷载在满量程 20% ~80%;<br>2. 钢直尺:分度值 1 mm | 1. 温度(20 ±5)℃的不通风室内 | 1. 适用于建筑物和构筑物用的混凝土实心砖 |
| | | 51 | 抗折强度 | 砌墙砖试验方法 GB/T 2542—2012/6 | 1. 材料试验机:加荷速度应在 100 ~1 000 N/s 内可调;示值误差应不大于 1%;破坏荷载在满量程的 20% ~80%;<br>2. 抗折夹具:抗折试验的加荷形式为三点加荷,其上压辊和下支辊的曲率半径为 15 mm,下支辊应有一个为铰接固定;<br>3. 钢直尺:分度值不应大于 1 mm | 1. 水温(20 ±5)℃ | 1. 适用于砌墙砖 |
| | | | | 混凝土砌块和砖试验方法 GB/T 4111—2013/6 | 1. 材料试验机:加荷速度应在 100 ~1 000 N/s 内可调;示值误差应不大于 1%;破坏荷载在满量程的 20% ~80%;<br>2. 支撑棒和加压棒:符合 GB/T 4111—2013/6/6.1.2;<br>3. 直角靠尺:分度值 1 mm;<br>4. 钢直尺:分度值 1 mm | 1. 养护温度:(20 ±5)℃;相对湿度(50 ±15)% | 1. 适用于建筑工程用的混凝土小型空心砌块、混凝土实心砌块和混凝土多孔(空心)砖,水利、交通、市政等构筑物用混凝土砌块(砖)可参照执行 |
| | | | | 蒸压粉煤灰砖 JC/T 239—2014/附录 A | 1. 材料试验机:示值误差不应大于 1%,破坏荷载落在满量程的 20% ~80%;<br>2. 抗折夹具:抗折试验的加荷形式为三点加荷,其上压辊和下支辊的曲率半径为 15 mm,下支辊应有一个为铰接固定;<br>3. 钢直尺:规格 400 mm,分度值 1 mm | 1. 水温(20 ±5)℃ | 1. 适用于工业与民用建筑用蒸压粉煤灰砖 |

续表 2-8-2

| 序号 | 类别(产品/项目/参数) | 产品/项目/参数 | | 依据标准(方法)名称及编号(含年号) | 仪器设备(标准物质)要求 | 环境条件要求 | 备注 |
|---|---|---|---|---|---|---|---|
| | | 序号 | 名称 | | | | |
| | | | | 蒸压加气混凝土性能试验方法 GB/T 11969—2008/3.3.3 | 1. 材料试验机:精度不应低于 ±2%,破坏荷载在满量程的 20% ~80%;<br>2. 抗弯支座辊轮:符合 GB/T 11969—2008/3.3.3/3.3.3.3;<br>3. 天平:称量 2 000 g、感量 1 g;<br>4. 鼓风干燥箱:最高 200 ℃;<br>5. 钢直尺:规格 300 mm,分度值 0.5 mm | 1. 干燥箱温度(105 ±5)℃ | 1. 适用于蒸压加气混凝土 |
| | | | | 砂基透水砖 JG/T 376—2012/附录 B | 1. 抗折试验机:示值相对误差不应大于 ±1%,破坏荷载在满量程 20% ~80%;<br>2. 直径为 40 mm 的圆辊,其中一个支撑辊应能滚动,另一个支撑辊可以自由调整水平 | 1. 室温水中浸泡 | 1. 适用于主要采用硅砂和有机黏结剂为原材料,经免烧结成型工艺制成,具有雨水渗透和过滤功能,使用在道路、广场、园林等场地的砂基透水砖 |
| | | 52 | 吸水率 | 砌墙砖试验方法 GB/T 2542—2012/12 | 1. 鼓风干燥箱:最高温度 200 ℃;<br>2. 台秤:分度值不应大于 5 g;<br>3. 蒸煮箱 | 1. 水温(10 ~30)℃;<br>2. 干燥箱温度(105 ±5)℃ | 1. 适用于砌墙砖 |
| | | | | 混凝土砌块和砖试验方法 GB/T 4111—2013/8 | 1. 电热鼓风干燥箱:温控精度 ±2 ℃;<br>2. 电子秤:感量精度 0.005 kg | 1. 水温(15 ~25)℃;<br>2. 干燥箱温度(105 ±5)℃ | 1. 适用于建筑工程用的混凝土小型空心砌块、混凝土实心砌块和混凝土多孔(空心)砖,水利、交通、市政等构筑物用混凝土砌块(砖)可参照执行 |

**续表 2-8-2**

| 序号 | 类别(产品/项目/参数) | 产品/项目/参数 | | 依据标准(方法)名称及编号(含年号) | 仪器设备(标准物质)要求 | 环境条件要求 | 备注 |
|---|---|---|---|---|---|---|---|
| | | 序号 | 名称 | | | | |
| | | | | 蒸压加气混凝土性能试验方法 GB/T 11969—2008/2.4 | 1. 鼓风干燥箱:最高 200 ℃;<br>2. 天平:称量 2 000 g、感量 1 g;<br>3. 钢直尺:规格 300 mm,分度值 0.5 mm | 1. 鼓风干燥箱(60 ± 5)℃,(80 ± 5)℃,(105 ±5)℃;<br>2. 水温(20 ± 5)℃ | 1. 适用于蒸压加气混凝土 |
| | | 53 | 石灰爆裂 | 砌墙砖试验方法 GB/T 2542—2012/10 | 1. 蒸煮箱;<br>2. 钢直尺:分度值 1 mm | | 1. 适用于砌墙砖 |
| | | 54 | 饱和系数 | 砌墙砖试验方法 GB/T 2542—2012/12 | 1. 鼓风干燥箱:最高温度 200 ℃;<br>2. 台秤:分度值不应大于 5 g;<br>3. 蒸煮箱 | 1. 干燥箱温度(105 ±5)℃;<br>2. 水温 10 ~ 30 ℃ | 同上 |
| 八 | 土工及无机结合料 | | | | | | |
| | | 55 | 含水率 | 公路土工试验规程 JTG E40—2007/T 0103—1993 | 1. 烘箱:电热烘箱或温度能保持 105 ~ 110 ℃的其他能源烘箱;<br>2. 天平:称量 200 g、感量 0.01 g,称量 1 000 g、感量 0.1 g;<br>3. 干燥器、称量盒等 | | 1. 烘干法;<br>2. 适用于测定黏质土、粉质土、砂类土、砂砾石、有机质土和冻土土类的含水率 |
| | | | | 公路土工试验规程 JTG E40—2007/T 0104—1993 | 1. 天平:感量 0.01 g;<br>2. 酒精:纯度 95%;<br>3. 称量盒(定期调整为恒质量);<br>4. 滴管、火柴、调土刀等 | | 1. 酒精燃烧法;<br>2. 适用于快速简易测定细粒土(含有机质的土除外)的含水率 |

续表 2-8-2

| 序号 | 类别(产品/项目/参数) | 产品/项目/参数 | | 依据标准(方法)名称及编号(含年号) | 仪器设备(标准物质)要求 | 环境条件要求 | 备注 |
|---|---|---|---|---|---|---|---|
| | | 序号 | 名称 | | | | |
| | | | | 土工试验方法标准 GB/T 50123—2019/5.2 | 1. 烘箱:可采用电热烘箱或温度能保持105～110 ℃的其他能源烘箱;<br>2. 电子天平:称量200 g,分度值0.01 g;<br>3. 电子台秤:称量5 000 g,分度值1 g;<br>4. 干燥器、称量盒 | | 1. 烘干法;<br>2. 烘干法为室内试验的标准方法,土的有机质含量不宜大于干土质量的5%,当土中有机质含量为5%～10%时,仍允许采用本标准进行试验,但应注明有机质含量 |
| | | | | 土工试验方法标准 GB/T 50123—2019/5.3 | 1. 电子天平:称量200 g,分度值0.01 g;<br>2. 酒精:纯度不得小于95%;<br>3. 称量盒、滴管、火柴、调土刀等 | | 1. 酒精燃烧法;<br>2. 在野外无烘箱设备或要求快速测定含水率时,可用酒精燃烧法测定细粒土含水率;土的有机质含量不宜大于干土质量的5%,当土中有机质含量为5%～10%时,仍允许采用本标准进行试验,但应注明有机质含量 |
| | | 56 | 密度 | 公路土工试验规程 JTG E40—2007/T 0107—1993 | 1. 环刀:内径6～8 cm,高2～5.4 cm,壁厚1.5～2.2 mm;<br>2. 天平:感量0.1 g;<br>3. 修土刀、钢丝锯、凡士林等 | | 1. 环刀法;<br>2. 适用于细粒土 |
| | | | | 公路土工试验规程 JTG E40—2007/T 0109—1993 | 1. 天平:感量0.01 g;<br>2. 烧杯、细线、石蜡、针、削土刀等 | | 1. 蜡封法;<br>2. 适用于易破裂土和形态不规则的坚硬土 |

**续表 2-8-2**

| 序号 | 类别(产品/项目/参数) | 产品/项目/参数 | | 依据标准(方法)名称及编号(含年号) | 仪器设备(标准物质)要求 | 环境条件要求 | 备注 |
|---|---|---|---|---|---|---|---|
| | | 序号 | 名称 | | | | |
| | | | | 公路土工试验规程 JTG E40—2007/T 0110—1993 | 1. 座板:座板为中部开有圆孔,外沿呈方形或圆形的铁板,圆孔处设有环套,套孔的直径为土中所含最大石块粒径的 3 倍,环套的高度为其粒径的 5%;<br>2. 薄膜:聚乙烯塑料薄膜;<br>3. 储水桶:直径应均匀,并附有刻度;<br>4. 台称:称量 50 kg、感量 5 g | | 1. 灌水法;<br>2. 适用于现场测定粗粒土和巨粒土的密度 |
| | | | | 公路土工试验规程 JTG E40—2007/T 0111—1993 | 1. 灌砂筒:符合本标准 T 0111—1993/2;<br>2. 金属标定罐:内径 100 mm,高 150 mm 和 200 mm 的金属罐各一个,上端周围有一罐缘;<br>3. 基板:边长 350 mm、深 40 mm 的金属方盘,盘中心有一直经 100 mm 的圆孔;<br>4. 玻璃板:边长约 500 mm 的方形板;<br>5. 台称:称量 10 ~ 15 kg、感量 5 g;<br>6. 量砂:粒径 0. 25 ~ 0. 5 mm、清洁干燥的均匀砂,20 ~ 40 kg,并放置足够时间,使其与空气的湿度达到平衡 | | 1. 灌砂法;<br>2. 适用于现场测定细粒土、砂类土和砾类土的密度 |
| | | | | 土工试验方法标准 GB/T 50123—2019/6. 2 | 1. 环刀:尺寸参数应符合国家现行标准 GB/T 15406 及 SL 370 的规定;<br>2. 天平:称量 500 g、分度值 0. 1 g、称量 200 g,分度值 0. 01 g | | 1. 环刀法;<br>2. 细粒土宜采用环刀法 |
| | | | | 土工试验方法标准 GB/T 50123—2019/6. 3 | 1. 蜡封设备:应附熔蜡加热器;<br>2. 天平:称量 500 g、分度值 0. 1 g,称量 200 g、分度值 0. 01 g | | 1. 蜡封法;<br>2. 试样易碎裂、难以切削时,可用蜡封法 |

续表 2-8-2

| 序号 | 类别(产品/项目/参数) | 产品/项目/参数 | | 依据标准(方法)名称及编号(含年号) | 仪器设备(标准物质)要求 | 环境条件要求 | 备注 |
|---|---|---|---|---|---|---|---|
| | | 序号 | 名称 | | | | |
| | | 57 | 水泥或石灰剂量 | 公路工程无机结合料稳定材料试验规程 JTG E51—2009/T C809—2009 | 1. 滴定管(酸式):50 mL,1 支;<br>2. 滴定台:1 个;<br>3. 滴定管夹:1 个;<br>4. 大肚移液管:10 mL、50 mL,10 支;<br>5. 锥形瓶(即三角瓶):200 mL,20 个;<br>6. 烧杯:2 000 mL(或 1 000 mL),1 只;300 mL,10 只;<br>7. 容量瓶:1 000 mL,1 个;<br>8. 搪瓷杯:容量大于 1 200 mL,10 只;<br>9. 不锈钢棒(或粗玻璃棒):10 根;<br>10. 量筒:100 mL 和 5 mL 各 1 只,50 mL,2 只;<br>11. 棕色广口瓶:60 mL,1 只(装钙红指示剂);<br>12. 电子天平:量程不小于 1 500 g、感量 0.01 g;<br>13. 秒表:1 只;<br>14. 表面皿:$\phi$9 cm,10 个;<br>15. 研钵:$\phi$12 ~ 13 cm,1 个;<br>16. 洗耳球:1 个;<br>17. 精密试纸:pH12 ~ 14;<br>18. 聚乙烯桶:20 L(装蒸馏水和氯化铵及 EDTA 二钠标准溶液)3 个,5 L(装氢氧化钠)1 个 5 L(大口桶),10 个;<br>19. 洗瓶(塑料):500 mL,1 只 | | 1. EDTA 滴定法;<br>2. 适用于工地快速测定水泥和石灰稳定材料中水泥和石灰的计量,并可用于检查现场拌和和摊铺的均匀性,适用于在水泥终凝之前的水泥含量测定,也可用来测定水泥和石灰综合稳定材料中结合料的剂量 |
| | | 58 | 最佳含水率和最大干密度 | 公路土工试验规程 JTG E40—2007/T 0131—2007 | 1. 标准击实仪:符合本标准 T 0131—2007/2/2.1;<br>2. 烘箱及干燥器;<br>3. 天平:感量 0.01 g;<br>4. 台称:称量 10 kg、感量 5 g;<br>5. 圆孔筛:孔径 40 mm、20 mm 和 5 mm 各 1 个;<br>6. 拌和工具:400 mm × 600 mm、深 70 mm 的金属盘,土铲;<br>7. 喷水设备、碾土器、盛土盘、量筒、推土器、铝盒、修土刀、平直尺等 | | 1. 检验检测方法:<br>(1)轻型击实;<br>(2)重型击实。<br>2. 适用范围:<br>(1)轻型击实试验适用于粒径不大于 20 mm 的土;<br>(2)重型击实试验适用于粒径不大于 40 mm 的土 |

续表 2-8-2

| 序号 | 类别(产品/项目/参数) | 产品/项目/参数 | | 依据标准(方法)名称及编号(含年号) | 仪器设备(标准物质)要求 | 环境条件要求 | 备注 |
|---|---|---|---|---|---|---|---|
| | | 序号 | 名称 | | | | |
| | | | | 公路工程无机结合料稳定材料试验规程 JTG E51—2009/T 0804—1994 | 1. 击实筒:小型,内径 100 mm、高 127 mm 的金属圆筒,套环高 50 mm,底座,大型,内径 152 mm、高 170 mm 的金属圆筒,套环高 50 mm,直径 151 mm 和高 50 mm 的筒内垫块,底座;<br>2. 多功能自控电动击实仪:击锤的底面直径 50 mm,总质量 4.5 kg 击锤在导管内的总行程为 450 mm 可设置击实次数,并保证击锤自由垂直落下,落高应为 450 mm,锤迹均匀分布于试样面;<br>3. 电子天平:量程 4 000 g、感量 0.01 g;<br>4. 电子天平:量程 15 kg、感量 0.1 g;<br>5. 方孔筛:孔径 53 mm、37.5 mm、26.5 mm、19 mm、4.75 mm、2.36 mm 的筛各 1 个;<br>6. 量筒:50 mL、100 mL 和 500 mL 的量筒各 1 个;<br>7. 直刮刀:长 200 ~ 250 mm、宽 30 mm 和厚 3 mm,一侧开口的直刮刀;<br>8. 刮土刀:长 150 ~ 200 mm、宽约 20 mm 的刮刀;<br>9. 工字形刮平刀:30 mm × 50 mm × 310 mm,上下两面和侧面均刨平;<br>10. 拌和工具:约 400 mm × 600 mm × 70 mm 的长方形金属盘、拌和用平头小铲等;<br>11. 脱模器;<br>12. 烘箱;<br>13. 铝盒;<br>14. 游标卡尺 | | 1. 检验检测方法:<br>(1)甲法;<br>(2)乙法;<br>(3)丙法。<br>2. 详见本标准表 T 0804 – 1 |
| | | | | 公路工程无机结合料稳定材料试验规程 JTG E51—2009/T 0842—2009 | 1. 振动压实机:符合本标准 T 0842—2009/2/2.2;<br>2. 电子天平:量程 15 kg、感量 0.1 g,量程 4 000 g、感量 0.01 g;<br>3. 方孔筛:孔径 37.5 mm、31.5 mm、26.5 | | 1. 振动压实法 |

续表 2-8-2

| 序号 | 类别(产品/项目/参数) | 产品/项目/参数 | | 依据标准(方法)名称及编号(含年号) | 仪器设备(标准物质)要求 | 环境条件要求 | 备注 |
|---|---|---|---|---|---|---|---|
| | | 序号 | 名称 | | | | |
| | | | | | mm、19 mm、9.5 mm、4.75 mm、2.36 mm、0.6 mm 以及 0.075 mm;<br>4. 量筒:50mL、100mL 和 500mL 的量筒各 1 个;<br>5. 脱模器;<br>6. 测定含水量用的铝盒、烘箱等其他用具 | | 1. 振动压实法 |
| | | | | 土工试验方法标准 GB/T 50123—2019/13 | 1. 击实仪:符合现行国家标准 GB/T 22541 的规定,由击实筒、击锤和护筒组成;<br>2. 击实仪的击锤应配导筒,击锤与导筒间应有足够的间隙使锤能自由下落,电动操作的击锤必须有控制落距的跟踪装置和锤击点按一定角度均匀分布的装置;<br>3. 天平:称量 200 g,分度值 0.01 g;<br>4. 台秤:称量 10 kg,分度值 1 g;<br>5. 标准筛:孔径为 20 mm、5 mm | | 1. 检验检测方法:<br>(1)轻型击实;<br>(2)重型击实。<br>2. 土样粒径应小于 20 mm |
| | | 59 | 无侧限抗压强度 | 公路工程无机结合料稳定材料试验规程 JTG E51—2009/T 0805—1994 | 1. 标准养护室;<br>2. 水槽:深度应大于试件高度 50 mm;<br>3. 压力机或万能试验机(也可用路面强度试验仪和测力计):符合 GB/T 3159—2008 及 GB/T 2611—2007 中的要求,其测量精度为 ±1%,同时应具有加载速率指示装置或加载速率控制装置,上下压板平整并有足够刚度,可以均匀地连续加载卸载,可以保持固定荷载,开机停机均灵活自如,能够符合试件吨位要求,且压力机加载速率可以有效控制在 1 mm/min;<br>4. 电子天平:量程 15 kg、感量 0.1 g,量程 4 000 g、感量 0.01 g;<br>5. 量筒、拌和工具、大小铝盒、烘箱等;<br>6. 球形支座 | 1. 标准养护室温度(20 ± 2)℃,相对湿度在 95% 以上;<br>2. 水养生时水温(20 ± 2)℃ | 1. 适用于测定无机结合料稳定材料(包括稳定细粒土、中粒土和粗粒土)试件的无侧限抗压强度 |

**续表 2-8-2**

| 序号 | 类别(产品/项目/参数) | 产品/项目/参数 | | 依据标准(方法)名称及编号(含年号) | 仪器设备(标准物质)要求 | 环境条件要求 | 备注 |
|---|---|---|---|---|---|---|---|
| | | 序号 | 名称 | | | | |
| | | | | 公路土工试验规程 JTG E40—2007/T 0148—1993 | 1. 应变控制式无侧限抗压强度仪:符合本标准 T 0148—1993/2/2.1;<br>2. 切土盘:符合本标准 T 0148—1993/2/2.2;<br>3. 重塑筒:筒身可拆为两半,内径 40 mm、高 100 mm;<br>4. 百分表:量程 10 mm,分度值 0.01 mm;<br>5. 天平(感量 0.1 g)、秒表、卡尺、直尺、削土刀、钢丝锯、塑料布、金属垫板、凡士林等 | | 1. 适用于测定饱和软黏土的无侧限抗压强度及灵敏度 |
| | | | | 土工试验方法标准 GB/T 50123—2019/20 | 1. 应变控制式无侧限压缩仪:符合 GB/T 50123—2019/20/20.2/20.2.1;<br>2. 位移传感器或位移计(百分表):量程 30 mm、分度值 0.01 mm;<br>3. 天平:称量 1 000 g,分度值 0.1 g | | 1. 土样应为饱和软黏土;<br>2. 本试验方法加荷方式应为应变控制式 |
| | | 60 | 石灰有效氧化钙、氧化镁含量 | 公路工程无机结合料稳定材料试验规程 JTG E51—2009/T 0813—1994 | 1. 方孔筛:0.15 mm,1 个;<br>2. 烘箱:50 ~ 250 ℃,1 台;<br>3. 干燥器:φ25 cm,1 个;<br>4. 称量瓶:φ30 mm × 50 mm,10 个;<br>5. 瓷研钵:φ12 ~ 13 cm,1 个;<br>6. 分析天平:量程不小于 50 g、感量 0.000 1 g,1 台;<br>7. 电子天平:量程不小于 500 g、感量 0.01 g,1 台;<br>8. 电炉:1 500 W,1 个;<br>9. 石棉网:20 cm × 20 cm,1 块;<br>10. 玻璃珠:φ3 mm,1 袋(0.25 kg);<br>11. 具塞三角瓶:250 mL,20 个;<br>12. 漏斗:短颈,3 个;<br>13. 塑料洗瓶:1 个;<br>14. 塑料桶:20 L,1 个; | | 1. 简易测定法;<br>2. 适用于氧化镁含量在 5% 以下的低镁石灰 |

续表 2-8-2

| 序号 | 类别(产品/项目/参数) | 产品/项目/参数 | | 依据标准(方法)名称及编号(含年号) | 仪器设备(标准物质)要求 | 环境条件要求 | 备注 |
|---|---|---|---|---|---|---|---|
| | | 序号 | 名称 | | | | |
| | | 60 | 石灰有效氧化钙、氧化镁含量 | 公路工程无机结合料稳定材料试验规程 JTG E51—2009/T 0813—1994 | 15. 下口蒸馏水瓶:5 000 mL,1 个;<br>16. 三角瓶:300 mL,10 个;<br>17. 容量瓶:250 mL、1 000 mL,各 1 个;<br>18. 量筒:200 mL、100 mL、50 mL、5 mL,各 1 个;<br>19. 试剂瓶:250 mL、1 000 mL,各 5 个;<br>20. 塑料试剂瓶:1 L,1 个;<br>21. 烧杯:50 mL,5 个;250 mL(或 300 mL),10 个;<br>22. 棕色广口瓶:60 mL,4 个;250 mL,5 个;<br>23. 滴瓶:60 mL,3 个;<br>24. 酸滴定管:50 mL,2 支;<br>25. 滴定台及滴定管夹:各 1 套;<br>26. 大肚移液管:25 mL、50 mL,各 1 支;<br>27. 表面皿:7 cm,10 块;<br>28. 玻璃棒:8 mm×250 mm 级 4 mm×180 mm,各 10 支;<br>29. 试剂勺:5 个;<br>30. 吸水管:8 mm×150 mm,5 支;<br>31. 洗耳球:大、小各 1 个 | | 1. 简易测定法;<br>2. 适用于氧化镁含量在 5% 以下的低镁石灰 |
| | | 61 | 界限含水率 | 公路土工试验规程 JTG E40—2007/T 0118—2007 | 1. 液限和塑限联合测定仪:圆锥质量为 100 g 或 76 g,锥角为 30°,读数显示形式宜采用光电式、数码式、游标式、百分表式;<br>2. 盛土杯:直径 50 mm,深度 40~50 mm;<br>3. 天平:称量 200 g、感量 0.01 g;<br>4. 筛(孔径 0.5 mm)、调土刀、调土皿、称量盒、研钵(附带橡皮头的研杵或橡皮板、木棒)、干燥器、吸管、凡士林等 | | 1. 液限和塑限联合测定法;<br>2. 适用于粒径不大于 0.5 mm、有机质含量不大于试样总质量 5% 的土 |

**续表 2-8-2**

| 序号 | 类别(产品/项目/参数) | 产品/项目/参数 | | 依据标准(方法)名称及编号(含年号) | 仪器设备(标准物质)要求 | 环境条件要求 | 备注 |
|---|---|---|---|---|---|---|---|
| | | 序号 | 名称 | | | | |
| | | | | 土工试验方法标准 GB/T 50123—2019/9.2 | 1. 液塑限联合测定仪:符合 GB/T 50123—2019/9.2/9.2.1;<br>2. 试样杯:直径 40 ~50 mm,高 30 ~40 mm;<br>3. 天平:称量 200 g,分度值 0.01 g;<br>4. 筛:孔径 0.5 mm;<br>5. 烘箱、干燥缸、铝盒、调土刀、凡士林 | | 1. 液限和塑限联合测定法;<br>2. 土的粒径应小于 0.5 mm 以及有机质含量不大于干土质量的 5% |
| | | 62 | 水泥(石灰)稳定土配合比设计 | 公路路面基层施工技术细则 JTG/T F20—2015/4.5、4.6、4.7<br>公路工程无机结合料稳定材料试验规程 JTG E51—2009/T 0804—1994、T 0805—1994 | 1. 标准击实仪:符合 JTG E40—2007/T 0131—2007/2;<br>2. 烘箱及干燥器;<br>3. 标准养护室;<br>4. 压力机或万能试验机:符合 JTG E51—2009/T 0805—1994/2;<br>5. 电子天平:量程 15 kg、感量 0.1 g,量程 4 000 g、感量 0.01 g | 1. 标准养护室温度(20 ± 2)℃,相对湿度在 95% 以上;<br>2. 水养生时水温(20 ± 2)℃ | |
| | | 63 | 回弹模量 | 公路土工试验规程 JTG E40—2007/T 0135—1993 | 1. 杠杆压力仪:符合本标准 T 0135—1993/2;<br>2. 承载板:符合本标准 T 0135—1993/2;<br>3. 试筒:符合本标准 T 0135—1993/2;<br>4. 量表:千分表 2 块;<br>5. 秒表:1 只 | | 1. 承载板法;<br>2. 适用于不同湿度和密度的细粒土 |
| | | | | 公路土工试验规程 JTG E40—2007/T 0136—1993 | 1. 路面材料强度仪:符合本标准 T 0136—1993/2;<br>2. 试筒:符合本标准 T 0136—1993/2;<br>3. 承载板:符合本标准 T 0136—1993/2;<br>4. 量表支杆及表夹:符合本标准 T 0136—1993/2;<br>5. 量表:千分表 2 块;<br>6. 秒表:1 只 | | 1. 强度仪法;<br>2. 适用于不同湿度、密度的细粒土及其加固土 |

续表 2-8-2

| 序号 | 类别(产品/项目/参数) | 产品/项目/参数 | | 依据标准(方法)名称及编号(含年号) | 仪器设备(标准物质)要求 | 环境条件要求 | 备注 |
|---|---|---|---|---|---|---|---|
| | | 序号 | 名称 | | | | |
| | | | | 土工试验方法标准 GB/T 50123—2019/15.2 | 1. 杠杆压力仪:最大压力 1 500 N,其他符合 GB/T 50123—2019/15.2/15.2.1;<br>2. 试样筒:内径 152 mm,高 166 mm 的金属圆筒,但在夯击底板的立柱连接的缺口板上多一个内径 5 mm、深 5 mm 的螺丝孔,用来安装千分表支架;<br>3. 护筒:高 50 mm;<br>4. 筒内垫块:直径 151 mm,高 50 mm,夯击底板与击实仪同;<br>5. 承载板:直径 50 mm,高 80 mm;<br>6. 千分表:2 只,量程 2.0 mm,分度值 0.001 mm;<br>7. 秒表:分度值 0.1 s | | 1. 杠杆压力仪法;<br>2. 土样粒径应小于 20 mm,用于含水率较大、硬度较小的试样 |
| | | | | 土工试验方法标准 GB/T 50123—2019/15.3 | 1. 路面材料强度仪:符合 GB/T 50123—2019/14/14.2.1;<br>2. 试样筒:内径 152 mm、高 166 mm 的金属圆筒,但在夯击底板的立柱连接的缺口板上多一个内径 5 mm、深 5 mm 的螺丝孔,用来安装千分表支架;<br>3. 承载板:直径 50 mm,高 80 mm;<br>4. 千分表(量表)支杆与表夹:支杆长 200 mm,直径 10 mm,一端带有长 5 mm 与试样筒上螺丝孔连接的螺丝杆,表夹可用钢制,也可用硬塑料制成 | | 1. 强度仪法;<br>2. 土样粒径应小于 20 mm |

**续表 2-8-2**

| 序号 | 类别(产品/项目/参数) | 产品/项目/参数 | | 依据标准(方法)名称及编号(含年号) | 仪器设备(标准物质)要求 | 环境条件要求 | 备注 |
|---|---|---|---|---|---|---|---|
| | | 序号 | 名称 | | | | |
| | | 64 | 承载比(CBR) | 公路土工试验规程 JTG E40—2007/T 0134—1993 | 1. 圆孔筛:孔径 40 mm、20 mm 及 5 mm 筛各 1 个;<br>2. 试筒:符合本标准 T 0134—1993/2;<br>3. 夯锤和导管:夯锤的底面直径 50 mm,总质量 4.5 kg,夯锤在导管内的总行程为 450 mm;<br>4. 贯入杆:端面直径 50 mm、长约 100 mm 的金属柱;<br>5. 路面材料强度仪或其他荷载装置:符合本标准 T 0134—1993/2;<br>6. 百分表:3 个;<br>7. 试件顶面上的多孔板:符合本标准 T 0134—1993/2;<br>8. 多孔底板;<br>9. 测膨胀量时支撑百分表的架子:符合本标准 T 0134—1993/2,或采用压力传感器测试;<br>10. 荷载板:符合本标准 T 0134—1993/2;<br>11. 台秤:感量为试件用量的 0.1%;<br>12. 水槽:槽内水面应高出试件顶面 25 mm;<br>13. 拌和盘、直尺、滤纸、脱模器等 | | 1. 适用于在规定的试筒内制件后,对各种土和路面基层、底基层材料进行承载比试验;<br>2. 试样的最大粒径宜控制在 20 mm 以内,最大不得超过 40 mm 且含量不超过 5% |
| | | | | 土工试验方法标准 GB/T 50123—2019/14 | 1. 击实仪:符合 GB/T 50123—2019/14/14.2/14.2.1;<br>2. 贯入仪:符合 GB/T 50123—2019/14/14.2/14.2.1;<br>3. 标准筛:孔径为 20 mm、5 mm;<br>4. 台秤:称量 20 kg,分度值 1 g;<br>5. 天平:称量 200 g,分度值 0.01 g | | 1. 土样粒径应小于 20 mm;<br>2. 本试验应采用重型击实法将扰动土在规定试样筒内制样后进行试验 |
| | | 65 | 有机质含量 | 公路土工试验规程 JTG E40—2007/T 0151—1993 | 1. 分析天平:称量 200 g;<br>2. 电炉:附自动控温调节器;<br>3. 油浴锅:应带铁丝笼;<br>4. 温度计:0 ~ 250 ℃,精度 1 ℃ | | 1. 适用于有机质含量不超过 15% 的土 |

**续表 2-8-2**

| 序号 | 类别(产品/项目/参数) | 产品/项目/参数 | | 依据标准(方法)名称及编号(含年号) | 仪器设备(标准物质)要求 | 环境条件要求 | 备注 |
|---|---|---|---|---|---|---|---|
| | | 序号 | 名称 | | | | |
| | | | | 土工试验方法标准 GB/T 50123—2019/56 | 1. 分析天平:称量 200 g,分度值 0.000 1 g;<br>2. 油浴锅:内盛甘油或植物油并应带铁丝笼;<br>3. 温度计:量程 0～200 ℃,分度值 0.5 ℃;<br>4. 酸式滴定管、三角瓶、硬质试管、小漏斗、试管夹 | | |
| | | 66 | 颗粒分析 | 公路土工试验规程 JTG E40—2007/T 0115—1993 | 1. 标准筛:粗筛(圆孔)孔径为 60 mm、40 mm、20 mm、10 mm、5 mm、2 mm,细筛孔径为 2.0 mm、1.0 mm、0.5 mm、0.25 mm、0.075 mm;<br>2. 天平:称量 5 000 g、感量 5 g,称量 1 000 g、感量 1 g,称量 200 g、感量 0.2 g;<br>3. 摇筛机;<br>4. 烘箱、筛刷、烧杯、木碾、研钵及杵等 | | 1. 筛分法;<br>2. 适用于分析粒径大于 0.075 mm 的土颗粒组成,对于粒径大于 60 mm 的土样不适用 |
| | | | | 公路土工试验规程 JTG E40—2007/T 0116—2007 | 1. 甲种密度计:刻度单位以 20 ℃时每 1 000 mL 悬液内所含土质量的克数表示,刻度为 -5～50,最小分度值为 0.5;<br>2. 乙种密度计:刻度单位以 20 ℃时悬液的比重表示,刻度为 0.995～1.020,最小分度值为 0.000 2;<br>3. 量筒:容积为 1 000 mL,内径为 60 mm,高度为(350 ± 10)mm,刻度为 0～1 000 mL;<br>4. 细筛:孔径为 2 mm、0.5 mm、0.25 mm,洗筛:孔径为 0.075 mm;<br>5. 天平:称量 100 g、感量 0.1 g,称量 100 g(或 200 g)、感量 0.01 g;<br>6. 温度计:测量范围 0～50 ℃,精度 0.5 ℃;<br>7. 洗筛漏斗:上口直径略大于洗筛直径,下口直径略小于量筒直径; | | 1. 密度计法;<br>2. 适用于分析粒径小于 0.075 mm 的细粒土 |

**续表 2-8-2**

| 序号 | 类别(产品/项目/参数) | 产品/项目/参数 | | 依据标准(方法)名称及编号(含年号) | 仪器设备(标准物质)要求 | 环境条件要求 | 备注 |
|---|---|---|---|---|---|---|---|
| | | 序号 | 名称 | | | | |
| | | | | | 8. 煮沸设备:电热板或电砂浴;<br>9. 搅拌器:底板直径 50 mm,孔径约 3 mm;<br>10. 离心机、烘箱、三角烧瓶(500 mL)、烧杯(400 mL)、蒸发皿、研钵、木碾、称量铝盒、秒表等 | | |
| | | | | 土工试验方法标准 GB/T 50123—2019/8.2 | 1. 试验筛:符合现行国家标准 GB/T 6003.1 的规定;<br>2. 天平:称量 1 000 g、分度值 0.1 g,称量 200 g、分度值 0.01 g;<br>3. 台秤:称量 5 kg,分度值 1 g;<br>4. 振筛机:符合现行行业标准 DZ/T 0118 的规定 | | 1. 筛析法;<br>2. 适用于粒径为 0.075 ~60 mm 的土 |
| | | | | 土工试验方法标准 GB/T 50123—2019/8.3 | 1. 密度计:甲种刻度单位以 20 ℃时每1 000 mL 悬液内所含土质量的克数表示,刻度为 −5 ~ 50,分度值为 0.5,乙种刻度单位以 20 ℃时悬液的比重表示,刻度为 0.995 ~ 1.020,分度值为 0.000 2;<br>2. 量筒:高约 45 cm,直径约 6 cm,容积1 000 mL;刻度为 0 ~ 1 000 mL,分度值为 10 mL;<br>3. 试验筛:细筛孔径为 2 mm、1 mm、0.5 mm、0.25 mm、0.15 mm,洗筛孔径为 0.075 mm;<br>4. 天平:称量 200 g,分度值 0.01 g;<br>5. 温度计:刻度 0 ~ 50 ℃,分度值 0.5 ℃;<br>6. 洗筛漏斗:直径略大于洗筛直径,使洗筛恰可套入漏斗中;<br>7. 搅拌器:轮径 50 mm、孔径约 3 mm,杆长约 400 mm,带旋转叶;<br>8. 煮沸设备:附冷凝管 | | 1. 密度计法;<br>2. 适用于粒径小于 0.075 mm 的土 |

续表 2-8-2

| 序号 | 类别(产品/项目/参数) | 产品/项目/参数 | | 依据标准(方法)名称及编号(含年号) | 仪器设备(标准物质)要求 | 环境条件要求 | 备注 |
|---|---|---|---|---|---|---|---|
| | | 序号 | 名称 | | | | |
| | | | | 土工试验方法标准 GB/T 50123—2019/8.4 | 1. 移液管:容积 25 mL;<br>2. 小烧杯:容积 50 mL;<br>3. 天平:称量 200 g,分度值 0.001 g;<br>4. 温度计:刻度 0 ~ 50 ℃,分度值 0.5 ℃;<br>5. 洗筛漏斗:直径略大于洗筛直径,使洗筛恰可套入漏斗中;<br>6. 搅拌器:轮径 50 mm、孔径约 3 mm,杆长约 400 mm,带旋转叶;<br>7. 煮沸设备:附冷凝管 | | 1. 移液管法;<br>2. 适用于粒径小于 0.075 mm 的土 |
| 九 | 沥青、改性沥青 | | | | | | |
| | | 67 | 软化点 | 公路工程沥青及沥青混合料试验规程 JTG E20—2011/T 0606—2011 | 1. 软化点试验仪:符合本标准 T 0606—2011/2/2.1;<br>2. 恒温水槽:控温准确度为 ±0.5 ℃ | | 1. 环球法 |
| | | 68 | 延度 | 公路工程沥青及沥青混合料试验规程 JTG E20—2011/T 0605—2011 | 1. 延度仪:符合本标准 T 0605—2011/2/2.1;<br>2. 试模:黄铜制,由两个端模和两个侧模组成,试模内侧表面粗糙度 Ra0.2 μm;<br>3. 恒温水槽:控温准确度为 0.1 ℃;<br>4. 温度计:量程 0 ~ 50 ℃,分度值 0.1 ℃ | 1. 试验温度为 5 ℃、10 ℃、15 ℃、25 ℃ | |
| | | 69 | 针入度 | 公路工程沥青及沥青混合料试验规程 JTG E20—2011/T 0604—2011 | 1. 针入度仪、标准针、盛样皿:符合本标准 T 0604—2011/2/2.1、2.2、2.3;<br>2. 恒温水槽:容量不小于 10 L,控温准确度为 0.1 ℃,水槽中应设有一带孔的搁架,位于水面下不得小于 100 mm,距水槽底不得小于 50 mm | 1. 试验温度为 15 ℃、25 ℃、30 ℃ | |

续表 2-8-2

| 序号 | 类别(产品/项目/参数) | 产品/项目/参数 | | 依据标准(方法)名称及编号(含年号) | 仪器设备(标准物质)要求 | 环境条件要求 | 备注 |
|---|---|---|---|---|---|---|---|
| | | 序号 | 名称 | | | | |
| | | 70 | 闪点与燃点 | 公路工程沥青及沥青混合料试验规程 JTG E20—2011/T 0611—2011 | 1. 克利夫兰开口杯式闪点仪:符合本标准 T 0611—2011/2/2.1;<br>2. 防风屏:金属薄板制,三面将仪器围住挡风,内壁涂成黑色,高约 600 mm;<br>3. 电炉或燃气炉:控制加热试样的升温速度为 14 ~ 17 ℃/min、(5.5 ±0.5)℃/min | 1. 全部装置应置于室内光线较暗且无显著空气流通的地方,并用防风屏三面围护 | 1. 克利夫兰开口杯法 |
| | | 71 | 沥青蒸发损失 | 公路工程沥青及沥青混合料试验规程 JTG E20—2011/T 0608—2011 | 1. 烘箱或薄膜加热烘箱:符合本标准 T 0608—2011/2/2.1;<br>2. 盛样皿:金属或硬玻璃制,内径(55 ±1) mm,深(35 ±1)mm;<br>3. 温度计:量程 0 ~ 200 ℃,分度值 0.5 ℃;<br>4. 分析天平:感量不大于 1 mg | 1. 试验温度:(163 ±1)℃ | |
| | | 72 | 标准黏度 | 公路工程沥青及沥青混合料试验规程 JTG E20—2011/T 0621—2011 | 1. 道路沥青标准黏度计:符合本标准 T 0621—2011/2/2.1;<br>2. 秒表:分度值 0.1 s;<br>3. 循环恒温水槽:能使水温保持在试验温度 ±0.1 ℃ | | 1. 道路沥青标准黏度计法 |
| | | 73 | 沥青密度 | 公路工程沥青及沥青混合料试验规程 JTG E20—2011/T 0603—2011 | 1. 恒温水槽:控温准确度为 0.1 ℃;<br>2. 烘箱:200 ℃,温度自动调节器;<br>3. 天平:感量不大于 1 mg;<br>4. 沥青比重瓶:容积为 20 ~ 30 mL,质量不超过 40 g;<br>5. 温度计:量程 0 ~ 50 ℃,分度值 0.1 ℃ | 1. 试验温度为 25 ℃ 和 15 ℃ | |
| | | 74 | 质量变化 | 公路工程沥青及沥青混合料试验规程 JTG E20—2011/T 0609—2011、T 0610—2011 | 1. 薄膜加热烘箱、盛样皿:符合本标准 T 0609—2011/2/2.1、2.2;<br>2. 旋转薄膜烘箱、盛样瓶:符合本标准 T 0610—2011/2/2.1、2.2;<br>3. 温度计:量程 0 ~ 200 ℃,分度值 0.5 ℃;<br>4. 分析天平:感量不大于 1 mg | 1. 沥青薄膜加热试验温度:(163 ±1)℃;<br>2. 沥青旋转薄膜加热试验温度:(163 ± 0.5)℃ | 1. 检验检测方法:<br>(1)沥青薄膜加热试验;<br>(2)沥青旋转薄膜加热试验 |

**续表 2-8-2**

| 序号 | 类别(产品/项目/参数) | 产品/项目/参数 | | 依据标准(方法)名称及编号(含年号) | 仪器设备(标准物质)要求 | 环境条件要求 | 备注 |
|---|---|---|---|---|---|---|---|
| | | 序号 | 名称 | | | | |
| | | 75 | 残留物针入度比 | 公路工程沥青及沥青混合料试验规程 JTG E20—2011/T 0609—2011、T 0610—2011 | 1. 薄膜加热烘箱、盛样皿:符合本标准 T 0609—2011/2/2.1、2.2;<br>2. 旋转薄膜烘箱、盛样瓶:符合本标准 T 0610—2011/2/2.1、2.2;<br>3. 针入度仪、标准针、盛样皿:符合本标准 T 0604—2011/2/2.1、2.2、2.3 | 同上 | 同上 |
| | | 76 | 软化点增值 | 公路工程沥青及沥青混合料试验规程 JTG E20—2011/T 0609—2011、T 0610—2011 | 1. 薄膜加热烘箱、盛样皿:符合本标准 T 0609—2011/2/2.1、2.2;<br>2. 旋转薄膜烘箱、盛样瓶:符合本标准 T 0610—2011/2/2.1、2.2;<br>3. 软化点试验仪:符合本标准 T 0606—2011/2 /2.1 | 同上 | 同上 |
| | | 77 | 60 ℃黏度比 | 公路工程沥青及沥青混合料试验规程 JTG E20—2011/T 0609—2011、T 0610—2011 | 1. 薄膜加热烘箱、盛样皿:符合本标准 T 0609—2011/2/2.1、2.2;<br>2. 旋转薄膜烘箱、盛样瓶:符合本标准 T 0610—2011/2/2.1、2.2;<br>3. 动力黏度仪:符合本标准 T 0620—2011/2/2.1 ~ 2.8 | 同上 | 同上 |
| | | 78 | 老化指数 | 公路工程沥青及沥青混合料试验规程 JTG E20—2011/T 0609—2011、T 0610—2011 | 1. 薄膜加热烘箱、盛样皿:符合本标准 T 0609—2011/2/2.1、2.2;<br>2. 旋转薄膜烘箱、盛样瓶:符合本标准 T 0610—2011/2/2.1、2.2;<br>3. 动力黏度仪:符合本标准 T 0620—2011/2/2.1 ~ 2.8 | 同上 | 同上 |

**续表 2-8-2**

| 序号 | 类别(产品/项目/参数) | 产品/项目/参数 | | 依据标准(方法)名称及编号(含年号) | 仪器设备(标准物质)要求 | 环境条件要求 | 备注 |
|---|---|---|---|---|---|---|---|
| | | 序号 | 名称 | | | | |
| | | 79 | 蜡含量 | 公路工程沥青及沥青混合料试验规程 JTG E20—2011/T 0615—2011 | 1. 含蜡量测定仪:符合本标准 T 0615—2011/2/2.1~2.4;<br>2. 立式可调高温炉:恒温(550±10)℃;<br>3. 分析天平:感量不大于0.1 mg、0.1 g 各1台;<br>4. 温度计:量程 -30~+60 ℃,分度值0.5 ℃;<br>5. 烘箱:控制温度(100±5)℃ | 1. 试验温度(20±0.5)℃ | 1. 蒸馏法 |
| | | 80 | 沥青弹性恢复率 | 公路工程沥青及沥青混合料试验规程 JTG E20—2011/T 0662—2000 | 1. 试模:采用延度试验所用试模,但中间部分换为直线侧模,制作的试件截面面积为1 $cm^2$;<br>2. 水槽:保持规定的试验温度,变化不超过0.1 ℃,容积不小于10 L,高度满足试件浸没深度不小于10 cm,离水槽底部不小于5 cm;<br>3. 延度试验机:符合本标准 T 0605—2011/2/2.1 | 1. 试验温度(25±0.1)℃ | |
| 十 | 乳化沥青、改性乳化沥青 | | | | | | |
| | | 81 | 蒸发残留物含量 | 公路工程沥青及沥青混合料试验规程 JTG E20—2011/T 0651—1993 | 1. 试验容器:容量1 500 mL、高约60 mm、壁厚0.5~1 mm的金属盘,也可小铝锅或瓷蒸发皿代替;<br>2. 天平:感量不大于1 g;<br>3. 烘箱:装有温度控制器;<br>4. 电炉或燃气炉:有石棉垫 | 1. 试验温度:(163±3.0)℃ | |

续表 2-8-2

| 序号 | 类别(产品/项目/参数) | 产品/项目/参数 | | 依据标准(方法)名称及编号(含年号) | 仪器设备(标准物质)要求 | 环境条件要求 | 备注 |
|---|---|---|---|---|---|---|---|
| | | 序号 | 名称 | | | | |
| | | 82 | 筛上剩余量 | 公路工程沥青及沥青混合料试验规程 JTG E20—2011/T 0652—1993 | 1. 滤筛:筛孔为 1.18 mm;<br>2. 金属盘:尺寸不小于 100 mm;<br>3. 天平:感量不大于 0.1 g;<br>4. 烧杯:750 mL 和 2 000 mL;<br>5. 烘箱:装有温度控制器 | 1. 过滤通常在室温条件下进行,如乳液稠度大,可将试样在水槽上加热至 50 ℃左右后过滤 | 1. 非经注明,筛孔尺寸为 1.18 mm |
| | | 83 | 储存稳定性 | 公路工程沥青及沥青混合料试验规程 JTG E20—2011/T 0655—1993 | 1. 沥青乳液稳定性试验管:符合本标准 T 0655—1993/2/2.1;<br>2. 天平:感量不大于 0.1 g;<br>3. 滤筛:筛孔为 1.18 mm;<br>4. 电炉或电热板 | 1. 储存温度为室温,时间可为 1 d 或 5 d | |
| | | 84 | 乳化沥青与水泥拌和(筛上残留物含量) | 公路工程沥青及沥青混合料试验规程 JTG E20—2011/T 0657—2011 | 1. 标准筛:方孔筛 0.15 mm;<br>2. 滤筛:筛孔为 1.18 mm;<br>3. 拌和容器:金属或搪瓷盘,容量约 500 mL;<br>4. 搅拌棒:直径约 10 mm,具有圆头的金属棒;<br>5. 天平:感量不大于 0.1 g;<br>6. 烘箱:有温度自动控制调节器、鼓风装置,控温范围(105 ±5)℃ | | 1. 适用于非离子慢裂乳化沥青与水泥材料的拌和试验 |
| | | 85 | 破乳速度 | 公路工程沥青及沥青混合料试验规程 JTG E20—2011/T 0658—1993 | 1. 拌和锅:容量约 1 000 mL;<br>2. 天平:感量不大于 0.1 g;<br>3. 标准筛:方孔筛 4.75 mm、2.36 mm、0.6 mm、0.3 mm、0.075 mm | | |
| | | 86 | 乳化沥青与矿料的拌和 | 公路工程沥青及沥青混合料试验规程 JTG E20—2011/T 0659—1993 | 1. 拌和锅:容量约 1 000 mL,金属制,球形底有手柄;<br>2. 金属匙:长约 250 mm;<br>3. 烘箱;<br>4. 天平:感量不大于 0.1 g;<br>5. 标准筛:方孔筛 4.75 mm、2.36 mm、0.6 mm、0.15 mm、0.075 mm | 1. 试验温度:(25 ±5)℃ | |

**续表 2-8-2**

| 序号 | 类别(产品/项目/参数) | 产品/项目/参数 | | 依据标准(方法)名称及编号(含年号) | 仪器设备(标准物质)要求 | 环境条件要求 | 备注 |
|---|---|---|---|---|---|---|---|
| | | 序号 | 名称 | | | | |
| | | 87 | 乳化沥青与粗集料的黏附性 | 公路工程沥青及沥青混合料试验规程 JTG E20—2011/T 0654—1993 | 1. 标准筛：方孔筛 31.5 mm、19.0 mm、13.2 mm；<br>2. 滤筛：筛孔为 1.18 mm、0.6 mm；<br>3. 烧杯：400 mL、1 000 mL；<br>4. 烘箱：有温度自动控制调节器、鼓风装置，控温范围(105 ±5)℃；<br>5. 天平：感量不大于 0.1 g | | 1. 检验检测方法：<br>(1)水煮法；<br>(2)浸泡法。<br>2. 适用范围：<br>(1)水煮法适用阳离子乳化沥青；<br>(2)浸泡法适用阴离子乳化沥青和非离子乳化沥青 |
| 十一 | 沥青混合料 | | | | | | |
| | | 88 | 配合比设计 | 公路沥青路面施工技术规范 JTG F40—2004/附录 B | 1. 自动击实仪、试验室用沥青混合料拌和机：符合本标准 T 0702—2011/2/2.1、2.2；<br>2. 脱模器：电动或手动，应能无破损地推出圆柱体试件，备有标准试件及大型试件尺寸的推出环；<br>3. 沥青混合料马歇尔试验仪：符合本标准 T 0709—2011/2/2.1；<br>4. 恒温水槽：控温准确至 1 ℃，深度不小于 150 mm；<br>5. 天平或电子秤：称沥青的感量不大于 0.1 g，称矿料的感量不大于 0.5 g | | |
| | | 89 | 沥青混合料马歇尔稳定度 | 公路工程沥青及沥青混合料试验规程 JTG E20—2011/T 0709—2011 | 1. 沥青混合料马歇尔试验仪：符合本标准 T 0709—2011/2/2.1；<br>2. 恒温水槽：控温准确至 1 ℃，深度不小于 150 mm；<br>3. 真空饱水容器：包括真空泵及真空干燥器；<br>4. 天平：感量不大于 0.1 g；<br>5. 温度计：分度值 1 ℃ | 1. 黏稠石油沥青及烘箱养生过的乳化沥青混合料(60 ±1)℃，煤沥青混合料为(33.8 ±1)℃，空气养生的乳化沥青或液体沥青混合料为(25 ±1)℃ | 1. 适用于按本标准 T 0702—2011 成型的标准马歇尔试件圆柱体和大型马歇尔试件圆柱体 |

续表 2-8-2

| 序号 | 类别(产品/项目/参数) | 产品/项目/参数 | | 依据标准(方法)名称及编号(含年号) | 仪器设备(标准物质)要求 | 环境条件要求 | 备注 |
|---|---|---|---|---|---|---|---|
| | | 序号 | 名称 | | | | |
| | | 90 | 流值 | 公路工程沥青及沥青混合料试验规程 JTG E20—2011/T 0709—2011 | 同上 | 同上 | 同上 |
| | | 91 | 密度 | 公路工程沥青及沥青混合料试验规程 JTG E20—2011/T 0705—2011 | 1. 浸水天平或电子天平:最大称量在 3 kg 以下时感量不大于 0.1 g,最大称量在 3 kg 以上时感量不大于 0.5 g,应有测量水中重的挂钩;<br>2. 网篮;<br>3. 溢流水箱:有水位溢流装置,保持试件和网篮浸入水中后的水位一定,能调水温(25±0.5)℃;<br>4. 试件悬挂装置:天平下方悬挂网篮和试件的装置,吊线采用足够长度不吸水的细尼龙线绳;<br>5. 秒表;<br>6. 电风扇或烘箱 | 1. 试验标准温度:(25 ± 0.5)℃ | 1. 表干法;<br>2. 适用于测定吸水率不大于 2% 的各种沥青混合料试件 |
| | | | | 公路工程沥青及沥青混合料试验规程 JTG E20—2011/T 0706—2011 | 1. 浸水天平或电子天平:最大称量在 3 kg 以下时感量不大于 0.1 g,最大称量在 3 kg 以上时感量不大于 0.5 g,应有测量水中重的挂钩;<br>2. 网篮;<br>3. 溢流水箱:有水位溢流装置,保持试件和网篮浸入水中后的水位一定,能调水温(25±0.5)℃;<br>4. 试件悬挂装置:天平下方悬挂网篮和试件的装置,吊线采用足够长度不吸水的细尼龙线绳;<br>5. 秒表;<br>6. 电风扇或烘箱 | 1. 试验标准温度:(25 ± 0.5)℃ | 1. 水中重法;<br>2. 适用于测定吸水率小于 0.5% 的密实沥青混合料试件 |

**续表 2-8-2**

| 序号 | 类别(产品/项目/参数) | 产品/项目/参数 | | 依据标准(方法)名称及编号(含年号) | 仪器设备(标准物质)要求 | 环境条件要求 | 备注 |
|---|---|---|---|---|---|---|---|
| | | 序号 | 名称 | | | | |
| | | | | 公路工程沥青及沥青混合料试验规程 JTG E20—2011/T 0707—2011 | 1. 浸水天平或电子天平:最大称量在 3 kg 以下时感量不大于 0.1 g,最大称量在 3 kg 以上时感量不大于 0.5 g,应有测量水中重的挂钩;<br>2. 网篮;<br>3. 水箱:有水位溢流装置,保持试件和网篮浸入水中后的水位一定;<br>4. 试件悬挂装置:天平下方悬挂网篮和试件的装置,吊线采用足够长度不吸水的细尼龙线绳;<br>5. 石蜡:熔点已知;<br>6. 冰箱:可保持温度为 4 ~5 ℃;<br>7. 秒表 | 1. 试验标准温度:(25 ± 0.5)℃ | 1. 蜡封法;<br>2. 适用于测定吸水率大于 2% 的沥青混凝土或沥青碎石混合料试件 |
| | | | | 公路工程沥青及沥青混合料试验规程 JTG E20—2011/T 0708—2011 | 1. 电子天平:最大称量在 3 kg 以下时感量不大于 0.1 g,最大称量在 3 kg 以上时感量不大于 0.5 g;<br>2. 卡尺 | 1. 试验标准温度:(25 ± 0.5)℃ | 1. 体积法;<br>2. 适用于不能用表干法、蜡封法测定的空隙率较大的沥青碎石混合料及大空隙透水性开级配沥青混合料 |
| | | 92 | 饱水率 | 公路工程沥青及沥青混合料试验规程 JTG E20—2011/T 0717—1993 | 1. 浸水天平或电子秤:当最大称量在 3 kg 以下时感量不大于 0.1 g,最大称量 3 ~10 kg 感量不大于 0.5 g;最大称量 10 kg 以上时感量不大于 5 g,应有测量水中重的挂钩;<br>2. 真空干燥箱或真空干燥器:可保持真空度 97.3 ~98.7 kPa 且可容纳装试件的水槽,带有橡皮塞;<br>3. 真空泵:不小于 200 W;<br>4. 水槽:不小于 200 mm × 200 mm × 100 mm,或 $\phi$ 200 mm × 100 mm | 1. 室温条件下试验 | |

续表 2-8-2

| 序号 | 类别(产品/项目/参数) | 产品/项目/参数 | | 依据标准(方法)名称及编号(含年号) | 仪器设备(标准物质)要求 | 环境条件要求 | 备注 |
|---|---|---|---|---|---|---|---|
| | | 序号 | 名称 | | | | |
| | | 93 | 沥青含量 | 公路工程沥青及沥青混合料试验规程 JTG E20—2011/T 0722—1993 | 1. 离心抽提仪:符合本标准 T 0722—1993/2/2.1;<br>2. 天平:感量不大于 0.01 g、1 mg 的天平各 1 台;<br>3. 量筒:分度值 1 mL;<br>4. 电烘箱:装有温度自动调节器 | | 1. 离心分离法。<br>2. 适用范围:<br>(1)适用于热拌热铺沥青混合料路面施工时的沥青用量检测;<br>(2)也适用于旧路调查时检测沥青混合料的沥青用量 |
| | | | | 公路工程沥青及沥青混合料试验规程 JTG E20—2011/T 0735—2011 | 1. 燃烧炉:符合本标准 T 0735—2011/2/2.1;<br>2. 烘箱:温度应控制在设定值 ±5 ℃;<br>3. 天平:满足称量试验篮及试样的质量,感量不大于 0.1 g | | 1. 燃烧炉法;<br>2. 适用于热拌沥青混合料以及从路面取样的沥青混合料在生产、施工过程中的质量控制 |
| | | 94 | 矿料级配 | 公路工程沥青及沥青混合料试验规程 JTG E 20—2011/T 0725—2000 | 1. 方孔筛:0.075 ~ 53.0 mm,有密封圈、盖和底;<br>2. 天平:感量不大于 0.1 g;<br>3. 摇筛机;<br>4. 烘箱:装有温度自动控制器 | | |
| | | 95 | 芯样马歇尔 | 公路工程沥青及沥青混合料试验规程 JTG E20—2011/T 0710—2011 | 1. 沥青混合料马歇尔试验仪:符合本标准 T 0709—2011/2/2.1;<br>2. 恒温水槽:控温准确至 1 ℃,深度不小于 150 mm;<br>3. 真空饱水容器:包括真空泵及真空干燥器;<br>4. 天平:感量不大于 0.1 g;<br>5. 温度计:分度值 1 ℃ | | 1. 适用于沥青路面钻取的芯样进行马歇尔试验 |

**续表 2-8-2**

| 序号 | 类别(产品/项目/参数) | 产品/项目/参数 | | 依据标准(方法)名称及编号(含年号) | 仪器设备(标准物质)要求 | 环境条件要求 | 备注 |
|---|---|---|---|---|---|---|---|
| | | 序号 | 名称 | | | | |
| | | 96 | 空隙率 | 公路工程沥青及沥青混合料试验规程 JTG E20—2011/T 0705—2011 | 1. 浸水天平或电子天平:最大称量在 3 kg 以下时感量不大于 0.1 g,最大称量在 3 kg 以上时感量不大于 0.5 g,应有测量水中重的挂钩;<br>2. 网篮;<br>3. 溢流水箱:有水位溢流装置,保持试件和网篮浸入水中后的水位一定,能调水温(25 ±0.5)℃;<br>4. 试件悬挂装置:天平下方悬挂网篮和试件的装置,吊线采用足够长度不吸水的细尼龙线绳;<br>5. 秒表;<br>6. 电风扇或烘箱 | 1. 试验标准温度:(25 ±0.5)℃ | 1. 表干法;<br>2. 适用于测定吸水率不大于 2% 的各种沥青混合料试件 |
| | | | | 公路工程沥青及沥青混合料试验规程 JTG E20—2011/T 0706—2011 | 1. 浸水天平或电子天平:最大称量在 3 kg 以下时感量不大于 0.1 g,最大称量在 3 kg 以上时感量不大于 0.5 g,应有测量水中重的挂钩;<br>2. 网篮;<br>3. 溢流水箱:有水位溢流装置,保持试件和网篮浸入水中后的水位一定,能调水温(25 ±0.5)℃;<br>4. 试件悬挂装置:天平下方悬挂网篮和试件的装置,吊线采用足够长度不吸水的细尼龙线绳;<br>5. 秒表;<br>6. 电风扇或烘箱 | 1. 试验标准温度:(25 ±0.5)℃ | 1. 水中重法;<br>2. 适用于测定吸水率小于 0.5% 的密实沥青混合料试件 |

续表 2-8-2

| 序号 | 类别(产品/项目/参数) | 产品/项目/参数 | | 依据标准(方法)名称及编号(含年号) | 仪器设备(标准物质)要求 | 环境条件要求 | 备注 |
|---|---|---|---|---|---|---|---|
| | | 序号 | 名称 | | | | |
| | | | | 公路工程沥青及沥青混合料试验规程 JTG E20—2011/T 0707—2011 | 1. 浸水天平或电子天平:最大称量在 3 kg 以下时感量不大于 0.1 g,最大称量在 3 kg 以上时感量不大于 0.5 g,应有测量水中重的挂钩;<br>2. 网篮;<br>3. 水箱:有水位溢流装置,保持试件和网篮浸入水中后的水位一定;<br>4. 试件悬挂装置:天平下方悬挂网篮和试件的装置,吊线采用足够长度不吸水的细尼龙线绳;<br>5. 石蜡:熔点已知;<br>6. 冰箱:可保持温度为 4 ~ 5 ℃;<br>7. 秒表 | 1. 试验标准温度:(25 ± 0.5)℃ | 1. 蜡封法;<br>2. 适用于测定吸水率大于 2% 的沥青混凝土或沥青碎石混合料试件 |
| | | | | 公路工程沥青及沥青混合料试验规程 JTG E20—2011/T 0708—2011 | 1. 电子天平:最大称量在 3 kg 以下时感量不大于 0.1 g,最大称量在 3 kg 以上时感量不大于 0.5 g;<br>2. 卡尺 | 1. 试验标准温度:(25 ± 0.5)℃ | 1. 体积法;<br>2. 适用于不能用表干法、蜡封法测定的空隙率较大的沥青碎石混合料及大空隙透水性开级配沥青混合料 |
| | | 97 | 沥青饱和度 | 公路工程沥青及沥青混合料试验规程 JTG E20—2011/T 0705—2011 | 1. 浸水天平或电子天平:最大称量在 3 kg 以下时感量不大于 0.1 g,最大称量在 3 kg 以上时感量不大于 0.5 g,应有测量水中重的挂钩;<br>2. 网篮;<br>3. 溢流水箱:有水位溢流装置,保持试件和网篮浸入水中后的水位一定,能调水温(25 ± 0.5)℃;<br>4. 试件悬挂装置:天平下方悬挂网篮和试件的装置,吊线采用足够长度不吸水的细尼龙线绳;<br>5. 秒表;<br>6. 电风扇或烘箱 | 1. 试验标准温度:(25 ± 0.5)℃ | 1. 表干法;<br>2. 适用于测定吸水率不大于 2% 的各种沥青混合料试件 |

续表 2-8-2

| 序号 | 类别(产品/项目/参数) | 产品/项目/参数 | | 依据标准(方法)名称及编号(含年号) | 仪器设备(标准物质)要求 | 环境条件要求 | 备注 |
|---|---|---|---|---|---|---|---|
| | | 序号 | 名称 | | | | |
| | | | | 公路工程沥青及沥青混合料试验规程 JTG E20—2011/T 0706—2011 | 1. 浸水天平或电子天平:最大称量在3 kg以下时感量不大于0.1 g,最大称量在3 kg以上时感量不大于0.5 g,应有测量水中重的挂钩;<br>2. 网篮;<br>3. 溢流水箱:有水位溢流装置,保持试件和网篮浸入水中后的水位一定,能调水温(25±0.5)℃;<br>4. 试件悬挂装置:天平下方悬挂网篮和试件的装置,吊线采用足够长度不吸水的细尼龙线绳;<br>5. 秒表;<br>6. 电风扇或烘箱 | 1. 试验标准温度:(25±0.5)℃ | 1. 水中重法;<br>2. 适用于测定吸水率小于0.5%的密实沥青混合料试件 |
| | | | | 公路工程沥青及沥青混合料试验规程 JTG E20—2011/T 0707—2011 | 1. 浸水天平或电子天平:最大称量在3 kg以下时感量不大于0.1 g,最大称量在3 kg以上时感量不大于0.5 g,应有测量水中重的挂钩;<br>2. 网篮;<br>3. 水箱:有水位溢流装置,保持试件和网篮浸入水中后的水位一定;<br>4. 试件悬挂装置:天平下方悬挂网篮和试件的装置,吊线采用足够长度不吸水的细尼龙线绳;<br>5. 石蜡:熔点已知;<br>6. 冰箱:可保持温度为4~5 ℃;<br>7. 秒表 | 1. 试验标准温度:(25±0.5)℃ | 1. 蜡封法;<br>2. 适用于测定吸水率大于2%的沥青混凝土或沥青碎石混合料试件 |

续表 2-8-2

| 序号 | 类别(产品/项目/参数) | 产品/项目/参数 序号 | 名称 | 依据标准(方法)名称及编号(含年号) | 仪器设备(标准物质)要求 | 环境条件要求 | 备注 |
|---|---|---|---|---|---|---|---|
| | | | | 公路工程沥青及沥青混合料试验规程 JTG E20—2011/T 0708—2011 | 1. 电子天平:最大称量在 3 kg 以下时感量不大于 0.1 g,最大称量在 3 kg 以上时感量不大于 0.5 g;<br>2. 卡尺 | 1. 试验标准温度:(25 ± 0.5)℃ | 1. 体积法;<br>2. 适用于不能用表干法、蜡封法测定的空隙率较大的沥青碎石混合料及大空隙透水性开级配沥青混合料 |
| | | 98 | 残留稳定度 | 公路工程沥青及沥青混合料试验规程 JTG E20—2011/T 0709—2011 | 1. 沥青混合料马歇尔试验仪:符合本标准 T 0709—2011/2/2.1;<br>2. 恒温水槽:控温准确至 1 ℃,深度不小于 150 mm;<br>3. 真空饱水容器:包括真空泵及真空干燥器;<br>4. 天平:感量不大于 0.1 g;<br>5. 温度计:分度值 1 ℃ | 1. 试验保温温度:(60 ± 1)℃;<br>2. 保温时间:48 h | 1. 适用于按本标准 T 0702—2011 成型的标准马歇尔试件圆柱体和大型马歇尔试件圆柱体 |
| | | 99 | 动稳定度 | 公路工程沥青及沥青混合料试验规程 JTG E20—2011/T 0719—2011 | 1. 车辙试验机:符合本标准 T 0719—2011/2/2.1;<br>2. 恒温室:至少能保温 3 块试件并进行试验的条件,保持恒温室温度(60 ± 1)℃[试件内部温度(60 ± 0.5)℃];<br>3. 台秤:称量 15 kg,感量不大于 5 g | 1. 试验环境温度:(60 ± 1)℃ | 1. 适用于按本标准 T 0703—2011 用轮碾成型机碾压成型的长 300 mm、宽 300 mm、厚 50 ~ 100 mm 的板块状试件;<br>2. 也适用于现场切割板块状试件 |
| | | 100 | 谢伦堡沥青析漏损失 | 公路工程沥青及沥青混合料试验规程 JTG E20—2011/T 0732 —2011 | 1. 烧杯:800 mL;<br>2. 烘箱;<br>3. 小型沥青混合料拌和机;<br>4. 天平:感量不大于 0.1 g | | 1. 谢伦堡沥青析漏试验 |

**续表** 2-8-2

| 序号 | 类别(产品/项目/参数) | 产品/项目/参数 | | 依据标准(方法)名称及编号(含年号) | 仪器设备(标准物质)要求 | 环境条件要求 | 备注 |
|---|---|---|---|---|---|---|---|
| | | 序号 | 名称 | | | | |
| | | 101 | 肯塔堡飞散损失 | 公路工程沥青及沥青混合料试验规程 JTG E20—2011/T 0733—2011 | 1. 沥青混合料马歇尔试件制作设备:符合本标准 T 0702—2011/2/2.1、2.2;<br>2. 洛杉矶磨耗试验机;<br>3. 恒温水槽:水温控制在(20±0.5)℃;<br>4. 烘箱:装有温度调节器;<br>5. 天平或电子秤:用于称量矿料的感量不大于0.5 g,用于称量沥青的感量不大于0.1 g | 1. 标准飞散试验的试验温度为(20±0.5)℃;<br>2. 浸水飞散试验的试验温度为(60±0.5)℃ | 1. 肯塔堡飞散试验 |
| | | 102 | 冻融劈裂抗拉强度比 | 公路工程沥青及沥青混合料试验规程 JTG E20—2011/T 0729—2000 | 1. 试验机:能保持规定加载速率的材料试验机,也可采用马歇尔试验仪,试验机负荷应满足最大测定荷载不超过其量程的80%且不小于其量程的20%的要求,宜采用40 kN或60 kN传感器,读数精确至0.01 kN;<br>2. 恒温冰箱:能保持温度为-18 ℃,控温准确至±2 ℃;<br>3. 恒温水槽:用于试件保温,控温准确至±0.5 ℃;<br>4. 压条:上下各1根;试件直径100 mm时,压条宽度为12.7 mm,内侧曲率半径50.8 mm;压条两端均应磨圆 | 1. 冷冻温度:(-18±2)℃;<br>2. 保温温度:(60±0.5)℃;<br>3. 试验温度:(25±0.5)℃ | 1. 适用于采用马歇尔击实法成型的圆柱体试件,击实次数为双面各50次,集料公称最大粒径不得大于26.5 mm |
| 十二 | 预应力锚具、夹具 | | | | | | |
| | | 103 | 外观质量 | 预应力筋用锚具、夹具和连接器 GB/T 14370—2015/7.2 | 1. 放大镜 | | |

**续表 2-8-2**

| 序号 | 类别(产品/项目/参数) | 产品/项目/参数 | | 依据标准(方法)名称及编号(含年号) | 仪器设备(标准物质)要求 | 环境条件要求 | 备注 |
|---|---|---|---|---|---|---|---|
| | | 序号 | 名称 | | | | |
| | | 104 | 硬度 | 金属洛氏硬度试验方法 第1部分:试验方法 GB/T 230.1—2018 | 1. 硬度计:符合 GB/T 230.2—2012 要求;<br>2. 金刚石圆锥体压头:符合 GB/T 230.2—2012 要求;<br>3. 球形压头:碳化钨合金压头的直径为 1.587 5 mm 或 3.175 mm,并符合 GB/T 230.2—2012 要求 | 1. 试验一般在 10 ~ 35 ℃的室温下进行 | |
| | | 105 | 静载锚固性能 | 预应力筋用锚具、夹具和连接器 GB/T 14370—2015/7.3 | 1. 试验机的测力系统:准确度等级不应低于1级;<br>2. 预应力筋总伸长率测量装置:在测量范围内,示值相对误差不应超过 ±1% | 1. 试验一般在 10 ~ 35 ℃的室温下进行 | |
| | | | | 预应力筋用锚具夹具和连接器应用技术规程 JGJ 85—2010/附录 B | 1. 试验用测力系统的不确定度不应大于1%,测量总应变的量具,其标距的不确定度不应大于标距的 0.2%,指示应变的不确定度不应大于 0.1% | | |
| 十三 | 土工合成材料 | | | | | | |
| | | 106 | 断裂强度 | 土工合成材料宽条拉伸试验方法 GB/T 15788—2017 | 1. 拉伸试验仪:符合现行国家标准 GB/T 16825.1 中的2级或2级以上试验机要求;在拉伸过程中保持试样的伸长速率恒定,其夹具应具有足够宽度,以握持试样的整个宽度,并采取适当方法防止试样滑移或损伤;<br>2. 引伸计:符合 GB/T 15788—2017/5/5.2 | 1. 在 GB/T 6529—2008 规定的标准大气条件下进行调湿和试验,试样在间隔至少 2 h 的连续称重中质量变化不超过试样质量的 0.25% | 1. 宽条拉伸法;<br>2. 适用于大多数土工合成材料,包括机织土工布、非织造土工布、针织土工布、土工复合材料、土工网、土工网垫和金属纤维制品,也适用于土工格栅和类似的网孔结构的土工布;不适用于聚合物或沥青防渗土工膜,但适用于黏土防渗土工膜 |

**续表 2-8-2**

| 序号 | 类别(产品/项目/参数) | 产品/项目/参数 | | 依据标准(方法)名称及编号(含年号) | 仪器设备(标准物质)要求 | 环境条件要求 | 备注 |
|---|---|---|---|---|---|---|---|
| | | 序号 | 名称 | | | | |
| | | | | 公路工程土工合成材料试验规程 JTG E50—2006/T 1121—2006 | 1. 拉伸试验机:具有等速拉伸功能,拉伸速率可以设定,并能测读拉伸过程中试样的拉力和伸长量,记录拉力—伸长曲线;<br>2. 夹具:钳口表面应具有足够宽度,至少应与试样 200 mm 同宽,以保证能够夹持试样的全宽,并采用适当措施避免试样滑移和损伤;<br>3. 伸长计:能够测量试样上两个标记点之间的距离,对试样无任何损伤和滑移,能反映标记点的真实动程,伸长计包括力学、光学或电子形式的,伸长计的精度应不超过 ±1 mm | 1. 土工织物:试样应在标准大气条件下调湿 24 h,标准大气按现行国标,温度(20 ± 2)℃,相对湿度(65 ± 5)%;<br>2. 塑料土工合成材料:在温度(23 ± 2)℃的环境下,进行状态调节,时间不少于 4 h | 1. 宽条拉伸法;<br>2. 适用于大多数土工合成材料、包括土工织物及复合土工织物,也适用于土工格栅 |
| | | | | 公路工程土工合成材料试验规程 JTG E50—2006/T 1123—2006 | 1. 拉伸试验机:具有等速拉伸功能,拉伸速率可以设定,并能测读拉伸过程中试样的拉力和伸长量;<br>2. 夹具:钳口应有足够的约束力,允许采用适当措施避免试样滑移和损伤;<br>3. 伸长计:能够测量试样上两个标记点之间的距离,对试样无任何损伤和滑移,能反映标记点的真实动程,伸长计包括力学、光学或电子形式的,精度应不超过 ±1 mm | 1. 土工织物:试样应在标准大气条件下调湿 24 h,标准大气按现行国标,温度(20 ± 2)℃,相对湿度(65 ± 5)%;<br>2. 塑料土工合成材料:在温度(23 ± 2)℃的环境下,进行状态调节,时间不少于 4 h | 1. 条带拉伸法;<br>2. 适用于各类土工格栅、土工加筋带 |

**续表 2-8-2**

| 序号 | 类别(产品/项目/参数) | 产品/项目/参数 | | 依据标准(方法)名称及编号(含年号) | 仪器设备(标准物质)要求 | 环境条件要求 | 备注 |
|---|---|---|---|---|---|---|---|
| | | 序号 | 名称 | | | | |
| | | 107 | 断裂伸长率 | 土工合成材料宽条拉伸试验方法 GB/T 15788—2017 | 1. 拉伸试验仪：符合现行国家标准 GB/T 16825.1 中的 2 级或 2 级以上试验机要求；在拉伸过程中保持试样的伸长速率恒定，其夹具应具有足够宽度，以握持试样的整个宽度，并采取适当方法防止试样滑移或损伤；<br>2. 引伸计：符合 GB/T 15788—2017/5/5.2 | 1. 在 GB/T 6529—2008 规定的标准大气条件下进行调湿和试验，试样在间隔至少 2 h 的连续称重中质量变化不超过试样质量的 0.25% | 1. 宽条拉伸法；<br>2. 适用于大多数土工合成材料，包括机织土工布、非织造土工布、针织土工布、土工复合材料、土工网、土工网垫和金属纤维制品，也适用于土工格栅和类似的网孔结构的土工布；不适用于聚合物或沥青防渗土工膜，但适用于黏土防渗土工膜 |
| | | | | 公路工程土工合成材料试验规程 JTG E50—2006/T 1121—2006 | 1. 拉伸试验机：具有等速拉伸功能，拉伸速率可以设定，并能测读拉伸过程中试样的拉力和伸长量，记录拉力—伸长曲线；<br>2. 夹具：钳口表面应具有足够宽度，至少应与试样 200 mm 同宽，以保证能够夹持试样的全宽，并采用适当措施避免试样滑移和损伤；<br>3. 伸长计：能够测量试样上两个标记点之间的距离，对试样无任何损伤和滑移，能反映标记点的真实动程，伸长计包括力学、光学或电子形式的，伸长计的精度应不超过 ±1 mm | 1. 土工织物：试样应在标准大气条件下调湿 24 h，标准大气按现行国标，温度 (20 ± 2)℃，相对湿度 (65 ±5)%；<br>2. 塑料土工合成材料：在温度 (23 ±2)℃ 的环境下，进行状态调节，时间不少于 4 h | 1. 宽条拉伸法；<br>2. 适用于大多数土工合成材料、包括土工织物及复合土工织物，也适用于土工格栅 |

**续表 2-8-2**

| 序号 | 类别(产品/项目/参数) | 产品/项目/参数 | | 依据标准(方法)名称及编号(含年号) | 仪器设备(标准物质)要求 | 环境条件要求 | 备注 |
|---|---|---|---|---|---|---|---|
| | | 序号 | 名称 | | | | |
| | | | | 公路工程土工合成材料试验规程 JTG E50—2006/T 1123—2006 | 1. 拉伸试验机:具有等速拉伸功能,拉伸速率可以设定,并能测读拉伸过程中试样的拉力和伸长量;<br>2. 夹具:钳口应有足够的约束力,允许采用适当措施避免试样滑移和损伤;<br>3. 伸长计:能够测量试样上两个标记点之间的距离,对试样无任何损伤和滑移,能反映标记点的真实动程,伸长计包括力学、光学或电子形式的,精度应不超过 ±1 mm | 1. 土工织物:试样应在标准大气条件下调湿 24 h,标准大气按现行国标,温度(20 ±2)℃,相对湿度(65 ±5)%;<br>2. 塑料土工合成材料:在温度(23 ±2)℃的环境下,进行状态调节,时间不少于 4 h | 1. 条带拉伸法;<br>2. 适用于各类土工格栅、土工加筋带 |
| | | 108 | 单位面积质量 | 土工合成材料土工布及土工布有关产品单位面积质量的测定方法 GB/T 13762—2009 | 1. 称量天平:精度为 10 mg;<br>2. 钢尺 | 1. 在 GB/T 6529—2008 规定的标准大气条件下调湿 24 h | 1. 适用于所有土工布及土工布有关产品 |
| | | | | 公路工程土工合成材料试验规程 JTG E50—2006/T 1111—2006 | 1. 称量天平:感量为 0.01 g;<br>2. 钢尺:刻度至毫米,精度为 0.5 mm | 1. 土工织物:试样应在标准大气条件下调湿 24 h,标准大气按现行国标,温度(20 ±2)℃,相对湿度(65 ±5)%;<br>2. 塑料土工合成材料:在温度(23 ±2)℃的环境下,进行状态调节,时间不少于 4 h | 1. 适用于土工织物、土工格栅,其他类型的土工合成材料可参照执行 |

**续表 2-8-2**

| 序号 | 类别(产品/项目/参数) | 产品/项目/参数 | | 依据标准(方法)名称及编号(含年号) | 仪器设备(标准物质)要求 | 环境条件要求 | 备注 |
|---|---|---|---|---|---|---|---|
| | | 序号 | 名称 | | | | |
| | | 109 | 梯形撕破强力 | 土工合成材料梯形法撕破强力的测定 GB/T 13763—2010 | 1. 等速伸长拉伸试验仪(CRE):附有自动记录力的装置;<br>2. 夹钳:其宽度应足够夹持整个试样的宽度,且在试验过程中应保证试样不滑移或破损;<br>3. 梯形样板:符合 GB/T 13763—2010/5/5.3 | 在 GB/T 6529—2008 规定的标准大气条件下进行调湿试样和试验 | 1. 适用于各类土工布和防渗土工膜 |
| | | | | 公路工程土工合成材料试验规程 JTG E50—2006/T 1125—2006 | 1. 拉伸试验机:具有等速拉伸功能,拉伸速率可以设定,并能测读拉伸过程中试样的应力和应变量;<br>2. 夹具:钳口表面应具有足够宽度,以保证能够夹持试样的全宽,并采用适当措施避免试样滑移和损伤 | 1. 土工织物:试样应在标准大气条件下调湿 24 h,标准大气按现行国标,温度(20 ± 2)℃,相对湿度(65 ± 5)%;<br>2. 塑料土工合成材料:在温度(23 ± 2)℃的环境下,进行状态调节,时间不少于 4 h | 1. 适用于测定土工织物的梯形撕破强力 |
| | | 110 | CBR 顶破强力 | 土工合成材料静态顶破试验(CBR 法)GB/T 14800—2010 | 1. 试验仪器:符合 GB/T 14800—2010/5/5.1;<br>2. 顶压杆:直径为(50 ± 0.5)mm 的钢质顶压杆,顶压杆顶端边缘倒角为(2.5 ± 0.2)mm 半径的圆弧;<br>3. 夹持系统:夹持系统应保证试样不滑移或破损;夹持环内径应为(150 ± 0.5)mm | 在 GB/T 6529—2008 规定的标准大气条件下进行调湿和试验;试样间隔称重至少 2 h,质量变化不超过试样质量的 0.1% | 1. 适用于各类土工合成材料,但不适用于孔径大于 10 mm 的材料 |

续表 2-8-2

| 序号 | 类别(产品/项目/参数) | 产品/项目/参数 | | 依据标准(方法)名称及编号(含年号) | 仪器设备(标准物质)要求 | 环境条件要求 | 备注 |
|---|---|---|---|---|---|---|---|
| | | 序号 | 名称 | | | | |
| | | | | 公路工程土工合成材料试验规程 JTG E50—2006/T 1126—2006 | 1. 试验机:具有等速加荷功能,加荷速率可以设定,并能测读加荷过程中试样的应力和应变量,记录应力—应变曲线;<br>2. 顶破夹具:夹具夹持环底座高度须大于100 m,环形夹具内径为150 mm,其中心线必须在顶压杆的轴线上;<br>3. 顶压杆:直径为50 mm,高度为100 mm圆柱体,顶端边缘倒成2.5 mm半径的圆弧 | 1. 土工织物:试样应在标准大气条件下调湿24 h,标准大气按现行国标,温度(20 ±2)℃,相对湿度(65 ±5)%;<br>2. 塑料土工合成材料:在温度(23 ±2)℃的环境下,进行状态调节,时间不少于4 h | 1. 适用于土工织物、土工膜及其复合产品 |
| | | 111 | 刺破强力 | 土工布及其有关产品刺破强力的测定 GB/T 19978—2005 | 1. 试验仪器:符合 GB/T 19978—2005/5/5.1;<br>2. 夹持装置:符合 GB/T 19978—2005/5/5.2;<br>3. 平头顶杆:实心钢质杆,直径为(8 ±0.01)mm,顶端边缘倒成45°、深0.8 mm的倒角 | 1. 在 GB/T 6529—2008 规定的标准大气条件下[相对湿度(65 ±5)%,温度(20 ±2)℃]进行调湿和试验,试样在间隔至少2 h的连续称重中质量变化不超过试样质量的0.25% | 1. 适用于土工布、土工膜以及土工有关产品;不适用土工格栅、土工网以及较大孔隙的机织土工布 |

续表 2-8-2

| 序号 | 类别(产品/项目/参数) | 产品/项目/参数 | | 依据标准(方法)名称及编号(含年号) | 仪器设备(标准物质)要求 | 环境条件要求 | 备注 |
|---|---|---|---|---|---|---|---|
| | | 序号 | 名称 | | | | |
| | | | | 公路工程土工合成材料试验规程 JTG E50—2006/T 1127—2006 | 1. 试验机:具有等速加荷功能,加荷速率可以设定,并能测读加荷过程中试样的应力、应变量和记录应力—应变曲线,要求行程大于 100 mm,加载速率能达到(300 ± 10) mm/min;<br>2. 环形夹具:内径(45 ± 0.025) mm,底座高度大于顶杆长度,有较高的支撑力和稳定性;<br>3. 平头顶杆:钢质实心杆,直径(8 ± 0.01) mm,顶端边缘倒角 0.5 mm × 45° | 1. 土工织物:试样应在标准大气条件下调湿 24 h,标准大气按现行国标,温度(20 ± 2)℃,相对湿度(65 ± 5)%;<br>2. 塑料土工合成材料:在温度(23 ± 2)℃的环境下,进行状态调节,时间不少于 4 h | 1. 适用于土工织物、土工膜及其复合产品 |
| | | 112 | 厚度 | 土工合成材料规定压力下厚度的测定 第 1 部分:单层产品厚度的测定方法 GB/T 13761.1—2009 | 1. 厚度试验仪:符合 GB/T 13761.1—2009/5/5.1;<br>2. 计时器:精度为 1 s | 1. 在 GB/T 6529—2008 规定的标准大气条件下调湿 24 h | |
| | | | | 公路工程土工合成材料试验规程 JTG E50—2006/T 1112—2006 | 1. 基准板:面积大于 2 倍的压块面积;<br>2. 压块:圆形,表面光滑,面积为 25 $cm^2$,重为 5 N、50 N、500 N 不等;其中常规厚度的压块为 5 N,对试样施加(2 ± 0.01) kPa 的压力;<br>3. 百分表:最小分度值 0.01 mm;<br>4. 秒表:最小分度值 0.1 s | 1. 土工织物:试样应在标准大气条件下调湿 24 h,标准大气按现行国标,温度(20 ± 2)℃,相对湿度(65 ± 5)%;<br>2. 塑料土工合成材料:在温度(23 ± 2)℃的环境下,进行状态调节,时间不少于 4 h | 1. 适用于土工织物及复合土工织物 |

**续表** 2-8-2

| 序号 | 类别（产品/项目/参数） | 产品/项目/参数 | | 依据标准（方法）名称及编号（含年号） | 仪器设备（标准物质）要求 | 环境条件要求 | 备注 |
|---|---|---|---|---|---|---|---|
| | | 序号 | 名称 | | | | |
| 十四 | 橡胶密封圈 | | | | | | |
| | | 113 | 硬度 | 硫化橡胶或热塑性橡胶硬度的测定 GB/T 6031—2017 | 1. 仪器：符合 GB/T 6031—2017/5 | 1. 温度：(23±2)℃ 或 (27±2)℃ | 1. 规定了四种对表面平整的硫化橡胶或热塑性橡胶硬度的测定方法（标准硬度方法）和四种对弯曲表面试样表观硬度的测定方法（表观硬度方法） |
| | | | | 硫化橡胶或热塑性橡胶压入硬度试验方法 第1部分：邵氏硬度计法（邵尔硬度） GB/T 531.1—2008 | 1. 邵氏硬度计：符合 GB/T 531.1—2008/4 | 1. 温度：(23±2)℃ 或 (27±2)℃ | 1. 规定了硫化橡胶或热塑性橡胶使用下列标尺（A 标尺、D 标尺、A0 标尺、AM 标尺）的压入硬度（邵尔硬度） |
| | | 114 | 拉伸强度 | 硫化橡胶或热塑性橡胶拉伸应力应变性能的测定 GB/T 528—2009 | 1. 拉力试验机：符合 ISO 5893 的规定，具有 2 级测力精度 | 1. 温度：(23±2)℃ 或 (27±2)℃ | 1. 适用于测定硫化橡胶或热塑性橡胶的性能 |
| | | | | O 型橡胶密封圈试验方法 GB/T 5720—2008/5.2 | 1. 拉力试验机；<br>2. 试验夹具：符合 GB/T 5720—2008/5.2/5.2.1.2 | 1. 温度：(23±2)℃ 或 (27±2)℃ | 1. 适用于实心硫化 O 形橡胶密封圈 |
| | | 115 | 扯断伸长率 | 硫化橡胶或热塑性橡胶拉伸应力应变性能的测定 GB/T 528—2009 | 1. 拉力试验机：应符合 ISO 5893 的规定，具有 2 级测力精度 | 1. 温度：(23±2)℃ 或 (27±2)℃ | |

**续表 2-8-2**

| 序号 | 类别(产品/项目/参数) | 产品/项目/参数 | | 依据标准(方法)名称及编号(含年号) | 仪器设备(标准物质)要求 | 环境条件要求 | 备注 |
|---|---|---|---|---|---|---|---|
| | | 序号 | 名称 | | | | |
| | | 116 | 压缩永久变形 | 硫化橡胶或热塑性橡胶压缩永久变形的测定 第1部分:在常温及高温条件下 GB/T 7759.1—2015 | 1. 压缩装置:应符合 GB/T 7759.1—2015/4/4.1;<br>2. 老化箱:应符合 GB/T 3512—2014 中方法 A 或方法 B 的要求;<br>3. 厚度仪:应符合 GB/T 7759.1—2015/4/4.4;<br>4. 计时装置:精度为 ±1 s | | 1. 用于测量硬度在 10IRHD～95IRHD 范围内的橡胶在规定的温度和压缩率(通常为 25%)条件下,经持续压缩后保持其弹性的能力 |
| | | 117 | 热老化 | 硫化橡胶或热塑性橡胶热空气加速老化和耐热试验 GB/T 3512—2014 | 1. 设备:应符合 GB/T 3512—2014/4.1 | | 1. 检验检测方法:<br>(1)方法 A;<br>(2)方法 B。<br>2. 方法 A 采用空气流速低的多单元式或柜式热空气老化箱,每小时换气 3～10 次。<br>3. 方法 B 使用风扇强制通风的柜式热空气老化箱,每小时换气 3～10 次 |
| | | 118 | 应力松弛 | 硫化橡胶或热塑性橡胶在常温和高温下压缩应力松弛的测定 GB/T 1685—2008 | 1. 仪器设备:应符合 GB/T 1685—2008/5 | | |
| | | 119 | 在水中的体积变化 | 硫化橡胶或热塑性橡胶耐液体试验方法 GB/T 1690—2010 | 1. 试验装置:应符合 GB/T 1690—2010/3 | 1. 温度:(23 ± 2)℃ 或 (27 ± 2)℃ | |

续表 2-8-2

| 序号 | 类别(产品/项目/参数) | 产品/项目/参数 | | 依据标准(方法)名称及编号(含年号) | 仪器设备(标准物质)要求 | 环境条件要求 | 备注 |
|---|---|---|---|---|---|---|---|
| | | 序号 | 名称 | | | | |
| 十五 | 粉煤灰 | | | | | | |
| | | 120 | 细度 | 用于水泥和混凝土中的粉煤灰 GB/T 1596—2017/7.1 细度 | 1. 筛网:应采用符合 GSB 08－2506 规定的粉煤灰细度标准样品或其他同等级标准样品进行校正,筛析 100 个样品后进行筛网校正,结果处理同 GB/T 1345—2005 规定;<br>2. 试验筛:符合 GB/T 1345—2005/5/5.1;<br>3. 负压筛析仪:符合 GB/T 1345—2005/5/5.2;<br>4. 天平:最小分度值不大于 0.01 g | | 1. 负压筛析法 |
| | | | | 公路工程无机结合料稳定材料试验规程 JTG E51—2009/T 0818—2009 | 1. 负压筛析仪:其中筛孔为 0.075 mm、0.3 mm 方孔筛内径为 150 mm,外框高度为 25 mm;<br>2. 电子天平:量程不小于 50 g、感量 0.01 g | | 1. 负压筛析法 |
| | | 121 | 含水量 | 用于水泥和混凝土中的粉煤灰 GB/T 1596—2017/附录 B | 1. 烘干箱:可控温度 105～110 ℃,最小分度值不大于 2 ℃;<br>2. 天平:量程不小于 50 g,最小分度值不大于 0.01 g | | 1. 适用于拌制砂浆和混凝土时作为掺合料的粉煤灰及水泥生产中作为活性混合材料的粉煤灰 |
| | | | | 公路工程无机结合料稳定材料试验规程 JTG E51—2009/T 0801—2009 | 1. 烘箱:量程不小于 110 ℃,控温精度为 ±2 ℃;<br>2. 铝盒:直径约 50 mm,高 25～30 mm;<br>3. 电子天平:量程不小于 150 g、感量 0.01 g;<br>4. 干燥器:直径 200～250 mm,并用硅胶做干燥剂 | | 1. 烘干法;<br>2. 适用于测定水泥、石灰、粉煤灰及无机结合料稳定材料的含水量 |

续表 2-8-2

| 序号 | 类别(产品/项目/参数) | 产品/项目/参数 | | 依据标准(方法)名称及编号(含年号) | 仪器设备(标准物质)要求 | 环境条件要求 | 备注 |
|---|---|---|---|---|---|---|---|
| | | 序号 | 名称 | | | | |
| | | 122 | 需水量比 | 用于水泥和混凝土中的粉煤灰 GB/T 1596—2017/附录 A | 1. 天平:量程不小于 1 000 g,最小分度值不大于 1 g;<br>2. 搅拌机:符合 GB/T 17671—1999 规定的行星式水泥胶砂搅拌机;<br>3. 流动度跳桌:应符合现行国家标准 GB/T 2419 规定 | 1. 成型温度:(20 ± 2)℃,相对湿度应不低于 50% | 1. 适用于拌制砂浆和混凝土时作为掺合料的粉煤灰及水泥生产中作为活性混合材料的粉煤灰 |
| | | 123 | 烧失量 | 水泥化学分析方法 GB/T 176—2017/6.3 | 1. 天平:可精确至 0.000 1 g;<br>2. 高温炉:可控制温度(950 ± 25)℃;<br>3. 瓷坩埚;<br>4. 干燥器 | | 1. 灼烧差减法 |
| | | | | 公路工程无机结合料稳定材料试验规程 JTG E51—2009/T 0817—2009 | 1. 马福炉:可控制温度 950 ~ 1 000 ℃;<br>2. 瓷坩埚:带盖,容量 15 ~ 30 mL;<br>3. 天平:量程不小于 50 g、感量 0.000 1 g;<br>4. 干燥器 | | 1. 由硫化物的氧化引起的烧失量误差必须进行校正,其他元素存在引起的误差一般可忽略不计 |
| | | 124 | 安定性 | 用于水泥和混凝土中的粉煤灰 GB/T 1596—2017/7.7 | 1. 水泥净浆搅拌机:符合 JC/T 729—2005;<br>2. 沸煮箱:符合 JC/T 955—2005;<br>3. 雷氏夹:符合 GB/T 1346—2011/4;<br>4. 雷氏夹膨胀测定仪:符合 GB/T 1346—2011/4;<br>5. 天平:最大称量不小于 1 000 g,分度值不大于 1 g;<br>6. 湿气养护箱:温度为(20 ± 1)℃,相对湿度不低于 90% | 1. 温度:(20 ± 2)℃<br>2. 湿度:不低于 50%<br>3. 养护箱:(20 ± 1)℃,相对湿度不低于 90% | 1. 雷氏法 |
| | | 125 | 三氧化硫 | 水泥化学分析方法 GB/T 176—2017/6.5 | 1. 天平:可精确至 0.000 1 g;<br>2. 高温炉:可控制温度 800 ~ 950 ℃ | 1. 常温 | 1. 硫酸钡重量法 |

续表 2-8-2

| 序号 | 类别(产品/项目/参数) | 产品/项目/参数 | | 依据标准(方法)名称及编号(含年号) | 仪器设备(标准物质)要求 | 环境条件要求 | 备注 |
|---|---|---|---|---|---|---|---|
| | | 序号 | 名称 | | | | |
| | | 126 | 二氧化硅 | 水泥化学分析方法 GB/T 176—2017/6.7 | 1. 天平:可精确至 0.000 1 g;<br>2. 高温炉:可控制温度 950 ~ 1 000 ℃或(1 175 ± 25)℃;<br>3. 干燥箱:可控制温度(105 ± 5)℃;<br>4. 分光光度计:可在 400 ~ 800 nm 范围内测定溶液的吸光度,带 10 mm、20 mm 比色皿 | | 1. 氯化铵重量法 |
| | | | | 公路工程无机结合料稳定材料试验规程 JTG E51—2009/T 0816—2009 | 1. 分析天平:不应低于四级,量程不小于 100 g,感量 0.000 1 g;<br>2. 高温炉:可控制温度 950 ~ 1 000 ℃、1 000 ~ 1 100 ℃;<br>3. 干燥箱:可控制温度 105 ~ 110 ℃;<br>4. 分光光度计:可在 400 ~ 700 nm 范围内测定溶液的吸光度,带 10 mm、20 mm 比色皿 | | |
| | | 127 | 氧化铁 | 水泥化学分析方法 GB/T 176—2017/6.21 | 1. 天平:可精确至 0.000 1 g;<br>2. 高温炉:可控制温度 950 ~ 1 000 ℃或(1 175 ± 25)℃;<br>3. 干燥箱:可控制温度(105 ± 5)℃;<br>4. 分光光度计:可在 400 ~ 700 nm 范围内测定溶液的吸光度,带 10 mm、20 mm 比色皿 | | 1. EDTA 直接滴定法 |
| | | | | 公路工程无机结合料稳定材料试验规程 JTG E51—2009/T 0816—2009 | 1. 分析天平:不应低于四级,量程不小于 100 g,感量 0.000 1 g;<br>2. 高温炉:可控制温度 950 ~ 1 000 ℃、1 000 ~ 1 100 ℃;<br>3. 干燥箱:可控制温度 105 ~ 110 ℃;<br>4. 分光光度计:可在 400 ~ 700 nm 范围内测定溶液的吸光度,带 10 mm、20 mm 比色皿 | | |

续表 2-8-2

| 序号 | 类别(产品/项目/参数) | 产品/项目/参数 | | 依据标准(方法)名称及编号(含年号) | 仪器设备(标准物质)要求 | 环境条件要求 | 备注 |
|---|---|---|---|---|---|---|---|
| | | 序号 | 名称 | | | | |
| | | 128 | 氧化铝 | 水泥化学分析方法 GB/T 176—2017/6.23 | 1. 天平:可精确至 0.000 1 g;<br>2. 高温炉:可控制温度 950 ~ 1 000 ℃或(1 175 ± 25)℃;<br>3. 干燥箱:可控制温度(105 ± 5)℃;<br>4. 分光光度计:可在 400 ~ 700 nm 范围内测定溶液的吸光度,带 10 mm、20 mm 比色皿 | | 1. EDTA 直接滴定法 |
| | | | | 公路工程无机结合料稳定材料试验规程 JTG E51—2009/T 0816—2009 | 1. 分析天平:不应低于四级,量程不小于 100 g,感量 0.000 1 g;<br>2. 高温炉:可控制温度 950 ~ 1 000 ℃、1 000 ~ 1 100 ℃;<br>3. 干燥箱:可控制温度 105 ~ 110 ℃;<br>4. 分光光度计:可在 400 ~ 700 nm 范围内测定溶液的吸光度,带 10 mm、20 mm 比色皿 | | |
| 十六 | 大型预制构件 | | | | | | |
| | | 129 | 几何尺寸 | 混凝土结构工程施工质量验收规范 GB 50204—2015/附录 F | 1. 钢卷尺:分度值 1 mm | | 1. 适用于建筑工程混凝土结构施工质量的验收 |
| | | 130 | 外观质量 | 混凝土结构工程施工质量验收规范 GB 50204—2015/8.2 | | | 同上 |
| | | 131 | 挠度 | 混凝土结构试验方法标准 GB/T 50152—2012/8 | 1. 仪器设备:符合 GB/T 50152—2012/6/6.2.1、6.3.1、6.3.5 | 1. 1.0 ℃以上 | 1. 适用于房屋和一般构筑物的钢筋混凝土结构、预应力混凝土结构的试验 |

**续表 2-8-2**

| 序号 | 类别(产品/项目/参数) | 产品/项目/参数 | | 依据标准(方法)名称及编号(含年号) | 仪器设备(标准物质)要求 | 环境条件要求 | 备注 |
|---|---|---|---|---|---|---|---|
| | | 序号 | 名称 | | | | |
| | | 132 | 抗裂 | 混凝土结构试验方法标准 GB/T 50152—2012/8 | 1. 仪器设备：符合 GB/T 50152—2012/6/6.2.1；<br>2. 读数显微镜或裂缝测宽仪：测量范围 0～8 mm，精确度 ±0.01 mm，分度值 0.01 mm | 1.1.0 ℃以上 | 同上 |
| | | 133 | 承载力 | 混凝土结构试验方法标准 GB/T 50152—2012/8 | 1. 仪器设备：符合 GB/T 50152—2012/6/6.2.1、6.3.1、6.3.5 | 1.1.0 ℃以上 | 同上 |
| 十七 | 检查井盖 | | | | | | |
| | | 134 | 几何尺寸 | 检查井盖 GB/T 23858—2009/7.2.2 | 1. 仪器设备：符合 GB/T 23858—2009/7/7.1.2 表 9 的要求 | | 1. 适用于安装在绿化带、人行道、非机动车道、机动车道、停车场、码头、机场跑道等地面井座净开孔不大于 900 mm 的金属及非金属材料检查井盖 |
| | | 135 | 外观质量 | 检查井盖 GB/T 23858—2009/7.2.1 | 1. 仪器设备：符合 GB/T 23858—2009/7/7.1.2 表 9 的要求 | | 同上 |
| | | 136 | 承载能力 | 检查井盖 GB/T 23858—2009/7.2.3.3 | 1. 加载设备：能提供试验荷载 1.2 倍以上的加载能力，加载精度为不大于 ±3% | | 同上 |
| | | 137 | 残留变形 | 检查井盖 GB/T 23858—2009/7.2.3.2 | 1. 加载设备：能提供试验荷载 1.2 倍以上的加载能力，加载精度为不大于 ±3%；<br>2. 位移测量装置：测量精度 0.1 mm | | 同上 |

续表 2-8-2

| 序号 | 类别(产品/项目/参数) | 产品/项目/参数 | | 依据标准(方法)名称及编号(含年号) | 仪器设备(标准物质)要求 | 环境条件要求 | 备注 |
|---|---|---|---|---|---|---|---|
| | | 序号 | 名称 | | | | |
| 十八 | 混凝土管材 | | | | | | |
| | | 138 | 几何尺寸 | 混凝土和钢筋混凝土排水管试验方法 GB/T 16752—2017/6 | 1. 仪器设备：符合 GB/T 16752—2017/附录 A 表 A.1 第 5、7、8、11 项要求 | | 1. 适用于采用各种工艺生产的各种型式的混凝土和钢筋混凝土排水管 |
| | | 139 | 外观质量 | 混凝土和钢筋混凝土排水管试验方法 GB/T 16752—2017/5 | 1. 仪器设备：符合 GB/T 16752—2017/附录 A 表 A.1 第 1、2、3、6 项要求 | | 同上 |
| | | 140 | 外压荷载 | 混凝土和钢筋混凝土排水管试验方法 GB/T 16752—2017/10 | 1. 外压荷载装置：按破坏荷载配备，荷载显示仪 1 级，分度值 0.1 kN；<br>2. 读数显微镜或裂缝测宽仪：测量范围 0～8 mm，精确度 ±0.01 mm，分度值 0.01 mm | | 1. 适用于采用各种工艺生产的各种型式的混凝土和钢筋混凝土排水管；<br>2. 蒸汽养护的管子龄期不宜少于 14 d，自然养护的管子龄期不宜少于 28 d |
| | | 141 | 内水压力 | 混凝土和钢筋混凝土排水管试验方法 GB/T 16752—2017/8 | 1. 内水压力装置：按内水压力的检验要求配备，压力表 1.6 级，分度值 0.005 MPa | 1. 试验周围环境温度不低于 5 ℃ | 同上 |
| 十九 | 热塑性管材 | | | | | | |
| | | 142 | 几何尺寸 | 塑料管道系统塑料部件尺寸的测定 GB/T 8806—2008 | 1. 测量量具和仪器：符合 GB/T 8806—2008/附录 A | 1. 试验温度：(23±2)℃ | |

**续表 2-8-2**

| 序号 | 类别(产品/项目/参数) | 产品/项目/参数 | | 依据标准(方法)名称及编号(含年号) | 仪器设备(标准物质)要求 | 环境条件要求 | 备注 |
|---|---|---|---|---|---|---|---|
| | | 序号 | 名称 | | | | |
| | | 143 | 外观质量 | 预应力混凝土桥梁用塑料波纹管 JT/T 529—2016/6.1 外观 | | 1. 试验温度:(23 ±2)℃ | 1. 适用于后张法预应力混凝土结构用的塑料波纹管,其他预应力混凝土结构用塑料波纹管可参照使用;<br>2. 试样试验前在(23 ±2)℃环境下放置 24 h 以上 |
| | | | | 埋地用聚乙烯(PE)结构壁管道系统 第 1 部分:聚乙烯双壁波纹管材 GB/T 19472. 1—2019/8. 2 外观检查 | | 1. 试验温度:(23 ±2)℃ | 1. 适用于长期使用温度不超过 45 ℃的埋地排水、排污和通信护套管用管材 |
| | | 144 | 环刚度 | 热塑性塑料管材环刚度的测定 GB/T 9647—2015 | 1. 压缩试验机:提供标准要求的相应的恒定的横梁移动速率,能测定试样在直径方向产生 1% ~4% 变形量时所需的负荷,精确到试验负荷的 2% ;<br>2. 测量量具:能够测定试样的长度,精确至 1 mm;试样的内径,精确至内径的 0.5% ,在负荷方向上试样的内径变形量,精确至 0.1 mm 或变形量的 1% ,取较大值 | 1. 试验温度:(23 ±2)℃ | |
| | | 145 | 环柔性 | 埋地用聚乙烯(PE)结构壁管道系统 第 1 部分:聚乙烯双壁波纹管材 GB/T 19472. 1—2019/8. 6 环柔性 | 1. 压缩试验机:提供标准要求的相应的恒定的横梁移动速率,能测定试样在直径方向产生 1% ~4% 变形量时所需的负荷,精确到试验负荷的 2% ;<br>2. 测量量具:能够测定试样的长度,精确至 1 mm;试样的内径,精确至内径的 0.5% ;在负荷方向上试样的内径变形量,精确至 0.1 mm 或变形量的 1% ,取较大值 | 1. 试验温度:(23 ±2)℃ | 1. 适用于长期温度不超过 45 ℃的埋地排水、排污和通信护套管用管材 |

续表 2-8-2

| 序号 | 类别(产品/项目/参数) | 产品/项目/参数 | | 依据标准(方法)名称及编号(含年号) | 仪器设备(标准物质)要求 | 环境条件要求 | 备注 |
|---|---|---|---|---|---|---|---|
| | | 序号 | 名称 | | | | |
| | | 146 | 烘箱试验 | 埋地用聚乙烯(PE)结构壁管道系统 第1部分:聚乙烯双壁波纹管材 GB/T 19472.1—2019/8.7 烘箱试验 | 1. 烘箱:温度可以达到(110±2)℃ | | 同上 |
| 二十 | 混凝土路面砖、透水路面砖 | | | | | | |
| | | 147 | 几何尺寸 | 混凝土路面砖 GB/T 28635—2012/附录 B | 1. 砖用卡尺:分度值 0.5 mm;<br>2. 切口直尺、量规:测量 ±1 mm 时,能满足精度 0.1 mm | | 1. 适用于路面和地面铺装的混凝土砖 |
| | | | | 透水路面砖和透水路面板 GB/T 25993—2010/7.1 | 1. 砖用卡尺:分度值 0.5 mm;<br>2. 直角靠尺:分度值 1 mm;<br>3. 钢直尺:分度值 1 mm | | 1. 适用铺设于市政人行道、园林景观小径、非重载路面广场等场合,透水性能满足要求的透水路面砖和透水路面板 |
| | | 148 | 外观质量 | 混凝土路面砖 GB/T 28635—2012/附录 A | 1. 砖用卡尺:分度值 0.5 mm;<br>2. 切口直尺、量规:测量 ±1 mm,精度 0.1 mm | | 1. 适用于路面和地面铺装的混凝土砖 |
| | | | | 透水路面砖和透水路面板 GB/T 25993—2010/7.1 | 1. 砖用卡尺:分度值 0.5 mm;<br>2. 直角靠尺:分度值 1 mm;<br>3. 钢直尺:分度值 1 mm | | 1. 适用铺设于市政人行道、园林景观小径、非重载路面广场等场合,透水性能满足要求的透水路面砖和透水路面板 |

**续表 2-8-2**

| 序号 | 类别(产品/项目/参数) | 产品/项目/参数 | | 依据标准(方法)名称及编号(含年号) | 仪器设备(标准物质)要求 | 环境条件要求 | 备注 |
|---|---|---|---|---|---|---|---|
| | | 序号 | 名称 | | | | |
| | | 149 | 抗压强度 | 混凝土路面砖 GB/T 28635—2012/附录 C | 1. 材料试验机:精度应不大于 ±1%,破坏荷载值为量程的 20% ~80% | 1. 室温水中浸泡(24 ±0.25)h | 1. 适用于路面和地面铺装的混凝土砖 |
| | | | | 混凝土实心砖 GB/T 21144—2007/附录 A | 1. 材料试验机:示值相对误差不大于 ±1%,破坏荷载值为量程的 20% ~80%;<br>2. 钢直尺:规格 400 mm,分度值 1 mm | 1. 在(20 ±5)℃的不通风室内养护不少于 3 d | 1. 适用于建筑物和构筑物用的混凝土实心砖 |
| | | 150 | 抗折强度 | 混凝土路面砖 GB/T 28635—2012/附录 D | 1. 材料试验机:示值相对误差 ±1%,最大破坏荷载在量程 20% ~80% | 1. 室温水中浸泡(24 ±0.25)h | 1. 适用于路面和地面铺装的混凝土砖 |
| | | | | 透水路面砖和透水路面板 GB/T 25993—2010/附录 A | 1. 材料试验机:示值相对误差应不大于 1%,破坏荷载在满量程的 20% ~80%;<br>2. 钢直尺:分度值 1 mm;<br>3. 游标卡尺:(0 ~125) mm,精度 0.02 mm | 1. (20 ±5)℃的水中浸泡(24 ±3)h | 1. 适用铺设于市政人行道、园林景观小径、非重载路面广场等场合,透水性能满足要求的透水路面砖和透水路面板 |
| | | 151 | 抗冻性能 | 混凝土路面砖 GB/T 28635—2012/附录 E | 1. 冷冻箱(室):能使冷冻箱(室)温度保持在 -15 ~ -20 ℃范围以内;<br>2. 水槽:装入试件后能使水温保持 10 ~30 ℃范围内 | | 1. 适用于路面和地面铺装的混凝土砖 |
| | | | | 混凝土砌块和砖试验方法 GB/T 4111—2013/12 | 1. 冷冻室、冻融试验箱:最低温度可调至 -30 ℃;<br>2. 材料试验机:示值相对误差不应超过 ±1%,破坏荷载落在满量程的 20% ~80% | 1. 养护温度:(20 ±5)℃;<br>2. 相对湿度:(50 ±15)% RH | 1. 适用于建筑工程用的混凝土小型空心砌块、混凝土实心砌块和混凝土多孔(空心)砖,水利、交通、市政等构筑物用混凝土砌块(砖)可参照执行 |

续表 2-8-2

| 序号 | 类别(产品/项目/参数) | 产品/项目/参数 | | 依据标准(方法)名称及编号(含年号) | 仪器设备(标准物质)要求 | 环境条件要求 | 备注 |
|---|---|---|---|---|---|---|---|
| | | 序号 | 名称 | | | | |
| | | 152 | 吸水率 | 混凝土路面砖 GB/T 28635—2012/附录 F | 1. 天平:感量 1 g;<br>2. 烘箱:能使温度控制在(105 ±5)℃ | 1. 在水温10 ~ 30 ℃浸泡 24 h | |
| | | 153 | 透水系数 | 透水路面砖和透水路面板 GB/T 25993—2010/附录 C | 1. 透水系数试验装置:符合 GB/T 25993—2010/附录 C;<br>2. 抽真空装置:能保持 90 kPa 以上真空度;<br>3. 钢直尺:分度值 0.1 cm;<br>4. 秒表:精度 1 s;<br>5. 量筒:容量为 2 L,最小刻度为 1 mL;<br>6. 温度计:最小刻度 0.5 ℃ | 1. 0 ℃以上 | |
| 二十一 | 混凝土路缘石、树坑石 | | | | | | |
| | | 154 | 几何尺寸 | 混凝土路缘石 JC/T 899—2016/附录 A | 1. 钢板尺、卡尺、塞尺、直角尺或丁字尺:分度值 1 mm | | 1. 适用于以水泥和普通集料等为主要原料,经振动法或以其他能达到同等效能之方法预制的路缘石 |
| | | 155 | 外观质量 | 混凝土路缘石 JC/T 899—2016/附录 A | 1. 钢板尺、卡尺:分度值 1 mm | | 同上 |
| | | 156 | 抗压强度 | 混凝土路缘石 JC/T 899—2016/附录 C | 1. 混凝土切割机;<br>2. 试验机:示值相对误差应不大于 1%,破坏荷载值为试验机全量程的 20% ~80% | 1. 在温度为(20 ±3)℃的水中浸泡(24 ± 0.5)h | 1. 适用于以水泥和普通集料等为主要原料,经振动法或以其他能达到同等效能的方法预制的路缘石;<br>2. 抹平处理后的试样养护 3 d 后方可试验 |

**续表 2-8-2**

| 序号 | 类别(产品/项目/参数) | 产品/项目/参数 | | 依据标准(方法)名称及编号(含年号) | 仪器设备(标准物质)要求 | 环境条件要求 | 备注 |
|---|---|---|---|---|---|---|---|
| | | 序号 | 名称 | | | | |
| | | 157 | 抗折强度 | 混凝土路缘石 JC/T 899—2016/附录 B | 1. 试验机:示值相对误差应不大于 1%,破坏荷载值为试验机全量程的 20% ~80%;<br>2. 加载压块:厚度大于 20 mm,直径为 50 mm,硬度大于 HB200,表面平整光滑的圆形钢块;<br>3. 抗折试验支承装置:应可自由调节试样处于水平;同时可调节支座间距,精确至 1 mm;支承装置两端支座上的支杆直径为 30 mm,一为滚动支杆,一为铰支杆;支杆长度应大于试样的宽度,且应互相平行;<br>4. 钢板尺:量程为 1 000 mm、300 mm,分度值为 1 mm;<br>5. 找平垫板:厚度 3 mm,直径大于 50 mm 的胶合板 | 1. 在温度为(20 ± 3)℃的水中浸泡(24 ± 0.5)h | 同上 |
| | | 158 | 吸水率 | 混凝土路缘石 JC/T 899—2016/附录 D | 1. 电子天平或电子称:满足称量范围,精度 1 g;<br>2. 鼓风干燥箱:自动控制温度(105 ± 5)℃;<br>3. 水箱或水槽:深度约为 300 mm;<br>4. 混凝土切割机 | 1. 在温度为(20 ± 3)℃的水中浸泡(24 ± 0.5)h | |
| 二十二 | 路基路面现场检测 | | | | | | |
| | | 159 | 混凝土强度 | 回弹法检测混凝土抗压强度技术规程 JGJ/T 23—2011 | 1. 回弹仪:符合 JGJ/T 23—2011/3;<br>2. 碳化深度尺:精确至 0.25 mm;<br>3. 酚酞酒精溶液:浓度 1% ~2%;<br>4. 钢砧:符合 JGJ/T 23—2011/3/3.2/3.2.3 | 1. 回弹仪使用时的环境温度应为:-4 ~ 40 ℃ | 1. 回弹法;<br>2. 适用于普通混凝土抗压强度检测,不适用于表层与内部质量有明显差异或内部存在缺陷的混凝土强度检测 |

**续表 2-8-2**

| 序号 | 类别(产品/项目/参数) | 产品/项目/参数 | | 依据标准(方法)名称及编号(含年号) | 仪器设备(标准物质)要求 | 环境条件要求 | 备注 |
|---|---|---|---|---|---|---|---|
| | | 序号 | 名称 | | | | |
| | | | | 钻芯法检测混凝土强度技术规程 CECS 03:2007 | 1. 压力试验机:应符合现行国家标准 GB/T 3159—2008 及 GB/T 2611 中的技术要求,其测量精度为 ±1%,试件破坏载荷应大于压力试验机全量程的 20% 且小于压力机全量程的 80% 应具有加荷速度指示装置或加荷速度控制装置,并能均匀、连续地加荷;应具有有效期内的计量检定证书;<br>2. 钻芯机、锯切机:有产品质量合格证并满足相应的要求 | | 1. 钻芯法;<br>2. 适用于检测强度不大于 80 MPa 的普通混凝土 |
| | | | | 超声回弹综合法检测混凝土抗压强度技术规程 T/CECS 02—2020 | 1. 回弹仪:符合 T/CECS 02—2020/3 要求;<br>2. 超声波检测仪:符合 T/CECS 02—2020/4 要求;<br>3. 钢砧:符合 HRC 为 60 ±2 | 1. 回弹仪使用时的环境温度应为 -4 ~ 40 ℃;<br>2. 超声波检测仪器使用时环境温度应为 0 ~ 40 ℃ | 1. 超声回弹综合法;<br>2. 应符合 T/CECS 02—2020/1. 0. 2、6. 1.1 和 6.1.3 条 |
| | | 160 | 路面回弹弯沉 | 公路路基路面现场测试规程 JTG 3450—2019/T 0953—2008 | 1. 落锤式弯沉仪:符合本标准 T 0953—2008/2 | | 1. 落锤式弯沉仪法 |
| | | | | 公路路基路面现场测试规程 JTG 3450—2019/T 0951—2008 | 1. 贝克曼梁:由合金铝制成,上有水准泡,其前臂与后臂长度比为 2:1;还应符合本标准 T 0951—2008/2;<br>2. 加载车:符合本标准 T 0951—2008/2;<br>3. 百分表及表架;<br>4. 路表温度计:分辨力不大于 1 ℃ | | 1. 贝克曼梁法;<br>2. 不适用于路基冻结后的回弹弯沉检测 |

**续表 2-8-2**

| 序号 | 类别(产品/项目/参数) | 产品/项目/参数 | | 依据标准(方法)名称及编号(含年号) | 仪器设备(标准物质)要求 | 环境条件要求 | 备注 |
|---|---|---|---|---|---|---|---|
| | | 序号 | 名称 | | | | |
| | | 161 | 路面厚度 | 公路路基路面现场测试规程 JTG 3450—2019/T 0912—2019 | 1. 挖坑用镐、铲、凿子、小锤、小铲、毛刷;<br>2. 路面取芯机:手推式或车载式,配有淋水冷却装置;<br>3. 量尺:钢直尺、游标卡尺,分度值不大于 1 mm;<br>4. 其他:直尺、搪瓷盘、棉纱等 | | 1. 检验检测方法:<br>(1)挖坑法;<br>(2)钻芯法 |
| | | | | 公路路基路面现场测试规程 JTG 3450—2019/T 0913—2019 | 1. 短脉冲雷达测试系统:符合本标准 T 0913—2019/2 | | 1. 短脉冲雷达测试法;<br>2. 不适用潮湿路面或用富含铁矿渣集料等介电常数较高的材料铺筑的路面 |
| | | 162 | 压实度 | 公路路基路面现场测试规程 JTG 3450—2019/T 0921—2019 | 1. 灌砂设备:灌砂设备包括灌砂筒、标定罐和基板;应符合本标准 T 0921—2019/2;<br>2. 玻璃板:边长为 500 ~ 600 mm 的方形板;<br>3. 试样盘和铝盒;<br>4. 电子秤:分度值不大于 1 g;<br>5. 电子天平:用于含水率测试时,对细粒土、中粒土、粗粒土的分度值宜分别为 0.01 g、0.1 g、1.0 g;<br>6. 含水率测试设备:铝盒、烘箱、微波炉等;<br>7. 量砂:粒径 0.3 ~ 0.6 mm 清洁干燥的砂 | | 1. 挖坑灌砂法;<br>2. 适用于在现场测试基层或底基层、砂石路面及路基结构的压实度;但不适用于填石路堤等有大孔洞或大空隙的结构压实度测试 |
| | | | | 公路路基路面现场测试规程 JTG 3450—2019/T 0923—2019 | 1. 人工取土器:符合本标准 T 0923—2019/2;<br>2. 电动取土器:符合本标准 T 0923—2019/2;<br>3. 天平:分度值不大于 0.01 g | | 1. 环刀法;<br>2. 适用于现场测试细粒土及龄期不超过 2 d 的无机结合料稳定细粒土结构的密度 |

续表 2-8-2

| 序号 | 类别(产品/项目/参数) | 产品/项目/参数 | | 依据标准(方法)名称及编号(含年号) | 仪器设备(标准物质)要求 | 环境条件要求 | 备注 |
|---|---|---|---|---|---|---|---|
| | | 序号 | 名称 | | | | |
| | | | | 公路路基路面现场测试规程 JTG 3450—2019/T 0924—2008 | 1. 路面取芯钻机;<br>2. 天平:分度值不大于 0.1 g;<br>3. 水槽:温度控制在 ±0.5 ℃以内 | | 1. 钻芯法;<br>2. 适用于测试从压实的沥青路面上钻取的沥青混合料芯样的密度 |
| | | 163 | 平整度 | 公路路基路面现场测试规程 JTG 3450—2019/T 0931—2008 | 1. 三米直尺:测量基准面长度为 3 m,基准面应平直,用硬木或铝合金钢等材料制成;<br>2. 楔形塞尺:硬木或金属制成的三角形塞尺,有手柄,塞尺的长度与高度之比不小于 10,宽度不大于 15 mm,边部有高度标记,分度值不大于 0.5 mm;<br>3. 深度尺:金属制的深度测量尺,有手柄;深度尺测量杆端头直径不小于 10 mm,分度值不大于 0.5 mm | | 1. 三米直尺法;<br>2. 适用于碾压成型后的路基路面各层表面的平整度测试 |
| | | | | 公路路基路面现场测试规程 JTG 3450—2019/T 0932—2008 | 1. 连续式平整度仪:符合本标准 T 0932—2008/2;<br>2. 牵引车:小面包车或其他小型牵引汽车;<br>3. 皮尺或测绳 | | 1. 连续式平整度仪法;<br>2. 不适用于在已有较多坑槽、破损严重的路面上进行测试 |
| | | | | 公路路基路面现场测试规程 JTG 3450—2019/T 0933—2008 | 1. 颠簸累积仪:符合本标准 T 0933—2008/2 | | 1. 车载式颠簸累积仪法;<br>2. 不适用于有严重坑槽、车辙等病害路面的平整度测试 |

**续表 2-8-2**

| 序号 | 类别(产品/项目/参数) | 产品/项目/参数 | | 依据标准(方法)名称及编号(含年号) | 仪器设备(标准物质)要求 | 环境条件要求 | 备注 |
|---|---|---|---|---|---|---|---|
| | | 序号 | 名称 | | | | |
| | | | | 公路路基路面现场测试规程 JTG 3450—2019/T 0934—2008 | 1. 激光平整度仪:符合本标准 T 0934—2008/2 | | 1. 车载式激光平整度仪法;<br>2. 适用于在无严重坑槽、车辙等病害及无积水、无积雪、无泥浆的正常通车条件下的路面上进行平整度测试 |
| | | 164 | 路面摩擦系数 | 公路路基路面现场测试规程 JTG 3450—2019/T 0964—2008 | 1. 指针式摆式仪、橡胶片:符合本标准 T 0964—2008/2;<br>2. 滑动长度量尺:长 126 mm;<br>3. 喷水壶;<br>4. 路面温度计:分度不大于 1 ℃ | 1. 检测温度:0 ~ 40 ℃ | 1. 摆式仪法 |
| | | | | 公路路基路面现场测试规程 JTG 3450—2019/T 0965—2008 | 1. 单轮式横向力系数测试系统:符合本标准 T 0965—2008/2 | | 1. 单轮式横向力系数测试系统法;<br>2. 适用于单轮式横向力系数测试系统在新、改建路面工程质量验收和无严重坑槽、车辙等病害的正常行车条件下连续采集路面的横向力系数 |
| | | | | 公路路基路面现场测试规程 JTG 3450—2019/T 0967—2008 | 1. 双轮式横向力系数测试系统:符合本标准 T 0967—2008/2 | | 1. 双轮式横向力系数测试系统法;<br>2. 适用于双轮式横向力系数测试系统在新建、改建路面工程质量验收和无严重坑槽、车辙等病害的正常行车条件下测试路面的横向力系数 |

**续表 2-8-2**

| 序号 | 类别(产品/项目/参数) | 产品/项目/参数 | | 依据标准(方法)名称及编号(含年号) | 仪器设备(标准物质)要求 | 环境条件要求 | 备注 |
|---|---|---|---|---|---|---|---|
| | | 序号 | 名称 | | | | |
| | | 165 | 构造深度 | 公路路基路面现场测试规程 JTG 3450—2019/T 0966—2008 | 1. 车载式激光构造深度仪:符合本标准 T 0966—2008/2 | | 1. 车载式激光构造深度仪法;<br>2. 适用于各类车载式激光构造深度仪在新、改建路面工程质量验收和无严重破损病害及无积水、积雪、泥浆等正常行车条件下连续采集路面构造深度;但不适用于带有沟槽构造的水泥路面 |
| | | | | 公路路基路面现场测试规程 JTG 3450—2019/T 0961—1995 | 1. 手工砂铺仪:符合本标准 T 0961—1995/2;<br>2. 量砂:足够数量的干燥洁净的匀质砂,粒径 0.15 ~ 0.30 mm;<br>3. 量尺:钢板尺或专用构造深度尺 | | 1. 手工铺砂法 |
| | | 166 | 渗水量(闭水试验) | 给排水管道工程施工及验收规范 GB 50268—2008/附录 D | 1. 量筒;<br>2. 秒表 | | |
| | | 167 | 渗水系数 | 公路路基路面现场测试规程 JTG 3450—2019/T 0971—2019 | 1. 路面渗水仪:符合本标准 T 0971—2019/2;<br>2. 套环:金属圆环,宽度 5 mm,内径 $\phi$ 145 mm;<br>3. 水筒及大漏斗;<br>4. 秒表;<br>5. 密封材料:防水腻子、油灰或橡皮泥 | | 1. 适用于在路面现场测定沥青路面的渗水系数 |

续表 2-8-2

| 序号 | 类别(产品/项目/参数) | 产品/项目/参数 | | 依据标准(方法)名称及编号(含年号) | 仪器设备(标准物质)要求 | 环境条件要求 | 备注 |
|---|---|---|---|---|---|---|---|
| | | 序号 | 名称 | | | | |
| | | 168 | 地基承载力 | 建筑地基检测技术规范 JGJ 340—2015/4 | 1. 土(岩)地基荷载试验的承压板可采用圆形、正方形钢板或钢筋混凝土板;承压板面积应符合 JGJ 340—2015/4/4.2/4.2.1;<br>2. 承压板应有足够强度和刚度;<br>3. 试验加载宜采用油压千斤顶,且千斤顶的合力中心、承压板中心应在同一铅垂线上,当采用两台或两台以上千斤顶加载时,应并联同步工作,且千斤顶型号、规格应相同;<br>4. 加载反力宜选择压重平台反力装置,并应符合 JGJ 340—2015/4/4.2/4.2.6;<br>5. 试验仪器设备性能指标应符合 JGJ 340—2015/4/4.2/4.2.9;<br>6. 监测基准桩变形的测量仪表:分辨率宜达到 0.1 mm | | 1. 平板载荷试验法;<br>2. 浅层平板载荷试验适用于确定浅层地基土的承载力;<br>3. 深层平板载荷试验适用于确定深层地基土的承载力;<br>4. 深层平板载荷试验的试验深度不应小于 5 m |
| | | | | 建筑地基检测技术规范 JGJ 340—2015/8 | 1. 圆锥动力触探仪:符合 JGJ 340—2015/8/8.2/8.2.1;<br>2. 重型及超重型圆锥动力触探的落锤应采用自动脱钩装置;<br>3. 触探杆应顺直,每节触探杆相对弯曲宜小于 0.5%,丝扣完好无裂纹;当探头直径磨损大于 2 mm 或锥尖高度磨损大于 5 mm 时应及时更换探头 | | 1. 圆锥动力触探试验;<br>2. 圆锥动力触探试验应根据地质条件合理选择试验类型(轻型、重型、超重型),具体详见本规范第 8.1.1 条 |

续表 2-8-2

| 序号 | 类别(产品/项目/参数) | 产品/项目/参数 | | 依据标准(方法)名称及编号(含年号) | 仪器设备(标准物质)要求 | 环境条件要求 | 备注 |
|---|---|---|---|---|---|---|---|
| | | 序号 | 名称 | | | | |
| | | | | 建筑地基检测技术规范 JGJ 340—2015/9 | 1. 采用单桥探头、双桥探头,单桥探头可测定比贯入阻力,双桥可测定锥尖阻力和侧壁摩阻力;<br>2. 单桥触探头和双桥触探头:符合 JGJ 340—2015/9/9.2/9.2.2;<br>3. 触探主机:符合 JGJ 340—2015/9/9.2/9.2.4;<br>4. 记录仪:符合 JGJ 340—2015/9/9.2/9.2.5;<br>5. 探头:其技术性能应符合 JGJ 340—2015/9/9.2/9.2.6 | | 1. 静力触探试验;<br>2. 静力触探试验适用于判定软土、一般黏性土、粉土和砂土的天然地基及采用换填垫层、预压、压实、挤密、夯实处理的人工地基的地基承载力 |
| 二十三 | 水泥 | | | | | | |
| | | 169 | 抗压强度 | 水泥胶砂强度检验方法(ISO 法) GB/T 17671—1999 | 1. 搅拌机:符合 JC/T 681—2005;<br>2. 振实台:符合 JC/T 682—2005;<br>3. 抗折强度试验机:符合 JC/T 724—2005;<br>4. 抗压强度试验机:抗压强度试验机,在较大的五分之四量程范围内使用时记录的荷载应有 ±1% 精度,并具有按(2 400 ±200)N/s 速率的加荷能力;<br>5. 抗压强度试验机用夹具:符合 JC/T 683—2005;<br>6. 天平:称量用的天平精度应为 ±1 g | 1. 试验室温度为(20 ±2)℃,相对湿度应不低于 50%;<br>2. 湿气养护箱的温度为(20 ±1)℃,相对湿度不低于 90%;<br>3. 水养温度:(20 ±1)℃ | 1. ISO 法;<br>2. 适用于硅酸盐水泥、普通硅酸盐水泥、矿渣硅酸盐水泥、粉煤灰硅酸盐水泥、复合硅酸盐水泥、石灰石硅酸盐水泥的抗折与抗压强度检验 |
| | | | | 公路工程水泥及水泥混凝土试验规程 JTG E30—2005/T 0506—2005 | 1. 行星式胶砂搅拌机:符合本标准 T 0506—2005/2;<br>2. 振实台:符合 JC/T 682—2005;<br>3. 代用振动台:符合 JC/T 723—2005 和 GB/T 17671—1999/11;<br>4. 试模及下料漏斗:符合本标准 T 0506—2005/2;<br>5. 抗折试验机和抗折夹具:符合本标准 T 0506—2005/2;<br>6. 抗压试验机和抗压夹具:符合本标准 T 0506—2005/2;<br>7. 天平:感量为 1 g | 1. 试验室温度为(20 ±2)℃,相对湿度大于 50%;<br>2. 养护箱或雾室温度(20 ±1)℃,相对湿度大于 90%;<br>3. 养护水养的温度:(20 ±1)℃ | 1. ISO 法;<br>2. 适用于硅酸盐水泥、普通硅酸盐水泥、矿渣硅酸盐水泥、粉煤灰硅酸盐水泥、复合硅酸盐水泥、道路硅酸盐水泥以及石灰石硅酸盐水泥的抗折与抗压强度检验 |

**续表 2-8-2**

| 序号 | 类别(产品/项目/参数) | 产品/项目/参数 | | 依据标准(方法)名称及编号(含年号) | 仪器设备(标准物质)要求 | 环境条件要求 | 备注 |
|---|---|---|---|---|---|---|---|
| | | 序号 | 名称 | | | | |
| | | 170 | 抗折强度 | 水泥胶砂强度检验方法(ISO法) GB/T 17671—1999 | 1. 搅拌机:符合 JC/T 681—2005;<br>2. 振实台:符合 JC/T 682—2005;<br>3. 抗折强度试验机:符合 JC/T 724—2005;<br>4. 天平:称量用的天平精度应为 ±1 g | 1. 试验室温度为(20 ± 2)℃,相对湿度应不低于 50%;<br>2. 湿气养护箱的温度为(20 ±1)℃,相对湿度不低于 90%;<br>3. 水养温度:(20 ±1)℃ | 1. ISO 法;<br>2. 适用于硅酸盐水泥、普通硅酸盐水泥、矿渣硅酸盐水泥、粉煤灰硅酸盐水泥、复合硅酸盐水泥、石灰石硅酸盐水泥的抗折与抗压强度检验 |
| | | | | 公路工程水泥及水泥混凝土试验规程 JTG E30—2005/T 0506—2005 | 1. 行星式胶砂搅拌机:符合本标准 T 0506—2005/2;<br>2. 振实台:符合 JC/T 682—2005;<br>3. 代用振动台:符合 JC/T 723—2005 和 GB/T 17671—1999/11;<br>4. 试模及下料漏斗:符合本标准 T 0506—2005/2;<br>5. 抗折试验机和抗折夹具:符合本标准 T 0506—2005/2;<br>6. 天平:感量为 1 g | 1. 试验室温度为(20 ± 2)℃,相对湿度大于 50%;<br>2. 养护箱或雾室温度(20 ± 1)℃,相对湿度大于 90%;<br>3. 养护水养的温度:(20 ± 1)℃ | 1. ISO 法;<br>2. 适用于硅酸盐水泥、普通硅酸盐水泥、矿渣硅酸盐水泥、粉煤灰硅酸盐水泥、复合硅酸盐水泥、道路硅酸盐水泥以及石灰石硅酸盐水泥的抗折与抗压强度检验 |
| | | 171 | 细度 | 水泥细度检验方法筛析法 GB/T 1345—2005 | 1. 筛子:分负压筛、水筛和手工筛;筛孔为 80 μm 和 45 μm;<br>2. 负压筛析仪:筛座转速(30 ± 2) r/min;负压可调范围 4 000 ~ 6 000 Pa;<br>3. 天平:最小分度值不小于 0.01 g | | 1. 负压筛析法;<br>2. 水筛法;<br>3. 手工筛析法 |

续表 2-8-2

| 序号 | 类别(产品/项目/参数) | 产品/项目/参数 |  | 依据标准(方法)名称及编号(含年号) | 仪器设备(标准物质)要求 | 环境条件要求 | 备注 |
|---|---|---|---|---|---|---|---|
|  |  | 序号 | 名称 |  |  |  |  |
|  |  |  |  | 公路工程水泥及水泥混凝土试验规程 JTG E30—2005/T 0502—2005 | 1. 试验筛:符合本标准 T 0502—2005/2;<br>2. 负压筛析仪:符合本标准 T 0502—2005/2;<br>3. 水筛架和喷头:符合 JC/T 728—2005,水筛架上筛座内径为 $140^{0}_{-3}$ mm;<br>4. 天平:量程大于 100 g、感量不大于 0.05 g |  | 1. 负压筛析法;<br>2. 水筛法;<br>3. 适用于硅酸盐水泥、普通硅酸盐水泥、矿渣硅酸盐水泥、粉煤灰硅酸盐水泥、火山灰硅酸盐水泥、复合硅酸盐水泥、道路硅酸盐水泥及指定采用本方法的其他品种水泥 |
|  |  | 172 | 比表面积 | 水泥比表面积测定方法勃氏法 GB/T 8074—2008 | 1. 透气仪:符合现行行业标准 JC/T 956 的要求;<br>2. 烘干箱:控制温度灵敏度 ±1 ℃;<br>3. 分析天平:分度值为 0.001 g;<br>4. 秒表:精确至 0.5 s;<br>5. 基准材料:GSB 14—1511 或相同等级的标准物质,以后争议时以 GSB 14—1511 为准 | 1. 试验室条件:相对湿度不大于 50% | 1. 勃氏法;<br>2. 适用于测定水泥的比表面积及适合采用本标准方法的、比表面积在 2 000 ~ 6 000 $cm^2/g$ 范围内的其他各种粉状物料,不适用于测定多孔材料及超细粉状物料 |
|  |  |  |  | 公路工程水泥及水泥混凝土试验规程 JTG E30—2005/T 0504—2005 | 1. Blaine 透气仪:符合本标准 T 0504—2005/2;<br>2. 透气圆筒:内径 $12.70^{+0.05}_{0}$ mm,不锈钢制成,圆通内表面粗糙度 $Ra = 1.60$ μm,圆筒上口边与主轴垂直,圆筒下部锥度应与压力计上玻璃磨口锥度一致,两者应严密连接在圆筒内壁,距离圆筒上口边(55 ± 10) mm 处有一突出的宽度为 0.5 ~ 1 mm 的边缘,以放置金属穿孔板; |  | 1. 勃氏法;<br>2. 适用于硅酸盐水泥、普通硅酸盐水泥、矿渣硅酸盐水泥、粉煤灰硅酸盐水泥、火山灰硅酸盐水泥、复合硅酸盐水泥、道路硅酸盐水泥 |

**续表 2-8-2**

| 序号 | 类别(产品/项目/参数) | 产品/项目/参数 | | 依据标准(方法)名称及编号(含年号) | 仪器设备(标准物质)要求 | 环境条件要求 | 备注 |
|---|---|---|---|---|---|---|---|
| | | 序号 | 名称 | | | | |
| | | | | | 3. 穿孔板:由不锈钢或不受腐蚀的金属制成,厚度为 $1.0^{+0}_{-0.1}$ mm 在其面上,等距离地打有 35 个直径 1 mm 的小孔,穿孔板应与圆筒内壁密合,穿孔板两平面应平行;<br>4. 捣器:用不锈钢制成,插入圆筒时,其间隙不大于 0.1 mm 捣器的底面应与主轴垂直,侧面有一个扁平槽,宽度(3.0 ±0.3) mm 捣器的顶部有一个支持环,当捣器放入圆筒时,支持环与圆筒上口边接触,这时捣器底面与穿孔圆板之间的距离为(15.0 ±0.5) mm;<br>5. 压力计:符合本标准 T 0504—2005/2;<br>6. 抽气装置:小型电磁泵,或抽气球;<br>7. 天平:感量为 1 mg;<br>8. 秒表:分度值为 0.5 s;<br>9. 烘箱:(110 ±5)℃ | | 及指定采用本方法的其他粉状物料,不适用于测定多孔材料及超细粉状物料 |
| | | 173 | 密度 | 水泥密度测定方法 GB/T 208—2014 | 1. 李氏瓶:符合 GB/T 208—2014/5/5.1;<br>2. 恒温水槽:应有足够大的容积,使水温可以稳定控制在(20 ±1)℃;<br>3. 天平:量程不小于 100 g,分度值不大于 0.01 g;<br>4. 温度计:量程包含 0 ~ 50 ℃,分度值不大于 0.1 ℃ | 1. 恒温水槽水温:(20 ±1)℃ | |
| | | | | 公路工程水泥及水泥混凝土试验规程 JTG E30—2005/T 0503—2005 | 1. 李氏瓶:符合本标准 T 0503—2005/2;<br>2. 恒温水槽或其他保持恒温的盛水玻璃容器;<br>3. 天平:量程大于 100 g,感量不大于 0.01 g;<br>4. 温度计:分度值不大于 0.1 ℃ | | |

**续表 2-8-2**

| 序号 | 类别(产品/项目/参数) | 产品/项目/参数 | | 依据标准(方法)名称及编号(含年号) | 仪器设备(标准物质)要求 | 环境条件要求 | 备注 |
|---|---|---|---|---|---|---|---|
| | | 序号 | 名称 | | | | |
| | | 174 | 标准稠度用水量 | 水泥标准稠度用水量、凝结时间、安定性检验方法 GB/T 1346—2011/7、10 | 1. 水泥净浆搅拌机：符合现行行业标准 JC/T 729 的要求；<br>2. 标准法维卡仪：符合 GB/T 1346—2011/4/4.2；<br>3. 代用法维卡仪：符合现行行业标准 JC/T 727 的要求；<br>4. 量筒或滴定管：精度 ±0.5 mL；<br>5. 天平：最大称量不小于 1 000 g、分度值不大于 1 g | 1. 温度：(20 ± 2)℃；<br>2. 湿度：不低于 50%；<br>3. 养护箱：(20 ± 1)℃，相对湿度不低于 90% | 1. 检验检测方法：<br>(1)标准法；<br>(2)代用法 |
| | | 175 | 凝结时间 | 水泥标准稠度用水量、凝结时间、安定性检验方法 GB/T 1346—2011/8 | 同上 | 同上 | |
| | | 176 | 安定性 | 水泥标准稠度用水量、凝结时间、安定性检验方法 GB/T 1346—2011/9、11 | 1. 水泥净浆搅拌机：符合现行行业标准 JC/T 729 的要求；<br>2. 标准法维卡仪：符合 GB/T 1346—2011/4/4.2；<br>3. 代用法维卡仪：符合现行行业标准 JC/T 727 的要求；<br>4. 雷氏夹：符合 GB/T 1346—2011/4/4.4；<br>5. 沸煮箱：符合现行行业标准 JC/T 955 的要求；<br>6. 雷氏夹膨胀测定仪：符合 GB/T 1346—2011/4/4.6；<br>7. 量筒或滴定管：精度 ±0.5 mL；<br>8. 天平：最大称量不小于 1 000 g、分度值不大于 1 g | 1. 温度：(20 ± 2)℃；<br>2. 湿度：不低于 50%；<br>3. 养护箱：(20 ± 1)℃，相对湿度不低于 90% | 1. 检验检测方法：<br>(1)标准法；<br>(2)代用法 |

**续表 2-8-2**

| 序号 | 类别（产品/项目/参数） | 产品/项目/参数 | | 依据标准（方法）名称及编号（含年号） | 仪器设备（标准物质）要求 | 环境条件要求 | 备注 |
|---|---|---|---|---|---|---|---|
| | | 序号 | 名称 | | | | |
| | | 177 | 胶砂流动度 | 水泥胶砂流动度测定方法 GB/T 2419—2005 | 1. 水泥胶砂流动度测定仪（简称跳桌）：符合 GB/T 2419—2005/附录 A；<br>2. 水泥胶砂搅拌机：符合现行行业标准 JC/T 681 的要求；<br>3. 试模：由截锥圆模和模套组成，金属材料制成，内表面加工光滑，尺寸为：高度（60 ± 0.5）mm，上口内径（70 ± 0.5）mm，下口内径（100 ± 0.5）mm，下口外径 120 mm，模壁厚大于 5 mm；<br>4. 捣棒：金属材料制成，直径为（20 ± 0.5）mm，长度约 200 mm，捣棒底面与侧面成直角，其下部光滑，上部手柄滚花；<br>5. 卡尺：量程不小于 300 mm，分度值不大于 0.5 mm；<br>6. 小刀：刀口平直，长度大于 80 mm；<br>7. 天平：量程不小于 1 000 g，分度值不大于 1 g | 1. 试验室的温度：（20 ± 2）℃，相对湿度应不低于 50% | |
| | | | | 公路工程水泥及水泥混凝土试验规程 JTG E30—2005/T 0507—2005 | 1. 胶砂搅拌机：符合 JC/T 681—2005；<br>2. 水泥胶砂流动度测定仪（简称跳桌）：符合本标准 T 0507—2005/2；<br>3. 试模：用金属材料制成，由截锥圆模和模套组成，截锥圆模内壁须光滑，尺寸为：高度（60 ± 0.5）mm，上口内径（70 ± 0.5）mm，下口内径（100 ± 0.5）mm，下口外径 120 mm，模壁厚度大于 5 mm，模套与截锥圆模配合使用；<br>4. 捣棒：用金属材料制成，直径为（20 ± 0.5）mm，长度约 200 mm，捣棒底面与侧面成直角，其下部光滑，上部手柄滚花；<br>5. 卡尺：量程不小于 300 mm，分度值不大于 0.5 mm；<br>6. 小刀：刀口平直，长度大于 80 mm；<br>7. 秒表：分度值为 1 s | | 1. 适用于火山灰硅酸盐水泥、复合硅酸盐水泥和掺有火山灰的普通硅酸盐水泥、矿渣硅酸盐水泥及指定采用本方法的其他品种水泥的胶砂流动度测定 |

续表 2-8-2

| 序号 | 类别(产品/项目/参数) | 产品/项目/参数 | | 依据标准(方法)名称及编号(含年号) | 仪器设备(标准物质)要求 | 环境条件要求 | 备注 |
|---|---|---|---|---|---|---|---|
| | | 序号 | 名称 | | | | |
| 二十四 | 钢材及连接件 | | | | | | |
| | | 178 | 抗拉强度 | 金属材料拉伸试验 第1部分：室温试验方法 GB/T 228.1—2010/10 | 1. 试验机的测力系统应按照现行国家标准 GB/T 16825.1 进行校准，并且其准确度应为1级或优于1级；<br>2. 引伸计的准确度级别应符合现行国家标准 GB/T 12160 的要求 | 1. 试验环境：10～35 ℃ | |
| | | | | 钢筋混凝土用钢材试验方法 GB/T 28900—2012/5 | 1. 试验机应根据现行国家标准 GB/T 16825.1 来检验和校准，至少达到1级；<br>2. 测定 Rel 或 Rp0.2 时，引伸计精度应达到1级 | 1. 试验环境：10～35 ℃ | |
| | | 179 | 极限抗拉强度 | 钢筋机械连接技术规程 JGJ 107—2016/附录 A | 1. 拉力试验机：速率的相对误差不宜大于±20% | | |
| | | | | 钢筋焊接接头试验方法标准 JGJ/T 27—2014/3 | 1. 试验机：符合现行国家标准 GB/T 228.1 中的有关规定；<br>2. 夹紧装置：应根据试样规格选用，在拉伸试验过程中不得与钢筋产生相对滑移 | | |
| | | 180 | 伸长率 | 金属材料拉伸试验 第1部分：室温试验方法 GB/T 228.1—2010/20 | 1. 试验机的测力系统应按照现行国家标准 GB/T 16825.1 进行校准，并且其准确度应为1级或优于1级；<br>2. 引伸计的准确度级别应符合现行国家标准 GB/T 12160 的要求；<br>3. 尺寸量具：应使用分辨率足够的量具或测量装置测定断后伸长率，并准确至±0.25 mm | 1. 试验环境：10～35 ℃ | |

**续表 2-8-2**

| 序号 | 类别(产品/项目/参数) | 产品/项目/参数 | | 依据标准(方法)名称及编号(含年号) | 仪器设备(标准物质)要求 | 环境条件要求 | 备注 |
|---|---|---|---|---|---|---|---|
| | | 序号 | 名称 | | | | |
| | | | | 钢筋混凝土用钢材试验方法 GB/T 28900—2012/5 | 1. 试验机:根据现行国家标准 GB/T 16825.1 来检验和校准,至少达到 1 级;<br>2. 测定 Rel 或 Rp0.2 时,引伸计精度应达到 1 级;<br>3. 应使用分辨率足够的量具或测量装置测定断后伸长率,并准确至 ±0.25 mm | 1. 试验环境:10 ~ 35 ℃ | |
| | | 181 | 弯曲性能 | 钢筋混凝土用钢材试验方法 GB/T 28900—2012/6 | 1. 弯曲设备:符合 GB/T 28900—2012/6/6.2 | 1. 试验环境:10 ~ 35 ℃ | |
| | | | | 金属材料弯曲试验方法 GB/T 232—2010 | 1. 试验设备:符合 GB/T 232—2010/5 | 1. 试验环境:10 ~ 35 ℃ | |
| | | 182 | 反复弯曲 | 金属材料线材反复弯曲试验方法 GB/T 238—2013 | 1. 反复弯曲试验机:符合 GB/T 238—2013/4 | 1. 试验环境:10 ~ 35 ℃ | |
| | | 183 | 重量偏差 | 钢筋混凝土用钢 第 1 部分:热轧光圆钢筋 GB/T 1499.1—2017/8.4 | 1. 尺寸量具:应能精确到 1 mm;<br>2. 重量量具:测量试样总重量时,应精确到不大于总重量的 1% | 1. 试验环境:10 ~ 35 ℃ | |
| | | | | 钢筋混凝土用钢 第 2 部分:热轧带肋钢筋 GB/T 1499.2—2018/8.4 | 1. 尺寸量具:应能精确到 1 mm;<br>2. 重量量具:测量试样总重量时,应精确到不大于总重量的 1% | 1. 试验环境:10 ~ 35 ℃ | |
| | | | | 钢筋混凝土用钢材试验方法 GB/T 28900—2012/12 | 1. 尺寸量具:应能精确到 1 mm;<br>2. 重量量具:重量的测量精确度应至少为 ±1% | 1. 试验环境:10 ~ 35 ℃ | |
| 二十五 | 岩石 | | | | | | |

续表 2-8-2

| 序号 | 类别(产品/项目/参数) | 产品/项目/参数 | | 依据标准(方法)名称及编号(含年号) | 仪器设备(标准物质)要求 | 环境条件要求 | 备注 |
|---|---|---|---|---|---|---|---|
| | | 序号 | 名称 | | | | |
| | | 184 | 抗压强度 | 工程岩体试验方法标准 GB/T 50266—2013/2.7 | 1. 钻石机、切石机、磨石机和车床等；<br>2. 测量平台；<br>3. 材料试验机 | | |
| | | | | 公路工程岩石试验规程 JTG E41—2005/T 0221—2005 | 1. 压力试验机或万能试验机；<br>2. 钻石机、切石机、磨石机等岩石试件加工设备；<br>3. 烘箱；<br>4. 干燥器；<br>5. 游标卡尺；<br>6. 角尺及水池等 | | |
| | | 185 | 密度 | 工程岩体试验方法标准 GB/T 50266—2013/2.2 | 1. 粉碎机、瓷研钵或玛瑙研钵、磁铁块和孔径为 0.25 mm 的筛；<br>2. 天平；<br>3. 烘箱和干燥器；<br>4. 煮沸设备和真空抽气设备；<br>5. 恒温水浴；<br>6. 短颈比重瓶：容积 100 mL；<br>7. 温度计：量程 0 ~ 50 ℃，最小分度值 0.5 ℃ | | 1. 检验检测方法：<br>(1)比重瓶法；<br>(2)水中称量法；<br>2. 各类岩石均可采用比重瓶法；<br>3. 凡遇水不崩解、不溶解和不干缩膨胀的岩石，可采用水中称量法 |
| | | | | 公路工程岩石试验规程 JTG E41—2005/T 0203—2005 | 1. 密度瓶：短颈量瓶，容积 100 mL；<br>2. 天平：感量 0.001 g；<br>3. 轧石机、球磨机、瓷研钵、玛瑙研钵、磁铁块和孔径为 0.315 mm(0.3 mm)的筛子；<br>4. 砂浴、恒温水槽(灵敏度 ±1 ℃)及真空抽气设备；<br>5. 烘箱：能使温度控制在 105 ~ 110 ℃；<br>6. 干燥器：内装氯化钙或硅胶等干燥剂；<br>7. 锥形玻璃漏斗和瓷皿、滴管、中骨匙和温度计 | | 1. 用洁净水做试液时适用于不含水溶性矿物成分的岩石的密度测定；<br>2. 对含水溶性矿物成分的岩石应使用中性液体如煤油做试液 |

**续表 2-8-2**

| 序号 | 类别(产品/项目/参数) | 产品/项目/参数 | | 依据标准(方法)名称及编号(含年号) | 仪器设备(标准物质)要求 | 环境条件要求 | 备注 |
|---|---|---|---|---|---|---|---|
| | | 序号 | 名称 | | | | |
| 二十六 | 钢绞线 | | | | | | |
| | | 186 | 最大力 | 预应力混凝土用钢材试验方法 GB/T 21839—2019/5 | 1. 拉力试验机:试验设备应根据现行国家标准 GB/T 16825.1 进行校验和校准,并至少为 1 级准确度;<br>2. 夹具:应使用合适的夹具,避免试样在夹具内在夹具附近断裂 | 1. 试验环境:10 ~ 35 ℃ | |
| | | 187 | 0.2%屈服力 | 预应力混凝土用钢材试验方法 GB/T 21839—2019/5 | 1. 拉力试验机:试验设备应根据现行国家标准 GB/T 16825.1 进行校验和校准,并至少为 1 级准确度;<br>2. 夹具:应使用合适的夹具,避免试样在夹具内在夹具附近断裂;<br>3. 引伸计:测定 $E$、$F_{p0.1}$ 或 $F_{p0.2}$ 时,引伸计的准确度应为 1 级(见现行国家标准 GB/T 12160),用于测定 $A_{gt}$ 的引伸计可以为 2 级(见现行国家标准 GB/T 12160) | 1. 试验环境:10 ~ 35 ℃ | |
| | | 188 | 最大力总伸长率 | 预应力混凝土用钢材试验方法 GB/T 21839—2019/5 | 1. 拉力试验机:试验设备应根据现行国家标准 GB/T 16825.1 进行校验和校准,并至少为 1 级准确度;<br>2. 夹具:应使用合适的夹具,避免试样在夹具内在夹具附近断裂;<br>3. 引伸计:测定 $E$、$F_{p0.1}$ 或 $F_{p0.2}$ 时,引伸计的准确度应为 1 级(见现行国家标准 GB/T 12160);用于测定 $A_{gt}$ 的引伸计可以为 2 级(见现行国家标准 GB/T 12160) | 1. 试验环境:10 ~ 35 ℃ | |
| 二十七 | 混凝土外加剂 | | | | | | |

续表 2-8-2

| 序号 | 类别(产品/项目/参数) | 产品/项目/参数 | | 依据标准(方法)名称及编号(含年号) | 仪器设备(标准物质)要求 | 环境条件要求 | 备注 |
|---|---|---|---|---|---|---|---|
| | | 序号 | 名称 | | | | |
| | | 189 | 含固量 | 混凝土外加剂匀质性试验方法 GB/T 8077—2012/5 | 1. 天平:分度值 0.000 1 g;<br>2. 鼓风电热恒温干燥箱:温度范围 0 ~ 200 ℃ | | |
| | | 190 | 含水率 | 混凝土外加剂匀质性试验方法 GB/T 8077—2012/6 | 1. 天平:分度值 0.000 1 g;<br>2. 鼓风电热恒温干燥箱:温度范围 0 ~ 200 ℃ | | |
| | | 191 | 氯离子含量 | 混凝土外加剂匀质性试验方法 GB/T 8077—2012/11.1 | 1. 电位测定仪或酸度仪;<br>2. 银电极或氯电极;<br>3. 甘汞电极;<br>4. 电磁搅拌器;<br>5. 天平:分度值 0.000 1 g | | 1. 电位滴定法 |
| | | 192 | 水泥净浆流动度 | 混凝土外加剂匀质性试验方法 GB/T 8077—2012/13 | 1. 水泥净浆搅拌机,符合行业现行标准 JC/T 729 的要求;<br>2. 秒表;<br>3. 钢直尺:300 mm;<br>4. 天平:分度值 0.01 g;<br>5. 天平:分度值 1 g | | |
| | | 193 | 细度 | 混凝土外加剂匀质性试验方法 GB/T 8077—2012/8 | 1. 天平:分度值 0.001 g;<br>2. 试验筛:孔径 0.315 mm 的铜丝网筛布,筛框有效直径 150 mm、高 50 mm | | |
| | | 194 | pH 值 | 混凝土外加剂匀质性试验方法 GB/T 8077—2012/9 | 1. 酸度计;甘汞电极;玻璃电极;复合电极;<br>2. 天平:分度值 0.000 1 g | 1. 被测溶液的温度为(20 ± 3)℃ | |
| | | 195 | 硫酸钠 | 混凝土外加剂匀质性试验方法 GB/T 8077—2012/12.1 | 1. 电阻高温炉:最高使用温度不低于 900 ℃;<br>2. 天平:分度值 0.000 1 g;<br>3. 电磁电热式搅拌器 | | 1. 重量法 |

续表 2-8-2

| 序号 | 类别(产品/项目/参数) | 产品/项目/参数 | | 依据标准(方法)名称及编号(含年号) | 仪器设备(标准物质)要求 | 环境条件要求 | 备注 |
|---|---|---|---|---|---|---|---|
| | | 序号 | 名称 | | | | |
| | | 196 | 密度 | 混凝土外加剂匀质性试验方法 GB/T 8077—2012/7.1 | 1. 比重瓶:25 mL 或 50 mL;<br>2. 天平:分度值 0.000 1 g;<br>3. 干燥器:内盛变色硅胶;<br>4. 超级恒温器或同等条件的恒温设备 | 1. 被测溶液温度为(20 ± 1)℃ | 1. 比重瓶法 |
| | | 197 | 抗压强度比 | 混凝土外加剂 GB 8076—2008/6.6.1<br>混凝土物理力学性能试验方法标准 GB/T 50081—2019/5 | 1. 振动台:符合现行行业标准 JG/T 245 中技术要求;<br>2. 压力机或万能试验机:破坏荷载应在全量程的 20% ~80% 示值误差不大于标准值的 ±1%;其他要求符合现行国家标准 GB/T 3159 和 GB/T 2611 的有关规定 | 1. 预养温度:(20 ±3)℃;<br>2. 标准养护:温度为(20 ± 2)℃,相对湿度 95% 以上 | |
| | | 198 | 收缩率比 | 混凝土外加剂 GB 8076—2008/6.6.2<br>普通混凝土长期性能和耐久性能试验方法标准 GB/T 50082—2009/8.2 | 1. 振动台:符合现行行业标准 JG/T 245 中技术要求;<br>2. 接触法:卧式收缩仪的测量标距为 540 mm,千分表或测微器的精度为 ±0.001 mm | 1. 标准养护 28 d:温度(20 ± 2)℃,相对湿度 95% 以上;<br>2. 试验温度为(20 ± 2)℃,相对湿度为(60 ± 5)% | 1. 接触法 |
| | | 199 | 相对耐久性(动弹性模量保留值) | 混凝土外加剂 GB 8076—2008/6.6.3<br>普通混凝土长期性能和耐久性能试验方法标准 GB/T 50082—2009/4.2 | 1. 振动台:符合现行行业标准 JG/T 245 中技术要求;<br>2. 快速冻融装置:符合 JG/T 243—2009 的规定;<br>3. 动弹性模量测定仪:输出频率可调范围 100 ~20 000 Hz;<br>4. 天平:最大量程 20 kg、感量不应超过 5 g;<br>5. 温度传感器:测量范围 −20 ~20 ℃,测量精度 ±0.5 ℃ | 1. 标准养护 28 d:温度(20 ± 2)℃,相对湿度 95% 以上 | |

**续表 2-8-2**

| 序号 | 类别(产品/项目/参数) | 产品/项目/参数 | | 依据标准(方法)名称及编号(含年号) | 仪器设备(标准物质)要求 | 环境条件要求 | 备注 |
|---|---|---|---|---|---|---|---|
| | | 序号 | 名称 | | | | |
| | | | | | | | |
| 二十八 | 桥涵、隧道防水材料 | | | | | | |
| | | 200 | 规格尺寸偏差 | 建筑防水卷材试验方法 第 7 部分:高分子防水卷材长度、宽度、平直度和平整度 GB/T 328.7—2007 | 1. 测量装置:准确到 1 mm | 1. 试验温度:(23 ± 5)℃,不受张力的情况下测量通常情况常温下进行测量有争议时,试验在(23 ± 2)℃条件下进行,并在该温度放置不少于 20 h | |
| | | | | 建筑防水卷材试验方法 第 6 部分:沥青防水卷材长度、宽度和平直度 GB/T 328.6—2007 | 1. 测量装置:准确到 1 mm | 1. 试验温度:(23 ± 5)℃,不受张力的情况下测量通常情况常温下进行测量有争议时,试验在(23 ± 2)℃条件下进行,并在该温度放置不少于 20 h | |
| | | 201 | 外观质量 | 建筑防水卷材试验方法 第 2 部分:沥青防水卷材外观 GB/T 328.2—2007 | | 1. 通常情况常温下进行测量有争议时,试验在(23 ± 2)℃条件下进行,并在该温度放置不少于 20 h | |

**续表 2-8-2**

| 序号 | 类别(产品/项目/参数) | 产品/项目/参数 | | 依据标准(方法)名称及编号(含年号) | 仪器设备(标准物质)要求 | 环境条件要求 | 备注 |
|---|---|---|---|---|---|---|---|
| | | 序号 | 名称 | | | | |
| | | | | 建筑防水卷材试验方法 第3部分:高分子防水卷材外观 GB/T 328.3—2007 | | 1. 通常情况常温下进行测量有争议时,试验在(23±2)℃条件下进行,并在该温度放置不少于20 h | |
| | | 202 | 最大拉力 | 建筑防水卷材试验方法 第8部分:沥青防水卷材拉伸性能 GB/T 328.8—2007 | 1. 拉伸试验机:符合 GB/T 328.8—2007/5 | 1. 试件试验前应在(23±2)℃和相对湿度30%~70%的条件下放置至少20 h;<br>2. 试验温度:(23±2)℃ | |
| | | | | 建筑防水卷材试验方法 第9部分:高分子防水卷材拉伸性能 GB/T 328.9—2007 | 1. 拉伸试验机:符合 GB/T 328.9—2007/5 | 1. 试件试验前应在(23±2)℃和相对湿度(50±5)%的条件下放置至少20 h;<br>2. 试验温度:(23±2)℃ | |

续表 2-8-2

| 序号 | 类别(产品/项目/参数) | 产品/项目/参数 | | 依据标准(方法)名称及编号(含年号) | 仪器设备(标准物质)要求 | 环境条件要求 | 备注 |
|---|---|---|---|---|---|---|---|
| | | 序号 | 名称 | | | | |
| | | 203 | 延伸率 | 建筑防水卷材试验方法 第 8 部分:沥青防水卷材拉伸性能 GB/T 328.8—2007 | 1. 拉伸试验机:符合 GB/T 328.8—2007/5 | 1. 试件试验前应在(23 ±2)℃和相对湿度 30% ~ 70%的条件下放置至少 20 h;<br>2. 试验温度:(23 ±2)℃ | |
| | | | | 建筑防水卷材试验方法 第 9 部分:高分子防水卷材拉伸性能 GB/T 328.9—2007 | 1. 拉伸试验机:符合 GB/T 328.9—2007/5 | 1. 试件试验前应在(23 ±2)℃和相对湿度(50 ±5)%的条件下放置至少 20 h;<br>2. 试验温度:(23 ±2)℃ | |
| | | 204 | 撕裂强度 | 建筑防水卷材试验方法:第 18 部分:沥青防水卷材撕裂性能(钉杆法) GB/T 328.18—2007 | 1. 拉伸试验机:符合 GB/T328.18—2007/5/5.1 | 1. 试件试验前应在(23 ±2)℃和相对湿度 30% ~ 70%的条件下放置至少 20 h;<br>2. 试验温度:(23 ±2)℃ | 1. 规定了沥青屋面防水卷材撕裂性能(钉杆法)的测定方法 |

**续表 2-8-2**

| 序号 | 类别(产品/项目/参数) | 产品/项目/参数 | | 依据标准(方法)名称及编号(含年号) | 仪器设备(标准物质)要求 | 环境条件要求 | 备注 |
|---|---|---|---|---|---|---|---|
| | | 序号 | 名称 | | | | |
| | | | | 建筑防水卷材试验方法:第19部分:高分子防水卷材撕裂性能 GB/T 328.19—2007 | 1. 拉伸试验机:符合 GB/T 328.19—2007/5 | 1. 试件试验前应在(23 ±2)℃和相对湿度(50 ±5)%的条件下放置至少20 h;<br>2. 试验温度:(23 ±2)℃ | 1. 规定了高分子屋面卷材采用梯形缺口或割口试件的撕裂性能测定方法 |
| | | 205 | 不透水性 | 建筑防水卷材试验方法 第10部分:沥青和高分子防水卷材不透水性 GB/T 328.10—2007 | 1. 仪器设备:符合 GB/T 328.10—2007/5 | 1. 试验前试件在(23 ±5)℃放置至少6 h;<br>2. 试验温度:(23 ±5)℃,产生争议时,在温度(23 ±2)℃相对湿度(50 ±5)%进行 | 1. 检验检测方法:<br>(1)A 方法;<br>(2)B 方法。<br>2. 适用范围:<br>(1)A 法试验适用于卷材低压力的使用场合;<br>(2)B 法试验适用于卷材高压力的使用场合 |
| | | 206 | 热空气老化 | 硫化橡胶或热塑性橡胶热空气加速老化和耐热试验 GB/T 3512—2014 | 1. 空气老化箱:符合 GB/T 3512—2014/4 | | 1. 检验检测方法:<br>(1)方法 A;<br>(2)方法 B。<br>2. 适用范围:<br>(1)方法 A 采用空气流速低的多单元式或柜式热空气老化箱,每小时换气3~10次;<br>(2)方法 B 使用风扇强制通风的柜式热空气老化箱,每小时换气3~10次 |

续表 2-8-2

| 序号 | 类别(产品/项目/参数) | 产品/项目/参数 | | 依据标准(方法)名称及编号(含年号) | 仪器设备(标准物质)要求 | 环境条件要求 | 备注 |
|---|---|---|---|---|---|---|---|
| | | 序号 | 名称 | | | | |
| | | 207 | 低温弯折性 | 建筑防水卷材试验方法 第15部分:高分子防水卷材低温弯折性 GB/T 328.15—2007 | 1. 弯折板:金属弯折装置有可调节的平行平板;<br>2. 环境箱:空气循环的低温空间,可调节温度至 -45 ℃,精度 ±2 ℃;<br>3. 检查工具:6倍玻璃放大镜 | 1. 试验前试件应在(23 ± 2)℃和相对湿度(50 ± 5)%的条件下放置至少20 h | |
| | | 208 | 耐化学侵蚀 | 建筑防水卷材试验方法 第16部分:高分子防水卷材耐化学液体(包括水) GB/T 328.16—2007 | 1. 容器:合适尺寸的广口瓶及配套的盖子(有气体挥发或挥发性液体的情况时密封用,需要时使用合适的冷凝器);<br>2. 天平:精度0.001 g,能称量试件大于等于1 g;<br>3. 厚度计:有平台,精度0.01 mm;<br>4. 测径规:能够测量精确到0.1 mm;<br>5. 鼓风烘箱:烘箱中空气交换至少每小时(5 ±2)次,烘箱中空气的循环应稳定在(0.5 ~ 1.5)m/s,不必校准,对于干燥用途,烘箱控制在(50 ±2)℃ | 1. 优先采用的浸入温度为(23 ± 2)℃和(50 ±2)℃测定性能变化的温度为(23 ±2)℃ | |
| | | 209 | 剪切强度 | 建筑防水卷杉试验方法 第22部分:沥青防水卷材接缝剪切性能 GB/T 328.22—2007 | 1. 拉伸试验机:符合 GB/T 328.22—2007/5 | 1. 试件试验前应在(23 ± 2)℃和相对湿度30% ~ 70%的条件下放置至少20 h;<br>2. 试验温度:(23 ±2)℃ | 1. 本试验方法主要是检验单层屋面沥青防水卷材接缝机械扣紧或压紧的性能 |

续表 2-8-2

| 序号 | 类别(产品/项目/参数) | 产品/项目/参数 | | 依据标准(方法)名称及编号(含年号) | 仪器设备(标准物质)要求 | 环境条件要求 | 备注 |
|---|---|---|---|---|---|---|---|
| | | 序号 | 名称 | | | | |
| | | | | 建筑防水卷材试验方法 第23部分:高分子防水卷材接缝剪切性能 GB/T 328.23—2007 | 1. 拉伸试验机:应符合 GB/T 328.23—2007/5 | 1. 试件试验前应在(23±2)℃和相对湿度30%~70%的条件下放置至少20 h;<br>2. 试验温度:(23±2)℃ | 1. 规定相同的塑料和橡胶屋面防水卷材间的间接缝剪切性能的测定方法 |
| | | 210 | 剥离强度 | 建筑防水卷材试验方法 第20部分:沥青防水卷材接缝剥离性能 GB/T 328.20—2007 | 1. 拉伸试验机:符合 GB/T 328.20—2007/5 | 1. 试件试验前应在(23±2)℃和相对湿度30%~70%的条件下放置至少20 h;<br>2. 试验温度:(23±2)℃ | 1. 本试验方法主要是检验机械固定的单层沥青防水卷材接缝性能 |
| | | | | 建筑防水卷材试验方法 第21部分:高分子防水卷材接缝剥离性能 GB/T 328.21—2007 | 1. 拉伸试验机:符合 GB/T 328.21—2007/5 | 1. 试件试验前应在(23±2)℃和相对湿度30%~70%的条件下放置至少20 h;<br>2. 试验温度:(23±2)℃ | 1. 本试验方法主要用于试验机械固定的高分子防水卷材接缝 |

# 第九节　城市桥梁检验检测

## 一、城市桥梁检验检测项目/参数与检验检测方法

本部分共梳理了城市桥梁四个类别30个检验检测项目/参数内容的检验检测方法，详见表2-9-1城市桥梁检验检测项目/参数与检验检测方法对照简表。

表2-9-1　城市桥梁检验检测项目/参数与检验检测方法对照简表

| 序号 | 领域 | 项目/参数 | 检验检测方法 |
|---|---|---|---|
| 一 | 桥梁技术现状检测 | | |
| 1 | | 坐标 | 卫星定位测量法（卫星导航定位测量法）、导线测量法、三角形网测量法、全站仪测量法、激光测量法、近景摄像测量法 |
| 2 | | 标高 | 水准测量法、静力水准测量法、三角高程测量法、全站仪测量法、卫星导航定位测量法、激光测量法、近景摄像测量法 |
| 3 | | 挠度 | 水准测量法、静力水准测量法、三角高程测量法、全站仪测量法、卫星导航定位测量法、激光测量法、近景摄像测量法 |
| 4 | | 病害尺寸 | |
| 5 | | 裂缝长度 | |
| 6 | | 变形 | 机械式测试仪器法、电测仪器法、光学仪器法、水准测量法、静力水准测量法、三角高程测量法、全站仪测量法、卫星导航定位测量法、激光测量法、近景摄像测量法 |
| 二 | 桥梁结构/构件检测 | | |
| （一） | 混凝土结构/构件 | | |
| 7 | | 混凝土强度 | 回弹法、超声回弹综合法、钻芯法、拔出法 |
| 8 | | 碳化深度 | |
| 9 | | 裂缝宽度 | 裂缝显微镜法、直接观察法、仪表动态判定法、挠度转折法、应变量测判断方法、钢尺法、机械式测试仪器法 |
| 10 | | 裂缝深度 | 单面平测法、双面斜测法、钻孔对测法 |
| 11 | | 表观及内部缺陷 | 尺量法、超声法、钻芯法 |
| 12 | | 钢筋位置及保护层厚度 | 原位实测法、间接法、取样实测法、电磁感应法、雷达法、直接法 |
| 13 | | 钢筋锈蚀电位 | 半电池电位法 |
| 14 | | 混凝土氯离子含量 | 水溶性氯离子含量测试方法、酸溶性氯离子含量测试方法 |

**续表** 2-9-1

| 序号 | 领域 | 项目/参数 | 检验检测方法 |
|---|---|---|---|
| 15 | | 抗氯离子渗透性能 | 快速氯离子迁移系数法、电通量法 |
| (二) | 钢结构/构件 | | |
| 16 | | 涂装层厚度 | 涡流测厚仪法、磁性测厚仪法 |
| 17 | | 焊缝质量 | 超声检测、磁粉检测、射线检测、渗透检测 |
| 18 | | 金属厚度 | 超声法 |
| 19 | | 钢构件锈蚀 | |
| 20 | | 螺栓扭矩 | |
| 三 | 桥梁结构及构件荷载试验 | | |
| (一) | 静载试验 | | |
| 21 | | 承载力 | 验收性荷载试验、鉴定性荷载试验 |
| 22 | | 应力(应变) | 电阻应变片法、弦式应变计法、光纤应变计法 |
| 23 | | 变形和位移 | 机械式测试仪器法、电测仪器法、光学仪器法、水准测量法、静力水准测量法、三角高程测量法、全站仪测量法、卫星导航定位测量法、激光测量法、近景摄像测量法、惯性法、连通器法 |
| 24 | | 温度 | 表面法、埋入法 |
| (二) | 动载试验 | | |
| 25 | | 频率 | 环境激振法、行车激振法(车辆余振法)、跳车激振法、跳梁法、力锤敲击法、起振机激振法 |
| 26 | | 索力 | 振动法、测力传感器法 |
| 四 | 桥梁施工监测、桥梁健康监测 | | |
| 27 | | 应力(应变) | 电阻应变片法、弦式应变计法、光纤应变计法 |
| 28 | | 标高 | 水准测量法、静力水准测量法、三角高程测量法、全站仪测量法、卫星导航定位测量法、激光测量法、近景摄像测量法 |
| 29 | | 变形和位移 | 水准测量法、静力水准测量法、三角高程测量法、全站仪测量法、卫星导航定位测量法、激光测量法、近景摄像测量法、惯性法、连通器法 |
| 30 | | 线型 | 电测仪器法、光学仪器法 |

## 二、城市桥梁检验检测项目/参数与对应标准及要求一览表

本部分编制了城市桥梁检验检测项目/参数与对应标准及要求一览表，涉及四大类30个项目/参数和59个检验检测方法标准，详见表2-9-2。

表 2-9-2　城市桥梁检验检测项目/参数与对应标准及要求一览表

| 序号 | 类别(产品/项目/参数) | 产品/项目/参数 | | 依据标准(方法)名称及编号(含年号) | 仪器设备(标准物质)要求 | 环境条件要求 | 备注 |
|---|---|---|---|---|---|---|---|
| | | 序号 | 名称 | | | | |
| 一 | 桥梁技术现状检测 | | | | | | |
| | | 1 | 坐标 | 工程测量规范 GB 50026—2007/3 | 1. 水准仪:应符合 GB 50026—2007/4.2.2 要求;<br>2. 全站仪:应符合 GB 50026—2007/3.3.7 要求;<br>3. 经纬仪:应符合 GB 50026—2007/3.3.7 要求;<br>4. GPS:应符合 GB 50026—2007/3.2.7 要求 | | 1. 卫星定位测量法;<br>2. 导线测量法;<br>3. 三角形网测量法 |
| | | | | 城市桥梁工程施工与质量验收规范 CJJ 2—2008/4 | 1. 平面、水准控制测量:应符合 CJJ 2—2008/4.2.3、4.2.6 要求; | | 1. 卫星定位测量法;<br>2. 三角形网测量法 |
| | | | | 建筑变形测量规范 JGJ 8—2016/4 | 1. 全站仪:应符合 JGJ 8—2016/4.4.1、4.5.2 要求;<br>2. 卫星导航定位测量设备:应符合 JGJ 8—2016/4.6.2、4.6.3 要求;<br>3. 激光测量设备:应符合 JGJ 8—2016/4.7.2、4.7.4 要求;<br>4. 摄影测量系统:应符合 JGJ 8—2016/4.8.4、4.8.5 要求 | 1. 作业时,仪器设备应避免安置在有空压机、搅拌机、卷扬机、起重机等振动影响的范围内 | 1. 全站仪测量法;<br>2. 卫星导航定位测量法;<br>3. 激光测量法;<br>4. 近景摄像测量法 |
| | | 2 | 标高 | 工程测量规范 GB 50026—2007/4 | 1. 水准仪:应符合 GB 50026—2007/4.2.2 要求 | | 1. 水准测量法 |

续表 2-9-2

| 序号 | 类别(产品/项目/参数) | 产品/项目/参数 | | 依据标准(方法)名称及编号(含年号) | 仪器设备(标准物质)要求 | 环境条件要求 | 备注 |
|---|---|---|---|---|---|---|---|
| | | 序号 | 名称 | | | | |
| | | | | 建筑变形测量规范 JGJ 8—2016/4 | 1. 水准仪及配套水准尺：应符合 JGJ 8—2016/4.2 要求；<br>2. 静力水准测量装置：应符合 JGJ 8—2016/4.3.3 要求；<br>3. 全站仪：应符合 JGJ 8—2016/4.4.1、4.5.2 要求；<br>4. 卫星导航定位测量设备：应符合 JGJ 8—2016/4.6.2、4.6.3 要求；<br>5. 激光测量设备：应符合 JGJ 8—2016/4.7.2、4.7.4 要求；<br>6. 摄影测量系统：应符合 JGJ 8—2016/4.8.4、4.8.5 要求 | 1. 作业时，仪器设备应避免安置在有空压机、搅拌机、卷扬机、起重机等振动影响的范围内 | 1. 水准测量法；<br>2. 静力水准测量法；<br>3. 三角高程测量法；<br>4. 全站仪测量法；<br>5. 卫星导航定位测量法；<br>6. 激光测量法；<br>7. 近景摄像测量法 |
| | | 3 | 挠度 | 混凝土结构试验方法标准 GB/T 50152—2012/6.3 | 1. 百分表、千分表和钢直尺的误差允许值应符合国家现行相关标准的规定；<br>2. 水准仪和经纬仪精度不应低于 $DS_3$ 和 $DJ_2$；<br>3. 位移传感器的准确度不应低于 1.0 级，位移传感器的指示仪表的最小分度值不宜大于所测总位移的 1.0%，示值允许误差为量程的 1.0%；<br>4. 倾角仪的最小分度值不宜大于 5″，电子倾角计示值允许误差为量程的 1.0% | | |

**续表 2-9-2**

| 序号 | 类别(产品/项目/参数) | 产品/项目/参数 | | 依据标准(方法)名称及编号(含年号) | 仪器设备(标准物质)要求 | 环境条件要求 | 备注 |
|---|---|---|---|---|---|---|---|
| | | 序号 | 名称 | | | | |
| | | | | 建筑变形测量规范 JGJ 8—2016/7.5 | 1. 水准仪及配套水准尺：应符合 JGJ 8—2016/4.2 要求；<br>2. 静力水准测量装置：应符合 JGJ 8—2016/4.3.3 要求；<br>3. 全站仪：应符合 JGJ 8—2016/4.4.1、4.5.2 要求；<br>4. 卫星导航定位测量设备：应符合 JGJ 8—2016/4.6.2、4.6.3 要求；<br>5. 激光测量设备：应符合 JGJ 8—2016/4.7.2、4.7.4 要求；<br>6. 摄影测量系统：应符合 JGJ 8—2016/4.8.4、4.8.5 要求 | 1. 作业时，仪器设备应避免安置在有空压机、搅拌机、卷扬机、起重机等振动影响的范围内 | 1. 水准测量法；<br>2. 静力水准测量法；<br>3. 三角高程测量法；<br>4. 全站仪测量法；<br>5. 卫星导航定位测量法；<br>6. 激光测量法；<br>7. 近景摄像测量法 |
| | | 4 | 病害尺寸 | 混凝土结构现场检测技术标准 GB/T 50784—2013/7.2 | 1. 现场检测所用仪器、设备的适用范围和检测精度应满足检测项目的要求。检测时，所用仪器、设备应在检定或校准周期内，并应处于正常状态 | | |
| | | 5 | 裂缝长度 | 混凝土结构现场检测技术标准 GB/T 50784—2013/7.2 | 1. 现场检测所用仪器、设备的适用范围和检测精度应满足检测项目的要求。检测时，所用仪器、设备应在检定或校准周期内，并应处于正常状态 | | |
| | | 6 | 变形 | 建筑与桥梁结构监测技术规范 GB 50982—2014/4.3 | 1. 监测设备：应符合 GB 50982—2014/3.2.7、附录 A 要求；<br>2. 监测传感器：应符合 GB 50982—2014/3.2.8、附录 A 要求 | 1. 应符合《建筑与桥梁结构监测技术规范》GB 50982—2014/3.2.9 要求 | 1. 机械式测试仪器法；<br>2. 电测仪器法；<br>3. 光学仪器法 |

续表 2-9-2

| 序号 | 类别(产品/项目/参数) | 产品/项目/参数 | | 依据标准(方法)名称及编号(含年号) | 仪器设备(标准物质)要求 | 环境条件要求 | 备注 |
|---|---|---|---|---|---|---|---|
| | | 序号 | 名称 | | | | |
| | | | | 混凝土结构试验方法标准 GB/T 50152—2012/6.3 | 1. 百分表、千分表和钢直尺的误差允许值应符合国家现行相关标准的规定;<br>2. 水准仪和经纬仪精度不应低于 $DS_3$ 和 $DJ_2$;<br>3. 位移传感器的准确度不应低于 1.0 级,位移传感器的指示仪表的最小分度值不宜大于所测总位移的 1.0%,示值允许误差为量程的 1.0%;<br>4. 倾角仪的最小分度值不宜大于 5″,电子倾角计示值允许误差为量程的 1.0% | | |
| | | | | 建筑变形测量规范 JGJ 8—2016/4 | 1. 水准仪及配套水准尺:应符合 JGJ 8—2016/4.2 要求;<br>2. 静力水准测量装置:应符合 JGJ 8—2016/4.3.3 要求;<br>3. 全站仪:应符合 JGJ 8—2016/4.4.1、4.5.2 要求;<br>4. 卫星导航定位测量设备:应符合 JGJ 8—2016/4.6.2、4.6.3 要求;<br>5. 激光测量设备:应符合 JGJ 8—2016/4.7.2、4.7.4 要求;<br>6. 摄影测量系统:应符合 JGJ 8—2016/4.8.4、4.8.5 要求 | 1. 作业时,仪器设备应避免安置在有空压机、搅拌机、卷扬机、起重机等振动影响的范围内 | 1. 水准测量法;<br>2. 静力水准测量法;<br>3. 三角高程测量法;<br>4. 全站仪测量法;<br>5. 卫星导航定位测量法;<br>6. 激光测量法;<br>7. 近景摄像测量法 |
| 二 | 桥梁结构/构件检测 | | | | | | |
| (一) | 混凝土结构/构件 | | | | | | |

**续表 2-9-2**

| 序号 | 类别(产品/项目/参数) | 产品/项目/参数 | | 依据标准(方法)名称及编号(含年号) | 仪器设备(标准物质)要求 | 环境条件要求 | 备注 |
|---|---|---|---|---|---|---|---|
| | | 序号 | 名称 | | | | |
| | | 7 | 混凝土强度 | 回弹法检测混凝土抗压强度技术规程 JGJ/T 23—2011 | 1. 回弹仪:应符合 JGJ/T 23—2011/3.1.2、3.1.3 要求;<br>2. 碳化深度尺:精确至 0.25mm;<br>3. 酚酞酒精溶液:浓度 1% ~2%;<br>4. 钢砧:HRC 为 60 ±2 | 1. 回弹仪使用时的环境温度应为 -4 ~40 ℃ | 1. 回弹法;<br>2. 适用于普通混凝土抗压强度检测,不适用于表层与内部质量有明显差异或内部存在缺陷的混凝土强度检测 |
| | | | | 超声回弹综合法检测混凝土强度技术规程 T/CECS 02—2020 | 1. 回弹仪:应符合 T/CECS 02—2020/3 要求;<br>2. 超声波检测仪:应符合 T/CECS 02—2020/4 要求;<br>3. 钢砧:HRC 为 60 ±2 | 1. 回弹仪使用时的环境温度应为 -4 ~40 ℃;<br>2. 超声波检测仪器使用时,环境温度应为 0 ~40 ℃ | 1. 超声回弹综合法;<br>2. 应符合 T/CECS 02—2020/1.0.3、6.0.1 和 6.0.3 条要求 |
| | | | | 钻芯法检测混凝土强度技术规程 CECS 03:2007 | 1. 压力试验机:应符合 GB/T 3159—2008 及 GB/T 2611 中技术要求外,其测量精度为 ±1%,试件破坏载荷应大于压力试验机全量程的 20% 且小于压力机全量程的 80%,应具有加荷速度指示装置或加荷速度控制装置,并能均匀、连续地加荷;应具有有效期内的计量检定证书;<br>2. 钻芯机应符合 CECS 03:2007 的 4.01、4.02、4.03 要求 | | 1. 钻芯法;<br>2. 适用于检测强度不大于 80 MPa 的普通混凝土 |
| | | | | 拔出法检测混凝土强度技术规程 CECS 69:2011 | 1. 钻孔机、磨槽机、锚固机、拔出仪:应符合 CECS 69:2011/4 要求 | | 1. 拔出法;<br>2. 适用于混凝土抗压强度为 10.0 ~80.0 MPa 的既有结构和在建结构混凝土强度的检测与推定 |

**续表 2-9-2**

| 序号 | 类别(产品/项目/参数) | 产品/项目/参数 | | 依据标准(方法)名称及编号(含年号) | 仪器设备(标准物质)要求 | 环境条件要求 | 备注 |
|---|---|---|---|---|---|---|---|
| | | 序号 | 名称 | | | | |
| | | | | 高强混凝土强度检测技术规程 JGJ/T 294—2013 | 1. 回弹仪:应符合 JGJ/T 294—2013/3.1、附录 A.0.1、附录 B.0.1 要求;<br>2. 超声波检测仪:应符合 JGJ/T 294—2013/3.2 要求;<br>3. 钢砧:HRC 为 60 ±2 | | 1. 检验检测方法:<br>(1)回弹法;<br>(2)超声回弹综合法;<br>2. 适用范围应符合 JGJ/T 294—2013/1.0.2 条要求 |
| | | 8 | 碳化深度 | 回弹法检测混凝土抗压强度技术规程 JGJ/T 23—2011/4.3 | 1. 碳化深度尺:精确至 0.25 mm;<br>2. 酚酞酒精溶液:浓度 1% ~2% | | |
| | | 9 | 裂缝宽度 | 混凝土结构现场检测技术标准 GB/T 50784—2013/7.2 | 1. 现场检测所用仪器、设备的适用范围和检测精度应满足检测项目的要求检测时,所用仪器、设备应在检定或校准周期内,并应处于正常状态 | | 1. 裂缝显微镜法 |
| | | | | 混凝土结构试验方法标准 GB/T 50152—2012/6.5 | 1. 刻度放大镜最小分度不宜大于 0.05 mm;<br>2. 电子裂缝观察仪的测量精度不应低于 0.02 mm;<br>3. 振弦式测缝计的量程不应大于 50 mm,分辨率不应大于量程的 0.05%;<br>4. 裂缝宽度检验卡最小分度值不应大于 0.05 mm | | 1. 直接观察法;<br>2. 仪表动态判定法;<br>3. 挠度转折法;<br>4. 应变量测判断方法 |
| | | | | 建筑与桥梁结构监测技术规范 GB 50982—2014/4.3 | 1. 裂缝宽度检验卡最小分度值不应大于 0.05 mm,利用电子裂缝观察仪时,量测精度应为 0.02 mm;<br>2. 对于宽度 1 mm 以下的裂缝,可采用电测仪器法,仪器分辨率不应大于 0.01 mm | | 1. 钢尺法;<br>2. 机械式测试仪器法 |

续表 2-9-2

| 序号 | 类别(产品/项目/参数) | 产品/项目/参数 | | 依据标准(方法)名称及编号(含年号) | 仪器设备(标准物质)要求 | 环境条件要求 | 备注 |
|---|---|---|---|---|---|---|---|
| | | 序号 | 名称 | | | | |
| | | 10 | 裂缝深度 | 混凝土结构现场检测技术标准 GB/T 50784—2013/附录 E | 1. 现场检测所用仪器、设备的适用范围和检测精度应满足检测项目的要求。检测时,所用仪器、设备应在检定或校准周期内,并应处于正常状态 | | 1. 单面平测法 |
| | | | | 超声法检测混凝土缺陷技术规程 CECS 21:2000/5 | 1. 超声波检测仪:应符合 CECS 21:2000/3 要求 | | 1. 单面平测法;<br>2. 双面斜测法;<br>3. 钻孔对测法 |
| | | 11 | 表观及内部缺陷 | 混凝土结构现场检测技术标准 GB/T 50784—2013/7.2、7.3 | 1. 现场检测所用仪器、设备的适用范围和检测精度应满足检测项目的要求。检测时,所用仪器、设备应在检定或校准周期内,并应处于正常状态 | | 1. 尺量法;<br>2. 超声法 |
| | | | | 超声法检测混凝土缺陷技术规程 CECS 21:2000/6 | 1. 超声波检测仪:应符合 CECS 21:2000/3 要求 | | 1. 超声法 |
| | | 12 | 钢筋位置及保护层厚度 | 混凝土结构现场检测技术标准 GB/T 50784—2013/9 | 1. 钢筋探测仪、雷达仪仪器性能和操作要求应符合现行行业标准 JGJ/T 152—2019 的有关规定;<br>2. 电磁感应法钢筋探测仪:按 JGJ/T 152—2019 附录 A 校准;<br>3. 雷达仪:按 JGJ/T 152—2019 附录 B 校准 | | 1. 原位实测法;<br>2. 间接法;<br>3. 取样实测法 |

**续表 2-9-2**

| 序号 | 类别(产品/项目/参数) | 产品/项目/参数 | | 依据标准(方法)名称及编号(含年号) | 仪器设备(标准物质)要求 | 环境条件要求 | 备注 |
|---|---|---|---|---|---|---|---|
| | | 序号 | 名称 | | | | |
| | | | | 混凝土中钢筋检测技术标准 JTJ/T 152—2019/4 | 1. 仪器性能要求:应符合 JGJ/T 152—2019/4.3 要求;<br>2. 电磁感应法钢筋探测仪的校准方法,按 JGJ/T 152—2019 附录 A;<br>3. 雷达仪的校准方法,按 JGJ/T 152—2019 附录 B;<br>4. 检测用仪器设备性能应符合 JGJ/T 152—2019 的规定,并应在检定或校准有效周期内使用检测前后宜对仪器设备进行核查 | | 1. 检验检测方法:<br>(1)电磁感应法;<br>(2)雷达法;<br>(3)直接法。<br>2. 电磁感应法适用于不含铁磁性物质的混凝土检测,雷达法宜用于结构或构件中钢筋间距和位置的大面积扫描检测以及多层钢筋的扫描检测,当检测精度符合 JGJ/T 152—2019/4.3.1 条的规定时,也可用于混凝土保护层厚度检测直接法适用于含铁磁性物质的混凝土检测 |
| | | 13 | 钢筋锈蚀电位 | 混凝土中钢筋检测技术标准 JGJ/T 152—2019/7 | 1. 电磁感应法钢筋探测仪:应符合 JGJ/T 152—2019/4.3 要求;<br>2. 半电池电位钢筋锈蚀检测仪:应符合 JGJ/T 152—2019/7.2 要求 | | 1. 半电池电位法 |
| | | 14 | 混凝土氯离子含量 | 混凝土中氯离子含量检测技术规程 JGJ/T 322—2013/6 | 1. 水溶性氯离子含量测试方法试验用仪器设备、试剂,应符合 JGJ/T 322—2013/附录 C.01、C.02 的规定;<br>2. 酸溶性氯离子含量测试方法试验用仪器设备、试剂,应符合 JGJ/T 322—2013/附录 D.01、D.02 的规定 | | 1. 水溶性氯离子含量测试方法;<br>2. 酸溶性氯离子含量测试方法 |

续表 2-9-2

| 序号 | 类别(产品/项目/参数) | 产品/项目/参数 | | 依据标准(方法)名称及编号(含年号) | 仪器设备(标准物质)要求 | 环境条件要求 | 备注 |
|---|---|---|---|---|---|---|---|
| | | 序号 | 名称 | | | | |
| | | | | 建筑结构检测技术标准 GB/T 50344—2019/附录 H | 1. 所需仪器、试剂应符合 GB/T 50344—2019 附录 H.0.2、H.0.3 | | |
| | | 15 | 抗氯离子渗透性能 | 普通混凝土长期性能和耐久性能试验方法标准 GB/T 50082—2009/7 | 1. 快速氯离子迁移系数法试剂、仪器设备、溶液和指示剂应符合 GB/T 50082—2009/7.1.2 要求；<br>2. 电通量法试验装置、仪器和用具应符合 GB/T 50082—2009/7.2.2 要求 | 1. 试验应在 20 ~ 25 ℃的室内进行 | 1. 快速氯离子迁移系数法；<br>2. 电通量法 |
| (二) | 钢结构/构件 | | | | | | |
| | | 16 | 涂装层厚度 | 钢结构现场检测技术标准 GB/T 50621—2010/12、13 | 1. 涂层测厚仪：最大量程不应小于 1 200 μm，最小分辨率不应大于 2 μm，示值相对误差不应大于 3%，测试构件的曲率半径应符合仪器的使用要求；<br>2. 在弯曲试件的表面上测量时，应考虑其对测试准确度的影响；<br>3. 对防火涂层的厚度可采用探针和卡尺进行检测，用于检测的卡尺尾部应有可外伸的窄片，测量设备的量程应大于被测的防火涂层厚度；<br>4. 检测设备的分辨率不应低于 0.5 mm | 1. 应避免电磁干扰 | 1. 磁性测厚仪法；<br>2. 涡流测厚仪法 |

续表 2-9-2

| 序号 | 类别(产品/项目/参数) | 产品/项目/参数 序号 | 产品/项目/参数 名称 | 依据标准(方法)名称及编号(含年号) | 仪器设备(标准物质)要求 | 环境条件要求 | 备注 |
|---|---|---|---|---|---|---|---|
| | | | | 钢结构工程施工质量验收标准 GB 50205—2020/附录 E | 1. 测针(厚度测量仪),如果厚度测量仪不易插入测试材料中,也可使用其他适宜的方法测试 | | 同上 |
| | | 17 | 焊缝质量 | 焊缝无损检测超声检测技术、检测等级和评定 GB/T 11345—2013 | 1. 设备要求详见 GB/T 11345—2013/6.2 | 1. 检测时焊缝和母材温度在 0～60 ℃ | 1. 超声检测;<br>2. 适用于母材和焊缝均为铁素体类的全熔透焊缝、母材厚度不小于 8 mm 的低超声衰减金属材料熔化焊接接头手工超声检测技术 |
| | | | | 焊缝无损检测 磁粉检测 GB/T 26951—2011 | 1. 磁化设备详见 GB/T 26951—2011/5.5.1 | | 1. 磁粉检测 |
| | | | | 焊缝无损检测 射线检测 第 1 部分:X 和伽马射线的胶片技术 GB/T 3323.1—2019 和第 2 部分:使用数字化探测器的 X 和伽马射线技术 GB/T 3323.2—2019 | 1. 符合 GB 12664—2003 要求 | 1. 仪器储存环境:温度 −15～+50 ℃,最大相对湿度 95%;<br>2. 正常试验条件详见 GB 12664—2003/5 要求 | 1. 射线检测,按透照方式可分为单壁透照法、单壁外透照法、中心透照法、偏心透照法、双壁双影椭圆透照法、双壁双影垂直透照法、双壁单影法、不等厚工作透照法;<br>2. 适用于板、管焊接接头或其他焊接接头的射线检测,不包含金属材料焊接接头射线检测的验收等级;<br>3. 射线透照技术等级:A 级,基本技术;B 级,优化技术 |

续表 2-9-2

| 序号 | 类别(产品/项目/参数) | 产品/项目/参数 | | 依据标准(方法)名称及编号(含年号) | 仪器设备(标准物质)要求 | 环境条件要求 | 备注 |
|---|---|---|---|---|---|---|---|
| | | 序号 | 名称 | | | | |
| | | | | 钢结构现场检测技术标准 GB/T 50621—2010/5 | 1. 磁粉探伤装置:根据被测工件的形状、尺寸和表面形态选择,应满足检测灵敏度的要求;<br>2. 磁粉探伤仪的其他装置:应符合 GB/T 15822.3 的有关规定;<br>3. 采用非荧光磁粉时,观察面照度应大于 500 lx,采用荧光磁粉时,观察面照度应小于 20 lx | | 1. 磁粉检测;<br>2. 适用于铁磁性材料熔化焊焊缝表面或近表面缺陷的检测 |
| | | | | 钢结构现场检测技术标准 GB/T 50621—2010/6 | 1. 渗透剂、清洗剂、显像剂等渗透检测剂的质量应符合 JB/T 7523 的有关规定;<br>2. 渗透检测应配备铝合金试块(A 型对比试块)和不锈钢镀铬试块(B 型灵敏度试块),其技术要求应符合 JB/T 6064 的有关规定;<br>3. 渗透检测设备应符合 GB/T 18851.4 的规定 | 1. 环境及被检测部位的温度宜在 10 ~ 50 ℃范围内;<br>2. 当温度低于 10 ℃或高于 50 ℃时,应按现行标准 GB/T 47013.4—2015 的规定进行灵敏度的对比试验 | 1. 渗透检测;<br>2. 适用于钢结构焊缝表面开口性缺陷的检测 |
| | | | | 钢结构现场检测技术标准 GB/T 50621—2010/7 | 1. A 型脉冲反射式超声仪:超声仪主机:工作频率 2 ~ 5 MHz,水平线性≤1%,垂直线性≤5%,衰减器或增仪器总调节量≥80 dB,衰减器或增仪器每档步进量≤2 dB,衰减器或增仪器任意 12 dB 内误差≤ ±1 dB;<br>2. 探头等设备:应符合 GB/T 50621—2010/ 7.2 要求;<br>3. 标准试块:应符合 JB/T 8428—2015 要求 | | 1. 超声检测;<br>2. 适用于母材厚度不小于 8 mm、曲率半径不小于 160 mm 的碳素结构钢和低合金高强度结构钢对接全熔透焊缝,使用 A 型脉冲反射法手工超声波的质量检测 |

**续表 2-9-2**

| 序号 | 类别(产品/项目/参数) | 产品/项目/参数 | | 依据标准(方法)名称及编号(含年号) | 仪器设备(标准物质)要求 | 环境条件要求 | 备注 |
|---|---|---|---|---|---|---|---|
| | | 序号 | 名称 | | | | |
| | | 18 | 金属厚度 | 钢结构现场检测技术标准 GB/T 50621—2010/10 | 1. 超声测厚仪:应符合 GB/T 50621—2010/10 要求 | | 1. 超声法 |
| | | 19 | 钢构件锈蚀 | 涂覆涂料前钢材表面处理 表面清洁度的目视评定 第1部分:未涂覆过的钢材表面和全面清除原有涂层后的钢材表面的锈蚀等级和处理等级 GB/T 8923.1—2011 | 1. 采用比对法与钢材锈蚀等级典型照片进行对照 | | |
| | | 20 | 螺栓扭矩 | 钢结构现场检测技术标准 GB/T 50621—2010/8 | 1. 扭矩扳手:示值相对误差的绝对值不得大于测试扭矩值的3%,宜具有峰值保持功能;<br>2. 最大量程应根据高强度螺栓的型号、规格进行选择,工作值宜控制在被选用扳手的量限值20%~80%范围内 | | |
| | | | | 钢结构工程施工质量验收标准 GB 50205—2020/附录B | 1. 扭矩扳手:扭矩扳手其相对误差应为±3% | | |
| | | | | 紧固件机械性能螺栓、螺钉和螺柱 GB/T 3098.1—2010 | 1. 试验仪器与装置:应符合 GB/T 3098.13—1996/3.2.2 要求 | | |
| 三 | 桥梁结构及构件荷载试验 | | | | | | |
| (一) | 静载试验 | | | | | | |
| | | 21 | 承载力 | 城市桥梁检测与评定技术规范 CJJ/T 233—2015/6 | 1. 仪器设备:应满足符合 CJJ/T 233—2015/3.0.12、3.0.13 要求 | | 1. 验收性荷载试验;<br>2. 鉴定性荷载试验 |

续表 2-9-2

| 序号 | 类别(产品/项目/参数) | 产品/项目/参数 | | 依据标准(方法)名称及编号(含年号) | 仪器设备(标准物质)要求 | 环境条件要求 | 备注 |
|---|---|---|---|---|---|---|---|
| | | 序号 | 名称 | | | | |
| | | | | 公路桥梁荷载试验规程 JTG/T J21 -01—2015/5 | 1. 应变(或应力)设备:应符合 JTG/T J21 -01—2015 附录 A 中 A. 0. 1 要求;<br>2. 变形测试设备:应符合 JTG/T J21 -01—2015 附录 A 中 A. 0. 2 要求;<br>3. 裂缝测试设备:应符合 JTG/T J21 -01—2015 附录 A 中 A. 0. 3 要求;<br>4. 倾角测试设备:应符合 JTG/T J21 -01—2015 附录 A 中 A. 0. 4 要求 | 1. 应满足 JTG/T J21 -01—2015/3. 3 的要求 | |
| | | 22 | 应力(应变) | 城市桥梁检测与评定技术规范 CJJ/T 233—2015/6 | 1. 仪器设备:应满足符合 CJJ/T 233—2015 第 3 章第 3. 0. 12、3. 0. 13 要求 | | 1. 电阻应变片法;<br>2. 弦式应变计法 |
| | | | | 公路桥梁荷载试验规程 JTG/T J21 -01—2015/5 | 1. 应变(或应力)设备:应符合 JTG/T J21 -01—2015 附录 A 中 A. 0. 1 要求; | 1. 应满足 JTG/T J21 -01—2015/3. 3 的要求 | 同上 |
| | | 23 | 变形和位移 | 公路桥梁荷载试验规程 JTG/T J21 -01—2015/5 | 1. 变形测试设备:应符合 JTG/T J21 -01—2015 附录 A 中 A. 0. 2 要求; | 1. 应满足 JTG/T J21 -01—2015/3. 3 的要求 | 1. 机械式测试仪器法;<br>2. 电测仪器法;<br>3. 光学仪器法 |
| | | | | 混凝土结构试验方法标准 GB/T 50152—2012/6. 3 | 1. 百分表、千分表和钢直尺的误差允许值应符合国家现行相关标准的规定;<br>2. 水准仪和经纬仪精度不应低于 $DS_3$ 和 $DJ_2$;<br>3. 位移传感器的准确度不应低于 1. 0 级,位移传感器的指示仪表的最小分度值不宜大于所测总位移的 1. 0%,示值允许误差为量程的 1. 0%;<br>4. 倾角仪的最小分度值不宜大于 5″,电子倾角计示值允许误差为量程的 1. 0% | | |

**续表 2-9-2**

| 序号 | 类别(产品/项目/参数) | 产品/项目/参数 | | 依据标准(方法)名称及编号(含年号) | 仪器设备(标准物质)要求 | 环境条件要求 | 备注 |
|---|---|---|---|---|---|---|---|
| | | 序号 | 名称 | | | | |
| | | | | 建筑变形测量规范 JGJ 8—2016/4 | 1. 水准仪及配套水准尺:应符合 JGJ 8—2016/4.2 要求;<br>2. 静力水准测量装置:应符合 JGJ 8—2016/4.3.3 要求;<br>3. 全站仪:应符合 JGJ 8—2016/4.4.1、4.5.2 要求;<br>4. 卫星导航定位测量设备:应符合 JGJ 8—2016/4.6.2、4.6.3 要求;<br>5. 激光测量设备:应符合 JGJ 8—2016/4.7.2、4.7.4 要求;<br>6. 摄影测量系统:应符合 JGJ 8—2016/4.8.4、4.8.5 要求 | 1. 作业时,仪器设备应避免安置在有空压机、搅拌机、卷扬机、起重机等振动影响的范围内 | 1. 水准测量法;<br>2. 静力水准测量法;<br>3. 三角高程测量法;<br>4. 全站仪测量法;<br>5. 卫星导航定位测量法;<br>6. 激光测量法;<br>7. 近景摄像测量法 |
| | | 24 | 温度 | 地面气象观测规范 空气温度和湿度 GB/T 35226—2017/8 | 1. 人工观测时,常用的仪器有干球温度表、湿球温度表、最低温度表、毛发湿度表、最高温度表、温度计和湿度计。自动观测时,由自动气象站完成气温和湿度的自动观测、存储和传输 | | 1. 表面法 |
| (二) | 动载试验 | | | | | | |
| | | 25 | 频率 | 城市桥梁检测与评定技术规范 CJJ/T 233—2015/4.9 | 1. 仪器设备:应满足符合 CJJ/T 233—2015/3.0.12、3.0.13 和 7.2.2 要求 | | 1. 环境激振法;<br>2. 车辆余振法;<br>3. 跳车激振法;<br>4. 跳梁法;<br>5. 力锤敲击法 |
| | | | | 公路桥梁荷载试验规程 JTG/T J21－01—2015/6 | 1. 测试设备:应符合 JTG/T J21－01—2015/C.0.1 条要求 | 1. 应满足 JTG/T J21－01—2015/3.3 的要求 | 1. 环境激振法;<br>2. 行车激振法;<br>3. 跳车激振法;<br>4. 起振机激励法 |
| | | 26 | 索力 | 公路桥梁荷载试验规程 JTG/T J21－01—2015/附录 B | 1. 传感器、放大器及信号采集系统:应符合 JTG/T J21－01—2015/B.0.2 条要求; | | 1. 振动法 |

续表 2-9-2

| 序号 | 类别(产品/项目/参数) | 产品/项目/参数 序号 | 产品/项目/参数 名称 | 依据标准(方法)名称及编号(含年号) | 仪器设备(标准物质)要求 | 环境条件要求 | 备注 |
|---|---|---|---|---|---|---|---|
| | | | | 城市桥梁检测与评定技术规范 CJJ/T 233—2015/4.8 | 1. 仪器设备:应满足符合 CJJ/T 233—2015/3.0.12、3.0.13 条 | | 1. 振动法;<br>2. 测力传感器法 |
| 四 | 桥梁施工监测、桥梁健康监测 | | | | | | |
| | | 27 | 应力(应变) | 建筑与桥梁结构监测技术规范 GB 50982—2014/4.2 | 1. 监测设备:应符合 GB 50982—2014/3.2.7 要求;<br>2. 监测传感器:应符合 GB 50982—2014/3.2.8 条 1 ~ 3 款要求 | 1. 应符合 GB 50982—2014/3.2.9 条 1 ~ 3 款要求 | 1. 电阻应变片法;<br>2. 弦式应变计法 |
| | | 28 | 标高 | 工程测量规范 GB 50026—2007/4 | 1. 水准仪:应符合 GB 50026—2007/4.2.2 要求 | | 1. 水准测量法 |
| | | | | 建筑变形测量规范 JGJ 8—2016/4 | 1. 水准仪及配套水准尺:应符合 JGJ 8—2016/4.2 要求;<br>2. 静力水准测量装置:应符合 JGJ 8—2016/4.3.3 要求;<br>3. 全站仪:应符合 JGJ 8—2016/4.4.1、4.5.2 要求;<br>4. 卫星导航定位测量设备:应符合 JGJ 8—2016/4.6.2、4.6.3 要求;<br>5. 激光测量设备:应符合 JGJ 8—2016/4.7.2、4.7.4 要求;<br>6. 摄影测量系统:应符合 JGJ 8—2016/4.8.4、4.8.5 要求 | 1. 作业时,仪器设备应避免安置在有空压机、搅拌机、卷扬机、起重机等振动影响的范围内 | 1. 水准测量法;<br>2. 静力水准测量法;<br>3. 三角高程测量法;<br>4. 全站仪测量法;<br>5. 卫星导航定位测量法;<br>6. 激光测量法;<br>7. 近景摄像测量法 |

**续表 2-9-2**

| 序号 | 类别(产品/项目/参数) | 产品/项目/参数 | | 依据标准(方法)名称及编号(含年号) | 仪器设备(标准物质)要求 | 环境条件要求 | 备注 |
|---|---|---|---|---|---|---|---|
| | | 序号 | 名称 | | | | |
| | | 29 | 变形和位移 | 建筑变形测量规范 JGJ 8—2016/4 | 1. 水准仪及配套水准尺：应符合 JGJ 8—2016/4.2 要求；<br>2. 静力水准测量装置：应符合 JGJ 8—2016/4.3.3 要求；<br>3. 全站仪：应符合 JGJ 8—2016/4.4.1、4.5.2 要求；<br>4. 卫星导航定位测量设备：应符合 JGJ 8—2016/4.6.2、4.6.3 要求；<br>5. 激光测量设备：应符合 JGJ 8—2016/4.7.2、4.7.4 要求；<br>6. 摄影测量系统：应符合 JGJ 8—2016/4.8.4、4.8.5 要求 | 1. 作业时，仪器设备应避免安置在有空压机、搅拌机、卷扬机、起重机等振动影响的范围内 | 1. 水准测量法；<br>2. 静力水准测量法；<br>3. 三角高程测量法；<br>4. 全站仪测量法；<br>5. 卫星导航定位测量法；<br>6. 激光测量法；<br>7. 近景摄像测量法 |
| | | | | 混凝土结构试验方法标准 GB/T 50152—2012/6.3 | 1. 百分表、千分表和钢直尺的误差允许值应符合国家现行相关标准的规定；<br>2. 水准仪和经纬仪精度不应低于 $DS_3$ 和 $DJ_2$；<br>3. 位移传感器的准确度不应低于 1.0 级，位移传感器的指示仪表的最小分度值不宜大于所测总位移的 1.0%，示值允许误差为量程的 1.0%；<br>4. 倾角仪的最小分度值不宜大于 5″，电子倾角计示值允许误差为量程的 1.0% | | |
| | | 30 | 线型 | 建筑与桥梁结构监测技术规范 GB 50982—2014/4.3 | 1. 监测设备：应符合 GB 50982—2014/3.2.7、附录 A 要求；<br>2. 监测传感器：应符合 GB 50982—2014/3.2.8、附录 A 要求 | 1. 应符合 GB 50982—2014/3.2.9 要求 | 1. 电测仪器法 |
| | | | | 工程测量规范 GB 50026—2007/10 | 1. 水准仪：应符合 GB 50026—2007/4.2.2 要求<br>2. 全站仪：应符合 GB 50026—2007/3.3.7 要求 | | 1. 光学仪器法 |

# 第三章　公路工程检验检测

为加强公路工程质量检验检测管理，规范公路工程质量检验检测行为，2016 年 12 月 10 日，交通运输部以交通运输部令 2016 年第 80 号的形式发布《交通运输部关于修改〈公路水运工程试验检测管理办法〉的决定》，2017 年 8 月 2 日，交通运输部发布了《交通运输部关于公布〈公路水运工程试验检测机构等级标准〉及〈公路水运工程试验检测机构等级评定及换证复核工作程序〉的通知》（交安监发〔2017〕113 号）；2018 年 2 月 26 日，交通运输部发布了《公路水运工程试验检测等级管理要求》JT/T 1181—2018，并于 2018 年 5 月 1 日实施；2019 年 11 月 28 日，交通运输部令 2019 年第 38 号文件再一次发布了《交通运输部关于修改〈公路水运工程试验检测管理办法〉的决定》。根据《公路水运工程试验检测机构等级标准》，公路工程检验检测机构等级标准分为综合甲级、综合乙级、综合丙级、交通工程专项和桥梁隧道工程专项共 5 个类别，其中综合乙级包括土，集料，岩石，水泥，水泥混凝土、砂浆，水，外加剂，掺合料，无机结合料稳定材料，沥青，沥青混合料，钢材与连接接头，路基路面，混凝土结构，基坑、地基与基桩，交通安全设施十六个试验检测项目共 222 个参数。本章的项目/参数设置以公路工程试验检测机构等级标准中的综合乙级为基础，按检验检测机构资质认定的相关要求与公路工程检验检测的实践经验编写，主要从检验检测的项目/参数、依据的方法标准、标准对主要仪器设备（标准物质）的要求、标准对环境条件的要求等方面进行了叙述。全章共涉及 222 个项目/参数，61 个检验检测方法标准。

## 一、公路工程检验检测项目/参数与检验检测方法

本节共梳理了公路工程十六个类别 222 个检验检测项目/参数内容的检验检测方法，详见表 3-0-1 公路工程检验检测项目/参数与检验检测方法对照简表。

## 二、公路工程检验检测项目/参数与对应标准及要求一览表

本节共梳理了公路工程十六个类别 222 个检验检测项目/参数内容，涉及 61 个检验检测方法标准，详见表 3-0-2 公路工程检验检测项目/参数与对应标准及要求一览表。

**表 3-0-1　公路工程检验检测项目/参数与对应标准及要求一览表**

| 序号 | 领域 | 项目/参数 | 检验检测方法 |
|---|---|---|---|
| 一 | 土 | | |
| 1 | | 含水率 | 烘干法、酒精燃烧法、比重法 |
| 2 | | 密度 | 环刀法、电动取土器法、蜡封法、灌水法、灌砂法 |
| 3 | | 颗粒组成 | 筛分法、密度计法、移液管法 |
| 4 | | 界限含水率 | 液限和塑限联合测定法、液限蝶式仪法、塑限滚搓法、缩限试验 |
| 5 | | 最大干密度 | 轻型击实、重型击实 |
| 6 | | 最佳含水率 | 轻型击实、重型击实 |
| 7 | | 承载比(CBR) | |
| 8 | | 比重 | 比重瓶法、浮力法、浮称法、虹吸筒法 |
| 9 | | 天然稠度 | 直接法、间接法 |
| 10 | | 粗粒土和巨粒土最大干密度 | 表面振动压实仪法、振动台法 |
| 11 | | 回弹模量 | 承载板法、强度仪法 |
| 12 | | 自由膨胀率 | |
| 13 | | 烧失量 | |
| 14 | | 有机质含量 | |
| 15 | | 易溶盐总量 | 质量法 |
| 16 | | 砂的相对密度 | |
| 二 | 集料 | | |
| (一) | 粗集料 | | |
| 17 | | 颗粒级配 | 干筛法、水洗法 |
| 18 | | 密度 | 网篮法、容量瓶法 |
| 19 | | 吸水率 | 烘干法、网篮法、容量瓶法 |
| 20 | | 含水率 | 烘干法、酒精燃烧法 |
| 21 | | 含泥量 | |
| 22 | | 泥块含量 | |
| 23 | | 针片状颗粒含量 | 规准仪法、游标卡尺法 |
| 24 | | 压碎值 | |
| 25 | | 洛杉矶磨耗损失 | 洛杉矶法 |
| 26 | | 磨光值 | |
| 27 | | 破碎砾石含量 | |
| 28 | | 碱活性 | 岩相法、砂浆长度法 |
| 29 | | 有机物含量 | 比色法 |
| 30 | | 坚固性 | 饱和硫酸钠溶液法 |

**续表 3-0-1**

| 序号 | 领域 | 项目/参数 | 检验检测方法 |
|---|---|---|---|
| 31 | | 软弱颗粒含量 | |
| (二) | 细集料 | | |
| 32 | | 颗粒级配 | 干筛法、水洗法 |
| 33 | | 密度 | 坍落筒法、容量瓶法 |
| 34 | | 吸水率 | 坍落筒法、容量瓶法 |
| 35 | | 含水率 | 烘干法、酒精燃烧法 |
| 36 | | 含泥量 | 筛洗法 |
| 37 | | 泥块含量 | |
| 38 | | 砂当量 | |
| 39 | | 碱活性 | 碱－硅酸反应、快速碱－硅酸反应 |
| 40 | | 坚固性 | 饱和硫酸钠溶液法 |
| 41 | | 压碎指标 | |
| 42 | | 亚甲蓝值 | |
| 43 | | 棱角性 | 间隙率法、流动时间法 |
| (三) | 矿粉 | | |
| 44 | | 颗粒级配 | 水洗法 |
| 45 | | 密度 | |
| 46 | | 含水率 | |
| 47 | | 亲水系数 | |
| 48 | | 塑性指数 | |
| 49 | | 加热安定性 | |
| 三 | 岩石 | | |
| 50 | | 单轴抗压强度 | |
| 51 | | 含水率 | 烘干法 |
| 52 | | 密度 | |
| 53 | | 毛体积密度 | 量积法、水中称量法、蜡封法 |
| 54 | | 吸水率 | 自由吸水法、煮沸法、真空抽气法 |
| 55 | | 抗冻性 | |
| 四 | 水泥 | | |
| 56 | | 密度 | |
| 57 | | 细度 | 负压筛析法、水筛法 |
| 58 | | 比表面积 | 勃氏法 |
| 59 | | 标准稠度用水量 | 标准法、代用法 |
| 60 | | 凝结时间 | |

**续表 3-0-1**

| 序号 | 领域 | 项目/参数 | 检验检测方法 |
|---|---|---|---|
| 61 | | 安定性 | 标准法、代用法 |
| 62 | | 胶砂强度 | ISO 法 |
| 63 | | 胶砂流动度 | |
| 64 | | 氯离子含量 | 硫氰酸铵容量法（基准法）、（自动）电位滴定法（代用法）、离子色谱法（代用法） |
| 65 | | 碱含量 | 火焰光度法（基准法）、原子吸收分光广度法（代用法） |
| 66 | | 烧失量 | 灼烧差减法、校正法（基准法） |
| 五 | 水泥混凝土、砂浆 | | |
| （一） | 水泥混凝土 | | |
| 67 | | 稠度 | 坍落度仪法、维勃仪法、改进 VC 法 |
| 68 | | 表观密度 | |
| 69 | | 含气量 | 混合式气压法 |
| 70 | | 凝结时间 | |
| 71 | | 抗压强度 | 立方体抗压强度试验方法、圆柱体轴心抗压强度试验方法、棱柱体轴心抗压强度试验方法 |
| 72 | | 抗压弹性模量 | 圆柱体抗压弹性模量试验方法、棱柱体抗压弹性模量试验方法 |
| 73 | | 抗弯拉强度 | |
| 74 | | 抗渗性 | |
| 75 | | 配合比设计 | |
| 76 | | 抗弯拉弹性模量 | |
| 77 | | 劈裂抗拉强度 | 立方体劈裂抗拉强度试验方法、圆柱体劈裂抗拉强度试验方法 |
| 78 | | 泌水率 | |
| 79 | | 干缩性 | |
| 80 | | 扩展度及扩展度经时损失 | |
| （二） | 砂浆 | | |
| 81 | | 稠度 | |
| 82 | | 密度 | |
| 83 | | 立方体抗压强度 | |
| 84 | | 配合比设计 | |
| 85 | | 保水性 | |
| 86 | | 凝结时间 | |
| 87 | | 分层度 | |

续表 3-0-1

| 序号 | 领域 | 项目/参数 | 检验检测方法 |
|---|---|---|---|
| 六 | 水 | | |
| 88 | | pH | 玻璃电极法 |
| 89 | | 氯离子含量 | 硝酸银滴定法 |
| 90 | | 硫酸根含量 | 重量法 |
| 91 | | 不溶物含量 | 重量法 |
| 92 | | 可溶物含量 | 溶解性总固体检验法 |
| 七 | 外加剂 | | |
| 93 | | pH | |
| 94 | | 氯离子含量 | 电位滴定法、离子色谱法 |
| 95 | | 减水率 | |
| 96 | | 泌水率比 | |
| 97 | | 抗压强度比 | |
| 98 | | 硫酸钠含量 | 重量法、离子交换重量法 |
| 99 | | 凝结时间差 | |
| 100 | | 含气量 | |
| 八 | 掺合料 | | |
| 101 | | 细度 | 负压筛析法 |
| 102 | | 比表面积 | 勃氏法 |
| 103 | | 需水量比 | |
| 104 | | 流动度比 | |
| 105 | | 烧失量 | 灼烧差减法、校正法(基准法) |
| 106 | | 安定性 | 雷氏法、沸煮法、压蒸法 |
| 107 | | 活性指数 | |
| 108 | | 密度 | |
| 109 | | 含水量 | |
| 110 | | 三氧化硫含量 | 硫酸钡重量法(基准法)、碘量法(代用法) |
| 111 | | 游离氧化钙 | 甘油法(代用法)、乙二醇法(代用法)、EDTA 滴定法(代用法) |
| 112 | | 碱含量 | 火焰光度法、原子吸收分光广度法(代用法) |
| 113 | | 吸铵值 | |
| 九 | 无机结合料稳定材料 | | |
| (一) | 石灰 | | |
| 114 | | 有效氧化钙和氧化镁含量 | 简易测定法 |
| 115 | | 氧化镁含量 | |

续表 3-0-1

| 序号 | 领域 | 项目/参数 | 检验检测方法 |
| --- | --- | --- | --- |
| 116 | | 有效氧化钙 | |
| 117 | | 未消化残渣含量 | |
| 118 | | 含水量 | 烘干法 |
| (二) | 粉煤灰 | | |
| 119 | | 烧失量 | |
| 120 | | 细度 | 负压筛析法 |
| 121 | | 比表面积 | 勃氏法 |
| 122 | | 含水量 | 烘干法 |
| (三) | 无机结合料稳定材料 | | |
| 123 | | 最大干密度 | 击实法(甲法、乙法、丙法)、振动压实法 |
| 124 | | 最佳含水量 | 击实法(甲法、乙法、丙法)、振动压实法 |
| 125 | | 水泥或石灰剂量 | EDTA 滴定法 |
| 126 | | 无侧限抗压强度 | |
| 127 | | 延迟时间 | |
| 128 | | 配合比设计 | |
| 十 | 沥青 | | |
| 129 | | 密度 | |
| 130 | | 针入度 | |
| 131 | | 针入度指数 | |
| 132 | | 延度 | |
| 133 | | 软化点 | 环球法 |
| 134 | | 质量变化 | 沥青薄膜加热试验、沥青旋转薄膜加热试验 |
| 135 | | 残留物针入度比 | 沥青薄膜加热试验、沥青旋转薄膜加热试验 |
| 136 | | 软化点增值 | 沥青薄膜加热试验、沥青旋转薄膜加热试验 |
| 137 | | 60 ℃黏度比 | 沥青薄膜加热试验、沥青旋转薄膜加热试验 |
| 138 | | 老化指数 | 沥青薄膜加热试验、沥青旋转薄膜加热试验 |
| 139 | | 老化后延度 | 沥青薄膜加热试验、沥青旋转薄膜加热试验 |
| 140 | | 动力黏度 | 真空减压毛细管法 |
| 141 | | 闪点 | 克利夫兰开口杯法 |
| 142 | | 燃点 | 克利夫兰开口杯法 |
| 143 | | 与粗集料的黏附性 | 水煮法、水浸法 |
| 144 | | 聚合物改性沥青储存稳定性 | |

**续表 3-0-1**

| 序号 | 领域 | 项目/参数 | 检验检测方法 |
| --- | --- | --- | --- |
| 145 | | 聚合物改性沥青弹性恢复率 | |
| 146 | | 溶解度 | |
| 147 | | 标准黏度 | 道路沥青标准黏度计法 |
| 148 | | 恩格拉黏度 | 恩格拉黏度计法 |
| 149 | | 乳化沥青蒸发残留物含量 | |
| 150 | | 乳化沥青筛上残留物含量 | |
| 151 | | 乳化沥青微粒粒子电荷 | |
| 152 | | 乳化沥青与粗集料的黏附性 | 水煮法、浸泡法 |
| 153 | | 乳化沥青储存稳定性 | |
| 154 | | 乳化沥青与水泥拌和试验（筛上残留物含量） | |
| 155 | | 乳化沥青破乳速度 | |
| 156 | | 乳化沥青与矿料拌和 | |
| 十一 | 沥青混合料 | | |
| 157 | | 密度 | 表干法、水中重法、蜡封法、体积法 |
| 158 | | 空隙率 | 表干法、水中重法、蜡封法、体积法 |
| 159 | | 矿料间隙率 | 表干法、水中重法、蜡封法、体积法 |
| 160 | | 饱和度 | 表干法、水中重法、蜡封法、体积法 |
| 161 | | 马歇尔稳定度 | |
| 162 | | 流值 | |
| 163 | | 沥青含量 | 射线法、离心分离法、燃烧炉法 |
| 164 | | 矿料级配 | |
| 165 | | 理论最大相对密度 | 真空法、溶剂法 |
| 166 | | 动稳定度 | |
| 167 | | 渗水系数 | |
| 十二 | 钢材与连接接头 | | |
| 168 | | 重量偏差 | |
| 169 | | 尺寸偏差 | |

续表 3-0-1

| 序号 | 领域 | 项目/参数 | 检验检测方法 |
| --- | --- | --- | --- |
| 170 | | 抗拉强度 | |
| 171 | | 极限抗拉强度 | |
| 172 | | 屈服强度 | |
| 173 | | 断后伸长率 | |
| 174 | | 最大力总伸长率 | |
| 175 | | 最大力总延伸率 | |
| 176 | | 弯曲性能 | |
| 177 | | 反向弯曲 | |
| 178 | | 钢筋焊接网的抗剪力 | |
| 十三 | 路基路面 | | |
| 179 | | 纵断高程 | |
| 180 | | 中线偏位 | |
| 181 | | 宽度 | |
| 182 | | 横坡 | |
| 183 | | 边坡 | 全站仪法、坡度测量仪法 |
| 184 | | 相邻板高差 | |
| 185 | | 纵、横缝顺直度 | |
| 186 | | 厚度 | 挖坑法、钻芯法、短脉冲雷达测试法 |
| 187 | | 压实度 | 挖坑灌砂法、环刀法、钻芯法、核子密湿度仪法、无核密度仪法 |
| 188 | | 平整度 | 三米直尺法、车载式激光平整度仪法、连续式平整度仪法、车载式颠簸累积仪法、手推式断面仪法 |
| 189 | | 弯沉 | 落锤式弯沉仪法、贝克曼梁法、自动弯沉仪法、激光式高速路面弯沉测定仪法 |
| 190 | | 摩擦系数 | 摆式仪法、数字式摆式仪法、单轮式横向力系数测试系统法、双轮式横向力系数测试系统法、动态旋转式摩擦系数测试仪法 |
| 191 | | 构造深度 | 车载式激光构造深度仪法、手工铺砂法、电动铺砂仪法 |
| 192 | | 渗水系数 | |
| 193 | | 水泥混凝土路面强度 | 取芯法、回弹仪法、超声回弹法 |
| 194 | | 车辙 | 激光车辙仪测试方法、横断面尺测试方法、基准尺测试方法 |
| 195 | | 回弹模量 | 承载板法、贝克曼梁法、落球仪法 |
| 196 | | 透层油渗透深度 | |
| 197 | | 层间粘结 | |

续表 3-0-1

| 序号 | 领域 | 项目/参数 | 检验检测方法 |
|---|---|---|---|
| 198 | | 基层芯样完整性 | |
| 十四 | 混凝土结构 | | |
| 199 | | 混凝土强度 | 回弹法、超声回弹综合法、钻芯法 |
| 200 | | 碳化深度 | |
| 201 | | 钢筋位置 | 原位实测法、间接法、取样实测法、电磁感应法、雷达法、直接法 |
| 202 | | 钢筋保护层厚度 | 原位实测法、间接法、取样实测法、电磁感应法、雷达法、直接法 |
| 203 | | 表观缺陷 | 尺量法 |
| 204 | | 内部缺陷 | 超声法 |
| 205 | | 裂缝长度 | |
| 206 | | 裂缝深度 | 单面平测法、双面斜测法、钻孔对测法 |
| 207 | | 裂缝宽度 | 裂缝显微镜法、直接观察法、仪表动态判定法、挠度转折法、应变量测判断方法、钢尺法、机械式测试仪器法 |
| 十五 | 基坑、地基与基桩 | | |
| 208 | | 地基承载力 | 载荷试验、静力触探试验、圆锥动力触探试验、标准贯入试验 |
| 209 | | 地表沉降 | |
| 210 | | 基桩完整性 | 低应变反射法、高应变动测法、超声波法、钻芯法 |
| 211 | | 孔径 | 接触式检测法、接触式成孔检测法、非接触式成孔检测法 |
| 212 | | 孔深 | 接触式成孔检测法、专用测绳法 |
| 213 | | 垂直度 | 接触式检测法、接触式成孔检测法、非接触式成孔检测法 |
| 十六 | 交通安全设施 | | |
| 214 | | 外形尺寸 | |
| 215 | | 安装高度 | |
| 216 | | 安装距离 | |
| 217 | | 安装角度 | |
| 218 | | 立柱竖直度 | |
| 219 | | 立柱埋深 | 冲击弹性波检测法、尺量法 |
| 220 | | 立柱防腐层厚度 | |
| 221 | | 标线抗滑值 | |
| 222 | | 标志标线光度性能 | |

表 3-0-2　公路工程检验检测项目/参数与对应标准及要求一览表

| 序号 | 类别(产品/项目/参数) | 产品/项目/参数 序号 | 产品/项目/参数 名称 | 依据标准(方法)名称及编号(含年号) | 仪器设备(标准物质)要求 | 环境条件要求 | 备注 |
|---|---|---|---|---|---|---|---|
| 一 | 土 | | | | | | |
| | | 1 | 含水率 | 公路土工试验规程 JTG E40—2007/T 0103—1993 | 1. 烘箱:电热烘箱或温度能保持 105 ~ 110 ℃的其他能源烘箱;<br>2. 天平:称量 200 g、感量 0.01 g,称量 1 000 g、感量 0.1 g;<br>3. 干燥器、称量盒 | | 1. 烘干法;<br>2. 适用于测定黏质土、粉质土、砂类土、砂砾石、有机质土和冻土土类的含水率 |
| | | | | 公路土工试验规程 JTG E40—2007/T 0104—1993 | 1. 天平:感量 0.01 g;<br>2. 酒精:纯度 95%;<br>3. 称量盒:定期调整为恒质量;<br>4. 滴管、火柴、调土刀等 | | 1. 酒精燃烧法;<br>2. 适用于快速简易测定细粒土(含有机质的土除外)的含水率 |
| | | 2 | 密度 | 公路土工试验规程 JTG E40—2007/T 0107—1993 | 1. 环刀:内径 6 ~ 8 cm,高 2 ~ 5.4 cm,壁厚 1.5 ~ 2.2 mm;<br>2. 天平:感量 0.1 g;<br>3. 修土刀、钢丝锯、凡士林等 | | 1. 环刀法;<br>2. 适用于细粒土 |
| | | | | 公路土工试验规程 JTG E40—2007/T 0109—1993 | 1. 天平:感量 0.01 g;<br>2. 烧杯、细线、石蜡、针、削土刀等 | | 1. 蜡封法;<br>2. 适用于易破裂土和形态不规则的坚硬土 |
| | | | | 公路土工试验规程 JTG E40—2007/T 0110—1993 | 1. 座板:座板为中部开有圆孔,外沿呈方形或圆形的铁板,圆孔处设有环套,套孔的直径为土中所含最大石块粒径的 3 倍,环套的高度为其粒径的 5%;<br>2. 薄膜:聚乙烯塑料薄膜;<br>3. 储水桶:直径应均匀,并附有刻度;<br>4. 台秤:称量 50 kg、感量 5 g | | 1. 灌水法;<br>2. 适用于现场测定粗粒土和巨粒土的密度 |

续表 3-0-2

| 序号 | 类别(产品/项目/参数) | 产品/项目/参数 | | 依据标准(方法)名称及编号(含年号) | 仪器设备(标准物质)要求 | 环境条件要求 | 备注 |
|---|---|---|---|---|---|---|---|
| | | 序号 | 名称 | | | | |
| | | | | 公路土工试验规程 JTG E40—2007/T 0111—1993 | 1. 灌砂筒:符合本标准 T 0111—1993/2;<br>2. 金属标定罐:内径 100 mm、高 150 mm 和 200 mm 的金属罐各一个,上端周围有一罐缘;<br>3. 基板:边长 350 mm、深 40 mm 的金属方盘,盘中心有一直经 100 mm 的圆孔;<br>4. 玻璃板:边长约 500 mm 的方形板;<br>5. 台秤:称量 10 ~ 15 kg、感量 5 g;<br>6. 量砂:粒径 0.25 ~ 0.5 mm、清洁干燥的均匀砂,20 ~ 40 kg,并放置足够时间,使其与空气的湿度达到平衡 | | 1. 灌砂法;<br>2. 适用于现场测定细粒土、砂类土和砾类土的密度 |
| | | 3 | 颗粒组成 | 公路土工试验规程 JTG E40—2007/T 0115—1993 | 1. 标准筛:粗筛(圆孔)孔径为 60 mm、40 mm、20 mm、10 mm、5 mm、2 mm;细筛孔径为 2.0 mm、1.0 mm、0.5 mm、0.25 mm、0.075 mm;<br>2. 天平:称量 5 000 g、感量 5 g,称量 1 000 g、感量 1 g,称量 200 g、感量 0.2 g;<br>3. 摇筛机;<br>4. 烘箱、筛刷、烧杯、木碾、研钵及杵等 | | 1. 筛分法;<br>2. 适用于分析粒径大于 0.075 mm 的土颗粒组成,对于粒径大于 60 mm 的土样不适用 |
| | | | | 公路土工试验规程 JTG E40—2007/T 0116—2007 | 1. 甲种密度计:刻度单位以 20 ℃时每 1 000 mL 悬液内所含土质量的克数表示,刻度为 -5 ~ 50,最小分度值为 0.5;<br>2. 乙种密度计:刻度单位以 20 ℃时悬液的比重表示,刻度为 0.995 ~ 1.020,最小分度值为 0.000 2;<br>3. 量筒:容积为 1 000 mL,内径为 60 mm,高度为(350 ± 10) mm,刻度为 0 ~ 1 000 mL;<br>4. 细筛:孔径为 2 mm、0.5 mm、0.25 mm;洗筛:孔径为 0.075 mm; | | 1. 密度计法;<br>2. 适用于分析粒径小于 0.075 mm 的细粒土 |

**续表 3-0-2**

| 序号 | 类别(产品/项目/参数) | 产品/项目/参数 |  | 依据标准(方法)名称及编号(含年号) | 仪器设备(标准物质)要求 | 环境条件要求 | 备注 |
|---|---|---|---|---|---|---|---|
|  |  | 序号 | 名称 |  |  |  |  |
|  |  |  |  |  | 5. 天平:称量 100 g、感量 0.1 g,称量 100 g(或 200 g)、感量 0.01 g;<br>6. 温度计:测量范围 0 ~ 50 ℃,精度 0.5 ℃;<br>7. 洗筛漏斗:上口直径略大于洗筛直径,下口直径略小于量筒直径;<br>8. 煮沸设备:电热板或电砂浴;<br>9. 搅拌器:底板直径 50 mm,孔径约 3 mm;<br>10. 离心机、烘箱、三角烧瓶(500 mL)、烧杯(400 mL)、蒸发皿、研钵、木碾、称量铝盒、秒表等 |  |  |
|  |  | 4 | 界限含水率 | 公路土工试验规程 JTG E40—2007/T 0118—2007 | 1. 液限和塑限联合测定仪:圆锥质量为 100 g 或 76 g,锥角为 30°,读数显示形式宜采用光电式、数码式、游标式、百分表式;<br>2. 盛土杯:直径 50 mm,深度 40 ~ 50 mm;<br>3. 天平:称量 200 g、感量 0.01 g;<br>4. 筛(孔径 0.5 mm)、调土刀、调土皿、称量盒、研钵(附带橡皮头的研杵或橡皮板、木棒)、干燥器、吸管、凡士林等 |  | 1. 液限和塑限联合测定法;<br>2. 适用于粒径不大于 0.5 mm、有机质含量不大于试样总质量 5% 的土 |
|  |  | 5 | 最大干密度 | 公路土工试验规程 JTG E40—2007/T 0131—2007 | 1. 标准击实仪:符合本标准 T 0131—2007/2;<br>2. 烘箱及干燥器;<br>3. 天平:感量 0.01 g;<br>4. 台秤:称量 10 kg、感量 5 g;<br>5. 圆孔筛:孔径 40mm、20 mm 和 5 mm 各 1 个;<br>6. 拌和工具:400 mm × 600 mm、深 70 mm 的金属盘,土铲;<br>7. 喷水设备、碾土器、盛土盘、量筒、推土器、铝盒、修土刀、平直尺等 |  | 1. 检验检测方法:<br>(1)轻型击实;<br>(2)重型击实。<br>2. 适用范围:<br>(1)轻型击实试验适用于粒径不大于 20 mm 的土;<br>(2)重型击实试验适用于粒径不大于 40 mm 的土 |

续表 3-0-2

| 序号 | 类别(产品/项目/参数) | 产品/项目/参数 | | 依据标准(方法)名称及编号(含年号) | 仪器设备(标准物质)要求 | 环境条件要求 | 备注 |
|---|---|---|---|---|---|---|---|
| | | 序号 | 名称 | | | | |
| | | 6 | 最佳含水率 | 公路土工试验规程 JTG E40—2007/T 0131—2007 | 同上 | | 同上 |
| | | 7 | 承载比(CBR) | 公路土工试验规程 JTG E40—2007/T 0134—1993 | 1. 圆孔筛:孔径 40 mm、20 mm 及 5 mm 筛各 1 个;<br>2. 试筒:符合本标准 T 0134—1993/2;<br>3. 夯锤和导管:夯锤的底面直径 50 mm,总质量 4.5 kg,夯锤在导管内的总行程为 450 mm;<br>4. 贯入杆:端面直径 50 mm、长约 100 mm 的金属柱;<br>5. 路面材料强度仪或其他荷载装置:符合本标准 T 0134—1993/2;<br>6. 百分表:3 个;<br>7. 试件顶面上的多孔板:符合本标准 T 0134—1993/2;<br>8. 多孔底板;<br>9. 测膨胀量时支撑百分表的架子:符合本标准 T 0134—1993/2,或采用压力传感器测试;<br>10. 荷载板:符合本标准 T 0134—1993/2;<br>11. 台秤:感量为试件用量的 0.1%;<br>12. 水槽:槽内水面应高出试件顶面 25 mm;<br>13. 拌和盘、直尺、滤纸、脱模器等 | | 1. 适用于在规定的试筒内制件后,对各种土和路面基层、底基层材料进行承载比试验;<br>2. 试样的最大粒径宜控制在 20 mm 以内,最大不得超过 40 mm 且含量不超过 5% |

**续表 3-0-2**

| 序号 | 类别(产品/项目/参数) | 产品/项目/参数 | | 依据标准(方法)名称及编号(含年号) | 仪器设备(标准物质)要求 | 环境条件要求 | 备注 |
|---|---|---|---|---|---|---|---|
| | | 序号 | 名称 | | | | |
| | | 8 | 比重 | 公路土工试验规程 JTG E40—2007/T 0112—1993 | 1. 比重瓶:容量100(或50)mL;<br>2. 天平:称量200 g、感量0.001 g;<br>3. 恒温水槽:灵敏度±1 ℃;<br>4. 砂浴;<br>5. 真空抽气设备;<br>6. 温度计:刻度为0~50 ℃,分度值为0.5 ℃;<br>7. 烘箱、蒸馏水、中性液体(如煤油)、孔径2 mm及5 mm筛、漏斗、滴管等 | | 1. 比重瓶法;<br>2. 适用于粒径小于5 mm的土 |
| | | 9 | 天然稠度 | 公路土工试验规程 JTG E40—2007/T 0122—2007 | 1. LP-100型液限塑限联合测定仪;<br>2. 环刀:直径5~6 cm,高3~4 cm;<br>3. 削土刀、钢丝锯、凡士林、含水率试验设备等 | | 1. 直接法;<br>2. 间接法 |
| | | 10 | 粗粒土和巨粒土最大干密度 | 公路土工试验规程 JTG E40—2007/T 0133—1993 | 1. 振动器:符合本标准T 0133—1993/2;<br>2. 试筒:符合本标准T 0133—1993/2;<br>3. 套筒:内径应与试筒配套,高度为170~250 mm,与试筒固定后内壁须成直线连接;<br>4. 标准筛:圆孔筛60 mm、40 mm、20 mm、10 mm、5 mm、2 mm、0.075 mm;<br>5. 台秤、电动葫芦;<br>6. 直钢条:宜用尺寸为350 mm×25 mm×3 mm(长×宽×高);<br>7. 深度仪或钢尺:量测精度要求至0.5 mm;<br>8. 大铁盘:其尺寸宜用600 mm×500 mm×80 mm(长×宽×高);<br>9. 烘箱、小铲、大勺及漏斗、橡皮锤、秒表、试筒布套等 | | 1. 表面振动压实仪法;<br>2. 参考本标准T 0133—1993/1.2、1.3、1.4 |

续表 3-0-2

| 序号 | 类别(产品/项目/参数) | 产品/项目/参数 | | 依据标准(方法)名称及编号(含年号) | 仪器设备(标准物质)要求 | 环境条件要求 | 备注 |
|---|---|---|---|---|---|---|---|
| | | 序号 | 名称 | | | | |
| | | 11 | 回弹模量 | 公路土工试验规程 JTG E40—2007/T 0135—1993 | 1. 杠杆压力仪:符合本标准 T 0135—1993/2;<br>2. 承载板:符合本标准 T 0135—1993/2;<br>3. 试筒:符合本标准 T 0135—1993/2;<br>4. 量表:千分表 2 块;<br>5. 秒表:1 只 | | 1. 承载板法;<br>2. 适用于不同湿度和密度的细粒土 |
| | | | | 公路土工试验规程 JTG E40—2007/T 0136—1993 | 1. 路面材料强度仪:符合本标准 T 0136—1993/2;<br>2. 试筒:符合本标准 T 0136—1993/2;<br>3. 承载板:符合本标准 T 0136—1993/2;<br>4. 量表支杆及表夹:符合本标准 T 0136—1993/2;<br>5. 量表:千分表 2 块;<br>6. 秒表:1 只 | | 1. 强度仪法;<br>2. 适用于不同湿度、密度的细粒土及其加固土 |
| | | 12 | 自由膨胀率 | 公路土工试验规程 TG E40—2007/T 0124—1993 | 1. 玻璃量筒:容积 50 mL,最小刻度 1 mL;<br>2. 量土杯:容积 10 mL,内径 20 mm,高度 32.8 mm;<br>3. 无颈漏斗:上口直径 50 ~ 60 mm,下口直径 4 ~ 5 mm;<br>4. 搅拌器:由直杆和带孔圆盘构成,符合本标准图 T 0124—1;<br>5. 天平:称量 200 g、感量 0.01 g;<br>6. 筛:0.5 mm;<br>7. 烘箱、平口刀、支架、干燥器等 | | 1. 适用于膨胀土 |
| | | 13 | 烧失量 | 公路土工试验规程 JTG E40—2007/T 0150—1993 | 1. 高温炉:自动控制温度达 1 300 ℃;<br>2. 分析天平:称量 100 g;<br>3. 瓷坩埚、干燥器、坩埚钳等 | | |

**续表 3-0-2**

| 序号 | 类别(产品/项目/参数) | 产品/项目/参数 | | 依据标准(方法)名称及编号(含年号) | 仪器设备(标准物质)要求 | 环境条件要求 | 备注 |
|---|---|---|---|---|---|---|---|
| | | 序号 | 名称 | | | | |
| | | 14 | 有机质含量 | 公路土工试验规程 JTG E40—2007/T 0151—1993 | 1. 分析天平:称量 200 g;<br>2. 电炉:附自动控温调节器;<br>3. 油浴锅:应带铁丝笼;<br>4. 温度计:0 ~ 250 ℃,精度 1 ℃ | | 1. 适用于有机质含量不超过 15% 的土 |
| | | 15 | 易溶盐总量 | 公路土工试验规程 JTG E40—2007/ T 0153—1993 | 1. 分析天平:称量 200 g、感量 0.001 g;<br>2. 水浴锅、瓷蒸发皿、干燥器 | | 1. 质量法;<br>2. 适用于各类土 |
| | | 16 | 砂的相对密度 | 公路土工试验规程 JTG E40—2007/T 0123—1993 | 1. 量筒:容积为 500 mL 及 1 000 mL 两种,后者内径应大于 60 mm;<br>2. 长颈漏斗:符合本标准 T 0123—1993/2;<br>3. 锥形塞:符合本标准 T 0123—1993/2;<br>4. 砂面拂平器:符合本标准 T 0123—1993/2;<br>5. 电动最小孔隙比仪或符合本标准 T 0123—1993/2;<br>6. 台秤:感量 1 g | | 1. 适用于颗粒直径小于 5 mm 的土,且粒径 2 ~ 5 mm 的试样质量不大于试样总质量的 15% |
| 二 | 集料 | | | | | | |
| (一) | 粗集料 | | | | | | |
| | | 17 | 颗粒级配 | 公路工程集料试验规程 JTG E42 — 2005/ T 0302—2005 | 1. 试验筛:根据需要选用规定的标准筛;<br>2. 摇筛机;<br>3. 天平或台秤:感量不大于试验质量的 0.1%;<br>4. 其他:盘子、铲子、毛刷等 | | 1. 检验检测方法:<br>(1)干筛法;<br>(2)水洗法;<br>2. 对水泥混凝土用粗集料可采用干筛法筛分;<br>3. 对沥青混合料及基层用粗集料必须采用水洗法试验 |

续表 3-0-2

| 序号 | 类别(产品/项目/参数) | 产品/项目/参数 | | 依据标准(方法)名称及编号(含年号) | 仪器设备(标准物质)要求 | 环境条件要求 | 备注 |
|---|---|---|---|---|---|---|---|
| | | 序号 | 名称 | | | | |
| | | | | 公路工程集料试验规 TG E42—2005/T 0303—2005 | 1. 试验筛:根据需要选用规定的标准筛;<br>2. 天平或台秤:感量不大于试验质量的0.1%;<br>3. 烘箱:能保持温度(105±5)℃;<br>4. 容器:能在此容器中剧烈搅动试样而不会使试样或水损失;<br>5. 其他:盘子、铲子、毛刷等 | | 1. 适用于测定含黏性土的粗集料的颗粒组成 |
| | | 18 | 密度 | 公路工程集料试验规程 JTG E42—2005/T 0304—2005 | 1. 天平或浸水天平:可悬挂吊篮测定集料的水中质量,称量应满足试样数量称量要求,感量不大于最大称量的0.05%;<br>2. 吊篮:耐锈蚀材料制成,直径和高度为150 mm左右,四周及底部用1~2 mm的筛网编制或具有密集的孔眼;<br>3. 溢流水槽:在称量水中质量时能保持水面高度一定;<br>4. 烘箱:能控温在(105±5)℃;<br>5. 温度计;<br>6. 标准筛、盛水容器、刷子等 | 1. 水温应在15~25 ℃范围内 | 1. 网篮法;<br>2. 适用于各种粗集料 |
| | | | | 公路工程集料试验规程 JTG E42—20C5/T 0308—2005 | 1. 天平或浸水天平:可悬挂吊篮测定集料的水中质量,称量应满足试样数量称量要求,感量不大于最大称量的0.05%;<br>2. 容量瓶:1 000 mL,也可用磨口的广口玻璃瓶代替,并带玻璃片;<br>3. 烘箱:能控温在(105±5)℃;<br>4. 标准筛:4.75 mm、2.36 mm;<br>5. 刷子、毛巾等 | 1. 水温应在15~25 ℃范围内,浸水最后2 h内的水温相差不得超过2 ℃ | 1. 容量瓶法;<br>2. 本方法测定的结果不适用于仲裁及沥青混合料配合比设计计算理论密度时使用 |

续表 3-0-2

| 序号 | 类别(产品/项目/参数) | 产品/项目/参数 序号 | 产品/项目/参数 名称 | 依据标准(方法)名称及编号(含年号) | 仪器设备(标准物质)要求 | 环境条件要求 | 备注 |
| --- | --- | --- | --- | --- | --- | --- | --- |
| | | 19 | 吸水率 | 公路工程集料试验规程 JTG E42—2005/T 0304—2005 | 1. 天平或浸水天平:可悬挂吊篮测定集料的水中质量,称量应满足试样数量称量要求,感量不大于最大称量的 0.05%；<br>2. 吊篮:耐锈蚀材料制成,直径和高度为 150 mm 左右,四周及底部用 1 ~ 2 mm 的筛网编制或具有密集的孔眼；<br>3. 溢流水槽:在称量水中质量时能保持水面高度一定；<br>4. 烘箱:能控温在(105 ± 5)℃；<br>5. 毛巾:纯棉制,洁净,也可用纯棉的汗衫布代替；<br>6. 温度计；<br>7. 标准筛、盛水容器、刷子等 | 1. 水温应在 15 ~ 25 ℃ 范围内 | 1. 网篮法；<br>2. 适用于各种粗集料 |
| | | | | 公路工程集料试验规程 JTG E42—2005/T 0308—2005 | 1. 天平或浸水天平:可悬挂吊篮测定集料的水中质量,称量应满足试样数量称量要求,感量不大于最大称量的 0.05%；<br>2. 容量瓶:1 000 mL,也可用磨口的广口玻璃瓶代替,并带玻璃片；<br>3. 烘箱:能控温在(105 ± 5)℃；<br>4. 标准筛:4.75 mm、2.36 mm；<br>5. 刷子、毛巾等 | 1. 水温应在 15 ~ 25 ℃ 范围内,浸水最后 2 h 内的水温不得超过 2 ℃ | 1. 容量瓶法；<br>2. 本方法测定的结果不适用于仲裁及沥青混合料配合比设计计算理论密度时使用 |
| | | 20 | 含水率 | 公路工程集料试验规程 JTG E42—2005/T 0305—1994 | 1. 烘箱:能控温在(105 ± 5)℃；<br>2. 天平:称量 5 kg、感量不大于 5 g | | 1. 烘干法；<br>2. 适用于测定碎石或砾石等各种粗集料的含水率 |

续表 3-0-2

| 序号 | 类别(产品/项目/参数) | 产品/项目/参数 | | 依据标准(方法)名称及编号(含年号) | 仪器设备(标准物质)要求 | 环境条件要求 | 备注 |
|---|---|---|---|---|---|---|---|
| | | 序号 | 名称 | | | | |
| | | | | 公路工程集料试验规程 JTG E42—2005/T 0306—1994 | 1. 天平:称量 1 000 g、感量不大于 1.0 g;<br>2. 量筒或量杯:大于 50 mL | | 1. 酒精燃烧法;<br>2. 适用于快速测定碎石或砾石的含水率 |
| | | 21 | 含泥量 | 公路工程集料试验规程 JTG E42—2005/T 0310—2005 | 1. 台秤:感量不大于称量的 0.1%;<br>2. 烘箱:能控温在(105 ±5)℃;<br>3. 标准筛:孔径为 1.18 mm、0.075 mm 的方孔筛各一只;<br>4. 容器:容积约 10 L 的桶或搪瓷盘 | | |
| | | 22 | 泥块含量 | 公路工程集料试验规程 JTG E42—2005/T 0310—2005 | 1. 台秤:感量不大于称量的 0.1%;<br>2. 烘箱:能控温在(105 ±5)℃;<br>3. 标准筛:孔径为 2.36 mm、4.75 mm 的方孔筛各一只;<br>4. 容器:容积约 10 L 的桶或搪瓷盘 | | |
| | | 23 | 针片状颗粒含量 | 公路工程集料试验规程 JTG E42—2005/T 0311—2005 | 1. 针状规准仪和片状规准仪:符合本标准 T 0311—2005/2;<br>2. 天平或台秤:感量不大于称量值的 0.1%;<br>3. 标准筛:孔径分别为 4.75 mm、9.5 mm、16 mm、19 mm、26.5 mm、31.5mm、37.5 mm | | 1. 规准仪法 |
| | | | | 公路工程集料试验规程 JTG E42—2005/T 0312—2005 | 1. 标准筛:方孔筛 4.75 mm;<br>2. 游标卡尺:精密度为 0.1 mm;<br>3. 天平:感量不大于 1 g | | 1. 游标卡尺法 |

**续表 3-0-2**

| 序号 | 类别(产品/项目/参数) | 产品/项目/参数 | | 依据标准(方法)名称及编号(含年号) | 仪器设备(标准物质)要求 | 环境条件要求 | 备注 |
|---|---|---|---|---|---|---|---|
| | | 序号 | 名称 | | | | |
| | | 24 | 压碎值 | 公路工程集料试验规程 JTG E42—2005/T 0316—2005 | 1. 石料压碎值试验仪:符合本标准 T 0316—2005/2;<br>2. 金属棒:直径 10 mm,长 450 ~ 600 mm,一端加工成半球形;<br>3. 天平:称量 2 ~ 3 kg、感量不大于 1 g;<br>4. 标准筛:筛孔尺寸 13.2 mm、9.5 mm、2.36 mm 方孔筛各一个;<br>5. 压力机:500 kN,应能在 10 min 内达到 400 kN;<br>6. 金属筒:圆柱形,内径 112.0 mm,高 179.4 mm,容积 1 767 $cm^3$ | | |
| | | 25 | 洛杉矶磨耗损失 | 公路工程集料试验规程 JTG E42—2005/T 0317—2005 | 1. 洛杉矶磨耗试验机:圆筒内径(710 ±5) mm,内侧长(510 ±5) mm,两端封闭,投料口的钢盖通过紧固螺栓和橡胶垫与铜筒紧闭密封铜筒的回转速率为 30 ~ 33 r/min;<br>2. 钢球:直径约 46.8 mm,质量为 390 ~ 445 g,大小稍有不同,以便按要求组合成符合要求的总质量;<br>3. 台秤:感量 5 g;<br>4. 标准筛:符合要求的标准筛系列,以及筛孔为 1.7 mm 的方孔筛一个;<br>5. 烘箱:能控温在(105 ±5)℃;<br>6. 容器:搪瓷盘等 | | 1. 洛杉矶法;<br>2. 适用于各种等级规格集料的磨耗试验 |
| | | 26 | 磨光值 | 公路工程集料试验规程 JTG E42—2005/T 0321—2005 | 1. 加速磨光试验机:符合本标准 T 0321—2005/2;<br>2. 摆式摩擦系数测定仪:符合本标准 T 0321—2005/2;<br>3. 磨光试件测试平台:供固定试件及摆式摩擦系数测定仪用;<br>4. 天平:感量不大于 0.1 g;<br>5. 烘箱:装有温度控制器 | 1. 试件的加速磨光:应在室温(20 ±5)℃的房间内进行;<br>2. 磨光值测定:试验前 2 h 和试验过程中应控制室温为(20 ±2)℃ | |

续表 3-0-2

| 序号 | 类别(产品/项目/参数) | 产品/项目/参数 | | 依据标准(方法)名称及编号(含年号) | 仪器设备(标准物质)要求 | 环境条件要求 | 备注 |
|---|---|---|---|---|---|---|---|
| | | 序号 | 名称 | | | | |
| | | 27 | 破碎砾石含量 | 公路工程集料试验规程 JTG E42—2005/T 0346—2000 | 1. 天平:感量不大于 1 g;<br>2. 标准筛:4.75 mm、9.5 mm | | |
| | | 28 | 碱活性 | 公路工程集料试验规程 JTG E42—2005/T 0325—1994 | 1. 标准筛:按细集料(砂)筛分试验规定选用;<br>2. 镘刀:截面为 14 mm × 13 mm,长 120 ~ 150 mm 的硬木捣棒;<br>3. 试模和测头(埋钉):金属试模 25.4 mm × 25.4 mm × 285 mm,试模两端正中有小孔,测头以不锈金属制成;<br>4. 养护筒:用耐腐材料(塑料)制成,应不漏水,不透气,加盖后放在养护室中能确保筒内空气相对湿度为 95% 以上,筒内设有试件架,架下盛有水,试件垂直立于架上并不与水接触;<br>5. 测长仪:测量范围 275 ~ 300 mm,精密度 0.01 mm;<br>6. 储存室(箱)的温度为(38 ± 2)℃ | | 1. 砂浆长度法;<br>2. 不适用于碱碳酸盐反应 |
| | | 29 | 有机物含量 | 公路工程集料试验规程 JTG E42—2005/T 0313—1994 | 1. 天平:感量不大于称量的 0.1%;<br>2. 量筒:100 mL、250 mL、1 000 mL 各一个;<br>3. 氢氧化钠溶液:氢氧化钠与蒸馏水之质量比为 3:97;<br>4. 鞣酸、酒精、烧杯、玻璃棒和 19 mm 标准筛等 | | 1. 比色法 |

续表 3-0-2

| 序号 | 类别(产品/项目/参数) | 产品/项目/参数 | | 依据标准(方法)名称及编号(含年号) | 仪器设备(标准物质)要求 | 环境条件要求 | 备注 |
|---|---|---|---|---|---|---|---|
| | | 序号 | 名称 | | | | |
| | | 30 | 坚固性 | 公路工程集料试验规程 JTG E42—2005/T 0314—2000 | 1. 烘箱:能控温在(105 ±5)℃;<br>2. 天平:称量 5 kg、感量不大于 1 g;<br>3. 标准筛:根据试样的粒级,按本标准 T 0314—2000/表 T 0314—1 选用;<br>4. 容器:搪瓷盆或瓷缸,容积不小于 50 L;<br>5. 三角网篮:网篮的外径为 100 mm,高为 150 mm,采用孔径不大于 2.36 mm 的铜网或不锈钢丝制成;检验 37.5 ~ 75 mm 的颗粒时,应采用外径和高均为 250 mm 的网篮 | | 1. 饱和硫酸钠溶液法 |
| | | 31 | 软弱颗粒含量 | 公路工程集料试验规程 JTG E42—2005/T 0320—2000 | 1. 天平或台秤:称量 5 kg、感量不大于 5 g;<br>2. 标准筛:孔径为 4.75 mm、9.5 mm、16 mm 的方孔筛;<br>3. 压力机 | | |
| (二) | 细集料 | | | | | | |
| | | 32 | 颗粒级配 | 公路工程集料试验规程 JTG E42—2005/T 0327—2005 | 1. 标准筛:筛孔为正方形(方孔筛),筛孔依次为 75 mm、63 mm、53 mm、37.5 mm、31.5 mm、26.5 mm、19 mm、16 mm、13.2mm、9.5 mm、4.75 mm、2.36 mm、1.18 mm、0.6 mm、0.3 mm、0.15 mm、0.075 mm;<br>2. 天平:称量 1 000 g,感量不大于 0.5 g;<br>3. 摇筛机;<br>4. 烘箱:能控温在(105 ±5)℃ | | 1. 检验检测方法:<br>(1)干筛法;<br>(2)水洗法。<br>2. 对水泥混凝土用细集料可采用干筛法,如果需要也可采用水洗法筛分。<br>3. 对沥青混合料及基层用细集料必须用水洗法筛分 |

续表 3-0-2

| 序号 | 类别(产品/项目/参数) | 产品/项目/参数 | | 依据标准(方法)名称及编号(含年号) | 仪器设备(标准物质)要求 | 环境条件要求 | 备注 |
|---|---|---|---|---|---|---|---|
| | | 序号 | 名称 | | | | |
| | | 33 | 密度 | 公路工程集料试验规程 JTG E42—2005/T 0330—2005 | 1. 天平:称量 1 kg、感量不大于 0.1 g;<br>2. 饱和面干试模:符合本标准 T 0330—2005/2;<br>3. 捣棒:符合本标准 T 0330—2005/2;<br>4. 烧杯:500 mL;<br>5. 容量瓶:500 mL;<br>6. 烘箱:能控温在(105 ±5)℃;<br>7. 洁净水:温度(23 ±1.7)℃;<br>8. 干燥器、吹风机(手提式)、浅盘、铝制料勺、玻璃棒、温度计等 | | 1. 坍落筒法;<br>2. 适用于小于 2.36 mm 以下的细集料 |
| | | | | 公路工程集料试验规程 JTG E42—2005/T 0328—2005 | 1. 天平:称量 1 kg、感量不大于 1 g;<br>2. 烧杯:500 mL;<br>3. 容量瓶:500 mL;<br>4. 烘箱:能控温在(105 ±5)℃;<br>5. 洁净水:温度(23 ±1.7)℃;<br>6. 干燥器、浅盘、铝制料勺、温度计等 | | 1. 容量瓶法;<br>2. 适用于含有少量大于 2.36 mm 部分的细集料 |
| | | 34 | 吸水率 | 公路工程集料试验规程 JTG E42—2005/T 0330—2005 | 1. 天平:称量 1 kg、感量不大于 0.1 g;<br>2. 饱和面干试模:符合本标准 T 0330—2005/2;<br>3. 捣棒:符合本标准 T 0330—2005/2;<br>4. 烧杯:500 mL;<br>5. 容量瓶:500 mL;<br>6. 烘箱:能控温在(105 ±5)℃;<br>7. 洁净水:温度(23 ±1.7)℃;<br>8. 干燥器、吹风机(手提式)、浅盘、铝制料勺、玻璃棒、温度计等 | | 1. 坍落筒法;<br>2. 适用于小于 2.36 mm 部分的细集料 |

续表 3-0-2

| 序号 | 类别(产品/项目/参数) | 产品/项目/参数 | | 依据标准(方法)名称及编号(含年号) | 仪器设备(标准物质)要求 | 环境条件要求 | 备注 |
|---|---|---|---|---|---|---|---|
| | | 序号 | 名称 | | | | |
| | | | | 公路工程集料试验规程 JTG E42—2005/T 0308—2005 | 1. 天平或浸水天平:可悬挂吊篮测定集料的水中质量,称量应满足试样数量称量要求,感量不大于最大称量的 0.05%;<br>2. 容量瓶:1 000 mL,也可用磨口的广口玻璃瓶代替,并带玻璃片;<br>3. 烘箱:能控温在(105 ±5)℃;<br>4. 标准筛:4.75 mm、2.36 mm;<br>5. 刷子、毛巾等 | | 1. 容量瓶法;<br>2. 适用于大于 2.36 mm 部分的细集料 |
| | | 35 | 含水率 | 公路工程集料试验规程 JTG E42—2005/T 0332—2005 | 1. 烘箱:能控温在(105 ±5)℃;<br>2. 天平:称量 2 kg、感量不大于 2 g;<br>3. 容器:浅盘等 | | 1. 烘干法 |
| | | | | 公路工程集料试验规程 TG E42—2005/T 0343—1994 | 1. 天平:称量 200 g、感量不大于 0.2 g;<br>2. 量筒或量杯:50 mL;<br>3. 容器:铁或铝制浅盘 | | 1. 酒精燃烧法 |
| | | 36 | 含泥量 | 公路工程集料试验规程 JTG E42—2005/T 0333—2000 | 1. 天平:称量 1 kg、感量不大于 1 g;<br>2. 烘箱:能控温在(105 ±5)℃;<br>3. 标准筛:孔径为 0.075 mm 及 1.18 mm 的方孔筛 | | 1. 筛洗法;<br>2. 仅用于测定天然砂中粒径小于 0.075 mm 的尘屑、淤泥和黏土的含量,不适用于人工砂、石屑等矿粉成分较多的细集料 |

**续表 3-0-2**

| 序号 | 类别(产品/项目/参数) | 产品/项目/参数 | | 依据标准(方法)名称及编号(含年号) | 仪器设备(标准物质)要求 | 环境条件要求 | 备注 |
|---|---|---|---|---|---|---|---|
| | | 序号 | 名称 | | | | |
| | | 37 | 泥块含量 | 公路工程集料试验规程 JTG E42—2005/T 0335—1994 | 1. 天平:称量 2 kg、感量不大于 2 g;<br>2. 烘箱:能控温在(105 ±5)℃;<br>3. 标准筛:孔径 0.6 mm 及 1.18 mm | | |
| | | 38 | 砂当量 | 公路工程集料试验规程 JTG E42—2005/T 0334—2005 | 1. 透明圆柱形试筒:符合本标准 T 0334—2005/2;<br>2. 冲洗管:符合本标准 T 0334—2005/2;<br>3. 透明玻璃或塑料桶:容积 5 L,桶中放置一根虹吸管,桶底面高出工作台约 1 m;<br>4. 橡胶管(或塑料管):符合本标准 T 0334—2005/2;<br>5. 配重活塞:符合本标准 T 0334—2005/2;<br>6. 机械振荡器:可以使试筒产生横向的直线运动振荡,振幅(203 ±1.0)mm,频率(180 ±2)次/min;<br>7. 天平:称量 1 kg、感量不大于 0.1 g;<br>8. 烘箱:能控温在(105 ±5)℃;<br>9. 标准筛:筛孔为 4.75 mm;<br>9. 钢板尺:长 50 cm,刻度 1 mm;<br>10. 秒表;<br>11. 温度计;<br>12. 广口漏斗:玻璃或塑料制,口的直径 100 mm 左右;<br>13. 其他:量筒(500 mL)、烧杯(1 L)、塑料桶(5 L)、盘子、刷子、刮刀、勺子等 | | 1. 适用于公称最大粒径不超过 4.75 mm 的集料 |

**续表 3-0-2**

| 序号 | 类别(产品/项目/参数) | 产品/项目/参数 序号 | 产品/项目/参数 名称 | 依据标准(方法)名称及编号(含年号) | 仪器设备(标准物质)要求 | 环境条件要求 | 备注 |
|---|---|---|---|---|---|---|---|
| | | 39 | 碱活性 | 建设用砂 GB/T 14684—2011/7.16.1 | 1. 烘箱:能控温在(105 ±5)℃;<br>2. 天平:称量 1 000 g、感量 0.1 g;<br>3. 方孔筛:4.75 mm、2.36 mm、1.18 mm、600 μm、300 μm 及 150 μm 的筛各一只;<br>4. 比长仪:由百分表和支架组成,百分表的量程为 10 mm,精度 0.01 mm;<br>5. 水泥胶砂搅拌机:符合现行国家标准 GB/T 17671 的要求;<br>6. 恒温养护箱或养护室:温度(40 ±2)℃,相对湿度 95% 以上;<br>7. 养护筒:由耐腐蚀材料制成,应不漏水,筒内设有试件架;<br>8. 试模:25 mm × 25 mm × 280 mm,试模两端正中有小孔,装有不锈钢质膨胀端头;<br>9. 跳桌、秒表、干燥器、搪瓷盘、毛刷等 | 1. 成型室温度应保持在 20 ~ 27.5 ℃,拌和水与养护室温度(20 ± 2)℃,成型室、测长室相对湿度不应少于 80% | 1. 碱—硅酸反应;<br>2. 适用于检验硅质集料与混凝土中的碱发生潜在碱 – 硅酸反应的危害性,不适用于碳酸盐类集料 |
| | | | | 建设用砂 GB/T 14684—2011/7.16.2 | 1. 烘箱:能控温在(105 ±5)℃;<br>2. 天平:称量 1 000 g、感量 0.1 g;<br>3. 方孔筛:4.75 mm、2.36 mm、1.18 mm、600 μm、300 μm 及 150 μm 的筛各一只;<br>4. 比长仪:由百分表和支架组成,百分表的量程为 10 mm,精度 0.01 mm;<br>5. 水泥胶砂搅拌机:符合现行国家标准 GB/T 17671 的要求;<br>6. 高温恒温养护箱或水浴:温度能保持在(80 ±2)℃; | | |

**续表 3-0-2**

| 序号 | 类别(产品/项目/参数) | 产品/项目/参数 | | 依据标准(方法)名称及编号(含年号) | 仪器设备(标准物质)要求 | 环境条件要求 | 备注 |
|---|---|---|---|---|---|---|---|
| | | 序号 | 名称 | | | | |
| | | | | | 7. 养护筒:由可耐碱长期腐蚀的材料制成,应不漏水,筒内设有试件架,筒的容积可以保证试件分离地浸没在体积为(2 208 ± 276) mL 的水中或 1 mol/L 的 NaOH 溶液中,且不能与容器壁接触;<br>8. 试模:25 mm × 25 mm × 280 mm,试模两端正中有小孔,装有不锈钢质膨胀端头;<br>9. 干燥器、搪瓷盘、毛刷等 | 1. 成型室温度应保持在 20 ~ 27.5 ℃,拌和水与养护室温度(20 ± 2)℃,成型室、测长室相对湿度不应少于 80% | 1. 快速碱 - 硅酸反应;<br>2. 适用于检验硅质集料与混凝土中的碱发生潜在碱 - 硅酸反应的危害性,不适用于碳酸盐类集料 |
| | | 40 | 坚固性 | 公路工程集料试验规程 JTG E42—2005/T 0340—2005 | 1. 烘箱:能控温在(105 ± 5)℃;<br>2. 天平:称量 200 g、感量不大于 0.2 g;<br>3. 标准筛:孔径为 0.3 mm、0.6 mm、1.18 mm、2.36 mm、4.75 mm;<br>4. 容器:搪瓷盆或瓷缸,容量不小于 10 L;<br>5. 三角网篮:内径及高均为 70 mm,由铜丝或镀锌铁丝制成,网孔的孔径不应大于所盛试验粒级下限尺寸的一半;<br>6. 波美比重计 | | 1. 饱和硫酸钠溶液法 |
| | | 41 | 压碎指标 | 公路工程集料试验规程 JTG E42—2005/T 0350—2005 | 1. 压力机:量程 50 ~ 1 000 kN,示值相当误差 2%,应能保持 1 kN/s 的加荷速率;<br>2. 天平:感量不大于 1 g;<br>3. 标准筛:4.75 mm、2.36 mm、1.18 mm、0.6 mm、0.3 mm;<br>4. 细集料压碎指标试模:符合本标准 T 0350—1/2;<br>5. 金属捣棒:直径 10 mm,长 500 mm,一端加工成半球形;<br>6. 烘箱:能控温在(105 ± 5)℃ | | |

续表 3-0-2

| 序号 | 类别(产品/项目/参数) | 产品/项目/参数 | | 依据标准(方法)名称及编号(含年号) | 仪器设备(标准物质)要求 | 环境条件要求 | 备注 |
|---|---|---|---|---|---|---|---|
| | | 序号 | 名称 | | | | |
| | | 42 | 亚甲蓝值 | 公路工程集料试验规程 JTG E42—2005/T 0349—2005 | 1. 移液管:5 mL、2 mL 各一个;<br>2. 叶轮搅拌机:转速可调,能符合(600 ±60) r/min 的转速要求,叶轮个数 3 或 4 个,叶轮直径(75 ±10) mm;<br>3. 鼓风烘箱:能控温在(105 ±5) ℃;<br>4. 天平:称量 1 000 g、感量 0.1 g 及称量 100 g、感量 0.01 g 各一台;<br>5. 标准筛:孔径为 0.075 mm、0.15 mm、2.36 mm 的方孔筛各一只;<br>6. 容器:深度大于 250 mm;<br>7. 玻璃容量瓶:1 L;<br>8. 定时装置:精度 1 s;<br>9. 玻璃棒:直径 8 mm,长 300 mm,2 支;<br>10. 温度计:精度 1 ℃;<br>11. 烧杯:1 000 mL | | |
| | | 43 | 棱角性 | 公路工程集料试验规程 JTG E42—2005/T 0345—2005 | 1. 细集料流动时间测定仪:符合本标准 T 0345—2005/2;<br>2. 标准筛:孔径为 4.75 mm、2.36 mm、0.075 mm 的方孔筛;<br>3. 天平:感量不大于 0.1 g;<br>4. 烘箱:能控温在(105 ±5) ℃;<br>5. 秒表:准确至 0.1 s | | 1. 流动时间法 |
| (三) | 矿粉 | | | | | | |
| | | 44 | 颗粒级配 | 公路工程集料试验规程 JTG E42—2005/T 0351—2000 | 1. 标准筛:孔径为 0.6 mm、0.3 mm、0.15 mm、0.075 mm;<br>2. 天平:感量不大于 0.1 g;<br>3. 烘箱:能控温在(105 ±5) ℃ | | 1. 水洗法 |

**续表 3-0-2**

| 序号 | 类别(产品/项目/参数) | 产品/项目/参数 | | 依据标准(方法)名称及编号(含年号) | 仪器设备(标准物质)要求 | 环境条件要求 | 备注 |
|---|---|---|---|---|---|---|---|
| | | 序号 | 名称 | | | | |
| | | 45 | 密度 | 公路工程集料试验规程 JTG E42—2005/T 0352—2000 | 1. 李氏比重瓶:容量为 250 mL 或 300 mL,符合本标准 T 0352—2000/图 T 0352—1;<br>2. 天平:感量不大于 0.01 g;<br>3. 烘箱:能控温在(105 ±5)℃;<br>4. 恒温水槽:能控温在(20 ±0.5)℃ | | |
| | | 46 | 含水率 | 公路土工试验规程 JTG E40 — 2007/T 0103—1993 | 1. 烘箱:能控温在(105 ~ 110)℃;<br>2. 天平:称量 200 g、感量 0.01 g,称量 1 000 g、感量 0.1 g | | |
| | | 47 | 亲水系数 | 公路工程集料试验规程 JTG E42—2005/T 0353—2000 | 1. 量筒:50 mL 两个,刻度至 0.5 mL;<br>2. 研钵及有橡皮头的研杵;<br>3. 天平:感量不大于 0.01 g;<br>4. 烘箱 | | |
| | | 48 | 塑性指数 | 公路工程集料试验规程 JTG E42—2005/T 0354—2000 | 1. 标准筛:0.6 mm、0.5 mm;<br>2. LP－100 型液限塑限联合测定仪:锥质量为 100 g,锥角为 30°,读数显示形式宜采用光电式、游标式、百分表式;<br>3. 盛土杯:直径 50 mm,深度 40 ~ 50 mm;<br>4. 天平:称量 200 g、感量 0.01 g | | |
| | | 49 | 加热安定性 | 公路工程集料试验规程 JTG E42—2005/T 0355—2000 | 1. 蒸发皿或坩埚:可存放 100 g 矿粉;<br>2. 加热装置:煤气炉或电炉;<br>3. 温度计:最小刻度为 1 ℃ | | |
| 三 | 岩石 | | | | | | |

**续表 3-0-2**

| 序号 | 类别(产品/项目/参数) | 产品/项目/参数 | | 依据标准(方法)名称及编号(含年号) | 仪器设备(标准物质)要求 | 环境条件要求 | 备注 |
|---|---|---|---|---|---|---|---|
| | | 序号 | 名称 | | | | |
| | | 50 | 单轴抗压强度 | 公路工程岩石试验规程 JTG E41—2005/T 0221—2005 | 1. 压力试验机或万能试验机;<br>2. 钻石机、切石机、磨石机等岩石试件加工设备;<br>3. 烘箱;<br>4. 干燥器;<br>5. 游标卡尺;<br>6. 角尺及水池等 | | |
| | | 51 | 含水率 | 公路工程岩石试验规程 JTG E41—2005/T 0202—2005 | 1. 烘箱:能使温度控制在 105 ~ 110 ℃范围,最低控温能符合(60 ± 5)℃;<br>2. 干燥器:内装氯化钙或硅胶等干燥剂;<br>3. 天平:感量 0.01 g;<br>4. 称量盒 | | 1. 烘干法;<br>2. 注意事项:<br>(1)对于不含结晶水矿物的岩石烘干温度为 105 ~ 110 ℃;<br>(2)对于含结晶水矿物的岩石温度宜控制在(60 ± 5)℃下进行测定 |
| | | 52 | 密度 | 公路工程岩石试验规程 JTG E41—2005/T 0203—2005 | 1. 密度瓶:短颈量瓶,容积 100 mL;<br>2. 天平:感量 0.001 g;<br>3. 轧石机、球磨机、瓷研钵、玛瑙研钵、磁铁块和孔径为 0.315 mm(0.3 mm)的筛子;<br>4. 砂浴、恒温水槽(灵敏度 ± 1 ℃)及真空抽气设备;<br>5. 烘箱:能使温度控制在 105 ~ 110 ℃;<br>6. 干燥器:内装氯化钙或硅胶等干燥剂;<br>7. 锥形玻璃漏斗和瓷皿、滴管、中骨匙和温度计 | | 1. 用洁净水做试液时适用于不含水溶性矿物成分的岩石的密度测定;<br>2. 对含水溶性矿物成分的岩石应使用中性液体如煤油做试液 |

续表 3-0-2

| 序号 | 类别(产品/项目/参数) | 产品/项目/参数 | | 依据标准(方法)名称及编号(含年号) | 仪器设备(标准物质)要求 | 环境条件要求 | 备注 |
|---|---|---|---|---|---|---|---|
| | | 序号 | 名称 | | | | |
| | | 53 | 毛体积密度 | 公路工程岩石试验规程 JTG E41—2005/T 0204—2005 | 1. 切石机、钻石机、磨石机等岩石试件加工设备；<br>2. 天平：感量 0.01 g、称量大于 500 g；<br>3. 烘箱：能使温度控制在 105 ~ 110 ℃；<br>4. 石蜡及熔蜡设备；<br>5. 水中称量装置；<br>6. 游标卡尺 | | 1. 检验检测方法：<br>(1)量积法；<br>(2)水中称量法；<br>(3)蜡封法。<br>2. 适用范围：<br>(1)量积法适用于能制备成规则试件的各类岩石；<br>(2)水中称量法适用于除遇水崩解、溶解和干缩湿胀外的其他各类岩石；<br>(3)蜡封法适用于不能用量积法或直接在水中称量进行试验的岩石 |
| | | 54 | 吸水率 | 公路工程岩石试验规程 JTG E41—2005/T 0205—2005 | 1. 切石机、钻石机、磨石机等岩石试件加工设备；<br>2. 天平：感量 0.01 g、称量大于 500 g；<br>3. 烘箱：能使温度控制在 105 ~ 110 ℃；<br>4. 抽气设备：抽气机、水银压力计、真空干燥器、净气瓶；<br>5. 煮沸水槽 | | 1. 自由吸水法；<br>2. 煮沸法；<br>3. 真空抽气法 |
| | | 55 | 抗冻性 | 公路工程岩石试验规程 JTG E41—2005/T 0241—1994 | 1. 切石机、钻石机及磨石机等岩石试件加工设备；<br>2. 冰箱：温度能控制在 -15 ~ -20 ℃；<br>3. 天平：感量 0.01 g、称量大于 500 g；<br>4. 放大镜；<br>5. 烘箱：能使温度控制在 105 ~ 110 ℃ | | |
| 四 | 水泥 | | | | | | |

续表 3-0-2

| 序号 | 类别(产品/项目/参数) | 产品/项目/参数 | | 依据标准(方法)名称及编号(含年号) | 仪器设备(标准物质)要求 | 环境条件要求 | 备注 |
|---|---|---|---|---|---|---|---|
| | | 序号 | 名称 | | | | |
| | | 56 | 密度 | 公路工程水泥及水泥混凝土试验规程 JTG E30—2005/T 0503—2005 | 1. 李氏瓶:符合本标准 T 0503—2005/2;<br>2. 恒温水槽或其他保持恒温的盛水玻璃容器;<br>3. 天平:量程大于 100 g、感量不大于 0.01 g;<br>4. 温度计:分度值不大于 0.1 ℃ | | |
| | | 57 | 细度 | 公路工程水泥及水泥混凝土试验规程 JTG E30—2005/T 0502—2005 | 1. 试验筛:符合本标准 T 0502—2005/2;<br>2. 负压筛析仪:符合本标准 T 0502—2005/2;<br>3. 水筛架和喷头:符合 JC/T 728—2005,水筛架上筛座内径为 $140^{0}_{-3}$ mm;<br>4. 天平:量程大于 100 g、感量不大于 0.05 g | | 1. 检验检测方法:<br>(1)负压筛析法;<br>(2)水筛法。<br>2. 适用于硅酸盐水泥、普通硅酸盐水泥、矿渣硅酸盐水泥、粉煤灰硅酸盐水泥、火山灰硅酸盐水泥、复合硅酸盐水泥、道路硅酸盐水泥及指定采用本方法的其他品种水泥 |
| | | 58 | 比表面积 | 公路工程水泥及水泥混凝土试验规程 JTG E30—2005/ T 0504—2005 | 1. Blaine 透气仪:符合本标准 T 0504—2005/2;<br>2. 透气圆筒:内径 $12.70^{+0.05}_{0}$ mm,不锈钢制成,圆桶内表面粗糙度 $Ra$ = 1.60 μm,圆筒上口边与主轴垂直,圆筒下部锥度应与压力计上玻璃磨口锥度一致,两者应严密连接在圆筒内壁,距离圆筒上口边 55 mm ± 10 mm 处有一突出的宽度为 0.5 ~1 mm 的边缘,以放置金属穿孔板;<br>3. 穿孔板:由不锈钢或不受腐蚀的金属制成,厚度为 $1.0^{+0}_{-0.1}$ mm,在其面上,等距离地打有 35 个直径 1 mm 的小孔,穿孔板应与圆筒内壁密合,穿孔板两平面应平行; | | |

**续表 3-0-2**

| 序号 | 类别(产品/项目/参数) | 产品/项目/参数 | | 依据标准(方法)名称及编号(含年号) | 仪器设备(标准物质)要求 | 环境条件要求 | 备注 |
|---|---|---|---|---|---|---|---|
| | | 序号 | 名称 | | | | |
| | | | | | 4. 捣器:用不锈钢制成,插入圆筒时,其间隙不大于0.1 mm,捣器的底面应与主轴垂直,侧面有一个扁平槽,宽度(3.0 ±0.3)mm,捣器的顶部有一个支持环,当捣器放入圆筒时,支持环与圆筒上口边接触,这时捣器底面与穿孔圆板之间的距离为(15.0 ±0.5)mm;<br>5. 压力计:符合本标准 T 0504—2005/2;<br>6. 抽气装置:小型电磁泵,或抽气球;<br>7. 天平:感量为1 mg;<br>8. 秒表:分度值为0.5 s;<br>9. 烘箱:(110 ±5)℃ | | 1. 勃氏法;<br>2. 适用于硅酸盐水泥、普通硅酸盐水泥、矿渣硅酸盐水泥、粉煤灰硅酸盐水泥、火山灰硅酸盐水泥、复合硅酸盐水泥、道路硅酸盐水泥及指定采用本方法的其他粉状物料,不适用于测定多孔材料及超细粉状物料 |
| | | 59 | 标准稠度用水量 | 水泥标准稠度用水量、凝结时间、安定性检验方法 GB/T 1346—2011/7、10 | 1. 水泥净浆搅拌机:符合现行行业标准 JC/T 729 的要求;<br>2. 标准法维卡仪:符合 GB/T 1346—2011/4/4.2;<br>3. 代用法维卡仪:符合现行行业标准 JC/T 727 的要求;<br>4. 量筒或滴定管:精度 ±0.5 mL;<br>5. 天平:最大称量不小于1 000 g,分度值不大于1 g | 1. 试验室:温度为(20 ±2)℃、相对湿度不低于50%;<br>2. 湿气养护箱:温度(20 ±1)℃、相对湿度不低于90% | 1. 标准法;<br>2. 代用法 |
| | | 60 | 凝结时间 | 水泥标准稠度用水量、凝结时间、安定性检验方法 GB/T 1346—2011/8 | 同上 | 同上 | |

**续表 3-0-2**

| 序号 | 类别(产品/项目/参数) | 产品/项目/参数 序号 | 产品/项目/参数 名称 | 依据标准(方法)名称及编号(含年号) | 仪器设备(标准物质)要求 | 环境条件要求 | 备注 |
|---|---|---|---|---|---|---|---|
| | | 61 | 安定性 | 水泥标准稠度用水量、凝结时间、安定性检验方法 GB/T 1346—2011/9、11 | 1. 水泥净浆搅拌机:符合现行行业标准 JC/T 729 的要求;<br>2. 标准法维卡仪:符合 GB/T 1346—2011/4/4.2;<br>3. 代用法维卡仪:符合现行行业标准 JC/T 727 的要求;<br>4. 雷氏夹:符合 GB/T 1346—2011/4/4.4;<br>5. 沸煮箱:符合现行行业标准 JC/T 955 的要求;<br>6. 雷氏夹膨胀测定仪:符合 GB/T 1346—2011/4/4.6;<br>7. 量筒或滴定管:精度 ±0.5 mL;<br>8. 天平:最大称量不小于 1 000 g,分度值不大于 1 g | 同上 | 1. 标准法;<br>2. 代用法 |
| | | 62 | 胶砂强度 | 公路工程水泥及水泥混凝土试验规程 JTG E30—2005 /T 0506—2005 | 1. 行星式胶砂搅拌机:符合本标准 T 0506—2005/2;<br>2. 振实台:符合 JC/T 682—2005;<br>3. 代用振动台:符合 JC/T 723—2005 和 GB/T 17671—1999/11;<br>4. 试模及下料漏斗:符合本标准 T 0506—2005/2;<br>5. 抗折试验机和抗折夹具:符合本标准 T 0506—2005/2;<br>6. 抗压试验机和抗压夹具:符合本标准 T 0506—2005/2;<br>7. 天平:感量为 1 g | 1. 成型室:温度(20 ±2)℃,相对湿度大于 50%;<br>2. 强度实验室:温度(20 ±2)℃;<br>3. 养护箱或雾室:温度(20 ±1)℃,相对湿度大于 90%,养护水温度(20 ±1)℃ | 1. ISO 法;<br>2. 适用于硅酸盐水泥、普通硅酸盐水泥、矿渣硅酸盐水泥、粉煤灰硅酸盐水泥、复合硅酸盐水泥、道路硅酸盐水泥以及石灰石硅酸盐水泥的抗折与抗压强度检验 |

**续表 3-0-2**

| 序号 | 类别(产品/项目/参数) | 产品/项目/参数 | | 依据标准(方法)名称及编号(含年号) | 仪器设备(标准物质)要求 | 环境条件要求 | 备注 |
|---|---|---|---|---|---|---|---|
| | | 序号 | 名称 | | | | |
| | | 63 | 胶砂流动度 | 公路工程水泥及水泥混凝土试验规程 JTG E30 — 2005 /T 0507—2005 | 1. 胶砂搅拌机:符合 JC/T 681—2005;<br>2. 水泥胶砂流动度测定仪(简称跳桌):符合本标准 T 0507—2005/2;<br>3. 试模:用金属材料制成,由截锥圆模和模套组成,截锥圆模内壁须光滑,尺寸为:高度(60 ± 0.5)mm,上口内径(70 ± 0.5)mm,下口内径(100 ± 0.5)mm,下口外径 120 mm,模壁厚度大于 5 mm,模套与截锥圆模配合使用;<br>4. 捣棒:用金属材料制成,直径为(20 ± 0.5)mm,长度约 200 mm,捣棒底面与侧面成直角,其下部光滑,上部手柄滚花;<br>5. 卡尺:量程不小于 300 mm,分度值不大于 0.5 mm;<br>6. 小刀:刀口平直,长度大于 80 mm;<br>7. 秒表:分度值为 1 s | | 1. 适用于火山灰硅酸盐水泥、复合硅酸盐水泥和掺有火山灰的普通硅酸盐水泥、矿渣硅酸盐水泥及指定采用本方法的其他品种水泥的胶砂流动度测定 |
| | | 64 | 氯离子含量 | 水泥化学分析方法 GB/T 176—2017/6.13 | 1. 天平:可精确至 0.000 1 g;<br>2. 烧杯:400 mL;<br>3. 玻璃砂芯漏斗:直径 40 ~ 60 mm,型号 G4(平均孔径 4 ~ 7 μm);<br>4. 滴定设备;<br>5. 快速滤纸;<br>6. 锥形瓶:250 mL;<br>7. 容量瓶:100 mL | | 1. 硫氰酸铵容量法(基准法) |

**续表 3-0-2**

| 序号 | 类别(产品/项目/参数) | 产品/项目/参数 | | 依据标准(方法)名称及编号(含年号) | 仪器设备(标准物质)要求 | 环境条件要求 | 备注 |
|---|---|---|---|---|---|---|---|
| | | 序号 | 名称 | | | | |
| | | 65 | 碱含量 | 水泥化学分析方法 GB/T 176—2017/6.14 | 1. 天平:可精确至 0.000 1 g;<br>2. 铂皿:容量 100 ~ 150 mL;<br>3. 容量瓶:100 mL;<br>4. 火焰光度计:可稳定地测定钾在波长 768 nm 处和钠在波长 589 nm 处的谱线强度 | | 1. 火焰光度法(基准法) |
| | | 66 | 烧失量 | 水泥化学分析方法 GB/T 176—2017/6.3、6.4 | 1. 天平:可精确至 0.000 1 g;<br>2. 瓷坩埚:带盖,容量 20 ~ 30 mL;<br>3. 高温炉:可控制温度(700 ± 25)℃、(800 ± 25)℃、(950 ± 25)℃或(1 175 ± 25)℃;<br>4. 烧杯:200 mL、400 mL;<br>5. 干燥器:内装变色硅胶;<br>6. 慢速和中速定量滤纸;<br>7. 平头玻璃棒 | | 1. 检验检测方法:<br>(1)灼烧差减法;<br>(2)校正法(基准法)。<br>2. 适用范围:<br>(1)灼烧差减法不适用于矿渣硅酸盐水泥烧失量的测定;<br>(2)校正法(基准法)适用于矿渣硅酸盐水泥烧失量的测定 |
| 五 | 水泥混凝土、砂浆 | | | | | | |
| (一) | 水泥混凝土 | | | | | | |
| | | 67 | 稠度 | 公路工程水泥及水泥混凝土试验规程 JTG E30 — 2005 /T 0522—2005 | 1. 坍落筒:符合本标准 T 0522—2005/2;<br>2. 捣棒:符合 JG/T 248—2009;<br>3. 其他:小铲、木尺、小钢尺、镘刀和钢平板等 | | 1. 坍落度仪法;<br>2. 适用于塌落度大于 10 mm,集料公称最大粒径不大于 31.5 mm 的水泥混凝土的坍落度测定 |
| | | | | 公路工程水泥及水泥混凝土试验规程 JTG E30 — 2005 /T 0523—2005 | 1. 稠度仪(维勃仪):符合本标准 T 0523—2005/2;<br>2. 捣棒、镘刀:符合 JG/T 248—2009;<br>3. 秒表:分度值为 0.5 s | | 1. 维勃仪法;<br>2. 适用于集料公称最大粒径不大于 31.5 mm 的水泥混凝土及维勃时间在 5 ~ 30 s 的干稠性水泥混凝土的稠度测定 |

续表 3-0-2

| 序号 | 类别(产品/项目/参数) | 产品/项目/参数 | | 依据标准(方法)名称及编号(含年号) | 仪器设备(标准物质)要求 | 环境条件要求 | 备注 |
|---|---|---|---|---|---|---|---|
| | | 序号 | 名称 | | | | |
| | | 68 | 表观密度 | 公路工程水泥及水泥混凝土试验规程 JTG E30—2005 / T 0525—2005 | 1. 试样筒:刚性金属圆筒,两侧装有把手,筒壁坚固且不漏水,对于集料公称最大粒径不大于 31.5 mm 的拌和物采用 5 L 的试样筒,其内径与内高均为(186 ± 2)mm,壁厚为 3 mm,对于集料公称最大粒径大于 31.5 mm 的拌和物所采用试样筒,其内径与内高均应大于集料公称最大粒径的 4 倍;<br>2. 捣棒:符合 JG/T 248—2009;<br>3. 磅秤:量程 100 kg、感量为 50 g;<br>4. 振动台:标准振动台,符合 JG/T 245—2009;<br>5. 其他:金属直尺、镘刀、玻璃板等 | | |
| | | 69 | 含气量 | 公路工程水泥及水泥混凝土试验规程 JTG E30—2005 /T 0526—2005 | 1. 混合式气压法含气量测定仪:符合本标准 T 0526—2005/2;<br>2. 测定仪附件:校正管、100 mL 量筒、注水器、水平尺、插捣棒;<br>3. 压力表:量程为 0.25 MPa,分度值为 0.01 MPa;<br>4. 台秤:量程 50 kg、感量为 50 g;<br>5. 橡皮锤:应带有质量约 250 g 的橡皮锤头;<br>6. 振动台:标准振动台,符合 JG/T 245—2009 | | 1. 混合式气压法;<br>2. 适用于集料公称最大粒径不大于 31.5 mm、含气量不大于 10% 且有坍落度的水泥混凝土 |
| | | 70 | 凝结时间 | 公路工程水泥及水泥混凝土试验规程 JTG E30—2005 /T 0527—2005 | 1. 贯入阻力仪:符合本标准 T 0527—2005/2;<br>2. 测针:长约 100 mm,平面针头圆面积为 100 $mm^2$、50 $mm^2$ 和 20 $mm^2$ 三种,在距离贯入端 25 mm 处刻有标记; | | |

**续表 3-0-2**

| 序号 | 类别(产品/项目/参数) | 产品/项目/参数 | | 依据标准(方法)名称及编号(含年号) | 仪器设备(标准物质)要求 | 环境条件要求 | 备注 |
|---|---|---|---|---|---|---|---|
| | | 序号 | 名称 | | | | |
| | | | | | 3. 试模:上口径为 160 mm、下口径为 150 mm、净高 150 mm 的刚性容器,并配有盖子;<br>4. 捣棒:符合 JG/T 248—2009;<br>5. 标准筛:孔径 4.75 mm,符合 GB/T 6005—2008 规定的金属方孔筛;<br>6. 其他:铁制拌合板、吸液管和玻璃片 | 1. 试验温度:(20 ±2)℃ | 1. 适用于各通用水泥和常见外加剂以及不同水泥混凝土配合比、坍落度值不为零的水泥混凝土拌和物的凝结时间测定 |
| | | 71 | 抗压强度 | 公路工程水泥及水泥混凝土试验规程 JTG E30 — 2005 /T 0553—2005 | 1. 压力机或万能试验机:符合本标准 T 0551—2005/2;<br>2. 球座:钢质坚硬,面部平整度要求在 100 mm 距离内高低差值不超过 0.05 mm,球面及球窝粗糙度 $Ra$ =0.32 μm,研磨、转动灵活,不应在大球座上做小试件破型,球座最好放置在试件顶面(特别是棱柱试件),并凸面朝上,当试件均匀受力后,一般不宜再敲动球座;<br>3. 钢垫板:混凝土强度等级大于等于 C60 时,试验机上、下压板之间应各垫一钢板垫,平面尺寸应不小于试件的承压面,其厚度至少为 25 mm,钢垫板应机械加工,其平面度允许偏差 ±0.04 mm,表面硬度大于等于 55HRC,硬化层厚度约 5 mm,试件周围应设置防崩裂网罩 | | 1. 立方体抗压强度试验方法;<br>2. 适用于各类水泥混凝土立方体试件的极限抗压强度试验 |
| | | | | 公路工程水泥及水泥混凝土试验规程 JTG E30—2005/T 0554—2005 | 1. 压力机或万能试验机:符合本标准 T 0551—2005/2; | | |

续表 3-0-2

| 序号 | 类别(产品/项目/参数) | 产品/项目/参数 | | 依据标准(方法)名称及编号(含年号) | 仪器设备(标准物质)要求 | 环境条件要求 | 备注 |
|---|---|---|---|---|---|---|---|
| | | 序号 | 名称 | | | | |
| | | | | 公路工程水泥及水泥混凝土试验规程 JTG E30 — 2005 /T 0554—2005 | 2. 球座:钢质坚硬,面部平整度要求在 100 mm 距离内高低差值不超过 0.05 mm,球面及球窝粗糙度 $Ra=0.32$ μm,研磨、转动灵活,不应在大球座上做小试件破型,球座最好放置在试件顶面(特别是棱柱试件),并凸面朝上,当试件均匀受力后,一般不宜再敲动球座;<br>3. 钢垫板:混凝土强度等级大于等于 C60 时,试验机上、下压板之间应各垫一钢板垫,平面尺寸应不小于试件的承压面,其厚度至少为 25 mm,钢垫板应机械加工,其平面度允许偏差 ±0.04 mm,表面硬度大于等于 55HRC,硬化层厚度约 5 mm,试件周围应设置防崩裂网罩;<br>4. 游标卡尺:量程 300 mm,分度值 0.02 mm | | 1. 圆柱体轴心抗压强度试验方法;<br>2. 适用于各类水泥混凝土的圆柱体试件及现场芯样的极限抗压强度试验 |
| | | | | 公路工程水泥及水泥混凝土试验规程 JTG E30 — 2005 /T 0555—2005 | 1. 压力机或万能试验机:符合本标准 T 0551—2005/2;<br>2. 球座:钢质坚硬,面部平整度要求在 100 mm 距离内高低差值不超过 0.05 mm,球面及球窝粗糙度 $Ra=0.32$ μm,研磨、转动灵活,不应在大球座上做小试件破型,球座最好放置在试件顶面(特别是棱柱试件),并凸面朝上,当试件均匀受力后,一般不宜再敲动球座;<br>3. 钢垫板:混凝土强度等级大于等于 C60 时,试验机上、下压板之间应各垫一钢板垫,平面尺寸应不小于试件的承压面,其厚度至少为 25 mm,钢垫板应机械加工,其平面度允许偏差 ±0.04 mm,表面硬度大于等于 55HRC,硬化层厚度约 5 mm,试件周围应设置防崩裂网罩;<br>4. 钢尺:分度值为 1 mm | | 1. 棱柱体轴心抗压强度试验方法;<br>2. 适用于各类水泥混凝土的棱柱体试件 |

续表 3-0-2

| 序号 | 类别(产品/项目/参数) | 产品/项目/参数 | | 依据标准(方法)名称及编号(含年号) | 仪器设备(标准物质)要求 | 环境条件要求 | 备注 |
|---|---|---|---|---|---|---|---|
| | | 序号 | 名称 | | | | |
| | | 72 | 抗压弹性模量 | 公路工程水泥及水泥混凝土试验规程 JTG E30 — 2005 /T 0556—2005 | 1. 压力机或万能试验机:符合本标准 T 0551—2005/2;<br>2. 球座:钢质坚硬,面部平整度要求在 100 mm 距离内高低差值不超过 0.05 mm,球面及球窝粗糙度 $Ra$ = 0.32 μm,研磨、转动灵活,不应在大球座上做小试件破型,球座最好放置在试件顶面(特别是棱柱试件),并凸面朝上,当试件均匀受力后,一般不宜再敲动球座;<br>3. 微变形测量仪:千分表 2 个(0 级或 1 级);或精度不低于 0.001 mm 的其他仪表,如引申仪;<br>4. 微变形测量仪固定架两对:符合本标准 T 0557—2005/2;<br>5. 钢尺:量程 600 mm,分度值为 1 mm;<br>6. 502 胶水、铅笔和秒表等 | | 1. 棱柱体抗压弹性模量试验方法;<br>2. 适用于各类水泥混凝土的直角棱柱体试件 |
| | | | | 公路工程水泥及水泥混凝土试验规程 JTG E30 — 2005 /T 0557—2005 | 1. 压力机或万能试验机:符合本标准 T 0551—2005/2;<br>2. 球座:钢质坚硬,面部平整度要求在 100 mm 距离内高低差值不超过 0.05 mm,球面及球窝粗糙度 $Ra$ = 0.32 μm,研磨、转动灵活,不应在大球座上做小试件破型,球座最好放置在试件顶面(特别是棱柱试件),并凸面朝上,当试件均匀受力后,一般不宜再敲动球座;<br>3. 微变形测量仪:千分表 2 个(0 级或 1 级);或分度值不大于 0.001 mm 的其他仪表,如引申仪;<br>4. 微变形测量仪固定架两对:标距为 150 mm;<br>5. 钢尺:量程 600 mm,分度值为 1 mm;<br>6. 502 胶水、铅笔和秒表等 | | 1. 圆柱体抗压弹性模量试验方法;<br>2. 适用于各类水泥混凝土的圆柱体试件 |

续表 3-0-2

| 序号 | 类别(产品/项目/参数) | 产品/项目/参数 | | 依据标准(方法)名称及编号(含年号) | 仪器设备(标准物质)要求 | 环境条件要求 | 备注 |
|---|---|---|---|---|---|---|---|
| | | 序号 | 名称 | | | | |
| | | 73 | 抗弯拉强度 | 公路工程水泥及水泥混凝土试验规程 JTG E30—2005 /T 0558—2005 | 1. 压力机或万能试验机:符合本标准 T 0551—2005/2;<br>2. 抗弯拉试验装置:符合本标准 T 0558—2005/2 | | 1. 适用于各类水泥混凝土棱柱体试件 |
| | | 74 | 抗渗性 | 公路工程水泥及水泥混凝土试验规程 JTG E30—2005 /T 0568—2005 | 1. 水泥混凝土渗透仪:应能使水压按规定方法稳定地作用在试件上;<br>2. 成型试模:上口直径 175 mm、下口直径 185 mm,高 150 mm 的锥台或上下直径与高度均为 150 mm 的圆柱体;<br>3. 螺旋加压器、烘箱、电炉、浅盘、铁锅、钢丝刷等 | | 1. 适用于检测水泥混凝土硬化后的防水性能以及测定其抗渗等级 |
| | | 75 | 配合比设计 | 普通混凝土配合比设计规程 JGJ 55—2011 | 1. 搅拌机:符合 JG/T 244—2009;<br>2. 坍落度仪:符合 JG/T 248—2009;<br>3. 振动台:符合 JG/T 245—2009;<br>4. 压力试验机:符合 GB/T 3159—2008 及 GB/T 2611—2007 的技术要求,其测量精度为 ±1%,试件破坏荷载应大于压力机全量程的 20% 且小于压力机全量程的 80%,具有加荷速度指示装置或加荷速度控制装置,并应能均匀、连续地加荷 | 1. 成型条件要求(20 ± 5)℃,≥50% RH;<br>2. 养护条件要求(20 ± 2)℃,≥95% RH | |
| | | 76 | 抗弯拉弹性模量 | 公路工程水泥及水泥混凝土试验规程 JTG E30—2005 /T 0559—2005 | 1. 压力机、抗弯拉试验装置:符合本标准 T 0558—2005/2;<br>2. 千分表:一个,分度值为 0.001 mm,0 级或 1 级;<br>3. 千分表架:一个,符合本标准 T 0559—2005/2;<br>4. 毛玻璃片(每片约 1.0 $cm^3$)、502 胶水、平口刮刀、丁字尺、直尺、钢卷尺和铅笔等 | | 1. 适用于各类水泥混凝土棱柱小梁试件 |

**续表 3-0-2**

| 序号 | 类别(产品/项目/参数) | 产品/项目/参数 | | 依据标准(方法)名称及编号(含年号) | 仪器设备(标准物质)要求 | 环境条件要求 | 备注 |
|---|---|---|---|---|---|---|---|
| | | 序号 | 名称 | | | | |
| | | 77 | 劈裂抗拉强度 | 公路工程水泥及水泥混凝土试验规程 JTG E30 — 2005 /T 0560—2005 | 1. 压力机或万能试验机:符合本标准 T 0551—2005/2;<br>2. 劈裂钢垫条和三合板垫层(或纤维板垫层):符合本标准 T 0560—2005/2;<br>3. 钢尺:分度值为 1 mm | | 1. 立方体劈裂抗拉强度试验方法;<br>2. 适用于各类水泥混凝土的立方体试件 |
| | | | | 公路工程水泥及水泥混凝土试验规程 JTG E30 — 2005 /T 0561—2005 | 1. 压力机或万能试验机:符合本标准 T 0551—2005/2;<br>2. 劈裂夹具、木质三合板垫层、钢垫条:符合本标准 T 0561—2005/2;<br>3. 钢尺:分度值为 1 mm | | 1. 圆柱体劈裂抗拉强度试验方法;<br>2. 适用于各类水泥混凝土的圆柱试件和现场芯样 |
| | | 78 | 泌水率 | 公路工程水泥及水泥混凝土试验规程 JTG E30 — 2005 /T 0528—2005 | 1. 试样筒:刚性金属圆筒,两侧装有把手,筒壁坚固且不漏水,对于集料公称最大粒径不大于 31.5 mm 的拌和物采用 5 L 的试样筒,其内径与内高均为 186 mm ±2 mm,壁厚为 3 mm,并配有盖子,对于集料公称最大粒径大于 31.5 mm 的拌和物所采用试样筒,其内径与内高均应大于集料公称最大粒径的 4 倍;<br>2. 捣棒:符合 JG/T 248—2009 的要求;<br>3. 台秤:量程 50 kg、感量为 50 g;<br>4. 量筒:容量为 10 mL、50 mL、100 mL 的量筒及吸管,量筒分度值均为 1 mL;<br>5. 秒表:分度值为 1 s | 1. 试验温度:(20 ±2)℃ | 1. 适用于集料公称最大粒径不大于 31.5 mm 的水泥混凝土拌和物泌水的测定 |

续表 3-0-2

| 序号 | 类别(产品/项目/参数) | 产品/项目/参数 | | 依据标准(方法)名称及编号(含年号) | 仪器设备(标准物质)要求 | 环境条件要求 | 备注 |
|---|---|---|---|---|---|---|---|
| | | 序号 | 名称 | | | | |
| | | 79 | 干缩性 | 公路工程水泥混凝土试验规程 JTG E30—2005/T 0566—2005 | 1. 试模：规格为 100 mm × 100 mm × 400 mm 或 100 mm × 100 mm × 515 mm 的金属试模，两个端板的中心有放置测钉的孔，用于安装测钉；<br>2. 测钉：符合本标准 T 0566—2005/2；<br>3. 测长仪器：<br>（1）测量标距为 540 ~ 600 mm，允许偏差为 0.01 mm 的测微计（附有标准棒）；<br>（2）其他测长仪，至少达到 0.002% 的相对测量精度；<br>（3）测量混凝土变形的装置应具有钢或石英玻璃制作的标准杆，以便在测量前及测量过程中校核仪器的读数；<br>4. 干缩室（箱）：室（箱）内控温度为 (20 ± 2)℃，相对湿度为 60% ± 5%；室（箱）内配有温度、湿度自动记录仪，记录温度、湿度变化，置于恒温室中的干缩箱内须放干燥剂去湿 | | 1. 适用于不同水泥混凝土干缩性能的比较，集料公称最大粒径不大于 26.5 mm |
| | | 80 | 扩展度及扩展度经时损失 | 普通混凝土拌和物性能试验方法标准 GB/T 50080—2016/5 | 1. 坍落度仪：符合 JG/T 248—2009；<br>2. 钢尺：量程不应小于 1 000 mm，分度值不应大于 1 mm；<br>3. 底板：应采用平面尺寸不小于 1 500 mm × 1 500mm、厚度不小于 3 mm 的钢板，其最大挠度不应大于 3 mm | 1. 试验温度 (20 ± 5)℃；<br>2. 试验湿度 ≥50% RH | 1. 本试验方法宜用于骨料最大公称粒径不大于 40 mm、坍落度不小于 160 mm 混凝土拌和物 |
| （二） | 砂浆 | | | | | | |

**续表 3-0-2**

| 序号 | 类别(产品/项目/参数) | 产品/项目/参数 | | 依据标准(方法)名称及编号(含年号) | 仪器设备(标准物质)要求 | 环境条件要求 | 备注 |
|---|---|---|---|---|---|---|---|
| | | 序号 | 名称 | | | | |
| | | 81 | 稠度 | 建筑砂浆基本性能试验方法标准 JGJ/T 70—2009/4 | 1. 砂浆稠度仪：符合 JGJ/T 70—2009/4/4.0.2；<br>2. 钢制捣棒：直径为 10 mm，长度为 350 mm，端部磨圆；<br>3. 秒表 | 1. 试验室温度：(20 ±5)℃ | |
| | | 82 | 密度 | 建筑砂浆基本性能试验方法标准 JGJ/T 70—2009/5 | 1. 容量筒：由金属制成，内径 108 mm，净高 109 mm，筒壁厚 2 ~5 mm，容积 1 L；<br>2. 天平：称量应为 5 kg、感量应为 5 g；<br>3. 钢制捣棒：直径 10 mm，长度 350 mm，端部磨圆；<br>4. 砂浆密度测定仪：符合 JGJ/T 70—2009/5/5.0.2；<br>5. 振动台：振幅应为(0.5 ±0.05)mm，频率应为(50 ±3) Hz；<br>6. 秒表 | 1. 试验室温度：(20 ±5)℃ | |
| | | 83 | 立方体抗压强度 | 建筑砂浆基本性能试验方法标准 JGJ/T 70—2009/9 | 1. 试模：符合 JGJ/T 70—2009/9/9.0.1；<br>2. 钢制捣棒：直径 10 mm，长度 350 mm，端部磨圆；<br>3. 压力试验机：精度应为 1%，试件破坏荷载应不小于压力机量程的 20%，且不应大于全量程的 80%；<br>4. 垫板：试验机上、下压板及试件之间可垫以钢垫板，垫板的尺寸应大于试件的承压面，其不平度应为每 100 mm 不超过 0.02 mm；<br>5. 振动台：空载中台面的垂直振幅应为 0.5 ±0.05 mm，空载频率应为 50 ±3 Hz，空载台面振幅均匀度不应大于 10%，一次试验应至少能固定 3 个试模 | 1. 试件成型温度要求(20 ±5)℃；<br>2. 试件养护温度要求(20 ±2)℃，相对湿度 90% 以上 | |

续表 3-0-2

| 序号 | 类别(产品/项目/参数) | 产品/项目/参数 | | 依据标准(方法)名称及编号(含年号) | 仪器设备(标准物质)要求 | 环境条件要求 | 备注 |
|---|---|---|---|---|---|---|---|
| | | 序号 | 名称 | | | | |
| | | 84 | 配合比设计 | 砌筑砂浆配合比设计规程 JGJ/T 98—2010 | 1. 砂浆稠度仪:符合 JGJ/T 70—2009/4/4.0.2;<br>2. 振动台:符合 JGJ/T 70—2009/9/9.0.1;<br>3. 压力试验机:精度应为 1%,试件破坏荷载应不小于压力机量程的 20%,且不应大于全量程的 80% | 1. 试件成型温度要求(20 ±5)℃;<br>2. 试件养护温度要求(20 ±2)℃;相对湿度 90% 以上 | |
| | | 85 | 保水性 | 建筑砂浆基本性能试验方法标准 JGJ/T 70—2009/7 | 1. 金属或硬塑料圆环试模:内径应为 100 mm,内部高度应为 25 mm;<br>2. 可密封的取样容器:应清洁、干燥;<br>3. 2 kg 的重物;<br>4. 金属滤网:网格尺寸 45 μm,圆形,直径为(110 ±1)mm;<br>5. 超白滤纸:中速定性滤纸,直径应为 110 mm,单位面积质量 200 $g/m^2$;<br>6. 2 片金属或玻璃的方形或圆形不透水片,边长或直径应大于 110 mm;<br>7. 天平:量程为 200 g、感量应为 0.1 g,量程为 2 000 g、感量应为 1 g;<br>8. 烘箱 | 1. 试验室温度:(20 ±5)℃ | |
| | | 86 | 凝结时间 | 建筑砂浆基本性能试验方法标准 JGJ/T 70—2009/8 | 1. 砂浆凝结时间测定仪:符合 JGJ/T 70—2009/8/8.0.2;<br>2. 定时钟 | 1. 试验室温度:(20 ±2)℃ | |
| | | 87 | 分层度 | 建筑砂浆基本性能试验方法标准 JGJ/T 70—2009/6 | 1. 砂浆分层度筒:符合 JGJ/T 70—2009/6 /6.0.2;<br>2. 振动台:振幅应为(0.5 ±0.05)mm,频率应为(50 ±3) Hz;<br>3. 砂浆稠度仪、木锤等 | 1. 试验室温度:(20 ±5)℃ | |

续表 3-0-2

| 序号 | 类别(产品/项目/参数) | 产品/项目/参数 | | 依据标准(方法)名称及编号(含年号) | 仪器设备(标准物质)要求 | 环境条件要求 | 备注 |
|---|---|---|---|---|---|---|---|
| | | 序号 | 名称 | | | | |
| 六 | 水 | | | | | | |
| | | 88 | pH | 混凝土用水标准 JGJ 63—2006/4.0.1 | 1. 酸度计或离子酸度计:精确到 0.1 pH 单位,pH 范围从 0 到 14,如有特殊需要,应使用精度更高的仪器;<br>2. 玻璃电极与甘汞电极 | | 1. 玻璃电极法 |
| | | 89 | 氯离子含量 | 混凝土用水标准 JGJ 63—2006/4.0.4 | 1. 锥形瓶:250 mL;<br>2. 滴定管:25 mL,棕色;<br>3. 吸管:50 mL,25 mL | | 1. 硝酸银滴定法 |
| | | 90 | 硫酸根含量 | 混凝土用水标准 JGJ 63—2006/4.0.5 | 1. 蒸汽浴;<br>2. 烘箱:带恒温控制器;<br>3. 马福炉:带有加热指示器;<br>4. 干燥器;<br>5. 分析天平:准确至 0.1 mg;<br>6. 滤纸:酸洗过,无灰分,经硬化处理过能阻留微细沉淀的致密滤纸,即慢速定量滤纸及中速定量滤纸;<br>7. 滤膜:孔径为 0.45 μm;<br>8. 熔结玻璃坩埚:G4,约 30 mL;<br>9. 瓷坩埚:约 30 mL;<br>10. 铂蒸发皿:250 mL | | 1. 重量法 |
| | | 91 | 不溶物含量 | 混凝土用水标准 JGJ 63—2006/4.0.2 | 1. 全玻璃微孔滤膜过滤器;<br>2. GN－CA 滤膜:孔径 0.45 μm,直径 60 mm;<br>3. 吸滤瓶、真空泵;<br>4. 无齿扁嘴镊子 | | 1. 重量法 |

续表 3-0-2

| 序号 | 类别(产品/项目/参数) | 产品/项目/参数 | | 依据标准(方法)名称及编号(含年号) | 仪器设备(标准物质)要求 | 环境条件要求 | 备注 |
|---|---|---|---|---|---|---|---|
| | | 序号 | 名称 | | | | |
| | | 92 | 可溶物含量 | 混凝土用水标准 JGJ 63—2006/4.0.3 | 1. 分析天平:感量 0.01 mg;<br>2. 水浴锅;<br>3. 电恒温干燥箱;<br>4. 瓷蒸发皿:100 mL;<br>5. 干燥器:用硅胶作干燥剂;<br>6. 中速定量滤纸或滤膜(孔径 0.45 μm)及相应滤器 | | 1. 溶解性总固体检验法 |
| 七 | 外加剂 | | | | | | |
| | | 93 | pH 值 | 混凝土外加剂匀质性试验方法 GB/T 8077—2012/9 | 1. 天平:分度值 0.000 1 g;<br>2. 酸度计;<br>3. 甘汞电极;<br>4. 玻璃电极;<br>5. 复合电极 | 1. 被测溶液温度:(20 ± 3)℃ | |
| | | 94 | 氯离子含量 | 混凝土外加剂匀质性试验方法 GB/T 8077—2012/1 1.1 | 1. 电位测定仪或酸度仪;<br>2. 银电极或氯电极;<br>3. 甘汞电极;<br>4. 电磁搅拌器;<br>5. 滴定管:25 mL;<br>6. 移液管:10 mL;<br>7. 天平:分度值 0.000 1 g | | 1. 电位滴定法 |
| | | 95 | 减水率 | 混凝土外加剂 GB 8076—2008/6.5.2 | 1. 单卧轴式强制搅拌机:符合 JG/T 244—2009 要求,公称容量 60 L | 1. 混凝土试验材料及环境温度:(20 ±3)℃ | |
| | | | | 公路工程混凝土外加剂 JT/T 523—2004/5.5.1 | 1. 单卧轴强制式混凝土搅拌机:60 L | 1. 混凝土试验材料及环境温度:(20 ±5)℃ | |
| | | 96 | 泌水率比 | 混凝土外加剂 GB 8076—2008/6.5.3 | 1. 带盖筒:容积为 5 L,内径为 185 mm,高 200 mm;<br>2. 振动台;<br>3. 吸液管 | | |

续表 3-0-2

| 序号 | 类别(产品/项目/参数) | 产品/项目/参数 | | 依据标准(方法)名称及编号(含年号) | 仪器设备(标准物质)要求 | 环境条件要求 | 备注 |
|---|---|---|---|---|---|---|---|
| | | 序号 | 名称 | | | | |
| | | | | 公路工程混凝土外加剂 JT/T 523—2004/5.5.2 | 1. 带盖筒：容积为 5 L，内径为 185 mm，高 200 mm；<br>2. 振动台；<br>3. 吸液管 | | |
| | | 97 | 抗压强度比 | 混凝土外加剂 GB 8076—2008/6.6.1 | 1. 试模：符合现行行业标准 JG/T 237 中技术要求的规定；<br>2. 振动台：符合现行行业标准 JG/T 245 中技术要求的规定；<br>3. 压力试验机：符合现行国家标准 GB/T 3159 及 GB/T 2611 中技术要求外，其测量精度为 ±1%，试件破坏荷载应大于压力机全量程的 20% 且小于压力机全量程的 80%，应具有加荷速度指示装置或加荷速度控制装置，并能均匀、连续地加荷；<br>4. 微变形测量仪：测量精度不低于 0.001 mm，固定架的标距应为 150 mm；<br>5. 钢垫板：平面尺寸应不小于试件的承压面积，厚度应不小于 25 mm，钢垫板应机械加工，承压面的平面度公差为 0.04 mm，表面硬度不小于 55HRC，硬化层厚度约为 5 mm；<br>6. 钢板尺：量程大于 600 mm，分度值为 1 mm；<br>7. 卡尺：量程大于 200 mm，分度值为 0.02 mm；<br>8. 捣棒：符合现行行业标准 JG/T 248 中规定的直径 16 mm、长 600 mm，端部呈半圆形 | 1. 试件预养温度：(20 ± 3)℃ | |

续表 3-0-2

| 序号 | 类别(产品/项目/参数) | 产品/项目/参数 | | 依据标准(方法)名称及编号(含年号) | 仪器设备(标准物质)要求 | 环境条件要求 | 备注 |
|---|---|---|---|---|---|---|---|
| | | 序号 | 名称 | | | | |
| | | | | 公路工程混凝土外加剂 JT/T 523—2004/5.6.1 | 1. 搅拌机:自由式或强制式;<br>2. 振动台:标准振动台,应符合现行行业标准 JG/T 245 的要求;<br>3. 压力机或万能试验机:符合 JTG E30—2005/T 0551—2005/2;<br>4. 球座:钢质坚硬,面部平整度要求在 100 mm 距离内高低差值不超过 0.05 mm,球面及球窝粗糙度 $Ra=0.32$ μm,研磨、转动灵活,不应在大球座上做小试件破型,球座最好放置在试件顶面(特别是棱柱试件),并凸面朝上,当试件均匀受力后,一般不宜再敲动球座;<br>5. 试模:符合 JTG E30—2005/T 0551—2005/2;<br>6. 钢垫板:混凝土强度等级大于等于 C60 时,试验机上、下压板之间应各垫一钢板垫,平面尺寸应不小于试件的承压面,其厚度至少为 25 mm,钢垫板应机械加工,其平面度允许偏差 ±0.04 mm,表面硬度大于等于 55HRC,硬化层厚度约 5 mm,试件周围应设置防崩裂网罩;<br>7. 游标卡尺:量程 300 mm,分度值 0.02 mm;<br>8. 钢尺:分度值为 1 mm | | |

续表 3-0-2

| 序号 | 类别(产品/项目/参数) | 产品/项目/参数 | | 依据标准(方法)名称及编号(含年号) | 仪器设备(标准物质)要求 | 环境条件要求 | 备注 |
|---|---|---|---|---|---|---|---|
| | | 序号 | 名称 | | | | |
| | | 98 | 硫酸钠含量 | 混凝土外加剂匀质性试验方法 GB/T 8077—2012/12.1 | 1. 电阻高温炉:最高使用温度不低于900 ℃;<br>2. 天平:分度值 0.000 1 g;<br>3. 电磁电热式搅拌器;<br>4. 瓷坩埚:18 ~ 30 mL;<br>5. 烧杯:400 mL;<br>6. 长颈漏斗;<br>7. 慢速定量滤纸,快速定性滤纸 | | 1. 重量法 |
| | | | | 混凝土外加剂匀质性试验方法 GB/T 8077—2012/12.2 | 同上 | | 1. 离子交换重量法 |
| | | 99 | 凝结时间差 | 混凝土外加剂 GB 8076—2008/6.5.5 | 1. 贯入阻力仪:精度为 10 N;<br>2. 圆孔筛:5 mm;<br>3. 金属圆筒:上口内径 160 mm,下口内径 150 mm,净高 150 mm,刚性不渗水;<br>4. 振动台 | 1. 环境温度:(20 ± 2)℃ | |
| | | | | 公路工程混凝土外加剂 JT/T 523—2004/5.5.4 | 1. 贯入阻力仪:精度为 5 N;<br>2. 圆孔筛:5 mm;<br>3. 金属圆筒:上口内径 160 mm,下口内径 150 mm,净高 150 mm,刚性不渗水;<br>4. 振动台 | 1. 环境温度:(20 ± 3)℃ | |
| | | 100 | 含气量 | 混凝土外加剂 GB 8076—2008/6.5.4 | 1. 气水混合式含气量测定仪:符合现行行业标准 JG/T 246 的规定;<br>2. 振实台 | | |
| | | | | 公路工程混凝土外加剂 JT/T 523—2004/5.5.3 | 1. 气水混合式含气量测定仪:符合现行行业标准 JG/T 246 的规定;<br>2. 振实台;<br>3. 高频插入式振动捣器 | | |

续表 3-0-2

| 序号 | 类别(产品/项目/参数) | 产品/项目/参数 | | 依据标准(方法)名称及编号(含年号) | 仪器设备(标准物质)要求 | 环境条件要求 | 备注 |
|---|---|---|---|---|---|---|---|
| | | 序号 | 名称 | | | | |
| 八 | 掺合料 | | | | | | |
| | | 101 | 细度 | 用于水泥和混凝土中的粉煤灰 GB/T 1596—2017/7.1 细度 | 1. 筛网:应采用符合 GSB 08—2506 规定的粉煤灰细度标准样品或其他同等级标准样品进行校正,筛析 100 个样品后进行筛网校正,结果处理同 GB/T 1345—2005 规定;<br>2. 试验筛:符合 GB/T 1345—2005/5/5.1;<br>3. 负压筛析仪:符合 GB/T 1345—2005/5/5.2;<br>4. 天平:最小分度值不大于 0.01 g | | 1. 负压筛析法 |
| | | | | 水泥细度检验方法筛析法 GB/T 1345—2005 | 同上 | | |
| | | 102 | 比表面积 | 水泥比表面积测定方法勃氏法 GB/T 8074—2008 | 1. 透气仪:勃氏比表面积透气仪,分手动和自动两种,均应符合 JC/T 956—2014 的要求;<br>2. 烘干箱:控制温度灵敏度 ±1 ℃;<br>3. 分析天平:分度值为 0.001 g;<br>4. 秒表:精确至 0.5 s | 1. 试验湿度 ≤50% RH | 1. 勃氏法 |
| | | 103 | 需水量比 | 用于水泥和混凝土中的粉煤灰 GB/T 1596—2017/附录 A | 1. 天平:量程不小于 1 000 g,最小分度值不大于 1 g;<br>2. 搅拌机:符合 JC/T 681—2005;<br>3. 流动度跳桌:符合 GB/T 2419—2005 的要求 | | |

续表 3-0-2

| 序号 | 类别(产品/项目/参数) | 产品/项目/参数 | | 依据标准(方法)名称及编号(含年号) | 仪器设备(标准物质)要求 | 环境条件要求 | 备注 |
|---|---|---|---|---|---|---|---|
| | | 序号 | 名称 | | | | |
| | | 104 | 流动度比 | 用于水泥、砂浆和混凝土中的粒化高炉矿渣粉 GB/T 18046—2017/附录 A | 1. 水泥胶砂流动度测定仪(简称跳桌):符合 GB/T 2419—2005/附录 A 的要求;<br>2. 水泥胶砂搅拌机:符合现行行业标准 JC/T 681 的要求;<br>3. 试模:由截锥圆模和模套组成金属材料,内表面加工光滑,圆模尺寸为高度(60 ±0.5)mm,上口内径(70 ±0.5) mm,下口内径(100 ±0.5)mm,下口外径 120 mm,模壁厚大于 5 mm;<br>4. 捣棒:金属材料制成,直径为(20 ±0.5)mm,长度约 200 mm,捣棒底面与侧面成直角,其下部光滑,上部手柄滚花;<br>5. 卡尺:量程不小于 300 mm,分度值不大于 0.5 mm;<br>6. 小刀:刀口平直,长度大于 80 mm;<br>7. 天平:量程不小于 1 000 g,分度值不大于 1 g | 1. 试验环境(20 ± 2)℃、≤50% RH | |
| | | | | 用于水泥和混凝土中的钢渣粉 GB/T 20491—2017/5.7 | 同上 | 1. 试验环境(20 ± 2)℃、≤50% RH | |
| | | | | 用于水泥和混凝土中的粒化电炉磷渣粉 GB/T 26751—2011/附录 A | 同上 | 1. 试验环境(20 ± 2)℃、≤50% RH | |
| | | 105 | 烧失量 | 水泥化学分析方法 GB/T 176—2017/6.3 | 1. 天平:可精确至 0.000 1 g;<br>2. 瓷坩埚:带盖,容量 20 ~ 30 mL;<br>3. 高温炉:可控制温度(700 ± 25)℃、(800 ± 25)℃、(950 ± 25)℃或(1 175 ± 25)℃ | | 1. 灼烧差减法 |

续表 3-0-2

| 序号 | 类别(产品/项目/参数) | 产品/项目/参数 | | 依据标准(方法)名称及编号(含年号) | 仪器设备(标准物质)要求 | 环境条件要求 | 备注 |
|---|---|---|---|---|---|---|---|
| | | 序号 | 名称 | | | | |
| | | 106 | 安定性 | 用于水泥和混凝土中的粉煤灰 GB/T 1596—2017/7.7 | 1. 水泥净浆搅拌机:符合现行行业标准 JC/T 729 的要求;<br>2. 标准法维卡仪:符合 GB/T 1346—2011/4/4.2;<br>3. 代用法维卡仪:符合现行行业标准 JC/T 727 的要求;<br>4. 雷氏夹:符合 GB/T 1346—2011/4/4.4;<br>5. 沸煮箱:符合现行行业标准 JC/T 955 的要求;<br>6. 雷氏夹膨胀测定仪:符合 GB/T 1346—2011/4/4.6;<br>7. 量筒或滴定管:精度 ±0.5 mL;<br>8. 天平:最大称量不小于 1 000 g,分度值不大于 1 g | 1. 试验环境 (20 ± 2)℃、≥50% RH | 1. 雷氏法 |
| | | | | 用于水泥和混凝土中的钢渣粉 GB/T 20491—2017/5.8 | 1. 水泥净浆搅拌机:符合现行行业标准 JC/T 729 的要求;<br>2. 标准法维卡仪:符合 GB/T 1346—2011/4/4.2;<br>3. 代用法维卡仪:符合现行行业标准 JC/T 727 的要求;<br>4. 沸煮箱:符合现行行业标准 JC/T 955 的要求;<br>5. 量筒或滴定管:精度 ±0.5 mL;<br>6. 天平:最大称量不小于 1 000 g,分度值不大于 1 g | 1. 试验环境 (20 ± 2)℃、≥50% RH | 1. 沸煮法 |

**续表 3-0-2**

| 序号 | 类别(产品/项目/参数) | 产品/项目/参数 | | 依据标准(方法)名称及编号(含年号) | 仪器设备(标准物质)要求 | 环境条件要求 | 备注 |
|---|---|---|---|---|---|---|---|
| | | 序号 | 名称 | | | | |
| | | 107 | 活性指数 | 用于水泥和混凝土中的粉煤灰 GB/T 1596—2017/附录 C | 1. 搅拌机:符合 JC/T 681—2005;<br>2. 试模:符合 GB/T 17671—1999/4/4.2.4;<br>3. 振实台:符合 JC/T 682—2005;<br>4. 抗压强度试验机:符合 GB/T 17671—1999/4/4.2.7;<br>5. 抗压强度试验用夹具:符合 GB/T 17671—1999/4/4.2.8 | 1. 试验环境(20 ±2)℃、≥50% RH | |
| | | | | 用于水泥、砂浆和混凝土中的粒化高炉矿渣粉 GB/T 18046—2017/附录 A | 同上 | 1. 试验环境(20 ±2)℃、≥50% RH | |
| | | | | 砂浆和混凝土用硅灰 GB/T 27690—2011/6.7 | 同上 | 1. 试验环境(20 ±2)℃、≥50% RH | |
| | | 108 | 密度 | 水泥密度测定方法 GB/T 208—2014 | 1. 李氏瓶:符合 GB/T 208—2014/5/5.1;<br>2. 恒温水槽:容积足够大,水温可以稳定控制在(20 ±1)℃;<br>3. 天平:量程不小于 100 g,分度值不大于 0.01 g;<br>4. 温度计:量程包含 0 ~ 50 ℃,分度值不大于 0.1 ℃ | 1. 试验温度 20 ℃ | |
| | | 109 | 含水量 | 用于水泥和混凝土中的粉煤灰 GB/T 1596—2017/附录 B | 1. 烘干箱:可控制温度(105 ~ 110)℃,最小分度值不大于 2 ℃;<br>2. 天平:量程不小于 50 g,最小分度值不大于 0.01 g | | |

续表 3-0-2

| 序号 | 类别(产品/项目/参数) | 产品/项目/参数 | | 依据标准(方法)名称及编号(含年号) | 仪器设备(标准物质)要求 | 环境条件要求 | 备注 |
|---|---|---|---|---|---|---|---|
| | | 序号 | 名称 | | | | |
| | | | | 用于水泥、砂浆和混凝土中的粒化高炉矿渣粉 GB/T 18046—2017/附录 B | 1. 烘干箱:可控制温度不低于 110 ℃,最小分度值不大于 2 ℃;<br>2. 天平:量程不小于 50 g,最小分度值不大于 0.01 g | | |
| | | | | 矿物掺合料应用技术规范 GB/T 51003—2014/附录 C | 同上 | | |
| | | 110 | 三氧化硫含量 | 水泥化学分析方法 GB/T 176—2017/6.5 | 1. 天平:可精确至 0.000 1 g;<br>2. 烧杯:200 mL | | 1. 硫酸钡重量法(基准法) |
| | | 111 | 游离氧化钙 | 水泥化学分析方法 GB/T 176—2017/6.36 | 1. 天平:可精确至 0.000 1 g;<br>2. 锥形瓶:250 mL;<br>3. 滴定设备 | | 1. 甘油法(代用法) |
| | | | | 水泥化学分析方法 GB/T 176—2017/6.37 | 同上 | | 1. 乙二醇法(代用法) |
| | | | | 水泥化学分析方法 GB/T 176—2017/6.38 | 1. 天平:可精确至 0.000 1 g;<br>2. 锥形瓶:250 mL;<br>3. 滴定设备 | | 1. EDTA 滴定法(代用法) |
| | | 112 | 碱含量 | 水泥化学分析方法 GB/T 176—2017/6.14 | 1. 天平:可精确至 0.000 1 g;<br>2. 铂皿:容量 100 ~ 150 mL;<br>3. 容量瓶:100 mL;<br>4. 火焰光度计:可稳定地测定钾在波长 768 nm 处和钠在波长 589 nm 处的谱线强度 | | 1. 火焰光度法 |

**续表 3-0-2**

| 序号 | 类别(产品/项目/参数) | 产品/项目/参数 | | 依据标准(方法)名称及编号(含年号) | 仪器设备(标准物质)要求 | 环境条件要求 | 备注 |
|---|---|---|---|---|---|---|---|
| | | 序号 | 名称 | | | | |
| | | 113 | 吸铵值 | 混凝土和砂浆用天然沸石粉 JG/T 566—2018/附录 A | 1. 电热板或调温电炉:300～500 W;<br>2. 干燥器:$\Phi$300～500 mm;<br>3. 分析天平:量程 200 g、感量 0.001 g;<br>4. 烧杯:150 mL;<br>5. 锥形瓶:250～300 mL;<br>6. 漏斗:$\Phi$100～200 mm,附中速滤纸;<br>7. 滴定管:50 mL,最小刻度 0.1 mL | | |
| | | | | 矿物掺合料应用技术规范 GB/T 51003—2014/附录 D | 1. 筛子:$\Phi$80 cm;<br>2. 电热板或调温电炉;<br>3. 烧杯:150 mL;<br>4. 分析天平 | | |
| 九 | 无机结合料稳定材料 | | | | | | |
| (一) | 石灰 | | | | | | |
| | | 114 | 有效氧化钙和氧化镁含量 | 公路工程无机结合料稳定材料试验规程 JTG E51—2009/T 0813—1994 | 1. 方孔筛:0.15 mm,1 个;<br>2. 烘箱:50～250 ℃,1 台;<br>3. 干燥器:$\Phi$25 cm,1 个;<br>4. 称量瓶:$\Phi$30 mm×50 mm,10 个;<br>5. 瓷研钵:$\Phi$12～13 cm,1 个;<br>6. 分析天平:量程不小于 50 g、感量 0.000 1 g,1 台;<br>7. 电子天平:量程不小于 500 g、感量 0.01 g,1 台;<br>8. 电炉:1 500 W,1 个;<br>9. 石棉网:20 cm×20 cm,1 块;<br>10. 玻璃珠:$\Phi$3 mm,1 袋(0.25 kg);<br>11. 具塞三角瓶:250 mL,20 个;<br>12. 漏斗:短颈,3 个;<br>13. 塑料洗瓶:1 个;<br>14. 塑料桶:20 L,1 个;<br>15. 下口蒸馏水瓶:5 000 mL,1 个; | | |

续表 3-0-2

| 序号 | 类别(产品/项目/参数) | 产品/项目/参数 | | 依据标准(方法)名称及编号(含年号) | 仪器设备(标准物质)要求 | 环境条件要求 | 备注 |
|---|---|---|---|---|---|---|---|
| | | 序号 | 名称 | | | | |
| | | | | | 16. 三角瓶:300 mL,10 个;<br>17. 容量瓶:250 mL、1 000 mL,各 1 个;<br>18. 量筒:200 mL、100 mL、50 mL、5 mL,各 1 个;<br>19. 试剂瓶:250 mL、1 000 mL,各 5 个;<br>20. 塑料试剂瓶:1 L,1 个;<br>21. 烧杯:50 mL 5 个,250 mL(或 300 mL)10 个;<br>22. 棕色广口瓶:60 mL 4 个,250 mL 5 个;<br>23. 滴瓶:60 mL,3 个;<br>24. 酸滴定管:50 mL,2 支;<br>25. 滴定台及滴定管夹:各 1 套;<br>26. 大肚移液管:25 mL、50 mL,各 1 支;<br>27. 表面皿:7 cm,10 块;<br>28. 玻璃棒:8 mm × 250 mm 及 4 mm × 180 mm,各 10 支;<br>29. 试剂勺:5 个;<br>30. 吸水管:8 mm × 150 mm,5 支;<br>31. 洗耳球:大、小各 1 个 | | 1. 简易测定法;<br>2. 适用于氧化镁含量在 5% 以下的低镁石灰 |
| | | 115 | 氧化镁含量 | 公路工程无机结合料稳定材料试验规程 JTG E51—2009/T 0812—1994 | 同上 | | 1. 适用于测定各种石灰的总氧化镁含量 |
| | | 116 | 有效氧化钙 | 公路工程无机结合料稳定材料试验规程 JTG E51—2009/T 0811—1994 | 同上 | | 1. 适用于测定各种石灰的有效氧化钙含量 |

续表 3-0-2

| 序号 | 类别(产品/项目/参数) | 产品/项目/参数 | | 依据标准(方法)名称及编号(含年号) | 仪器设备(标准物质)要求 | 环境条件要求 | 备注 |
|---|---|---|---|---|---|---|---|
| | | 序号 | 名称 | | | | |
| | | 117 | 未消化残渣含量 | 公路工程无机结合料稳定材料试验规程 JTG E51—2009/T 0815—2009 | 1. 方孔筛:2.36 mm、16 mm;<br>2. 生石灰浆渣测定仪:符合本标准图 T 0815—1;<br>3. 量筒:500 mL;<br>4. 天平:量程不小于 1 500 g、感量 0.01 g;<br>5. 搪瓷盘:200 mm×300 mm;<br>6. 钢板尺:300 mm;<br>7. 烘箱:量程不小于 200 ℃ | | 1. 适用于生石灰、生石灰粉和消石灰粉的未消化残渣含量的测定 |
| | | 118 | 含水量 | 公路工程无机结合料稳定材料试验规程 JTG E51—2009/T 0801—2009 | 1. 烘箱:量程不小于 110 ℃,控温精度为 ±2 ℃;<br>2. 铝盒:直径约 50 mm,高 25~30 mm;<br>3. 电子天平:量程不小于 150 g、感量 0.01 g;<br>4. 干燥器:直径 200~250 mm,并用硅胶做干燥剂 | | 1. 烘干法 |
| (二) | 粉煤灰 | | | | | | |
| | | 119 | 烧失量 | 公路工程无机结合料稳定材料试验规程 JTG E51—2009/T 0817—2009 | 1. 马福炉:隔焰加热炉,在炉膛外围进行电阻加热,应使用温度控制器,准确控制炉温,并定期进行校验;<br>2. 瓷坩埚:带盖,容量 15~30 mL;<br>3. 分析天平:量程不小于 50 g、感量 0.000 1 g | | 1. 由硫化物的氧化引起的烧失量误差必须进行校正,其他元素存在引起的误差一般可忽略不计 |
| | | 120 | 细度 | 公路工程无机结合料稳定材料试验规程 JTG E51—2009/T 0818—2009 | 1. 负压筛析仪:符合本标准 T 0818—2009/2;<br>2. 电子天平:量程不小于 50 g,感量 0.01 g | | 1. 负压筛析法 |

续表 3-0-2

| 序号 | 类别(产品/项目/参数) | 产品/项目/参数 序号 | 产品/项目/参数 名称 | 依据标准(方法)名称及编号(含年号) | 仪器设备(标准物质)要求 | 环境条件要求 | 备注 |
|---|---|---|---|---|---|---|---|
| | | 121 | 比表面积 | 公路工程无机结合料稳定材料试验规程 JTG E51—2009/T 0820—2009 | 1. 勃氏仪:符合 JC/T 956—2014;<br>2. 透气圆筒:内径为(12.70±0.05)mm,由不锈钢或铜质材料制成,透气圆筒内表面和阳锥外表面的粗糙度:≤*Ra*1.6,在透气圆筒内壁距离上口边(55±10)mm 处有一突出的、宽度为 0.5~1.0 mm 的边缘,以放置穿孔板,透气圆筒阳锥锥度:19/38,19:(19±1)mm,38:(34~38)mm,两者 1:10 增减;<br>3. 穿孔板:由不锈钢或铜质材料制成,厚度为(1.0±0.1)mm,穿孔板直径为 $12.70^{+0}_{-0.05}$ mm,穿孔板面上均匀地打有 35 个直径(1.0±0.05)mm 的小孔;<br>4. 捣器:用不锈钢或铜质材料制成,捣器与透明圆筒的间隙不大于 0.1 mm,捣器的底面应与主轴垂直,垂直度小于 6′,捣器侧面扁平槽宽度(3.0±0.3)mm,当捣器放入透气圆筒,捣器的支持环与圆筒上口边接触时,捣器底面与穿孔板之间的距离为(15.0±0.5)mm;<br>5. U 形压力计:符合本标准 T 0820—2009/2;<br>6. 抽气装置:符合本标准 T 0820—2009/2;<br>7. 滤纸:中速定量滤纸;<br>8. 分析天平:感量为 0.001 g;<br>9. 秒表:分度值为 0.5 s;<br>10. 烘箱:控制精度 ±1 ℃ | | 1. 勃氏法;<br>2. 适用于用勃氏比表面积透气仪(简称勃氏仪)来测定粉煤灰的比表面积,也适用于比表面积在 2 000 ~ 6 000 $cm^2/g$ 范围内的其他各种粉状物料,不适用于测定多孔材料及超细粉状物料 |

续表 3-0-2

| 序号 | 类别(产品/项目/参数) | 产品/项目/参数 | | 依据标准(方法)名称及编号(含年号) | 仪器设备(标准物质)要求 | 环境条件要求 | 备注 |
|---|---|---|---|---|---|---|---|
| | | 序号 | 名称 | | | | |
| | | 122 | 含水量 | 公路工程无机结合料稳定材料试验规程 JTE 51 — 2009/T0801—2009 | 1. 烘箱:量程不小于 110 ℃,控温精度为 ±2 ℃;<br>2. 铝盒:直径约 50 mm,高 25 ~ 30 mm;<br>3. 电子天平:量程不小于 150 g、感量 0.01 g;<br>4. 干燥器:直径 200 ~ 250 mm,并用硅胶做干燥剂 | | 1. 烘干法 |
| (三) | 无机结合料稳定材料 | | | | | | |
| | | 123 | 最大干密度 | 公路工程无机结合料稳定材料试验规程 JTG E51 — 2009/T 0804—1994 | 1. 击实筒:小型,内径 100 mm、高 127 mm 的金属圆筒,套环高 50 mm,底座;大型,内径 152 mm、高 170 mm 的金属圆筒,套环高 50 mm,直径 151 mm 和高 50 mm 的筒内垫块,底座;<br>2. 多功能自控电动击实仪:击锤的底面直径 50 mm,总质量 4.5 kg,击锤在导管内的总行程为 450 mm,可设置击实次数,并保证击锤自由垂直落下,落高应为 450 mm,锤迹均匀分布于试样面;<br>3. 电子天平:量程 4 000 g、感量 0.01 g;<br>4. 电子天平:量程 15 kg、感量 0.1 g;<br>5. 方孔筛:孔径 53 mm、37.5 mm、26.5 mm、19 mm、4.75 mm、2.36 mm 的筛各 1 个;<br>6. 量筒:50 mL、100 mL 和 500 mL 的量筒各 1 个;<br>7. 直刮刀:长 200 ~ 250 mm、宽 30 mm 和厚 3 mm,一侧开口的直刮刀;<br>8. 刮土刀:长 150 ~ 200 mm、宽约 20 mm 的刮刀;<br>9. 工字型刮平刀:30 mm × 50 mm × 310 mm,上下两面和侧面均刨平;<br>10. 拌和工具:约 400 mm × 600 mm × 70 mm 的长方形金属盘、拌和用平头小铲等 | | 1. 检验检测方法:<br>(1)甲法;<br>(2)乙法;<br>(3)丙法;<br>2. 详见本标准表T 0804-1 |

续表 3-0-2

| 序号 | 类别(产品/项目/参数) | 产品/项目/参数 | | 依据标准(方法)名称及编号(含年号) | 仪器设备(标准物质)要求 | 环境条件要求 | 备注 |
|---|---|---|---|---|---|---|---|
| | | 序号 | 名称 | | | | |
| | | | | 公路工程无机结合料稳定材料试验规程JTG E51—2009/T 0804—1994 | 11. 脱模器;<br>12. 烘箱;<br>13. 铝盒;<br>14. 游标卡尺 | | |
| | | 124 | 最佳含水量 | 公路工程无机结合料稳定材料试验规程JTG E51—2009/T 0804—1994 | 同上 | | 1. 检验检测方法:<br>(1)甲法;<br>(2)乙法;<br>(3)丙法;<br>2. 详见本标准表 T 0804 –1 |
| | | 125 | 水泥或石灰剂量 | 公路工程无机结合料稳定材料试验规程 JTG E51—2009/T 0809—2009 | 1. 滴定管(酸式):50 mL,1 支;<br>2. 滴定台:1 个;<br>3. 滴定管夹:1 个;<br>4. 大肚移液管:10 mL、50 mL,10 支;<br>5. 锥形瓶(三角瓶):200 mL,20 个;<br>6. 烧杯:2 000 mL(或 1 000 mL)1 只,300 mL 10 只;<br>7. 容量瓶:1 000 mL,1 个;<br>8. 搪瓷杯:容量大于 1 200 mL,10 只;<br>9. 不锈钢棒(或粗玻璃棒):10 根;<br>10. 量筒:100 mL 和 5 mL 各 1 只,50 mL 2 只;<br>11. 棕色广口瓶:60 mL,1 只(装钙红指示剂);<br>12. 电子天平:量程不小于 1 500 g、感量 0.01 g;<br>13. 秒表:1 只;<br>14. 表面皿:$\phi$9 cm,10 个; | | 1. EDTA 滴定法;<br>2. 适用于工地快速测定水泥和石灰稳定材料中水泥和石灰的计量,并可用于检查现场拌和和摊铺的均匀性,适用于在水泥终凝之前的水泥含量测定,也可用来测定水泥和石灰综合稳定材料中结合料的剂量 |

续表 3-0-2

| 序号 | 类别(产品/项目/参数) | 产品/项目/参数 | | 依据标准(方法)名称及编号(含年号) | 仪器设备(标准物质)要求 | 环境条件要求 | 备注 |
|---|---|---|---|---|---|---|---|
| | | 序号 | 名称 | | | | |
| | | | | | 15. 研钵:$\phi$12～13 cm,1 个;<br>16. 洗耳球:1 个;<br>17. 精密试纸:pH12～14;<br>18. 聚乙烯桶:20 L(装蒸馏水和氯化铵及 EDTA 二钠标准溶液)3 个,5 L(装氢氧化钠),1 个,5 L(大口桶)10 个;<br>19. 洗瓶(塑料):500 mL,1 只 | | |
| | | 126 | 无侧限抗压强度 | 公路工程无机结合料稳定材料试验规程 JTG E51—2009/T 0805—1994 | 1. 标准养护室;<br>2. 水槽:深度应大于试件高度 50 mm;<br>3. 压力机或万能试验机(也可用路面强度试验仪和测力计):符合 GB/T 3159—2008 及 GB/T 2611—2007 中的要求,其测量精度为 ±1%,同时应具有加载速率指示装置或加载速率控制装置,上下压板平整并有足够刚度,可以均匀地连续加载卸载,可以保持固定荷载,开机停机均灵活自如,能够符合试件吨位要求,且压力机加载速率可以有效控制在 1 mm/min;<br>4. 电子天平:量程 15 kg、感量 0.1 g,量程 4 000 g、感量 0.01 g;<br>5. 量筒、拌和工具、大小铝盒、烘箱等;<br>6. 球形支座 | | 1. 适用于测定无机结合料稳定材料(包括稳定细粒土、中粒土和粗粒土)试件的无侧限抗压强度 |
| | | 127 | 延迟时间 | 公路路面基层施工技术细则 JTG/T F20—2015/4.7.3<br>公路工程无机结合料稳定材料试验规程 JTG E51—2009/T 0805—1994 | 同上 | | |

续表 3-0-2

| 序号 | 类别(产品/项目/参数) | 产品/项目/参数 | | 依据标准(方法)名称及编号(含年号) | 仪器设备(标准物质)要求 | 环境条件要求 | 备注 |
|---|---|---|---|---|---|---|---|
| | | 序号 | 名称 | | | | |
| | | 128 | 配合比设计 | 公路路面基层施工技术细则 JTG/T F20—2015/4.5、4.6、4.7<br>公路工程无机结合料稳定材料试验规程 JTG E51—2009/T 0804—1994、T 0805—1994 | 1. 标准击实仪:符合 JTG E40—2007/T 0131—2007/2;<br>2. 烘箱及干燥器;<br>3. 标准养护室;<br>4. 压力机或万能试验机:符合 JTG E51—2009/T 0805—1994/2;<br>5. 电子天平:量程 15 kg、感量 0.1 g,量程 4 000 g、感量 0.01 g | 1. 标准养护室温度(20 ± 2)℃,相对湿度在 95% 以上;<br>2. 水养生时水温(20 ± 2)℃ | |
| 十 | 沥青 | | | | | | |
| | | 129 | 密度 | 公路工程沥青及沥青混合料试验规程 JTG E20—2011/T 0603—2011 | 1. 恒温水槽:控温准确度为 0.1 ℃;<br>2. 烘箱:200 ℃,温度自动调节器;<br>3. 天平:感量不大于 1 mg;<br>4. 沥青比重瓶:容积为 20 ~ 30 mL,质量不超过 40 g;<br>5. 温度计:量程 0 ~ 50 ℃,分度值 0.1 ℃ | 1. 试验温度为 25 ℃ 和 15 ℃ | |
| | | 130 | 针入度 | 公路工程沥青及沥青混合料试验规程 JTG E20—2011/T 0604—2011 | 1. 针入度仪、标准针、盛样皿:符合本标准 T 0604—2011/2;<br>2. 恒温水槽:容量不小于 10 L,控温准确度为 0.1 ℃,水槽中应设有一带孔的搁架,位于水面下不得小于 100 mm,距水槽底不得小于 50 mm | 1. 试验温度为 15 ℃、25 ℃、30 ℃ | |
| | | 131 | 针入度指数 | 公路工程沥青及沥青混合料试验规程 JTG E20—2011/T 0604—2011 | 同上 | 同上 | |

**续表 3-0-2**

| 序号 | 类别（产品/项目/参数） | 产品/项目/参数 | | 依据标准（方法）名称及编号（含年号） | 仪器设备（标准物质）要求 | 环境条件要求 | 备注 |
|---|---|---|---|---|---|---|---|
| | | 序号 | 名称 | | | | |
| | | 132 | 延度 | 公路工程沥青及沥青混合料试验规程 JTG E20—2011/T 0605—2011 | 1. 延度仪：符合本标准 T 0605—2011/2；<br>2. 试模：黄铜制，由两个端模和两个侧模组成，试模内侧表面粗糙度 Ra0.2μm；<br>3. 恒温水槽：控温准确度为 0.1 ℃；<br>4. 温度计：量程 0～50 ℃，分度值 0.1 ℃ | 1. 试验温度为 5 ℃、10 ℃、15 ℃、25 ℃ | |
| | | 133 | 软化点 | 公路工程沥青及沥青混合料试验规程 JTG E20—2011/T 0606—2011 | 1. 软化点试验仪：符合本标准 T 0606—2011/2；<br>2. 恒温水槽：控温准确度为 ±0.5 ℃ | | 1. 环球法 |
| | | 134 | 质量变化 | 公路工程沥青及沥青混合料试验规程 JTG E20—2011/T 0609—2011、T 0610—2011 | 1. 薄膜加热烘箱、盛样皿：符合本标准 T 0609—2011/2；<br>2. 旋转薄膜烘箱、盛样瓶：符合本标准 T 0610—2011/2；<br>3. 温度计：量程 0～200 ℃，分度值 0.5 ℃；<br>4. 分析天平：感量不大于 1 mg | 1. 沥青薄膜加热试验温度：(163 ±1)℃；<br>2. 沥青旋转薄膜加热试验温度：(163 ±0.5)℃ | 1. 沥青薄膜加热试验；<br>2. 沥青旋转薄膜加热试验 |
| | | 135 | 残留物针入度比 | 公路工程沥青及沥青混合料试验规程 JTG E20—2011/T 0609—2011、T 0610—2011 | 1. 薄膜加热烘箱、盛样皿：符合本标准 T 0609—2011/2；<br>2. 旋转薄膜烘箱、盛样瓶：符合本标准 T 0610—2011/2；<br>3. 针入度仪、标准针、盛样皿：符合本标准 T 0604—2011/2 | 同上 | 同上 |
| | | 136 | 软化点增值 | 公路工程沥青及沥青混合料试验规程 JTG E20—2011/T 0609—2011、T 0610—2011 | 1. 薄膜加热烘箱、盛样皿：符合本标准 T 0609—2011 /2；<br>2. 旋转薄膜烘箱、盛样瓶：符合本标准 T 0610—2011 /2；<br>3. 软化点试验仪：符合本标准 T 0606—2011/2 | 同上 | 同上 |

**续表 3-0-2**

| 序号 | 类别(产品/项目/参数) | 产品/项目/参数 | | 依据标准(方法)名称及编号(含年号) | 仪器设备(标准物质)要求 | 环境条件要求 | 备注 |
|---|---|---|---|---|---|---|---|
| | | 序号 | 名称 | | | | |
| | | 137 | 60 ℃ 黏度比 | 公路工程沥青及沥青混合料试验规程 JTG E20—2011/T 0609—2011、T 0610—2011 | 1. 薄膜加热烘箱、盛样皿:符合本标准 T 0609—2011/2;<br>2. 旋转薄膜烘箱、盛样瓶:符合本标准 T 0610—2011/2;<br>3. 动力黏度仪:符合本标准 T 0620—2011/2 | 同上 | 同上 |
| | | 138 | 老化指数 | 公路工程沥青及沥青混合料试验规程 JTG E20—2011/T 0609—2011、T 0610—2011 | 同上 | 同上 | 同上 |
| | | 139 | 老化后延度 | 公路工程沥青及沥青混合料试验规程 JTG E20—2011/T 0609—2011、T 0610—2011 | 1. 薄膜加热烘箱、盛样皿:符合本标准 T 0609—2011/2;<br>2. 旋转薄膜烘箱、盛样瓶:符合本标准 T 0610—2011/2;<br>3. 延度仪:符合本标准 T 0605—2011/2;<br>4. 恒温水槽:控温准确度为 0.1 ℃ | 同上 | 同上 |
| | | 140 | 动力黏度 | 公路工程沥青及沥青混合料试验规程 JTG E20—2011/T 0620—2000 | 1. 真空减压毛细管黏度计:符合本标准 T 0620—2000/2;<br>2. 温度计:量程 50 ~ 100 ℃,分度值 0.1 ℃;<br>3. 恒温水槽:符合本标准 T 0620—2000/2;<br>4. 真空减压系统:应能使真空度达到 40 kPa ± 66.5 Pa[(300 ± 0.5) mmHg]的压力;<br>5. 秒表:2 个,分度值 0.1 s,总量程 15 min 的误差不大于 ±0.05%;<br>6. 烘箱:有自动温度控制器 | 1. 试验温度为 60 ℃,真空度为 40 kPa | 1. 真空减压毛细管法 |

续表 3-0-2

| 序号 | 类别(产品/项目/参数) | 产品/项目/参数 | | 依据标准(方法)名称及编号(含年号) | 仪器设备(标准物质)要求 | 环境条件要求 | 备注 |
|---|---|---|---|---|---|---|---|
| | | 序号 | 名称 | | | | |
| | | 141 | 闪点 | 公路工程沥青及沥青混合料试验规程 JTG E20—2011/T 0611—2011 | 1. 克利夫兰开口杯式闪点仪:符合本标准 T 0611—2011/2;<br>2. 防风屏:金属薄板制,三面将仪器围住挡风,内壁涂成黑色,高约 600 mm;<br>3. 电炉或燃气炉:控制加热试样的升温速度为 14 ~ 17 ℃/min、(5.5 ± 0.5)℃/min | 1. 全部装置应置于室内光线较暗且无显著空气流通的地方,并用防风屏三面围护 | 1. 克利夫兰开口杯法 |
| | | 142 | 燃点 | 公路工程沥青及沥青混合料试验规程 JTG E20—2011/T 0611—2011 | 同上 | 同上 | 1. 克利夫兰开口杯法 |
| | | 143 | 与粗集料的黏附性 | 公路工程沥青及沥青混合料试验规程 JTG E20—2011/T 0616—1993 | 1. 天平:称量 500 g、感量不大于 0.01 g;<br>2. 恒温水槽:能保持温度(80 ± 1)℃;<br>3. 烧杯:1 000 mL;<br>4. 拌和用小型容器:500 mL;<br>5. 标准筛:方孔筛 9.5 mm、13.2 mm、19 mm 各一个;<br>6. 烘箱:装有自动温度调节器 | | 1. 检验检测方法:<br>(1)水煮法;<br>(2)水浸法。<br>2. 对于最大粒径大于 13.2 mm 的集料应用水煮法。<br>3. 当同一种料源集料最大粒径既有大于又有小于 13.2 mm 的集料,取大于 13.2 mm 水煮法试验为标准。<br>4. 对最大粒径小于或等于 13.2 mm 的集料应用水浸法。<br>5. 对细粒式沥青混合料应以水浸法试验为标准 |

续表 3-0-2

| 序号 | 类别（产品/项目/参数） | 产品/项目/参数 | | 依据标准（方法）名称及编号（含年号） | 仪器设备（标准物质）要求 | 环境条件要求 | 备注 |
|---|---|---|---|---|---|---|---|
| | | 序号 | 名称 | | | | |
| | | 144 | 聚合物改性沥青储存稳定性 | 公路工程沥青及沥青混合料试验规程 JTG E20—2011/T 0661—2011 | 1. 沥青软化点仪：符合本标准 T 0606—2011 /2；<br>2. 试验用标准筛：0.3 mm；<br>3. 盛样管：铝管，直径约 25 mm，长约 140 mm，一端开口；<br>4. 烘箱：能保温（163 ±5℃）或（135 ±5）℃；<br>5. 冰箱 | | |
| | | 145 | 聚合物改性沥青弹性恢复率 | 公路工程沥青及沥青混合料试验规程 JTG E20—2011/T 0662—2000 | 1. 试模：采用延度试验所用试模，但中间部分换为直线侧模，制作的试件截面积为 1 $cm^2$；<br>2. 水槽：保持规定的试验温度，变化不超过 0.1 ℃，容积不小于 10 L，高度满足试件浸没深度不小于 10 cm，离水槽底部不小于 5 cm；<br>3. 延度试验机：符合本标准 T 0605—2011/2 | 1. 试验温度：（25 ±0.1）℃ | |
| | | 146 | 溶解度 | 公路工程沥青及沥青混合料试验规程 JTG E20—2011/T 0607—2011 | 1. 分析天平：感量不大于 0.1mg；<br>2. 锥形烧瓶：250 mL；<br>3. 古氏坩埚：50 mL；<br>4. 玻璃纤维滤纸：直径 2.6 cm，最小过滤孔 0.6 μm；<br>5. 过滤瓶：250 mL；<br>6. 量筒：100 mL；<br>7. 烘箱：装有温度自动调节器 | | 1. 非经注明，溶剂为三氯乙烯 |
| | | 147 | 标准黏度 | 公路工程沥青及沥青混合料试验规程 JTG E20—2011/T 0621—1993 | 1. 道路沥青标准黏度计：符合本标准 T 0621—2011/2；<br>2. 秒表：分度值 0.1 s；<br>3. 循环恒温水槽：能使水温保持在试验温度 ±0.1 ℃ | | 1. 道路沥青标准黏度计法 |

**续表 3-0-2**

| 序号 | 类别(产品/项目/参数) | 产品/项目/参数 | | 依据标准(方法)名称及编号(含年号) | 仪器设备(标准物质)要求 | 环境条件要求 | 备注 |
|---|---|---|---|---|---|---|---|
| | | 序号 | 名称 | | | | |
| | | 148 | 恩格拉黏度 | 公路工程沥青及沥青混合料试验规程 JTG E20—2011/T 0622—1993 | 1. 恩格拉黏度计：符合本标准 T 0622—2011/2；<br>2. 秒表：分度值 0.1 s；<br>3. 吸液管：5 mL；<br>4. 滤筛：筛孔 1.18 mm | 1. 试验温度：25 ℃ | 1. 恩格拉黏度计法 |
| | | 149 | 乳化沥青蒸发残留物含量 | 公路工程沥青及沥青混合料试验规程 JTG E20—2011/T 0651—1993 | 1. 试验容器：容量 1 500 mL、高约 60 mm、壁厚 0.5 ~ 1 mm 的金属盘，也可用小铝锅或瓷蒸发皿代替；<br>2. 天平：感量不大于 1 g；<br>3. 烘箱：装有温度控制器；<br>4. 电炉或燃气炉：有石棉垫 | 1. 试验温度：(163 ±3.0)℃ | |
| | | 150 | 乳化沥青筛上残留物含量 | 公路工程沥青及沥青混合料试验规程 JTG E20—2011/T 0652—1993 | 1. 滤筛：筛孔为 1.18 mm；<br>2. 金属盘：尺寸不小于 100 mm；<br>3. 天平：感量不大于 0.1 g；<br>4. 烧杯：750 mL 和 2 000 mL；<br>5. 烘箱：装有温度控制器 | 1. 过滤通常在室温条件下进行，如乳液稠度大，可将试样在水槽上加热至 50 ℃左右后过滤 | 1. 非经注明，筛孔尺寸为 1.18 mm |
| | | 151 | 乳化沥青微粒粒子电荷 | 公路工程沥青及沥青混合料试验规程 JTG E20—2011/T 0653—1993 | 1. 烧杯：200 mL 或 300 mL；<br>2. 电极板：2 块，铜制，每块极板长 100 mm，宽 10 mm，厚 1 mm；<br>3. 直流电源：6 V；<br>4. 秒表；<br>5. 滤筛：筛孔 1.18 mm | | |
| | | 152 | 乳化沥青与粗集料的黏附性 | 公路工程沥青及沥青混合料试验规程 JTG E20—2011/T 0654—2011 | 1. 标准筛：方孔筛 31.5 mm、19.0 mm、13.2 mm；<br>2. 滤筛：筛孔为 1.18 mm、0.6 mm；<br>3. 烧杯：400 mL、1 000 mL；<br>4. 烘箱：有温度自动控制调节器、鼓风装置，控温范围(105 ±5)℃；<br>5. 天平：感量不大于 0.1 g | | 1. 检验检测方法：<br>(1)水煮法；<br>(2)浸泡法。<br>2. 适用范围：<br>(1)水煮法适用阳离子乳化沥青；<br>(2)浸泡法适用阴离子乳化沥青和非离子乳化沥青 |

续表 3-0-2

| 序号 | 类别(产品/项目/参数) | 产品/项目/参数 | | 依据标准(方法)名称及编号(含年号) | 仪器设备(标准物质)要求 | 环境条件要求 | 备注 |
|---|---|---|---|---|---|---|---|
| | | 序号 | 名称 | | | | |
| | | 153 | 乳化沥青储存稳定性 | 公路工程沥青及沥青混合料试验规程 JTG E20—2011/T 0655—1993 | 1. 沥青乳液稳定性试验管:符合本标准 T 0655—1993/2;<br>2. 天平:感量不大于 0.1 g;<br>3. 滤筛:筛孔为 1.18 mm;<br>4. 电炉或电热板 | 1. 储存温度为室温,时间可为 1 d 或 5 d | |
| | | 154 | 乳化沥青与水泥拌和试验(筛上残留物含量) | 公路工程沥青及沥青混合料试验规程 JTG E20—2011/T 0657—2011 | 1. 标准筛:方孔筛 0.15 mm;<br>2. 滤筛:筛孔为 1.18 mm;<br>3. 拌和容器:金属或搪瓷盘,容量约 500 mL;<br>4. 搅拌棒:直径约 10 mm,具有圆头的金属棒;<br>5. 天平:感量不大于 0.1 g;<br>6. 烘箱:有温度自动控制调节器、鼓风装置,控温范围(105 ±5)℃ | | 1. 适用于非离子慢裂乳化沥青与水泥材料的拌和试验 |
| | | 155 | 乳化沥青破乳速度 | 公路工程沥青及沥青混合料试验规程 JTG E20—2011/T 0658—1993 | 1. 拌和锅:容量约 1 000 mL;<br>2. 天平:感量不大于 0.1 g;<br>3. 标准筛:方孔筛 4.75 mm、2.36 mm、0.6 mm、0.3 mm、0.075 mm | | |
| | | 156 | 乳化沥青与矿料拌和 | 公路工程沥青及沥青混合料试验规程 JTG E20—2011/T 0659—1993 | 1. 拌和锅:容量约 1 000 mL,金属制,球形底有手柄;<br>2. 金属匙:长约 250 mm;<br>3. 烘箱;<br>4. 天平:感量不大于 0.1 g;<br>5. 标准筛:方孔筛 4.75 mm、2.36 mm、0.6 mm、0.15 mm、0.075 mm | 1. 试验温度:(25 ±5)℃ | |
| 十一 | 沥青混合料 | | | | | | |

续表 3-0-2

| 序号 | 类别(产品/项目/参数) | 产品/项目/参数 | | 依据标准(方法)名称及编号(含年号) | 仪器设备(标准物质)要求 | 环境条件要求 | 备注 |
|---|---|---|---|---|---|---|---|
| | | 序号 | 名称 | | | | |
| | | 157 | 密度 | 公路工程沥青及沥青混合料试验规程 JTG E20—2011/T 0705—2011 | 1. 浸水天平或电子天平:最大称量在 3 kg 以下时感量不大于 0.1 g,最大称量在 3 kg 以上时感量不大于 0.5 g,应有测量水中重的挂钩;<br>2. 网篮;<br>3. 溢流水箱:有水位溢流装置,保持试件和网篮浸入水中后的水位一定,能调水温(25 ±0.5)℃;<br>4. 试件悬挂装置:天平下方悬挂网篮和试件的装置,吊线采用足够长度不吸水的细尼龙线绳;<br>5. 秒表;<br>6. 电风扇或烘箱 | 1. 试验标准温度:(25 ± 0.5)℃ | 1. 表干法;<br>2. 适用于测定吸水率不大于 2% 的各种沥青混合料试件 |
| | | | | 公路工程沥青及沥青混合料试验规程 JTG E20—2011/T 0706—2011 | 同上 | 同上 | 1. 水中重法;<br>2. 适用于测定吸水率小于 0.5% 的密实沥青混合料试件 |
| | | | | 公路工程沥青及沥青混合料试验规程 JTG E20—2011/T 0707—2011 | 1. 浸水天平或电子天平:最大称量在 3 kg 以下时感量不大于 0.1 g,最大称量在 3 kg 以上时感量不大于 0.5 g,应有测量水中重的挂钩;<br>2. 网篮;<br>3. 水箱:有水位溢流装置,保持试件和网篮浸入水中后的水位一定;<br>4. 试件悬挂装置:天平下方悬挂网篮和试件的装置,吊线采用足够长度不吸水的细尼龙线绳;<br>5. 石蜡:熔点已知;<br>6. 冰箱:可保持温度为 4 ~5 ℃;<br>7. 秒表 | 同上 | 1. 蜡封法;<br>2. 适用于测定吸水率大于 2% 的沥青混凝土或沥青碎石混合料试件 |

续表 3-0-2

| 序号 | 类别(产品/项目/参数) | 产品/项目/参数 | | 依据标准(方法)名称及编号(含年号) | 仪器设备(标准物质)要求 | 环境条件要求 | 备注 |
|---|---|---|---|---|---|---|---|
| | | 序号 | 名称 | | | | |
| | | | | 公路工程沥青及沥青混合料试验规程 JTG E20—2011/T 0708—2011 | 1. 电子天平:最大称量在 3 kg 以下时感量不大于 0.1 g,最大称量在 3 kg 以上时感量不大于 0.5 g;<br>2. 卡尺 | 同上 | 1. 体积法;<br>2. 适用于不能用表干法、蜡封法测定的空隙率较大的沥青碎石混合料及大空隙透水性开级配沥青混合料 |
| | | 158 | 空隙率 | 公路工程沥青及沥青混合料试验规程 JTG E20—2011/T 0705—2011 | 1. 浸水天平或电子天平:最大称量在 3 kg 以下时感量不大于 0.1 g,最大称量在 3 kg 以上时感量不大于 0.5 g,应有测量水中重的挂钩;<br>2. 网篮;<br>3. 溢流水箱:有水位溢流装置,保持试件和网篮浸入水中后的水位一定,能调水温(25 ±0.5)℃;<br>4. 试件悬挂装置:天平下方悬挂网篮和试件的装置,吊线采用足够长度不吸水的细尼龙线绳;<br>5. 秒表;<br>6. 电风扇或烘箱 | 1. 试验标准温度:(25 ± 0.5)℃ | 1. 表干法;<br>2. 适用于测定吸水率不大于 2% 的各种沥青混合料试件 |
| | | | | 公路工程沥青及沥青混合料试验规程 JTG E20—2011/T 0706—2011 | 同上 | 同上 | 1. 水中重法;<br>2. 适用于测定吸水率小于 0.5% 的密实沥青混合料试件 |
| | | | | 公路工程沥青及沥青混合料试验规 TG E20—2011/T 0707—2011 | 1. 浸水天平或电子天平:最大称量在 3 kg 以下时感量不大于 0.1 g,最大称量在 3 kg 以上时感量不大于 0.5 g,应有测量水中重的挂钩;<br>2. 网篮;<br>3. 水箱:有水位溢流装置,保持试件和网篮浸入水中后的水位一定 | | |

**续表 3-0-2**

| 序号 | 类别(产品/项目/参数) | 产品/项目/参数 | | 依据标准(方法)名称及编号(含年号) | 仪器设备(标准物质)要求 | 环境条件要求 | 备注 |
|---|---|---|---|---|---|---|---|
| | | 序号 | 名称 | | | | |
| | | | | | 4. 试件悬挂装置:天平下方悬挂网篮和试件的装置,吊线采用足够长度不吸水的细尼龙线绳;<br>5. 石蜡:熔点已知;<br>6. 冰箱:可保持温度为 4 ~ 5 ℃;<br>7. 秒表 | 同上 | 1. 蜡封法;<br>2. 适用于测定吸水率大于 2% 的沥青混凝土或沥青碎石混合料试件 |
| | | | | 公路工程沥青及沥青混合料试验规程 JTG E20—2011/T 0708—2011 | 1. 电子天平:最大称量在 3 kg 以下时感量不大于 0.1 g,最大称量在 3 kg 以上时感量不大于 0.5 g;<br>2. 卡尺 | 同上 | 1. 体积法;<br>2. 适用于不能用表干法、蜡封法测定的空隙率较大的沥青碎石混合料及大空隙透水性开级配沥青混合料 |
| | | 159 | 矿料间隙率 | 公路工程沥青及沥青混合料试验规程 JTG E20—2011/T 0705—2011 | 1. 浸水天平或电子天平:最大称量在 3 kg 以下时感量不大于 0.1 g,最大称量在 3 kg 以上时感量不大于 0.5 g,应有测量水中重的挂钩;<br>2. 网篮;<br>3. 溢流水箱:有水位溢流装置,保持试件和网篮浸入水中后的水位一定,能调水温(25 ±0.5)℃;<br>4. 试件悬挂装置:天平下方悬挂网篮和试件的装置,吊线采用足够长度不吸水的细尼龙线绳;<br>5. 秒表;<br>6. 电风扇或烘箱 | 同上 | 1. 表干法;<br>2. 适用于测定吸水率不大于 2% 的各种沥青混合料试件 |
| | | | | 公路工程沥青及沥青混合料试验规程 JTG E20—2011/T 0706—2011 | 同上 | 同上 | 1. 水中重法;<br>2. 适用于测定吸水率小于 0.5% 的密实沥青混合料试件 |

续表 3-0-2

| 序号 | 类别(产品/项目/参数) | 产品/项目/参数 | | 依据标准(方法)名称及编号(含年号) | 仪器设备(标准物质)要求 | 环境条件要求 | 备注 |
|---|---|---|---|---|---|---|---|
| | | 序号 | 名称 | | | | |
| | | | | 公路工程沥青及沥青混合料试验规程 JTG E20—2011/T 0707—2011 | 1. 浸水天平或电子天平:最大称量在 3 kg 以下是感量不大于 0.1 g,最大称量在 3 kg 以上是感量不大于 0.5 g,应有测量水中重的挂钩;<br>2. 网篮;<br>3. 水箱:有水位溢流装置,保持试件和网篮浸入水中后的水位一定;<br>4. 试件悬挂装置:天平下方悬挂网篮和试件的装置,吊线采用足够长度不吸水的细尼龙线绳;<br>5. 石蜡:熔点已知;<br>6. 冰箱:可保持温度为 4 ~ 5 ℃;<br>7. 秒表 | 同上 | 1. 蜡封法;<br>2. 适用于测定吸水率大于 2% 的沥青混凝土或沥青碎石混合料试件 |
| | | | | 公路工程沥青及沥青混合料试验规程 JTG E20—2011/T 0708—2011 | 1. 电子天平:最大称量在 3 kg 以下时感量不大于 0.1 g,最大称量在 3 kg 以上时感量不大于 0.5 g;<br>2. 卡尺 | 同上 | 1. 体积法;<br>2. 适用于不能用表干法、蜡封法测定的空隙率较大的沥青碎石混合料及大空隙透水性开级配沥青混合料 |
| | | 160 | 饱和度 | 公路工程沥青及沥青混合料试验规程 JTG E20—2011/T 0705—2011 | 1. 浸水天平或电子天平:最大称量在 3 kg 以下时感量不大于 0.1 g,最大称量在 3 kg 以上时感量不大于 0.5 g,应有测量水中重的挂钩;<br>2. 网篮;<br>3. 溢流水箱:有水位溢流装置,保持试件和网篮浸入水中后的水位一定,能调水温(25 ±0.5)℃;<br>4. 试件悬挂装置:天平下方悬挂网篮和试件的装置,吊线采用足够长度不吸水的细尼龙线绳;<br>5. 秒表;<br>6. 电风扇或烘箱 | 同上 | 1. 表干法;<br>2. 适用于测定吸水率不大于 2% 的各种沥青混合料试件 |

**续表 3-0-2**

| 序号 | 类别(产品/项目/参数) | 产品/项目/参数 | | 依据标准(方法)名称及编号(含年号) | 仪器设备(标准物质)要求 | 环境条件要求 | 备注 |
|---|---|---|---|---|---|---|---|
| | | 序号 | 名称 | | | | |
| | | | | 公路工程沥青及沥青混合料试验规程 JTG E20—2011/T 0706—2011 | 同上 | 同上 | 1. 水中重法;<br>2. 适用于测定吸水率小于0.5%的密实沥青混合料试件 |
| | | | | 公路工程沥青及沥青混合料试验规程 JTG E20—2011/T 0707—2011 | 1. 浸水天平或电子天平:最大称量在3 kg以下时感量不大于0.1 g,最大称量在3 kg以上时感量不大于0.5 g,应有测量水中重的挂钩;<br>2. 网篮;<br>3. 水箱:有水位溢流装置,保持试件和网篮浸入水中后的水位一定;<br>4. 试件悬挂装置:天平下方悬挂网篮和试件的装置,吊线采用足够长度不吸水的细尼龙线绳;<br>5. 石蜡:熔点已知;<br>6. 冰箱:可保持温度为4～5 ℃;<br>7. 秒表 | 同上 | 1. 蜡封法;<br>2. 适用于测定吸水率大于2%的沥青混凝土或沥青碎石混合料试件 |
| | | | | 公路工程沥青及沥青混合料试验规程 JTG E20—2011/T 0708—2011 | 1. 电子天平:最大称量在3 kg以下时感量不大于0.1 g,最大称量在3 kg以上时感量不大于0.5 g;<br>2. 卡尺 | 同上 | 1. 体积法;<br>2. 适用于不能用表干法、蜡封法测定的空隙率较大的沥青碎石混合料及大空隙透水性开级配沥青混合料 |
| | | 161 | 马歇尔稳定度 | 公路工程沥青及沥青混合料试验规程 JTG E20—2011/T 0709—2011 | 1. 沥青混合料马歇尔试验仪:符合本标准T 0709—2011/2;<br>2. 恒温水槽:控温准确至1 ℃,深度不小于150 mm;<br>3. 真空饱水容器:包括真空泵及真空干燥器;<br>4. 天平:感量不大于0.1 g;<br>5. 温度计:分度值1 ℃ | 1. 黏稠石油沥青及烘箱养生过的乳化沥青混合料(60±1)℃;<br>2. 煤沥青混合料为(33.8±1)℃;<br>3. 空气养生的乳化沥青或液体沥青混合料为(25±1)℃ | 1. 适用于按本标准T 0702—2011成型的标准马歇尔试件圆柱体和大型马歇尔试件圆柱体 |

续表 3-0-2

| 序号 | 类别(产品/项目/参数) | 产品/项目/参数 | | 依据标准(方法)名称及编号(含年号) | 仪器设备(标准物质)要求 | 环境条件要求 | 备注 |
|---|---|---|---|---|---|---|---|
| | | 序号 | 名称 | | | | |
| | | 162 | 流值 | 公路工程沥青及沥青混合料试验规程 JTG E20—2011/T 0709—2011 | 同上 | 同上 | 同上 |
| | | 163 | 沥青含量 | 公路工程沥青及沥青混合料试验规程 JTG E20—2011/T 0722—1993 | 1. 离心抽提仪:符合本标准 T 0722—1993/2;<br>2. 天平:感量不大于 0.01 g、1 mg 的天平各 1 台;<br>3. 量筒:分度值 1 mL;<br>4. 电烘箱:装有温度自动调节器 | | 1. 离心分离法。<br>2. 适用范围:<br>(1)适用于热拌热铺沥青混合料路面施工时的沥青用量检测;<br>(2)也适用于旧路调查时检测沥青混合料的沥青用量 |
| | | | | 公路工程沥青及沥青混合料试验规程 JTG E20—2011/T 0735—2011 | 1. 燃烧炉:符合本标准 T 0735—2011/2;<br>2. 烘箱:温度应控制在设定值 ±5 ℃;<br>3. 天平:满足称量试验篮及试样的质量,感量不大于 0.1 g | | 1. 燃烧炉法;<br>2. 适用于热拌沥青混合料以及从路面取样的沥青混合料在生产、施工过程中的质量控制 |
| | | 164 | 矿料级配 | 公路工程沥青及沥青混合料试验规TG E20—2011/T 0725—2000 | 1. 标准筛:方孔筛,0.075 ~ 53.0 mm,有密封圈、盖和底;<br>2. 天平:感量不大于 0.1 g;<br>3. 摇筛机;<br>4. 烘箱:装有温度自动控制器 | | |
| | | 165 | 理论最大相对密度 | 公路工程沥青及沥青混合料试验规程 JTG E20—2011/T 0711—2011 | 1. 天平:称量 5 kg 以上,感量不大于 0.1 g,称量 2 kg 以下,感量不大于 0.05 g;<br>2. 沥青混合料理论最大相对密度仪:符合本标准 T 0711—2011/2;<br>3. 恒温水槽:水温控制在(25 ± 0.5)℃;<br>4. 温度计:分度值 0.5 ℃ | 1. 试验温度:(25 ±0.5)℃ | 1. 真空法;<br>2. 本方法不适用于吸水率大于 3% 的多孔性集料的沥青混合料 |

**续表 3-0-2**

| 序号 | 类别(产品/项目/参数) | 产品/项目/参数 | | 依据标准(方法)名称及编号(含年号) | 仪器设备(标准物质)要求 | 环境条件要求 | 备注 |
|---|---|---|---|---|---|---|---|
| | | 序号 | 名称 | | | | |
| | | 166 | 动稳定度 | 公路工程沥青及沥青混合料试验规程 JTG E20—2011/T 0719—2011 | 1. 车辙试验机:符合本标准 T 0719—2011/2;<br>2. 恒温室:至少能保温 3 块试件并进行试验的条件,保持恒温室温度(60 ±1)℃[试件内部温度(60 ±0.5)℃];<br>3. 台秤:称量 15 kg,感量不大于 5 g | 1. 试验环境温度:(60 ±1)℃ | 1. 适用范围:<br>(1)适用于按本标准 T 0703—2011 用轮碾成型机碾压成型的长 300 mm、宽 300 mm、厚 50 ~ 100 mm 的板块状试件;<br>(2)也适用于现场切割板块状试件 |
| | | 167 | 渗水系数 | 公路工程沥青及沥青混合料试验规程 JTG E20—2011/T 0730—2011 | 1. 路面渗水仪:符合本标准 T 0730—2011/2;<br>2. 量筒及大漏斗;<br>3. 秒表 | | 1. 适用于测定碾压成型的沥青混合料试件的渗水系数 |
| 十二 | 钢材与连接接头 | | | | | | |
| | | 168 | 重量偏差 | 钢筋混凝土用钢 第1部分:热轧光圆钢筋 GB/T 1499.1—2017/8.4 | 1. 尺寸量具:应能精确到 1 mm;<br>2. 重量量具:测量试样总重量时,应精确到不大于总重量的 1% | | |
| | | | | 钢筋混凝土用钢 第2部分:热轧带肋钢筋 GB/T 1499.2—2018/8.4 | 同上 | | |
| | | | | 钢筋混凝土用钢材试验方法 GB/T 28900—2012/12 | 1. 尺寸量具:应能精确到 1 mm;<br>2. 重量量具:重量的测量精确度应至少为 ±1% | | |
| | | 169 | 尺寸偏差 | 钢筋混凝土用钢 第1部分:热轧光圆钢筋 GB/T 1499.1—2017/8.3 | 1. 尺寸量具:应能精确到 0.1 mm | | |

续表 3-0-2

| 序号 | 类别(产品/项目/参数) | 产品/项目/参数 | | 依据标准(方法)名称及编号(含年号) | 仪器设备(标准物质)要求 | 环境条件要求 | 备注 |
|---|---|---|---|---|---|---|---|
| | | 序号 | 名称 | | | | |
| | | | | 钢筋混凝土用钢 第2部分:热轧带肋钢筋 GB/T 1499. 2—2018/8. 3 | 同上 | | |
| | | | | 钢筋混凝土用钢材试验方法 GB/T 28900—2012/10 | 1. 测量尺寸的设备:符合 GB/T 28900—2012/10. 2 | | |
| | | 170 | 抗拉强度 | 金属材料拉伸试验 第1部分:室温试验方法 GB/T 228. 1—2010/10 | 1. 试验机的测力系统应按照现行国家标准 GB/T 16825. 1 进行校准,并且其准确度应为1级或优于1级;<br>2. 引伸计的准确度级别应符合现行国家标准 GB/T 12160 的要求 | 1. 试验环境:10～35 ℃ | |
| | | | | 钢筋混凝土用钢材试验方法 GB/T 28900—2012/5 | 1. 试验机应根据现行国家标准 GB/T 16825. 1 来检验和校准,至少达到1级;<br>2. 测定 Rel 或 Rp0. 2 时,引伸计精度应达到1级 | 同上 | |
| | | 171 | 极限抗拉强度 | 钢筋机械连接技术规程 JGJ 107—2016/附录 A | 1. 拉力试验机:速率的相对误差不宜大于 ±20% | | |
| | | | | 钢筋焊接接头试验方法标准 JGJ/T 27—2014/3 | 1. 试验机:符合现行国家标准 GB/T 228. 1 中的有关规定;<br>2. 夹紧装置:应根据试样规格选用,在拉伸试验过程中不得与钢筋产生相对滑移 | | |
| | | 172 | 屈服强度 | 金属材料拉伸试验 第1部分:室温试验方法 GB/T 228. 1—2010/10 | 1. 试验机的测力系统应按照现行国家标准 GB/T 16825. 1 进行校准,并且其准确度应为1级或优于1级;<br>2. 引伸计的准确度级别应符合现行国家标准 GB/T 12160 的要求 | 1. 试验环境:10～35 ℃ | |

续表 3-0-2

| 序号 | 类别(产品/项目/参数) | 产品/项目/参数 | | 依据标准(方法)名称及编号(含年号) | 仪器设备(标准物质)要求 | 环境条件要求 | 备注 |
|---|---|---|---|---|---|---|---|
| | | 序号 | 名称 | | | | |
| | | | | 钢筋混凝土用钢材试验方法 GB/T 28900—2012/5 | 1. 试验机应根据现行国家标准 GB/T 16825.1 来检验和校准,至少达到 1 级;<br>2. 测定 Rel 或 Rp0.2 时,引伸计精度应达到 1 级 | 同上 | |
| | | 173 | 断后伸长率 | 金属材料拉伸试验 第 1 部分:室温试验方法 GB/T 228.1—2010/20 | 1. 试验机的测力系统应按照现行国家标准 GB/T 16825.1 进行校准,并且其准确度应为 1 级或优于 1 级;<br>2. 引伸计的准确度级别应符合现行国家标准 GB/T 12160 的要求;<br>3. 尺寸量具:应使用分辨率足够的量具或测量装置测定断后伸长率,并准确至 ±0.25 mm | 同上 | |
| | | | | 钢筋混凝土用钢材试验方法 GB/T 28900—2012/5 | 1. 试验机应根据现行国家标准 GB/T 16825.1 来检验和校准,至少达到 1 级;<br>2. 测定 Rel 或 Rp0.2 时,引伸计精度应达到 1 级;<br>3. 应使用分辨率足够的量具或测量装置测定断后伸长率,并准确至 ±0.25 mm | 同上 | |
| | | 174 | 最大力总伸长率 | 钢筋机械连接技术规程 JGJ 107—2016/附录 A | 1. 拉力试验机:速率的相对误差不宜大于 ±20%;<br>2. 标距长度应用最小刻度值不大于 0.1 mm 的量具测量 | | |
| | | 175 | 最大力总延伸率 | 钢筋混凝土用钢材试验方法 GB/T 28900—2012/5 | 1. 试验机应根据现行国家标准 GB/T 16825.1 来检验和校准,至少达到 1 级;<br>2. 测定 Rel 或 Rp0.2 时,引伸计精度应达到 1 级;测定 $A_{gt}$ 时,可使用 2 级精度的引伸计 | 1. 试验环境:10 ~ 35 ℃ | |

续表 3-0-2

| 序号 | 类别(产品/项目/参数) | 产品/项目/参数 | | 依据标准(方法)名称及编号(含年号) | 仪器设备(标准物质)要求 | 环境条件要求 | 备注 |
|---|---|---|---|---|---|---|---|
| | | 序号 | 名称 | | | | |
| | | | | 金属材料拉伸试验 第1部分:室温试验方法 GB/T 228.1—2010/18 | 1. 试验机的测力系统应按照现行国家标准 GB/T 16825.1 进行校准,并且其准确度应为1级或优于1级;<br>2. 引伸计的准确度级别应符合现行国家标准 GB/T 12160 的要求 | 同上 | |
| | | 176 | 弯曲性能 | 钢筋混凝土用钢材试验方法 GB/T 28900—2012/6 | 1. 弯曲设备:符合 GB/T 28900—2012/6/6.2 | 同上 | |
| | | | | 金属材料弯曲试验方法 GB/T 232—2010 | 1. 试验设备:符合 GB/T 232—2010/5 | 同上 | |
| | | 177 | 反向弯曲 | 钢筋混凝土用钢材试验方法 GB/T 28900—2012/7 | 1. 弯曲设备:符合 GB/T 28900—2012/6/6.2;<br>2. 反向弯曲装置:符合 GB/T 28900—2012/7/7.2/7.2.2 | 同上 | |
| | | | | 钢筋混凝土用钢 第2部分:热轧带肋钢筋 GB/T 1499.2—2018/8.2 | 1. 反向弯曲装置:符合 GB/T 1499.2—2018/8.2 | 同上 | |
| | | 178 | 钢筋焊接网的抗剪力 | 钢筋混凝土用钢 第3部分:钢筋焊接网 GB/T 1499.3—2010/7.2.4 | 1. 试验机的测力系统应按照现行国家标准 GB/T 16825.1 进行校准,并且其准确度应为1级或优于1级;<br>2. 抗剪力试验专用夹具:符合 GB/T 1499.3—2010/附录 C | 同上 | 1. 适用于采用冷轧带肋钢筋或热轧带肋钢筋以电阻焊接方式制造的钢筋焊接网;<br>2. 采用光面或其他类别钢筋焊接而成的钢筋焊接网可参考使用 |
| 一三 | 路基路面 | | | | | | |
| | | 179 | 纵断高程 | 公路路基路面现场测试规程 JTG 3450—2019/T 0911—2019 | 1. 钢卷尺、钢直尺:分度值不大于1mm;<br>2. 经纬仪、精密水准仪、塔尺或全站仪 | | |

续表 3-0-2

| 序号 | 类别(产品/项目/参数) | 产品/项目/参数 | | 依据标准(方法)名称及编号(含年号) | 仪器设备(标准物质)要求 | 环境条件要求 | 备注 |
|---|---|---|---|---|---|---|---|
| | | 序号 | 名称 | | | | |
| | | 180 | 中线偏位 | 公路路基路面现场测试规程 JTG 3450—2019/T 0911—2019 | 1. 经纬仪:精度 $DJ_2$;<br>2. 全站仪:测角精度 2″,测距精度 2 mm + $2\times10^{-6}s$($s$ 为测距) | | |
| | | 181 | 宽度 | 公路路基路面现场测试规程 JTG 3450—2019/T 0911—2019 | 1. 钢卷尺、钢直尺:分度值不大于 1 mm | | |
| | | 182 | 横坡 | 公路路基路面现场测试规程 JTG 3450—2019/T 0911—2019 | 1. 钢卷尺、钢直尺:分度值不大于 1 mm;<br>2. 水准仪:精度 $DS_3$;<br>3. 全站仪:测角精度 2″,测距精度 2 mm + $2\times10^{-6}s$($s$ 为测距) | | |
| | | 183 | 边坡 | 公路路基路面现场测试规程 JTG 3450—2019/T 0911—2019 | 1. 全站仪:测角精度 2″,测距精度[2 mm + $2\times10^{-6}s$($s$ 为测距)];<br>2. 坡度测量仪:分度值 1° | | 1. 全站仪法;<br>2. 坡度测量仪法 |
| | | 184 | 相邻板高差 | 公路路基路面现场测试规程 JTG 3450—2019/T 0911—2019 | 1. 水平尺:金属材料制成,基准面应平直,长度不小于 600 mm 且不大于 2 000 mm;<br>2. 塞尺:分度值不大于 0.5 mm | | |
| | | 185 | 纵、横缝顺直度 | 公路路基路面现场测试规程 JTG 3450—2019/T 0911—2019 | 1. 钢卷尺、钢直尺:分度值不大于 1 mm;<br>2. 尼龙线:直径不大于 0.5 mm | | |
| | | 186 | 厚度 | 公路路基路面现场测试规程 JTG 3450—2019/T 0912—2019 | 1. 挖坑用镐、铲、凿子、小锤、小铲、毛刷;<br>2. 路面取芯机:手推式或车载式,配有淋水冷却装置;<br>3. 量尺:钢直尺、游标卡尺,分度值不大于 1 mm;<br>4. 其他:直尺、搪瓷盘、棉纱等 | | 1. 挖坑法;<br>2. 钻芯法 |

续表 3-0-2

| 序号 | 类别(产品/项目/参数) | 产品/项目/参数 | | 依据标准(方法)名称及编号(含年号) | 仪器设备(标准物质)要求 | 环境条件要求 | 备注 |
|---|---|---|---|---|---|---|---|
| | | 序号 | 名称 | | | | |
| | | | | 公路路基路面现场测试规程 JTG 3450—2019/T 0913—2019 | 1. 短脉冲雷达测试系统:符合本标准 T 0913—2019/2 | | 1. 短脉冲雷达测试法;<br>2. 不适用潮湿路面或用富含铁矿渣集料等介电常数较高的材料铺筑的路面 |
| | | 187 | 压实度 | 公路路基路面现场测试规程 JTG 3450—2019/T 0921—2019 | 1. 灌砂设备:灌砂设备包括灌砂筒、标定罐和基板;应符合本标准 T 0921—2019/2;<br>2. 玻璃板:边长为 500 ~ 600 mm 的方形板;<br>3. 试样盘和铝盒;<br>4. 电子秤:分度值不大于 1 g;<br>5. 电子天平:用于含水率测试时,对细粒土、中粒土、粗粒土的分度值宜分别为 0.01 g、0.1 g、1.0 g;<br>6. 含水率测试设备:铝盒、烘箱、微波炉等;<br>7. 量砂:粒径 0.3 ~ 0.6 mm 清洁干燥的砂 | | 1. 挖坑灌砂法;<br>2. 适用于在现场测试基层或底基层、砂石路面及路基结构的压实度;但不适用于填石路堤等有大孔洞或大空隙的结构压实度测试 |
| | | | | 公路路基路面现场测试规程 JTG 3450—2019/T 0923—2019 | 1. 人工取土器:符合本标准 T 0923—2019/2;<br>2. 电动取土器:符合本标准 T 0923—2019/2;<br>3. 天平:分度值不大于 0.01 g | | 1. 环刀法;<br>2. 适用于现场测试细粒土及龄期不超过 2 d 的无机结合料稳定细粒土结构的密度 |
| | | | | 公路路基路面现场测试规程 JTG 3450—2019/T 0924—2008 | 1. 路面取芯钻机;<br>2. 天平:分度值不大于 0.1 g;<br>3. 水槽:温度控制在 ±0.5 ℃以内 | | 1. 钻芯法;<br>2. 适用于测试从压实的沥青路面上钻取的沥青混合料芯样的密度 |

**续表 3-0-2**

| 序号 | 类别(产品/项目/参数) | 产品/项目/参数 | | 依据标准(方法)名称及编号(含年号) | 仪器设备(标准物质)要求 | 环境条件要求 | 备注 |
|---|---|---|---|---|---|---|---|
| | | 序号 | 名称 | | | | |
| | | 188 | 平整度 | 公路路基路面现场测试规程 JTG 3450—2019/T 0931—2008 | 1. 三米直尺:测量基准面长度为 3 m,基准面应平直,用硬木或铝合金钢等材料制成;<br>2. 楔形塞尺:硬木或金属制成的三角形塞尺,有手柄,塞尺的长度与高度之比不小于 10,宽度不大于 15 mm;边部有高度标记,分度值不大于 0.5 mm;<br>3. 深度尺:金属制的深度测量尺,有手柄;深度尺测量杆端头直径不小于 10 mm,分度值不大于 0.5 mm | | 1. 三米直尺法;<br>2. 适用于碾压成型后的路基路面各层表面的平整度测试 |
| | | | | 公路路基路面现场测试规程 JTG 3450—2019/T 0934—2008 | 1. 激光平整度仪:符合本标准 T 0934—2008/2 | | 1. 车载式激光平整度仪法;<br>2. 适用于在无严重坑槽、车辙等病害及无积水、无积雪、无泥浆的正常通车条件下的路面上进行平整度测试 |
| | | | | 公路路基路面现场测试规程 JTG 3450—2019/T 0932—2008 | 1. 连续式平整度仪:符合本标准 T 0932—2008/2;<br>2. 牵引车:小面包车或其他小型牵引汽车;<br>3. 皮尺或测绳 | | 1. 连续式平整度仪法;<br>2. 不适用于在已有较多坑槽、破损严重的路面上进行测试 |
| | | | | 公路路基路面现场测试规程 JTG 3450—2019/T 0933—2008 | 1. 颠簸累积仪:符合本标准 T 0933—2008/2 | | 1. 车载式颠簸累积仪法;<br>2. 不适用于有严重坑槽、车辙等病害路面的平整度测试 |
| | | 189 | 弯沉 | 公路路基路面现场测试规程 JTG 3450—2019/T 0953—2008 | 1. 落锤式弯沉仪:符合本标准 T 0953—2008/2 | | 1. 落锤式弯沉仪法 |

续表 3-0-2

| 序号 | 类别(产品/项目/参数) | 产品/项目/参数 | | 依据标准(方法)名称及编号(含年号) | 仪器设备(标准物质)要求 | 环境条件要求 | 备注 |
|---|---|---|---|---|---|---|---|
| | | 序号 | 名称 | | | | |
| | | | | 公路路基路面现场测试规程 JTG 3450—2019/T 0951—2008 | 1. 贝克曼梁:由合金铝制成,上有水准泡,其前臂与后臂长度比为2:1,还应符合本标准 T 0951—2008/2;<br>2. 加载车:符合本标准 T 0951—2008/2;<br>3. 百分表及表架;<br>4. 路表温度计:分辨率不大于1 ℃ | | 1. 贝克曼梁法;<br>2. 注意事项:不适用于路基冻结后的回弹弯沉检测 |
| | | 190 | 摩擦系数 | 公路路基路面现场测试规程 JTG 3450—2019/T 0964—2008 | 1. 指针式摆式仪、橡胶片:符合本标准 T 0964—2008/2;<br>2. 滑动长度量尺:长 126 mm;<br>3. 喷水壶;<br>4. 路面温度计:分度不大于1 ℃ | 1. 检测温度:0~40 ℃ | 1. 摆式仪法 |
| | | | | 公路路基路面现场测试规程 JTG 3450—2019/T 0965—2008 | 1. 单轮式横向力系数测试系统:符合本标准 T 0965—2008/2 | | 1. 单轮式横向力系数测试系统法;<br>2. 适用于单轮式横向力系数测试系统在新、改建路面工程质量验收和无严重坑槽、车辙等病害的正常行车条件下连续采集路面的横向力系数 |
| | | | | 公路路基路面现场测试规程 JTG 3450—2019/T 0967—2008 | 1. 双轮式横向力系数测试系统:符合本标准 T 0967—2008/2 | | 1. 双轮式横向力系数测试系统法;<br>2. 适用于双轮式横向力系数测试系统在新建、改建路面工程质量验收和无严重坑槽、车辙等病害的正常行车条件下测试路面的横向力系数 |

**续表 3-0-2**

| 序号 | 类别(产品/项目/参数) | 产品/项目/参数 | | 依据标准(方法)名称及编号(含年号) | 仪器设备(标准物质)要求 | 环境条件要求 | 备注 |
|---|---|---|---|---|---|---|---|
| | | 序号 | 名称 | | | | |
| | | 191 | 构造深度 | 公路路基路面现场测试规程 JTG 3450—2019/T 0966—2008 | 1. 车载式激光构造深度仪:符合本标准 T 0966—2008/2 | | 1. 车载式激光构造深度仪法;<br>2. 适用于各类车载式激光构造深度仪在新、改建路面工程质量验收和无严重破损病害及无积水、积雪、泥浆等正常行车条件下连续采集路面构造深度,但不适用于带有沟槽构造的水泥路面 |
| | | | | 公路路基路面现场测试规程 JTG 3450—2019/T 0961—1995 | 1. 手工砂铺仪:符合本标准 T 0961—1995/2;<br>2. 量砂:足够数量的干燥洁净的匀质砂,粒径 0.15~0.30 mm;<br>3. 量尺:钢板尺或专用构造深度尺 | | 1. 手工铺砂法 |
| | | 192 | 渗水系数 | 公路路基路面现场测试规程 JTG 3450—2019/T 0971—2019 | 1. 路面渗水仪:符合本标准 T 0971—2019/2;<br>2. 套环:金属圆环,宽度 5 mm,内径 $\Phi$145 mm;<br>3. 水筒及大漏斗;<br>4. 秒表;<br>5. 密封材料:防水腻子、油灰或橡皮泥 | | 1. 适用于在路面现场测定沥青路面的渗水系数 |
| | | 193 | 水泥混凝土路面强度 | 公路路基路面现场测试规程 JTG 3450—2019/T 0958—2019 | 1. 路面取芯机:手推式或车载式;采用 $\Phi$150 mm 的钻头,配有淋水冷却装置;<br>2. 游标卡尺:量程不小于 200 mm,分度值为 0.02 mm;<br>3. 钢卷尺:量程不小于 5 m,分度值为 1 mm;<br>4. 万能角度尺:分度值为 2′;<br>5. 塞尺:最小分度值为 0.02 mm;<br>6. 钢板尺:长度不小于 300 mm;<br>7. 压力试验机 | | 1. 取芯法 |

续表 3-0-2

| 序号 | 类别(产品/项目/参数) | 产品/项目/参数 | | 依据标准(方法)名称及编号(含年号) | 仪器设备(标准物质)要求 | 环境条件要求 | 备注 |
|---|---|---|---|---|---|---|---|
| | | 序号 | 名称 | | | | |
| | | | | 公路路基路面现场测试规程 JTG 3450—2019/T 0954—1995 | 1. 混凝土回弹仪：符合本标准 T 0954—1995/2；<br>2. 酚酞酒精溶液：浓度 1% ~2%；<br>3. 游标卡尺：分度值 0.02 mm；<br>4. 碳化深度测定仪：分度值 0.25 mm；<br>5. 钢砧：洛氏硬度(60 ±2) HRC | | 1. 回弹仪法。<br>2. 适用范围：<br>(1)不适用于表面与内部质量有明显差异或内部存在缺陷的水泥混凝土强度测试；<br>(2)不适用厚度小于 100 mm 水泥混凝土强度测试 |
| | | 194 | 车辙 | 公路路基路面现场测试规程 JTG 3450—2019/T 0973—2019 | 1. 路面激光车辙仪：符合本标准 T 0973—2019/2；<br>2. 横断面尺：符合本标准 T 0973—2019/2；<br>3. 基准尺：符合本标准 T 0973—2019/2；<br>4. 量尺：钢直尺量程不小于 300 mm，分度值为 1 mm，钢卷尺量程不小于 3 000 mm，分度值为 1 mm，塞尺分度值不大于 0.5 mm | | 1. 激光车辙仪测试方法；<br>2. 横断面尺测试方法；<br>3. 基准尺测试方法 |
| | | 195 | 回弹模量 | 公路路基路面现场测试规程 JTG 3450—2019/T 0943—2008 | 1. 反力装置、荷载装置、刚性承载板：符合本标准 T 0943—2008/2；<br>2. 贝克曼梁、百分表及其支架：2 套；<br>3. 液压千斤顶：一台，80 ~100 kN，装有压力表或测力环，其量程不小于土基强度，测试精度不小于测力计量程的 1%；<br>4. 秒表；<br>5. 水平尺 | | 1. 承载板法；<br>2. 适用于现场土基表面 |
| | | | | 公路路基路面现场测试规程 JTG 3450—2019/T 0944—1995 | 1. 加载车、贝克曼梁、百分表及表架、路面温度计：符合本标准 T 0951—2008/2；<br>2. 其他：卷尺等 | | 1. 贝克曼梁法；<br>2. 适用于在土基、厚度不小于 1 m 的粒料整层表面，也适用于在既有道路表面测试路基路面的综合回弹模量 |

**续表 3-0-2**

| 序号 | 类别(产品/项目/参数) | 产品/项目/参数 | | 依据标准(方法)名称及编号(含年号) | 仪器设备(标准物质)要求 | 环境条件要求 | 备注 |
|---|---|---|---|---|---|---|---|
| | | 序号 | 名称 | | | | |
| | | 196 | 透层油渗透深度 | 公路路基路面现场测试规程 JTG 3450—2019/T 0984—2008 | 1. 路面取芯机:手推式或车载式,配有淋水冷却装置;<br>2. 凿子、螺丝刀;<br>3. 基板:用薄铁板制作的金属方盘,盘的中心有一圆孔;<br>4. 钢板尺:量程不大于 200 mm,最小刻度 1 mm | | |
| | | 197 | 层间黏结强度 | 公路路基路面现场测试规程 JTG 3450—2019/T 0985—2019 | 1. 拉拔仪:符合本标准 T 0985—2019/2;<br>2. 扭剪试验仪:符合本标准 T 0985—2019/2;<br>3. 温度计:分辨率 0.1 ℃;<br>4. 量尺:钢尺、游标卡尺等;<br>5. 秒表:精确到 1 s;<br>6. 黏结剂:将拉头等黏结在测试路面或试件表面,如快凝性环氧树脂等;<br>7. 钻芯机:直径为 20 mm、100 mm 或 200 mm | | |
| | | 198 | 基层芯样完整性 | 公路路面基层施工技术细则 JTG/T F20—2015 | 1. 钻芯取样机;<br>2. 钢板尺 | | |
| 十四 | 混凝土结构 | | | | | | |
| | | 199 | 混凝土强度 | 回弹法检测混凝土抗压强度技术规程 JGJ/T 23—2011 | 1. 回弹仪:符合 JGJ/T 23—2011/3;<br>2. 碳化深度尺:精确至 0.25 mm;<br>3. 酚酞酒精溶液:浓度 1% ~2%;<br>4. 钢砧:HRC 为 60±2 | 1. 回弹仪使用时的环境温度应为:-4~40 ℃ | 1. 回弹法;<br>2. 适用于普通混凝土抗压强度检测,不适用于表层与内部质量有明显差异或内部存在缺陷的混凝土强度检测 |

续表 3-0-2

| 序号 | 类别(产品/项目/参数) | 产品/项目/参数 | | 依据标准(方法)名称及编号(含年号) | 仪器设备(标准物质)要求 | 环境条件要求 | 备注 |
|---|---|---|---|---|---|---|---|
| | | 序号 | 名称 | | | | |
| | | | | 超声回弹综合法检测混凝土抗压强度技术规程 CECS 02:2005 | 1. 回弹仪:符合 JGJ/T 23—2011/3;<br>2. 超声波检测仪:符合 CECS 02:2005/4;<br>3. 钢砧:HRC 为 60 ±2 | 1. 回弹仪使用时的环境温度应为 -4 ~40 ℃;<br>2. 超声波检测仪器使用时环境温度应为:0 ~40 ℃ | 1. 超声回弹综合法;<br>2. 应符合 CECS 02:2005/1.0.3、6.0.1 和 6.0.3 条要求 |
| | | | | 钻芯法检测混凝土强度技术规程 CECS 03:2007 | 1. 压力试验机:应符合现行国家标准 GB/T 3159—2008 及 GB/T 2611 中的技术要求,其测量精度为 ±1%,试件破坏载荷应大于压力试验机全量程的 20% 且小于压力机全量程的 80%,应具有加荷速度指示装置或加荷速度控制装置,并能均匀、连续地加荷,应具有有效期内的计量检定证书;<br>2. 钻芯机、锯切机:有产品质量合格证并满足相应的要求 | | 1. 钻芯法;<br>2. 适用于检测强度不大于 80 MPa 的普通混凝土 |
| | | 200 | 碳化深度 | 回弹法检测混凝土抗压强度技术规程 JGJ/T 23—2011/4.3 | 1. 碳化深度尺:精确至 0.25 mm;<br>2. 酚酞酒精溶液:浓度 1% ~2% | | |
| | | 201 | 钢筋位置 | 混凝土结构现场检测技术标准 GB/T 50784—2013/9 | 1. 钢筋探测仪、雷达仪仪器性能和操作要求应符合行业标准 JGJ/T 152—2019 的有关规定;<br>2. 电磁感应法钢筋探测仪:按 JGJ/T 152—2019 附录 A 校准;<br>3. 雷达仪:按 JGJ/T 152—2019 附录 B 校准 | | 1. 原位实测法;<br>2. 间接法;<br>3. 取样实测法 |

**续表 3-0-2**

| 序号 | 类别(产品/项目/参数) | 产品/项目/参数 | | 依据标准(方法)名称及编号(含年号) | 仪器设备(标准物质)要求 | 环境条件要求 | 备注 |
|---|---|---|---|---|---|---|---|
| | | 序号 | 名称 | | | | |
| | | | | 混凝土中钢筋检测技术标准 JTJ/T 152—2019/4 | 1. 仪器性能要求：应符合 JGJ/T 152—2019/4.3 要求；<br>2. 电磁感应法钢筋探测仪的校准方法，按 JGJ/T 152—2019 附录 A；<br>3. 雷达仪的校准方法，按 JGJ/T 152—2019 附录 B；<br>4. 检测用仪器设备性能应符合 JGJ/T 152—2019 的规定，并应在检定或校准有效周期内使用，检测前后宜对仪器设备进行核查 | | 1. 检验检测方法：<br>(1)电磁感应法；<br>(2)雷达法；<br>(3)直接法。<br>2. 适用范围：<br>(1)电磁感应法适用于不含铁磁性物质的混凝土检测；<br>(2)雷达法宜用于结构或构件中钢筋间距和位置的大面积扫描检测以及多层钢筋的扫描检测；<br>(3)直接法适用于含铁磁性物质的混凝土检测 |
| | | 202 | 钢筋保护层厚度 | 混凝土结构现场检测技术标准 GB/T 50784—2013/9 | 1. 钢筋探测仪、雷达仪仪器性能和操作要求应符合现行行业标准 JGJ/T 152—2019 的有关规定；<br>2. 电磁感应法钢筋探测仪：按 JGJ/T 152—2019 附录 A 校准；<br>3. 雷达仪：按 JGJ/T 152—2019 附录 B 校准 | | 1. 原位实测法；<br>2. 间接法；<br>3. 取样实测法 |
| | | | | 混凝土中钢筋检测技术标准 JTJ/T 152—2019/4 | 1. 仪器性能要求：应符合 JGJ/T 152—2019/4.3 要求；<br>2. 电磁感应法钢筋探测仪的校准方法，按 JGJ/T 152—2019 附录 A；<br>3. 雷达仪的校准方法，按 JGJ/T 152—2019 附录 B；<br>4. 检测用仪器设备性能应符合 JGJ/T 152—2019 的规定，并应在检定或校准有效周期内使用，检测前后宜对仪器设备进行核查 | | 1. 检验检测方法：<br>(1)电磁感应法；<br>(2)雷达法；<br>(3)直接法。<br>2. 适用范围：<br>(1)电磁感应法适用于不含铁磁性物质的混凝土检测；<br>(2)雷达法宜用于结构或构件中钢筋间距和位置的大面积扫描检测以及多层钢筋的扫描检测；<br>(3)直接法适用于含铁磁性物质的混凝土检测 |

**续表 3-0-2**

| 序号 | 类别(产品/项目/参数) | 产品/项目/参数 | | 依据标准(方法)名称及编号(含年号) | 仪器设备(标准物质)要求 | 环境条件要求 | 备注 |
|---|---|---|---|---|---|---|---|
| | | 序号 | 名称 | | | | |
| | | 203 | 表观缺陷 | 混凝土结构现场检测技术标准 GB/T 50784—2013/7.2 | 1. 现场检测所用仪器、设备的适用范围和检测精度应满足检测项目的要求,检测时,所用仪器、设备应在检定或校准周期内,并应处于正常状态 | | 1. 尺量法 |
| | | 204 | 内部缺陷 | 混凝土结构现场检测技术标准 GB/T 50784—2013/7.3 | 1. 现场检测所用仪器、设备的适用范围和检测精度应满足检测项目的要求,检测时,所用仪器、设备应在检定或校准周期内,并应处于正常状态 | | 1. 超声法 |
| | | | | 超声法检测混凝土缺陷技术规程 CECS 21:2000 | 1. 超声波检测仪:应符合 CECS 21:2000/3 要求 | | 1. 超声法 |
| | | 205 | 裂缝长度 | 混凝土结构现场检测技术标准 GB/T 50784—2013/7.2 | 1. 钢尺或卷尺:适用范围和精度应满足检测项目的要求,检测时,应在检定或校准周期内,并处于正常状态 | | |
| | | 206 | 裂缝深度 | 混凝土结构现场检测技术标准 GB/T 50784—2013/附录 E | 1. 现场检测所用仪器、设备的适用范围和检测精度应满足检测项目的要求,检测时,所用仪器、设备应在检定或校准周期内,并应处于正常状态 | | 1. 单面平测法 |
| | | | | 超声法检测混凝土缺陷技术规程 CECS 21:2000/5 | 1. 超声波检测仪:应符合 CECS 21:2000/3 要求 | | 1. 单面平测法;<br>2. 双面斜测法;<br>3. 钻孔对测法 |
| | | 207 | 裂缝宽度 | 混凝土结构现场检测技术标准 GB/T 50784—2013/7.2 | 1. 现场检测所用仪器、设备的适用范围和检测精度应满足检测项目的要求;检测时,所用仪器、设备应在检定或校准周期内,并应处于正常状态 | | 1. 裂缝显微镜法 |

**续表 3-0-2**

| 序号 | 类别(产品/项目/参数) | 产品/项目/参数 | | 依据标准(方法)名称及编号(含年号) | 仪器设备(标准物质)要求 | 环境条件要求 | 备注 |
|---|---|---|---|---|---|---|---|
| | | 序号 | 名称 | | | | |
| | | | | 混凝土结构试验方法标准 GB/T 50152—2012/6.5 | 1. 刻度放大镜最小分度不宜大于 0.05 mm;<br>2. 电子裂缝观察仪的测量精度不应低于 0.02 mm;<br>3. 振弦式测缝计的量程不应大于 50 mm,分辨率不应大于量程的 0.05%;<br>4. 裂缝宽度检验卡最小分度值不应大于 0.05 mm | | 1. 直接观察法;<br>2. 仪表动态判定法;<br>3. 挠度转折法;<br>4. 应变量测判断方法 |
| | | | | 建筑与桥梁结构监测技术规程 GB 50982—2014/4.3 | 1. 裂缝宽度检验卡最小分度值不应大于 0.05 mm,利用电子裂缝观察仪时,量测精度应为 0.02 mm;<br>2. 对于宽度 1 mm 以下的裂缝,可采用电测仪器法,仪器分辨率不应大于 0.01 mm | | 1. 钢尺法;<br>2. 机械式测试仪器法 |
| 十五 | 基坑、地基与基桩 | | | | | | |
| | | 208 | 地基承载力 | 岩土工程勘察规范 GB 50021—2001(2009 年版)/10.2 | 1. 静载荷测试仪或能读荷载、位移的仪器;<br>2. 千斤顶、油泵;<br>3. 压力传感器或油压表:荷载量测精度不应低于最大荷载的 ±1%;<br>4. 百分表或电测位移计:其精度不应低于 ±0.01 mm;<br>5. 承压板:圆形刚性,符合 GB 50021—2001(2009 年版)/10.2 /10.2.3;<br>6. 基准梁 | | 1. 检验检测方法:<br>(1)浅层平板荷载试验;<br>(2)深层平板荷载试验。<br>2. 适用范围:<br>(1)浅层平板荷载试验适用于浅层地基土;<br>(2)深层平板荷载试验适用于深层地基土。<br>3. 注意事项:<br>(1)浅层平板荷载试验的试坑宽度或直径不应小于承压板宽度或直径的 3 倍;<br>(2)深层平板荷载试验的试井直径应等于承压板直径 |

续表 3-0-2

| 序号 | 类别(产品/项目/参数) | 产品/项目/参数 | | 依据标准(方法)名称及编号(含年号) | 仪器设备(标准物质)要求 | 环境条件要求 | 备注 |
|---|---|---|---|---|---|---|---|
| | | 序号 | 名称 | | | | |
| | | | | 岩土工程勘察规范 GB 50021—2001(2009年版)/10.3 | 1.静力触探仪:符合 GB 50021—2001(2009年版)/10.3/10.3.2 | | 1.静力触探试验;<br>2.适用于软土、一般黏性土、粉土、砂土和含少量碎石的土;<br>3.注意事项:符合 GB 50021—2001(2009年版)/10.3/10.3.2 |
| | | | | 岩土工程勘察规范 GB 50021—2001(2009年版)/10.4 | 1.圆锥动力触探仪:符合 GB 50021—2001(2009年版)/10.4/10.4.1 | | 1.圆锥动力触探试验。<br>2.适用范围:<br>(1)轻型试验适用于浅部的填土、砂土、粉土、黏性土;<br>(2)重型试验适用于砂土、中密以下的碎石土、极软岩;<br>(3)超重型试验适用于密实和很密的碎石土、软岩、极软岩。<br>3.符合 GB 50021—2001(2009年版)/10.4/10.4.2 |
| | | | | 岩土工程勘察规范 GB 50021—2001(2009年版)/10.5 | 1.标准贯入仪:符合 GB 50021—2001(2009年版)/10.5/10.5.2 | | 1.标准贯入试验;<br>2.砂土、粉土和一般黏性土;<br>3.注意事项:符合 GB 50021—2001(2009年版)/10.5/10.5.3 |
| | | 209 | 地表沉降 | 国家一、二等水准测量规范 GB/T 12897—2006/7 | 1.水准仪:符合 GB/T 12897—2006/6 | | 1.国家一、二等水准网的布测 |
| | | | | 国家三、四等水准测量规范 GB/T 12898—2009/7 | 1.水准仪:符合 GB/T 12898—2009/6 | | 1.国家三、四等水准网的布测 |

**续表 3-0-2**

| 序号 | 类别(产品/项目/参数) | 产品/项目/参数 | | 依据标准(方法)名称及编号(含年号) | 仪器设备(标准物质)要求 | 环境条件要求 | 备注 |
|---|---|---|---|---|---|---|---|
| | | 序号 | 名称 | | | | |
| | | 210 | 基桩完整性 | 公路工程基桩动测技术规程 JTG/T 3512—2020/8 | 1. 信号采集仪:数据采集装置的模—数转换器不得低于 16 bit;采样间隔宜为 5 ~ 50 μs 可调;单通道采样点不少于 1 024;放大器增益宜大于 60 dB 可调、线性度良好,其频响范围应满足 10 Hz ~ 5 kHz;<br>2. 传感器:传感器宜选用压电式加速度传感器,也可选用磁电式速度传感器,其频响曲线的有效范围应覆盖整个测试信号的频率范围;<br>3. 激振设备:包括能激发窄脉冲和宽脉冲的力棒、力锤和锤垫 | | 1. 低应变反射法;<br>2. 混凝土灌注桩和预制桩等刚性材料桩;<br>3. 注意事项:符合 JTG/T 3512—2020/8/8.3 |
| | | | | 公路工程基桩动测技术规程 JTG/T 3512—2020/9 | 1. 信号采集仪:信号采集器的采样频率应大于 10 kHz,信号采样数不应小于 1 024 点;采样长度应满足计算、分析要求,记录、处理和数据显示装置,应有能力对应变、加速度和时间进行内部标定;<br>2. 传感器:加速度传感器的安装应满足谐振频率的要求,且加速度在 0 ~ 10 000 $m/s^2$ 和频率在 1 ~ 7.5 kHz 范围内呈线性,当被检桩为钢桩时,宜采用加速度在 50 000 $m/s^2$ 范围内呈线性的加速度计;<br>3. 激振设备:材质均匀、形状对称、底面平整,高径比不得小于 1,宜采用稳固的导向装置;<br>4. 贯入度测量仪:贯入度应采用精密水准仪等光学仪器测定 | | 1. 高应变动测法;<br>2. 适用于混凝土灌注桩、预制桩和钢桩;<br>3. 注意事项:符合 JTG/T 3512—2020/9/9.3 |
| | | | | 公路工程基桩动测技术规程 JTG/T 3512—2020/10 | 1. 超声波检测仪:符合 JTG/T 3512—2020/10/10.2 | | 1. 超声波法;<br>2. 适用于直径不小于 800 mm 的混凝土灌注桩;<br>3. 注意事项:符合 JTG/T 3512—2020/10/10.3 |

**续表 3-0-2**

| 序号 | 类别(产品/项目/参数) | 产品/项目/参数 | | 依据标准(方法)名称及编号(含年号) | 仪器设备(标准物质)要求 | 环境条件要求 | 备注 |
|---|---|---|---|---|---|---|---|
| | | 序号 | 名称 | | | | |
| | | | | 建筑基桩检测技术规范 JGJ 106—2014/7 | 1. 取芯机及样品切割机：符合 JGJ 106—2014/7.2 | | 1. 钻芯法；<br>2. 适用于混凝土灌注桩；<br>3. 符合 JGJ 106—2014/7.3 |
| | | 211 | 孔径 | 公路桥涵施工技术规范 JTG/T F50—2011/8.7 | 1. 钢筋检孔器：外径应不小于桩孔直径，长度宜为外径的 4～6 倍 | | 1. 接触式检测法；<br>2. 仅可用于对中、小桥工程桩孔的检测 |
| | | | | 灌注桩成孔质量检测技术规程 T/CECS 596—2019/5 | 1. 伞形孔径仪：当桩周土为岩层时，孔径测量误差应≤±10 mm，其他土层时孔径测量误差应≤±20 mm，测量杆不宜小于 4 根，测量杆张开时应具备足够的长度和张力，以确保末端能接触孔壁 | | 1. 接触式成孔检测法；<br>2. 适用于成孔直径小于 2 500 mm 的等直径干(湿)作业灌注桩 |
| | | | | 灌注桩成孔质量检测技术规程 T/CECS 596—2019/5 | 1. 超声波法检测仪器：符合 T/CECS 596—2019/5/5.0.6 | | 1. 非接触式成孔检测法；<br>2. 适用于各形状湿作业灌注桩，被检测孔径不宜小于 0.5 mm |
| | | 212 | 孔深 | 灌注桩成孔质量检测技术规程 T/CECS 596—2019/4 | 1. 孔深测量装置：孔深测量误差应≤0.01 mm，测绳应采用不易变形的材质，且其长度应定期进行校准，某些通过滑轮及光电脉冲法计数的装置，经一段时间会发生偏差，应定期进行校准 | | 1. 检验检方法：<br>(1)接触式成孔检测法；<br>(2)专用测绳法。<br>2. 适用于干(湿)作业灌注桩 |
| | | | | 公路桥涵施工技术规范 JTG/T F50—2011/8.7 | 1. 专用测绳 | | 1. 专用测绳法；<br>2. 适用于干(湿)作业灌注桩 |
| | | 213 | 垂直度 | 灌注桩成孔质量检测技术规程 T/CECS 596—2019/6 | 1. 成孔测斜装置：测量范围不应小于 0°～10°，分辨率不应小于 0.05°，测量误差应≤1/2 000 | | 1. 接触式成孔检测法；<br>2. 适用于成孔直径小于 2 500 mm 的等直径干(湿)作业灌注桩 |
| | | | | 灌注桩成孔质量检测技术规程 T/CECS 596—2019/6 | 1. 超声波法检测仪器：符合 T/CECS 596—2019/6/6.07 | | 1. 非接触式成孔检测法；<br>2. 适用于各形状湿作业灌注桩 |
| | | | | 公路桥涵施工技术规范 JTG/T F50—2011/8.7 | 1. 钻杆 | | 1. 接触式检测法；<br>2. 适用于各形状湿作业灌注桩 |

**续表 3-0-2**

| 序号 | 类别(产品/项目/参数) | 产品/项目/参数 序号 | 产品/项目/参数 名称 | 依据标准(方法)名称及编号(含年号) | 仪器设备(标准物质)要求 | 环境条件要求 | 备注 |
|---|---|---|---|---|---|---|---|
| 十六 | 交通安全设施 | | | | | | |
| | | 214 | 外形尺寸 | 道路交通标准版及支撑件 GB/T 23827—2009/6.2 | 1. 钢卷尺 | | 1. 标志 |
| | | | | 道路交通标线质量要求和检测方法 GB/T 16311—2009/6.3、附录 A | 1. 钢卷尺:分度值不大于 0.5 mm;<br>2. 量角器:测量精度 ±0.5°;<br>3. 标线厚度测定仪 | | 1. 标线 |
| | | | | 波形梁钢护栏 第 1 部分:两波形梁钢护栏 GB/T 31439.1—2015/5.2 | 1. 钢卷尺:精度 A 级、分辨力 0.5 mm;<br>2. 游标卡尺:精度 0.02 mm;<br>3. 外径千分尺:精度 0.01 mm | | 1. 两波形梁 |
| | | | | 波形梁钢护栏 第 2 部分:三波形梁钢护栏 GB/T 31439.2—2015/5.2 | 1. 钢卷尺:精度 A 级、分辨力 0.5 mm;<br>2. 游标卡尺:精度 0.02 mm;<br>3. 外径千分尺:精度 0.01 mm | | 1. 三波形梁 |
| | | 215 | 安装高度 | 公路工程质量检验评定标准第一册土建工程 JTG F80/1—2017/11.2 | 1. 钢卷尺 | | 1. 标志板 |
| | | | | 公路工程质量检验评定标准第一册土建工程 JTG F80/1—2017/11.4 | 1. 钢直尺;<br>2. 水平尺 | | 1. 波形梁护栏 |
| | | 216 | 安装距离 | 公路工程质量检验评定标准第一册土建工程 JTG F80/1—2017/11.2 | 1. 钢卷尺 | | 1. 标志立柱 |
| | | | | 公路工程质量检验评定标准第一册土建工程 JTG F80/1—2017/11.4 | 1. 钢卷尺 | | 1. 波形梁立柱 |

续表 3-0-2

| 序号 | 类别(产品/项目/参数) | 产品/项目/参数 | | 依据标准(方法)名称及编号(含年号) | 仪器设备(标准物质)要求 | 环境条件要求 | 备注 |
|---|---|---|---|---|---|---|---|
| | | 序号 | 名称 | | | | |
| | | 217 | 安装角度 | 公路工程质量检验评定标准第一册土建工程 JTG F80/1—2017/11.7 | 1. 万能角度尺 | | 1. 突起路标 |
| | | | | 公路工程质量检验评定标准第一册土建工程 JTG F80/1—2017/11.8 | 1. 万能角度尺 | | 1. 轮廓标 |
| | | 218 | 立柱竖直度 | 公路工程质量检验评定标准第一册土建工程 JTG F80/1—2017/11.2 | 1. 钢直尺、垂线 | | 1. 标志立柱 |
| | | | | 公路工程质量检验评定标准第一册土建工程 JTG F80/1—2017/11.4 | 1. 钢直尺、垂线 | | 1. 波形梁立柱 |
| | | 219 | 立柱埋深 | 公路工程质量检验评定标准第一册土建工程 JTG F80/1—2017/11.4 | 1. 钢质护栏立柱埋深冲击弹性波检测仪:符合 GB/T 24967—2010 规范要求;<br>2. 钢卷尺 | | 1. 冲击弹性波检测法;<br>2. 尺量法 |
| | | 220 | 立柱防腐层厚度 | 磁性基体上非磁性覆盖层覆盖厚度测量磁性法 GB/T 4956—2003 | 1. 覆层测厚仪:符合本规范要求 | | 1. 标志、波形梁 |
| | | 221 | 标线抗滑值 | 道路预成形标线带 GB/T 24717—2009/附录 B | 1. 摆式摩擦系数测定仪:符合本规范要求 | | |
| | | 222 | 标志标线光度性能 | 新划路面标线初始逆反射亮度系数及测试方法 GB/T 21383—2008 | 1. 反光标线逆反射系数测定仪:符合 JT/T 612—2004 规范要求 | | 1. 新划标线 14 d 以内光度性能检测方法 |
| | | | | 逆反射光体光度性能测试方法 JT/T 690—2007/6.3.2 | 1. 逆反射标志板及逆反射反光膜测量仪:符合 JT/T 612—2004 规范要求;<br>2. 反光标线逆反射系数测定仪:符合 JT/T 612—2004 规范要求 | | 1. 正常使用标线、标志板、反光膜的光度性能 |

# 第四章　水利工程检验检测

《水利工程质量检测管理规定》(水利部令第 36 号)第三条规定,检测单位资质分为岩土工程、混凝土工程、金属结构、机械电气和量测共 5 个专业类别,每个类别分为甲级、乙级 2 个等级。检测单位资质等级标准由水利部另行制定并向社会公告。2018 年,水利部以公告的形式发布《水利部关于发布水利工程质量检测单位资质等级标准的公告》(水利部公告〔2018〕3 号)。公告规定了水利检测机构岩土工程甲级应具备的 46 个项目/参数、乙级 27 个项目/参数;混凝土工程甲级 79 个项目/参数、乙级 40 个项目/参数;金属结构甲级 38 个项目/参数、乙级 18 个项目/参数;机械电气甲级 37 个项目/参数,乙级 18 个项目/参数;量测甲级 24 个项目/参数、乙级 17 个项目/参数。五个甲级共计 224 个项目/参数、乙级共计 120 个项目/参数。本章的项目/参数设置以五个专业的甲级项目/参数为基础,兼顾《水利工程质量检测技术规程》(SL 734—2016)要求,按检验检测机构资质认定的相关要求与水利工程检验检测的实践经验编写,主要从检验检测的项目/参数、依据的检验检测方法、标准对仪器设备(标准物质)的要求、标准对环境条件的要求等方面进行了归纳总结。

水利部令第 36 号为水利工程质量的检验检测提出了检验检测项目/参数及人员的要求,水利部 2016 年发布的行业标准《水利工程质量检测技术规程》(SL 734—2016),对具体检验检测项目/参数所依据的检验检测方法进行了规定。SL 734—2016 适用于所有水利工程的实体质量检验检测,包括水利工程建设期和运行期,满足水利行业建设与管理等工作需要,如工程建设施工质量控制、政府质量监督、专项检查稽查、竣工验收、司法鉴定、纠纷仲裁、安全鉴定等。SL 734—2016 与现行的检验检测方法、水利工程施工质量评定与管理形成一个整体。本章项目/参数后所列检验检测方法引用的依据主要来自 SL 734—2016 标准。

本章包括岩土工程、混凝土工程、金属结构、机械电气和量测共五个专业类别检验检测,全章共涉及 224 个项目/参数,158 个检验检测方法标准。

## 第一节　岩土工程检验检测

### 一、岩土工程检验检测项目/参数与检验检测方法

本部分共梳理了四个类别 46 个检验检测项目/参数内容的检验检测方法,详见表 4-1-1岩土工程检验检测项目/参数与检验检测方法对照简表。

**表 4-1-1　岩土工程检验检测项目/参数与检验检测方法对照简表**

| 序号 | 领域 | 项目/参数 | 检验检测方法 |
|---|---|---|---|
| 一 | 土工指标 | | |
| 1 | | 含水率 | 烘干法、酒精燃烧法、炒干法 |
| 2 | | 比重 | 比重瓶法、浮称法、虹吸筒法 |
| 3 | | 密度 | 环刀法、蜡封法 |
| 4 | | 颗粒级配/颗粒分析 | 筛析法、密度计法、移液管法 |
| 5 | | 相对密度 | 相对密度试验 |
| 6 | | 最大干密度 | 击实试验 |
| 7 | | 最优含水率 | 击实试验 |
| 8 | | 三轴压缩强度 | 不固结不排水剪试验（UU）、固结不排水剪试验（$\overline{CU}$）、固结排水剪试验（CD） |
| 9 | | 直剪强度 | 慢剪、固结快剪、快剪 |
| 10 | | 渗透系数 | 常水头渗透试验、变水头渗透试验 |
| 11 | | 渗透临界坡降 | 垂直渗透试验、水平渗透试验 |
| 12 | | 压缩系数 | 固结试验 |
| 13 | | 有机质含量 | 有机质试验 |
| 14 | | 液限 | 液塑限联合测定法、碟式仪液限试验 |
| 15 | | 塑限 | 液塑限联合测定法、滚搓法 |
| 二 | 岩石（体）指标 | | |
| 16 | | 块体密度 | 量积法、水中称量法、密封法、蜡封法 |
| 17 | | 含水率 | 含水率试验 |
| 18 | | 单轴抗压强度 | 单轴抗压变形试验 |
| 19 | | 抗剪强度 | 直剪强度试验 |
| 20 | | 弹性模量 | 单轴抗压变形试验 |
| 21 | | 岩块声波速度 | 岩块声波测试 |
| 22 | | 岩体声波速度 | 岩体声波测试 |
| 23 | | 变形模量 | 单轴抗压变形试验 |
| 三 | 基础处理工程 | | |
| 24 | | 原位密度 | 环刀法、灌砂法、灌水法 |
| 25 | | 标准贯入击数 | 标准贯入试验 |
| 26 | | 地基承载力 | 平板载荷试验、螺旋板载荷试验 |
| 27 | | 单桩承载力 | 静载试验、高应变法 |

续表 4-1-1

| 序号 | 领域 | 项目/参数 | 检验检测方法 |
|---|---|---|---|
| 28 | | 桩身完整性 | 低应变法、高应变法、声波透射法 |
| 29 | | 防渗墙墙身完整性 | 探地雷达法、弹性波测试、层析成像 |
| 30 | | 锚索锚固力 | 锚杆拉拔力试验 |
| 31 | | 锚杆拉拔力 | 锚杆拉拔力试验 |
| 32 | | 锚杆杆体入孔长度 | 声波反射法 |
| 33 | | 锚杆注浆饱和度 | 声波反射法 |
| 34 | | 透水率(压水) | 钻孔压水试验 |
| 35 | | 渗透系数(注水) | 试坑单环、试坑双环、钻孔常水头、钻孔降水头 |
| 四 | 土工合成材料 | | |
| 36 | | 单位面积质量 | 单位面积质量测定 |
| 37 | | 厚度 | 土工织物厚度测定 |
| 38 | | 拉伸强度 | 条带样拉伸试验、土工格栅拉伸试验、塑料三维土工网垫拉伸试验、塑料排水带(板)拉伸试验、土工膜拉伸试验 |
| 39 | | 撕裂强力 | 梯形撕裂试验 |
| 40 | | 圆柱顶破强力 | 圆柱(CBR)顶破试验 |
| 41 | | 落锥穿透孔径 | 落锥试验 |
| 42 | | 伸长率 | 条带样拉伸试验、土工格栅拉伸试验、塑料三维土工网垫拉伸试验、塑料排水带(板)拉伸试验、土工膜拉伸试验 |
| 43 | | 等效孔径 | 等效孔径试验(干筛法) |
| 44 | | 垂直渗透系数 | 垂直渗透试验 |
| 45 | | 耐静水压力 | 土工膜耐静水压力试验 |
| 46 | | 老化特性 | 荧光紫外灯法、氙弧灯法 |

## 二、岩土工程检验检测项目/参数与对应标准及要求一览表

本部分共梳理了岩土工程四个类别 46 个检验检测项目/参数内容,涉及 33 个检验检测方法标准,详见表 4-1-2 岩土工程检验检测项目/参数与对应标准及要求一览表。

表 4-1-2 岩土工程检验检测项目/参数与对应标准及要求一览表

| 序号 | 类别(产品/项目/参数) | 产品/项目/参数 | | 依据标准(方法)名称及编号(含年号) | 仪器设备(标准物质)要求 | 环境条件要求 | 备注 |
|---|---|---|---|---|---|---|---|
| | | 序号 | 名称 | | | | |
| 一 | 土工指标 | | | | | | |
| | | 1 | 含水率 | 土工试验方法标准 GB/T 50123—2019/5.2 | 1. 电子天平:称量200 g,最小分度值0.01 g;<br>2. 电子台秤:称量5 000 g,最小分度值1 g;<br>3. 烘箱:可控温度10~110 ℃ | | 1. 烘干法 |
| | | | | 土工试验方法标准 GB/T 50123—2019/5.3 | 1. 电子天平:称量200 g,最小分度值0.01 g;<br>2. 酒精:纯度不得小于95% | | 1. 酒精燃烧法 |
| | | | | 水电水利工程土工试验规程 DL/T 5355—2006/6.1 | 1. 天平:称量200 g,最小分度值0.01 g;<br>2. 天平:称量1 000 g,分度值0.1 g;<br>3. 台秤:称量5 000 g,最小分度值1 g;<br>4. 烘箱:可控温度105~110 ℃ | | 1. 烘干法 |
| | | | | 水电水利工程土工试验规程 DL/T 5355—2006/6.2 | 1. 天平:称量200 g,最小分度值0.01 g;<br>2. 酒精:纯度不低于95% | | 1. 酒精燃烧法 |
| | | | | 水电水利工程土工试验规程 DL/T 5355—2006/6.3 | 1. 热源;<br>2. 金属容器;<br>3. 天平:1 000 g,分度值0.1 g;<br>4. 台秤:称量5 000 g,最小分度值1 g | | 1. 炒干法 |
| | | 2 | 比重 | 土工试验方法标准 GB/T 50123—2019/7.2 | 1. 比重瓶:100 mL或50 mL,分长颈和短颈两种;<br>2. 恒温水槽:最大允许误差为±1 ℃;<br>3. 砂浴:应能调节温度;<br>4. 天平:称量200 g,分度值0.001 g;<br>5. 温度计:0~50 ℃,分度值0.5 ℃;<br>6. 真空抽气设备:真空度−98 kPa;<br>7. 筛:孔径5 mm | | 1. 比重瓶法 |

**续表 4-1-2**

| 序号 | 类别(产品/项目/参数) | 产品/项目/参数 | | 依据标准(方法)名称及编号(含年号) | 仪器设备(标准物质)要求 | 环境条件要求 | 备注 * |
|---|---|---|---|---|---|---|---|
| | | 序号 | 名称 | | | | |
| | | | | 土工试验方法标准 GB/T 50123—2019/7. 3 | 1. 铁丝筐:孔径小于 5 mm,直径为 10 ~ 15 cm,高为 10 ~ 20 cm;<br>2. 盛水容器:适合铁丝筐沉入;<br>3. 浮秤天平:称量 2 kg、分度值 0. 2 g,称量 10 kg、分度值 1 g;<br>4. 筛:孔径为 5 mm、20 mm | | 1. 浮称法 |
| | | | | 土工试验方法标准 GB/T 50123—2019/7. 4 | 1. 虹吸筒;<br>2. 台秤:称量 10 kg,分度值 1 g;<br>3. 量筒:容积大于 2 000 mL;<br>4. 筛:孔径 5 mm、20 mm | | 1. 虹吸筒法 |
| | | | | 水电水利工程土工试验规程 DL/T 5355—2006/8. 1 | 1. 比重瓶:100 mL 短颈;<br>2. 砂浴:应能调节温度;<br>3. 天平:称量 200 g,最小分度值 0. 001 g;<br>4. 温度计:0 ~ 50 ℃,最小分度值为 0. 5 ℃;<br>5. 真空抽气设备 | | 1. 比重瓶法 |
| | | | | 水电水利工程土工试验规程 DL/T 5355—2006/8. 2 | 1. 铁丝筐:孔径小于 5 mm,边长为 10 ~ 15 cm,高为 10 ~ 20 cm;<br>2. 盛水容器:适合铁丝筐沉入;<br>3. 天平:称量 2 000 g,最小分度值 0. 5 g | | 1. 浮称法 |
| | | | | 水电水利工程土工试验规程 DL/T 5355—2006/8. 3 | 1. 虹吸筒装置:虹吸筒和虹吸管;<br>2. 台秤:称量 5 kg,最小分度值 1 g;<br>3. 天平:称量 2 000 g,最小分度值 0. 5 g;<br>4. 盛水容器 | | 1. 虹吸筒法 |
| | | 3 | 密度 | 土工试验方法标准 GB/T 50123—2019/6. 2 | 1. 环刀:尺寸参数应符合国家现行标准 GB/T 15046—2007;<br>2. 天平:称量 200 g、分度值 0. 01 g,称量 500 g、分度值 0. 1 g | | 1. 环刀法;<br>2. 适用于细粒土 |
| | | | | 土工试验方法标准 GB/T 50123—2019/6. 3 | 1. 蜡封设备:应附熔蜡加热器;<br>2. 天平:称量 200 g、最小分度值 0. 01 g,称量 500 g、分度值 0. 1 g | | 1. 蜡封法;<br>2. 试样易碎裂、难以切削时 |

续表 4-1-2

| 序号 | 类别(产品/项目/参数) | 产品/项目/参数 | | 依据标准(方法)名称及编号(含年号) | 仪器设备(标准物质)要求 | 环境条件要求 | 备注 |
|---|---|---|---|---|---|---|---|
| | | 序号 | 名称 | | | | |
| | | | | 水电水利工程土工试验规程 DL/T 5355—2006/7. 1 | 1. 环刀:内径不宜小于 50 mm,高度不宜小于 20 mm;<br>2. 天平:称量 200 g,最小分度值 0. 01 g;称重 500 g,分度值 0. 1 g | | 1. 环刀法;<br>2. 适用于细粒土 |
| | | | | 水电水利工程土工试验规程 DL/T 5355—2006/7. 7. 2 | 1. 蜡封设备:应附可调节温度的加热器;<br>2. 天平:称量 200 g,最小分度值 0.01 g | | 1. 蜡封法;<br>2. 适用于易破裂土和形状不规则的坚硬土 |
| | | 4 | 颗粒级配/颗粒分析 | 土工试验方法标准 GB/T 50123—2019/8. 2 | 1. 试验筛:应符合 GB/T 6003. 1—2012;<br>2. 粗筛:孔径为 60 mm、40 mm、20 mm、10 mm、5 mm、2 mm;<br>3. 细筛:孔径为 2. 0 mm、1. 0 mm、0. 5 mm、0. 25 mm、0. 1 mm、0. 075 mm;<br>4. 天平:称量 1 000 g,分度值 0. 1 g;称量 200 g,分度值 0. 01 g;<br>5. 台秤:5 kg,分度值 1 g;<br>6. 振筛机:应符合 DZ/T 0118—1994 | | 1. 筛析法;<br>2. 适用于粒径为 0. 075 ~ 60 mm 的土 |
| | | | | 土工试验方法标准 GB/T 50123—2019/8. 3 | 1. 密度计:<br>(1)甲种:刻度 -5 ~ 50,最小分度值 0. 5;<br>(2)乙种:刻度为 0. 995 ~ 1. 020,分度值为 0. 000 2。 | | 1. 密度计法;<br>2. 适用于粒径小于 0. 075 mm 的土 |

**续表 4-1-2**

| 序号 | 类别(产品/项目/参数) | 产品/项目/参数 | | 依据标准(方法)名称及编号(含年号) | 仪器设备(标准物质)要求 | 环境条件要求 | 备注 |
|---|---|---|---|---|---|---|---|
| | | 序号 | 名称 | | | | |
| | | | | | 2. 量筒:高约 45 cm,直径约 6 cm,容积 1 000 mL 刻度 0 ~ 1 000 mL,分度值为 10 mL。<br>3. 试验筛:<br>(1)细筛:孔径 2 mm、1 mm、0. 5 mm、0. 25 mm、0. 15 mm;<br>(2)洗筛:孔径 0. 075 mm。<br>4. 天平:称量 200 g,分度值 0. 01 g。<br>5. 温度计:刻度 0 ~ 50 ℃,分度值 0. 5 ℃。<br>6. 洗筛漏斗。<br>7. 搅拌器。<br>8. 煮沸设备 | | |
| | | | | 土工试验方法标准 GB/T 50123—2019/8. 4 | 1. 移液管:容积 25 mL。<br>2. 小烧杯:容积 50 mL。<br>3. 天平:称量 200 g,分度值 0. 01 g<br>4. 天平:称量 1 000 g,分度值 0. 1 g;称量 500 g,分度值 0. 01 g;称量 200 g,分度值 0. 001 g。<br>5. 搅拌器:轮径 50 mm,孔径 3 mm,杆长约 400 mm,带螺旋叶。<br>6. 煮沸设备:附冷凝管装置。<br>7. 温度计:刻度 0 ~ 50 ℃,最小分度值 0. 5 ℃ | | 1. 移液管法;<br>2. 适用于粒径小于 0.075 mm 的土 |

**续表 4-1-2**

| 序号 | 类别(产品/项目/参数) | 产品/项目/参数 | | 依据标准(方法)名称及编号(含年号) | 仪器设备(标准物质)要求 | 环境条件要求 | 备注 |
|---|---|---|---|---|---|---|---|
| | | 序号 | 名称 | | | | |
| | | | | 水电水利工程土工试验规程 DL/T 5355—2006/9.1 | 1. 分析筛:<br>(1)粗筛:孔径为60 mm、40 mm、20 mm、10 mm、5 mm、2 mm;<br>(2)细筛:孔径为 2.0 mm、1.0 mm、0.5 mm、0.25 mm、0.075 mm。<br>2. 台秤:称量 5 000 g,最小分度值 1 g。<br>3. 天平:称量 1 000 g,最小分度值 0.1 g;称量 200 g,最小分度值 0.01 g。<br>4. 振筛机和摇筛器 | | 1. 筛析法;<br>2. 适用于粒径小于等于 60 mm,大于 0.075 mm 的土 |
| | | | | 水电水利工程土工试验规程 DL/T 5355—2006/9.2 | 1. 密度计:<br>(1)甲种密度计:刻度 -5~50,最小分度值 0.5;<br>(2)乙种密度计:刻度 0.995~1.020,最小分度值 0.000 2。<br>2. 量筒:内径约 60 mm,容积1 000 mL,高约 450 mm,刻度 0~1 000mL,准确至 10 mL。<br>3. 洗筛:孔径 0.075 mm。<br>4. 天平:称量 200 g,最小分度值 0.01 g。<br>5. 温度计:刻度 0~50 ℃,最小分度值 0.5 ℃<br>6. 搅拌器:轮径 50 mm,孔径3 mm,杆长约 450 mm,带螺旋叶;<br>7. 煮沸设备:附冷凝管装置 | | 1. 密度计法;<br>2. 适用于粒径小于 0.075 mm 的土 |
| | | | | 水电水利工程土工试验规程 DL/T 5355—2006/9.3 | 1. 移液管:25 mL;<br>2. 小烧杯:50 mL;<br>3. 天平:称量 200 g,最小分度值 0.001 g | | 1. 移液管法;<br>2. 适用于粒径小于 0.075 mm 的土 |

续表 4-1-2

| 序号 | 类别(产品/项目/参数) | 产品/项目/参数 | | 依据标准(方法)名称及编号(含年号) | 仪器设备(标准物质)要求 | 环境条件要求 | 备注 |
|---|---|---|---|---|---|---|---|
| | | 序号 | 名称 | | | | |
| | | 5 | 相对密度 | 土工试验方法标准 GB/T 50123—2019/12 | 1. 量筒:500 mL 和 1 000 mL,后者内径应大于 6 cm。<br>2. 长颈漏斗:颈管的内径约为 1.2 cm,颈口应磨平。<br>3. 锥形塞。<br>4. 砂面拂平器:<br>5. 金属容器:<br>(1)容积 250 mL,内径 5 cm,高 12.7 cm;<br>(2)容积 1 000 mL,内径 10 cm,高 12.75 cm。<br>6. 振动叉。<br>7. 击锤:锤质量 1.25 kg,落高 15 cm,锤直径 5 cm。<br>8. 台秤:称量 5 000 g,分度值 1 g | | 1. 土样为能自由排水的砂砾土;<br>2. 粒径不大于 5 mm,且 2 ~ 5 mm 的土样质量不应大于土样总质量的 15% |
| | | | | 水电水利工程土工试验规程 DL/T 5355—2006/13 | 1. 量筒:500 mL 和 1 000 mL,后者内径应大于 60 mm。<br>2. 长颈漏斗:颈管的内径为 1.2 cm,颈口应磨平。<br>3. 锥形塞:直径约 1.5 cm 的圆锥体镶于铁杆上。<br>4. 砂面拂平器:十字形金属平面焊接在铜杆下端。<br>5. 金属圆筒。<br>(1)250 $cm^3$,内径 5 cm;<br>(2)容积 1 000 $cm^3$,内径 10 cm,高度 12.7 cm<br>6. 振动叉。<br>7. 击锤:质量 1.25 kg,落高 15 cm,锤直径 5 cm。<br>8. 天平:称量 1 000 g,最小分度值 1 g。<br>9. 台秤:称量 5 000 g,最小分度值 1 g | | |

续表 4-1-2

| 序号 | 类别(产品/项目/参数) | 产品/项目/参数 | | 依据标准(方法)名称及编号(含年号) | 仪器设备(标准物质)要求 | 环境条件要求 | 备注 |
|---|---|---|---|---|---|---|---|
| | | 序号 | 名称 | | | | |
| | | 6 | 最大干密度 | 土工试验方法标准 GB/T 50123—2019/13 | 1. 击实仪:应符合现行国家标准 GB/T 22541 规定;<br>2. 击实仪的击锤应配导筒,击锤与导筒应有足够的间隙使锤能自由下落,电动操作的击锤必须有控制落距的跟踪装置和锤击点按一定角度均匀分布的装置;<br>3. 天平:称量 200 g,分度值 0.01 g;<br>4. 台秤:称量 10 kg,分度值 1 g;<br>5. 标准筛:孔径 20 mm、5 mm | | 1. 土样粒径应小于 20 mm |
| | | | | 水电水利工程土工试验规程 DL/T 5355—2006/14 | 1. 轻型:锤底直径 51 mm,锤质量 2.5 kg,落高 305 mm,击实筒内径 102 mm,筒高 116 mm,容积 947.4 $cm^3$,护筒高度 50 mm;<br>2. 重型:锤底直径 51 mm,锤质量 4.5 kg,落高 457 mm,击实筒内径 152 mm,筒高 116 mm,容积 2 103.9 $cm^3$,护筒高度 50 mm;<br>3. 台秤:称量 10 kg,最小分度值 5 g;<br>4. 筛:20 mm 和 5 mm;<br>5. 推出器:宜用螺旋式千斤顶或液压式千斤顶 | | 1. 轻型击实适用于粒径小于 5 mm 的黏性土;<br>2. 重型击实适用于粒径不大于 20 mm 的黏性土 |
| | | | | 水电水利工程粗粒土试验规程 DL/T 5356—2006/6 | 1. 锤底直径 15 cm,锤质量 15.5 kg,落高 60 cm,击实筒内径 300 mm,筒高 288 mm,容积 20 357 $cm^3$;<br>2. 锤底直径 15 cm,锤质量 35.2 kg,落高 60 cm,击实筒内径 300 mm,筒高 288 mm,容积 20 357 $cm^3$;<br>3. 台秤:称量 10 kg,最小分度值 5 g;<br>4. 磅秤:称量 100 kg,最小分度值 50 g;<br>5. 筛:60 mm、40 mm、20 mm、10 mm 和 5 mm | | 1. 粗粒土击实适用于粒径不大于 60 mm 且不能自由排水的黏性粗粒土 |

**续表** 4-1-2

| 序号 | 类别(产品/项目/参数) | 产品/项目/参数 | | 依据标准(方法)名称及编号(含年号) | 仪器设备(标准物质)要求 | 环境条件要求 | 备注 |
|---|---|---|---|---|---|---|---|
| | | 序号 | 名称 | | | | |
| | | 7 | 最优含水率 | 土工试验方法标准 GB/T 50123—2019/13 | 1. 击实仪:应符合现行国家标准 GB/T 22541 规定;<br>2. 击实仪的击锤应配导筒,击锤与导筒应有足够的间隙使锤能自由下落,电动操作的击锤必须有控制落距的跟踪装置和锤击点按一定角度均匀分布的装置;<br>3. 天平:称量 200 g,分度值 0.01 g;<br>4. 台秤:称量 10 kg,分度值 1 g;<br>5. 标准筛:孔径 20 mm、5 mm | | 1. 土样粒径应小于 20 mm |
| | | | | 水电水利工程土工试验规程 DL/T 5355—2006/14 | 1. 轻型:锤底直径 51 mm,锤质量 2.5 kg,落高 305 mm,击实筒内径 102 mm,筒高 116 mm,容积 947.4 $cm^3$,护筒高度 50 mm;<br>2. 重型:锤底直径 51 mm,锤质量 4.5 kg,落高 457 mm,击实筒内径 152 mm,筒高 116 mm,容积 2 103.9 $cm^3$,护筒高度 50 mm;<br>3. 台秤:称量 10 kg,最小分度值 5 g;<br>4. 筛:20 mm 和 5 mm;<br>5. 推出器:宜用螺旋式千斤顶或液压式千斤顶 | | 1. 轻型击实适用于粒径小于 5 mm 的黏性土;<br>2. 重型击实适用于粒径不大于 20 mm 的黏性土 |
| | | | | 水电水利工程粗粒土试验规程 DL/T 5356—2006/6 | 1. 锤底直径 15 cm,锤质量 15.5 kg,落高 60 cm,击实筒内径 300 mm,筒高 288 mm,容积 20 357 $cm^3$;<br>2. 锤底直径 15 cm,锤质量 35.2 kg,落高 60 cm,击实筒内径 300 mm,筒高 288 mm,容积 20 357 $cm^3$;<br>3. 台秤:称量 10 kg,最小分度值 5 g;<br>4. 磅秤:称量 100 kg,最小分度值 50 g;<br>5. 筛:60 mm、40 mm、20 mm、10 mm 和 5 mm | | 1. 粗粒土击实适用于粒径不大于 60 mm 且不能自由排水的黏性粗粒土 |

**续表** 4-1-2

| 序号 | 类别(产品/项目/参数) | 产品/项目/参数 | | 依据标准(方法)名称及编号(含年号) | 仪器设备(标准物质)要求 | 环境条件要求 | 备注 |
|---|---|---|---|---|---|---|---|
| | | 序号 | 名称 | | | | |
| | | 8 | 三轴压缩强度 | 土工试验方法标准 GB/T 50123—2019/19 | 1. 应变控制式三轴仪:由反压力控制系统、周围压力控制系统、压力室、孔隙水压力量测系统组成,其技术条件应符合 GB/T 15406 及 GB/T 24107.1 规定;<br>2. 天平:称量200 g、分度值0.01 g,称量1 000 g、分度值0.1 g,称量5 000 g、分度值1 g;<br>3. 负荷传感器:轴向力的最大允许误差为±1%;<br>4. 位移传感器(或量表):量程 30 mm,分度值 0.01 mm;<br>5. 橡皮膜;<br>6. 透水板 | | 1. 检验检测方法:<br>(1)不固结不排水剪(UU);<br>(2)固结不排水剪(CU 或 CU);<br>(3)固结排水剪试验(CD)。<br>2. 土样粒径应小于 20 mm |
| | | | | 水电水利工程土工试验规程 DL/T 5355—2006/19 | 1. 应变控制式三轴仪:由压力室、轴向加压设备、周围压力控制系统、反压力控制系统、二氧化碳气体饱和系统、孔隙水压力量测系统、轴向变形和体积变化量测系统组成;<br>2. 天平:称量 200 g、最小分度值 0.01 g,称量 1 000 g、最小分度值 0.1 g,称量 5 000 g、最小分度值 1 g;<br>3. 乳胶膜:对直径小于 101 mm 的试样,橡皮膜厚度以 0.1~0.2 mm 为宜,对直径大于 101 mm 的试样,橡皮膜厚度以 0.2~0.3 mm 为宜,厚度应均匀,无砂眼;<br>4. 游标卡尺:最小分度值 0.02 mm | | 1. 不固结不排水剪试验(UU);<br>2. 固结不排水剪(CU 或 CU);<br>3. 固结排水剪试验(CD) |
| | | 9 | 直剪强度 | 土工试验方法标准 GB/T 50123—2019/21 | 1. 应变控制式直剪仪:由剪切盒、垂直加压框架、、负荷传感器或测力计及推动机构,其技术条件应符合 GB/T 15406 的规定;<br>2. 位移传感器或位移表(百分表):量程 5~10 mm,分度值 0.01 mm;<br>3. 环刀内径 6.18 cm,高度 2 cm | | 1. 慢剪;<br>2. 固结快剪;<br>3. 快剪 |

续表 4-1-2

| 序号 | 类别(产品/项目/参数) | 产品/项目/参数 | | 依据标准(方法)名称及编号(含年号) | 仪器设备(标准物质)要求 | 环境条件要求 | 备注 |
|---|---|---|---|---|---|---|---|
| | | 序号 | 名称 | | | | |
| | | | | | 2. 位移计(百分表):量程为5~10 mm,分度值为0.01 mm;<br>3. 天平:称量500 g,最小分度值0.1 g;<br>4. 环刀:内径6.18 cm,高度2 cm;<br>5. 其他:饱和器、削土刀或钢丝锯、秒表、滤纸、直尺等 | | |
| | | | | 水电水利工程土工试验规程 DL/T 5355—2006/23 | 1. 环刀:内径61.8 mm,高度20 mm;<br>2. 剪切盒:内径61.8 mm,高度不宜小于40 mm;<br>3. 垂直加压设备:加压框架、杠杆、加压砝码;<br>4. 水平推动机构;<br>5. 测力计;<br>6. 百分表:量程为10 mm,分度值为0.01 mm | | 1. 慢剪(S);<br>2. 固结快剪(CQ);<br>3. 快剪(Q);<br>4. 反复剪(r) |
| | | 10 | 渗透系数 | 土工试验方法标准 GB/T 50123—2019/16.2 | 1. 常水头渗透仪装置:封底圆筒的尺寸参数应符合GB/T 15406的规定,当使用其他尺寸的圆筒时,圆筒内径应大于试样最大粒径的10倍,玻璃测压管内径为0.6 cm,分度值为0.1 cm;<br>2. 天平:称量5 000 g,分度值1.0 g;<br>3. 温度计:分度值0.5 ℃ | 1. 采用纯水,应抽气或煮沸脱气试验时水温宜高于试验室温度3~4 ℃ | 1. 常水头适用于粗粒土 |
| | | | | 土工试验方法标准 GB/T 50123—2019/16.3 | 1. 渗透容器:由环刀、透水板、套筒及上、下盖组成;<br>2. 水头装置:变水头管的内径,根据试样渗透系数选择不同尺寸,且不宜大于1 cm,长度为1.0 m以上,分度值为1.0 mm | 1. 采用纯水,应抽气或煮沸脱气试验时水温宜高于试验室温度3~4 ℃ | 1. 变水头适用于细粒土 |

续表 4-1-2

| 序号 | 类别(产品/项目/参数) | 产品/项目/参数 | | 依据标准(方法)名称及编号(含年号) | 仪器设备(标准物质)要求 | 环境条件要求 | 备注 |
|---|---|---|---|---|---|---|---|
| | | 序号 | 名称 | | | | |
| | | | | 水电水利工程土工试验规程 DL/T 5355—2006/16.1 | 1. 常水头渗透仪装置:仪器封底圆筒内径为 10 cm,高 40 cm,金属孔板置于金属圆筒底 6 cm 处,三个测压孔的中心距为 10 cm,与筒壁边接处装有铜丝布,玻璃测压管内径为 0.6 cm,用橡支管与测压孔连接并固定于同一刻度的木板上,以测记水位;<br>2. 天平:称量 5 000 g,最小分度值 1.0 g;<br>3. 温度计:0 ~ 50 ℃,分度值 0.5 ℃;<br>4. 量筒:500 mL,最小分度值 1 mL;100 mL,最小分度值 0.5 mL | | 1. 常水头适用于粒径不大于 20 mm 的粗粒土 |
| | | | | 水电水利工程土工试验规程 DL/T 5355—2006/16.2 | 1. 渗透容器:由环刀、透水石、套环、上盖和下盖组成环刀内径 61.8 mm,高 40 mm,透水石的渗透系数应大于 $10^{-3}$ cm/s;<br>2. 水头装置:由变水头管、供水瓶、进水管等组成,变水头管的内径应均匀,管径不大于 1 cm,管外壁应有最小分度为 1.0 mm 的刻度 | | 1. 变水头适用于细粒土 |

**续表 4-1-2**

| 序号 | 类别(产品/项目/参数) | 产品/项目/参数 | | 依据标准(方法)名称及编号(含年号) | 仪器设备(标准物质)要求 | 环境条件要求 | 备注 |
|---|---|---|---|---|---|---|---|
| | | 序号 | 名称 | | | | |
| | | 11 | 渗透临界坡降 | 土工试验方法标准 GB/T 50123—2019/63 | 1. 垂直渗透变形仪:包括仪器筒、顶盖、底座、透水板及支架筒身内径与试样最大颗粒粒径之比不应小于 5,试样高度不应小于试样直径,顶盖中心为一活塞套,透水板分上透水板和下透水板,上透水板兼起传递荷载作用,在下透水板之下,也可设置斜透水板,坡度为1:1～1:1.5,用以排除水中含气,斜透水板上端设有排气孔;<br>2. 水平渗透变形仪:由进水段、试样段、出水段、集砂器、水箱、支架组成,仪器的宽度和厚度与试样最大粒径比不得小于 5,长度不得小于宽度;<br>3. 供水设备:供水箱、提升架、橡皮管,供水箱设置溢流堰,能保持常水头;<br>4. 加荷设备:活塞杆、加荷框架、加荷杠杆和百分表支架;<br>5. 量测设备:测压管、量筒、秒表、温度计、百分表和测压装置 | | 1. 土样应为扰动的粗颗粒土试样;<br>2. 垂直渗透试验和水平渗透试验 |
| | | | | 水电水利工程粗粒土试验规程 DL/T 5356—2006/7.1 | 1. 垂直渗透变形仪:符合 DL/T 5356—2006 要求;<br>2. 加荷设备:活塞杆、加荷框架、加荷杠杆和百分表支架;<br>3. 供水设备:供水箱、提升架、橡皮管,供水箱设置溢流堰,能保持常水头;<br>4. 测压管:固定在有刻度最小分度值 1 mm,筒身、测压孔和测压管用橡皮管连接;<br>5. 温度计:量程 0～50 ℃,最小分度值 0.5 ℃;<br>6. 量筒:1 000 mL,最小分度值 10 mL;100 mL,最小分度值 1 mL | | 1. 粗粒土垂直渗透变形 |

**续表 4-1-2**

| 序号 | 类别(产品/项目/参数) | 产品/项目/参数 | | 依据标准(方法)名称及编号(含年号) | 仪器设备(标准物质)要求 | 环境条件要求 | 备注 |
|---|---|---|---|---|---|---|---|
| | | 序号 | 名称 | | | | |
| | | | | 水电水利工程粗粒土试验规程 DL/T 5356—2006/7.2 | 1. 水平管涌仪:符合 DL/T 5356—2006;<br>2. 供水设备:供水箱、提升架、橡皮管供水箱设置溢流堰,能保持常水头;<br>3. 测压管:固定在有刻度的侧压板上的透明管刻度最小分度值 1 mm,筒身、测压孔和测压管用橡皮管连接;<br>4. 温度计:量程 0 ~ 50 ℃,最小分度值 0.5 ℃;<br>5. 量筒:1 000 mL,最小分度值 10 mL;100 mL,最小分度值 1 mL | | 1. 粗粒土水平渗透变形 |
| | | 12 | 压缩系数 | 土工试验方法标准 GB/T 50123—2019/17 | 1. 固结容器:由环刀、护环、透水板、加压上盖和量表架等组成,环刀、透水板的技术性能和尺寸参数应符合相关标准的规定;<br>2. 加压设备:可采用量程为 5 ~ 10 kN 的杠杆式、磅秤式或其他加压设备,其最大允许误差应符合 GB/T 4935.1—2008 及 GB/T 4935.2—2009 的规定;<br>3. 变形测量设备:百分表量程为 10 mm,分度值为 0.01 mm 的,或最大允许误差为 ±0.2% F.S 的位移传感器 | | |

**续表 4-1-2**

| 序号 | 类别(产品/项目/参数) | 产品/项目/参数 | | 依据标准(方法)名称及编号(含年号) | 仪器设备(标准物质)要求 | 环境条件要求 | 备注 |
|---|---|---|---|---|---|---|---|
| | | 序号 | 名称 | | | | |
| | | | | 水电水利工程土工试验规程 DL/T 5355—2006/17 | 1. 固结容器:由环刀、护环、透水板、水槽、加压上盖组成;<br>2. 环刀:内径为 61.8 mm 和 79.8 mm,高度为 20 mm;<br>3. 透水板:其渗透系数应大于试样的渗透系数,用固定式容器时,顶部透水板直径应小于环刀内径 0.2 ~ 0.5 mm,用浮环式容器时,上下端透水板直径相等,均应小于环刀内径;<br>4. 加压设备:应能垂直施压各级规定的压力,且无冲击影响的磅秤式、杠杆式或其他加压设备;<br>5. 百分表:量程为 0 ~ 10 mm,分度值为 0.01 mm | | |
| | | | | 水电水利工程粗粒土试验规程 DL/T 5356—2006/9 | 1. 浮环式固结容器:直径不宜小于 300 mm,直径与高度之比为 2.0 ~ 2.5,高度与试样最大颗粒粒径之比不应小于 5;<br>2. 加压设备:包括千斤顶、稳压装置、压力表;<br>3. 百分表:量程为 0 ~ 50 mm,分度值为 0.01 mm;<br>4. 磅秤:称量 100 kg,最小分度值 50 g;<br>5. 台秤:称量 5000 g,最小分度值 5 g;<br>6. 饱和设备 | | |
| | | 13 | 有机质含量 | 土工试验方法标准 GB/T 50123—2019/56 | 1. 天平:称量 200 g,分度值 0.000 1 g;<br>2. 油浴锅:内盛甘油或植物油并应带铁丝笼;<br>3. 温度计:量程 0 ~ 200 ℃,分度值为 0.5 ℃ | | 1. 适用于有机质含量不大于 150 g/kg,采用重铬酸钾容量法 |
| | | | | 水电水利工程岩土化学分析试验规程 DL/T 5357—2006/9 | 1. 天平:称量 200 g,最小分度值 0.000 1 g;<br>2. 油浴锅:带铁丝笼、植物油;<br>3. 温度计 0 ~ 200 ℃ 刻度 1 ℃ | | 1. 适用于有机质含量不大于 15% 的土 |

续表 4-1-2

| 序号 | 类别(产品/项目/参数) | 产品/项目/参数 | | 依据标准(方法)名称及编号(含年号) | 仪器设备(标准物质)要求 | 环境条件要求 | 备注 |
|---|---|---|---|---|---|---|---|
| | | 序号 | 名称 | | | | |
| | | 14 | 液限 | 土工试验方法标准 GB/T 50123—2019/9.2 | 1. 液塑限联合测定仪:带标尺的圆锥仪、电磁铁、显示屏、控制开关和试样杯圆锥质量为 76 g,锥角 30°;读数显示宜采用光电式、游标式和百分表式;<br>2. 试样杯:直径 40 ~ 50 mm,高 30 ~ 40 mm;<br>3. 天平:称量 200 g,分度值 0.01 g;<br>4. 筛:孔径 0.5 mm | | 1. 液塑限联合测定法:土的粒径应小于 0.5 mm 以及有机质含量不大于干土质量的 5% |
| | | | | 土工试验方法标准 GB/T 50123—2019/9.3 | 1. 碟式液限仪:由土碟和支架组成专用仪器,并有专用划刀其技术条件应符合 GB/T 21997.1 的规定;<br>2. 天平:称量 200 g,最小分度值 0.01 g;<br>3. 筛:孔径为 0.5 mm | | 1. 碟式仪液限试验:土的粒径应小于 0.5 mm 以及有机质含量不大于干土质量的 5% |
| | | | | 水电水利工程土工试验规程 DL/T 5355—2006/10.1 | 1. 液、塑限联合测定仪:圆锥质量为(76 ± 0.2)g,锥角 30° ± 0.2°,锥尖磨损量不得大于 0.3 mm,微分尺量程不应小于 22 mm,最小分度值为 0.1 mm;电磁块(吸力不应小于 1 N,读数显示装置放大倍数不宜小于 10 倍,成像清晰,并设有落锥后延时 5 s 的显示装置;<br>2. 试样杯内径为 40 mm,高度为 30 mm,升降座 | | 1. 液、塑限联合测定法:适用于粒径小于 0.5 mm 的细粒土 |
| | | | | 水电水利工程土工试验规程 DL/T 5355—2006/10.2 | 1. 碟式液限仪:由铜碟、支架及底座组成,铜碟为一球面,球半径为 54 mm,中心深为 27 mm,支架应有对铜碟起落高度进行微调的装置,摇柄每转动一次,铜碟起落高度应为 10 mm,底座应为硬橡胶制成;<br>2. 专用划刀:1/4 圆弧的划刀截面为等腰梯形,上底宽为 2 mm,高为 10 mm,两腰线夹角 60° | | 1. 碟式仪:适用于粒径小于 0.5 mm 的土 |

续表 4-1-2

| 序号 | 类别(产品/项目/参数) | 产品/项目/参数 | | 依据标准(方法)名称及编号(含年号) | 仪器设备(标准物质)要求 | 环境条件要求 | 备注 |
|---|---|---|---|---|---|---|---|
| | | 序号 | 名称 | | | | |
| | | 15 | 塑限 | 土工试验方法标准 GB/T 50123—2019/9.2 | 1. 液塑限联合测定仪:带标尺的圆锥仪、电磁铁、显示屏、控制开关和试样杯圆锥质量为 76 g,锥角 30°,读数显示宜采用光电式、游标式和百分表式;<br>2. 试样杯:直径 40 ~ 50 mm,高 30 ~ 40 mm;<br>3. 天平:称量 200 g,分度值 0.01 g;<br>4. 筛:孔径 0.5 mm | | 1. 液塑限联合测定法:土的粒径应小于 0.5 mm 以及有机质含量不大于干土质量的 5% |
| | | | | 土工试验方法标准 GB/T 50123—2019/9.4 | 1. 毛玻璃板:尺寸宜为 200 mm × 300 mm;<br>2. 卡尺:分度值 0.02 mm;<br>3. 天平:称量 200 g,分度值 0.01 g;<br>4. 筛:孔径 0.5 mm | | 1. 滚搓法:土的粒径应小于 0.5 mm 以及有机质含量不大于干土质量的 5% |
| | | | | 水电水利工程土工试验规程 DL/T 5355—2006/10.1 | 1. 液、塑限联合测定仪(带标尺的圆锥仪、电磁铁、显示屏、控制开关和试样杯圆锥质量为 76 g,锥角 30°;读数显示宜采用光电式、游标式和百分表式;<br>2. 试样杯:内径为 40 mm,高度为 30 mm;<br>3. 天平:称量 200 g,最小分度值 0.01 g | | 1. 液、塑限联合测定法:适用于粒径小于 0.5 mm 以及有机质含量不大于试样总质量 5% 的土 |
| | | | | 水电水利工程土工试验规程 DL/T 5355—2006/10.3 | 1. 毛玻璃板:尺寸宜为 200 mm × 300 mm;<br>2. 缝隙 3 mm 的模板或直径 3 mm 的金属丝,或卡尺 | | 1. 滚搓法:适用于粒径小于 0.5 mm 的土 |

**续表 4-1-2**

| 序号 | 类别(产品/项目/参数) | 产品/项目/参数 | | 依据标准(方法)名称及编号(含年号) | 仪器设备(标准物质)要求 | 环境条件要求 | 备注 |
| --- | --- | --- | --- | --- | --- | --- | --- |
| | | 序号 | 名称 | | | | |
| 二 | 岩石(体)指标 | | | | | | |
| | | 16 | 块体密度 | 水利水电工程岩石试验规程 SL 264—2020/4. 4 | 1. 天平:称量 200 g,感量 0. 01 g;<br>2. 游标卡尺:量程 0 ~ 200 mm,最小分度值 0. 01 mm;<br>3. 烘箱:105 ~ 110 ℃;<br>4. 水中称量装置 | | 1. 量积法;<br>2. 水中称量法;<br>3. 密封法 |
| | | | | 工程岩体试验方法标准 GB/T 50266—2013/2. 3 | 1. 天平:感量 0. 01 g;<br>2. 游标卡尺:0. 01 mm;<br>3. 烘箱:105 ~ 110 ℃;<br>4. 水中称量装置 | | 1. 量积法;<br>2. 水中称量法;<br>3. 蜡封法 |
| | | 17 | 含水率 | 水利水电工程岩石试验规程 SL 264—2020/4. 1 | 1. 天平:感量 0. 01 g;<br>2. 烘箱:105 ~ 110 ℃ | | |
| | | | | 工程岩体试验方法标准 GB/T 50266—2013/2. 1 | 1. 天平:感量 0. 01 g;<br>2. 烘箱:105 ~ 110 ℃ | | |
| | | 18 | 单轴抗压强度 | 水利水电工程岩石试验规程 SL 264—2020/5. 2 | 1. 游标卡尺:量程 0 ~ 200 mm,最小分度值 0. 01 mm;<br>2. 烘箱:105 ~ 110 ℃;<br>3. 抗压试验机:Ⅰ级精度 | | |
| | | | | 工程岩体试验方法标准 GB/T 50266—2013/2. 7 | 1. 游标卡尺:0. 01 mm;<br>2. 烘箱:105 ~ 110 ℃;<br>3. 抗压试验机:Ⅰ级精度 | | |
| | | 19 | 抗剪强度 | 水利水电工程岩石试验规程 SL 264—2020/5. 5 | 1. 直剪试验仪:法向荷载、剪切荷载精度不低于Ⅱ级;<br>2. 位移测表:精度不低于 0. 01 mm | | |

**续表 4-1-2**

| 序号 | 类别(产品/项目/参数) | 产品/项目/参数 | | 依据标准(方法)名称及编号(含年号) | 仪器设备(标准物质)要求 | 环境条件要求 | 备注 |
|---|---|---|---|---|---|---|---|
| | | 序号 | 名称 | | | | |
| | | | | 工程岩体试验方法标准 GB/T 50266—2013/2.12 | 1. 直剪试验仪:法向荷载、剪切荷载精度不低于Ⅱ级;<br>2. 位移测表:精度不低于 0.01 mm | | |
| | | 20 | 弹性模量 | 水利水电工程岩石试验规程 SL 264—2020/5.1 | 1. 材料试验机:Ⅰ级精度;<br>2. 静态电阻应变仪;<br>3. 游标卡尺:量程 0 ~ 200 mm,最小分度值 0.01 mm;<br>4. 电阻应变片或位移计(机械式或电测式) | | |
| | | | | 工程岩体试验方法标准 GB/T 50266—2013/2.9 | 1. 材料试验机:Ⅰ级精度;<br>2. 静态电阻应变仪; | | 1. 割线弹性模量即变形模量 |
| | | 21 | 岩块声波速度 | 水利水电工程岩石试验规程 SL 264—2020/9.1 | 1. 岩石声波参数测试仪:应符合本规程 10.1.5 规定<br>2. 换能器:应符合本规程 10.1.6 规定<br>3. 游标卡尺;<br>4. 标准玻璃棒 | | |
| | | | | 工程岩体试验方法标准 GB/T 50266—2013/5.1 | 1. 岩石超声波参数测定仪;<br>2. 纵、横波换能器 | | |
| | | 22 | 岩体声波速度 | 水利水电工程岩石试验规程 SL 264—2020/10.2 | 1. 岩石声波参数测试仪、地震仪等信号记录仪;<br>2. 声波激光装置;<br>3. 标准玻璃棒;<br>4. 钢卷尺、测绳 | | |
| | | | | 工程岩体试验方法标准 GB/T 50266—2013/5.2 | 1. 岩石声波参数测定仪;<br>2. 发射、接收换能器 | | |
| | | 23 | 变形模量 | 水利水电工程岩石试验规程 SL 264—2020/5.1 | 1. 材料试验机:Ⅰ级精度;<br>2. 静态电阻应变仪;<br>3. 游标卡尺:量程 0 ~ 200 mm,最小分度值 0.01 mm;<br>4. 电阻应变片或位移计(机械式或电测式) | | 1. 变形模量 $E_{50}$ 即割线模量 |

续表 4-1-2

| 序号 | 类别(产品/项目/参数) | 产品/项目/参数 | | 依据标准(方法)名称及编号(含年号) | 仪器设备(标准物质)要求 | 环境条件要求 | 备注 |
|---|---|---|---|---|---|---|---|
| | | 序号 | 名称 | | | | |
| | | | | 工程岩体试验方法标准 GB/T 50266—2013/2.9 | 1. 材料试验机：I 级精度；<br>2. 静态电阻应变仪；<br>3. 千(百)分表:0.001 mm 或 0.01 mm | | 1. 割线弹性模量即变形模量 |
| 三 | 基础处理工程 | | | | | | |
| | | 24 | 原位密度 | 土工试验方法标准 GB/T 50123—2019/41.1 | 1. 环刀:尺寸参数应符合国家现行标准 GB/T 15046—2007 及 SL 370—2006；<br>2. 天平:称量 200 g、分度值 0.01 g,称量 500 g、分度值 0.1 g | | 1. 环刀法:适用于细粒土 |
| | | | | 土工试验方法标准 GB/T 50123—2019/41.2 | 1. 灌砂法密度试验仪:包括漏斗、漏斗架、防风筒、套环、附有三个固定器；<br>2. 台秤:称量 10 kg、分度值 5 g,称量 50 kg、分度值 10 g；<br>3. 量砂:粒径 0.25～0.5 mm 干燥清洁标准砂 10～40 kg | | 1. 灌砂法:适用于细粒土、砂类土和砾类土 |
| | | | | 土工试验方法标准 GB/T 50123—2019/41.3 | 1. 储水桶:直径应均匀,并附有刻度；<br>2. 台秤:称量 20 kg、分度值 5 g,称量 50 kg、分度值 10 g；<br>3. 薄膜:聚乙烯塑料薄膜 | | 1. 灌水法:适用于细粒土、砂类土和砾类土 |
| | | | | 水电水利工程粗粒土试验规程 DL/T 5356—2006/12.1 | 1. 天平:称量 10 kg,最小分度值 5 g；<br>2. 钢直尺；<br>3. 量砂筒:圆柱形钢制容器,内径和高为 20 cm；<br>4. 套环:套环内径应略大于试坑直径,高约 3 cm,套面应平整,上下两面应平行；<br>5. 标准砂:应清洗洁净,粒径宜选用 0.25～0.50 mm,并应充分风干 | | 1. 灌砂法:适用于粒径不大于 60 mm 的粗粒类土；<br>2. 地下水位以下不宜采用本方法 |

续表 4-1-2

| 序号 | 类别(产品/项目/参数) | 产品/项目/参数 | | 依据标准(方法)名称及编号(含年号) | 仪器设备(标准物质)要求 | 环境条件要求 | 备注 |
|---|---|---|---|---|---|---|---|
| | | 序号 | 名称 | | | | |
| | | | | 水电水利工程粗粒土试验规程 DL/T 5356—2006/12.2 | 1. 磅秤:称量 50 kg 或 100 kg,最小分度值 50 g;<br>2. 水平尺 | | 1. 灌水法:适用于各类土 |
| | | 25 | 标准贯入击数 | 土工试验方法标准 GB/T 50123—2019/45 | 1. 标准贯入器:符合 GB 12746—2007 和 GB/T 15406 的规定;<br>2. 落锤(穿心锤):质量为(63.5±0.5)kg 的钢锤,应配有自动落锤装置,落距为(76±2)cm;<br>3. 钻杆:直径 42 mm,抗拉强度应大于 600 MPa,轴线的直线度误差应小于 0.1%;<br>4. 锤垫:钢垫,附导向杆,两者总质量不超过 30 kg | | 1. 土样应为原位的砂土、粉土和黏土;<br>2. 对于流塑状态的软黏土层,不宜进行标准贯入试验 |
| | | 26 | 地基承载力 | 土工试验方法标准 GB/T 50123—2019/49.2 | 1. 承压板:采用圆形或正方形的钢质板,也可采用现浇或预制混凝土板,应具有足够的刚度,面积不小于 0.25$m^2$。<br>2. 加荷装置:包括压力源、载荷台架或反力构架。<br>(1)压力源:可用液压装置或重物,出力误差为±1%F.S,安全过负荷率应大于 120%;<br>(2)载荷台架或反力构架:承受能力不小于试验最大荷载 1.5~2.0 倍。<br>3. 沉降观测装置:位移仪表可采用大量程百分表或位移传感器等,其量测最大允许误差应为±1%F.S | | 1. 平板载荷试验 |

**续表 4-1-2**

| 序号 | 类别(产品/项目/参数) | 产品/项目/参数 | | 依据标准(方法)名称及编号(含年号) | 仪器设备(标准物质)要求 | 环境条件要求 | 备注 |
|---|---|---|---|---|---|---|---|
| | | 序号 | 名称 | | | | |
| | | | | 土工试验方法标准 GB/T 50123—2019/49.4 | 1. 螺旋承压板:螺旋板尺寸参数及测力传感器的最大允许压力宜采用 GB/T 15406 的规定。<br>2. 加荷装置:包括压力源、载荷台架或反力构架。<br>(1)压力源:可用液压装置或重物,出力误差为±1%F.S,安全过负荷率应大于120%;<br>(2)载荷台架或反力构架:承受能力不小于试验最大荷载1.5~2.0倍。<br>3. 沉降观测装置:位移仪表可采用大量程百分表或位移传感器等,其量测最大允许误差应为±1%F.S | | 1. 螺旋板载荷试验 |
| | | | | | 3. 压力源:可用液压装置或重物,出力误差不大于全量程的1%,安全过负荷率应大于120%;<br>4. 载荷台架或反力构架:承受能力不小于试验最大荷载1.5~2.0倍;<br>5. 沉降观测装置:位移仪表可采用大量程百分表或位移传感器等,相应分度值为0.01 mm | | 1. 螺旋板载荷试验 |
| | | 27 | 单桩承载力 | 建筑基桩检测技术规范 JGJ 106—2014/4 | 1. 千斤顶:宜采用油压千斤顶;<br>2. 加载反力装置:提供的反力不得小于最大加载量的1.2倍,施加于地基的压应力不宜大于地基承载力特征值的1.5倍;<br>3. 荷载传感器及仪表:传感器测量误差不应大于1%,压力表精度应优于或等于0.4;<br>4. 沉降测量传感器及仪表:传感器测量误差不应大于1%,百分表分辨率优于或等于0.1 mm | | 1. 竖向抗压承载力;<br>2. 静载试验 |

**续表 4-1-2**

| 序号 | 类别(产品/项目/参数) | 产品/项目/参数 | | 依据标准(方法)名称及编号(含年号) | 仪器设备(标准物质)要求 | 环境条件要求 | 备注 |
|---|---|---|---|---|---|---|---|
| | | 序号 | 名称 | | | | |
| | | | | 建筑基桩检测技术规范 JGJ 106—2014/9 | 1. 高应变打桩分析仪；<br>2. 含力和加速度感器；<br>3. 重锤：不小于预估极限承载力的 1%，形状符合 JGJ 106—2014 要求；<br>4. 锤架 | | 1. 竖向抗压承载力；<br>2. 高应变法 |
| | | 28 | 桩身完整性 | 建筑基桩检测技术规范 JGJ 106—2014/8 | 1. 符合 JG/T 3055—1999 的要求；<br>2. 声波发射和接收换能器：有效工作段长度不大于 150 mm，谐振频率为 30～60 kHz；水密性满足 1 MPa 水压不渗水 | | 1. 低应变法 |
| | | | | 建筑基桩检测技术规范 JGJ 106—2014/9 | 1. 符合 JG/T 3055—1999 的要求；<br>2. 声波发射和接收换能器：有效工作段长度不大于 150 mm，谐振频率为 30～60 kHz；水密性满足 1 MPa 水压不渗水 | | 1. 高应变法 |
| | | | | 建筑基桩检测技术规范 JGJ 106—2014/10 | 1. 声波监测仪：最小采样时间间隔小于或等于 0.5 μs，系统频带宽度为 1～200 kHz，声波幅值测量相对误差小于 5% | | 1. 声波透射法 |
| | | 29 | 防渗墙墙身完整性 | 水利水电工程物探规程 SL 326—2005/3.3 | 1. 探地雷达：信号增益控制应具有指数增益功能，A/D 转换位数不小于 16 bit，点测时有多次叠加功能，且叠加次数不小于 8 次，连续测量时扫描速率每秒不小于 128 线 | | 1. 探地雷达法 |
| | | | | 水利水电工程物探规程 SL 326—2005/3.5 | 1. 声波仪：最小采样间隔为 0.1 μs，采样长度不小于 512 样点/道，并可选；触发方式宜有内、外、信号、稳态等方式，频带宽为 10～500 Hz；声时测量精度为 ±0.1 μs，发射电压为 100～1 000 V，发射脉宽为 1～500 μs，并可选 | | 1. 弹性波测试 |

续表 4-1-2

| 序号 | 类别(产品/项目/参数) | 产品/项目/参数 | | 依据标准(方法)名称及编号(含年号) | 仪器设备(标准物质)要求 | 环境条件要求 | 备注 |
|---|---|---|---|---|---|---|---|
| | | 序号 | 名称 | | | | |
| | | | | 水利水电工程物探规程 SL 326—2005/3.6 | 1. 声波 CT 的仪器设备应符合 SL 326—2005/3.5.3 的要求;<br>2. 地震波 CT 的仪器设备应符合 SL 326—2005/3.4.3 的要求;<br>3. 电磁波 CT 的仪器设备应频率可选,噪声电平小于 0.2 μV,测量范围为 20～140 dB,动态范围为 100 dB,测量误差小于 ±3 dB | | 1. 层析成像 |
| | | 30 | 锚索锚固力 | 水利水电工程预应力锚索施工规范 DL/T 5083—2019 | 1. 测力系统 | | |
| | | | | 水工预应力锚固设计规范 SL 212—2012/附录 A | 1. 张拉设备 | | |
| | | 31 | 锚杆拉拔力 | 水利水电工程锚喷支护技术规范 SL 377—2007 附录 D | 1. 测力仪及读数仪、传力板、电缆及保护装置、锚固张拉和锁定设备均应符合安全要求 | | |
| | | 32 | 锚杆杆体入孔长度 | 水电水利工程锚杆无损检测规程 DL/T 5424—2009 | 1. 激振器:激振频率宜为 0.1～50 kHz;<br>2. 传感器:传感器相应频率宜为 10～50 kHz;<br>3. 信号采集与分析仪:模拟放大的频率带宽不窄于 10～50 kHz,模数转换不低于 16 位,采样频率不应小于 500 kHz | 1. －10～50 ℃ | |
| | | 33 | 锚杆注浆饱和度 | 水电水利工程锚杆无损检测规程 DL/T 5424—2009 | 1. 激振器:激振频率宜为 0.1～50 kHz;<br>2. 传感器:传感器相应频率宜为 10～50 kHz;<br>3. 信号采集与分析仪:模拟放大的频率带宽不窄于 10～50 kHz,模数转换不低于 16 位,采样频率不应小于 500 kHz | 1. －10～50 ℃ | |

**续表** 4-1-2

| 序号 | 类别(产品/项目/参数) | 产品/项目/参数 | | 依据标准(方法)名称及编号(含年号) | 仪器设备(标准物质)要求 | 环境条件要求 | 备注 |
|---|---|---|---|---|---|---|---|
| | | 序号 | 名称 | | | | |
| | | 34 | 透水率(压水) | 水利水电工程钻孔压水试验规程 SL 31—2003 | 1. 止水栓塞:栓塞长度不小于8倍钻孔直径;<br>2. 供水设备:在1 MPa压力下,流量能保持100 L/min;<br>3. 量测设备:两侧范围控制在极限压力值的1/3~3/4;<br>4. 流量计:能在1.5 MPa压力下正常工作 | | |
| | | | | 水电工程钻孔压水试验规程 NB/T 35113—2018 | 1. 止水栓塞:栓塞长度不小于8倍钻孔直径;<br>2. 供水设备:额定大于1.5 MPa,额定流量能大于100 L/min;<br>3. 量测设备:两侧范围控制在极限压力值的1/3~/4;<br>4. 流量计:能在1.5倍最大试验压力下正常工作 | | |
| | | 35 | 渗透系数(注水) | 水利水电工程注水试验规程 SL 345—2007/3 | 1. 试环:高20 cm,直径25~50 cm;<br>2. 水箱:容积1 $m^3$;<br>3. 量筒:断面上下均一,面积不大于5 000 $cm^2$;<br>4. 计时钟表:秒表 | | 1. 试坑单环 |
| | | | | 水利水电工程注水试验规程 SL 345—2007/4 | 1. 试环:高20 cm,直径分别为25 cm和50 cm;<br>2. 水箱:容积1 $m^3$;<br>3. 流量瓶:容积5 L;<br>4. 进气管、出水管:直径1~2 cm;<br>5. 记时钟表:秒表 | | 1. 试坑双环 |
| | | | | 水利水电工程注水试验规程 SL 345—2007/5 | 1. 供水设备:水箱、水泵;<br>2. 量测设备:水表、瞬时流量计、秒表、米尺等;<br>3. 止水设备:栓塞、套管;<br>4. 水位计:电测水位计 | | 1. 钻孔常水头 |

**续表** 4-1-2

| 序号 | 类别(产品/项目/参数) | 产品/项目/参数 | | 依据标准(方法)名称及编号(含年号) | 仪器设备(标准物质)要求 | 环境条件要求 | 备注 |
|---|---|---|---|---|---|---|---|
| | | 序号 | 名称 | | | | |
| | | | | 水利水电工程注水试验规程 SL 345—2007/6 | 1. 供水设备:水箱、水泵;<br>2. 量测设备:水表、瞬时流量计、秒表、米尺等;<br>3. 止水设备:栓塞、套管;<br>4. 水位计:电测水位计 | | 1. 钻孔降水头 |
| | | | | 水电工程钻孔注水试验规程 NB/T 35104—2017 | 1. 供水设备:水箱、水泵、工作管、注水管;<br>2. 止水材料:栓塞、套管、黏土;<br>3. 过滤器:包网过滤器、缠丝过滤器、骨架过滤器、填砾过滤器;<br>4. 测试设备:容积计、流量计(0.1 L/s)、秒表、米尺、水位计、温度计(1 ℃) | | 钻孔注水<br>1. 定水头注水;<br>2. 降水头注水;<br>3. 标准注水;<br>4. 简易注水 |
| 四 | 土工合成材料 | | | | | | |
| | | 36 | 单位面积质量 | 土工合成材料测试规程 SL 235—2012/4 | 1. 天平:感量 0.01 g,满足称量值 1% 准确度要求;<br>2. 钢尺:最小分度值 1 mm | 1. 温度:(20 ±2)℃;<br>2. 湿度:(60 ±10)% | 1. 试样调节时间 24 h |
| | | | | 土工合成材料 土工布及其有关产品 单位面积质量的测定方法 GB/T 13762—2009 | 1. 天平:感量 10 mg,满足称量值 1% 准确度要求 | 1. 温度:(20 ±2)℃;<br>2. 湿度:(65 ±4)% | 1. 试样调节时间 24 h |
| | | 37 | 厚度 | 土工合成材料测试规程 SL 235—2012/5 | 1. 基准板:面积大于 2 倍的压块面积;<br>2. 压块:底面积 25 $cm^2$;<br>3. 厚度计量表:最小分度值 0.01 mm;<br>4. 计时器:精确至秒(s) | 1. 温度:(20 ±2)℃;<br>2. 湿度:(60 ±10)% | 1. 试样调节时间 24 h |

续表 4-1-2

| 序号 | 类别(产品/项目/参数) | 产品/项目/参数 | | 依据标准(方法)名称及编号(含年号) | 仪器设备(标准物质)要求 | 环境条件要求 | 备注 |
|---|---|---|---|---|---|---|---|
| | | 序号 | 名称 | | | | |
| | | | | 塑料薄膜与薄片厚度的测定 机械测量法 GB/T 6672—2001 | 1. 厚度测量仪:100 μm 内(含 100 μm)精度为 1 μm,100 μm 到 250 μm(含 250 μm)精度为 2 μm,250 μm 以上精度为 3 μm | 1. 温度:(23 ±2)℃ | 1. 试样调节时间不小于 1 h |
| | | | | 土工合成材料 规定压力下厚度的测定 第 1 部分:单层产品厚度的测定 GB/T 13761.1—2009 | 1. 压脚:能提供垂直于试样表面的压力,允差为 ±5%,压脚面积大于 25 $cm^2$;<br>2. 基准板:大于压脚直径的 1.75 倍;<br>3. 测量装置:精确到 0.01 mm;<br>4. 计时器:精确到 1 s | 1. 温度:(20 ±2)℃;<br>2. 湿度:(65 ±4)% | 1. 试样调节时间 24 h |
| | | 38 | 拉伸强度 | 土工合成材料测试规程 SL 235—2012/10/22/23/24/25 | 1. 试验机:应具有等速拉伸功能;<br>2. 夹具:夹具的实际宽度不得小于 210 mm;<br>3. 测量设备:荷载指示值应准确至 1%;伸长量的测量读数应准确至 1 mm | 1. 温度:(20 ±2)℃;<br>2. 湿度:(60 ±10)% | 1. 试样调节时间 24 h |
| | | | | 土工布及其有关产品 宽条拉伸试验 GB/T 15788—2017 | 1. 拉伸试验机:符合 GB/T 16825.1 中 2 级或 2 级以上试验机要求,能够保持恒定速率拉伸;<br>2. 伸长计:测试精度应为显示器读数的 ±2% | 1. 温度:(20 ±2)℃;<br>2. 湿度:(65 ±4)% | 1. 试样调节时间 24 h |
| | | | | 塑料 拉伸性能的测定 第 1 部分:总则 GB/T 1040.1—2018 | 1. 试验机应符合 GB/T 16825.1—2008 及 GB/T 12160—2002 的要求,负荷测量系统达到 1 级精度;<br>2. 引伸计应符合 GB/T 12160—2002 规定的 1 级引伸计的要求 | | |
| | | 39 | 撕裂强力 | 土工合成材料测试规程 SL 235—2012/12 | 1. 试验机:应具有等速拉伸功能;<br>2. 夹具:夹具的实际宽度不得小于 85 mm;<br>3. 测量设备:荷载指示值应准确至 1%,伸长量的测量读数应准确至 1 mm | 1. 温度:(20 ±2)℃;<br>2. 湿度:(60 ±10)% | 1. 试样调节时间 24 h |

续表 4-1-2

| 序号 | 类别(产品/项目/参数) | 产品/项目/参数 | | 依据标准(方法)名称及编号(含年号) | 仪器设备(标准物质)要求 | 环境条件要求 | 备注 |
|---|---|---|---|---|---|---|---|
| | | 序号 | 名称 | | | | |
| | | | | 土工合成材料 梯形法撕破强力的测定 GB/T 13763—2010 | 1. 试验机:应具有等速拉伸功能;<br>2. 夹具:夹具应由足够的宽度,并保证试验过程中不滑移 | 1. 温度:(20 ±2)℃;<br>2. 湿度:(65 ±4)% | 1. 试样调节时间 24 h |
| | | 40 | 圆柱顶破强力 | 土工合成材料测试规程 SL 235—2012/14 | 1. 试验机:荷载指示值准确至 1%,顶压杆位移准确至 1 mm,行程不小于 150 mm;<br>2. 环形夹具:内径为 150 mm,中心在顶压杆轴线上;<br>3. 顶压杆:直径为 50 mm,高度为 100 mm 的光滑圆柱体,顶端边缘倒成 2.5 mm 半径的圆弧 | 1. 温度:(20 ±2)℃;<br>2. 湿度:(60 ±10)% | 1. 试样调节时间 24 h |
| | | | | 土工合成材料静态顶破试验(CBR 法)GB/T 14800—2010 | 1. 试验机:符合 GB/T 16825.1 中 1 级或 0 级要求;<br>2. 顶压杆:直径(50 ±0.5) mm 钢质顶压杆,顶压杆顶端边缘倒角为(2.5 ±0.2) mm 半径的圆弧;<br>3. 夹持系统:夹持环内径应为(150 ±0.5) mm | 1. 温度:(20 ±2)℃;<br>2. 湿度:(65 ±4)% | 1. 试样调节时间 24 h |
| | | 41 | 落锥穿透孔径 | 土工合成材料测试规程 SL 235—2012/17 | 1. 落锥仪:落锥仪应符合 SL 235 规定,落锥落高为 500 mm,垂直度允许偏差 4 mm/m;<br>2. 落锥:落锥质量 1 000 g,顶角 45°,直径 50 mm;<br>3. 环形夹具:内径为 150 mm | 1. 温度:(20 ±2)℃;<br>2. 湿度:(60 ±10)% | 1. 试样调节时间 24 h |

续表 4-1-2

| 序号 | 类别(产品/项目/参数) | 产品/项目/参数 | | 依据标准(方法)名称及编号(含年号) | 仪器设备(标准物质)要求 | 环境条件要求 | 备注 |
|---|---|---|---|---|---|---|---|
| | | 序号 | 名称 | | | | |
| | | | | 土工布及其有关产品 动态穿孔试验 落锥法 GB/T 17630—1998 | 1. 落锥仪:落锥仪应符合 SL 235—2012 规定,落锥落高为(500 ±2)mm;<br>2. 落锥:落锥质量(1 000 ±5)g,顶角 45°,直径 50 mm;<br>3. 环形夹具:内径为(150 ±0.5)mm | 1. 温度:(20 ±2)℃;<br>2. 湿度:(65 ±4)% | 1. 试样调节时间 24 h |
| | | 42 | 伸长率 | 土工合成材料测试规程 SL 235—2012/10/22/23/24/25 | 1. 试验机:应具有等速拉伸功能;<br>2. 夹具:夹具的实际宽度不得小于 210 mm;<br>3. 测量设备:荷载指示值应准确至 1%,伸长量的测量读数应准确至 1 mm | 1. 温度:(20 ±2)℃;<br>2. 湿度:(60 ±10)% | 1. 试样调节时间 24 h |
| | | | | 土工布及其有关产品 宽条拉伸试验 GB/T 15788—2017 | 1. 拉伸试验机:符合 GB/T 16825.1—2008 中 2 级或 2 级以上试验机要求,能够保持恒定速率拉伸;<br>2. 伸长计:测试精度应为显示器读数的 ±2% | 1. 温度:(20 ±2)℃;<br>2. 湿度:(65 ±4)% | 1. 试样调节时间 24 h |
| | | | | 塑料 拉伸性能的测定 第 1 部分:总则 GB/T 1040.1—2018 | 1. 试验机应符合 GB/T 16825.1—2008 及 GB/T 12160—2002 的要求;<br>2. 负荷测量系统达到 1 级精度;<br>3. 引伸计应符合 GB/T 12160—2002 规定的 1 级引伸计的要求 | | |
| | | 43 | 等效孔径 | 土工合成材料测试规程 SL 235—2012/7 | 1. 试验筛:直径 200 mm;<br>2. 振筛机:符合 SL 411—2007 中的规定;<br>3. 振筛颗粒材料:可选玻璃珠或球形沙粒,按标准分级;<br>4. 天平:称量 200 g,感量 0.01 g | 1. 温度:(20 ±2)℃;<br>2. 湿度:(60 ±10)% | 1. 试样调节时间 24 h |

**续表 4-1-2**

| 序号 | 类别(产品/项目/参数) | 产品/项目/参数 | | 依据标准(方法)名称及编号(含年号) | 仪器设备(标准物质)要求 | 环境条件要求 | 备注 |
|---|---|---|---|---|---|---|---|
| | | 序号 | 名称 | | | | |
| | | | | 土工布及其有关产品 有效孔径的测定 干筛法 GB/T 14799—2005 | 1. 支撑网筛:直径 200 mm;<br>2. 标准筛振筛机:横向摇动频率(220 ± 10)次/min,回转半径(12 ± 1) mm,垂直振动频率(150 ± 10)次/min,振幅(10 ± 2) mm;<br>3. 标准颗粒材料:可选玻璃珠或球形沙粒,按标准分级;<br>4. 天平:称量 200 g、感量 0.01 g | 1. 温度:(20 ± 2)℃;<br>2. 湿度:(65 ± 4)% | 1. 试样调节时间 24 h |
| | | | | 土工布及其有关产品有效孔径的测定 湿筛法 GB/T 17634—1998 | 1. 筛分装置:有效筛分区域直径至少 130 mm,筛分装置频率应为 50 ~ 60 Hz,主振垂直筛动振幅保持 1.5 mm(振动高度 3 mm),有喷水系统;<br>2. 颗粒材料:颗粒材料应符合 GB/T 17634—1998 的要求;<br>3. 烘箱:控制温度 50 ~ 110 ℃;<br>4. 试验筛:符合 GB/T 6005—2008 要求;<br>5. 天平:精度 0.01 g;<br>6. 秒表:精度为 1s | | |
| | | 44 | 垂直渗透系数 | 土工合成材料测试规程 SL 235—2012/8 | 1. 垂直渗透试验仪:符合 SL 235 要求;<br>2. 安装试样装置:试样有效过水面积不小于 20 $cm^2$;<br>3. 恒水位装置:容器应有溢流系统,水头变化范围 1 ~ 150 mm;<br>4. 水位测量装置:精度为 1 mm;<br>5. 其他:计时器准确至 0.1 s,量筒准确至 1%,温度计准确至 0.5 ℃ | 1. 温度:(20 ± 2)℃;<br>2. 湿度:(60 ± 10)% | 1. 试样调节时间 24 h |

**续表 4-1-2**

| 序号 | 类别(产品/项目/参数) | 产品/项目/参数 | | 依据标准(方法)名称及编号(含年号) | 仪器设备(标准物质)要求 | 环境条件要求 | 备注 |
|---|---|---|---|---|---|---|---|
| | | 序号 | 名称 | | | | |
| | | | | 土工合成材料 防渗性能 第2部分:渗透系数的测定 GB/T 19979.2—2006 | 1. 充水调压装置:调压范围 0 ~ 2 MPa,加压系统精度 ±2%;<br>2. 渗透仓:内径直径 200 ±5 mm;<br>3. 测量装置:测量精度 0.1 $cm^3$ | 1. 试验水温:(20 ± 3)℃ | 1. 一般需要浸水 1 h 以上 |
| | | | | 土工布及其有关产品 无负荷时垂直渗透特性的测定 GB/T 15789—2016 | 1. 渗透仪:仪器夹持内径至少 50 mm,最大水头差最少为 70 mm,要有能达到 250 mm 恒定水头的能力;<br>2. 其他:秒表精确到 0.1 s,温度计精确到 0.2 ℃,量筒测量体积精确到 10 $cm^3$,测量施加水头的装置精确到 1 mm | 1. 试验水温:(20 ± 2)℃ | 1. 浸泡至少 12 h |
| | | 45 | 耐静水压力 | 土工合成材料测试规程 SL 235—2012/20 | 1. 耐静水压力仪:符合 SL 235—2012 要求;<br>2. 夹具:内径 30.5 mm 的环形夹具;<br>3. 压力表:宜使最大测量值在满量程的 10% ~90%;<br>4. 液压系统:液体压入速率应为 100 mL/min | 1. 温度:(20 ±2)℃;<br>2. 湿度:(60 ±10)% | 1. 试样调节时间 24 h |
| | | | | 土工合成材料 防渗性能 第1部分:耐静水压的测定 GB/T 19979.1—2005 | 1. 进水调压装置:调压范围 0 ~ 2.5 MPa,调压系统精度 ±2%;<br>2. 试样夹持及加压装置:集水器内径直径 (200 ±5) mm,多孔板上均匀分布 (3 ±0.5) mm 的小透孔,孔的中心间距 6 mm;<br>3. 压力测量装置:量程范围 0 ~ 2.5 MPa,分辨率 0.05 MPa | | |

**续表 4-1-2**

| 序号 | 类别(产品/项目/参数) | 产品/项目/参数 | | 依据标准(方法)名称及编号(含年号) | 仪器设备(标准物质)要求 | 环境条件要求 | 备注 |
|---|---|---|---|---|---|---|---|
| | | 序号 | 名称 | | | | |
| | | 46 | 老化特性 | 土工合成材料测试规程 SL 235—2012/35 | 1. 老化试验箱:符合 GB/T 16422. 2—1999 和 GB/T 16422. 3—1997 的要求;<br>2. 试验机:用于老化后的强度试验 | 1. 温度:(20 ±2)℃;<br>2. 湿度:(60 ±10)% | 1. 分荧光紫外灯法和氙弧灯法;<br>2. 试样调节时间 24 h |
| | | | | 塑料 试验室光源暴露试验方法 第 2 部分氙弧灯 GB/T 16422. 2—2014 | 1. 试验室光源:符合 4. 1 要求;<br>2. 试验箱:符合 4. 2 要求;<br>3. 辐照仪:符合 ISO 4892—1 要求;<br>4. 黑标温度计或黑板温度计:符合 ISO 4892—1 要求;<br>5. 润湿和控湿装置:符合 4. 5 要求 | | |
| | | | | 塑料 试验室光源暴露试验方法 第 3 部分 荧光紫外灯 GB/T 16422. 3—2014 | 1. 试验室光源:符合 4. 1 要求;<br>2. 试验箱:符合 4. 2 要求;<br>3. 辐照仪:符合 ISO 4892—1 要求;<br>4. 黑标温度计或黑板温度计:符合 ISO 4892—1 要求;<br>5. 润湿和控湿装置:符合 4. 5 要求 | | |
| | | | | 土工布及其有关产品 抗氧化性能的试验方法 GB/T 17631—1998 | 1. 恒温非强制通风烘箱:烘箱内有足够空间悬挂试样,试样总体积不超过烘箱内空间体积的 10%,烘箱温度精度为 ±1 ℃ | 1. 温度:(20 ±2)℃;<br>2. 湿度:(65 ±4)% | |

# 第二节 混凝土工程检验检测

## 一、混凝土工程检验检测项目/参数与检验检测方法

本部分共梳理了九个类别 79 个检验检测项目/参数内容的检验检测方法，详见表 4-2-1混凝土工程检验检测项目/参数与检验检测方法对照简表。

**表 4-2-1 混凝土工程检验检测项目/参数与检验检测方法对照简表**

| 序号 | 领域 | 项目/参数 | 检验检测方法 |
|---|---|---|---|
| 一 | 水泥 | | |
| 1 | | 细度 | 负压筛析法、水筛法、手工筛析法 |
| 2 | | 标准稠度用水量 | 标准法、代用法 |
| 3 | | 凝结时间 | 标准法维卡仪 |
| 4 | | 安定性 | 标准法、代用法 |
| 5 | | 胶砂流动度 | 水泥胶砂流动度测定方法 |
| 6 | | 胶砂强度 | 水泥胶砂强度检验方法(ISO 法) |
| 7 | | 比表面积 | 勃氏法 |
| 8 | | 烧失量 | 灼烧差减法、校正法(基准法)、校正法(代用法) |
| 9 | | 碱含量 | 火焰光度法、原子吸收分光光度法 |
| 10 | | 三氧化硫含量 | 硫酸钡重量法、碘量法、库仑滴定法、离子交换法 |
| 二 | 粉煤灰 | | |
| 11 | | 强度活性指数 | 水泥胶砂强度检验方法(ISO 法) |
| 12 | | 需水量比 | 水泥胶砂流动度测定方法 |
| 13 | | 细度 | 负压筛析法、水筛法、手工筛析法 |
| 14 | | 安定性 | 标准法、代用法 |
| 15 | | 烧失量 | 灼烧差减法、校正法(基准法) |
| 16 | | 三氧化硫含量 | 硫酸钡重量法、碘量法、库仑滴定法、离子交换法 |
| 17 | | 含水量 | 含水量试验 |

续表 4-2-1

| 序号 | 领域 | 项目/参数 | 检验检测方法 |
|---|---|---|---|
| 三 | 混凝土骨料 | | |
| 18 | | 细度模数 | 砂料颗粒级配试验、石料颗粒级配试验 |
| 19 | | (砂、石)饱和面干吸水率 | 湿痕法、试模法、石料表观密度及吸水率试验 |
| 20 | | 含泥量 | 砂料黏土、淤泥及细屑含量试验、石料含泥量试验 |
| 21 | | 堆积密度 | 砂料堆积密度及空隙率试验、石料堆积密度及空隙率试验 |
| 22 | | 表观密度 | 砂料表观密度及吸水率试验、砂料表观密度(李氏瓶法)、石料表观密度及吸水率试验、液体比重天平法、广口瓶法 |
| 23 | | 针片状颗粒含量 | 石料针片状颗粒含量试验 |
| 24 | | 软弱颗粒含量 | 石料软弱颗粒含量试验 |
| 25 | | 坚固性 | 砂料坚固性试验、石料坚固性试验 |
| 26 | | 压碎指标 | 石料压碎指标试验 |
| 27 | | 碱活性 | 岩相法、化学法、砂浆棒长度法、碳酸盐检验、砂浆棒快速法、混凝土棱柱体试验法 |
| 28 | | 硫酸盐及硫化物含量 | 砂石料硫酸盐、硫化物含量试验 |
| 29 | | 有机质(物)含量 | 砂料有机质含量试验 |
| 30 | | 云母含量 | 砂料云母含量试验 |
| 31 | | 超逊径颗粒含量 | 石料超逊径颗粒含量试验 |
| 四 | 混凝土和混凝土结构 | | |
| 32 | | 拌和物坍落度 | 混凝土拌和物坍落度试验 |
| 33 | | 拌和物泌水率 | 混凝土拌和物泌水率试验 |
| 34 | | 拌和物均匀性 | 混凝土拌和物均匀性试验、砂浆密度法、混凝土稠度法 |
| 35 | | 拌和物含气量 | 混凝土拌和物含气量试验 |
| 36 | | 拌和物表观密度 | 混凝土拌和物表观密度试验 |
| 37 | | 拌和物凝结时间 | 混凝土拌和物凝结时间试验(贯入阻力法) |

续表 4-2-1

| 序号 | 领域 | 项目/参数 | 检验检测方法 |
|---|---|---|---|
| 38 | | 拌和物水胶比 | 水洗法、炒干法 |
| 39 | | 抗压强度 | 混凝土立方体抗压强度试验 |
| 40 | | 轴向抗拉强度 | 混凝土轴向拉伸试验 |
| 41 | | 抗折强度 | 混凝土弯曲试验 |
| 42 | | 弹性模量 | 混凝土(砂浆)动弹性模量试验 |
| 43 | | 抗渗等级 | 逐级加压法 |
| 44 | | 抗冻等级 | 慢冻法、快冻法、单面冻融法(盐冻法) |
| 45 | | 钢筋间距 | 电磁法、雷达法、直接法 |
| 46 | | 混凝土保护层厚度 | 电磁法、雷达法、直接法 |
| 47 | | 碳化深度 | 回弹法 |
| 48 | | 回弹强度 | 回弹法 |
| 49 | | 内部缺陷 | 超声波法、冲击回波法、探地雷达法 |
| 五 | 钢筋 | | |
| 50 | | 抗拉强度 | 拉伸试验 |
| 51 | | 屈服强度 | 拉伸试验 |
| 52 | | 断后伸长率 | 拉伸试验 |
| 53 | | 接头抗拉强度 | 焊接接头拉伸试验 |
| 54 | | 反复弯曲 | 反复弯曲试验 |
| 六 | 砂浆 | | |
| 55 | | 稠度 | 水泥砂浆稠度试验 |
| 56 | | 泌水率 | 水泥砂浆泌水率试验 |
| 57 | | 表观密度 | 水泥砂浆表观密度试验 |
| 58 | | 抗压强度 | 水泥砂浆抗压强度试验 |
| 59 | | 抗渗 | 水泥砂浆抗渗性试验 |
| 七 | 外加剂 | | |
| 60 | | 减水率 | 减水率测定 |
| 61 | | 固体含量(含固量) | 含固量试验 |

续表 4-2-1

| 序号 | 领域 | 项目/参数 | 检验检测方法 |
|---|---|---|---|
| 62 | | 含水率 | 含水率试验 |
| 63 | | 含气量 | 含气量测定 |
| 64 | | pH | pH 试验 |
| 65 | | 细度 | 细度试验 |
| 66 | | 氯离子含量 | 电位滴定法、离子色谱法 |
| 67 | | 总碱量 | 火焰光度法、原子吸收光谱法 |
| 68 | | 收缩率比 | 非接触法、接触法 |
| 69 | | 泌水率比 | 泌水率比测定 |
| 70 | | 抗压强度比 | 抗压强度比测定 |
| 71 | | 凝结时间差 | 凝结时间差测定 |
| 八 | 沥青 | | |
| 72 | | 密度 | 固体和半固体石油沥青密度测定法 |
| 73 | | 针入度 | 沥青针入度测定法 |
| 74 | | 延度 | 沥青延度测定法 |
| 75 | | 软化点 | 环球法 |
| 九 | 止水带材料 | | |
| 76 | | 拉伸强度 | 硫化橡胶或热塑性橡胶拉伸应力应变性能的测定 |
| 77 | | 拉断伸长率 | 硫化橡胶或热塑性橡胶拉伸应力应变性能的测定 |
| 78 | | 撕裂强度 | 硫化橡胶或热塑性橡胶撕裂强度的测定(裤形、直角形和新月形试样) |
| 79 | | 压缩永久变形 | 硫化橡胶或热塑性橡胶压缩永久变形的测定 |

## 二、混凝土工程检验检测项目/参数与对应标准及要求一览表

本部分共梳理了混凝土工程九个类别 79 个检验检测项目/参数内容,涉及 32 个检验检测方法标准,详见表 4-2-2 混凝土工程检验检测项目/参数与对应标准及要求一览表。

表 4-2-2　混凝土工程检验检测项目/参数与对应标准及要求一览表

| 序号 | 类别(产品/项目/参数) | 产品/项目/参数 | | 依据标准(方法)名称及编号(含年号) | 仪器设备(标准物质)要求 | 环境条件要求 | 备注 |
|---|---|---|---|---|---|---|---|
| | | 序号 | 名称 | | | | |
| 一 | 水泥 | | | | | | |
| | | 1 | 细度 | 水泥细度检验方法 筛析法 GB/T 1345—2005/7.2 | 1. 筛子:筛孔为 80 μm 和 45 μm;<br>2. 负压筛析仪:筛座转速(30 ± 2) r/min;负压可调范围 4 000 ~ 6 000 Pa;<br>3. 天平:最小分度值不大于 0.01 g | | 1. 负压筛析法;<br>2. 负压筛析法、水筛法和手工筛析法测定的结果发生争议时,以负压筛析法为准 |
| | | | | 水泥细度检验方法 筛析法 GB/T 1345—2005/7.3 | 1. 筛子:筛孔为 80 μm 和 45 μm;<br>2. 水筛架和喷头;<br>3. 天平:最小分度值不大于 0.01 g | | 1. 水筛法 |
| | | | | 水泥细度检验方法 筛析法 GB/T 1345—2005/7.4 | 1. 筛子:筛孔为 80 μm 和 45 μm;<br>2. 天平:最小分度值不大于 0.01 g | | 1. 手工筛析法 |
| | | 2 | 标准稠度用水量 | 水泥标准稠度用水量、凝结时间、安定性检验方法 GB/T 1346—2011/7 | 1. 水泥净浆搅拌机:符合 JC/T 729 的要求;<br>2. 标准法维卡仪:标准稠度试杆有效长度(50 ± 1) mm,直径为 $\Phi$(10 ± 0.05) mm,滑动总质量为(300 ± 1) g;<br>3. 天平:最大称量不小于 1 000 g,分度值不大于 1 g;<br>4. 养护箱:(20 ± 1)℃,相对湿度不低于 90% | 1. 试验检测:试验室温度为(20 ± 2)℃,相对湿度不低于 50%;<br>2. 水泥试样、拌和水、仪器和用具的温度应与试验室一致;<br>3. 样品养护:湿气养护箱的温度为(20 ± 1)℃,相对湿度不低于 90% | 1. 标准法 |

续表 4-2-2

| 序号 | 类别(产品/项目/参数) | 产品/项目/参数 | | 依据标准(方法)名称及编号(含年号) | 仪器设备(标准物质)要求 | 环境条件要求 | 备注 |
|---|---|---|---|---|---|---|---|
| | | 序号 | 名称 | | | | |
| | | | | 水泥标准稠度用水量、凝结时间、安定性检验方法 GB/T 1346—2011/10 | 1. 水泥净浆搅拌机:符合 JC/T 729 的要求;<br>2. 代用法维卡仪:符合 JC/T 727—2005;<br>3. 天平:最大称量不小于 1 000 g,分度值不大于 1 g;<br>4. 养护箱:(20 ± 1)℃;相对湿度不低于 90% | 同上 | 1. 代用法 |
| | | 3 | 凝结时间 | 水泥标准稠度用水量、凝结时间、安定性检验方法 GB/T 1346—2011/8 | 1. 水泥净浆搅拌机:符合 JC/T 729 的要求;<br>2. 标准法维卡仪:初凝试针有效长度(50 ± 1)mm;终凝试针为(30 ± 1)mm,直径为 $\phi$(1.13 ± 0.05)mm 滑动总质量为(300 ± 1)g;<br>3. 天平:最大称量不小于 1 000 g,分度值不大于 1 g;<br>4. 养护箱:(20 ± 1)℃,相对湿度不低于 90% | 同上 | |
| | | 4 | 安定性 | 水泥标准稠度用水量、凝结时间、安定性检验方法 GB/T 1346—2011/9 | 1. 水泥净浆搅拌机:符合 JC/T 729 的要求;<br>2. 雷氏夹:张开距离(17.5 ± 2.5)mm(300 g 砝码校准);<br>3. 雷氏夹膨胀仪:标尺最小刻度为 0.5 mm;<br>4. 沸煮箱:符合 JC/T 955—2005;<br>5. 天平:最大称量不小于 1 000 g,分度值不大于 1 g | 同上 | 1. 标准法 |
| | | | | 水泥标准稠度用水量、凝结时间、安定性检验方法 GB/T 1346—2011/11 | 1. 水泥净浆搅拌机:符合 JC/T 729 的要求;<br>2. 沸煮箱:符合 JC/T 955—2005;<br>3. 天平:最大称量不小于 1 000 g,分度值不大于 1 g | 同上 | 1. 代用法 |

**续表 4-2-2**

| 序号 | 类别（产品/项目/参数） | 产品/项目/参数 | | 依据标准（方法）名称及编号（含年号） | 仪器设备（标准物质）要求 | 环境条件要求 | 备注 |
|---|---|---|---|---|---|---|---|
| | | 序号 | 名称 | | | | |
| | | 5 | 胶砂流动度 | 水泥胶砂流动度测定方法 GB/T 2419—2005/6 | 1. 水泥胶砂流动度测定仪（简称跳桌）：技术要求及其安装方法按 GB/T 2419—2005 附录 A；<br>2. 水泥胶砂搅拌机：符合 JC/T 681；<br>3. 卡尺：量程不小于 300 mm，分度值不大于 0.5 mm；<br>4. 天平：量程不小于 1 000 g，分度值不大于 1 g | 1. 试体成型试验室的温度应保持在（20 ± 2）℃，相对湿度应不低于 50%<br>2. 试体带模养护的养护箱或雾室温度保持在（20 ± 1）℃，相对湿度不低于 90%<br>3. 试体养护池水温度应在（20 ± 1）℃范围内 | 1. 试验室空气温度和相对温度及养护池水温在工作期间每天至少记录一次；<br>2. 养护箱或雾室的温度与相对湿度至少每 4 h 记录一次，在自动控制的情况下记录次数可以酌减至一天记录 2 次，在温度给定范围内，控制所设定的温度应为此范围中值 |
| | | 6 | 胶砂强度 | 水泥胶砂强度检验方法（ISO 法） GB/T 17671—1999/9 | 1. 搅拌机：属行星式，符合 JC/T 681 要求；<br>2. 振实台：符合 JC/T 682—2005；<br>3. 抗折强度试验机：符合 JC/T 724—2005 的要求；<br>4. 抗压强度试验机：抗压强度试验机，在较大的五分之四量程范围内使用时记录的荷载应有 ±1% 精度，并具有按（2 400 ±200）N/s 速率的加荷能力；<br>5. 天平：称量用的天平精度应为 ±1 g | 同上 | 同上 |
| | | 7 | 比表面积 | 水泥比表面积测定方法 勃氏法 GB/T 8074—2008/7 | 1. 透气仪：符合 JC/T 956—2014 的要求；<br>2. 烘干箱：控制温度灵敏度 ±1 ℃；<br>3. 分析天平：分度值为 0.001 g；<br>4. 秒表：精确至 0.5 s | 1. 试验室条件：相对湿度不大于 50% | |

续表 4-2-2

| 序号 | 类别(产品/项目/参数) | 产品/项目/参数 | | 依据标准(方法)名称及编号(含年号) | 仪器设备(标准物质)要求 | 环境条件要求 | 备注 |
|---|---|---|---|---|---|---|---|
| | | 序号 | 名称 | | | | |
| | | 8 | 烧失量 | 水泥化学分析方法 GB/T 176—2017/6.3 | 1. 天平:可精确至 0.000 1 g;<br>2. 高温炉:可控制温度(950±25) ℃ | 1. 应按万分之一天平使用说明书,控制其使用环境 | 1. 灼烧差减法:不适应于矿渣硅酸盐水泥 |
| | | | | 水泥化学分析方法 GB/T 176—2017/6.4 | 1. 天平:可精确至 0.000 1 g;<br>2. 高温炉:可控制温度(950±25) ℃ | 同上 | 1. 校正法(基准法) |
| | | | | 水泥化学分析方法 GB/T 176—2017/6.39 | 1. 天平:可精确至 0.000 1 g;<br>2. 高温炉:可控制温度(950±25) ℃ | 同上 | 1. 校正法(代用法):矿渣硅酸盐水泥烧失量的测定 |
| | | 9 | 碱含量 | 水泥化学分析方法 GB/T 176—2017/6.14 | 1. 天平:可精确至 0.000 1 g;<br>2. 加热板;<br>3. 火焰光度计:可稳定地测定钾在波长 768 nm 和钠在波长 589 nm 的谱线强度;<br>4. 通风橱 | 同上 | 1. 基准法:火焰光度法(氧化钾和氧化钠的测定) |
| | | | | 水泥化学分析方法 GB/T 176—2017/6.33 | 1. 天平:可精确至 0.000 1 g;<br>2. 原子吸收分光光度计:带有镁、钾、钠、铁、锰、锌元素空心阴极灯;<br>3. 通风橱 | 同上 | 1. 代用法:原子吸收分光光度法(氧化钾和氧化钠的测定) |
| | | 10 | 三氧化硫含量 | 水泥化学分析方法 GB/T 176—2017/6.5 | 1. 天平:可精确至 0.000 1 g;<br>2. 高温炉:可控制温度 800 ℃ | 同上 | 1. 基准法:硫酸钡重量法 |
| | | | | 水泥化学分析方法 GB/T 176—2017/6.28 | 1. 天平:可精确至 0.000 1 g;<br>2. 仪器参见 GB/T 176—2017/6.2.17 | 同上 | 1. 代用法:碘量法 |
| | | | | 水泥化学分析方法 GB/T 176—2017/6.29 | 1. 天平:可精确至 0.000 1 g;<br>2. 库仑积分测硫仪:由管式高温炉、电解池和库仑积分器组成 | 同上 | 1. 代用法:库仑滴定法 |

**续表 4-2-2**

| 序号 | 类别(产品/项目/参数) | 产品/项目/参数 | | 依据标准(方法)名称及编号(含年号) | 仪器设备(标准物质)要求 | 环境条件要求 | 备注 |
|---|---|---|---|---|---|---|---|
| | | 序号 | 名称 | | | | |
| | | | | 水泥化学分析方法 GB/T 176—2017/6. 30 | 1. 天平:可精确至 0. 000 1 g;<br>2. 磁力搅拌器:具有调速和加热功能,带有包着惰性材料的搅拌棒 | 同上 | 1. 代用法:离子交换法;<br>2. 本方法只作为企业生产控制用,只适用于掺加天然石膏的水泥,不适用于掺加工业副产石膏的水泥以及水泥生料 |
| 二 | 粉煤灰 | | | | | | |
| | | 11 | 强度活性指数 | 用于水泥和混凝土中的粉煤灰 GB/T 1596—2017/附录 C | 1. 天平、搅拌机、振实台或振动台、抗压强度试验机等均应符合 GB/T 17671—1999 规定 | 1. 试体成型试验室的温度应保持在(20 ± 2)℃,相对湿度应不低于 50%;<br>2. 试体带模养护的养护箱或雾室温度保持在(20 ± 1)℃,相对湿度不低于 90%;<br>3. 试体养护池水温度应在(20 ± 1)℃范围内 | 1. 试验室空气温度和相对温度及养护池水温在工作期间每天至少记录一次;<br>2. 养护箱或雾室的温度与相对湿度至少每 4 h 记录一次,在自动控制的情况下记录次数可以酌减至一天记录 2 次,在温度给定范围内,控制所设定的温度应为此范围中值 |

续表 4-2-2

| 序号 | 类别(产品/项目/参数) | 产品/项目/参数 | | 依据标准(方法)名称及编号(含年号) | 仪器设备(标准物质)要求 | 环境条件要求 | 备注 |
|---|---|---|---|---|---|---|---|
| | | 序号 | 名称 | | | | |
| | | | | 水泥胶砂强度检验方法(ISO 法) GB/T 17671—1999/9 | 1. 搅拌机:属行星式,符合 JC/T 681 要求;<br>2. 振实台:符合 JC/T 682—2005;<br>3. 抗折强度试验机:符合 JC/T 724—2005 的要求;<br>4. 抗压强度试验机:抗压强度试验机,在较大的五分之四量程范围内使用时记录的荷载应有 ±1% 精度,并具有按(2 400 ± 200) N/s 速率的加荷能力;<br>5. 天平:称量用的天平精度应为 ±1 g | 同上 | 同上 |
| | | 12 | 需水量比 | 用于水泥和混凝土中的粉煤灰 GB/T 1596—2017/附录 A | 1. 天平:量程不小于 1 000 g,最小分度值不大于 1 g;<br>2. 搅拌机:符合 GB/T 17671—1999 规定的行星式水泥胶砂搅拌机;<br>3. 流动度跳桌:符合 GB/T 2419 规定 | 同上 | 同上 |
| | | | | 水泥胶砂流动度测定方法 GB/T 2419—2005/6 | 1. 水泥胶砂流动度测定仪(简称跳桌):技术要求及其安装方法按 GB/T 2419—2005 附录 A;<br>2. 水泥胶砂搅拌机:符合 JC/T 681;<br>3. 卡尺:量程不小于 300 mm 分度值不大于 0.5 mm;<br>4. 天平:量程不小于 1 000 g,分度值不大于 1 g | 同上 | 同上 |
| | | 13 | 细度 | 水泥细度检验方法 筛析法 GB/T 1345—2005/7.2 | 1. 筛子:筛孔为 80 μm 和 45 μm;<br>2. 负压筛析仪:筛座转速(30 ± 2) r/min;负压可调范围 4 000 ~ 6 000 Pa;<br>3. 天平:最小分度值不大于 0.01 g | | 1. 负压筛析法;<br>2. 负压筛析法、水筛法和手工筛析法测定的结果发生争议时,以负压筛析法为准 |

**续表** 4-2-2

| 序号 | 类别(产品/项目/参数) | 产品/项目/参数 | | 依据标准(方法)名称及编号(含年号) | 仪器设备(标准物质)要求 | 环境条件要求 | 备注 |
|---|---|---|---|---|---|---|---|
| | | 序号 | 名称 | | | | |
| | | | | 水泥细度检验方法 筛析法 GB/T 1345—2005/7.3 | 1. 筛子:筛孔为 80 μm 和 45 μm;<br>2. 水筛架和喷头;<br>3. 天平:最小分度值不大于 0.01 g | | 1. 水筛法 |
| | | | | 水泥细度检验方法 筛析法 GB/T 1345—2005/7.4 | 1. 筛子:筛孔为 80 μm 和 45 μm;<br>2. 天平:最小分度值不大于 0.01 g | | 1. 手工筛析法 |
| | | 14 | 安定性 | 用于水泥和混凝土中的粉煤灰 GB/T 1596—2017/7.7 | 1. 水泥净浆搅拌机:符合 JC/T 729 的要求;<br>2. 雷氏夹:张开距离(17.5 ±2.5)mm(300 g 砝码校准);<br>3. 雷氏夹膨胀仪:标尺最小刻度为 0.5 mm;<br>4. 沸煮箱:符合 JC/T 955—2005;<br>5. 天平:最大称量不小于 1 000 g,分度值不大于 1 g | 1. 试验检测:试验室温度为(20 ±2)℃,相对湿度不低于 50%;水泥试样、拌和水、仪器和用具的温度应与试验室一致;<br>2. 样品养护:湿气养护箱的温度为(20 ±1)℃,相对湿度不低于 90% | 1. 标准法;<br>2. 试样按 GB/T 1596 中 3.3 制备,安定性试验按 GB/T 1346 进行 |
| | | | | 用于水泥和混凝土中的粉煤灰 GB/T 1596—2017/7.7 | 1. 水泥净浆搅拌机:符合 JC/T 729 的要求;<br>2. 沸煮箱:符合 JC/T 955—2005;<br>3. 天平:最大称量不小于 1 000 g,分度值不大于 1 g | 同上 | 1. 代用法;<br>2. 试样按 GB/T 1596 中 3.3 制备,安定性试验按 GB/T 1346 进行 |

续表 4-2-2

| 序号 | 类别（产品/项目/参数） | 产品/项目/参数 | | 依据标准（方法）名称及编号（含年号） | 仪器设备（标准物质）要求 | 环境条件要求 | 备注 |
|---|---|---|---|---|---|---|---|
| | | 序号 | 名称 | | | | |
| | | | | 水泥标准稠度用水量、凝结时间、安定性检验方法 GB/T 1346—2011/9 | 1. 水泥净浆搅拌机：符合 JC/T 729 的要求；<br>2. 雷氏夹：张开距离（17.5±2.5）mm（300 g 砝码校准）；<br>3. 雷氏夹膨胀仪：标尺最小刻度为 0.5 mm；<br>4. 沸煮箱：符合 JC/T 955—2005；<br>5. 天平：最大称量不小于 1 000 g，分度值不大于 1 g | 同上 | 1. 标准法 |
| | | | | 水泥标准稠度用水量、凝结时间、安定性检验方法 GB/T 1346—2011/11 | 1. 水泥净浆搅拌机：符合 JC/T 729 的要求；<br>2. 沸煮箱：符合 JC/T 955—2005；<br>3. 天平：最大称量不小于 1 000 g，分度值不大于 1 g | 同上 | 1. 代用法 |
| | | 15 | 烧失量 | 水泥化学分析方法 GB/T 176—2017/6.3 | 1. 天平：可精确至 0.000 1 g；<br>2. 高温炉：可控制温度（950±25）℃ | 1. 应按万分之一天平使用说明书，控制其使用环境 | 1. 灼烧差减法 |
| | | | | 水泥化学分析方法 GB/T 176—2017/6.4 | 1. 天平：可精确至 0.000 1 g；<br>2. 高温炉：可控制温度（950±25）℃ | 同上 | 1. 校正法（基准法） |
| | | 16 | 三氧化硫含量 | 水泥化学分析方法 GB/T 176—2017/6.5 | 1. 天平：可精确至 0.000 1 g；<br>2. 高温炉：可控制温度 800 ℃ | 同上 | 1. 基准法：硫酸钡重量法 |
| | | | | 水泥化学分析方法 GB/T 176—2017/6.28 | 1. 天平：可精确至 0.000 1 g；<br>2. 仪器参见 GB/T 176—2017/6.2.17 | 同上 | 1. 代用法：碘量法 |
| | | | | 水泥化学分析方法 GB/T 176—2017/6.29 | 1. 天平：可精确至 0.000 1 g；<br>2. 库仑积分测硫仪：由管式高温炉、电解池和库仑积分器组成 | 同上 | 1. 代用法：库仑滴定法 |

续表 4-2-2

| 序号 | 类别(产品/项目/参数) | 产品/项目/参数 | | 依据标准(方法)名称及编号(含年号) | 仪器设备(标准物质)要求 | 环境条件要求 | 备注 |
|---|---|---|---|---|---|---|---|
| | | 序号 | 名称 | | | | |
| | | | | 水泥化学分析方法 GB/T 176—2017/6. 30 | 1. 天平:可精确至 0. 000 1 g;<br>2. 磁力搅拌器:具有调速和加热功能,带有包着惰性材料的搅拌棒 | 同上 | 1. 代用法:离子交换法;<br>2. 本方法只作为企业生产控制用,只适用于掺加天然石膏的水泥,不适用于掺加工业副产石膏的水泥以及水泥生料 |
| | | 17 | 含水量 | 用于水泥和混凝土中的粉煤灰 GB/T 1596—2017/附录 B | 1. 烘箱:可控温度 105 ~ 110 ℃,最小分度值不大于 2 ℃;<br>2. 天平:量程不小于 50 g,最小分度值不大于 0. 01 g | 同上 | |
| 三 | 混凝土骨料 | | | | | | |
| | | 18 | 细度模数 | 水工混凝土试验规程 SL 352—2006/2. 1 | 1. 天平:称量 1 000 g、感量 1 g;<br>2. 筛:方孔筛,孔径(公称直径)10 mm、5 mm、2. 5 mm、1. 25 mm、0. 63 mm、0. 315 mm、0. 16 mm 以及底盘和盖;<br>3. 烘箱:(105 ± 5)℃ | | 1. 砂料颗粒级配试验 |
| | | | | 水工混凝土试验规程 SL 352—2006/2. 18 | 1. 筛:孔径分别为 150(或 120) mm、80 mm、40 mm、20 mm、10 mm、5 mm 的孔筛;<br>2. 磅秤:称量 50 kg、感量 50 g;<br>3. 台秤:称量 10 kg、感量 5 g | | 1. 石料颗粒级配试验 |
| | | | | 建设用砂 GB/T 14684—2011/7. 3 | 1. 天平:称量 1 000 g、感量 1 g;<br>2. 方孔筛:孔径 150 μm、300 μm、600 μm、1. 18 mm、2. 36 mm、4. 75 mm、9. 50 mm 的筛各一只,并附有筛底和筛盖;<br>3. 烘箱:(105 ± 5)℃ | 1. 试验室环境应保持在(20 ± 5)℃ | 1. 细度模数取两次试验结果的算数平均值,精确至 0. 1;如两次试验的细度模数之差超过 0. 20 时,应重新试验 |

续表 4-2-2

| 序号 | 类别(产品/项目/参数) | 产品/项目/参数 | | 依据标准(方法)名称及编号(含年号) | 仪器设备(标准物质)要求 | 环境条件要求 | 备注 |
|---|---|---|---|---|---|---|---|
| | | 序号 | 名称 | | | | |
| | | | | 水工混凝土砂石骨料试验规程 DL/T 5151—2014/3.1 | 1. 天平:称量 1 000 g、感量不大于 1 g;<br>2. 筛子:应满足 GB/T 6003.1 和 GB/T 6003.2 中方孔试验筛的规定,筛孔基本尺寸为 10 mm、5 mm、2.5 mm、1.25 mm、0.63 mm、0.315 mm、0.16 mm,含底盘和盖,筛孔大于 5 mm 的试验筛应采用穿孔板试验筛;<br>3. 烘箱:(105 ±5)℃ | | 1. 砂料颗粒级配试验 |
| | | | | 水工混凝土砂石骨料试验规程 DL/T 5151—2014/4.1 | 1. 筛子:应满足 GB/T 6003.2 中方孔试验筛的规定,筛孔基本尺寸为 150 mm(或 120 mm)、80 mm、40 mm、20 mm、10 mm、5 mm,含底盘和盖;<br>2. 天平:称量 10 kg、感量不大于 5 g;<br>3. 磅秤:称量 50 kg、感量不大于 50 g | | 1. 卵石或碎石颗粒级配试验 |
| | | 19 | (砂、石)饱和面干吸水率 | 水工混凝土试验规程 SL 352—2006/2.4 | 1. 天平:称量 1 000 g、感量 0.1 g;<br>2. 烘箱:控制温度(105 ±5)℃ | 1. 试验室温度(20 ±2)℃,相对湿度 40% ~ 70% | 1. 人工砂饱和面干吸水率试验(湿痕法) |
| | | | | 水工混凝土试验规程 SL 352—2006/2.5 | 1. 天平:称量 1 000 g、感量 0.2 g;<br>2. 烘箱:(105 ±5)℃;<br>3. 饱和面干试模:白铁皮加工而成,上口直径 38 mm,下口直径 89 mm,高 113 mm | 1. 试验室环境应保持在(20 ± 5)℃ | 1. 人工砂饱和面干吸水率试验(试模法) |
| | | | | 水工混凝土试验规程 SL 352—2006/2.19 | 1. 天平:称量 5 kg、感量 1 g,能在水中称量;<br>2. 烘箱:控制温度(105 ±5)℃;<br>3. 饱和面干试模:白铁皮加工而成,上口直径 38 mm,下口直径 89 mm,高 113 mm | | 1. 石料表观密度及吸水率试验 |
| | | | | 建设用砂 GB/T 14684—2011/7.19 | 1. 天平:称量 1 000 g、感量 0.1 g;<br>2. 鼓风干燥箱:能使温度控制在(105 ±5)℃;<br>3. 饱和面干试模及重 340 g 的捣棒 | 1. 水温控制在(23 ±5)℃ | |

**续表 4-2-2**

| 序号 | 类别(产品/项目/参数) | 产品/项目/参数 | | 依据标准(方法)名称及编号(含年号) | 仪器设备(标准物质)要求 | 环境条件要求 | 备注 |
|---|---|---|---|---|---|---|---|
| | | 序号 | 名称 | | | | |
| | | | | 建设用卵石、碎石 GB/T 14685—2011 | 1. 天平:称量 10 kg、感量 1 g;<br>2. 烘箱:(105 ±5)℃ | 1. 试验室环境应保持在(20 ± 5)℃ | |
| | | | | 水工混凝土砂石骨料试验规程 DL/T 5151—2014/3.2 | 1. 天平:称量 2 kg、感量不大于 0.5 g;<br>2. 烘箱:(105 ±5)℃;<br>3. 饱和面干试模:金属制,上口直径 38 mm,下口直径 89 mm,高 73 mm;另附铁质捣棒,直径 25 mm,质量 340 g;<br>4. 方孔筛:应满足 GB/T 6003.2 中方孔试验筛的规定,筛孔基本尺寸为 5 mm | 1. 试验室温度为(20 ± 5)℃,相对湿度为 40% ~ 70% | 1. 砂料表观密度及吸水率试验 |
| | | | | 水工混凝土砂石骨料试验规程 DL/T 5151—2014/3.3 | 1. 天平:称量 2 kg、感量不大于 0.5 g;<br>2. 烘箱:(105 ±5)℃;<br>3. 方孔筛:应满足 GB/T 6003.2 中方孔试验筛的规定,筛孔基本尺寸为 5 mm | 1. 试验室温度为(20 ± 5)℃,相对湿度为 40% ~ 70% | 1. 人工砂饱和面干吸水率试验(湿痕法) |
| | | | | 水工混凝土砂石骨料试验规程 DL/T 5151—2014/4.2 | 1. 天平:称量 10 kg、感量大于 5 g;<br>2. 烘箱:(105 ±5)℃;<br>3. 饱和面干试模:上口 38 mm,下口 89 mm,高 73 mm | | 1. 卵石或碎石表观密度及吸水率试验 |
| | | 20 | 含泥量 | 水工混凝土试验规程 SL 352—2006/2.10 | 1. 天平:称量 1 000 g、感量 1 g;<br>2. 烘箱:(105 ±5)℃;<br>3. 标准筛:0.08 mm、1.25 mm | | 1. 砂料黏土、淤泥及细屑含量试验 |
| | | | | 水工混凝土试验规程 SL 352—2006/2.23 | 1. 台秤:称量 10 kg、感量 5 g;<br>2. 磅秤:称量 50 kg、感量 50 g;<br>3. 烘箱:(105 ±5)℃;<br>4. 标准筛:0.08 mm、1.25 mm | | 1. 石料含泥量试验 |

续表 4-2-2

| 序号 | 类别(产品/项目/参数) | 产品/项目/参数 | | 依据标准(方法)名称及编号(含年号) | 仪器设备(标准物质)要求 | 环境条件要求 | 备注 |
|---|---|---|---|---|---|---|---|
| | | 序号 | 名称 | | | | |
| | | | | 建设用砂 GB/T 14684—2011/7.4 | 1. 天平:称量 1 000 g、感量 0.1 g;<br>2. 烘箱:(105 ±5)℃;<br>3. 标准筛:75 μm、1.18 mm | 1. 试验室环境应保持在(20 ± 5)℃ | |
| | | | | 建设用卵石、碎石 GB/T 14685—2011/7.4 | 1. 天平:称量 10 kg、感量 1 g;<br>2. 烘箱:(105 ±5)℃;<br>3. 标准筛:75 μm、1.18 mm | 1. 试验室环境应保持在(20 ± 5)℃ | |
| | | | | 水工混凝土砂石骨料试验规程 DL/T 5151—2014/3.12 | 1. 天平:称量 1 000 g、感量 1 g;<br>2. 烘箱:(105 ±5)℃;<br>3. 标准筛:应满足 GB/T 6003.1 中方孔试验筛的规定,筛孔基本尺寸为 0.08 mm、1.25 mm 的筛各一只 | | 1. 砂料黏土、淤泥及细屑含量试验 |
| | | | | 水工混凝土砂石骨料试验规程 DL/T 5151—2014/4.5 | 1. 天平:称量 10 kg、感量不大于 5 g;<br>2. 磅秤:称量 50 kg、感量不大于 50 g;<br>3. 烘箱:(105 ±5)℃;<br>4. 方孔筛:应满足 GB/T 6003.1 中方孔筛的规定,筛孔基本尺寸为 0.08 mm、1.25 mm 的筛各一只 | | 1. 卵石或碎石含泥量试验 |
| | | 21 | 堆积密度 | 水工混凝土试验规程 SL 352—2006/2.8 | 1. 天平:称量 5 kg、感量 1 g;<br>2. 容量筒:1 L 的金属桶;<br>3. 漏斗;<br>4. 烘箱:(105 ±5)℃ | | 1. 砂料堆积密度及空隙率试验 |
| | | | | 水工混凝土试验规程 SL 352—2006/2.21 | 1. 磅秤:称量 50 kg、感量 50 g 或称量 200 kg、感量 200 g;<br>2. 容量筒:为金属圆筒,具有一定刚度,不变形,容积 5 L、15 L、80 L;<br>3. 振动台:频率(50 ± 3)Hz,振幅 0.35 mm ±0.05 mm,最大荷载 250 kg | | 1. 石料堆积密度及空隙率试验 |

**续表 4-2-2**

| 序号 | 类别（产品/项目/参数） | 产品/项目/参数 | | 依据标准（方法）名称及编号（含年号） | 仪器设备（标准物质）要求 | 环境条件要求 | 备注 |
|---|---|---|---|---|---|---|---|
| | | 序号 | 名称 | | | | |
| | | | | 建设用砂 GB/T 14684—2011/7. 15 | 1. 天平：称量 10 kg、感量 1 g<br>2. 烘箱：(105 ±5)℃；<br>3. 容量筒：圆柱形金属筒，内径 108 mm，净高 109 mm，筒底厚约 5 mm，容积为 1 L；<br>4. 方孔筛：孔径为 4. 75 mm 的筛一只 | 1. 试验室环境应保持在（20 ± 5）℃ | |
| | | | | 建设用卵石、碎石 GB/T 14685—2011/7. 13 | 1. 天平：称量 10 kg、感量 10 g，称量 50 kg、感量 50 g 或称量 100 kg、感量 50 g 各一台；<br>2. 容量筒：容积为 10 L、20 L、30 L | 1. 试验室环境应保持在（20 ± 5）℃ | |
| | | | | 水工混凝土砂石骨料试验规程 DL/T 5151—2014/3. 9 | 1. 天平：称量 5 kg、感量 1 g<br>2. 容量筒：1 L 的金属桶；<br>3. 漏斗；<br>4. 烘箱：(105 ±5)℃ | | 1. 砂料堆积密度及空隙率试验 |
| | | | | 水工混凝土砂石骨料试验规程 DL/T 5151—2014/4. 4 | 1. 振动台：频率(3 000 ±200)次/min，振幅(0. 35 ±0. 05)mm，最大荷载 250 kg；<br>2. 磅秤：称量 50 kg、感量不大于 50 g，或称量 200 kg，感量不大于 200 g；<br>3. 容量筒：为金属圆筒，具有一定刚度，不变形，容积 5 L、15 L、80 L | | 1. 卵石或碎石堆积密度及空隙率试验 |
| | | 22 | 表观密度 | 水工混凝土试验规程 SL 352—2006/2. 2 | 1. 天平：称量 1 000 g，感量 0. 5 g；<br>2. 容量瓶：1 000 mL；<br>3. 烘箱：控制温度(105 ±5)℃；<br>4. 标准筛：5 mm | | 1. 砂料表观密度及吸水率试验 |
| | | | | 水工混凝土试验规程 SL 352—2006/2. 3 | 1. 天平：称量 100 g，感量 0. 1 g；<br>2. 李氏瓶：容量 250 mL | | 1. 砂料表观密度（李氏瓶法） |
| | | | | 水工混凝土试验规程 SL 352—2006/2. 19 | 1. 天平：称量 5 kg，感量 1 g，能在水中称重；<br>2. 台秤：称量 10 kg，感量 5 g；<br>3. 烘箱：(105 ±5)℃ | | 1. 石料表观密度及吸水率试验 |

续表 4-2-2

| 序号 | 类别(产品/项目/参数) | 产品/项目/参数 | | 依据标准(方法)名称及编号(含年号) | 仪器设备(标准物质)要求 | 环境条件要求 | 备注 |
|---|---|---|---|---|---|---|---|
| | | 序号 | 名称 | | | | |
| | | | | 建设用砂 GB/T 14684—2011/7.14 | 1. 天平:称量 1 000 g,感量 0.1 g;<br>2. 容量瓶:500 mL;<br>3. 烘箱:(105 ±5)℃ | 1. 试验室环境应保持在(20 ± 5)℃ | |
| | | | | 建设用卵石、碎石 GB/T 14685—2011/7.12.1 | 1. 烘箱:(105 ±5)℃;<br>2. 天平:称量 5 kg、感量 5 g,能在水中称重;<br>3. 方孔筛:孔径为 4.75 mm;<br>4. 盛水容器:有溢流口 | 1. 试验时各项称量可以在 15 ~ 25 ℃范围内进行,但从试样加水静止的 2 h 起至试验结束,其温度变化不应超过 2 ℃ | 1. 液体比重天平法 |
| | | | | 建设用卵石、碎石 GB/T 14685—2011/7.12.2 | 1. 烘箱:(105 ±5)℃;<br>2. 天平:称量 2 kg、感量 1 g;<br>3. 广口瓶:1 000 mL,磨口;<br>4. 方孔筛:孔径为 4.75 mm | 同上 | 1. 广口瓶法:本方法不宜用于测定最大粒径大于 37.5 mm 的碎石或卵石的表观密度 |
| | | | | 水工混凝土砂石骨料试验规程 DL/T 5151—2014/3.2 | 1. 天平:称量 2 kg、感量不大于 0.5 g;<br>2. 容量瓶:1 000 mL;<br>3. 烘箱:(105 ±5)℃ | 1. 试验室温度(20 ±5)℃,相对湿度为 40% ~70% | 1. 砂料表观密度试验及吸水率试验 |
| | | | | 水工混凝土砂石骨料试验规程 DL/T 5151—2014/3.5 | 1. 天平:称量 100 g、感量不大于 0.1 g;<br>2. 李氏瓶:容量 250 mL;<br>3. 烘箱:(105 ±5)℃ | 1. 试验室温度(20 ±5)℃,试验过程中加入李氏瓶的水,其温差不超过2 ℃ | 1. 砂料表观密度试验(李氏瓶法) |

**续表 4-2-2**

| 序号 | 类别(产品/项目/参数) | 产品/项目/参数 | | 依据标准(方法)名称及编号(含年号) | 仪器设备(标准物质)要求 | 环境条件要求 | 备注 |
|---|---|---|---|---|---|---|---|
| | | 序号 | 名称 | | | | |
| | | | | 水工混凝土砂石骨料试验规程 DL/T 5151—2014/3.6 | 1. 天平:称量 1 000 g、感量不大于 0.1 g;<br>2. 容量瓶:500 mL;<br>3. 烘箱:(105 ±5)℃ | 1. 试验室温度(20 ±5)℃ | 1. 砂料表观密度试验(容量瓶法) |
| | | | | 水工混凝土砂石骨料试验规程 DL/T 5151—2014/4.2 | 1. 天平:称量 5 kg、感量 1 g,能在水中称量;<br>2. 天平:10 kg、感量 5 g;<br>3. 烘箱:(105 ±5)℃ | | 1. 卵石或碎石表观密度及吸水率试验 |
| | | 23 | 针片状颗粒含量 | 水工混凝土试验规程 SL 352—2006/2.26 | 1. 天平:2 kg、感量 1 g;<br>2. 台秤:10 kg、感量 5 g;<br>3. 磅秤:50 kg、感量 50 g;<br>4. 筛子:孔径分别为 5 mm、20 mm、40 mm、80 mm、150(120) mm 方孔筛;<br>5. 针状规准仪和片状规准仪 | | |
| | | | | 建设用卵石、碎石 GB/T 14685—2011/7.6 | 1. 针状规准仪和片状规准仪;<br>2. 天平:10 kg、感量 1 g;<br>3. 筛子:4.75 mm、9.50 mm、16 mm、19 mm、26.5 mm、31.5 mm 和 37.5 mm 方孔筛 | 1. 试验室环境应保持在(20 ±5)℃ | |
| | | | | 水工混凝土砂石骨料试验规程 DL/T 5151—2014/4.8 | 1. 针状规准仪和片状规准仪;<br>2. 天平:称量 2 kg、感量不大于 1 g,以及称量 10 kg、感量不大于 5 g 的各一台;<br>3. 磅秤:称量 50 kg、感量不大于 50 g;<br>4. 方孔筛:5 mm、20 mm、40 mm、80 mm、150(120) mm | | |
| | | 24 | 软弱颗粒含量 | 水工混凝土试验规程 SL 352—2006/2.28 | 1. 天平:称量 5 kg、感量 1 g;<br>2. 筛子:孔径 5 mm、10 mm、20 mm、40 mm 方孔筛;<br>3. 压力试验机 | | |

续表 4-2-2

| 序号 | 类别(产品/项目/参数) | 产品/项目/参数 | | 依据标准(方法)名称及编号(含年号) | 仪器设备(标准物质)要求 | 环境条件要求 | 备注 |
|---|---|---|---|---|---|---|---|
| | | 序号 | 名称 | | | | |
| | | | | 水工混凝土砂石骨料试验规程 DL/T 5151—2014/4. 10 | 1. 天平:称量 5 kg、感量不大于 1 g;<br>2. 方孔筛:应满足 GB/T 6003. 2 中方孔试验筛的规定,筛孔基本尺寸 5 mm、10 mm、20 mm、40 mm;<br>3. 压力试验机 | | 1. 适用于卵石或由卵石破碎的碎石 |
| | | 25 | 坚固性 | 水工混凝土试验规程 SL 352—2006/2. 17 | 1. 天平:称量 200 g、感量 0. 2 g;<br>2. 烘箱:(105 ± 5) ℃;<br>3. 恒温试验箱:20 ~ 25 ℃;<br>4. 筛子:方孔筛,孔径(公称直径)10 mm、5 mm、2. 5 mm、1. 25 mm、0. 63 mm、0. 315 mm、0. 16 mm 以及底盘和盖 | | 1. 砂料坚固性试验 |
| | | | | 水工混凝土试验规程 SL 352—2006/2. 31 | 1. 天平:称量 5 kg、感量 1 g;<br>2. 烘箱:(105 ± 5) ℃;<br>3. 恒温试验箱:20 ~ 25 ℃;<br>4. 筛子:5 mm、20 mm、40 mm、80 mm、150 mm 方孔筛 | | 1. 石料坚固性试验 |
| | | | | 水工混凝土砂石骨料试验规程 DL/T 5151—2014/3. 18 | 1. 天平:称量 200 g、感量不大于 0. 2 g;<br>2. 烘箱:(105 ± 5) ℃;<br>3. 恒温试验箱:20 ~ 25 ℃;<br>4. 筛子:应满足 GB/T 6003. 1 和 GB/T 6003. 2 中方孔试验筛的规定,筛孔基本尺寸为 10 mm、5 mm、2. 5 mm、1. 25 mm、0. 63 mm、0. 315 mm、0. 16 mm,含底盘和盖,筛孔大于 5 mm 的试验筛应采用穿孔板试验筛 | | 1. 砂料坚固性试验 |
| | | | | 水工混凝土砂石骨料试验规程 DL/T 5151—2014/4. 13 | 1. 天平:称量 5 kg、感量不大于 1 g;<br>2. 烘箱:(105 ± 5) ℃;<br>3. 恒温试验箱:20 ~ 25 ℃;<br>4. 筛子:应满足 GB/T 6003. 2 中方孔试验筛的规定,筛孔基本尺寸为 150 mm 或 120 mm、80 mm、40 mm、20 mm、10 mm、5 mm,含底盘和盖 | | 1. 卵石或碎石坚固性试验 |

**续表 4-2-2**

| 序号 | 类别(产品/项目/参数) | 产品/项目/参数 | | 依据标准(方法)名称及编号(含年号) | 仪器设备(标准物质)要求 | 环境条件要求 | 备注 |
|---|---|---|---|---|---|---|---|
| | | 序号 | 名称 | | | | |
| | | | | 建设用砂 GB/T 14684—2011/7. 13. 1 | 1. 天平:称量 1 000 g、感量 0. 1 g;<br>2. 烘箱:(105 ±5)℃;<br>3. 方孔筛:同 GB/T 14684—2011/7. 3. 1;<br>4. 容器:瓷缸,容积不小于 10 L;<br>5. 比重计 | 1. 试验室环境应保持在(20 ± 5)℃ | 1. 硫酸钠溶液法 |
| | | | | 建设用砂 GB/T 14684—2011/7. 13. 2 | 1. 天平:称量 10 kg、感量 1 g;<br>2. 烘箱:(105 ±5)℃;<br>3. 压力试验机:50 ~ 1 000 kN;<br>4. 方孔筛:4. 75 mm、2. 36 mm、1. 18 mm、600 μm 及 300 μm 各一只;<br>5. 受压钢模 | 1. 试验室环境应保持在(20 ± 5)℃ | 1. 压碎指标法 |
| | | | | 建设用卵石、碎石 GB/T 14685—2011/7. 9 | 1. 天平:称量 10 kg、感量 1 g;<br>2. 烘箱:(105 ±5)℃;<br>3. 方孔筛: 2. 36 mm、4. 75 mm、9. 50 mm、16 mm、19 mm、26. 5 mm、31. 5 mm、37. 5 mm、53 mm、63 mm、75 mm 及 90 mm 各一只 | 1. 试验室环境应保持在(20 ± 5)℃ | |
| | | 26 | 压碎指标 | 水工混凝土试验规程 SL 352—2006/2. 29 | 1. 压力试验机:最大压力 300 kN 以上;<br>2. 天平:称量 5 kg、感量 1 g;<br>3. 筛子:2. 5 mm、10 mm、20 mm 方孔筛;<br>4. 受压试模 | | |
| | | | | 水工混凝土砂石骨料试验规程 DL/T 5151—2014/4. 11 | 1. 压力试验机:最大压力 300 kN 以上;<br>2. 天平:称量 5 kg、感量不大于 1 g;<br>3. 筛子:应满足 GB/T 6003. 1 和 GB/T 6003. 2 中方孔试验筛的规定,筛孔基本尺寸 2. 5 mm、10 mm、20 mm;<br>4. 受压试模 | | |
| | | | | 建设用砂 GB/T 14684—2011/7. 13. 2 | 1. 天平:称量 10 kg、感量 1 g;<br>2. 烘箱:(105 ±5)℃;<br>3. 压力试验机:50 ~ 1 000 kN;<br>4. 方孔筛:4. 75 mm、2. 36 mm、1. 18 mm、600 μm 及 300 μm 各一只;<br>5. 受压钢模 | 1. 试验室环境应保持在(20 ± 5)℃ | 1. 指机制砂 |

**续表 4-2-2**

| 序号 | 类别(产品/项目/参数) | 产品/项目/参数 | | 依据标准(方法)名称及编号(含年号) | 仪器设备(标准物质)要求 | 环境条件要求 | 备注 |
|---|---|---|---|---|---|---|---|
| | | 序号 | 名称 | | | | |
| | | | | 建设用卵石、碎石 GB/T 14685—2011/7.11 | 1. 压力试验机:量程 300 kN,示值相对误差 2%;<br>2. 天平:称量 10 kg、感量 1 g;<br>3. 受压试模 | 1. 试验室环境应保持在(20 ± 5)℃ | |
| | | 27 | 碱活性 | 水工混凝土试验规程 SL 352—2006/2.33 | 1. 筛:砂石筛各一套,包括孔径 150(120) mm、80 mm、40 mm、20 mm、5 mm、2.5 mm、1.25 mm、0.63 mm、0.315 mm、0.16 mm 的方孔筛,以及筛盖和底盘;<br>2. 磅秤:称量 100 kg、感量 100 g;<br>3. 天平:称量 1 000 g、感量 0.5 g;<br>4. 实体显微镜、偏光显微镜 | | 1. 岩相法 |
| | | | | 水工混凝土试验规程 SL 352—2006/2.34 | 1. 反应器:容量 50 ~ 70 mL;<br>2. 抽滤装置:10 L/min 的真空泵;<br>3. 分光光度计;<br>4. 筛:0.16 mm、0.315 mm 的方孔筛;<br>5. 天平:称量 100 g(或 200 g)、感量 0.1 mg;<br>6. 恒温水浴:能在 24 h 内保持(80 ± 1)℃;<br>7. 高温炉:最高温度 1 000 ℃ | | 1. 化学法 |
| | | | | 水工混凝土试验规程 SL 352—2006/2.35 | 1. 测长仪:测量范围 275 ~ 300 mm,精度 0.01 mm;<br>2. 试模及测头(埋钉):25.4 mm × 25.4 mm × 285 mm 试模测头为不锈钢;<br>3. 筛:与 SL 352—2006/2.1 有关规定相同;<br>4. 胶砂搅拌机;<br>5. 跳桌;<br>6. 室温为(38 ± 2)℃的养护室 | | 1. 砂浆棒长度法 |
| | | | | 水工混凝土试验规程 SL 352—2006/2.36 | 测长仪:测量范围 25 ~ 50 mm,精度 0.01 mm | | 1. 碳酸盐检验 |

**续表 4-2-2**

| 序号 | 类别(产品/项目/参数) | 产品/项目/参数 | | 依据标准(方法)名称及编号(含年号) | 仪器设备(标准物质)要求 | 环境条件要求 | 备注 |
|---|---|---|---|---|---|---|---|
| | | 序号 | 名称 | | | | |
| | | | | 水工混凝土试验规程 SL 352—2006/2. 37 | 1. 恒温水浴箱:温度能控制在(808 ±2)℃;<br>2. 测长仪:测量范围 275 ~ 300 mm,精度 0. 01 mm;<br>3. 试模及测头(埋钉):25. 4 mm × 25. 4 mm ×285 mm 试模测头为不锈钢;<br>4. 筛:与 SL 352—2006/2. 1 节有关规定相同;<br>5. 胶砂搅拌机;<br>6. 跳桌 | | 1. 砂浆棒快速法 |
| | | | | 水工混凝土试验规程 SL 352—2006/2. 38 | 1. 筛:孔径 20 mm、15 mm、10 mm、5 mm 的方孔筛;<br>2. 磅秤:称量 50 kg、感量 50 g;<br>3. 台秤:称量 10 kg、感量 5 g;<br>4. 振动台:频率(50 ±3)Hz;<br>5. 测长仪:测量范围 275 ~ 300 mm,精度 0. 01 mm | | 1. 混凝土棱柱体试验法 |
| | | | | 水工混凝土砂石骨料试验规程 DL/T 5151—2014/5. 1 | 1. 方孔筛:应满足 GB/T 6003. 1 和 GB/T 6003. 2 中方孔试验筛的规定,筛孔基本尺寸 150 mm 或 120 mm、80 mm、40 mm、20 mm、5 mm、2. 5 mm、1. 25 mm、0. 63 mm、0. 315 mm、0. 16 mm,以及筛盖和底盘;<br>2. 磅秤:称量 100 kg、感量不大于 100 g;<br>3. 天平:称量 1 000 g、感量不大于 0. 5 g | | 1. 岩相法 |
| | | | | 水工混凝土砂石骨料试验规程 DL/T 5151—2014/5. 2 | 1. 测长仪:测量范围 275 ~ 300 mm,精度 0. 01 mm;<br>2. 试模及测头(埋钉):25. 4 mm × 25. 4 mm ×285 mm 试模测头为不锈钢;<br>3. 筛:与 DL/T 5151—2014/3. 1. 2 有关规定相同;<br>4. 胶砂搅拌机;<br>5. 跳桌;<br>6. 室温为(38 ±2)℃的养护室或养护箱 | | 1. 砂浆棒长度法 |

续表 4-2-2

| 序号 | 类别(产品/项目/参数) | 产品/项目/参数 | | 依据标准(方法)名称及编号(含年号) | 仪器设备(标准物质)要求 | 环境条件要求 | 备注 |
|---|---|---|---|---|---|---|---|
| | | 序号 | 名称 | | | | |
| | | | | 水工混凝土砂石骨料试验规程 DL/T 5151—2014/5.3 | 1. 测长仪:测量范围 25 ~ 50 mm,精度 0.01 mm | | 1. 碳酸盐检验 |
| | | | | 水工混凝土砂石骨料试验规程 DL/T 5151—2014/5.4 | 1. 恒温水浴箱:温度能控制在(80 ±2)℃;<br>2. 测长仪:测量范围 275 ~ 300 mm,精度 0.01 mm;<br>3. 试模及测头(埋钉):25.4 mm × 25.4 mm ×285 mm 试模测头为不锈钢;<br>4. 筛:与 DL/T 5151—2014/3.1.2 有关规定相同;<br>5. 胶砂搅拌机;<br>6. 跳桌 | | 1. 砂浆棒快速法 |
| | | | | 水工混凝土砂石骨料试验规程 DL/T 5151—2014/5.5 | 1. 筛:应满足 GB/T 6003.2 中方孔试验筛的规定,筛孔基本尺寸 20 mm、15 mm、10 mm、5 mm;<br>2. 磅秤:称量 50 kg、感量不大于 50 g;<br>3. 台秤:称量 10 kg、感量不大于 5 g;<br>4. 振动台:频率(50 ±3)Hz;<br>5. 测长仪:测量范围 275 ~ 300 mm,精度 0.01 mm | | 1. 混凝土棱柱体试验法 |
| | | | | 建设用砂 GB/T 14684—2011/7.16.1 | 1. 天平:称量 1 000 g、感量 0.1 g;<br>2. 烘箱:(105 ±5)℃;<br>3. 比长仪:百分表的量程为 10 mm,精度 0.01 mm;<br>4. 恒温水浴箱:温度能控制在 40 ±2 ℃,相对湿度 95% 以上;<br>5. 养护筒:由耐腐蚀材料制成,应不漏水;<br>6. 试模:25 mm ×25 mm ×280 mm,不锈钢膨胀端头;<br>7. 方孔筛:4.75 mm、2.36 mm、1.18 mm、600 μm、300 μm 及 150 μm 各一只 | 1. 成型室温度应保持在 20 ~ 27.5 ℃,拌和水与养护室温度(20 ±2)℃,成型室、测长室相对湿度不应少于 80% | 1. 碱 - 硅酸反应;<br>2. 不适用于碳酸盐类集料 |

**续表 4-2-2**

| 序号 | 类别(产品/项目/参数) | 产品/项目/参数 | | 依据标准(方法)名称及编号(含年号) | 仪器设备(标准物质)要求 | 环境条件要求 | 备注 |
|---|---|---|---|---|---|---|---|
| | | 序号 | 名称 | | | | |
| | | | | 建设用砂 GB/T 14684—2011/7.16.2 | 1. 天平:称量1 000 g,感量0.1 g;<br>2. 烘箱:(105 ±5)℃;<br>3. 比长仪:百分表的量程为10 mm,精度0.01 mm;<br>4. 恒温水浴箱:温度能控制在(80 ±2)℃;<br>5. 养护筒:由耐腐蚀材料制成,应不漏水;<br>6. 试模:25 mm×25 mm×280 mm,不锈钢膨胀端头;<br>7. 方孔筛:4.75 mm、2.36 mm、1.18 mm、600 μm、300 μm及150 μm各一只 | 同上 | 1. 快速碱–硅酸反应;<br>2. 不适用于碳酸盐类集料 |
| | | | | 建设用卵石、碎石 GB/T 14685—2011/7.15.1 | 1. 天平:称量1 000 g、感量0.1 g;<br>2. 烘箱:(105 ±5)℃;<br>3. 比长仪:百分表的量程为10 mm,精度0.01 mm;<br>4. 恒温水浴箱:温度能控制在(40 ±2)℃,相对湿度95%以上;<br>5. 养护筒:由耐腐蚀材料制成,应不漏水;<br>6. 试模:25 mm×25 mm×280 mm,不锈钢膨胀端头;<br>7. 方孔筛:4.75 mm、2.36 mm、1.18 mm、600 μm、300 μm及150 μm各一只 | 同上 | 1. 碱–硅酸反应;<br>2. 不适用于碳酸盐类集料 |
| | | | | 建设用卵石、碎石 GB/T 14685—2011/7.15.2 | 1. 天平:称量1 000 g、感量0.1 g;<br>2. 烘箱:(105 ±5)℃;<br>3. 比长仪:百分表的量程为10 mm,精度0.01 mm;<br>4. 恒温水浴箱:温度能控制在(80 ±2)℃;<br>5. 养护筒:由耐腐蚀材料制成,应不漏水;<br>6. 试模:25 mm×25 mm×280 mm,不锈钢膨胀端头;<br>7. 方孔筛:4.75 mm、2.36 mm、1.18 mm、600 μm、300 μm及150 μm各一只 | 同上 | 1. 快速碱–硅酸反应;<br>2. 不适用于碳酸盐类集料 |

续表 4-2-2

| 序号 | 类别(产品/项目/参数) | 产品/项目/参数 | | 依据标准(方法)名称及编号(含年号) | 仪器设备(标准物质)要求 | 环境条件要求 | 备注 |
|---|---|---|---|---|---|---|---|
| | | 序号 | 名称 | | | | |
| | | 28 | 硫酸盐及硫化物含量 | 水工混凝土试验规程 SL 352—2006/2.15 | 1. 天平:称量 2 kg、感量 1 g;<br>2. 分析天平,称量 100 g、感量 0.1 mg;<br>3. 高温炉:最高温度 1 000 ℃;<br>4. 烘箱:(105 ±5)℃;<br>5. 筛子:孔径 0.08 mm | 1. 应按万分之一天平使用说明书,控制其使用环境 | 1. 砂石料硫酸盐、硫化物含量试验 |
| | | | | 水工混凝土砂石骨料试验规程 DL/T 5151—2014/3.16 | 1. 天平:称量 2 kg、感量 1 g;<br>2. 分析天平,称量 100 g、感量 0.1 mg;<br>3. 高温炉:最高温度 1 000 ℃;<br>4. 烘箱:(105 ±5)℃;<br>5. 方孔筛:应满足 GB/T 6003.1 中方孔试验筛的规定,筛孔基本尺寸孔径 0.08 mm | 同上 | 1. 砂石料硫酸盐、硫化物含量试验 |
| | | | | 建设用砂 GB/T 14684—2011/7.10 | 1. 天平:称量 100 g、感量 0.001 g<br>2. 高温炉:最高温度 1 000 ℃<br>3. 烘箱:(105 ±5)℃<br>4. 方孔筛:75 μm | 1. 试验室环境温度应保持在(20 ±5)℃ | |
| | | | | 建设用卵石、碎石 GB/T 14685—2011/7.8 | 1. 天平:称量 100 g、感量 0.001 g,称量 10 kg、感量 1 g<br>2. 高温炉:最高温度 1 000 ℃<br>3. 烘箱:(105 ±5)℃<br>4. 方孔筛:75 μm | 同上 | |
| | | 29 | 有机质(物)含量 | 水工混凝土试验规程 SL 352—2006/2.13 | 1. 天平:称量 100 g、感量 0.01 g,称量 1 000 g、感量 1 g;<br>2. 量筒:10 mL、100 mL、250 mL(带塞) | | 1. 检验砂料被有机质污染程度 |
| | | | | 水工混凝土试验规程 SL 352—2006/2.25 | 1. 天平:称量 2 kg、感量 1 g,称量 100 g、感量 0.01 g;<br>2. 量筒:100 mL、250 mL、1 000 mL;<br>3. 烧杯:1 000 mL;<br>4. 筛:20 mm | | 1. 检验石料被有机质污染程度 |

**续表 4-2-2**

| 序号 | 类别(产品/项目/参数) | 产品/项目/参数 | | 依据标准(方法)名称及编号(含年号) | 仪器设备(标准物质)要求 | 环境条件要求 | 备注 |
|---|---|---|---|---|---|---|---|
| | | 序号 | 名称 | | | | |
| | | | | 水工混凝土砂石骨料试验规程 DL/T 5151—2014/3.14 | 1. 天平:称量 100 g、感量 0.01 g;<br>2. 量筒:10 mL、100 mL、250 mL(带塞) | | 1. 检验砂料被有机质污染程度 |
| | | | | 水工混凝土砂石骨料试验规程 DL/T 5151—2014/4.7 | 1. 天平:称量 2 kg、感量不大于 1 g,称量 100 g、感量不大于 0.01 g;<br>2. 量筒:100 mL、250 mL、1 000 mL;<br>3. 烧杯:1 000 mL;<br>4. 方孔筛:应满足 GB/T 6003.2 中方孔试验筛的规定,筛孔基本尺寸孔径 20 mm | | 1. 检验卵石被有机质污染程度,也适用于由卵石破碎而成的碎石 |
| | | | | 建设用砂 GB/T 14684—2011/7.9 | 1. 天平:称量 1 000 g、感量 0.1 g,称量 100 g、感量 0.01 g;<br>2. 量筒:10 mL、100 mL、250 mL 及 1 000 mL;<br>3. 筛子:4.75 mm 方孔筛 | 1. 试验室环境温度应保持在(20 ± 5) ℃ | |
| | | | | 建设用卵石、碎石 GB/T 14685—2011/7.7 | 1. 天平:称量 10 kg、感量 1 g,称量 100 g、感量 0.01 g;<br>2. 量筒:100 mL 及 1 000 mL<br>3. 筛子:19.0 mm 方孔筛 | 同上 | |
| | | 30 | 云母含量 | 水工混凝土试验规程 SL 352—2006/2.14 | 1. 放大镜:3 ~ 5 倍;<br>2. 天平:称量 100 g、感量 0.01 g | | |
| | | | | 水工混凝土砂石骨料试验规程 DL/T 5151—2014/3.15 | 1. 放大镜:3 ~ 5 倍;<br>2. 天平:称量 100 g、感量不大于 0.01 g;<br>3. 方孔筛:应满足 GB/T 6003.1 和 GB/T 6003.2 中方孔试验筛的规定,筛孔基本尺寸孔径 5 mm、0.315 mm 各一只 | | |

续表 4-2-2

| 序号 | 类别(产品/项目/参数) | 产品/项目/参数 | | 依据标准(方法)名称及编号(含年号) | 仪器设备(标准物质)要求 | 环境条件要求 | 备注 |
|---|---|---|---|---|---|---|---|
| | | 序号 | 名称 | | | | |
| | | | | 建设用砂 GB/T 14684—2011/7.7 | 1. 天平:称量 100 g、感量 0.01 g;<br>2. 放大镜:3 ~5 倍;<br>3. 烘箱:(105 ±5)℃;<br>4. 方孔筛:300 μm 及 4.75 mm 各一只 | 1. 试验室环境温度应保持在(20 ±5)℃ | |
| | | 31 | 超逊径颗粒含量 | 水工混凝土试验规程 SL 352—2006/2.27 | 1. 磅秤:称量 100 kg、感量 100 g;<br>2. 超逊径筛,孔形为方孔:<br>(1)原筛孔尺寸:5 mm、20 mm、40 mm、80 mm、120 mm、150 mm 共 6 种;<br>(2)超逊径筛筛孔尺寸:4 mm、23 mm、17 mm、47 mm、33 mm、93 mm、67 mm、140 mm、175 mm 共 9 种 | | |
| | | | | 水工混凝土砂骨料试验规程 DL/T 5151—2014/4.9 | 1. 磅秤:称量 100 kg、感量 100 g;<br>2. 超逊径筛,孔形为方孔:<br>(1)原筛孔尺寸:5 mm、20 mm、40 mm、80 mm、120 mm、150 mm 共 6 种;<br>(2)超逊径筛筛孔尺寸:4 mm、23 mm、17 mm、47 mm、33 mm、93 mm、67 mm、140 mm、175 mm 共 9 种 | | |
| 四 | 混凝土和混凝土结构 | | | | | | |
| | | 32 | 拌和物坍落度 | 水工混凝土试验规程 SL 352—2006/3.2 | 1. 坍落度筒:Φ100 mm × Φ200 mm × 300 mm;<br>2. 钢直尺:300 mm(2 把) | 1. 拌和间温度应保持在(20 ±5)℃ | |
| | | | | 普通混凝土拌和物性能试验方法标准 GB/T 50080—2016/4 | 1. 坍落度仪:符合 JC/T 248;<br>2. 钢直尺:300 mm(2 把) | 1. 温度:(20 ±5)℃;<br>2. 湿度:不小于 50% | |

**续表 4-2-2**

| 序号 | 类别(产品/项目/参数) | 产品/项目/参数 序号 | 产品/项目/参数 名称 | 依据标准(方法)名称及编号(含年号) | 仪器设备(标准物质)要求 | 环境条件要求 | 备注 |
|---|---|---|---|---|---|---|---|
| | | 33 | 拌和物泌水率 | 水工混凝土试验规程 SL 352—2006/3.5 | 1. 磅秤:50 kg、感量 50 g;<br>2. 容量筒:内径及高均大于最大骨料粒径的 3 倍,带盖;<br>3. 带塞量筒:100 mL | 1. 拌和间温度应保持在(20 ± 5)℃ | |
| | | | | 普通混凝土拌和物性能试验方法标准 GB/T 50080—2016/12 | 1. 容量筒:5 L,带盖;<br>2. 带塞量筒:100 mL,分度值 1 mL;<br>3. 电子秤:量程 20 kg、感量不大于 1 g | 1. 温度:(20 ±5)℃;<br>2. 湿度:不小于 50% | 1. 骨料最大公称粒径不大于 40 mm |
| | | 34 | 拌和物均匀性 | 水工混凝土试验规程 SL 352—2006/3.8 | 1. 压力机或万能试验机:破坏荷载应在全量程的 20% ~80%,示值误差不大于标准值的 ±1%;<br>2. 容量筒:1 L;<br>3. 天平:5 kg,感量 1 g | 1. 拌和间温度应保持在(20 ± 5)℃ | 1. 以抗压强度偏差率和砂浆表观密度偏差率表示 |
| | | | | 普通混凝土拌和物性能试验方法标准 GB/T 50080—2016/16.1 | 1. 容量筒:1 L;<br>2. 天平:5 kg、感量不应大于 1 g;<br>3. 捣棒:应符合 JG/T 248 的规定;<br>4. 振动台:应符合 JG/T 245 的规定;<br>5. 方孔筛:应符合 GB/T6003.2 的规定,筛孔公称直径 5.00 mm | 1. 温度:(20 ±5)℃;<br>2. 湿度:不小于 50% | 1. 砂浆密度法 |
| | | | | 普通混凝土拌和物性能试验方法标准 GB/T 50080—2016/16.2 | 试验设备应符合 GB/T 50080—2016/4.1.2、5.1.2、6.0.2 | 1. 温度:(20 ±5)℃;<br>2. 湿度:不小于 50% | 1. 混凝土稠度法 |
| | | 35 | 拌和物含气量 | 水工混凝土试验规程 SL 352—2006/3.10 | 1. 气压式含气量测定仪;<br>2. 磅秤:量程 50 kg、感量 50 g | 1. 拌和间温度应保持在(20 ± 5)℃ | |
| | | | | 普通混凝土拌和物性能试验方法标准 GB/T 50080—2016/15 | 1. 含气量测定仪:符合 JC/T 246 要求;<br>2. 电子天平:量程 50 kg、感量不大于 10 g | 1. 温度:(20 ±5)℃;<br>2. 湿度:不小于 50% | |

续表 4-2-2

| 序号 | 类别(产品/项目/参数) | 产品/项目/参数 | | 依据标准(方法)名称及编号(含年号) | 仪器设备(标准物质)要求 | 环境条件要求 | 备注 |
|---|---|---|---|---|---|---|---|
| | | 序号 | 名称 | | | | |
| | | 36 | 拌和物表观密度 | 水工混凝土试验规程 SL 352—2006/3.7 | 1. 容量筒:5 L、15 L、80 L;<br>2. 磅秤:50～250 kg、感量 50～100 g | 1. 拌和间温度应保持在(20 ± 5)℃ | |
| | | | | 普通混凝土拌和物性能试验方法标准 GB/T 50080—2016/14 | 1. 容量筒:不小于 5 L(骨料小于 40 mm)或更大;<br>2. 电子天平:50 kg,感量不大于 10 g | 1. 温度:(20 ±5)℃;<br>2. 湿度:不小于 50% | |
| | | 37 | 拌和物凝结时间 | 水工混凝土试验规程 SL 352—2006/3.9 | 1. 贯入阻力仪:100 kg,读数精度 1 kg,测针承压面积 100 $mm^2$、50 $mm^2$、20 $mm^2$;<br>2. 筛子:5 mm 方孔筛 | 1. 拌和间温度应保持在(20 ± 5)℃ | 1. 3.5 MPa 时对应为初凝时间,28 MPa 时对应为终凝时间 |
| | | | | 普通混凝土拌和物性能试验方法标准 GB/T 50080—2016/11 | 1. 贯入阻力仪:不应小于 1 000 kN,精度 ±10 N,测针承压面积 100 $mm^2$、50 $mm^2$、20 $mm^2$;<br>2. 筛子:5.00 mm 方孔筛 | 1. 温度:(20 ±5)℃;<br>2. 湿度:不小于 50% | 1. 3.5 MPa 时对应为初凝时间,28 MPa 时对应为终凝时间 |
| | | 38 | 拌和物水胶比 | 水工混凝土试验规程 SL 352—2006/3.11 | 1. 天平:称量 2 kg、感量 1 g,并应备有称水中质量的支承架;<br>2. 筛:0.15 mm、5 mm 的标准筛各一只 | | 1. 水洗法 |
| | | | | 水工混凝土试验规程 SL 352—2006/3.12 | 1. 天平:称量 2 kg、感量 1 g;<br>2. 筛:0.15 mm、5 mm 的标准筛各一只 ;<br>3. 电炉:2 000 W,带调压控制 | | 1. 炒干法 |
| | | 39 | 抗压强度 | 水工混凝土试验规程 SL 352—2006/4.2 | 1. 压力机或万能试验机:破坏荷载应在全量程的 20%～80%,示值误差不大于标准值的 ±1%;<br>2. 钢制垫板:平整度误差不应大于边长的 0.02% | | |

**续表 4-2-2**

| 序号 | 类别(产品/项目/参数) | 产品/项目/参数 | | 依据标准(方法)名称及编号(含年号) | 仪器设备(标准物质)要求 | 环境条件要求 | 备注 |
|---|---|---|---|---|---|---|---|
| | | 序号 | 名称 | | | | |
| | | | | 混凝土物理力学性能试验方法标准 GB/T 50081—2019/5 | 1. 压力机试验机:试件破坏荷载宜大于压力机全量程的 20% 且小于压力机全量程的 80%,示值相对误差应为 ±1%,符合 GB/T 3159 和 GB/T 2611 的有关规定 | | |
| | | 40 | 轴向抗拉强度 | 水工混凝土试验规程 SL 352—2006/4. 5 | 1. 试验机:100 kN 拉力试验机或伺服程控万能试验机,其拉伸间距不小于 800 ~ 1 000 mm;<br>2. 应变测量装置:千分表、电阻应变片或位移传感器等 | | |
| | | 41 | 抗折强度 | 水工混凝土试验规程 SL 352—2006/4. 6 | 1. 试验机:万能试验机或带有弯曲试验架的压力试验机其要求与 SL 352—2006/4. 2 节有关规定相同;<br>2. 试验加荷装置:双点加荷的钢制加压头,两个支座头 | | |
| | | | | 混凝土物理力学性能试验方法标准 GB/T 50081—2019/10 | 1. 压力试验机应符合 GB/T 50081—2019/5. 0. 3 第 1 款的规定,试验机能施加均匀、连续、速度可控的荷载 | | |
| | | 42 | 弹性模量 | 水工混凝土试验规程 SL 352—2006/4. 24 | 1. 试验机:万能试验机或带有弯曲试验架的压力试验机破坏荷载应在全量程的 20% ~80%,示值误差不大于标准值的 ±1%;<br>2. 应变测量装置:测量精度不低于 $1 \times 10^{-6}$ | | |

续表 4-2-2

| 序号 | 类别(产品/项目/参数) | 产品/项目/参数 | | 依据标准(方法)名称及编号(含年号) | 仪器设备(标准物质)要求 | 环境条件要求 | 备注 |
|---|---|---|---|---|---|---|---|
| | | 序号 | 名称 | | | | |
| | | | | 混凝土物理力学性能试验方法标准 GB/T 50081—2019/7 | 1. 试验机:压力试验机应符合 GB/T 50081—2019/5.0.3 第 1 款的规定;<br>2. 微变形测量仪器:采用千分表和位移传感器时,测量精度应为 ±0.001 mm,当采用电阻应变片、激光测长仪或引伸计时,测量精度应为 ±0.001%,标距 150 mm | | |
| | | 43 | 抗渗等级 | 水工混凝土试验规程 SL 352—2006/4.21 | 1. 混凝土抗渗仪 | | |
| | | | | 普通混凝土长期性能和耐久性能试验方法标准 GB/T 50082—2009/6.2 | 1. 混凝土抗渗仪:符合 JG/T 249 的规定 | | 1. 逐级加压法 |
| | | 44 | 抗冻等级 | 水工混凝土试验规程 SL 352—2006/4.23 | 1. 混凝土冻融设备:<br>(1)试件中心温度( −18 ±2)℃ ~(5 ±2)℃;<br>(2)冻融液温度( −25 ~20)℃;<br>(3)冻融循环一次历时不超过 4 h(融化时间不少于 25%);<br>(4)测温热电偶:精度应能达到 0.3 ℃;<br>2. 动弹性模量测定仪:频率为 100 ~10 000 kHz;<br>3. 台秤:称量 10 kg、感量 5 g | | |

续表 4-2-2

| 序号 | 类别(产品/项目/参数) | 产品/项目/参数 | | 依据标准(方法)名称及编号(含年号) | 仪器设备(标准物质)要求 | 环境条件要求 | 备注 |
|---|---|---|---|---|---|---|---|
| | | 序号 | 名称 | | | | |
| | | | | 普通混凝土长期性能和耐久性能试验方法标准 GB/T 50082—2009/4.1 | 1. 冻融试验箱:在满载运转的条件下,冷冻期间冻融试验箱内空气的温度应能保持在 -20 ~ -18 ℃范围内,融化期间冻融试验箱内浸泡混凝土试块的水温应能保持在 18 ~ 20 ℃范围内,满载时冻融试验箱内各点温度极差不应超过 2 ℃;<br>2. 称量设备:最大量程 20 kg、感量不应超过 5 g;<br>3. 温度传感器:应在 -20 ~ 20 ℃,且测量精度为 ±0.5 ℃;<br>4. 压力机:应符合 GB/T 50081 的相关要求 | | 1. 慢冻法 |
| | | | | 普通混凝土长期性能和耐久性能试验方法标准 GB/T 50082—2009/4.2 | 1. 快速冻融装置:符合 JG/T 243 要求运转时冻融箱内冻融液各温度点极差不得超过 2 ℃;<br>2. 称量设备:最大量程 20 kg、感量不应超过 5 g;<br>3. 温度传感器:应在 -20 ~ 20 ℃,且测量精度为 ±0.5 ℃;<br>4. 动弹性模量测定仪:输出频率为 100 ~ 20 000 Hz | | 1. 快冻法 |
| | | | | 普通混凝土长期性能和耐久性能试验方法标准 GB/T 50082—2009/4.3 | 1. 单面冻融试验箱:应符合 JG/T 243 要求;<br>2. 超声测试仪:频率范围应在 50 ~ 150 kHz;<br>3. 烘箱:(105 ±5)℃;<br>4. 称量设备:10 kg、感量 0.1 g 和 5 kg、感量 0.01 g | 1. 温度(20 ±2) ℃;<br>2. 相对湿度(65 ±5)% | 1. 单面冻融法(盐冻法) |

续表 4-2-2

| 序号 | 类别(产品/项目/参数) | 产品/项目/参数 | | 依据标准(方法)名称及编号(含年号) | 仪器设备(标准物质)要求 | 环境条件要求 | 备注 |
|---|---|---|---|---|---|---|---|
| | | 序号 | 名称 | | | | |
| | | 45 | 钢筋间距 | 水工混凝土结构缺陷检测技术规程 SL 713—2015/9.2 | 1. 钢筋探测仪:按 SL 713—2015 附录 A 进行校准 | | 1. 电磁法 |
| | | | | 水工混凝土结构缺陷检测技术规程 SL 713—2015/9.3 | 1. 雷达仪:按 SL 713—2015 附录 B 校准 | | 1. 雷达法 |
| | | | | 混凝土中钢筋检测技术规程 JGJ/T 152—2019/4.4 | 1. 电磁感应法钢筋探测仪:按 JGJ/T 152—2019/附录 A 校准 | | 1. 电磁法 |
| | | | | 混凝土中钢筋检测技术规程 JGJ/T 152—2019/4.5 | 1. 雷达仪:按 JGJ/T 152—2019/附录 B 校准 | | 1. 雷达法 |
| | | | | 混凝土中钢筋检测技术规程 JGJ/T 152—2019/4.6 | 1. 钢卷尺:精度不应低于 1 mm | | 1. 直接法 |
| | | 46 | 混凝土保护层厚度 | 水工混凝土结构缺陷检测技术规程 SL 713—2015/9.2 | 1. 钢筋探测仪:按 SL 713—2015 附录 A 进行校准 | | 1. 电磁法 |
| | | | | 水工混凝土结构缺陷检测技术规程 SL 713—2015/9.3 | 1. 雷达仪:按 SL 713—2015 附录 B 校准 | | 1. 雷达法 |
| | | | | 混凝土中钢筋检测技术规程 JGJ/T 152—2019/4.4 | 1. 电磁感应法钢筋探测仪:按 JGJ/T 152—2019/附录 A 校准 | | 1. 电磁法 |
| | | | | 混凝土中钢筋检测技术规程 JGJ/T 152—2019/4.5 | 1. 雷达仪:按 JGJ/T 152—2019/附录 B 校准 | | 1. 雷达法 |
| | | | | 混凝土中钢筋检测技术规程 JGJ/T 152—2019/4.6 | 1. 游标卡尺:精度不应低于 0.1 mm | | 1. 直接法 |

**续表 4-2-2**

| 序号 | 类别(产品/项目/参数) | 产品/项目/参数 | | 依据标准(方法)名称及编号(含年号) | 仪器设备(标准物质)要求 | 环境条件要求 | 备注 |
|---|---|---|---|---|---|---|---|
| | | 序号 | 名称 | | | | |
| | | 47 | 碳化深度 | 水工混凝土试验规程 SL 352—2006/7.1 | 1. 钢直尺(卡尺等):读数精度为 0.5 mm | | |
| | | | | 回弹法检测混凝土抗压强度技术规程 JGJ/T 23—2011 | 1. 碳化深度测量仪:读数精度为 0.25 mm | | |
| | | 48 | 回弹强度 | 水工混凝土试验规程 SL 352—2006/7.1 | 1. 回弹仪:中型回弹仪(标称动能为 2.2J);重型回弹仪(标称动能为 29.4J) | | |
| | | | | 回弹法检测混凝土抗压强度技术规程 JGJ/T 23—2011 | 1. 回弹仪:符合 GB/T 9138 要求,标称动能为 2.207J 按 JJG 817 检定 | | |
| | | 49 | 内部缺陷 | 水工混凝土结构缺陷检测技术规程 SL 713—2015/5.2 | 1. 非金属超声波检测仪:仪器最小分度 0.1 μs 当传播路径在 100 mm 以上时,传播时间(声时)测量误差不应超过 1% | | 1. 超声波法 |
| | | | | 水工混凝土结构缺陷检测技术规程 SL 713—2015/5.3 | 1. 冲击器;<br>2. 传感器;<br>3. 数据采样分析系统;<br>4. 游标卡尺 | | 1. 冲击回波法 |
| | | | | 水工混凝土结构缺陷检测技术规程 SL 713—2015/5.4 | 1. 探地雷达:符合 SL 326 有关规定 | | 1. 探地雷达法 |
| | | | | 水工混凝土试验规程 SL 352—2006/7.6 | 1. 非金属超声波检测仪:仪器最小分度 0.1 μs 当传播路径在 100 mm 以上时,传播时间(声时)测量误差不应超过 1% | | |

**续表 4-2-2**

| 序号 | 类别(产品/项目/参数) | 产品/项目/参数 序号 | 名称 | 依据标准(方法)名称及编号(含年号) | 仪器设备(标准物质)要求 | 环境条件要求 | 备注 |
|---|---|---|---|---|---|---|---|
| 五 | 钢筋 | | | | | | |
| | | 50 | 抗拉强度 | 金属材料 拉伸试验 第1部分:室温试验方法 GB/T 228.1—2010 | 1. 试验机的准确度应为1级或优于1级按GB/T 16825.1—2008校准;<br>2. 引伸仪的准确度应符合GB/T 12160—2002要求,应使用不劣于1级;<br>3. 计算机控制拉伸试验机应满足GB/T 22066—2008及GB/T 228.1—2010附录A | 1. 一般室温10~35℃;<br>2. 严格室温(23±5)℃ | |
| | | | | 钢筋混凝土用钢材试验方法 GB/T 28900—2012 | 1. 试验机的准确度应为1级或优于1级,<br>2. 测定$R_{el}$或$R_{p0.2}$时,引伸计精度应达到1级;测定$A_{gt}$时可使用2级精度的引伸仪;<br>3. 用于测定最大力$F_m$总延伸率($A_{gt}$)的引伸计应至少有100 mm的标距长度 | 同上 | |
| | | 51 | 屈服强度 | 金属材料 拉伸试验 第1部分:室温试验方法 GB/T 228.1—2010 | 1. 试验机的准确度应为1级或优于1级按GB/T 16825.1—2008校准;<br>2. 引伸仪的准确度应符合GB/T 12160—2002要求,应使用不劣于1级;<br>3. 计算机控制拉伸试验机应满足GB/T 22066—2008及GB/T 228.1—2010附录A | 1. 一般室温10~35℃;<br>2. 严格室温(23±5)℃ | |
| | | | | 钢筋混凝土用钢材试验方法 GB/T 28900—2012 | 1. 试验机的准确度应为1级或优于1级,<br>2. 测定$R_{el}$或$R_{p0.2}$时,引伸计精度应达到1级;测定$A_{gt}$是可使用2级精度的引伸仪;<br>3. 用于测定最大力$F_m$总延伸率($A_{gt}$)的引伸计应至少有100 mm的标距长度 | 同上 | |

**续表 4-2-2**

| 序号 | 类别(产品/项目/参数) | 产品/项目/参数 | | 依据标准(方法)名称及编号(含年号) | 仪器设备(标准物质)要求 | 环境条件要求 | 备注 |
|---|---|---|---|---|---|---|---|
| | | 序号 | 名称 | | | | |
| | | 52 | 断后伸长率 | 金属材料 拉伸试验 第1部分:室温试验方法 GB/T 228.1—2010 | 1. 试验机的准确度应为1级或优于1级按GB/T 16825.1—2008校准;<br>2. 引伸仪的准确度应符合GB/T 12160—2002要求,应使用不劣于1级;<br>3. 计算机控制拉伸试验机应满足GB/T 22066—2008及GB/T 228.1—2010附录A | 同上 | |
| | | | | 钢筋混凝土用钢材试验方法 GB/T 28900—2012 | 1. 试验机的准确度应为1级或优于1级;<br>2. 测定$R_{el}$或$R_{p0.2}$时,引伸计精度应达到1级;测定$A_{gt}$是可使用2级精度的引伸仪;<br>3. 用于测定最大力$F_m$总延伸率($A_{gt}$)的引伸计应至少有100 mm的标距长度 | 同上 | |
| | | 53 | 接头抗拉强度 | 钢筋焊接接头试验方法标准 JGJ/T 27—2014 | 1. 试验机的准确度应为1级或优于1级按GB/T 16825.1—2008校准 | 1. 一般:10~35 ℃;<br>2. 严格:(23±5)℃ | |
| | | | | 焊接接头拉伸试验方法 GB/T 2651—2008 | 1. 试验机的准确度应为1级或优于1级按GB/T 16825.1—2008校准 | 1. 环境温度(23±5)℃ | |
| | | | | 钢筋机械连接技术规程 JGJ 107—2016/附录A | 1. 试验机的准确度应为1级或优于1级 | | |
| | | 54 | 反复弯曲 | 金属材料 线材 反复弯曲试验方法 GB/T 238—2013 | 1. 反复弯曲试验机:符合GB/T 238—2013要求 | 1. 一般:10~35 ℃;<br>2. 严格:(23±5)℃ | |

续表 4-2-2

| 序号 | 类别(产品/项目/参数) | 产品/项目/参数 | | 依据标准(方法)名称及编号(含年号) | 仪器设备(标准物质)要求 | 环境条件要求 | 备注 |
|---|---|---|---|---|---|---|---|
| | | 序号 | 名称 | | | | |
| | | | | 金属材料 薄板和薄带 反复弯曲试验方法 GB/T 235—2013 | 1. 反复弯曲试验机:符合 GB/T 235—2013 要求 | 同上 | |
| 六 | 砂浆 | | | | | | |
| | | 55 | 稠度 | 水工混凝土试验规程 SL 352—2006/8.2 | 1. 砂浆稠度仪:试锥高 145 mm,锥底直径 75 mm,总重 300 g;<br>2. 捣棒:直径 12 mm、长 250 mm、一端为弹头形的金属棒;<br>3. 秒表 | 1. 拌和间温度应保持在(20 ± 5)℃ | |
| | | 56 | 泌水率 | 水工混凝土试验规程 SL 352—2006/8.3 | 1. 容量筒:2L(带盖);<br>2. 振动台:频率(50 ± 3)Hz,空载台面中心振幅(0.5 ±0.1)mm;<br>3. 跳桌:圆盘直径(300 ±1)mm,跳动总质量(3.45 ± 0.02)kg,圆盘跳动落距(10 ± 0.1)mm;<br>4. 量筒:100 mL 带量筒塞 | 同上 | |
| | | 57 | 表观密度 | 水工混凝土试验规程 SL 352—2006/8.4 | 1. 砂浆容量筒:容积 1 L,直径 108 mm,高 109 mm;<br>2. 天平:称量 5 kg、感量 1 g;<br>3. 砂浆稠度仪:试锥高 145 mm,锥底直径 75 mm,总重 300 kg;<br>4. 振动台:频率(50 ± 3)Hz,空载台面中心振幅(0.5 ±0.1)mm;<br>5. 跳桌:圆盘直径(300 ±1)mm,跳动总质量(3.45 ± 0.02)kg,圆盘跳动落距(10 ± 0.1)mm | 同上 | |
| | | 58 | 抗压强度 | 水工混凝土试验规程 SL 352—2006/8.5 | 1. 压力机或万能试验机:破坏荷载应在全量程的 20% ~80%,示值误差不大于标准值的 ±1% | | |

续表 4-2-2

| 序号 | 类别(产品/项目/参数) | 产品/项目/参数 | | 依据标准(方法)名称及编号(含年号) | 仪器设备(标准物质)要求 | 环境条件要求 | 备注 |
|---|---|---|---|---|---|---|---|
| | | 序号 | 名称 | | | | |
| | | 59 | 抗渗 | 水工混凝土试验规程 SL 352—2006/8.11 | 1. 砂浆渗透仪；<br>2. 砂浆渗透试模：上口直径 70 mm，下口直径 80 mm，高 30 mm | | |
| 七 | 外加剂 | | | | | | |
| | | 60 | 减水率 | 混凝土外加剂 GB 8076—2008/6.5.2 | 1. 坍落度仪：符合 JC/T 248；<br>2. 钢直尺：300 mm(2 把) | 1. 温度：(20±5) ℃；<br>2. 湿度：不小于 50% | |
| | | | | 普通混凝土拌和物性能试验方法标准 GB/T 50080—2016/4 | 1. 坍落度仪：符合 JC/T 248；<br>2. 钢直尺：300 mm(2 把) | 同上 | |
| | | 61 | 固体含量(含固量) | 混凝土外加剂匀质性试验方法 GB/T 8077—2012/5 | 1. 天平：分度值 0.000 1 g；<br>2. 干燥箱：温度范围 0～200 ℃(实际使用 100～105 ℃) | | |
| | | 62 | 含水率 | 混凝土外加剂匀质性试验方法 GB/T 8077—2012/6 | 1. 天平：分度值 0.000 1 g；<br>2. 干燥箱：温度范围 0～200 ℃(实际使用 100～105 ℃) | | |
| | | 63 | 含气量 | 混凝土外加剂 GB 8076—2008/6.5.4 | 1. 含气量测定仪：符合 JC/T 246 要求；<br>2. 电子天平：量程 50 kg，感量不大于 10 g | 1. 温度：(20±5) ℃；<br>2. 湿度：不小于 50% | |
| | | | | 普通混凝土拌和物性能试验方法标准 GB/T 50080—2016/15 | 1. 含气量测定仪：符合 JC/T 246 要求；<br>2. 电子天平：量程 50 kg，感量不大于 10 g | 同上 | |
| | | 64 | pH | 混凝土外加剂匀质试验方法 GB/T 8077—2012/9 | 1. 酸度计；<br>2. 甘汞电极玻璃电极；<br>3. 玻璃电极；<br>4. 复合电极；<br>5. 天平：分度值 0.000 1 g | 1. 应按万分之一天平使用说明书，控制其使用环境 | |

续表 4-2-2

| 序号 | 类别(产品/项目/参数) | 产品/项目/参数 | | 依据标准(方法)名称及编号(含年号) | 仪器设备(标准物质)要求 | 环境条件要求 | 备注 |
|---|---|---|---|---|---|---|---|
| | | 序号 | 名称 | | | | |
| | | 65 | 细度 | 混凝土外加剂匀质性试验方法 GB/T 8077—2012/8 | 1. 天平:分度值 0.001 g;<br>2. 试验筛:0.315 mm | | |
| | | 66 | 氯离子含量 | 混凝土外加剂匀质性试验方法 GB/T 8077—2012/11.1 | 1. 电位测定仪或酸度计;<br>2. 银电极或氯电极;<br>3. 甘汞电极;<br>4. 电磁搅拌器;<br>5. 滴定管:25 mL;<br>6. 移液管:10 mL;<br>7. 天平:分度值 0.000 1 g; | | 1. 电位滴定法 |
| | | | | 混凝土外加剂匀质性试验方法 GB/T 8077—2012/11.2 | 1. 离子色谱仪;<br>2. 0.22 μm 水性针头微孔滤器;<br>3. On Guard Rp 柱;<br>4. 注射器:1.0 mL、2.5 mL;<br>5. 淋洗液体系;<br>6. 抑制器 | | 1. 离子色谱法 |
| | | 67 | 总碱量 | 混凝土外加剂匀质性试验方法 GB/T 8077—2012/15.1 | 1. 火焰光度计;<br>2. 天平:分度值 0.000 1 g | 1. 应按万分之一天平使用说明书,控制其使用环境 | 1. 火焰光度法 |
| | | | | 混凝二外加剂匀质性试验方法 GB/T 8077—2012/15.2 | 1. 天平:可精确至 0.000 1 g;<br>2. 烘箱:105 ~ 110 ℃;<br>3. 原子吸收分光光度计:带有镁、钾、钠、铁、锰、锌元素空心阴极灯;<br>4. 通风橱 | 1. 应按万分之一天平使用说明书,控制其使用环境 | 1. 原子吸收光谱法 |

续表 4-2-2

| 序号 | 类别(产品/项目/参数) | 产品/项目/参数 | | 依据标准(方法)名称及编号(含年号) | 仪器设备(标准物质)要求 | 环境条件要求 | 备注 |
|---|---|---|---|---|---|---|---|
| | | 序号 | 名称 | | | | |
| | | 68 | 收缩率比 | 混凝土外加剂 GB 8076—2008/6. 6. 2 | 1. 非接触法混凝土收缩变形仪;<br>2. 传感器测试量程不应小于测量标准局长度的 0. 5% 或量程不应小于 1 mm,测试精度不应低于 0. 002 mm | 1. 温度:(20 ±2) ℃;<br>2. 湿度:(60 ±5)% | 1. 非接触法 |
| | | | | 混凝土外加剂 GB 8076—2008/6. 6. 2 | 卧式收缩仪的测量标距为 540 mm,并应装有精度为 ±0. 001 mm 的千分表或测微器 | 1. 温度:(20 ±2) ℃;<br>2. 湿度:(60 ±5)% | 1. 接触法 |
| | | | | 普通混凝土长期性能和耐久性能试验方法标准 GB/T 50082—2009/8. 1 | 1. 非接触法混凝土收缩变形仪;<br>2. 传感器测试量程不应小于测量标准局长度的 0. 5% 或量程不应小于 1 mm,测试精度不应低于 0. 002 mm | 1. 温度:(20 ±2) ℃;<br>2. 湿度:(60 ±5)% | 1. 非接触法 |
| | | | | 普通混凝土长期性能和耐久性能试验方法标准 GB/T 50082—2009/8. 2 | 卧式收缩仪的测量标距为 540 mm,并应装有精度为 ±0. 001 mm 的千分表或测微器 | 同上 | 1. 接触法 |
| | | 69 | 泌水率比 | 混凝土外加剂 GB 8076—2008/6. 5. 3 | 1. 容量筒:5L,带盖;<br>2. 带塞量筒:100 mL,分度值 1 mL;<br>3. 电子秤:量程 20 kg、感量不大于 1 g | 1. 温度:(20 ±5) ℃<br>2. 湿度:不小于 50% | |
| | | | | 普通混凝土拌和物性能试验方法标准 GB/T 50080—2016/12 | 1. 容量筒:5 L,带盖;<br>2. 带塞量筒:100 mL,分度值 1 mL;<br>3. 电子秤:量程 20 kg、感量不大于 1 g | 同上 | |

**续表 4-2-2**

| 序号 | 类别(产品/项目/参数) | 产品/项目/参数 | | 依据标准(方法)名称及编号(含年号) | 仪器设备(标准物质)要求 | 环境条件要求 | 备注 |
|---|---|---|---|---|---|---|---|
| | | 序号 | 名称 | | | | |
| | | 70 | 抗压强度比 | 混凝二外加剂 GB 8076—2008/6.6.1 | 1. 压力机试验机:试件破坏荷载宜大于压力机全量程的 20% 且小于压力机全量程的 80%,示值相对误差应为 ±1%,符合 GB/T 3159 和 GB/T 2611 的有关规定 | 1. 试件预养温度:(20 ±3) ℃;<br>2. 标准养护:(20 ±2) ℃;<br>3. 相对湿度:95% 以上 | |
| | | | | 混凝土物理力学性能试验方法标准 GB/T 50081—2019/5 | 1. 压力机试验机:试件破坏荷载宜大于压力机全量程的 20% 且小于压力机全量程的 80%,示值相对误差应为 ±1%,符合 GB/T 3159 和 GB/T 2611 的有关规定 | | |
| | | 71 | 凝结时间差 | 混凝土外加剂 GB 8076—2008/6.5.5 | 1. 贯入阻力仪:不应小于 1 000 kN,精度 ±10 N,测针承压面积 100 $mm^2$、50 $mm^2$、20 $mm^2$;<br>2. 筛子:5.00 mm 方孔筛 | 1. 温度:(20 ±5) ℃;<br>2. 湿度:不小于 50% | |
| 八 | 沥青 | | | | | | |
| | | 72 | 密度 | 固体和半固体石油沥青密度测定法 GB/T 8928—2008 | 1. 比重瓶:满足 GB/T 8928—2008 要求;<br>2. 天平:感量 0.000 5 g;<br>3. 水浴:能保持水温在试验温度 ±0.1 ℃;<br>4. 温度计:最小刻度 0.1 ℃,分度值 1 ℃,测量范围 0 ~ 30 ℃;<br>5. 真空泵或水流泵:能达到 2.7 kPa 的真空 | | |

**续表** 4-2-2

| 序号 | 类别(产品/项目/参数) | 产品/项目/参数 | | 依据标准(方法)名称及编号(含年号) | 仪器设备(标准物质)要求 | 环境条件要求 | 备注 |
|---|---|---|---|---|---|---|---|
| | | 序号 | 名称 | | | | |
| | | 73 | 针入度 | 沥青针入度测定法 GB/T 4509—2010 | 1. 针入度仪:满足 GB/T 4509—2010 要求;<br>2. 标准针:满足 GB/T 4509—2010 要求;<br>3. 恒温水浴:容量不少于 10 L,能保持在试验温度下控制 ±0.1 ℃;<br>4. 计时器:刻度不大于 0.1 s,60 s 准确度达到 ±0.1 s;<br>5. 温度计:-8 ~ 55 ℃,分度值为 0.1 ℃ | | |
| | | 74 | 延度 | 沥青延度测定法 GB/T 4508—2010 | 1. 水浴:能保持水温在试验温度 ±0.1 ℃;<br>2. 延度仪:满足 GB/T 4508—2010 标准要求<br>3. 温度计:0 ~ 50 ℃,分度 0.1 ℃和 0.5 ℃个一只 | | |
| | | 75 | 软化点 | 沥青软化点测定方法 环球法 GB/T 4507—2014 | 1. 环组合装置:满足 GB/T 4507—2014 标准要求;<br>2. 温度计:测量温度范围 30 ~ 180 ℃,最小分度值 0.5 ℃ | | |
| 九 | 止水带材料 | | | | | | |
| | | 76 | 拉伸强度 | 硫化橡胶或热塑性橡胶拉伸应力应变性能的测定 GB/T 528—2009/ISO 37:2005 | 1. 裁刀和裁片机:应符合 GB/T 2941 的要求;<br>2. 测厚计:符合 GB/T 2941 方法 A 的规定;<br>3. 拉力试验机:应符合 ISO 5893 的规定,具有 2 级测力精度试验机应至少能在(100 ±10) mm/min、(200 ±20) mm/min、(500 ±50) mm/min 移动速度下操作 | 1. 标准试验室温度应为(23 ±2)℃或(27 ±2)℃ | 1. GB 18173.2—2014 |

**续表 4-2-2**

| 序号 | 类别(产品/项目/参数) | 产品/项目/参数 | | 依据标准(方法)名称及编号(含年号) | 仪器设备(标准物质)要求 | 环境条件要求 | 备注 |
|---|---|---|---|---|---|---|---|
| | | 序号 | 名称 | | | | |
| | | 77 | 拉断伸长率 | 硫化橡胶或热塑性橡胶拉伸应力应变性能的测定 GB/T 528—2009/ISO 37:2005 | 1. 裁刀和裁片机:应符合 GB/T 2941 的要求;<br>2. 测厚计:符合 GB/T 2941 方法 A 的规定;<br>3. 拉力试验机:应符合 ISO 5893 的规定,具有 2 级测力精度试验机应至少能在(100 ±10) mm/min、(200 ± 20) mm/min、(500 ±50) mm/min 移动速度下操作 | 1. 标准试验室温度应为(23 ±2)℃或(27 ±2)℃ | 1. GB 18173.2—2014 |
| | | 78 | 撕裂强度 | 硫化橡胶或热塑性橡胶撕裂强度的测定(裤形、直角形和新月形试样) GB/T 529—2008 | 1. 拉力试验机:应符合 ISO 5893 的规定,其测力精度达到 B 级作用力误差应控制在 2% 以内,试验过程中夹持器的移动速度要保持规定的恒速:裤形试样的拉伸速度为(100 ±10) mm/min,直角形或新月形试样的拉伸速度为(500 ±50) mm/min,使用裤形试样时,应采用有自动记录力值装置的低惯性拉力试验机 | 同上 | 1. GB 18173.2—2014 |
| | | 79 | 压缩永久变形 | 硫化橡胶或热塑性橡胶压缩永久变形的测定 第 1 部分:在常温及高温条件下 GB/T 7759.1—2015 | 1. 压缩装置:包括压缩板、钢制限制器、紧固件等;<br>2. 老化箱:符合 GB/T 3512—2014 中方法 A 或方法 B 的要求;<br>3. 厚度计:精确至 ±0.01 mm(符合 GB/T 2941—2006);<br>4. 计时装置:精度 ±1s | 同上 | 1. GB 18173.2—2014 |

# 第三节　金属结构检验检测

## 一、金属结构检验检测项目/参数与检验检测方法

本部分共梳理了三个类别 38 个检验检测项目/参数内容的检验检测方法，详见表 4-3-1 金属结构检验检测项目/参数与检验检测方法对照简表。

**表 4-3-1　金属结构检验检测项目/参数与检验检测方法对照简表**

| 序号 | 领域 | 项目/参数 | 检验检测方法 |
|---|---|---|---|
| 一 | 铸锻、焊接、材料质量与防腐涂层 | | |
| 1 | | 铸锻件表面缺陷 | 渗透检测、磁粉检测 |
| 2 | | 钢板表面缺陷 | 渗透检测、磁粉检测 |
| 3 | | 铸锻件内部缺陷 | 超声检测 |
| 4 | | 钢板内部缺陷 | 超声检测 |
| 5 | | 焊缝表面缺陷 | 渗透检测、磁粉检测 |
| 6 | | 焊缝内部缺陷 | 超声检测、射线检测 |
| 7 | | 抗拉强度 | 拉伸试验 |
| 8 | | 伸长率 | 拉伸试验 |
| 9 | | 硬度 | 洛氏硬度试验、布氏硬度试验 |
| 10 | | 弯曲 | 弯曲试验 |
| 11 | | 表面清洁度 | 目视评定 |
| 12 | | 涂料涂层厚度 | 测厚仪法 |
| 13 | | 涂料涂层附着力 | 划格法、拉开法 |
| 14 | | 金属涂层厚度 | 测厚仪法 |
| 15 | | 金属涂层结合强度 | 切割试验法 |
| 16 | | 腐蚀深度与面积 | 腐蚀测试 |

续表 4-3-1

| 序号 | 领域 | 项目/参数 | 检验检测方法 |
| --- | --- | --- | --- |
| 二 | 制造安装与在役 | | |
| 17 | | 几何尺寸 | 钢卷尺、经纬仪、水准仪、全站仪 |
| 18 | | 表面缺陷 | 渗透检测、磁粉检测 |
| 19 | | 温度 | 红外测温仪 |
| 20 | | 变形量 | 变形检测 |
| 21 | | 振动频率 | 振动检测 |
| 22 | | 振幅 | 振动检测 |
| 23 | | 橡胶硬度 | 邵氏硬度计法 |
| 24 | | 水压试验 | 水压试验 |
| 三 | 启闭机与清污机 | | |
| 25 | | 电压 | 电压检测 |
| 26 | | 电流 | 电流检测 |
| 27 | | 电阻 | 电阻检测 |
| 28 | | 启闭力 | 启闭力检测 |
| 29 | | 闭门力 | 启闭力检测 |
| 30 | | 钢丝绳缺陷 | 钢丝绳损伤定量检测系统 |
| 31 | | 硬度 | 里氏硬度试验 |
| 32 | | 上拱度 | 全站仪、光学经纬仪 |
| 33 | | 上翘度 | 全站仪、光学经纬仪 |
| 34 | | 挠度 | 全站仪、光学经纬仪 |
| 35 | | 行程 | 钢卷尺 |
| 36 | | 压力 | 厂内试验 |
| 37 | | 表面粗糙度 | 粗糙度测量仪 |
| 38 | | 负荷试验 | 荷载试验、动载试验 |

## 二、金属结构检验检测项目/参数与对应标准及要求一览表

本部分共梳理了金属结构三个类别 38 个检验检测项目/参数内容，涉及 40 个检验检测方法标准，详见表 4-3-2 金属结构检验检测项目/参数与对应标准及要求一览表。

**表 4-3-2　金属结构检验检测项目/参数与对应标准及要求一览表**

| 序号 | 类别(产品/项目/参数) | 产品/项目/参数 | | 依据标准(方法)名称及编号(含年号) | 仪器设备(标准物质)要求 | 环境条件要求 | 备注 |
|---|---|---|---|---|---|---|---|
| | | 序号 | 名称 | | | | |
| 一 | 铸锻、焊接、材料质量与防腐涂层 | | | | | | |
| | | 1 | 铸锻件表面缺陷 | 水电工程钢闸门制造安装及验收规范 NB/T 35045—2014/7.2.10、7.2.19 | 1. 磁粉检测设备应符合现行行业标准 JB/T 8290 规定;<br>2. 渗透检测设备应符合现行行业标准 JB/T 4730.5 规定 | | |
| | | | | 铸钢件铸铁件 渗透检测 GB/T 9443—2019 | 1. 检测材料和检测设备应按制造商的说明书使用;<br>2. 检测开始前应进行综合性能测试,一般采用标准试块,当用户或技术文件没有规定时,宜选用 JB/T 6064 的三点式或五点式 B 型试块,也可采用更有效的方法;<br>3. 检测前应验证检测灵敏度是否达到要求;<br>4. 检测时渗透剂的施加应确保在规定的渗透时间内保持湿润,在 10 ~ 50 ℃时,渗透时间不少于 5 min,显像时间不少于 10 min,但不宜超过 30 min,推荐的渗透和显像时间均为 10 min | 1. 工作场所应通风充足并远离热源和火源 | 1. 本标准未规定的渗透检测技术要求、检测方法、渗透材料、试块、设备、温度高于 50 ℃及低于 10 ℃的渗透检测等按 GB/T 18851.1 ~ 18851.6 的规定执行 |
| | | | | 铸钢件铸铁件 磁粉检测 GB/T 9444—2019 | 1. 设备应符合现行国家标准 GB/T 15822.3 的规定 | | 1. 应符合 GB/T 15822.1—2005/5 安全与环境要求 |

续表 4-3-2

| 序号 | 类别(产品/项目/参数) | 产品/项目/参数 | | 依据标准(方法)名称及编号(含年号) | 仪器设备(标准物质)要求 | 环境条件要求 | 备注 |
|---|---|---|---|---|---|---|---|
| | | 序号 | 名称 | | | | |
| | | | | 承压设备无损检测 第4部分：磁粉检测 NB/T 47013.4—2015 | 1. 设备应符合现行行业标准 JB/T 8290 的要求 | | |
| | | | | 承压设备无损检测 第5部分：渗透检测 NB/T 47013.5—2015 | 1. 设备应符合本标准第4.2条 | | |
| | | 2 | 钢板表面缺陷 | 水电工程钢闸门制造安装及验收规范 NB/T 35045—2014/附录A.3 | 1. 游标卡尺 | | |
| | | | | 承压设备无损检测 第4部分：磁粉检测 NB/T 47013.4—2015 | 1. 设备应符合现行行业标准 JB/T 8290 的要求 | | |
| | | | | 承压设备无损检测 第5部分：渗透检测 NB/T 47013.5—2015 | 1. 设备应符合本标准第4.2条 | | |
| | | | | 热轧钢板表面质量的一般要求 GB/T 14977—2008/5.2 | 1. 游标卡尺 | | |

**续表** 4-3-2

| 序号 | 类别(产品/项目/参数) | 产品/项目/参数 | | 依据标准(方法)名称及编号(含年号) | 仪器设备(标准物质)要求 | 环境条件要求 | 备注 |
|---|---|---|---|---|---|---|---|
| | | 序号 | 名称 | | | | |
| | | 3 | 铸锻件内部缺陷 | 铸钢件 超声检测 第1部分:一般用途铸钢件 GB/T 7233.1—2009 | 1. 数字超声波探伤仪 | | |
| | | | | 铸钢件 超声检测 第2部分:高承压铸钢件 GB/T 7233.2—2010 | 1. 超声仪器应符合现行行业标准 JB/T 10061 的要求,同时具备①范围调整,钢中纵波和横波,至少在 10 mm 和 2 000 mm 内可连续选择;②增益,调整范围在 80 dB 以上;③步进级每档不大于 2 dB,精度 1 dB;④时基线性误差不大于 1%,垂直线性误差不大于 5%;⑤至少能适应 1 ~ 6 MHz 频率脉冲反射技术所用的单晶和双晶探头。<br>2. 探头和频率应符合现行国家标准 GB/T 18694 的要求,并满足额度频率范围在 1 ~ 6 MHz,斜探头角度范围在 35° ~ 70° | | |
| | | | | 钢锻件超声检测方法 GB/T 6402—2008 | 1. 以 A 型显示为主的探伤仪,应符合现行行业标准 JB/T 10061 的要求;<br>2. 直探头和横波探头应符合现行国家标准 GB/T 18694 的要求;<br>3. 探头靴:宽度 $W_{ps}$ 应大于被检材料直径 $D_{obj}$ 的 1/10,长度 $l_{ps}$ 也应大于被检材料直径 $D_{obj}$ 的 1/10;<br>4. 探头标称频率在 1.0 ~ 6.0 MHz 范围;<br>5. 直探头晶片的有效直径应在 10 ~ 40 mm;<br>6. 横波探头声束折射角度应在 35° ~ 70° 范围,晶片的有效面积应在 20 ~ 625 $mm^2$;<br>7. 校准试块应符合现行国家标准 GB/T 19799.1 的要求 | | |

**续表 4-3-2**

| 序号 | 类别(产品/项目/参数) | 产品/项目/参数 | | 依据标准(方法)名称及编号(含年号) | 仪器设备(标准物质)要求 | 环境条件要求 | 备注 |
|---|---|---|---|---|---|---|---|
| | | 序号 | 名称 | | | | |
| | | 4 | 钢板内部缺陷 | 厚钢板超声检测方法 GB/T 2970—2016 | 1. 探伤仪:应符合现行行业标准 JB/T 10061 的有关规定;<br>2. 换能器:板厚 6 ~ 13 mm 时,选择标称频率 5 MHz 的双晶片直探头,板厚 13 ~ 60 mm 时,选择标称频率不小于 2 MHz 的双晶片直探头或单晶片直探头,板厚大于 60 mm 时,选择标频频率不小于 2 MHz 的单晶片直探头 | | |
| | | 5 | 焊缝表面缺陷 | 水工金属结构焊接通用技术条件 SL 36—2016/8.3 | 1. 磁粉检测设备应符合现行国家标准 GB/T 15822.3 的规定;<br>2. 渗透检测设备应符合现行国家标准 GB/T 18851.1 的规定 | | 1. 良好照明 |
| | | | | 钢结构现场检测技术标准 GB/T 50621—2010/5/6 | 1. 磁粉探伤装置:应符合本标准第 5.2 条;<br>2. 渗透检测装置:应符合本标准第 6.2 条 | 1. 渗透检测应符合本标准规定的环境条件 | |
| | | 6 | 焊缝内部缺陷 | 水工金属结构焊接通用技术条件 SL 36—2016/8.4 | 1. 超声检测设备应符合现行国家标准 GB/T 11345 的规定;<br>2. 射线检测设备应符合现行国家标准 GB/T 3323 的规定 | | |
| | | | | 管道焊接接头超声波检验技术规程第 2 部分:A 型脉冲反射法 DL/T 820.2—2019 | 1. 超声波检测仪器的性能指标应符合 JB/T 10061 的规定;<br>2. 探头性能应按 JB/T 10062 进行测定 | | |
| | | | | 焊缝无损检测 射线检测 第 1 部分:X 和伽马射线的胶片技术 GB/T 3323.1—2019 | 1. 射线探伤仪;<br>2. 胶片系统:应按 GB/T 19348.1 确定 | | |

续表 4-3-2

| 序号 | 类别(产品/项目/参数) | 产品/项目/参数 | | 依据标准(方法)名称及编号(含年号) | 仪器设备(标准物质)要求 | 环境条件要求 | 备注 |
|---|---|---|---|---|---|---|---|
| | | 序号 | 名称 | | | | |
| | | | | 金属熔化焊对接接头射线检测技术和质量分级 DL/T 821—2017 | 1. X 射线和 γ 射线设备符合国家标准,射线检测应具有平移、旋转、速度连续可调等功能并保证较高运转精度和稳定性;<br>2. 成像器材:动态范围应不小于 2 000:1,A/D 转换位数不小于 14 bit;<br>3. 观片灯:符合现行国家标准 GB/T 19802 的相关规定;<br>4. 黑度计:最大黑度不小于 4.5,测量值的误差不超过 ±0.05;<br>5. 标准密度片:至少有 8 个一定间隔的不同黑度基准值,且能覆盖 0.3 ~ 4.5 黑度范围;<br>6. 像质计:应符合现行行业标准 JB/T 7902、现行国家标准 GB/T 23901.1 和 GB/T 23901.5 的规定;<br>7. 增感屏:宜采用金属增感屏,应符合现行行业标准 JB/T 5075 的规定 | | |
| | | | | 焊缝无损检测 超声检测 技术、检测等级和评定 GB/T 11345—2013 | 1. 设备应符合本标准第 6.2 条 | | |

续表 4-3-2

| 序号 | 类别(产品/项目/参数) | 产品/项目/参数 | | 依据标准(方法)名称及编号(含年号) | 仪器设备(标准物质)要求 | 环境条件要求 | 备注 |
|---|---|---|---|---|---|---|---|
| | | 序号 | 名称 | | | | |
| | | | | 钢结构现场检测技术标准 GB/T 50621—2010/7 | 1. 设备与器材:应符合本标准第 7.2 条 | | |
| | | | | 钢结构超声波探伤及质量分级法 JG/T 203—2007 | 1. 超声探伤仪使用 A 型显示脉冲反射式超声探伤仪,水平线性误差不应大于 1%,垂直线性误差不应大于 5%,也可使用数字式超声探伤仪,应至少能存储四幅 DAC 曲线;<br>2. 模拟式超声探伤仪工作频率范围不应小于 0.5 ~ 10 MHz,数字式超声探伤仪频率范围为 0.5 ~ 10 MHz,且实时采样频率不应小于 40 MHz,对于超声衰减大的工件,可选用低于 2.5 MHz 的频率 | | |
| | | 7 | 抗拉强度 | 金属材料 拉伸试验 第 1 部分:室温试验方法 GB/T 228.1—2010 | 1. 试验机的测力系统准确度应为 1 级或优于 1 级;<br>2. 引伸计的准确度级别应符合现行国家标准 GB/T 12160 的要求,测定抗拉强度应使用不劣于 2 级准确度的引伸计;<br>3. 计算机控制拉伸试验机应满足现行国家标准 GB/T 22066 和本标准附录 A | 1. 除非另有规定,试验一般在室温 10 ~ 35 ℃ 范围内进行对温度要求严格的试验,试验温度应为 (23 ± 5) ℃ | |

续表 4-3-2

| 序号 | 类别(产品/项目/参数) | 产品/项目/参数 | | 依据标准(方法)名称及编号(含年号) | 仪器设备(标准物质)要求 | 环境条件要求 | 备注 |
|---|---|---|---|---|---|---|---|
| | | 序号 | 名称 | | | | |
| | | 8 | 伸长率 | 金属材料 拉伸试验 第1部分:室温试验方法 GB/T 228.1—2010/18 | 1. 试验机的测力系统准确度应为1级或优于1级;<br>2. 引伸计的准确度级别应符合现行国家标准 GB/T 12160 的要求;<br>3. 计算机控制拉伸试验机应满足现行国家标准 GB/T 22066 和本标准附录 A | 1. 除非另有规定,试验一般在室温10~35 ℃范围内进行对温度要求严格的试验,试验温度应为(23±5)℃ | |
| | | 9 | 硬度 | 金属材料 洛氏硬度试验 第1部分:试验方法 GB/T 230.1—2018 | 1. 硬度计应符合现行国家标准 GB/T 230.2—2012 或现行行业标准 JJG 112 的规定;<br>2. 金刚石圆锥体压头应符合现行国家标准 GB/T 230.2—2012 或现行行业标准 JJG 112 的要求,压头锥角应为120°,顶部曲率半径应为0.2 mm;<br>3. 球形压头:碳化钨合金球形压头的直径为1.587 5 mm 或 3.175 mm,并符合 GB/T 230.2—2012 的要求 | 1. 试验一般在 10 ~ 35 ℃室温下进行,并符合本标准第7.1条 | |

续表 4-3-2

| 序号 | 类别(产品/项目/参数) | 产品/项目/参数 | | 依据标准(方法)名称及编号(含年号) | 仪器设备(标准物质)要求 | 环境条件要求 | 备注 |
|---|---|---|---|---|---|---|---|
| | | 序号 | 名称 | | | | |
| | | | | 金属材料 布氏硬度试验 第1部分:试验方法 GB/T 231.1—2018 | 1. 硬度计:应符合 GB/T 231.2 的规定;<br>2. 压头:硬质合金压头应符合 GB/T 231.2 的要求;<br>3. 压痕测量装置:应符合 GB/T231.2 的规定 | 1. 试验一般在(10 ~ 35)℃室温下进行,对于温度要求严格的试验,室温应为(23 ± 5)℃ | |
| | | 10 | 弯曲 | 金属材料 弯曲试验方法 GB/T 232—2010 | 1. 支辊式弯曲装置:支辊长度和弯曲压头的宽度应大于试样宽度或直径,弯曲压头的直径由产品标准规定,支辊和弯曲压头应具有足够的硬度;<br>2. V 形模具式弯曲装置:V 形槽角度应为(180° − α),弯曲角度 α 应在相关产品标准中规定,模具的支承棱边应倒圆,其倒圆半径应为 1 ~ 10 倍试样厚度,模具和弯曲压头宽度应大于试样宽度或直径并具有足够的硬度;<br>3. 虎钳式弯曲装置:可以配置加力杠杆,弯曲压头直径应按照相关产品标准要求,弯曲压头宽度应大于试样宽度或直径 | 1. 试验一般在 10 ~ 35 ℃的室温范围内进行,对温度要求严格的试验,试验温度应为(23 ± 5)℃ | |

**续表** 4-3-2

| 序号 | 类别(产品/项目/参数) | 产品/项目/参数 | | 依据标准(方法)名称及编号(含年号) | 仪器设备(标准物质)要求 | 环境条件要求 | 备注 |
|---|---|---|---|---|---|---|---|
| | | 序号 | 名称 | | | | |
| | | 11 | 表面清洁度 | 涂覆涂料前钢材表面处理表面清洁度的目视评定 第1部分:未涂覆过的钢材表面和全面清除原有涂层后的钢材表面的锈蚀等级和处理等级 GB/T 8923.1—2011 | 1. 目视评定 | | |
| | | | | 涂覆涂料前钢材表面处理 表面清洁度的目视评定 第2部分:已涂覆过的钢材表面局部清除原有涂层后的处理等级 GB/T 8923.2—2008 | 1. 目视评定 | | |
| | | | | 涂覆涂料前钢材表面处理 表面清洁度的目视评定 第3部分:焊缝、边缘和其他区域的表面缺陷的处理等级 GB/T 8923.3—2009 | 1. 目视评定 | | |
| | | 12 | 涂料涂层厚度 | 水电工程钢闸门制造安装及验收规范 NB/T 35045—2014/6.4 | 1. 漆膜厚度用测厚仪测定,测点距离为1.0 m左右,85%以上测点厚度应符合设计要求,漆膜最小厚度值不低于设计厚度的85%;<br>2. 当使用厚浆型涂料时,应用针孔检测仪按设计规定电压值检测漆膜针孔 | | |
| | | | | 水电水利工程压力钢管制造安装及验收规范 DL/T 5017—2007/8.3 | 1. 精度 ±(3% $H$ + 1) μm 及以上的涂镀层测厚仪;<br>2. 湿膜测厚仪、针孔检测仪 | | |

续表 4-3-2

| 序号 | 类别(产品/项目/参数) | 产品/项目/参数 | | 依据标准(方法)名称及编号(含年号) | 仪器设备(标准物质)要求 | 环境条件要求 | 备注 |
|---|---|---|---|---|---|---|---|
| | | 序号 | 名称 | | | | |
| | | | | 水工金属结构制造安装质量检验通则 SL 582—2012/4.9.3 | 1. 测厚仪:使用前应在标准试块上对仪器进行校准,测量误差小于10%方可使用。 | | |
| | | | | 水工金属结构防腐蚀规范 SL 105—2007/4.4 | 1. 测厚仪:精度应不低于 ±10% | | |
| | | 13 | 涂料涂层附着力 | 水工金属结构防腐蚀规范 SL 105—2007/4.4 | 1. 切割刀具:单刃切割刀具的刀刃为20°~30°;<br>2. 透明的压敏胶粘带:宽 25 mm,黏着力(10±1)N/25 mm 或商定的其他数值;<br>3. 拉脱式涂层附着力测试仪 | | 1. 划格法;<br>2. 拉开法 |
| | | | | 色漆和清漆 漆膜的划格试验 GB/T 9286—1998 | 1. 切割刀具:单刃切割刀具的刀刃为20°~30°;<br>2. 透明的压敏胶粘带:宽 25 mm,黏着力(10±1)N/25 mm 或商定的其他数值;<br>3. 放大镜:放大倍数为2倍或3倍 | | |
| | | 14 | 金属涂层厚度 | 水工金属结构防腐蚀规范 SL 105—2007/5.5/附录G.1 | 1. 涂膜厚度使用的测厚仪精度应不低于±10% | | |
| | | | | 水利工程压力钢管制造安装及验收规范 SL 432—2008/8 | 1. 测厚仪:精度应不低于 ±10% | | |
| | | | | 水电水利工程压力钢管制造安装及验收规范 DL/T 5017—2007/附录K | 1. 覆层测厚仪:无明确的技术要求 | | |
| | | | | 水电工程钢闸门制造安装及验收规范 NB/T35045—2014 /附录H | 1. 硬质刃口刀具:刀具尖端角度为70° | | |

**续表** 4-3-2

| 序号 | 类别(产品/项目/参数) | 产品/项目/参数 | | 依据标准(方法)名称及编号(含年号) | 仪器设备(标准物质)要求 | 环境条件要求 | 备注 |
|---|---|---|---|---|---|---|---|
| | | 序号 | 名称 | | | | |
| | | | | 水工金属结构制造安装质量检验通则 SL 582—2012/4.9.4 | 1. 测厚仪:使用前应在标准试块上对仪器进行校准,测量误差小于10%方可使用。 | | |
| | | 15 | 金属涂层结合强度 | 水工金属结构防腐蚀规范 SL 105—2007/5.5/附录 G.2 | 1. 硬质刃口刀具:刀具尖端角度为70° | | |
| | | | | 水电水利工程压力钢管制造安装及验收规范 DL/T 5017—2007/附录 K | 1. 硬质刃口刀具:刀具尖端角度为70° | | |
| | | 16 | 腐蚀深度与面积 | 水工钢闸门和启闭机安全检测技术规程 SL 101—2014/5 | 1. 测厚仪、测深仪、深度游标卡尺 | | |
| 二 | 制造安装与在役质量 | | | | | | |
| | | 17 | 几何尺寸 | 水利水电工程启闭机制造安装及验收规范 SL 381—2007/附录 A /附录 B | 1. 钢卷尺,经纬仪,水准仪,全站仪 | | |
| | | | | 水电工程钢闸门制造安装及验收规范 NB/T 35045—2014/7 | 1. 钢卷尺,经纬仪,水准仪,全站仪 | | |
| | | | | 水利水电工程钢闸门制造、安装及验收规范 GB/T 14173—2008/7 | 1. 钢卷尺精度应不低于一级;<br>2. 经纬仪的精度应不低于 $DJ_2$ 级;<br>3. 水准仪的精度应不低于 $DS_3$ 级;<br>4. 全站仪的测角精度应不低于1″,测距精度应不低于 $1\ mm + 2 \times D \times 10^{-6}\ mm$,$D$ 为测量距离,单位 mm | | |

续表 4-3-2

| 序号 | 类别(产品/项目/参数) | 产品/项目/参数 | | 依据标准(方法)名称及编号(含年号) | 仪器设备(标准物质)要求 | 环境条件要求 | 备注 |
|---|---|---|---|---|---|---|---|
| | | 序号 | 名称 | | | | |
| | | 18 | 表面缺陷 | 水工钢闸门和启闭机安全检测技术规程 SL 101—2014/4 | 1. 磁粉检测仪、渗透检测仪 | | |
| | | | | 水电工程钢闸门制造安装及验收规范 NB/T 35045—2014/4.5.2、4.5.3 | 1. 游标卡尺 | | |
| | | 19 | 温度 | 水利水电工程启闭机制造安装及验收规范 SL 381—2007/5.3.3、5.3.4 | 1. 红外测温仪 | | |
| | | | | 水工钢闸门和启闭机安全检测技术规程 SL 101—2014/11.1 | 1. 红外测温仪 | | |
| | | | | 水工钢闸门和启闭机安全检测技术规程 DL/T 835—2003/6 | 1. 红外测温仪 | | |
| | | | | 水工金属结构防腐蚀规范 SL 105—2007/3 | 1. 红外测温仪 | | |
| | | | | 水电水利工程金属结构设备防腐蚀技术规程 DL/T 5358—2006/6 | 1. 红外测温仪：-18～650 ℃ | | |
| | | 20 | 变形量 | 钢结构现场检测技术标准 GB/T 50621—2010/9 | 1. 可采用水准仪、经纬仪、激光垂准仪或全站仪等仪器；<br>2. 测量仪器及其精度宜符合现行行业标准 JGJ 8 的有关规定，变形测量级别可按三级考虑 | | |

**续表** 4-3-2

| 序号 | 类别(产品/项目/参数) | 产品/项目/参数 | | 依据标准(方法)名称及编号(含年号) | 仪器设备(标准物质)要求 | 环境条件要求 | 备注 |
|---|---|---|---|---|---|---|---|
| | | 序号 | 名称 | | | | |
| | | | | 水工钢闸门和启闭机安全检测技术规程 SL 101—2014/4 | 1. 水准仪、经纬仪、激光垂准仪、全站仪 | | |
| | | 21 | 振动频率 | 水工钢闸门和启闭机安全检测技术规程 SL 101—2014/9 | 1. 结构动载数据采集仪;<br>2. 便携式测振仪 | | |
| | | | | 压力钢管安全检测技术规程 DL/T 709—1999/9 | 1. 结构动载数据采集仪;<br>2. 便携式测振仪 | | |
| | | 22 | 振幅 | 水工钢闸门和启闭机安全检测技术规程 SL 101—2014/9 | 1. 结构动载数据采集仪;<br>2. 便携式测振仪 | | |
| | | | | 压力钢管安全检测技术规程 DL/T 709—1999/9 | 1. 结构动载数据采集仪;<br>2. 便携式测振仪 | | |
| | | 23 | 橡胶硬度 | 硫化橡胶或热塑性橡胶压入硬度试验方法 第1部分:邵氏硬度计法(邵尔硬度)GB/T 531.1—2008 | 1. 邵氏硬度计:<br>(1)A 型和 D 型的压足直径为(18 ±0.5)mm 并带有(3 ±0.1)mm 中孔;<br>(2)AO 型的压足面积至少为 500 $mm^2$,带有(5.4 ±0.2)mm 中孔,中孔尺寸允差和压足大小的要求仅适用于在支架上使用的硬度计;<br>(3)A 型、D 型压针采用直径为(1.25 ±0.15)mm 的硬质钢棒制成,AO 型压针为半径(2.5 ±0.02)mm 的球面;<br>(4)AM 型:压足直径为(9 ±0.3)mm 并带有(1.19 ±0.03)mm 中孔;<br>(5)压针采用直径为(0.79 ±0.025)mm 的硬质圆棒制成 | | |

续表 4-3-2

| 序号 | 类别（产品/项目/参数） | 产品/项目/参数 | | 依据标准（方法）名称及编号（含年号） | 仪器设备（标准物质）要求 | 环境条件要求 | 备注 |
|---|---|---|---|---|---|---|---|
| | | 序号 | 名称 | | | | |
| | | 24 | 水压试验 | 水电水利工程压力钢管制造安装及验收规范 DL/T 5017—2007/9 | 1. 压力表 | | 1. 压力钢管内水压力 |
| | | | | 水利工程压力钢管制造安装及验收规范 SL 432－2008 | 1. 压力表 | | |
| 三 | 启闭机与清污机 | | | | | | |
| | | 25 | 电压 | 水利水电工程启闭机制造安装及验收规范 SL 381—2007/4.6 | 1. 数字万用表 | | |
| | | 26 | 电流 | 水利水电工程启闭机制造安装及验收规范 SL 381—2007/4.6 | 1. 数字万用表 | | |
| | | 27 | 电阻 | 水利水电工程启闭机制造安装及验收规范 SL 381—2007/4.6 | 1. 数字万用表 | | |
| | | 28 | 启门力 | 水工钢闸门和启闭机安全检测技术规程 SL 101—2014/10 | 1. 测力针、拉压传感器、动态应力检测系统 | | |

续表 4-3-2

| 序号 | 类别(产品/项目/参数) | 产品/项目/参数 | | 依据标准(方法)名称及编号(含年号) | 仪器设备(标准物质)要求 | 环境条件要求 | 备注 |
|---|---|---|---|---|---|---|---|
| | | 序号 | 名称 | | | | |
| | | 29 | 闭门力 | 水工钢闸门和启闭机安全检测技术规程 SL 101—2014/10 | 1. 测力针、拉压传感器、动态应力检测系统 | | |
| | | 30 | 钢丝绳缺陷 | 钢丝绳(缆)在线无损定量检测方法和判定规则 MT/T 970—2005 | 1. 钢丝绳损伤定量检测系统；<br>2. 检测装置金属有效截面积损失百分量测量的最大允许误差为 ±5‰ | 1. 保障检测人员和检测设备的安全；<br>2. 便于操作；<br>3. 单次检测能检测到相对较长的检测长度；<br>4. 钢丝绳(缆)和环境机械振动相对较小 | 1. 比较测定法；<br>2. 即时测定法；<br>优先使用比较测定法 |
| | | | | 铁磁性钢丝绳电磁检测方法 GB/T 21837—2008 | 1. 钢丝绳损伤定量检测系统 | | 1. 如果合约有约定,按本标准实施检测的人员,应按 GB/T 9455 或等效标准进行资格鉴定与认证；<br>2. 如果合同有约定,无损检测实验室应符合 GB/T 5616 的相关要求 |

**续表 4-3-2**

| 序号 | 类别(产品/项目/参数) | 产品/项目/参数 | | 依据标准(方法)名称及编号(含年号) | 仪器设备(标准物质)要求 | 环境条件要求 | 备注 |
|---|---|---|---|---|---|---|---|
| | | 序号 | 名称 | | | | |
| | | 31 | 硬度 | 金属材料 里氏硬度试验 第1部分:试验方法 GB/T 17394.1—2014 | 1. 里氏硬度计应符合 GB/T 17394.2 的规定 | | |
| | | 32 | 上拱度 | 水利水电工程启闭机制造安装及验收规范 SL 381—2007/8.2 | 1. 全站仪;<br>2. 光学经纬仪 | | |
| | | | | 水工金属结构制造安装质量检验通则 SL 582—2012 | 1. 水准仪;<br>2. 标尺 | | |
| | | 33 | 上翘度 | 水利水电工程启闭机制造安装及验收规范 SL 381—2007/8.2 | 1. 全站仪;<br>2. 光学经纬仪 | | |
| | | | | 水工金属结构制造安装质量检验通则 SL 582—2012 | 1. 水准仪;<br>2. 标尺 | | |
| | | 34 | 挠度 | 水利水电工程启闭机制造安装及验收规范 SL 381—2007/8.3.3 | 1. 全站仪;<br>2. 光学经纬仪 | | |
| | | | | 水工金属结构制造安装质量检验通则 SL 582—2012 | 1. 钢直尺;<br>2. 水准仪;<br>3. 电子经纬仪/经纬仪 | | |
| | | 35 | 行程 | 水利水电工程启闭机制造安装及验收规范 SL 381—2007/7.4 | 1. 钢卷尺 | | |
| | | 36 | 压力 | 水利水电工程启闭机制造安装及验收规范 SL 381—2007/7.3 | 1. 压力表 | | |

**续表** 4-3-2

| 序号 | 类别(产品/项目/参数) | 产品/项目/参数 | | 依据标准(方法)名称及编号(含年号) | 仪器设备(标准物质)要求 | 环境条件要求 | 备注 |
|---|---|---|---|---|---|---|---|
| | | 序号 | 名称 | | | | |
| | | 37 | 表面粗糙度 | 水工金属结构防腐蚀规范 SL 105—2007/3.3.3.1 | 1. 按 GB/T 13288 的规定进行评定 | | 1. 比较样块法 |
| | | | | 水工金属结构防腐蚀规范 SL 105—2007/3.3.3.2 | 1. 表面粗糙度测量仪 | | 1. 仪器法 |
| | | | | 涂覆涂料前钢材表面处理 喷射清理后的钢材表面粗糙度特性第 2 部分:磨料喷射清理后钢材表面粗糙度等级的测定方法 比较样块法 GB/T 13288.2—2011 | 1. 表面粗糙度比较样块;应经过校准,且符合 ISO 8503—1 的要求;<br>2. 放大镜:放大倍率不超过 7 倍 | | |
| | | 38 | 负荷试验 | 水利水电工程启闭机制造安装及验收规范 SL 381—2007/5.3.4/6.3.4/8.3.5 | 1. 秒表;<br>2. 红外测温仪;<br>3. 电气综合测定仪;<br>4. 钳形表;<br>5. 高内阻数字万用表 | | 1. 在启闭机运转时,对电机三相电流不平衡度、启闭机开关、机械部件、轴承温度、运转噪声、启门力、闭门力持住力等进行检查和测量 |
| | | | | 水工金属结构制造安装质量检验通则 SL 582—2012/9 | 1. 秒表;<br>2. 红外测温仪;<br>3. 电气综合测定仪;<br>4. 钳形表;<br>5. 高内阻数字万用表 | | |

# 第四节　机械电气检验检测

## 一、机械电气检验检测项目/参数与检验检测方法

本部分共梳理了二个类别37个检验检测项目/参数内容的检验检测方法，详见表4-4-1机械电气检验检测项目/参数与检验检测方法对照简表。

**表4-4-1　机械电气检验检测项目/参数与检验检测方法对照简表**

| 序号 | 领域 | 项目/参数 | 检验检测方法 |
| --- | --- | --- | --- |
| 一 | 水力机械 | | |
| 1 | | 流量 | 流速仪法、超声波法、食盐浓度法、差压法、量水堰法、流量计法、速度面积法、压力时间法、电磁法、容积表法、热力学法 |
| 2 | | 流速 | 流速仪法、流量计法、示踪法 |
| 3 | | 水头/扬程 | 采用测量压力计算扬程；采用测量压差计算扬程 |
| 4 | | 水位 | 仪器仪表测量 |
| 5 | | 压力 | 仪器仪表测量 |
| 6 | | 压差 | 仪器仪表测量 |
| 7 | | 真空度 | 仪器仪表测量 |
| 8 | | 压力脉动 | 仪器仪表测量 |
| 9 | | 空蚀及磨损 | 目测、直接测量法 |
| 10 | | 温度 | 埋置检温计法、仪器仪表测量 |
| 11 | | 效率 | 流量法、热力学法 |
| 12 | | 转速 | 直接法、间接法 |
| 13 | | 振动位移 | 仪器仪表测量 |
| 14 | | 振动速度 | 仪器仪表测量 |
| 15 | | 振动加速度 | 仪器仪表测量 |
| 16 | | 噪声 | 声压法、声强法 |
| 17 | | 形位公差 | 仪器仪表测量 |
| 18 | | 粗糙度 | 仪器法、比较样块法 |
| 19 | | 硬度 | 仪器仪表测量 |
| 20 | | 振动频率 | 仪器仪表测量 |

续表 4-4-1

| 序号 | 领域 | 项目/参数 | 检验检测方法 |
|---|---|---|---|
| 21 | | 材料力学性能 | 拉伸试验、弯曲试验 |
| 二 | 电气设备 | | |
| 22 | | 频率 | 仪器仪表测量 |
| 23 | | 电流 | 仪器仪表测量 |
| 24 | | 电压 | 仪器仪表测量 |
| 25 | | 电阻 | 仪器仪表测量 |
| 26 | | 绝缘电阻 | 仪器仪表测量 |
| 27 | | 交流耐压 | 仪器仪表测量 |
| 28 | | 直流耐压 | 仪器仪表测量 |
| 29 | | 励磁特性 | 仪器仪表测量 |
| 30 | | 变比及组别测量 | 仪器仪表测量 |
| 31 | | 相位检查 | 仪器仪表测量 |
| 32 | | 合分闸同期性 | 仪器仪表测量 |
| 33 | | 密封性试验 | 仪器仪表测量 |
| 34 | | 绝缘油介电强度 | 仪器仪表测量 |
| 35 | | 介质损耗因数 | 仪器仪表测量 |
| 36 | | 电气间隙和爬电距离 | 仪器仪表测量 |
| 37 | | 开关操作机构机械性能 | 仪器仪表测量 |

## 二、机械电气检验检测项目/参数与对应标准及要求一览表

本部分共梳理了机械电气二个类别 37 个检验检测项目/参数内容，涉及 43 个检验检测方法标准，详见表 4-4-2 机械电气检验检测项目/参数与对应标准及要求一览表。

表 4-4-2　机械电气检验检测项目/参数与对应标准及要求一览表

| 序号 | 类别(产品/项目/参数) | 产品/项目/参数 | | 依据标准(方法)名称及编号(含年号) | 仪器设备(标准物质)要求 | 环境条件要求 | 备注 |
|---|---|---|---|---|---|---|---|
| | | 序号 | 名称 | | | | |
| 一 | 水力机械 | | | | | | |
| | | 1 | 流量 | 泵站现场测试与安全检测规程 SL 548—2012/3 | 1. 流速仪:宜采用旋桨型流速仪,流速仪检定的有效测量范围应能涵盖测点的流速变化范围,流速仪检定的不确定度不应大于1.5%;<br>2. 超声波法:宜优先选用外夹式多声道超声流量计;<br>3. 食盐浓度法:盐水溶液喷射栅,测量盐水溶液注入流量的流量计的测量不确定度不应大于0.5%;<br>4. 差压法:差压测流装置,差压传感器检定的不确定度不应大于0.5%,差压测流装置流量系数的不确定度不应大于3% | 1. 流速仪:水体温度不应超过30 ℃,水中的水草、塑料袋等纤维状或形体大的杂物应较少,水质污染或污染应较轻,泵站应具有满足流速仪布置要求的测流断面;<br>2. 超声波法:水中不夹带气泡,水中夹带的纤维状或颗粒状杂物较少,在每个工况点的每次测量过程中,水温变化的允许偏差宜为±0.5 ℃;<br>3. 食盐浓度法:当泵站的进出水流道(管道)顺直段长度较短或断面不规整时,宜采用,但对于原水中氯离子浓度较高或不稳定的水体,不宜采用本方法 | 1. 流速仪法;<br>2. 超声波法;<br>3. 食盐浓度法;<br>4. 差压法;<br>5. 其他测流方法如量水堰法、电磁流量计、涡轮流量计、均速管流量计等测流方法 |

**续表 4-4-2**

| 序号 | 类别(产品/项目/参数) | 产品/项目/参数 | | 依据标准(方法)名称及编号(含年号) | 仪器设备(标准物质)要求 | 环境条件要求 | 备注 |
|---|---|---|---|---|---|---|---|
| | | 序号 | 名称 | | | | |
| | | | | 水利工程质量检测技术规程 SL 734—2016/8. 13. 3 | 同上 | 同上 | 1. 检测方法应执行 SL 548 的规定 |
| | | | | 水轮机、蓄能泵和水泵水轮机水力性能现场验收试验规程 GB/T 20043—2005/第 6 篇 | 1. 流速仪法:多采用旋桨式流速仪;<br>2. 毕托管法;<br>3. 压力—时间法:压力传感器或液柱压力计、差压式传感器;<br>4. 示踪法:示踪剂;<br>5. 堰板;<br>6. 标准压差装置 | 1. 环境条件应符合第 6 篇 | |
| | | | | 小型水轮机现场验收试验规程 GB/T 22140—2018/附录 E | 1. 速度面积法:流速仪;<br>2. 压力时间法:压力传感器、计时器;<br>3. 声学法:超声波流量计、传感器;<br>4. 电磁法;<br>5. 容积表法:定容容器、导流板;<br>6. 热力学法(间接流量测量):探针、测温设备 | | |
| | | | | 小型水电站现场效率试验规程 SL 555—2012/7 | 1. 流速仪法:旋桨式流速仪;<br>2. 超声波流量计法:超声波流量计;<br>3. 差压法:差压传感器;<br>4. 压力—时间法:差压传感器或吉普逊仪;<br>5. 堰板法:堰板宜用防腐耐磨的金属制成,且应具有良好的刚度和防渗性能;<br>6. 电磁法:电磁流量计 | | |

续表 4-4-2

| 序号 | 类别(产品/项目/参数) | 产品/项目/参数 | | 依据标准(方法)名称及编号(含年号) | 仪器设备(标准物质)要求 | 环境条件要求 | 备注 |
|---|---|---|---|---|---|---|---|
| | | 序号 | 名称 | | | | |
| | | | | 水泵流量的测定方法 GB/T 3214—2007 | 1. 差压计或差压变送器、孔板、喷嘴、文丘里喷嘴；<br>2. 水堰；<br>3. 容器、衡器、换向器、计时器等；<br>4. 涡轮流量计；<br>5. 电磁流量计 | | 1. 适用于回转动力泵流量的测定 |
| | | 2 | 流速 | 小型水轮机现场验收试验规程 GB/T 22140—2018/附录 E | 1. 流速仪：应符合本规程附录 E | | |
| | | | | 小型水电站现场效率试验规程 SL 555—2012/7 | 1. 旋转式流速仪；<br>2. 超声波流量计；<br>3. 电磁流量计 | | |
| | | | | 水轮机、蓄能泵和水泵水轮机水力性能现场验收试验规程 GB/T 20043—2005/第 6 篇 | 1. 流速仪：多采用旋桨式流速仪；<br>2. 毕托管法；<br>3. 压力—时间法：压力传感器或液柱压力计、差压式传感器；<br>4. 示踪法：示踪剂；<br>5. 堰板；<br>6. 标准压差装置 | 1. 环境条件应符合第 6 篇 | |
| | | 3 | 水头/扬程 | 小型水轮机现场验收试验规程 GB/T 22140—2018/附录 B | 1. 液柱压力计、重力压力计；<br>2. 压力传感器；<br>3. 弹簧压力计；<br>4. 自由水位测量仪器：板式水位计、针形或钩形水位计、浮子水位计、水位尺、超声波传感器(容易接近的自由水位)，液柱压力计；浸入式压力传感器、用压缩空气测量(气泡装置)(断面不易接近) | | |

**续表 4-4-2**

| 序号 | 类别(产品/项目/参数) | 产品/项目/参数 | | 依据标准(方法)名称及编号(含年号) | 仪器设备(标准物质)要求 | 环境条件要求 | 备注 |
|---|---|---|---|---|---|---|---|
| | | 序号 | 名称 | | | | |
| | | | | 泵站现场测试与安全检测规程 SL 548—2012/4 | 1. 水位尺、液位传感器、压力传感器、浮子水位计、电子水位计、水柱差压计、测针和钩形水位计、超声波水位计；<br>2. 真空表、压力表、压力传感器、压差传感器 | | 1. 采用测量压力计算扬程；<br>2. 采用测量压差计算扬程 |
| | | | | 水轮机、蓄能泵和水泵水轮机水力性能现场验收试验规程 GB/T 20043—2005/42. 2 | 1. 压力计；<br>2. 压力传感器；<br>3. 压差传感<br>4. 水位计 | | |
| | | | | 小型水电站现场效率试验规程 SL 555—2012/6 | 1. 压力计；<br>2. 压力传感器；<br>3. 压差传感<br>4. 水位计、水位标尺 | | |
| | | 4 | 水位 | 小型水轮机现场验收试验规程 GB/T 22140—2018/附录 B | 1. 容易接近的自由水位测量：板式水位计、针形或钩形水位计、浮子水位计、水位尺、超声波传感器；<br>2. 断面不易接近的自由水位测量：液柱压力计、浸入式压力传感器、用压缩空气测量(气泡装置) | | |
| | | | | 泵站现场测试与安全检测规程 SL 548—2012/4 | 1. 水位尺；<br>2. 液位传感器；<br>3. 压力传感器；<br>4. 浮子水位计；<br>5. 电子水位计；<br>6. 水柱差压计；<br>7. 测针和钩形水位计；<br>8. 超声波水位计 | | |

续表 4-4-2

| 序号 | 类别(产品/项目/参数) | 产品/项目/参数 | | 依据标准(方法)名称及编号(含年号) | 仪器设备(标准物质)要求 | 环境条件要求 | 备注 |
|---|---|---|---|---|---|---|---|
| | | 序号 | 名称 | | | | |
| | | | | 小型水电站现场效率试验规程 SL 555—2012/6.1 | 1. 浮子水位计;<br>2. 浸水式压力传感器;<br>3. 水位标尺 | | |
| | | | | 水轮机、蓄能泵和水泵水轮机水力性能现场验收试验规程 GB/T 20043—2005/23 | 1. 板式水位计;<br>2. 针形或钩形水位计;<br>3. 浮子水位计;<br>4. 浸水式压力传感器 | 1. 环境条件应符合本规范第23章 | |
| | | 5 | 压力 | 小型水轮机现场验收试验规程 GB/T 22140—2018/5.10.1 | 1. 压力传感器:试验仪器仪表的精度应小于±1% | | |
| | | | | 泵站现场测试与安全检测规程 SL 548—2012/4.2 | 1. 真空表、压力表、压力传感器、差压传感器 | | |
| | | | | 小型水电站现场效率试验规程 SL 555—2012/6.2 | 1. 压力传感器;<br>2. 弹簧式压力表 | | |
| | | | | 水轮机、蓄能泵和水泵水轮机水力性能现场验收试验规程 GB/T 20043—2005/20 | 1. 液柱压力计;<br>2. 重力压力计;<br>3. 弹簧压力计;<br>4. 压力传感器 | | |

**续表 4-4-2**

| 序号 | 类别(产品/项目/参数) | 产品/项目/参数 | | 依据标准(方法)名称及编号(含年号) | 仪器设备(标准物质)要求 | 环境条件要求 | 备注 |
|---|---|---|---|---|---|---|---|
| | | 序号 | 名称 | | | | |
| | | 6 | 压差 | 小型水轮机现场验收试验规程 GB/T 22140—2018/5.10.1 | 1. 压力传感器:试验仪器仪表的精度应小于±1% | | |
| | | | | 小型水电站现场效率试验规程 SL 555—2012/6.2 | 1. 压力传感器;<br>2. 弹簧式压力表 | | |
| | | | | 水轮机、蓄能泵和水泵水轮机水力性能现场验收试验规程 GB/T 20043—2005/21 | 1. 压差计 | | |
| | | 7 | 真空度 | 水轮机、蓄能泵和水泵水轮机水力性能现场验收试验规程 GB/T 20043—2005/22 | 1. 压力传感器:应能兼测正负压力 | | |
| | | 8 | 压力脉动 | 水力机械(水轮机、蓄能泵和水泵水轮机)振动和脉动现场测试规程 GB/T 17189—2017/7.4 | 1. 压力传感器,应符合本规程 7.4.1;<br>2. 测量仪器,应符合本规程 7.4.3 | | |
| | | | | 泵站现场测试与安全检测规程 SL 548—2012/6.4 | 1. 传感器应符合:线性频率范围应能覆盖信号的有用频率范围,工作压力应能满足测点处可能出现的最高压力和最低压力,灵敏度应根据压力脉冲信号的强弱选择 | | |

续表 4-4-2

| 序号 | 类别(产品/项目/参数) | 产品/项目/参数 | | 依据标准(方法)名称及编号(含年号) | 仪器设备(标准物质)要求 | 环境条件要求 | 备注 |
|---|---|---|---|---|---|---|---|
| | | 序号 | 名称 | | | | |
| | | 9 | 空蚀及磨损 | 水轮机、蓄能泵和水泵水轮机空蚀评定 第1部分:反击式水轮机的空蚀评定 GB/T 15469.1—2008/5.2 | 1. 深度量尺、求积仪等,应符合本标准5.2 | | 1. 适用于反击式水轮机空蚀 |
| | | | | 反击式水轮机泥沙磨损技术导则 GB/T 29403—2012 | 1. 磨损量的测定通常都是近似的,磨损深度和面积可采用目测与直接测量等方法;<br>2. 磨损深度测定:普遍磨损深度(近似的方法测量),局部磨损深度(测量工具直接测量),圆盘式绕流磨损试验方法:圆盘式绕流试验装置,旋转喷射磨损试验方法:旋转喷射试验装置;<br>3. 收缩断面式小水洞磨损试验方法:小水洞试验装置 | | 1. 适用于反击式水轮机磨损 |
| | | | | 水斗式水轮机空蚀评定 GB/T 19184—2003 | 1. 深度计、求积仪等:测量误差不得超过±10% | | 1. 适用于水斗式水轮机空蚀评定 |

**续表 4-4-2**

| 序号 | 类别(产品/项目/参数) | 产品/项目/参数 | | 依据标准(方法)名称及编号(含年号) | 仪器设备(标准物质)要求 | 环境条件要求 | 备注 |
|---|---|---|---|---|---|---|---|
| | | 序号 | 名称 | | | | |
| | | | | 水轮机、蓄能泵和水泵水轮机空蚀评定第 2 部分:蓄能泵和水泵水轮机的空蚀评定 GB/T 15469. 2—2007 | 1. 深度量尺、求积仪等,应符合本标准 5. 2 | | |
| | | | | 小型水轮机磨蚀防护导则 GB/T 32745—2016 | 1. 磨蚀量可用质量、体积及深度进行测量 | | 1. 磨损的观测方法按照 GB/T 29403 中的有关要求执行 |
| | | | | 反击式水轮机气蚀损坏评定标准 DL/T 444—1991 | 1. 气蚀损坏深度:测深尺;<br>2. 气蚀损坏面积:用油漆或其他办法画出边界,临摹到纸上;<br>3. 气蚀损坏体积:直接测量(用一定的塑性物质填塞到未损坏时表面形状,直接测量剩余的塑性物质体积和重量,求得气蚀损坏体积并换算成气蚀量)、近似计算 | | |
| | | 10 | 温度 | 水利工程质量检测技术规程 SL 734—2016/8. 2. 3 | 1. 检温计 | | 1. 发电机轴承温度采用埋置检温计法检测 |

续表 4-4-2

| 序号 | 类别(产品/项目/参数) | 产品/项目/参数 | | 依据标准(方法)名称及编号(含年号) | 仪器设备(标准物质)要求 | 环境条件要求 | 备注 |
|---|---|---|---|---|---|---|---|
| | | 序号 | 名称 | | | | |
| | | | | 泵站现场测试与安全检测规程 SL 548－2012/6.3 | 1. 温度测量应采用不确定度等级不大于1.0%的仪器仪表 | | 1. 泵站应测量现场气温、水泵轴承(轴瓦)和润滑油的温度等,详见本规程6.3.1. |
| | | | | 水轮机、蓄能泵和水泵水轮机水力性能现场验收试验规程 GB/T 20043—2005/37 | 1. 温度测量仪表的精度和灵敏度必须足以指示出各测点之间的温差,至少到0.001 K | | |
| | | 11 | 效率 | 水轮机、蓄能泵和水泵水轮机水力性能现场验收试验规程 GB/T 20043—2005 | 1. 直接测量法(热力学法):符合机械强度和绝缘要求的取样探针,温度测量仪表的精度和灵敏度必须足以指示出各测点之间的温差,至少到0.001 K,流量计精度约为±5%;<br>2. 间接测量法:分别测量水力比能、流量、电功率(机械功率),按公式计算 | | |
| | | | | 小型水电站现场效率试验规程 SL 555—2012 | 同上 | | |

续表 4-4-2

| 序号 | 类别(产品/项目/参数) | 产品/项目/参数 | | 依据标准(方法)名称及编号(含年号) | 仪器设备(标准物质)要求 | 环境条件要求 | 备注 |
|---|---|---|---|---|---|---|---|
| | | 序号 | 名称 | | | | |
| | | | | 回转动力泵 水力性能验收试验 1 级、2 级和 3 级 GB/T 3216—2016 | 1. 试验装置应符合本标准附录 A、附录 B;<br>2. 测量设备应符合本标准附录 D | | |
| | | | | 小型水轮机现场验收试验规程 GB/T 22140—2018 | 1. 流量法:按照附录 B 测量水轮机净水头(或水能),按照附录 C 测量轮机转速,按照本规程附录 D 测量发电机输出端的电功率,按附录 E 测量水轮机流量;<br>2. 热力学法:温度测量仪的精度和灵敏度应在 0.001 K 以内 | | |
| | | 12 | 转速 | 水利工程质量检测技术规程 SL 734—2016/8.1.3/8.8.3/8.13 | 1. 数字式转速仪 | | 1. 水轮机、泵站主水泵转速采用数字式转速仪直接检测或采用先产生转速脉冲,通过程序间接计算;<br>2. 水泵机组转速检测方法应执行 SL 548 的规定 |

续表 4-4-2

| 序号 | 类别(产品/项目/参数) | 产品/项目/参数 | | 依据标准(方法)名称及编号(含年号) | 仪器设备(标准物质)要求 | 环境条件要求 | 备注 |
|---|---|---|---|---|---|---|---|
| | | 序号 | 名称 | | | | |
| | | | | 泵站现场测试与安全检测规程 SL 548—2012/5.1 | 1. 宜采用数字式转速仪直接测量;<br>2. 转速仪的不确定度不应大于 0.2% | | |
| | | | | 水轮机、蓄能泵和水泵水轮机水力性能现场验收试验规程 GB/T 20043—2005/附录 L | 1. 转速计:系统精确度 ±0.2% ~ ±0.4%;<br>2. 电子计数器:系统精确度小于 ±0.2%;<br>3. 配电盘频率表,分辨率必须是电网频率的 0.1% | | |
| | | | | 小型水电站现场效率试验规程 SL 555—2012/9 | 1. 转速计;<br>2. 电子计数器;<br>3. 配电盘频率表:分辨率应为电网频率的 0.1% | | |
| | | | | 小型水轮机现场验收试验规程 GB/T 22140—2018/附录 C | 1. 转速计或电子计数器;<br>2. 频率表 | | |
| | | 13 | 振动位移 | 水力机械(水轮机、蓄能泵和水泵水轮机)振动和脉动现场测试规程 GB/T 17189—2017/7 | 1. 传感器应符合本规程 7.2.3;<br>2. 测量仪器应符合本规程 7.2.4 | | |

**续表 4-4-2**

| 序号 | 类别(产品/项目/参数) | 产品/项目/参数 | | 依据标准(方法)名称及编号(含年号) | 仪器设备(标准物质)要求 | 环境条件要求 | 备注 |
|---|---|---|---|---|---|---|---|
| | | 序号 | 名称 | | | | |
| | | | | 泵的振动测量与评价方法 GB/T 29531—2013 | 1. 测量仪表的精度应符合 GB/T 13824 的规定,在选择指针式仪表量程时,应使被测量的最低振动烈度值的示值至少等于满量程值的 30%；<br>2. 测量仪器应具有测量振动宽频带有效值能力,振动加速度测量系统的频率范围应覆盖 10 Hz ~ 8 kHz 振动烈度测量系统频率范围应覆盖 10 Hz ~ 1 kHz,但对于转速低于 600 r/min 的泵,其通频响应范围下限应达到 2 Hz,非旋转部件振动的有效过滤位移值应符合附录 B 的规定 | 1. 所测振动值大于标准规定的范围,并且受到较大背景振动干扰时,应将泵停机进行测量以确定外界影响的程度；<br>2. 如泵静止时所测的振动值超过泵运行时的 25%,应采取措施减少环境振动值 | |
| | | | | 轴中心高为 56 mm 及以上电机的机械振动 振动的测量、评定及限值 GB/T 10068—2008 | 1. 测量设备应能够测量振动的宽带方均根值其平坦响应频率范围至少在 10 ~ 1 000 Hz,对于速度接近或低于 600 r/min 的电机,平坦响应频率范围的下限值应不大于 2 Hz；<br>2. 轴相对振动测量设备应符合 ISO 10817—1 的要求；<br>3. 传感器装置的总偶合质量应小于电机质量的 1/50 | | |

续表 4-4-2

| 序号 | 类别(产品/项目/参数) | 产品/项目/参数 | | 依据标准(方法)名称及编号(含年号) | 仪器设备(标准物质)要求 | 环境条件要求 | 备注 |
|---|---|---|---|---|---|---|---|
| | | 序号 | 名称 | | | | |
| | | | | 泵站现场测试与安全检测规程 SL 548—2012/6.1 | 1. 电动机振动测量应按 GB 10068/IEC 60034—14 规定执行:测量仪器应具有测量振动宽带方均根值其平坦响应频率范围至少为 10～1 000 Hz,但对于转速接近或低于 600 r/min 的泵,平坦响应频率范围的下限值应不大于 2 Hz 振动传感器装置的总偶合质量应小于电机质量的 1/50 | | |
| | | | | 小型水轮机现场验收试验规程 GB/T 22140—2018/10.3 | 1. 流道中压力脉动产生的振动应在验收试验期间采用压力记录器或数据记录器进行测量;<br>2. 转轴的振动,由两个安装在靠近轴承位置成 90°角的非接触式位移传感器测量,测试轴的相对或/和绝对位移;<br>3. 非转动部件振动,由加速度传感器或振动速度传感器测量 | | |
| | | 14 | 振动速度 | 水力机械(水轮机、蓄能泵和水泵水轮机)振动和脉动现场测试规程 GB/T 17189—2017/7 | 1. 传感器应符合本规程 7.2.3;<br>2. 测量仪器应符合本规程 7.2.4 | | |

**续表 4-4-2**

| 序号 | 类别(产品/项目/参数) | 产品/项目/参数 | | 依据标准(方法)名称及编号(含年号) | 仪器设备(标准物质)要求 | 环境条件要求 | 备注 |
|---|---|---|---|---|---|---|---|
| | | 序号 | 名称 | | | | |
| | | | | 泵的振动测量与评价方法 GB/T 29531—2013 | 1. 测量仪表的精度应符合 GB/T 13824 的规定,在选择指针式仪表量程时,应使被测量的最低振动烈度值的示值至少等于满量程值的 30%;<br>2. 测量仪器应具有测量振动宽频带有效值能力,振动加速度测量系统的频率范围应覆盖 10 Hz~8 kHz 振动烈度测量系统频率范围应覆盖 10~1 000 Hz,但对于转速低于 600 r/min 的泵,其通频响应范围下限应达到 2 Hz,非旋转部件振动的有效过滤位移值应符合附录 B 的规定 | 1. 所测振动值大于标准规定的范围,并且受到较大背景振动干扰时,应将泵停机进行测量以确定外界影响的程度;<br>2. 如泵静止时所测的振动值超过泵运行时的 25%,应采取措施减少环境振动值 | |
| | | | | 轴中心高为 56 mm 及以上电机的机械振动 振动的测量、评定及限值 GB/T 10068—2008 | 1. 测量设备应能够测量振动的宽带方均根值其平坦响应频率范围至少在 10~1 000 Hz,对于速度接近或低于 600 r/min 的电机,平坦响应频率范围的下限值应不大于 2 Hz;<br>2. 轴相对振动测量设备应符合 ISO 10817-1 的要求;<br>3. 传感器装置的总偶合质量应小于电机质量的 1/50 | | |

续表 4-4-2

| 序号 | 类别(产品/项目/参数) | 产品/项目/参数 | | 依据标准(方法)名称及编号(含年号) | 仪器设备(标准物质)要求 | 环境条件要求 | 备注 |
|---|---|---|---|---|---|---|---|
| | | 序号 | 名称 | | | | |
| | | | | 小型水轮机现场验收试验规程 GB/T 22140—2018/10.3 | 1. 流道中压力脉动产生的振动应在验收试验期间采用压力记录器或数据记录器进行测量;<br>2. 转轴的振动,由两个安装在靠近轴承位置成90°角的非接触式位移传感器测量,测试轴的相对或/和绝对位移;<br>3. 非转动部件振动,由加速度传感器或振动速度传感器测量 | | |
| | | | | 泵站现场测试与安全检测规程 SL 548—2012/6.1 | 1. 电动机振动测量应按 GB 10068/IEC 60034 - 14 规定执行:测量仪器应具有测量振动宽带方均根值其平坦响应频率范围至少为 10 ~ 1 000 Hz,但对于转速接近或低于 600 r/min 的泵,平坦响应频率范围的下限值应不大于 2 Hz 振动传感器装置的总偶合质量应小于电机质量的 1/50 | | |
| | | 15 | 振动加速度 | 水力机械(水轮机、蓄能泵和水泵水轮机)振动和脉动现场测试规程 GB/T 17189—2017/7 | 1. 传感器应符合本规程 7.2.3;<br>2. 测量仪器应符合本规程 7.2.4 | | |

**续表 4-4-2**

| 序号 | 类别(产品/项目/参数) | 产品/项目/参数 | | 依据标准(方法)名称及编号(含年号) | 仪器设备(标准物质)要求 | 环境条件要求 | 备注 |
|---|---|---|---|---|---|---|---|
| | | 序号 | 名称 | | | | |
| | | | | 泵的振动测量与评价方法 GB/T 29531—2013 | 1. 测量仪表的精度应符合 GB/T 13824 的规定,在选择指针式仪表量程时,应使被测量的最低振动烈度值的示值至少等于满量程值的 30%;<br>2. 测量仪器应具有测量振动宽频带有效值能力,振动加速度测量系统的频率范围应覆盖 10 Hz ~ 8 kHz 振动烈度测量系统频率范围应覆盖 10 Hz ~ 1 kHz,但对于转速低于 600 r/min 的泵,其通频响应范围下限应达到 2 Hz,非旋转部件振动的有效过滤位移值应符合附录 B 的规定 | 1. 所测振动值大于标准规定的范围,并且受到较大背景振动干扰时,应将泵停机进行测量以确定外界影响的程度;<br>2. 如泵静止时所测的振动值超过泵运行时的 25%,应采取措施减少环境振动值 | |
| | | | | 轴中心高为 56 mm 及以上电机的机械振动 振动的测量、评定及限值 GB/T 10068—2008 | 1. 测量设备应能够测量振动的宽带方均根值其平坦响应频率范围至少在 10 ~ 1 000 Hz,对于速度接近或低于 600 r/min 的电机,平坦响应频率范围的下限值应不大于 2 Hz;<br>2. 轴相对振动测量设备应符合 ISO 10817 - 1 的要求;<br>3. 传感器装置的总偶合质量应小于电机质量的 1/50 | | |

**续表 4-4-2**

| 序号 | 类别(产品/项目/参数) | 产品/项目/参数 | | 依据标准(方法)名称及编号(含年号) | 仪器设备(标准物质)要求 | 环境条件要求 | 备注 |
|---|---|---|---|---|---|---|---|
| | | 序号 | 名称 | | | | |
| | | | | 泵站现场测试与安全检测规程 SL 548—2012/6.1 | 1. 电动机振动测量应按 GB 10068/IEC 60034－14 规定执行:测量仪器应具有测量振动宽带方均根值其平坦响应频率范围至少为 10～1 000 Hz,但对于转速接近或低于 600 r/min 的泵,平坦响应频率范围的下限值应不大于 2 Hz 振动传感器装置的总偶合质量应小于电机质量的 1/50 | | |
| | | | | 小型水轮机现场验收试验规程 GB/T 22140—2018/10.3 | 1. 流道中压力脉动产生的振动应在验收试验期间采用压力记录器或数据记录器进行测量;<br>2. 转轴的振动,由两个安装在靠近轴承位置成 90°角的非接触式位移传感器测量,测试轴的相对或/和绝对位移;<br>3. 非转动部件振动,由加速度传感器或振动速度传感器测量 | | |
| | | 16 | 噪声 | 旋转电机噪声测定方法及限值 第 1 部分:旋转电机噪声测定方法 GB/T 10069.1—2006 | 1. 根据引用基础标准的适用条件,选择相应检测方法及仪器设备 | | |

**续表 4-4-2**

| 序号 | 类别(产品/项目/参数) | 产品/项目/参数 | | 依据标准(方法)名称及编号(含年号) | 仪器设备(标准物质)要求 | 环境条件要求 | 备注 |
|---|---|---|---|---|---|---|---|
| | | 序号 | 名称 | | | | |
| | | | | 泵的噪声测量与评价方法 GB/T 29529—2013 | 1. 测量仪器,包括传声器的电缆在内的仪器系统的准确度应符合 GB/T 3785.1—2010 中 2 型的规定 | 1. 噪声测试环境应满足以下条件之一,试泵现场、车间试验基地、符合声学测量方法的特殊条件;<br>2. 环境修正 $K_{2A}$ 应不大于 7 dB,若不能满足应将测量结果进行修正;<br>3. 在传声器位置上平均后的背景噪声 A 计权声压级应当至少比被测声压级低 3 dB | 1. 在室外测量时,宜使用风罩以保证仪器的测量准确度不受风的影响 |
| | | | | 小型水轮机现场验收试验规程 GB/T 22140—2018/10.2 | 1. 声级计:声级计采用 A 加权的平均模式滤波,声级计的标定精度应达到 ±1 dB(A)以内,且应根据 IEC 60651(类型 1)或其他相关标准(如 ISO 1680、ISO 3746、ISO 4412)选择标准化设备进行标定 | | |

续表 4-4-2

| 序号 | 类别(产品/项目/参数) | 产品/项目/参数 | | 依据标准(方法)名称及编号(含年号) | 仪器设备(标准物质)要求 | 环境条件要求 | 备注 |
|---|---|---|---|---|---|---|---|
| | | 序号 | 名称 | | | | |
| | | | | 泵站现场测试与安全检测规程 SL 548—2012/6.2 | 1. 电动机噪声应按 GB/T 10069 规定执行:一般 2 级精度的工程法,按 GB/T 6881.2 包括传声器和电缆在内的一起系统,应当满足 GB/T 3785.1—2010 中 1 级仪器的要求,所用滤波器应满足 GB/T 3241—2010 规定 1 级仪器的要求,标准声源应满足 ISO 6926 规定的要求 | 1. 电机噪声:在测量过程中,应测量测试室中的温度和相对湿度,并尽可能地保持恒定值 | |
| | | 17 | 形位公差 | 产品几何量技术规范(GPS)几何形状 检测与验证 GB/T 1958—2017 | 1. 检测仪器设备装置应符合本标准附录 C | 1. 应符合本标准第 6 章检测条件的要求 | |
| | | | | 水轮机、蓄能泵和水泵水轮机通流部件技术条件 GB/T 10969—2008 | 1. 三座标测量仪、光学测量系统、样板等;<br>2. 水平尺;<br>3. 钢卷尺;<br>4. 带表卡尺;<br>5. 百分表;<br>6. 杠杆百分表 | | 1. 适用于水轮机转轮几何尺寸 |
| | | 18 | 粗糙度 | 水轮发电机组安装技术规范 GB/T 8564—2003 | 1. 表面粗糙度测量仪应符合 GB/T 10969 的规定 | | |
| | | | | 水轮机、蓄能泵和水泵水轮机通流部件技术条件 GB/T 10969—2008 | 1. 表面粗糙度用三座标测量系统或光学测量系统测量 | | |

**续表 4-4-2**

| 序号 | 类别（产品/项目/参数） | 产品/项目/参数 | | 依据标准（方法）名称及编号（含年号） | 仪器设备（标准物质）要求 | 环境条件要求 | 备注 |
|---|---|---|---|---|---|---|---|
| | | 序号 | 名称 | | | | |
| | | | | 水工金属结构防腐蚀规范 SL 105—2007/3. 3. 3. 1 3. 3. 3. 2 | 1. 比较样块；<br>2. 表面粗糙度仪 | | 1. 比较样块法；<br>2. 仪器法 |
| | | 19 | 硬度 | 金属材料 里氏硬度试验 第1部分：试验方法 GB/T 17394. 1—2014 | 1. 里氏硬度计：应符合 GB/T 17394. 2 的规定；<br>2. 支承环：应牢固安装到冲击装置的底部，除了 DL 类型的冲击装置，支承面应带有橡胶涂层，防止测试过程中冲击装置出现移动 | | 1. 试验时的环境温度宜为 10 ~ 35 ℃范围内；<br>2. 当试验温度不在 10 ~ 35 ℃范围内的应在报告中注明 |
| | | 20 | 振动频率 | 水工钢闸门和启闭机安全检测技术规程 SL 101—2014 | 1. 激振器、测振传感器；<br>2. 位移传感器、速度传感器、加速度传感器和电阻应变计等匹配的二次仪表 | | |
| | | 21 | 材料力学性能 | 金属材料 拉伸试验 第1部分：室温试验方法 GB/T 228. 1—2010 | 1. 试验机的准确度应为1级或优于1级测力系统应按 GB/T 16825. 1 进行校准；<br>2. 引伸仪的准确度级别应符合 GB/T 12160 的要求，应使用不劣于2级；准确度的引伸计；<br>3. 计算机控制拉伸试验机应满足 GB/T 22066 并参见本标准附录 A | 1. 除非另有规定，试验一般在室温 10 ~ 35 ℃范围内进行，对温度要求严格的试验，试验温度应为(23 ±5)℃ | |

续表 4-4-2

| 序号 | 类别（产品/项目/参数） | 产品/项目/参数 | | 依据标准（方法）名称及编号（含年号） | 仪器设备（标准物质）要求 | 环境条件要求 | 备注 |
|---|---|---|---|---|---|---|---|
| | | 序号 | 名称 | | | | |
| | | | | 金属材料 弯曲试验方法 GB/T 232—2010 | 1. 支辊式弯曲装置：支辊长度和弯曲压头的宽度应大于试样宽度或直径，弯曲压头的直径由产品标准规定，支辊和弯曲压头应具有足够的硬度；<br>2. V 形模具式弯曲装置：V 形槽角度应为 $180° - \alpha$，弯曲角度 $\alpha$ 应在相关产品标准中规定，模具的支承棱边应倒圆，其倒圆半径应为 1 ~ 10 倍试样厚度，模具和弯曲压头宽度应大于试样宽度或直径并具有足够的硬度；<br>3. 虎钳式弯曲装置：可以配置加力杠杆，弯曲压头直径应按照相关产品标准要求，弯曲压头宽度应大于试样宽度或直径 | 1. 试验一般在 10 ~ 35 ℃ 的室温范围内进行，对温度要求严格的试验，试验温度应为（23 ± 5）℃ | |
| 二 | 电气设备 | | | | | | |
| | | 22 | 频率 | 电能质量 电力系统频率偏差 GB/T 15945—2008 | 1. 测振数采仪，多功能数字万用表，测量误差不应超过 ±0.01 Hz | | |
| | | 23 | 电流 | 电气装置安装工程 电气设备交接试验标准 GB 50150—2016 | 1. 交直流伏特表；<br>2. 多功能数字万用表 | | |

续表 4-4-2

| 序号 | 类别(产品/项目/参数) | 产品/项目/参数 | | 依据标准(方法)名称及编号(含年号) | 仪器设备(标准物质)要求 | 环境条件要求 | 备注 |
|---|---|---|---|---|---|---|---|
| | | 序号 | 名称 | | | | |
| | | 24 | 电压 | 电气装置安装工程 电气设备交接试验标准 GB 50150—2016 | 1. 交直流伏特表；<br>2. 多功能数字万用表 | | |
| | | 25 | 电阻 | 电气装置安装工程 电气设备交接试验标准 GB 50150—2016 | 1. 电阻测试仪 | | |
| | | | | 泵站现场测试与安全检测规程 SL 548—2012/8 | 1. 电阻测试仪 | | |
| | | 26 | 绝缘电阻 | 现场绝缘试验实施导则 绝缘电阻、吸收比和极化指数试验 DL/T 474.1—2018 | 1. 绝缘电阻表按电源型式通常可分为发电机型和整流电源型两大类；<br>2. 绝缘电阻表电压通常有 100 V、250 V、500 V、1 000 V、2 500 V、5 000 V、10 000 V 等多种，也有可连续改变输出电压的绝缘电阻表；<br>3. 对水内冷发电机采用专用绝缘电阻表测量绝缘电阻 | | |
| | | | | 泵站现场测试与安全检测规程 SL 548—2012 | 1. 绝缘电阻表按电源型式通常可分为发电机型和整流电源型两大类；<br>2. 检测绝缘电阻用的兆欧表，除本标准另有规定外，其参数应符合本规程表 8.1.6 的规定 | | 1. 除本标准另有规定外，绝缘电阻检测应按 DL/T 474.1 的规定执行 |

续表 4-4-2

| 序号 | 类别(产品/项目/参数) | 产品/项目/参数 | | 依据标准(方法)名称及编号(含年号) | 仪器设备(标准物质)要求 | 环境条件要求 | 备注 |
|---|---|---|---|---|---|---|---|
| | | 序号 | 名称 | | | | |
| | | | | 电气装置安装工程 电气设备交接试验标准 GB 50150—2016 | 1. 绝缘电阻测试仪 | 1. 绝缘试验应在良好天气且被试物及仪器周围温度不低于5 ℃,空气相对湿度不高于80%的条件下进行 | |
| | | | | 电力设备预防性试验规程 DL/T 596—1996 | 1. 额定电压为1 000 V以上者,采用2 500 V兆欧表,量程一般不低于10 000 MΩ;<br>2. 水内冷定子绕阻用专用欧兆表 | | |
| | | | | 三相同步电机试验方法 GB/T 1029—2005 | 1. 兆欧表:应符合 GB/T 5013 的要求:<br>选择兆欧表规格与被测绕组额定电压的对应关系如下:<br>被测绕组额定电压 $U_N$(V) — 兆欧表规格(V)<br>$U_N<1\ 000$ — 500<br>$1\ 000 \leqslant U_N \leqslant 2\ 500$ — 500~1 000<br>$2\ 500<U_N \leqslant 5\ 000$ — 1 000~2 500<br>$5\ 000<U_N \leqslant 12\ 000$ — 2 500~5000<br>$U_N>12\ 000$ — 5 000~10 000 | | |

**续表 4-4-2**

| 序号 | 类别(产品/项目/参数) | 产品/项目/参数 | | 依据标准(方法)名称及编号(含年号) | 仪器设备(标准物质)要求 | 环境条件要求 | 备注 |
|---|---|---|---|---|---|---|---|
| | | 序号 | 名称 | | | | |
| | | 27 | 交流耐压 | 现场绝缘试验实施导则 交流耐压试验 DL/T 474.4—2018 | 1. 交流试验电压的测量装置(系统)一般可采用电容(或电阻)分压器与低压电压表、高压电压互感器、高压静电电压表等测量系统 | | |
| | | | | 泵站现场测试与安全检测规程 SL 548—2012 | 同上 | | 1. 除本标准另有规定外,交流耐压检测应按 DL/T 474.4 的规定执行 |
| | | | | 电气装置安装工程 电气设备交接试验标准 GB 50150—2016 | 1. 交直流耐压测试仪 | | |
| | | 28 | 直流耐压 | 现场绝缘试验实施导则 直流高电压试验 DL/T 474.2—2018 | 1. 直流高电压的测量系统,应符合现行国家标准 GB/T 16927.1 和 GB/T 16927.2 的要求 | 1. 试验宜在干燥的天气条件下进行,环境湿度不应超过80%;<br>2. 试品表面应抹拭干净、干燥,试验场地应保持清洁;<br>3. 试品和周围的物体必须有足够的安全距离 | |

续表 4-4-2

| 序号 | 类别(产品/项目/参数) | 产品/项目/参数 | | 依据标准(方法)名称及编号(含年号) | 仪器设备(标准物质)要求 | 环境条件要求 | 备注 |
|---|---|---|---|---|---|---|---|
| | | 序号 | 名称 | | | | |
| | | | | 泵站现场测试与安全检测规程 SL 548—2012 | 同上 | 同上 | 1. 除本标准另有规定外，直流高电压检测应按 DL/T 474.2 的规定执行 |
| | | | | 电气装置安装工程 电气设备交接试验标准 GB 50150—2016 | 1. 交直流耐压测试仪 | | |
| | | | | 三相同步电机试验方法 GB/T 1029—2005 | 1. 交直流耐压测试仪 | | |
| | | 29 | 励磁特性 | 大中型水轮发电机静止整流励磁系统试验规程 DL/T 489—2018 | 1. 励磁特性测试仪 | | |
| | | | | 电气装置安装工程 电气设备交接试验标准 GB 50150—2016 | 1. 励磁特性测试仪 | | |
| | | 30 | 变比及组别测量 | 电气装置安装工程 电气设备交接试验标准 GB 50150—2016 | 1. 全自动变比组别测试仪 | | |

**续表 4-4-2**

| 序号 | 类别(产品/项目/参数) | 产品/项目/参数 | | 依据标准(方法)名称及编号(含年号) | 仪器设备(标准物质)要求 | 环境条件要求 | 备注 |
|---|---|---|---|---|---|---|---|
| | | 序号 | 名称 | | | | |
| | | | | 电力设备预防性试验规程 DL/T 596—1996 | 1. 全自动变比组别测试仪 | | |
| | | 31 | 相位检查 | 电气装置安装工程 电气设备交接试验标准 GB 50150—2016 | 1. 三相钳形多功能相位伏安表 | | |
| | | | | 电力设备预防性试验规程 DL/T 596—1996 | 1. 三相钳形多功能相位伏安表 | | |
| | | 32 | 合分闸同期性 | 电气装置安装工程 电气设备交接试验标准 GB 50150—2016 | 1. 断路器特性仪 | | |
| | | | | 高电压试验技术 局部放电测量 GB/T 7354—2018 | 1. 局部放电测试仪,应符合本标准第5章;数字局部放电测试仪也可以直接由耦合装置和没有模拟信号处理前端的数字采集系统组成 | | |
| | | 33 | 密封性试验 | 水轮机调速系统试验 GB/T 9652.2—2019 | 1. 油压表;<br>2. 刻度尺;<br>3. 温度计 | 1. 试验工作条件应符合 GB/T 9652.1 的规定 | |
| | | | | 电气装置安装工程 电气设备交接试验标准 GB 50150—2016 | 1. 检漏仪,灵敏度不低于 $1\times10^{-6}$(体积比) | | |

续表 4-4-2

| 序号 | 类别(产品/项目/参数) | 产品/项目/参数 | | 依据标准(方法)名称及编号(含年号) | 仪器设备(标准物质)要求 | 环境条件要求 | 备注 |
|---|---|---|---|---|---|---|---|
| | | 序号 | 名称 | | | | |
| | | | | 高压开关设备六氟化硫气体密封试验方法 GB/T 11023—2018 | 1. 抽真空检漏:真空泵;<br>2. 检漏仪检漏:示踪气体;灵敏度不低于 0.01 μL/L 的气体检漏仪;<br>3. 红外成像检漏:红外检漏仪;<br>4. 氦质谱检漏应符合 GB/T 15823—2009 附录 A 和附录 B | | |
| | | 34 | 绝缘油介电强度 | 绝缘油 击穿电压测定法 GB/T 507—2002 | 1. 电器设备:调压器、步进变压器、切换系统、限能仪;<br>2. 峰值电压表或其他类型的电压表;<br>3. 试样杯、电极;<br>4. 丙酮、石油醚 | 1. 进行试验时,除非另有规定,试样一般不进行干燥或排气;<br>2. 整个试验过程中,试样温度和环境温度之差不大于 5 ℃,仲裁试验时的试样温度应为(20 ± 5)℃ | |
| | | | | 电气装置安装工程 电气设备交接试验标准 GB 50150—2016/19 | 同上 | 同上 | 1. 绝缘油击穿电压按现行国家标准 GB/T 507 中的有关要求进行试验 |
| | | | | 泵站现场测试与安全检测规程 SL 548—2012/8.3.7 | 同上 | 同上 | 1. 绝缘油击穿电压的检测应符合 GB 50150 的规定 |

续表 4-4-2

| 序号 | 类别（产品/项目/参数） | 产品/项目/参数 | | 依据标准（方法）名称及编号（含年号） | 仪器设备（标准物质）要求 | 环境条件要求 | 备注 |
|---|---|---|---|---|---|---|---|
| | | 序号 | 名称 | | | | |
| | | 35 | 介质损耗因数 | 液体绝缘材料 相对电容率、介质损耗因数和直流电阻率的测量 GB/T 5654—2007 | 1. 试验池，具体要求应符合本标准 5.1；<br>2. 试验箱，应能保持其温度不超过规定值的 ±1 ℃，并有连接试验池的屏蔽线，试验池应完全与试验箱接地外壳绝缘；<br>3. 玻璃器皿，应采用由硼硅玻璃做的普通化学玻璃器皿，例如烧杯、量筒、滴管等；<br>4. 介质损耗因数测量仪器；<br>5. 测时器，用于测量电化时间，准确到 0.5 s；<br>6. 测量温度的分辨率应在 0.25 ℃以内 | 1. 试验适合于在一个很宽的温度范围内试验绝缘液体，除非在特定液体的规范中另有规定，一般试验应在 90 ℃下进行 | |
| | | | | 电气装置安装工程 电气设备交接试验标准 GB 50150—2016/19 | 同上 | | 1. 介质损耗因数按现行国家标准 GB/T 5654 中的有关要求进行试验 |
| | | | | 现场绝缘试验实施导则 介质损耗因数 tanδ 试验 DL/T 474.3—2018 | 1. 西林电桥；<br>2. 高压介质损耗测试仪，示值误差应符合本标准 4.2.1 | 1. 本试验应在良好的天气，试品及环境温度不低于 +5 ℃和空气相对湿度不大于 80% 的条件下进行 | |

续表 4-4-2

| 序号 | 类别(产品/项目/参数) | 产品/项目/参数 | | 依据标准(方法)名称及编号(含年号) | 仪器设备(标准物质)要求 | 环境条件要求 | 备注 |
|---|---|---|---|---|---|---|---|
| | | 序号 | 名称 | | | | |
| | | | | 泵站现场测试与安全检测规程 SL 548—2012 | 同上 | 同上 | 1. 介质损耗因数 tanδ 检测应按 DL/T 474.3 的规定执行 |
| | | 36 | 电气间隙和爬电距离 | 水利水电工程高压配电装置设计规范 SL 311—2004 | 1. 钢直尺 | | |
| | | | | 变压器、电抗器、电源装置及其组合的安全 第1部分:通用要求和试验 GB 19212.1—2016 | 1. 钢直尺 | | |
| | | 37 | 开关操作机构机械性能 | 电气装置安装工程 电气设备交接试验标准 GB 50150—2016 | 1. 试验装置应符合本标准附录 E | | |
| | | | | 3.6 ~ 40.5 kV 高压交流负荷开关 GB/T 3804—2017 | 1. 高压开关综合测试仪 | | |

# 第五节 量 测

## 一、量测检验检测项目/参数与检验检测方法

本部分共梳理了量测一个类别 24 个检验检测项目/参数内容的检验检测方法，详见表 4-5-1 量测检验检测项目/参数与检验检测方法对照简表。

**表 4-5-1 量测检验检测项目/参数与检验检测方法对照简表**

| 序号 | 领域 | 项目/参数 | 检验检测方法 |
|---|---|---|---|
| 1 | | 高程 | 水准测量、高程测量、GPS 测量 |
| 2 | | 平面位置 | 三角形网测量、导线测量、水平角观测、光电测距、GPS 测量、GNSS 平面测量、卫星定位测量 |
| 3 | | 建筑物纵横轴线 | 三角形网测量、导线测量、水平角观测、光电测距、GPS 测量、GNSS 平面测量、卫星定位测量 |
| 4 | | 建筑物断面几何尺寸 | 尺量法、测距法 |
| 5 | | 结构构件几何尺寸 | 尺量法、测距法 |
| 6 | | 角度 | 尺量法、测距法 |
| 7 | | 坡度 | 尺量法、测距法 |
| 8 | | 平整度 | 尺量法 |
| 9 | | 水平位移 | 视准线变形、前方交会法、极坐标法、GPS 法、垂线法、引张线法、真空激光准直法、多点位移计法 |
| 10 | | 垂直位移 | 沉降观测法、高程测量 |
| 11 | | 振动频率 | 仪器仪表测量 |
| 12 | | 加速度 | 仪器仪表测量 |
| 13 | | 速度 | 仪器仪表测量 |
| 14 | | 接缝和裂缝开合度 | 仪器仪表测量 |
| 15 | | 倾斜 | 水准测量 |
| 16 | | 渗流量 | 容积法、量水堰法、流速法 |
| 17 | | 扬压力 | 仪器仪表测量 |
| 18 | | 渗透压力 | 仪器仪表测量 |
| 19 | | 孔隙水压力 | 仪器仪表测量 |

**续表 4-5-1**

| 序号 | 领域 | 项目/参数 | 检验检测方法 |
|---|---|---|---|
| 20 | | 温度 | 仪器仪表测量 |
| 21 | | 应力 | 仪器仪表测量 |
| 22 | | 应变 | 仪器仪表测量 |
| 23 | | 地下水位 | 仪器仪表测量 |
| 24 | | 土压力 | 仪器仪表测量 |

## 二、量测检验检测项目/参数与对应标准及要求一览表

本部分共梳理了量测 24 个检验检测项目/参数内容，涉及 10 个检验检测方法标准，详见表 4-5-2 量测检验检测项目/参数与对应标准及要求一览表。

表 4-5-2　量测检验检测项目/参数与对应标准及要求一览表

| 序号 | 类别(产品/项目/参数) | 产品/项目/参数 | | 依据标准(方法)名称及编号(含年号) | 仪器设备(标准物质)要求 | 环境条件要求 | 备注 |
|---|---|---|---|---|---|---|---|
| | | 序号 | 名称 | | | | |
| | | 1 | 高程 | 水利工程质量检测技术规程 SL 734—2016/9 | 1. 全站仪;<br>2. GPS;<br>3. 水准仪 | | |
| | | | | 水利水电工程施工测量规范 SL 52—2015/4 | 1. 水准测量:设备技术要求应符合本标准第 4. 3. 2 条、第 4. 3. 3 条;<br>2. 光电测距三角高程测量:设备技术要求应符合本标准第 4. 4. 2 条;<br>3. 跨河高程测量:应符合本标准第 4. 5. 2 条;<br>4. GPS 测量仪:应符合本标准第 3. 7. 6 条 | | 1. 应用测伞遮阳,避免仪器被暴晒 |
| | | | | 水利水电工程测量规范 SL 197—2013/5 | 1. 一至四等水准测量的仪器设备及检校要求应按 GB/T 12897 和 GB/T 12898 的相关规定执行;<br>2. 五等水准测量的光学水准仪(DSZ3)、数字水准仪(DSZ3)应符合本规范表 5. 3. 6;<br>3. 全站仪 | | 1. 水准测量;<br>2. 光电测距三角高程测量;<br>3. GNSS 高程测量 |
| | | | | 工程测量规范 GB 50026—2007/4 | 1. 水准测量:设备应符合本标准第 4. 2. 2 条;<br>2. 电磁波测距三角高程测量:设备应符合本标准第 4. 3. 3 条第 1 款;<br>3. GPS 拟合高程测量:设备应符合本标准第 3. 2. 7 条 | | |

**续表 4-5-2**

| 序号 | 类别(产品/项目/参数) | 产品/项目/参数 | | 依据标准(方法)名称及编号(含年号) | 仪器设备(标准物质)要求 | 环境条件要求 | 备注 |
|---|---|---|---|---|---|---|---|
| | | 序号 | 名称 | | | | |
| | | 2 | 平面位置 | 水利工程质量检测技术规程 SL 734—2016/9 | 1. 全站仪;<br>2. GPS;<br>3. 经纬仪 | | |
| | | | | 水利水电工程施工测量规范 SL 52—2015/3 | 1. 三角形网:设备应符合本标准第 3.3.3 条第 2 款;<br>2. 导线测量:设备仪器应符合本标准第 3.4.1 条;<br>3. 水平角观测:设备应符合现行国家标准 GB/T 17942 的规定;<br>4. 光电测距:设备应符合本标准第 3.6.1 条;<br>5. GPS 测量:设备应符合本标准第 3.7.6 条 | | 1. 测距应在成像清晰、稳定的情况下进行;<br>2. 雨、雾、雪及大风天气不应作业 |
| | | | | 水利水电工程测量规范 SL 197—2013/4 | 1. 全站仪;<br>2. GNSS 平面测量:设备应符合本标准第 4.2.4 条;<br>3. 测距仪:设备应符合本标准第 4.3.5 条 | | 1. GNSS 测量;<br>2. 三角形网测量;<br>3. 导线(网)测量;<br>4. 晴天作业时应给仪器和气象仪表打伞遮阳 |

**续表** 4-5-2

| 序号 | 类别(产品/项目/参数) | 产品/项目/参数 | | 依据标准(方法)名称及编号(含年号) | 仪器设备(标准物质)要求 | 环境条件要求 | 备注 |
|---|---|---|---|---|---|---|---|
| | | 序号 | 名称 | | | | |
| | | | | 工程测量规范 GB 50026—2007/3 | 1. 卫星定位测量:GPS 测量仪器应符合本标准第 3. 2. 7 条;<br>2. 导线测量:全站仪、电子经纬仪、光学经纬仪应符合本标准第 3. 3. 7 条;<br>3. 三角形网测量:全站仪、电子经纬仪、光学经纬仪应符合本标准第 3. 3. 7 条 | | |
| | | 3 | 建筑物纵横轴线 | 水利工程质量检测技术规程 SL 734—2016/9 | 1. 全站仪;<br>2. GPS;<br>3. 经纬仪 | | |
| | | | | 水利水电工程施工测量规范 SL 52—2015/13 | 1. 三角形网:设备仪器应符合本标准第 3.3.3 条第 2 款;<br>2. 导线测量:设备仪器应符合本标准第 3.4.1 条;<br>3. 水平角观测:应符合 GB/T 17942 的规定;<br>4. 光电测距:应符合本标准第 3. 6. 1 条;<br>5. GPS 测量:应符合本标准第 3. 7. 6 条 | | |
| | | | | 水利水电工程测量规范 SL 197—2013/4 | 1. 全站仪;<br>2. GNSS 平面测量:设备应符合本标准第 4. 2. 4 条;<br>3. 测距仪:设备应符合本标准第 4. 3. 5 条 | | |

续表 4-5-2

| 序号 | 类别(产品/项目/参数) | 产品/项目/参数 | | 依据标准(方法)名称及编号(含年号) | 仪器设备(标准物质)要求 | 环境条件要求 | 备注 |
|---|---|---|---|---|---|---|---|
| | | 序号 | 名称 | | | | |
| | | | | 工程测量规范 GB 50026—2007/8 | 1. 卫星定位测量:GPS 测量仪器应符合本标准第 3.2.7 条;<br>2. 导线测量:全站仪、电子经纬仪、光学经纬仪应符合本标准第 3.3.7 条;<br>3. 三角形网测量:全站仪、电子经纬仪、光学经纬仪应符合本标准第 3.3.7 条 | | |
| | | 4 | 建筑物断面几何尺寸 | 水利工程质量检测技术规程 SL 734—2016/9 | 1. 全站仪;<br>2. GPS;<br>3. 钢卷尺;<br>4. 直尺 | | |
| | | | | 水利水电工程施工测量规范 SL 52—2015/13 | 1. 测距仪:应符合本标准第 3.6.1 条 | | |
| | | | | 水利水电工程测量规范 SL 197—2013/4 | 1. 测距仪:精度要求应符合本标准第 4.3.5 条 | | |
| | | | | 工程测量规范 GB 50026—2007/8 | 1. 全站仪应符合本标准第 3.3.7 条 | | |
| | | 5 | 结构构件几何尺寸 | 水利工程质量检测技术规程 SL 734—2016/9 | 1. 全站仪;<br>2. GPS;<br>3. 钢卷尺;<br>4. 直尺 | | |

**续表 4-5-2**

| 序号 | 类别（产品/项目/参数） | 产品/项目/参数 | | 依据标准（方法）名称及编号（含年号） | 仪器设备（标准物质）要求 | 环境条件要求 | 备注 |
|---|---|---|---|---|---|---|---|
| | | 序号 | 名称 | | | | |
| | | | | 水利水电工程施工测量规范 SL 52—2015/13 | 1. 测距仪：应符合本标准第 3.6.1 条 | | |
| | | | | 水利水电工程测量规范 SL 197—2013/4 | 1. 测距仪：精度要求应符合本标准第 4.3.5 条 | | |
| | | | | 工程测量规范 GB 50026—2007/8 | 1. 全站仪应符合本标准第 3.3.7 条 | | |
| | | 6 | 角度 | 水利工程质量检测技术规程 SL 734—2016/9 | 1. 全站仪；<br>2. GPS；<br>3. 经纬仪 | | |
| | | | | 水利水电工程施工测量规范 SL 52—2015/3.5 | 1. 全站仪；<br>2. 经纬仪 | | |
| | | | | 水利水电工程测量规范 SL 197—2013/4 | 1. 全站仪；<br>2. 经纬仪 | | |
| | | | | 工程测量规范 GB 50026—2007/3 | 1. 全站仪、电子经纬仪、光学经纬仪：应符合本标准第 3.3.7 条 | | |
| | | 7 | 坡度 | 水利工程质量检测技术规程 SL 734—2016/9 | 1. 全站仪；<br>2. GPS；<br>3. 坡度仪 | | |
| | | | | 水利水电工程测量规范 SL 197—2013/5 | 1. 全站仪；<br>2. 经纬仪 | | |
| | | | | 工程测量规范 GB 50026—2007/4 | 1. 全站仪、电子经纬仪、光学经纬仪：应符合本标准第 3.3.7 条 | | |

续表 4-5-2

| 序号 | 类别(产品/项目/参数) | 产品/项目/参数 | | 依据标准(方法)名称及编号(含年号) | 仪器设备(标准物质)要求 | 环境条件要求 | 备注 |
|---|---|---|---|---|---|---|---|
| | | 序号 | 名称 | | | | |
| | | 8 | 平整度 | 水利水电工程施工质量检验与评定规程 SL 176—2007/附录 A | 1. 靠尺、塞尺、直尺;<br>2. 激光扫平仪 | | |
| | | | | 水利工程质量检测技术规程 SL 734—2016/5/6 | 1. 靠尺、塞尺、直尺;<br>2. 激光扫平仪 | | |
| | | | | 混凝土结构工程施工质量验收规范 GB 50204—2015/8/9 | 1. 水平尺、塞尺;<br>2. 水准仪、钢直尺 | | |
| | | 9 | 水平位移 | 土石坝安全监测技术规范 SL 551—2012 | 1. 视准线变形、前方交会法、极坐标法、GPS 法设备:应符合本标准附录 C.1.1 ~ C.1.4<br>2. 引张线式水平位移计:应符合本标准第 4.3.4.2.1 条;<br>3. 垂向滑动式测斜仪:应符合本标准第 4.3.4.2.2 条;<br>4. 测斜仪应符合本标准第 4.3.3.1 条 | | |
| | | | | 混凝土坝安全监测技术规范 SL 601—2013/5 | 1. 垂线法、引张线法、真空激光准直法、测边或测角交会法、多点位移计法、测斜仪、滑动测微计、边角网、视线基准法等,仪器设备应符合本规范第 5 章和附录 C 的要求 | | |

续表 4-5-2

| 序号 | 类别(产品/项目/参数) | 产品/项目/参数 | | 依据标准(方法)名称及编号(含年号) | 仪器设备(标准物质)要求 | 环境条件要求 | 备注 |
|---|---|---|---|---|---|---|---|
| | | 序号 | 名称 | | | | |
| | | 10 | 垂直位移 | 土石坝安全监测技术规范 SL 551—2012 | 1. 水准测量、三角高程测量按其方法选用相应仪器,应符合本标准附录 C. 1. 5;<br>2. 电磁式或干簧管式沉降仪:应符合本标准第 4. 3. 4. 1. 1 条;<br>3. 水管式沉降仪:应符合本标准第 4. 3. 4. 1. 2 条;<br>4. 水平固定式式测斜仪:应符合本标准第 4. 3. 4. 1. 3 条;<br>5. 坝基沉降计:应符合本标准第 4. 3. 4. 1. 4 条 | | |
| | | | | 混凝土坝安全监测技术规范 SL 601—2013/5 | 1. 精密水准仪、连通管、真空激光准直系统等设备应符合本规范第 5 章和附录 C 的要求 | | |
| | | 11 | 振动频率 | 土石坝安全监测技术规范 SL 551—2012/附录 F | 1. 地震反应监测系统专用仪器有强震动角速度传感器、记录器两部分组成;<br>2. 强震动加速度传感器:测量范围应达到 ±2 g,频率响应在 0 ~ 50 Hz | | |
| | | | | 混凝土坝安全监测技术规范 SL 601—2013/附录 G | 1. 加速度传感器和强震记录仪:应符合本标准附录 G 地震反应监测第 G. 0. 8 条 | | |

续表 4-5-2

| 序号 | 类别(产品/项目/参数) | 产品/项目/参数 序号 | 产品/项目/参数 名称 | 依据标准(方法)名称及编号(含年号) | 仪器设备(标准物质)要求 | 环境条件要求 | 备注 |
|---|---|---|---|---|---|---|---|
| | | | | 水利水电工程爆破安全监测规程 DL/T 5333—2005 | 1. 传感器等应符合本标准第 7.0.2 条 | | |
| | | 12 | 加速度 | 土石坝安全监测技术规范 SL 551—2012/附录 F | 1. 地震反应监测系统专用仪器有强震动角速度传感器、记录器两部分组成；<br>2. 强震动加速度传感器:测量范围应达到 ±2 g,频率响应在 0 ~ 50 Hz | | |
| | | | | 混凝土坝安全监测技术规范 SL 601—2013/附录 G | 1. 加速度传感器和强震记录仪:应符合本标准附录 G 地震反应监测第 G.0.8 条 | | |
| | | | | 水利水电工程爆破安全监测规程 DL/T 5333—2005/7 | 1. 监测仪器:应符合本标准第 7.0.2 条 | | |
| | | 13 | 速度 | 土石坝安全监测技术规范 SL 551—2012/附录 F | 1. 地震反应监测系统专用仪器有强震动角速度传感器、记录器两部分组成<br>2. 强震动加速度传感器:测量范围应达到 ±2 g,频率响应在 0 ~ 50 Hz | | |
| | | | | 混凝土坝安全监测技术规范 SL 601—2013/附录 G | 1. 加速度传感器和强震记录仪:应符合本标准附录 G 地震反应监测第 G.0.8 条 | | |
| | | | | 水利水电工程爆破安全监测规程 DL/T 5333—2005 | 1. 传感器等应符合本标准第 7.0.2 条 | | |

**续表 4-5-2**

| 序号 | 类别(产品/项目/参数) | 产品/项目/参数 | | 依据标准(方法)名称及编号(含年号) | 仪器设备(标准物质)要求 | 环境条件要求 | 备注 |
|---|---|---|---|---|---|---|---|
| | | 序号 | 名称 | | | | |
| | | 14 | 接缝和裂缝开合度 | 土石坝安全监测技术规范 SL 551—2012/4. 5 | 1. 土体位移计、单向杆式位移计、皮尺、钢尺、测缝计 | | |
| | | | | 混凝土坝安全监测技术规范 SL 601—2013 | 1. 裂缝计:应符合本标准第 5. 4. 7 条 | | |
| | | 15 | 倾斜 | 混凝土坝安全监测技术规范 SL 601—2013/5 | 1. 精密水准仪、连通管、遥测倾斜仪等设备应符合本规范第 5 章和附录 C 的要求 | | 1. 根据 SL 601—2013 第 5. 2. 14 条,应采用一等水准测量,也可采用连通管和遥测倾斜仪检测 |
| | | | | 工程测量规范 GB 50026—2007/10. 4. 11 | 1. 全站仪 | | |
| | | 16 | 渗流量 | 土石坝安全监测技术规范 SL 551—2012/5. 5 | 1. 容积法:量筒;<br>2. 量水堰法:水尺读数精度 1 mm,测针水位读数精确至 0. 1 mm;<br>3. 流速法:流速仪法或浮标法 | | 1. 容积法;<br>2. 量水堰法;<br>3. 流速法 |

续表 4-5-2

| 序号 | 类别(产品/项目/参数) | 产品/项目/参数 | | 依据标准(方法)名称及编号(含年号) | 仪器设备(标准物质)要求 | 环境条件要求 | 备注 |
|---|---|---|---|---|---|---|---|
| | | 序号 | 名称 | | | | |
| | | | | 混凝土坝安全监测技术规范 SL 601—2013/6 | 1. 监测仪器:应符合本标准第 6.3.3 条、6.4.3 条、6.4.4 条,量水堰上水头监测准确度不应低于 1.0 mm;<br>2. 渗压计:应符合本标准附录 D.3;<br>3. 量水堰结构:应符合本标准附录 D.4 | | 1. 容积法;<br>2. 量水堰法 |
| | | 17 | 扬压力 | 混凝土坝安全监测技术规范 SL 601—2013/6 | 1. 测压管:应符合本标准第 6.3.1 条、附录 D.2;<br>2. 渗压计:应符合本标准 6.3.2 条、附录 D.3,量程宜为 1.2 倍最大压力,准确度等级不低于 0.5% FS;<br>3. 压力表:量程宜为 1.2 倍最大压力,准确度等级不低于 1.6 级 | | |
| | | 18 | 渗透压力 | 土石坝安全监测技术规范 SL 551—2012/5.2/5.3 | 1. 测压管:采用镀锌钢管或硬塑料管,内径宜采用 50 mm;<br>2. 孔隙水压力计 | | 1. 分坝体渗流压力和坝基渗流压力 |
| | | | | 混凝土坝安全监测技术规范 SL 601—2013/6 | 1. 渗压计:应符合本标准 6.3.2 条、附录 D.3,量程宜为 1.2 倍最大压力,准确度等级不低于 0.5% FS | | |
| | | 19 | 孔隙水压力 | 土石坝安全监测技术规范 SL 551—2012/6.2 | 1. 孔隙水压力计:在仪器埋设前(饱水 24 h)至少测读 3 次,读取其零压力状态下的稳定测值作为基准值 | | |

续表 4-5-2

| 序号 | 类别(产品/项目/参数) | 产品/项目/参数 | | 依据标准(方法)名称及编号(含年号) | 仪器设备(标准物质)要求 | 环境条件要求 | 备注 |
|---|---|---|---|---|---|---|---|
| | | 序号 | 名称 | | | | |
| | | | | 建筑基坑工程监测技术规范 GB 50497—2009/6.9 | 1. 孔隙水压力计:量程满足被测压力范围的要求,可取静水压力与超孔隙水压力之和的2倍,精度不宜低于0.5%F·S,分辨率不宜低于0.2%F·S | | |
| | | 20 | 温度 | 土石坝安全监测技术规范 SL 551—2012/6.4 | 1. 深水温度计;<br>2. 半导体温度计;<br>3. 电阻温度计 | | 1. 分水温和气温 |
| | | | | 混凝土坝安全监测技术规范 SL 601—2013/7 | 1. 各种引出式温度计、表面温度计;<br>2. 温度计:应符合本标准附录 E.4 | | |
| | | | | 混凝土坝安全监测技术规范 DL/T 5178—2016/8 | 1. 温度计 | | |
| | | 21 | 应力 | 土石坝安全监测技术规范 SL 551—2012/6.4 | 1. 应变计、无应力计、钢筋(锚杆)应力计、钢板应力计、压应力计、锚索测力计等 | | |
| | | | | 混凝土坝安全监测技术规范 SL 601—2013/7 | 1. 应力计、钢筋计、锚杆应力计、压应力计、锚索测力计;<br>2. 应变计:应符合本标准附录 E.1;<br>3. 应力计:应符合本标准附录 E.2 | | |
| | | | | 混凝土坝安全监测技术规范 DL/T 5178—2016/8 | 1. 应变计、无应力计、锚杆应力计、压应力计 | | |

续表 4-5-2

| 序号 | 类别(产品/项目/参数) | 产品/项目/参数 序号 | 产品/项目/参数 名称 | 依据标准(方法)名称及编号(含年号) | 仪器设备(标准物质)要求 | 环境条件要求 | 备注 |
|---|---|---|---|---|---|---|---|
| | | 22 | 应变 | 土石坝安全监测技术规范 SL 551—2012/6.4 | 1. 应变计、无应力计、钢筋(锚杆)应力计、钢板应力计、压应力计、锚索测力计等 | | |
| | | | | 混凝土坝安全监测技术规范 SL 601—2013/7 | 1. 应力计、锚杆应力计、压应力计；<br>2. 应变计:应符合本标准附录 E.1；<br>3. 应力计:应符合本标准附录 E.2 | | |
| | | | | 混凝土坝安全监测技术规范 DL/T 5178—2016/8 | 1. 应变计、无应力计、锚杆应力计、压应力计 | | |
| | | 23 | 地下水位 | 建筑基坑工程监测技术规范 GB 50497—2009/6.10 | 1. 水位计:地下水位测量精度不宜低于 10 mm | | |
| | | | | 土石坝安全监测技术规范 SL 551—2012/5 | 1. 监测仪器:应符合本标准第 5.4.3 条、5.5.3 条 | | |
| | | | | 混凝土坝安全监测技术规范 SL 601—2013/6 | 1. 测压管:应符合本标准第 6.3.1 条、附录 D.2；<br>2. 渗压计:应符合本标准 6.3.2 条、附录 D.3,量程宜为 1.2 倍最大压力,准确度等级不低于 0.5% F·S | | |

续表 4-5-2

| 序号 | 类别(产品/项目/参数) | 产品/项目/参数 | | 依据标准(方法)名称及编号(含年号) | 仪器设备(标准物质)要求 | 环境条件要求 | 备注 |
|---|---|---|---|---|---|---|---|
| | | 序号 | 名称 | | | | |
| | | | | 水位观测标准 GB/T 50138—2010/5/6 | 1. 水尺、测针式水位计、悬锤式水位计、纸介质模拟自记水位计、数字自记水位计:应符合本标准第4章 | | |
| | | 24 | 土压力 | 土石坝安全监测技术规范 SL 551—2012/6.3 | 1. 土压力计 | | |
| | | | | 建筑基坑工程监测技术规范 GB 50497—2009/6.8 | 1. 土压力计,量程应满足被测压力的要求,其上限可取设计压力的2倍,精度不宜低于0.5%F·S,分辨率不宜低于0.2%F·S | | |